Artur-Axel Wandtke (Hrsg.)

Medienrecht
Praxishandbuch

Band 1:
Europäisches Medienrecht und
Durchsetzung des geistigen Eigentums

Medienrecht

Praxishandbuch

Herausgegeben von
Artur-Axel Wandtke

Band 1:
Europäisches Medienrecht und
Durchsetzung des geistigen Eigentums

Redaktionelle Bearbeitung:
Dr. Kirsten-Inger Wöhrn

2., neu bearbeitete Auflage

De Gruyter

Herausgeber:
Dr. *Artur-Axel Wandtke*, em. o. Professor der Humboldt-Universität zu Berlin

ISBN 978-3-11-024866-1
e-ISBN 978-3-11-024867-8

Bibliografische Information der Deutschen Nationalbibliothek

Die Deutsche Nationalbibliothek verzeichnet diese Publikation
in der Deutschen Nationalbibliografie; detaillierte bibliografische Daten sind im Internet
über http://dnb.d-nb.de abrufbar.

© 2011 Walter de Gruyter GmbH & Co. KG, Berlin/Boston

Datenkonvertierung/Satz: WERKSATZ Schmidt & Schulz GmbH, Gräfenhainichen
Druck: Hubert & Co. GmbH & Co. KG, Göttingen

∞ Gedruckt auf säurefreiem Papier

Printed in Germany

www.degruyter.com

Vorwort

Die Medien spielen für die Unternehmen und für die Nutzer in den Informations- und Kommunikationsprozessen eine immer stärker werdende Rolle. Dem Medienrecht als Gestaltungsmittel kommt dabei sowohl ein kulturelles als auch ein wirtschaftliches Gewicht zu. Die rechtlichen Rahmenbedingungen für die Produktion, Verbreitung und Nutzung von Medienprodukten werden für die Unternehmen und für die Nutzer immer komplexer. Das betrifft zB die Schutzfähigkeit von Medienprodukten genauso wie Werbemaßnahmen und den Schutz von Persönlichkeitsrechten. Mit der vorliegenden Publikation wird der Versuch unternommen, eine systematische und problemorientierte Darstellung der Rechtsfragen auf dem Gebiet des Medienrechts aufzuzeigen. Es werden schwerpunktmäßig in der zweiten Auflage die Rechtsfragen aufgeworfen, die sich vor allem aus der Vermarktung der Medienprodukte zwischen den Unternehmen in der realen und der virtuellen Medienwelt ergeben. Das betrifft die Produktion, Distribution und Konsumtion immaterieller Güter als Medienprodukte (zB Zeitungsartikel, Musikwerke, Computerspiele, Filme) im Internet und die Vermarktung von Persönlichkeitsrechten. Deshalb werden medienrechtliche Grundsätze und Spezifika einzelner Rechtsgebiete erläutert (zB Presse-, Rundfunk-, Werbe-, Wettbewerbs-, Urheber-, Kartell-, Telemedien-, Telekommunikations-, Design-, Marken-, Datenschutz- und Medienstrafrecht) und deren Anwendungsprobleme dargestellt. Da das Medienrecht ein stark expandierendes Rechtsgebiet ist, war es erforderlich, vor allem die neuen höchstrichterlichen Entscheidungen *sowie neuere Literatur* einzuarbeiten. In der zweiten Auflage sind zudem auch neue Rechtsgebiete (Theater- und Sportrecht) aufgenommen *sowie bereits bearbeitete ausgeweitet* worden. Aufgrund des Umfangs des Medienrechts wurde eine fünfbändige Herausgabe desselben als notwendig erachtet. In den einzelnen Bänden werden die spezifischen Rechtsprobleme angesprochen.

Die Publikation wendet sich in erster Linie an Rechtsanwälte, Richter, Staatsanwälte und Juristen in den Unternehmen. Sie gilt aber auch für die Masterausbildung von Rechtsanwälten auf dem Spezialgebiet des Medienrechts.

Im ersten Band werden rechtspolitische und dogmatische Probleme des nationalen und des europäischen Medienrechts dargestellt. Ein Schwerpunkt bildet der Inhalt und Umfang von Ansprüchen im System des Immaterialgüterrechts, welches notwendiger Bestandteil des Medienrechts ist. Für die praktische Durchsetzung des Medienrechts ist die Kenntnis der Ansprüche wichtig. Ebenso wird das Lizenzvertragsrecht erörtert.

Mein Dank gilt vor allem meiner wissenschaftlichen Mitarbeiterin, Frau Dr. Kirsten-Inger Wöhrn, die mit Engagement das schwierige Publikationsprojekt zu organisieren und redaktionell zu bearbeiten vermochte.

Den Lesern bin ich für kritische Hinweise und Anregungen dankbar.

Berlin, im Juni 2011   Artur-Axel Wandtke

Verzeichnis der Bearbeiter

Rechtsanwältin Dr. **Sabine Boksanyi,** Fachanwältin für Urheber- und Medienrecht, München
Professor Dr. **Oliver Castendyk,** MSc. (LSE), Berlin
Rechtsanwalt Dr. **Ilja Czernik,** Salans, Berlin
Rechtsanwältin Dr. **Claire Dietz,** LL.M. (Fordham University), Linklaters LLP, Berlin
Rechtsanwalt Dr. **Jan Ehrhardt,** Ehrhardt Anwaltssozietät, Berlin
Rechtsanwalt Dr. **Soenke Fock,** LL.M., Fachanwalt für Gewerblichen Rechtsschutz,
    Wildanger Rechtsanwälte, Düsseldorf
Rechtsanwalt **Alexander Frisch,** LOH Rechtsanwälte, Berlin
Hon. Professor **Hans Joachim von Gottberg,** Freiwillige Selbstkontrolle Fernsehen e.V., Berlin
Rechtsanwalt **Matthias Hartmann,** HK2 Rechtsanwälte, Berlin
Professor Dr. **Bernd Heinrich,** Humboldt-Universität zu Berlin
Dr. **Thomas Tobias Hennig,** LL.M., Georg-August-Universität Göttingen
Rechtsanwalt Dr. **Ulrich Hildebrandt,** Lubberger Lehment, Berlin, Lehrbeauftragter
    der Heinrich-Heine-Universität, Düsseldorf
Professor Dr. **Thomas Hoeren,** Westfälische Wilhelms-Universität Münster
Rechtsanwalt Dr. **Ole Jani,** CMS Hasche Sigle, Berlin
Rechtsanwalt Dr. **Michael Kauert,** Heither & von Morgen – Partnerschaft von Rechtsanwälten,
    Berlin
Rechtsanwalt Dr. **Volker Kitz,** LL.M. (New York University), Köln,
Rechtsanwalt Dr. **Alexander R. Klett,** LL.M. (Iowa), Reed Smith LLP, München
Dr. **Gregor Kutzschbach,** Bundesministerium des Innern, Berlin
Rechtsanwältin **Andrea Kyre,** LL.M., Leiterin der Rechtsabteilung Grundy UFA TV Produktions
    GmbH, Berlin
Rechtsanwalt Dr. **Wolfgang Maaßen,** Justiziar des BFF Bund Freischaffender Foto-Designer,
    Düsseldorf
Professor Dr. **Ulf Müller,** Fachhochschule Schmalkalden
Dr. **Maja Murza,** LL.M., Justiziarin, Berlin
Rechtsanwältin Dr. **Claudia Ohst,** Berlin, Fachanwältin für Informationstechnologierecht,
    Justiziarin der BBAW, Lehrbeauftragte der Humboldt-Universität zu Berlin
Rechtsanwalt Dr. **Stephan Ory,** Püttlingen, seit 2001 Lehrbeauftragter der Universität
    des Saarlandes, Vorsitzender des Medienrates der Landesmedienanstalt Saarland
Rechtsanwalt Dr. **Jan Pohle,** DLA Piper UK LLP, Köln, Lehrbeauftragter der Carl-von-Ossietzky-
    Universität Oldenburg sowie der Heinrich-Heine-Universität Düsseldorf
Rechtsanwalt Dr. **Cornelius Renner,** LOH Rechtsanwälte, Berlin, Fachanwalt für Gewerblichen
    Rechtsschutz, Lehrbeauftragter an der Humboldt-Universität zu Berlin
Professor Dr. **Sebastian Schunke,** Professor für privates Wirtschaftsrecht, Hochschule
    für Wirtschaft und Recht, Berlin
Rechtsanwalt Dr. **Axel von Walter,** München, Fachanwalt für Urheber- und Medienrecht,
    Lehrbeauftragter an der Ludwig-Maximilians-Universität München
Professor Dr. **Artur-Axel Wandtke,** em. o. Professor der Humboldt-Universität zu Berlin
Rechtsanwalt Dr. **Bernd Weichhaus,** LL.M., Lubberger Lehment, Berlin
Rechtsanwalt Dr. **Marcus von Welser,** LL.M., München, Fachanwalt für Gewerblichen Rechts-
    schutz, Lehrbeauftragter an der Humboldt-Universität zu Berlin
Rechtsanwältin Dr. **Kirsten-Inger Wöhrn,** Dierks + Bohle Rechtsanwälte, Berlin

Inhaltsübersicht

Abkürzungsverzeichnis

aA	anderer Ansicht
abl	ablehnend
ABl	Amtsblatt der Europäischen Gemeinschaft
Abs	Absatz
abw	abweichend
AbzG	Gesetz betreffend die Abzahlungsgeschäfte (Abzahlungsgesetz)
aE	am Ende
aF	alte Fassung
AfP	Archiv für Presserecht
AG	Amtsgericht; Arbeitsgemeinschaft
AGB	Allgemeine Geschäftsbedingungen
AGC	Automatic Gain Control
AGICOA	Association de Gestion Internationale Collective des Œuvres Audiovisuelles
AIPPI	Association Internationale pour la Protection de la Propriété Industrielle
allg M	allgemeine Meinung
Alt	Alternative
AmtlBegr	Amtliche Begründung
Anm	Anmerkung
AP	Arbeitsrechtliche Praxis (Nachschlagewerk des Bundesarbeitsgerichts)
ArbG	Arbeitsgericht
ArbNErfG	Gesetz über Arbeitnehmererfindungen
ARD	Arbeitsgemeinschaft der öffentlich-rechtlichen Rundfunkanstalten der Bundesrepublik Deutschland
ARGE	Arbeitsgemeinschaft
ASCAP	American Society of Composers, Authors and Publishers (www.ascap.com)
ASCII	American Standard Code for Information Interchange
AuR	Arbeit und Recht
ausdr	ausdrücklich
Az	Aktenzeichen
AVA	Allgemeine Vertragsbestimmungen zum Architektenrecht
BAG	Bundesarbeitsgericht
BAGE	Entscheidungen des Bundesarbeitsgerichts
BayObLG	Bayerisches Oberstes Landesgericht
BB	Betriebs-Berater
BDS	Bund Deutscher Schriftsteller
BdÜ	Bund deutscher Übersetzer
Begr	Begründung
Bek	Bekanntmachung
Beschl	Beschluss
BFH	Bundesfinanzhof
BG	(Schweizerisches) Bundesgericht
BGB	Bürgerliches Gesetzbuch
BGBl	Bundesgesetzblatt
BGH	Bundesgerichtshof
BGHSt	Entscheidungen des Bundesgerichtshofes in Strafsachen
BGHZ	Entscheidungen des Bundesgerichtshofes in Zivilsachen

BIEM	Bureau International gérant les Droits de l'Enrégistrement et de la Reproduction Méchanique
BKartA	Bundeskartellamt
BlPMZ	Blatt für Patent-, Muster- und Zeichenwesen
BMJ	Bundesministerium der Justiz
BNotO	Bundesnotarordnung
BOS(chG)	Bühnenoberschiedsgericht
BPatG	Bundespatentgericht
BR-Drucks	Bundesrats-Drucksache
BRegE	Entwurf der Bundesregierung
BRRG	Beamtenrechtsrahmengesetz
BSHG	Bundessozialhilfegesetz
Bsp	Beispiel
bspw	beispielsweise
BT	Bundestag
BT-Drucks	Bundestags-Drucksache
BuB	Buch und Bibliothek
Buchst	Buchstabe
BVerfG	Bundesverfassungsgericht
BVerfGE	Entscheidungen des Bundesverfassungsgerichts
BVerfGG	Gesetz über das Bundesverfassungsgericht (Bundesverfassungsgerichtsgesetz)
BVerwG	Bundesverwaltungsgericht
bzgl	bezüglich
bzw	beziehungsweise
CGMS	Copy Generation Management System
CIS	Common Information System
CISAC	Confédération Internationale des Sociétés d'Auteurs et Compositeurs
CLIP	European Max Planck Group for Conflict of Laws in Intellectual Property
CMMV	Clearingstelle Multimedia (www.cmmv.de)
CORE	Internet Council of Registrars (www.corenic.org)
CPRM/CPPM	Content Protection for Recordable and Prerecorded Media
CR	Computer und Recht
CRi	Computer und Recht International
CSS	Content Scrambling System
c't	Magazin für computertechnik
DAT	Digital Audio Tape
DB	Der Betrieb
DEFA	Deutsche Film AG (www.defa-stiftung.de)
DENIC	Domain Verwaltungs- und Betriebsgesellschaft eG (www.denic.de)
ders	derselbe
dies	dieselbe(n)
DIN-Mitt	Mitteilungen des Deutschen Instituts für Normung e.V.
Diss	Dissertation
DLR-StV	Staatsvertrag über die Körperschaft des öffentlichen Rechts „Deutschland-radio"
DMCA	Digital Millennium Copyright Act (US-Bundesgesetz)
DOI	Digital Object Identifier
Dok	Dokument
DPMA	Deutsches Patent- und Markenamt
DRiG	Deutsches Richtergesetz
DRM	Digital Rights Management
DStR	Deutsches Steuerrecht

DTCP	Digital Transmission Content Protection
DtZ	Deutsch-Deutsche Rechts-Zeitschrift
DuD	Datenschutz und Datensicherheit
DVB	Digital Video Broadcasting
DVBl	Deutsches Verwaltungsblatt
DVD	Digital Versatile Disc
DZWIR	Deutsche Zeitschrift für Wirtschafts- und Insolvenzrecht
E	Entwurf
ECMS	Electronic Copyright Management System
EG	Europäische Gemeinschaft
EGBGB	Einführungsgesetz zum Bürgerlichen Gesetzbuch
EGV	Vertrag zur Gründung der Europäischen Gemeinschaft
Einf	Einführung
Einl	Einleitung
EIPR	European Intellectual Property Review
ENTLR	Entertainment Law Review
EPA	Europäisches Patentamt
epd-medien	Evangelischer Pressedienst – Medien
EU	Europäische Union
EuFSA	Europäisches Fernsehschutzabkommen
EuG	Europäisches Gericht erster Instanz
EuGH	Europäischer Gerichtshof
EuGV(V)O	Verordnung (EG) Nr. 44/2001 des Rates über die gerichtliche Zuständigkeit und die Anerkennung und Vollstreckung von Entscheidungen in Zivil- und Handelssachen
EuGVÜ	Europäisches Gerichtsstands- und Vollstreckungsübereinkommen
EUPL	European Union Public Licence
EuZW	Europäische Zeitschrift für Wirtschaftsrecht
EV	einstweilige Verfügung
EVertr	Einigungsvertrag
EWG	Europäische Wirtschaftsgemeinschaft, jetzt EG
EWiR	Entscheidungen zum Wirtschaftsrecht
EWS	Europäisches Wirtschafts- und Steuerrecht
f	folgende
FDGewRS	Fachdienst Gewerblicher Rechtsschutz
ff	folgende
FFG	Gesetz über Maßnahmen zur Förderung des deutschen Films (Filmförderungsgesetz)
FIDE	Féderation Internationale pour le droit Européen
FinG	Finanzgericht
Fn	Fußnote
FS	Festschrift
FSK	Freiwillige Selbstkontrolle der deutschen Filmwirtschaft
FuR	Film und Recht
GA	Goltdammer's Archiv für Strafrecht
GATT	General Agreement on Tariffs and Trade
GBl	Gesetzblatt (der DDR)
GebrMG	Gebrauchsmustergesetz
gem	gemäß
GEMA	Gesellschaft für musikalische Aufführungs- und mechanische Vervielfältigungsrechte (www.gema.de)
GeschmMG	Geschmacksmustergesetz

GewStG	Gewerbesteuergesetz
GG	Grundgesetz
ggf, ggfs	gegebenenfalls
gif	Graphic Interchange Format (Format für Bilddateien)
GmbH	Gesellschaft mit beschränkter Haftung
GMBl	Gemeinsames Ministerialblatt
GNU	GNU's Not Unix
GPL	GNU General Public License
GPRS	General Packet Radio Service
grds	grundsätzlich
GRUR	Gewerblicher Rechtsschutz und Urheberrecht
GRUR Int	Gewerblicher Rechtsschutz und Urheberrecht International
GRUR-RR	Gewerblicher Rechtsschutz und Urheberrecht Rechtsprechungs-Report
GrZS	Großer Senat für Zivilsachen
GTA	Genfer Tonträgerabkommen
GÜFA	Gesellschaft zur Übernahme und Wahrnehmung von Filmaufführungsrechten (www.guefa.de)
GVBl	Gesetz- und Verordnungsblatt
GVL	Gesellschaft zur Verwertung von Leistungsschutzrechten (www.gvl.de)
GWB	Gesetz gegen Wettbewerbsbeschränkungen
GWFF	Gesellschaft zur Wahrnehmung von Film- und Fernsehrechten (www.gwff.de)
Halbbd	Halbband
HalblSchG	Gesetz über den Schutz der Topographien von mikroelektronischen Halbleitererzeugnissen (Halbleiterschutzgesetz)
HS	Halbsatz
HauptB	Hauptband
Hdb	Handbuch
HDCP	High-bandwidth Digital Content Protection
hL	herrschende Lehre
hM	herrschende Meinung
Hrsg	Herausgeber
ICANN	Internet Corporation for Assigned Names and Numbers (www.icann.org)
idF	in der Fassung
idR	in der Regel
idS	in diesem Sinne
iE	im Ergebnis
IFPI	International Federation of the Phonographic Industry (www.ifpi.org)
IIC	International Review of Industrial Property and Copyright Law
IMHV	Interessengemeinschaft Musikwissenschaftlicher Herausgeber und Verleger (Gründungsname v. 1.3.1966 der heutigen VG Musikedition)
insb	insbesondere
InstGE	Entscheidungen der Instanzgerichte zum Recht des geistigen Eigentums
IPQ	Intellectual Property Quaterly
IPR	Internationales Privatrecht
IPRax	Praxis des Internationalen Privat- und Verfahrensrechts
ISO	International Standards Organization
iSd	im Sinne des/der
iSv	im Sinne von
IT	Informationstechnologie
ITRB	Der IT-Rechtsberater
ITU	International Telecommunication Union
IuKDG	Informations- und Kommunikationsdienste-Gesetz

IuR	Informatik und Recht
ivM	in Verbindung mit
jpg	Dateinamenerweiterung von Bilddateien im Format JPEG, benannt nach der Joint Photographic Experts Group der ITU und der ISO
Jura	Juristische Ausbildung
jurisPR-WettbR	juris PraxisReport Wettbewerbs- und Immaterialgüterrecht
jurisPT-ITR	juris PraxisReport IT-Recht
JurPC	Internet-Zeitschrift für Rechtsinformatik und Informationsrecht
JVEG	Justiz-Vergütungs- und Entschädigungsgesetz
JW	Juristische Wochenschrift
JZ	Juristenzeitung
Kap	Kapitel
KG	Kammergericht; Kommanditgesellschaft
krit	kritisch
KSVG	Gesetz über die Sozialversicherung der selbständigen Künstler und Publizisten (Künstlersozialversicherungsgesetz)
KUG	Gesetz betreffend das Urheberrecht an Werken der bildenden Künste und der Photographie
KUR	Kunstrecht und Urheberrecht
K&R	Kommunikation und Recht
KWG	Kreditwesengesetz
LAG	Landesarbeitsgericht
LAN	Local Area Network
LG	Landgericht; *(in Österreich:)* Landesgericht
LGPL	GNU Lesser General Public License
lit	litera (Buchstabe)
LM	Lindenmaier/Möhring, Nachschlagewerk des Bundesgerichtshofes
LPG	Landespressegesetz
LUG	Gesetz betreffend das Urheberrecht an Werken der Literatur und der Tonkunst
LZ	Leipziger Zeitschrift für Deutsches Recht
MA	Der Markenartikel
MarkenG	Markengesetz
MarkenR	Zeitschrift für deutsches, europäisches und internationales Markenrecht
MDR	Monatsschrift für Deutsches Recht
MDStV	Mediendienste-Staatsvertrag
Mio	Million
MIR	Medien Internet und Recht
Mitt	Mitteilungen (der deutschen Patentanwälte)
MMA	Madrider Markenrechtsabkommen
MMR	Multimedia und Recht, Zeitschrift für Informations-, Telekommunikations- und Medienrecht
mp3	Dateinamenerweiterung für bestimmte mpeg-Tondateien
mpeg	Komprimierungsstandard für digitale Bewegtbilder und Toninformationen, benannt nach der Moving Pictures Experts Group der ISO
MPL	Mozilla Public License
MR-Int	Medien und Recht international
MünchKommBGB	Münchener Kommentar zum BGB
mwN	mit weiteren Nachweisen
Nachw	Nachweise
nF	neue Fassung

NJ	Neue Justiz
NJW	Neue Juristische Wochenschrift
NJW-RR	NJW-Rechtsprechungs-Report Zivilrecht
NJW-CoR	NJW-Computerreport
NJWE-WettbR	NJW-Entscheidungsdienst Wettbewerbsrecht (jetzt GRUR-RR)
n rkr	nicht rechtskräftig
NV	Normalvertrag
ÖBGBl	Österreichisches Bundesgesetzblatt
ÖBl	Österreichische Blätter für gewerblichen Rechtsschutz und Urheberrecht
ÖSGRUM	Österreichische Schriftenreihe zum Gewerblichen Rechtsschutz, Urheber- und Medienrecht
öUrhG	öst. UrhG
OGH	Oberster Gerichtshof (Wien)
ÖJZ	Österreichische Juristenzeitung
OLG	Oberlandesgericht
OLGZ	Entscheidungen der Oberlandesgerichte in Zivilsachen
OMPI	Organisation Mondiale de la Propriété Intellectuelle
OPAC	Online Public Access Catalogue
OVG	Oberverwaltungsgericht
OWiG	Gesetz über Ordnungswidrigkeiten
PatG	Patentgesetz
PDA	Personal Digital Assistant
pdf	portable document format
PGP	Pretty Good Privacy
php	PHP: Hypertext Preprocessor
PIN	Personal Identification Number
pma	post mortem auctoris
PR	Public Relations
PrPG	Gesetz zur Stärkung des Schutzes des geistigen Eigentums und zur Bekämpfung der Produktpiraterie
PVÜ	Pariser Verbandsübereinkunft zum Schutz des gewerblichen Eigentums
RA	Rom-Abkommen
RabelsZ	Zeitschrift für ausländisches und internationales Privatrecht
RBÜ	Revidierte Berner Übereinkunft zum Schutz von Werken der Literatur und der Kunst
RdA	Recht der Arbeit
RefE	Referentenentwurf
RegE	Regierungsentwurf
RG	Reichsgericht
RGBl	Reichsgesetzblatt
RGSt	Entscheidungen des Reichsgerichts in Strafsachen
RGZ	Entscheidungen des Reichsgerichts in Zivilsachen
RIAA	Recording Industry Association of America
RIDA	Revue Internationale du Droit d'Auteur
RiStBV	Richtlinien für das Strafverfahren und das Bußgeldverfahren
RIW	Recht der Internationalen Wirtschaft
RL	Richtlinie
Rn	Randnummer
Rspr	Rechtsprechung
RzU	E. Schulze (Hg), Rechtsprechung zum Urheberrecht
S	Seite, Satz

s	siehe
SACEM	Société des Auteurs, Compositeurs et Éditeurs de Musique (www.sacem.fr)
SatÜ	Brüsseler Satellitenübereinkommen
SchSt	Schiedsstelle nach dem Gesetz über die Wahrnehmung von Urheberrechten und verwandten Schutzrechten
SCMS	Serial Copyright Management System
SigG	Gesetz zur digitalen Signatur – Signaturgesetz
SJZ	Süddeutsche Juristenzeitung
SMI	Schweizerische Mitteilungen zum Immaterialgüterrecht
so	siehe oben
sog	so genannte(r/s)
SortenSchG	Sortenschutzgesetz
SpuRt	Zeitschrift für Sport und Recht
STAGMA	Staatlich genehmigte Gesellschaft zur Verwertung musikalischer Urheberrechte
StGB	Strafgesetzbuch
StPO	Strafprozessordnung
str	strittig
stRspr	ständige Rechtsprechung
StV	Staatsvertrag
su	siehe unter/unten
TCPA	Trusted Computing Platform Alliance
TDG	Gesetz über die Nutzung von Telediensten (Teledienstegesetz)
TKG	Telekommunikationsdienstegesetz
TKMR	Telekommunikations- & Medienrecht
TMG	Telemediengesetz
TRIPS	WTO-Übereinkommen über handelsbezogene Aspekte der Rechte des geistigen Eigentums
TV	Tarifvertrag
TVG	Tarifvertragsgesetz
Tz	Textziffer
ua	unter anderem
uä	und ähnliches
UFITA	Archiv für Urheber-, Film-, Funk- und Theaterrecht
UMTS	Universal Mobile Telecommunications System
UmwG	Umwandlungsgesetz
URG	Urheberrechtsgesetz (der DDR)
UrhG	Urheberrechtsgesetz
UrhGÄndG	Gesetz zur Änderung des Urheberrechtsgesetzes
Urt	Urteil
UStG	Umsatzsteuergesetz
UWG	Gesetz gegen den unlauteren Wettbewerb in der Fassung vom 3. Juli 2004
Var	Variante
VerlG	Gesetz über das Verlagsrecht
VersG	Versammlungsgesetz
VFF	Verwertungsgesellschaft der Film- und Fernsehproduzenten (www.vffvg.de)
VG	Verwertungsgesellschaft; Verwaltungsgericht
VG Bild-Kunst	Verwertungsgesellschaft Bild-Kunst (www.bildkunst.de)
VGF	Verwertungsgesellschaft für Nutzungsrechte an Filmwerken
vgl	vergleiche
VG Media	Gesellschaft zur Verwertung der Urheber- und Leistungsschutzrechte von Medienunternehmen mbH

XVII

VG Musikedition	Verwertungsgesellschaft zur Wahrnehmung von Nutzungsrechten an Editionen (Ausgaben) von Musikwerken (www.vg-musikedition.de)
VG Satellit	Gesellschaft zur Verwertung der Leistungsschutzrechte von Sendeunternehmen
VG WORT	Verwertungsgesellschaft der Wortautoren (www.vgwort.de)
VO	Verordnung
VPRT	Verband Privater Rundfunk und Telemedien
VS	Verband deutscher Schriftsteller
WahrnG	Gesetz über die Wahrnehmung von Urheberrechten und verwandten Schutzrechten
WAN	Wide Area Network
WAP	Wireless Application Protocol
WCT	WIPO Copyright Treaty
WIPO	World Intellectual Property Organization (www.wipo.org)
WM	Wertpapier-Mitteilungen
WPPT	WIPO Performances and Phonograms Treaty
WRP	Wettbewerb in Recht und Praxis
WRV	Weimarer Reichtsverfassung
WTO	World Trade Organization (www.wto.org)
WUA	Welturheberrechtsabkommen
WuW	Wirtschaft und Wettbewerb
XML	Extensible Markup Language
zB	zum Beispiel
ZBR	Zeitschrift für Beamtenrecht
ZBT	Zentralstelle Bibliothekstantieme
ZDF	Zweites Deutsches Fernsehen
ZEuP	Zeitschrift für Europäisches Privatrecht
ZfBR	Zeitschrift für deutsches und internationales Bau- und Vergaberecht
ZFS	Zentralstelle Fotokopieren an Schulen
ZfZ	Zeitschrift für Zölle
ZGR	Zeitschrift für Unternehmens- und Gesellschaftsrecht
ZHR	Zeitschrift für das gesamte Handels- und Wirtschaftsrecht
ZIP	Zeitschrift für Wirtschaftsrecht
zit	zitiert
ZKDSG	Zugangskontrolldiensteschutzgesetz
ZPO	Zivilprozessordnung
ZPÜ	Zentralstelle für private Überspielungsrechte
ZS	Zivilsenat
ZSEG	Gesetz über die Entschädigung von Zeugen und Sachverständigen (Zeugen- und Sachverständigen-Entschädigungsgesetz)
ZSR NF	Zeitschrift für Schweizerisches Recht – Neue Folge
ZUM	Zeitschrift für Urheber- und Medienrecht
ZUM-RD	Rechtsprechungsdienst der ZUM
zust	zustimmend
ZVV	Zentralstelle Videovermietung
ZZP	Zeitschrift für Zivilprozess

Kapitel 1

Medien im technologischen Zeitalter

Literatur

Ahrens/Bornkamm/Kunz-Hallstein (Hrsg) FS für Ullmann, Saarbrücken 2006 (zit Ahrens/ Bornkamm/Kunz-Hallstein/*Bearbeiter*); *Ann* Know-how – Stiefkind des geistigen Eigentums GRUR 2007, 39; *ders* Privatrecht und Patentrecht? – Gedanken zur rechtssystematischen Einordnung eines Fachs GRUR Int 2004, 696; *Assmann/Kirchner/Schanze* (Hrsg) Ökonomische Analyse des Rechts, 1. Aufl Tübingen 1993; *Baumann* Postmodernity and Discontents, Hamburg 1997; *Baumann/Hofmann* Hybride Computer- und Videospiele aus jugendschutzrechtlicher Sicht ZUM 2010, 863; *Beater* Medienrecht als eigenständiges Rechtsgebiet JZ 2005, 822; *Baer* Braucht das Grundgesetz ein Update?, Blätter für deutsche und internationale Politik, 2011, 90 ff; *Beater/Habermeier* (Hrsg) Verletzungen von Persönlichkeitsrechten durch die Medien, Tübingen 2005 (zit Beater/Habermeier/*Bearbeiter*); *Bechthold* Optionsmodelle und private Rechtsdurchsetzung im Urheberrecht am Beispiel von Google Book Search GRUR 2010, 282; *von Becker* Mephisto revisited – ein Rundblick zum Schlüsselroman aus aktuellem Anlass KUR 2003, 81; *Becker/Lerche/Mestmäcker* (Hrsg) FS für Kreile, Baden-Baden 1994 (zit Becker/Lerche/Mestmäcker/*Bearbeiter*); *Bell* Die nachindustrielle Gesellschaft, Frankfurt aM 1974; *Bender/Kahlen* Neues Telemediengesetz verbessert den Rechtsrahmen für Neue Dienste und Schutz vor Spam-Mails MMR 2006, 590; *Benjamin* Allegorien kultureller Erfahrung, Leipzig 1984; *Bodewig/Wandtke* Die doppelte Lizenzgebühr als Berechnungsmethode im Lichte der Durchsetzungsrichtlinie GRUR 2008, 220; *Boehme-Neßler* Unscharfes Recht, Berlin 2008; *Bohne/Krüger* Das „Settlement Agreement" zwischen Google und der Authors Guild als Leitbild einer europäische Regelung WRP 2009, 599; *Bohne/Elmers* Die Digitalisierung von Wissen in der Informationsgesellschaft und ihre rechtliche Regulierung WRP 2009, 586; *Boncompain* La Révolution des Auteurs, Paris 2002; *Bourdieu* The Field of Cultural Production, Paris 1993; *ders* Über das Fernsehen, Frankfurt aM 1998; *Braml* Onlinespiele: Novellierungsbedarf im Jugendmedienschutz? ZUM 2009, 925; *Brecht* Der Dreigroschenprozess in: Werke, Berlin ua 1992; *Bretschneider* Medienkartellrecht – Auch Murdoch darf nicht wie er will WRP 2008, 761; *Bretschneider* Britisches Medienkonzentrationsrecht als Vorbild? ZUM 2010, 418; *Brinkel/Lammers* Innere Sicherheit auf Vorrat? ZUM 2008, 11; *Buchroithner/Albiez/Miceli* Wem gehört der Fußball? K&R 2008, 208; *Büscher/Dittmer/Schiwy* Gewerblicher Rechtsschutz Urheberrecht Medienrecht, 2. Aufl Köln, München 2011 (zit Büscher/Dittmer/Schiwy/*Bearbeiter*); *Bukow/Ottersbach* (Hrsg) Die Zivilgesellschaft in der Zerreißprobe, Opladen 1999 (zit Bukow/Ottersbach/*Bearbeiter*); *Bullinger, M* Private Rundfunkfreiheit auf dem Weg zur Pressefreiheit ZUM 2007, 337; *ders* Von pressefernen zur pressenahen Rundfunkfreiheit JZ 2006, 1134; *Bullinger/Czychowski* Digitale Inhalte: Werk und/oder Software? – Ein Gedankenspiel am Beispiel von Computerspielen GRUR 2011, 19; *Busche/Stoll* TRIPs, Köln ua 2007 (zit Busche/Stoll/*Bearbeiter*); *Capurro* Leben im Informationszeitalter, Berlin 1995; *Castendyk* Die Neuregelung der Produktplazierung im Fernsehen – Definition, Systematik, Prinzipien und Probleme ZUM 2010, 29; *ders* Werbeintegration im TV-Programm – wann sind Themen Placements Schleichwerbung oder Sponsoring? ZUM 2005, 857; *Castendyk/Böttcher* Ein neuer Rundfunkbegriff für Deutschland? – Die Richtlinie für audiovisuelle Mediendienste und der deutsche Rundfunkbegriff MMR 2008, 13; *Claus* Expansion der Kunst. Beiträge zu Theorie und Praxis öffentlicher Kunst, Reinbek 1970; *Cornish/Llewelyn* Intellectual Property, 5. Aufl London 2003; *Dankwerts* Örtliche Zuständigkeit bei Urheber-, Marken- und Wettbewerbsverletzungen im Internet GRUR 2007, 104; *Delp* (Hrsg) Das Buch in der Informationsgesellschaft, Wiesbaden 2006; *Dierking/Möller* Online-TV und das

„Long Tail"-Phänomen verändern die Grundlagen der Rundfunkordnung MMR 2007, 426; *Dörr/Kreile/Cole* (Hrsg) Handbuch Medienrecht 2. Aufl Frankfurt aM 2011 (zit Dörr/Kreile/Cole/*Bearbeiter*); *Dörr/Schwartmann* Medienrecht, 3. Aufl Heidelberg 2010; *Dreier* Urheberrecht an der Schwelle des 3. Jahrtausends. Einige Gedanken zur Zukunft des Urheberrechts CR 2000, 45; *Dreier/Schulze* Urheberrecht Kommentar, 3. Aufl München 2008 (zit Dreier/Schulze/*Bearbeiter*); *Dreyer/Kotthoff/Meckel* Urheberrecht, Kommentar, 2. Aufl Heidelberg 2009 (Dreyer/Kotthoff/Meckel/*Bearbeiter*); *Durner* Fernmeldegeheimnis und informationelle Selbstbestimmung als Schranken urheberrechtlicher Sperrverfügungen im Internet? ZUM 2010, 833; *Eastman/Ferguson/Klein* Media Promotion and Marketing for Broadcasting, Cable and the Internet, Amsterdam ua 2006 (zit Eastman/Ferguson/Klein/*Bearbeiter*); *Eberle* Neue Verbreitungswege, neue Angebote – die Sicht des öffentlich-rechtlichen Rundfunks ZUM 2007, 439; *Eckhardt/Schütze* Vorratsdatenspeicherung nach BVerfG: „Nach dem Gesetz ist vor dem Gesetz." CR 2010, 225; *Edelmann* Le Droit saisi par la photographie, Paris 1973; *Edemir* Killerspiele und gewaltbeherrschte Medien im Fokus des Gesetzgebers K&R 2008, 223; *Ehmann* Zum kommerziellen Interesse an Politikerpersönlichkeiten AfP 2007, 81; *Eichenberger* Grundzüge der Mikroökonomik, Tübingen 2006; *Eichmann/von Falckenstein* Geschmacksmustergesetz, 4. Aufl München 2010; *von Einem* Zum Streit um die Lizenzierungspraxis bei monophonen und polyphonen Klingeltönen ZUM 2005, 540; *Enaux/Worok* TK-Review 2006: (R)evolution des Rechtsrahmens für elektronische Kommunikation? CR 2006, 736; *Ensthaler/Heinemann* Zur Haftung des Hostproviders WRP 2010, 309; *Ernst* Google Street View: Urheber- und persönlichkeitsrechtliche Fragen zum Straßenpanorama CR 2010, 178; *Faßbender* Der grundrechtliche Schutz der Werbefreiheit in Deutschland und Europa GRUR Int 2006, 965; *Fassbender* Menschenrechteerklärung, München 2009; *Fechner* Medienrecht, 12. Aufl Tübingen 2011; *Fetzer* Next Generation Regulierung für Next Generation Networks MMR 2010, 515; *Fiedler* Zunehmende Einschränkung der Pressefreiheit ZUM 2010, 18; *Fiedler/Ullrich* Information als Wirtschaftsgut, Köln 1997 (zit Fiedler/Ullrich/*Bearbeiter*); *Fleischer* Allgemeine Kommunikationstheorie, Oberhausen 2006; *Florida* The Rise of the Creative Class, New York 2005; *Funk/Maskus* Intellectual Property and Development, Washington 2005 (zit Funk/Maskus/*Bearbeiter*); *Fülbier* Web 2.0 – Haftungsprivilegierungen bei MySpace und YouTube CR 2007, 515; *Fürst* Störerhaftung-Fragen der haftungsbegründen Zumutbarkeit und Konsequenzen – Das Ende von ebay? WRP 2010, 378; *Frenzel/Singer* Recht als Resonanzkörper der Kunst AfP 2006, 416; *dies* Die Entwicklung des Internetstrafrechts 2009/2010 ZUM 2010, 633; *Geis, I/Geis, E* Rechtsaspekte des virtuellen Lebens, CR 2007, 721; *Geiss/Gerstenmaier/Winkler* (Hrsg) FS für Mailänder, Berlin 2006 (zit Geiss/Gerstenmaier/Winkler/*Bearbeiter*); *Gercke* Die Entwicklung des Internetstrafrechts im Jahr 2006 ZUM 2007, 282; *Gersdorf* Caroline-Urteil des EGMR: Bedrohung der nationalen Medienordnung AfP 2005, 221; *Giesen* Das Grundrecht auf Datenverarbeitung, JZ 2007, 918; *Götting* Der Begriff des Geistigen Eigentums GRUR 2006, 353; *Grabenwarter* Europäische Menschenrechtskonvention, München 2005; *Grunewald* Fern der Quelle-Geheimnisschutz und Outsourcing WRP 2007, 1307; *Grzeszick* Geistiges Eigentum und Art 14 GG ZUM 2007, 344; *Hagenhoff* (Hrsg) Internetökonomie der Medienbranche, Göttingen 2006 (zit Hagenhoff/*Bearbeiter*); *Handig* Urheberrechtliche Aspekte bei der Lizenzierung von Radioprogrammen im Internet GRUR Int 2007, 206; *Hanewinkel* Urheber versus Verleger GRUR 2007, 373; *Hansen* Warum Urheberrecht? Baden-Baden 2009; *Haug* Kritik der Warenästhetik, Frankfurt aM 2009; *Haupt* Territorialprinzip im Patent- und Gebrauchsmusterrecht bei grenzüberschreitenden Fallgestaltungen GRUR 2007, 187; *Hegel* Grundlinien der Philosophie des Rechts (Hrsg Klenner), Berlin 1981; *Heinz* Urheberrechtliche Gleichbehandlung von alten und neuen Medien, München 2006; *Helle* Privatautonomie und kommerzielles Persönlichkeitsrecht JZ 2007, 444; *Heller/Goldbeck* Mohamed zu Gast in Poptown ZUM 2007, 628; *Hepp/Krotz/Moores* (Hrsg) Konnektivität, Netzwerk und Fluss, Wiesbaden 2006 (zit Hepp/Krotz/Moores/*Bearbeiter*); *Hess/Fischer* Medienkartellrecht AfP 2006, 439; *Hesse* Die Umsetzung der Werbebestimmungen der EU-Richtlinie über audiovisuelle Mediendienste in deutsches Recht aus Sicht des öffentlich-rechtlichen Rundfunks ZUM 2009, 718; *Hilty/Geiger* (Hrsg) Impulse für eine europäische Harmonisierung des Urheberrechts, Berlin ua 2007 (zit Hilty/Geiger/*Bearbeiter*); *Hoeren* Zoning und Geolocation – Technische Ansätze zu einer Reterritorialisierung des Internets MMR 2007, 3; *ders* Telemediengesetz NJW 2007, 801; *ders* Urheberrechtliche Fragen rund um IP-TV und Handy-TV MMR 2008, 139; *ders*

Zur Einführung: Informationsrecht JuS 2002, 947; *Hoffmann-Riem* Der grundrechtliche Schutz der Vertraulichkeit und Integrität eigengenutzte informationstechnischer Systeme JZ 2008; *ders* Die Caroline II-Entscheidung des BVerfG NJW 2009, 20; *Hofmann* (Hrsg) Wissen und Eigentum, Bonn 2006 (zit Hofmann/*Bearbeiter*); *Holtz-Bacha* Von der Fernseh- zur Mediendiensterichtlinie Media Perspektiven 2007, 113; *Holz* Vom Kunstwerk zur Ware, Darmstadt/Neuwied 1972; *Hopf* Rechtliche Grundlagen des Jugendmedienschutz-Staatsvertrags und die Verantwortlichkeit von Chatbetreibern ZUM 2008, 207; *Hopf/Braml* Virtuelle Kinderpornografie vor dem Hintergrund des Online-Spiels Second Life ZUM 2007, 354; *Horkheimer/Adorno* Dialektik der Aufklärung, Frankfurt aM 1969; *Hornung* CR Ein neues Grundrecht 2008, 299; *Huber* Aktuelle Fragen des Drei-Stufen-Tests ZUM 2010, 201; *Hüttner/Ott* Schachern um das Weltkulturerbe – Das Google Book Settlement ZUM 2010, 377; *Jacobs/Papier/Schuster* (Hrsg) FS für Raue, Köln 2006 (zit Jacobs/Papier/Schuster/*Bearbeiter*); *Junghans/Levy* (Hrsg) Intellectual Property Management, Weinheim 2005 (zit Junghans/Levy/*Bearbeiter*); *Kamlah* Softwareschutz durch Patent- und Urheberrecht CR 2010, 485; *Kamps/Koops* Online-Videorecorder im Lichte des Urheberrechts, CR 2007, 581; *Kauert* Das Leistungsschutzrecht des Verlegers, Berlin 2008; *Kaufmann* Für immer und ewig beschuldigt? MMR 2010, 520; *Kaufmann/Hassemer/Neumann* (Hrsg) Einführung in Rechtsphilosophie und Rechtstheorie der Gegenwart, 7. Aufl Heidelberg 2004 (zit Kaufmann/Hassemer/Neumann/*Bearbeiter*); *Kellner* Media Culture, London 1995; *Kelsen* Die Rechtswissenschaft als Norm- oder als Kulturwissenschaft, in Schmollers Jahrbuch für Gesetzgebung, Verwaltung und Volkswirtschaft im Deutschen Reiche 40, Berlin 1916, 1181; *Kettner* Thesen zur Bedeutung des Globalisierungsbegriffs DtschZPh 1997, 903; *Kirchner* Innovationsschutz und Investitionsschutz für immaterielle Güter GRUR Int 2004, 603; *Kitz* Das neue Recht der elektronischen Medien in Deutschland – sein Charme, seine Fallstricke ZUM 2007, 368; *Klenner* Demokratischer Sozialismus begegnet Sozialem Liberalismus, in Kirste/Sprenger (Hrsg) Menschliche Existenz und Würde im Rechtsstaat, Berlin 2010; *ders* Juristenaufklärung über Gerechtigkeit, Sitzungsberichte der Leibnitz-Sozietät, Bd 88 (2007), 35; *ders* Vom Recht der Natur zur Natur des Rechts, Berlin 1984; *Klickermann* Virtuelle Welten ohne Rechtsansprüche MMR 2007, 766; *Koch* Internet-Recht, 2. Aufl München 2005; *ders* Medienkonzentrationsrecht in Deutschland – sind wir auf dem richtigen Weg? AfP 2007, 305; *Koch* Lafontain und Maddi WRP 2009, 10; *Kohler* Das Recht als Kulturerscheinung, Würzburg 1885; *Koreng* Das „Unternehmenspersönlichkeitsrecht" als Element des gewerblichen Reputationsschutzes GRUR 2010, 1065; *Klüber* Persönlichkeitsschutz und Kommerzialisierung, Tübingen 2007; *Kreifels/Breuer/Maidl* Die Werbeagentur in Recht und Praxis, München 2000; *Kreile* Die Umsetzung der Werbebestimmungen der EU-Richtlinie über audiovisuelle Mediendienste in deutsches Recht aus Sicht der Produzenten ZUM 2009, 709; *Kröger/Gimmy/Moos* Handbuch zum Internetrecht, Berlin 2000; *Kübler* Mediale Kommunikation, Tübingen 2000; *Kuhn* E-Commerce, Erlangen 2004; *Kühling/Gauß* Expansionslust von Google als Herausforderung für das Kartellrecht MMR 2007, 751; *Ladeur* Zur Verfassungswidrigkeit der Regelung des Drei-Stufen-Tests für Onlineangebote des öffentlich-rechtlichen Rundfunks nach § 11 f RStV ZUM 2009, 906; *ders* Der prozeduale Schutz der Medienfreiheit ZUM 2004, 1; *ders* Fiktive Lizenzentgelte für Politiker? ZUM 2007, 111; *Larenz/Wolf* Allgemeiner Teil des Bürgerlichen Rechts, 9. Aufl München 2004; *Lash* Critique of Information, London 2002; *Leistner* Der Beitrag ökonomischer Forschung zum Urheberrecht ZFG 2009, 403; *ders* (Hrsg) Europäische Perspektiven des Geistigen Eigentums, Tübingen 2010 (zit Leistner/*Bearbeiter*); *Leistner/Hansen* Die Begründung des Urheberrechts im digitalen Zeitalter GRUR 2008, 479; *Lessig* Freie Kultur, München 2006; *Lettl* Allgemeines Persönlichkeitsrecht und Medienberichterstattung WRP 2005, 1045; *Limper/Musiol* Handbuch des Fachanwalts Urheber- und Medienrecht, München 2011; *Lober/Karg* Unterlassungsansprüche wegen User Genereted Content gegen Betreiber virtueller Welten und Online-Spiele CR 2007, 647; *Lochmann* Vom Wesen der Information, Nordersted 2006; *Loewenheim* (Hrsg) Handbuch des Urheberrechts, 2. Aufl München 2010 (zit Loewenheim/*Bearbeiter*); *Lucchi* Digital Media & Intellectual Property, Berlin 2006; *Luhmann* Die Realität der Massenmedien, 3. Aufl Wiesbaden 2004; *Mankowski* Klingeltöne auf dem wettbewerbsrechtlichen Prüfstand GRUR 2007, 1013; *Mantz* Creative Commons-Lizenzen im Spiegel internationaler Gerichtsverfahren GRUR Int 2008, 20; *Markfort* Popstars und die Pressefreiheit. Zur Bildberichterstattung von Konzerten ZUM 2006, 829; *Marten* Gesellschaftliche Produktion und Kultur, Berlin 1990; *Marx* Ökonomisch-philosophische Manuskripte, MEGA, Erste Abt, Bd 2, Berlin 1982; *ders* Theorie über den Mehrwert, MEW Bd 26.1, Berlin 1974; *ders* Grundrisse der Kritik der politischen Ökonomie, Berlin 1953; *ders* Das Kapital, MEW Bd 25, Berlin 1964; *McLuhan* Understanding Media, Nachdruck, New York 2002; *ders* Das Medium ist die Botschaft, Dresden 2001; *McLuhan/Powers* The Global Village, Paderborn 1995; *Menninger/Nägele* Die Bewertung von Gewerblichen Schutzrechten und Urheberrechten für Zwecke der Schadensberechnung im Verletzungsfall WRP 2007, 912; *Mersch* Medientheorien, Hamburg 2006; *Michel* Senden als konstitutiver Bestandteil des Rundfunkbegriffs? ZUM 2009, 453; *Moos* Unzulässiger Handel mit Persönlichkeitsprofilen? Erstellung und Vermarktung kommerzieller Datenbanken mit Personenbezug MMR 2006, 718; *Mückl* Die Konvergenz der Medien im Lichte des neuen Telemediengesetzes JZ 2007, 1077; *Müller* Kunstwerk, Kunstgeschichte und Computer, Frankfurt aM 1987; *Münker/Roesler* (Hrsg) Mythos Internet, Frankfurt aM 1997; *Myers* Wikimmunity: Fitting the Communications Decency Act to Wikipedia, Havard Journal of Law & Technology, Vol 20, 2006, 163; *Naucke/Harzer* Rechtsphilosophische Grundbegriffe, 5. Aufl München 2005; *Noske* Ist das duale Rundfunksystem reformbedürftig? ZRP 2007, 64; *Obergfell* Dichtung oder Wahrheit? ZUM 2007, 910; *Ohly/Bodewig/ Dreier/Götting/Haedicke/Lehmann* (Hrsg) FS für Schricker, München 2005 (zit Ohly/Bodewig/ Dreier/Götting/Haedicke/Lehmann/*Bearbeiter*); *Ory* Gebührenurteil 2.0 – Ein Update aus Karlsruhe AfP 2007, 401; *Ossenbühl* Geistiges Eigentum – Ein Grundrecht aus der Hand des Gesetzgebers, in Herdegen/Klein/Papier/Scholz (Hrsg) Festschrift für Herzog, München 2009, 325 (zit Herdegen/Klein/Papier/Scholz/*Ossenbühl*/*Bearbeiter*); *Ott* Die Google Buchsuche – Eine massive Urheberrechtsverletzung? GRUR Int 2007, 562; *ders* Die Entwicklung der Suchmaschinen- und Hyperlink-Rechts im Jahr 2009 WRP 2010, 435; *Ott/Schäfer* Ökonomische Probleme des Zivilrechts, 4. Aufl Berlin 2005; *Otto* Deutscher Verbotsaktionismus schadet der kulturellen Vielfalt Politik und Kultur 2007, 14; *Paal* Entflechtungstatbestand, Medienvielfalt und Kartellgesetz JZ 2010, 647; *Pahud* Die Sozialbindung des Urheberrechts, Bern 2000; *Pahlow* „Intellectual property", „propriété intellectuelle" und kein „Geistiges Eigentum"? UFITA 2006/III, 705; *ders* Wie klein darf die „kleine Münze" sein? WRP 2007, 739; *Palandt* Bürgerliches Gesetzbuch, 70. Aufl München 2011 (zit Palandt/*Bearbeiter*); *Paschke* Medienrecht – Disziplinbildende Sinneinheit übergreifender Rechtsgrundsätze oder Chimäre? ZUM 1990, 209; *Paschke/Berlit/ Meyer* (Hrsg) Gesamtes Medienrecht, Baden-Baden 2008 (zit Paschke/Berlit/Meyer/*Bearbeiter*); *Peifer, Ch* Neue Regeln für die Datennutzung zu Werbezwecken MMR 2010, 524; *Peifer, K* Vergriffene und verwaiste Werke: Gesetzliche Lösung in Sicht? GRUR-Prax 2011, 1; *ders* Digital und ohne Recht? – Zweck, Inhalt und Reichweite eines möglichen Leistungsschutzrechtes für Presseverleger KSzW 2010, 263; *ders* Eigenheit oder Eigentum – Was schützt das Persönlichkeitsrecht? GRUR 2002, 495; *ders* Individualität im Zivilrecht, Tübingen 2001; *ders* Das Urheberrecht und die Wissensgesellschaft – Stimmen der rechtlichen Rahmenregeln für die Zukunft von Forschung und Lehre, UFITA 2007/II, 327; *Peifer, M* Neue Reglen für die Datennutzung zu Werbezwecken – Die Reform des BDSG MMR 2010, 524; *Perwin* Geistiges Eigentum und Informationszugang, Marburg 2010; *Peters* Einführung in die Europäische Menschenrechtskonvention, München 2003; *Peukert* Güterzuordnung als Rechtsprinzip, Tübingen 2008; *Pfennig* Informationsgesellschaft und Kulturflatrate, Kulturpolitische Mitteilungen 2009, 34; *Pierson/Ahrens/Fischer* Recht des geistigen Eigentums, München 2007 (zit Pierson/Ahrens/Fischer/*Bearbeiter*); *Postman* Wir amüsieren uns zu Tode, Frankfurt aM 1999; *Potthast* Medienrechtliche Einordnung neuer Angebote über neue Übertragungswege ZUM 2007, 443; *Pross* Medienforschung – Film Funk Presse Fernsehen, Darmstadt 1972; *Prinz/Peters* (Hrsg) FS für Engelschall, Baden-Baden 1996 (zit Prinz/ Peters/*Bearbeiter*); *Puschke/Singelnstein* Telekommunikationsüberwachung, Vorratsspeicherung und (sonstige) heimliche Ermittlungsmaßnahmen der StPO nach der Neuregelung zum 1.1.2008 NJW 2008, 113; *Randelzhofer* Use of Force in: Bernhardt (Hrsg) Encyclopedia of Public International Law, Vol 4, Amsterdam 2000; *Rassow* Staatliche Schutzpflichten für geistiges Eigentum, Hamburg 2006; *Raue/Hegemann* Urheber- und Medienrecht, München 2011 (zit Raue/Hegemann/*Bearbeiter*); *Reber* Die Schutzdauer des postmortalen Persönlichkeitsrechts in Deutschland und der USA GRUR Int 2007, 492; *ders* Die Beteiligung von Urhebern und ausübenden Künstlern an der Verwertung von Filmwerken in Deutschland und den USA, München 1998; *Rehbinder* Urheberrecht, 16. Aufl München 2010; *Riesenhuber/Klöhn* (Hrsg) Das Urhebervertragsrecht im Lichte der Verhaltensökonomik, Berlin 2010 (zit Riesenhuber/Klöhn/*Bearbeiter*); *Rippert/Weimer* Rechtsbeziehungen in der virtuellen Welt ZUM 2007, 272; *Ritlewski* Virtuelle Kinderpornografie in Second Life K&R 2008, 94; *Roesler-Graichen* Börsenblatt Nr 5/2007; *Roesler/Stiegler* Grundbegriffe der Medientheorie, Paderborn 2005; *Roßnagel* Die „Überwachungs-Gesamtrechnung" – das BVerfG und die Vorratsspeicherung NJW 2010, 1238; *ders* Konflikte zwischen Informationsfreiheit und Datenschutz MMR 2007, 16; *Roßnagel/Jandt/Schnabel* Kulturflatrate – Ein verfassungsrechtlich zulässiges alternatives Modell zur Künstlervergütung? MMR 2010, 8; *Rumyantsev* Journalistisch-redaktionelle Gestaltung: Eine verfassungswidrige Forderung? ZUM 2008, 33; *Ruhl* Anmerkung zur geschmacksmusterrechtlichen Entscheidung des BGH „Verlängerte Limousinen" GRUR 2010, 692; *ders* Fragen des Schutzumfangs im Geschmacksmusterrecht GRUR 2010, 289; *Runge* Die Vereinbarkeit einer Content-Flatrate für Musik mit dem Drei-Stufen-Test GRUR Int 2009, 130; *Rüters* Rechtstheorie, 2. Aufl München 2005; *Schack* Urheber- und Urhebervertragsrecht, 5. Aufl Tübingen 2010; *ders* Europäische Urheberrechts-Verordnung: erwünscht oder unvermeidlich? ZGF 2009, 275; *Schaub* Äußerungsfreiheit und Haftung JZ 2007, 548; *Scherer* Verletzung der Menschenwürde durch Werbung WRP 2007, 594; *Schertz* Bildnisse, die einem höheren Interesse der Kunst dienen GRUR 2007, 558; *Scheuermann/ Strittmatter* (Hrsg) FS für Reichardt, Baden-Baden 1990 (zit Scheuermann/Strittmatter/*Bearbeiter*); *Schiller* Die Geschichte des Dreißigjährigen Krieges, Gesammelte Werke, Bd II, Stuttgart 1878, 123; *Schiwy/Schütz/Dörr* Lexikon für Praxis und Wissenschaft, 4. Aufl Köln 2006; *Schmid/ Kitz* Von der Begriffs- zur Gefährdungsregulierung im Medienrecht ZUM 2009, 718; *Schmolke* Die Gewinnabschöpfung im US-amerikanischen Immaterialgüterrecht GRUR Int 2007, 3; *Schnabel* Das Zugangserschwerungsgesetz – Zum Access-Blocking als ultima ratio des Jugendschutzgesetzes JZ 2009, 996; *Schopenhauer* Zur Rechtslehre und Politik, in Sämtliche Werke Bd V 1880; *Schricker* Urheberrechtsschutz für Spiele GRUR Int 2008, 200; *Schricker/Loewenheim* (Hrsg) Urheberrecht, Kommentar, 4. Aufl München 2010 (zit Schricker/Loewenheim/*Bearbeiter*); *Schulz* Medienkonvergenz light – Zur neuen Europäischen Richtlinie über audiovisuelle Mediendienste EuZW 2008, 107; *Schulze* Die Erlebnisgesellschaft, Frankfurt aM 1992; *Schütz* Rundfunkbegriff: Neutralität der Inhalte oder der Übertragung? – Konvergenz und Innovation MMR 2009, 228; *Schwartmann* (Hrsg) Praxishandbuch Medien-, IT- und Urheberrecht, Heidelberg 2008 (zit Schwartmann/*Bearbeiter*); *Schwarz/Hansen* Der Produzent als (Mit-)Filmurheber GRUR 2011, 109; *Schwarz-Winkelhofer/Biedermann* Das Buch der Zeichen und Symbole, 5. Aufl Wiesbaden 2004; *Schweighofer* Wer reguliert das Internet? Medien und Recht MR 2000, 347; *Schwintowski* Juristische Methodenlehre, Stuttgart 2005 (zit Methodenlehre); *ders* Recht und Gerechtigkeit. Eine Einführung in Grundfragen des Rechts, Berlin 1996; *Scoble/Israel* Unsere Kommunikation der Zukunft, München 2007; *Seelmann* Rechtsphilosophie, München 2004; *Seichter* Die Umsetzung der Richtlinie zur Durchsetzung der Rechte des geistigen Eigentums WRP 2006, 391; *Seidel* Quo vadis Völkerrecht? Archiv des Völkerrechts, 2003 Bd 41, 449; *Siegrist* Entgrenzung des Eigentums in modernen Gesellschaften und Rechtskulturen, in Comparativ, Heft 5/6, Leipzig 2007 (zit Siegrist/*Bearbeiter*); *Sosnitza* Google Book Search, Creativ Commens und Open Access, Rechtswissenschaft 2010; *Spacek* Schutz von TV-Formaten, Zürich 2005; *ders* Das Google Settlement ZfIIWR 2010, 196; *Spindler* Das neue Telemediengesetz-Konvergenz in sachten Schritten CR 2007, 239; *ders* (Hrsg) Rechtliche Rahmenbedingungen von Open-Access-Publikationen, Göttingen 2006 (zit Spindler/*Bearbeiter*); *Spindler/ Schuster* Recht der elektronischen Medien, Kommentar München 2008 (zit Spindler/Schuster/ *Bearbeiter*); *Stallberg* Urheberrecht und moralische Rechtfertigung, Berlin 2006; *Steinbuk* Immaterialgüterrechte und Informationsinteresse KSzW 2010, 223; *Stolz* Geschmacksmuster- und markenrechtlicher Designschutz, Baden-Baden 2002; *Tades/Danzl/Graninger* (Hrsg) FS für Dittrich, Wien 2000 (zit Tades/Danzl/Graninger/*Bearbeiter*); *Troller* Immaterialgüterrecht Bd 1, Basel ua 1985; *Uerpmann-Wittzack/Jankowska-Gilberg* Die Europäische Menschenrechtskonvention als Ordnungsrahmen für das Internet MMR 2008, 83; *Ujica/Loef* Quod licet jovi, non licet bovi ZUM 2010, 670; *United Nations* Creative Economy Report, Genf, New York 2008 (zit Creative Economy Report); *Vester* Soziologie der Postmoderne, München 1993; *Vitzthum* (Hrsg) Völkerrecht, 4. Aufl Berlin 2007 (zit Vitzthum/ *Bearbeiter*); *Völker/Elskamp* Die neuen Markenfunktionen des EuGH, WRP 2010, 64; *Wachs* Entschädigungszahlungen bei Persönlichkeitsrechtsverletzungen, Hamburg 2007; *Wadle* Urheberrecht zwischen Gestern und Morgen, Saarbrücken 2007 (zit *Wadle* Urheberrecht zwischen Gestern und Morgen); *ders* Geistiges Eigentum, Weinheim 1996; *Wanckel* Der Schutz der Persönlichkeit bei künstlerischen Werken NJW 2006, 578; *Wand*

Technische Schutzmaßnahmen und Urheberrecht, München 2001; *Wandtke* Copyright und virtueller Markt in der Informationsgesellschaft – oder das Verschwinden des Urhebers im Nebel der Postmoderne? GRUR 2002, 1; *ders* (Hrsg) Urheberrecht, 2. Aufl Berlin 2010 (zit Wandtke/*Bearbeiter*); *ders* Der Anspruch auf angemessene Vergütung für Filmurheber nach § 32 UrhG GRUR Int 2010, 704; *ders* Die unendliche Geschichte eines Stuhls UFITA 1996, 57; *Wandtke/Bullinger* Praxiskommentar zum Urheberrecht, 3. Aufl München 2009 (zit Wandtke/Bullinger/*Bearbeiter*); *Wandtke/Schunke* Einheitliche Lizenzierung der Klingeltöne – eine rechtliche Notwendigkeit? UFITA 2007/I, 61; *Weber* (Hrsg) Theorien der Medien, Konstanz 2003 (zit Weber/*Bearbeiter*); *Weberling/Wallraff/Deters* (Hrsg) Im Zweifel für die Pressefreiheit, Baden-Baden 2008 (zit Weberling/Wallraf/Deters/*Bearbeiter*); *Wehr/Ujica* „Alles muß raus" Datenspeicherungs- und Auskunftspflichten der Access-Provider nach dem Urteil des BVerfG zur Vorratsdatenspeicherung MMR 2010, 667; *Weinknecht/Bellinhausen* Multimedia-Recht für Autoren, Produzenten und Nutzer, Heidelberg 1997; *Weiser/Glas* Die medienrechtliche Regulierung von Plattformen ZUM 2009, 914; *Weizenbaum* Die Macht der Computer und die Ohnmacht der Vernunft, Frankfurt aM 1978; *Welsch* Unsere postmoderne Moderne, Weinheim 1991; *von Welser/Gonzalez* Marken- und Produktpiraterie, München 2007; *Wernick* Promotional Culture, London 1991; *Westermann* Der BGH baut den Know-how-Schutz aus GRUR 2007, 116; *Wirtz* Medien- und Internetmanagement, Wiesbaden 2006; *Zagouras* Der „Reding-Wallström-Plan" zum Schutz der Meinungsvielfalt in Europa AfP 2007, 1; *Zenker* Textform im www, insbesondere bei ebay, JZ 2007, 816; *Zentek* Designspezifische Absenkungen der urheberrechtlichen Gestaltungshöhe – keine Angst vorm BGH WRP 2010, 73; *Zima* Moderne/Postmoderne, Tübingen ua 1997; *Zimmerli* Technologisches Zeitalter oder Postmoderne, München 1991; *von Zimmermann* Recording-Software für Internetradios MMR 2007, 553; *Zimmermann* Römisches Recht und europäische Kultur JZ 2007, 1; *Zimmermann/Geißler* (Hrsg) Digitalisierung: Kunst und Kultur 2.0, Berlin 2010 (zit Zimmermann/Geißler/*Bearbeiter*); *Zöchbauer* Mediengesetz, Wien 2005.

Übersicht

„Nicht die Dinge beunruhigen den Menschen,
sondern die Meinungen darüber." (Artur Schopenhauer)

§ 1
Medien und Recht

I. Globalisierung der Medien und Medien der Globalisierung

1. Virtueller Markt und Medien

Es besteht kein Zweifel, dass in bestimmten historischen Entwicklungsetappen **1**
immer wieder die Frage gestellt werden muss, ob die gegenwärtige **rechtliche Infra-**
struktur als Teil der Kulturordnung den Herausforderungen vor allem der Informa-
tions- und Kommunikationsprozesse sowie der Medienvielfalt entspricht.[1] Die fort-
schreitende Entwicklung der digitalen Technik und des Internets hat zu einem
grundlegenden Wandel der Produktions-, Distributions-, Verteilungs- und Konsumtionsverhältnisse geführt. Diese Veränderungen wirken sich auch auf die Medien- und
Kulturindustrie aus. Nicht nur neue Berufsbilder sind entstanden bzw werden entstehen, sondern mit neuen Geschäftsmodellen im Internet und der Digitalisierung werden sowohl alte Strukturen im Marktverhalten der Mitbewerber global aufgehoben
als auch neue Kultur- und Medienkonzepte erforderlich. Die Medien als Vermittler
von Inhalten, Informationen, Ideen und als Kommunikator rücken dabei verstärkt in
den Mittelpunkt der philosophischen, kulturwissenschaftlichen,[2] soziologischen,[3] be-

---

[1] Dörr/Kreile/*Cole/Cole* 5; *Baer* 90; *Paal* JZ
2010, 647 ff; *Wandtke* GRUR 2002, 1 ff;
Hilty/*Hilty* 21 ff; *Boehme-Neßler* 43.
[2] Lagaay/Lauer/*Lagaay/Lauer* 7 f; *Weber/
Schicha* 108 f; *Mersch* 9 f; eine klare Begriffs-
bestimmung ist nicht auszumachen. In dieser
Publikation wird der Begriff Medien sowohl

mit technischen Geräten (zB Computer, DVD)
als auch mit ökonomischen Organisationsformen (zB Softwareunternehmen, Fernsehanstalten, Filmhersteller, Designerunternehmen) in
Verbindung gebracht, die Medienprodukte produzieren.
[3] *Luhmann* 49 f; Becker/Wehner/*Wenzel* 67 f.

triebswirtschaftlichen[4] und rechtswissenschaftlichen **Forschung**.[5] Soweit es das **Privatrecht**[6] und das **öffentliche Recht**[7] sowie das **Strafrecht**[8] betrifft, wird in anschaulicher Weise deutlich, dass das Recht teilweise nicht mehr den Informations- und Kommunikationsprozessen Rechnung trägt.[9] Mit den neuen Informations- und Kommunikationstechnologien ergeben sich Widersprüche und Lücken in den rechtlichen Rahmenbedingungen bei der Verwirklichung der **Menschenrechte** in der Europäischen Union[10] und der **Kommunikationsgrundrechte**, vor allem nach Art 5 GG,[11] welche die Medien- und Rechtsordnung zum Teil entscheidend prägen. Die Informations- und Kommunikationstechnologien können für staatliche Entscheidungsprozesse bedeutsam sein und neue Fragen der grundrechtlichen Gewährleistung der Rechte der Bürger aufwerfen. In bestimmten Fällen reicht der grundrechtliche Schutz nicht aus. Die Gefährdungen, die mit den Informations- und Kommunikationstechnologien auftreten können, sind zugleich Herausforderungen für die Medien- und Rechtsordnung. Das betrifft zB den Schutz des Kernbereichs privater Lebensgestaltung[12] und die Diskussion darüber, ob die Provider als Störer zur Sperrung urheberrechtsverletzender Internetangebote verpflichtet werden können oder ob überhaupt die Sperrung des Internets eines Internetanschlussinhabers wegen Verletzung des Urheberrechts verfassungsrechtlich erlaubt ist.[13] Das BVerfG hat in seinen historischen Entscheidungen zur **Vorratsspeicherung**[14] und zur **Online-Durchsuchung** die Schutzlücke in der Grundrechtsstruktur zu schließen versucht, indem ein neues Grundrecht auf „Gewährleistung der Vertraulichkeit und Integrität informationstechnischer Systeme" als besondere Ausprägung des allgemeinen Persönlichkeitsrechts kreiert wurde.[15] Aber auch die

---

4 *Wirtz* 7 ff.

5 *Paal* JZ 2010, 647 ff; *Dörr/Schwartmann* 3; *Dörr/Kreile/Cole/Cole* 2; *Rüthers* Rechtstheorie Rn 37; *Beater* Rn 8; *Branahl* 13; *Schiwy/Schütz/Dörr* 296.

6 Das Bürgerliche Recht ist Teil des Privatrechts und musste notwendigerweise an die elektronischen Medien angepasst werden; s Spindler/Schuster/*Micklitz* § 312 f BGB Rn 3; *Larenz/Wolf* § 30 Rn 42 ff; *Zenker* JZ 2007, 816.

7 So entstehen mit der Digitalisierung und dem Internet (zB der Rundfunkbegriff im Lichte der Mobiltelefone und Internetplattformen) Probleme im dualen Rundfunksystem (s *Schütz* MMR 2009, 228; *Michel* ZUM 2009, 453; *Ladeur* ZUM 2009, 906; *Weisser/Glas* ZUM 2009, 914; *Noske* ZRP 2007, 65; *Bullinger, M* ZUM 2007, 337) und im Datenschutz (s *Roßnagel* MMR 2007, 16).

8 BGH MMR 2011, 205; *Gercke* ZUM 2010, 633 ff.

9 Mehr oder weniger sind alle rechtlichen Regelungsbereiche von der technischen Entwicklung betroffen, vor allem diejenigen Verhältnisse, die unmittelbar oder mittelbar mit den Kommunikations- und Informationsprozessen in der körperlichen und unkörperlichen Warenwelt zu tun haben. Das gilt auch und gerade für das Privatrecht.

10 *Uerpmann-Wittzack/Jankowska-Gilberg* MMR 2008, 83; *Peters* 58 f; *Ehlers/Schorkopf* § 15 Rn 59 ff; *Grabenwarter* § 23 Rn 1; danach

sind in Art 10 der EMRK Kommunikationsfreiheiten geschützt, die sowohl die Meinungs-, Informations-, Kunst- und Wissenschaftsfreiheit als auch die Freiheit der Kommunikation durch Massenmedien erfassen.

11 Maunz/Dürig/*Herzog* Art 5 Rn 65 ff; Dreier/*Schulze-Fielitz* Art 5 Rn 277 ff; von Münch/Kunig/*Wendt* Art 5 Rn 1; *Fechner* Medienrecht Rn 59; Büscher/Dittmer/Schiwy/*Schiwy* Teil 2 Kap 3 Rn 10.

12 Hoffmann-Riem JZ 2009, 1009, 1020.

13 *Durner* ZUM 2010, 833 ff.

14 BVerfG NJW 2010, 833 – Vorratsspeicherung von Telekommunikationsverkehrsdaten; BVerfG MMR 2009, 29 – Vorratsspeicherung; *Eckhardt/Schütze* CR 2010, 225 ff; *Roßnagel* NJW 2010, 1238 ff; ausf *Fechner* Medienrecht Rn 171 ff.

15 Im Zusammenhang mit der Online-Untersuchung hat das BVerfG (s BVerfG NJW 2008, 822, 827) auf neuartige Gefahren hingewiesen und den Eingriff verfassungsrechtlich nur dann als zulässig angesehen, wenn tatsächliche Anhaltspunkte einer konkreten Gefahr für ein überragend wichtiges Rechtsgut (zB Leib, Leben und Freiheit sowie Bedrohung des Staates und die Existenzgrundlage des Menschen) besteht. Krit dazu *Hornung* CR 2008, 299, 301. Außerdem ist der Eingriff grds un unter den Vorbehalt richterlicher Anordnung zu stellen. Diese Entscheidung ist aber nur ein Pyrrhussieg.

Artur-Axel Wandtke

Pressefreiheit wird zunehmend eingeschränkt.[16] Die rechtswissenschaftliche Forschung hat sich den neuen technologischen Herausforderungen zu stellen und im Zeitalter der virtuellen Medien- und Warenwelt Konzepte anzubieten, die dem Recht als Gestaltungs- und Konfliktinstrument Rechnung tragen. Dabei rücken die rechtlichen Rahmenbedingungen der geistigen Produktion und deren Medienprodukte immer stärker in den Fokus des Medienrechts.

Denn die technologische Entwicklung hat nicht nur Impulse in der **geistigen Produktion** ausgelöst, sondern offensichtlich die gesellschaftlichen Produktionsverhältnisse und Produktivkräfte insgesamt umzuwälzen vermocht.[17] Dies ist aber kein Wunder der Technik, sondern es ist das Ergebnis der Schöpferkraft des Menschen, der seine Produktionswerkzeuge verfeinert und letztlich die Bedingungen für den **gesellschaftlichen Reichtum** schafft, die rechtlich, sozial und ökonomisch gestaltend verändert werden. Wir befinden uns im Übergang vom wissenschaftlich-technischen ins **technologische Zeitalter**, in dem der Staat auf Hoheitsrechte zu Gunsten einer **supranationalen Herrschaftsordnung** verzichtet und die Medien globaler agieren können als im 20. Jahrhundert. Dem **globalen Markt** der **Medien** entspringen Kräfte, die zu zügeln dem Recht kaum gelingen wird. Zumindest weisen verschiedene Faktoren auf diesen Zusammenhang hin, wie zB der **virtuelle Markt**,[18] der neben dem traditionellen Markt entstanden ist[19] und alles Bisherige in den Schatten bzw die Ambivalenz technologischer Entwicklung zum Ausdruck bringt. Die virtuelle Realität ist die computergesteuerte Nachbildung der Wirklichkeit. **Cyberspace** ist die Erzeugung einer digitalisierten Simulation dreidimensionaler Räumlichkeit. Der virtuelle Markt, der durch das Internet und die digitale Technologie geschaffen worden ist, erlaubt es, dass aus unserer Welt eine „**global village**"[20] zu entstehen im Begriff ist, mit einem Informationsfluss von Land zu Land. Die Ekstase der Kommunikation kennt in der **digitalen Welt**[21] keine territorialen Grenzen.[22] Über Computer und Multimedia-Handys hängen Millionen ununterbrochen am Netz. In diesem Prozess befinden wir uns. Wahrheit und Lüge werden schneller transportiert.[23] Raum und Zeit sowie traditionelle Transportwege befinden sich in der Auflösung und das Nutzerverhalten wird durch die **Vernetzung und Digitalisierung** verändert.[24] Das Wechselspiel zwischen Kritik an den Medien und **kritischen Medien** bleibt unabhängig von den Veränderungen in einer globalen Welt bestehen.[25] Der erleichterte **Zugang zu Informationen**[26] schließt erleichterte Möglichkeiten der Manipulation der Nutzer ein. Der Zugang zu amtlichen Informationen ist durch das Informationsfreiheitsgesetz des Bundes geschaffen worden. Die einzelnen Bundesländer haben ebenfalls allgemeine Informationszugangsbestimmungen.[27] Die Vernetzung und Digitalisierung hat Auswirkungen auf das Nutzerverhalten und eröffnet **neue Märkte**.[28] Diese Prozesse werfen völlig

2

---

16 *Fiedler* ZUM 2010, 18, 23.

17 *Boehme-Neßler* 79; Hepp/Krotz/Moores/ Winter/*Hepp* 43; BT-Drucks 13/11004, 61; BT-Drucks 14/9200, 261 f.

18 *Rippert/Weimer* ZUM 2007, 272. Sie weisen daraufhin, dass mit dem Geschäftsmodell „Second Life" in den USA täglich Umsätze in Höhe von ca $ 850 000,– generiert werden.

19 *Schweighofer* 347 ff; *Weinknecht/Bellinghausen* MMR 1997, 6.

20 Das Begriffspaar geht auf Marshall McLuhan zurück; s *McLuhan/Powers* The Global Village 117.

21 Bukow/Ottersbach/*Reich* 247.

22 *Lucchi* 11.

23 *Weizenbaum* 340.

24 *Wirtz* 43.

25 Becker/Wehner/*Wehner* 55.

26 Eine einheitliche Theorie der Information steht aus. Der Begriff Information meint Nachricht, Auskunft oder Mitteilung. Das Informieren beschreibt die Tätigkeit des Informierens. S *Roesler/Stiegler* 95.

27 *Perwin* 25.

28 Neben den Printmärkten (zB Zeitungs-, Buch- und Zeitschriftenmarkt) existieren elektronische Märkte (zB Internet-, Computerspiel-, Film-, TV-Markt). Die Besonderheit dieser

neue Fragen der rechtlichen Regulierung der politischen, ökonomischen, sozialen und kulturellen Prozesse in unserer Gesellschaft auf. Der **Globalisierung** der ökonomischen Prozesse folgt eine Globalisierung des Rechts im Sinne einer **Harmonisierung** der Regelungen zum Schutz der immateriellen Güter und deren Vermarktung.[29] Dem entspricht überwiegend der Schutz des geistigen Eigentums zur Sicherung der internationalen Verwertungsprozesse des Kapitals. Diese **Verwertungsprozesse** des Kapitals haben direkt oder indirekt mit den Medien zu tun. Denn Medien werden gleichsam globalisiert[30] und die Medien globalisieren die Märkte.[31] Zu diesem Phänomen gehört zB das Projekt Google Street View, wonach mit PKW-Kameras der deutsche Sraßenraum erfasst wird und viele Rechtsfragen aufwirft.[32] Durch die Medien werden die Grenzen zwischen öffentlichem und privatem Raum immer mehr aufgelöst. Stellvertretend dafür stehen die Rechtsfälle von Prominenten (zB Jörg Kachelman, Caroline von Hannover) aus der Politik, Kunst, Wirtschaft und Sport, deren Sexualleben oder Privatsphäre zum Spielball exhibitionistischer und zum Teil menschenunwürdiger Berichterstattung durch die Justiz, Presse und Rundfunk geworden sind. Ebenso gehört dazu die Auseinandersetzung um **Wikileaks**, deren Dokumente im Internet das öffentliche Interesse hervorrufen und die ganze Widersprüchlichkeit politischer Entscheidungen offenbaren. Die weltweiten Reaktionen der Politik zeigen anschaulich die Ohnmacht der Macht und deren legalen und illegalen Machenschaften. Die Medien sind Bestandteil eines „**globalen Entertainment**"[33] in einer von politischen, ökonomischen, sozialen und kulturellen Widersprüchen geprägten Welt.

2. Recht der geistigen Produktion und Medien

3   Das **Recht der Medien** hat sich gleichsam als spezielles Rechtsgebiet für das 21. Jahrhundert fit zu machen. Das Recht der Medien ist die „Magna Charta" global agierender Produktivkräfte in kapitalorientierten Produktions- und Reproduktionsverhältnissen, deren wesentlicher Bestandteil die geistige Produktion ist. Die geistige Produktion im System der Produktionsverhältnisse wird im 21. Jahrhundert einen größeren ökonomischen Stellenwert als in der Vergangenheit einnehmen.[34] Die **Vermögensmaximierung** in der geistigen Produktion korrespondiert dabei mit dem entsprechenden Marktmodell.[35] Das Computerspiel „Second Life" ist ein entsprechendes Marktmodell, das offensichtlich ein Millionengeschäft ist. Dazu gehört zB auch die **Suchmaschine Google**, die massive Verletzungen des geistigen Eigentums und des Persönlichkeitsrechts aufweist.[36] Suchmaschinen als neue Geschäftsmodelle werfen auch Fragen des Kartellrechts auf. Die Monopolbildung von Google ist nicht von der Hand

---

Märkte besteht darin, dass die Unternehmen ihre Medienprodukte auf den verschiedenen Märkten gleichzeitig absetzen können. S *Wirtz* 22.

29 Pierson/Ahrens/Fischer/*Pierson* 3.

30 BT-Drucks 13/11004, 44.

31 *Wirtz* 662.

32 *Ernst* CR 2010, 178 ff.

33 *Ladeur* ZUM 2007, 117.

34 *Dreier* CR 2000, 45; BT-Drucks 13/11004, 36 ff; Florida 68; er weist nach, dass die „Creativ Class" zum wirtschaftlichen Wachstum entscheidend beiträgt. Der Beitrag der Copyright-Industrie zB in den USA (vor allem die Film-,

Musik-, TV-, Verlags- und Software-Branche) am Bruttoinlandsprodukt ist um 11 % im Jahre 2005 gestiegen. Die Copyright-Allianz, ein Dachverband US-amerikanischer Firmen und Verbände der Copyright-Industrie, stellte einen Katalog von Fragen zum Schutz der Kreativen im Zusammenhang mit der Präsidentschaftswahl 2008 auf. Dabei spielen die sog „Fair-Use" Regeln in der Internetwirtschaft eine bedeutende Rolle, s www.heise.de/newsticker/meldung/99429.

35 *Stallberg* 235 f.

36 *Spacek* ZfIWR 2010, 196 ff; *Ernst* CR 2010, 178; *Ott* GRUR Int 2007, 563.

Artur-Axel Wandtke

zu weisen.[37] Die Buchdigitalisierung scheint ein einträgliches Geschäft zu sein.[38] Die Diskussion wird bleiben, ob ein Opt-out-Modell der richtige Weg ist, die ideellen und materiellen Interessen der Autoren sowie der Verleger in Deutschland zu berücksichtigen.[39] Google beruft sich auf die „faire use doctrine".[40] Für die digitalen Bibliotheken stellt sich vor allem das Problem der vergriffenen und verwaisten Werke.[41] Interessant ist dass das New Yorker Bezirksgericht in seiner Entscheidung am 23.4.2011 das „opt-in" Konzept im Rahmen des abgelehnten Vergleichsvorschlags des Google-Settlement bejaht hat. Die geistige Produktion (zB künstlerische, literarische und wissenschaftliche bzw wissenschaftlich-technische Herstellung von Waren und Dienstleistungen) und deren Verwertungsprozesse zielen vorwiegend auf einen **kommunikativen Zusammenhang**, auf Verständigung über die objektive Realität. Nicht nur das Material soll angeeignet werden, sondern vor allem die Mitteilung.[42] Bei der **Kunstproduktion** mit ihren Kunstwerken steht bspw der Kommunikationsprozess im Vordergrund.[43] Diese Mitteilung (auch Content, Information oder nur Zeichen), die zum Teil eines **körperlichen Trägers** (Papier, Holz, Metall, Textilien) bedarf, kann mittels einer **Informations- und Kommunikationstechnologie** global verbreitet werden (zB Internetplattformen, Mobil-TV, Suchmaschinen). Hier liegt auch der interessante ökonomische Aspekt der geistigen Produktion. Dabei ist das Verhältnis zwischen **Materialgestaltung und Mitteilung** in der geistigen Produktion von Arbeitsergebnis zu Arbeitsergebnis und dessen Vermarktung sehr unterschiedlich. Die Mitteilung und der **Bedeutungsgehalt** eines Kunstwerkes sind daher anders zu beurteilen als bei einem Design oder einem schlichten Zeichen eines Produkts als Marke.[44] Nicht nur die ästhetische Formgebung als Medium ist für den Verbraucher von Interesse, sondern deren verkörperte Idee. Deshalb ist auch der **Medienbegriff** und das **Medienprodukt** inhaltlich weit zu fassen.[45] Im Grunde ist eine **funktionelle Bestimmtheit** mit den Produkten der geistigen Produktion verbunden, dh dass die produzierten Waren der Kreativen insb dann als Medienprodukte angesehen werden, wenn sie funktionell in erster Linie auf einen Informations- und Kommunikationszusammenhang hinweisen.[46] Solche Medienprodukte (zB Fernsehspiele, Gameshows, Musikwerke, Spielfilme, Design, Texte, Abbildungen) in der geistigen Produktion können als körperliche oder unkörperliche Güter in Erscheinung treten. In der jetzigen Entwicklung der Produktivkräfte geht es nicht mehr allein um die Reproduzierbarkeit der immateriellen Güter durch die Informations- und Kommunikationstechnologie, sondern um die Produzierbarkeit derselben, zB von Kunstwerken mit Hilfe neuer Technologien. Nicht nur die geistige Produktion erfährt einen Wandel, sondern auch die Medien als Verbreiter von Aussagen (**technischer Medienbegriff**) und die dahinter stehenden Organi-

---

37 Wandtke/*Wandtke* Urheberrecht Kap 1 Rn 93.
38 *Ott* WRP 2010, 435, 447.
39 *Bohne/Elmers* WRP 2009, 586 ff; *Bohne/Krüger* WRP 2009, 599 ff.
40 *Spacek* ZfIIWR 2010, 196, 198.
41 Wandtke/*Wandtke* Urheberrecht Kap 7 Rn 320; *Peifer* GRUR-Prax 2011, 1; Zimmermann/Geißler/*Staats* 39; *Sosnitza* Rechtswissenschaft 2010, 3 ff; *Bechthold* GRUR 2010, 282, 286.
42 *Marten* 95.
43 *Dreier/Pernice* Art 5 Abs 3 GG Rn 22.
44 *Stolz* 41 ff.
45 In den vorliegenden Ausführungen wird an den weiten Medienbegriff von McLuhan angeknüpft, der auch körperliche Sachen, zB das Radio, als Medium betrachtet. S *McLuhan* Das Medium ist die Botschaft, 47.
46 So sind zB Tassen mit einem Logo der Fußballweltmeisterschaft Medienprodukte. Funktionell soll nicht nur die Möglichkeit des Trinkens gegeben werden, was üblicherweise für normale Tassen ausschließlich bestimmt ist, sondern dem Verbraucher werden über das Logo Informationen über ein Ereignis vermittelt. Noch deutlicher wird der Gebrauchs- und Informationszweck bei Texten oder bei Verpackungen oder bei Gestaltungselementen einer Webseite.

sationsformen (**institutioneller Medienbegriff**)[47] unterliegen den Veränderungen. Die **Unternehmen in der Medienbranche**,[48] insb die Hörfunk- und Fernsehanstalten, die Zeitungs- und Buchverlage, die Filmhersteller, die Musikunternehmen, Softwarehersteller und die Internetbetreiber, sind diejenigen, die die immateriellen Güter in der geistigen Produktion als Medienprodukte auf dem Markt anbieten. Das Zusammenwachsen zwischen dem Fernsehen und dem Internet verlangt auch eine Veränderung des **Telekommunikationsrechts**.[49] Nicht nur die veränderte Struktur der Medienunternehmen mit ihren Medienprodukten ist eine Folge der Produktivkraftentwicklung, sondern dieselbe hat die geistige Produktion mit ihren immateriellen Gütern wirtschaftlich so bedeutsam gemacht. Durch die neuen technologischen Produktionsprozesse sind neue Verwertungsmöglichkeiten der immateriellen **Güter als Medienprodukte** entstanden.[50] Das Internet sowie die Digitalisierung haben eine globale **Vermarktungsstrategie** für die Medienunternehmen ermöglicht. So existieren zB bereits seit längerem **Download-Shops** oder **Musikportale**, die datenreduzierte Musikdateien im **MP3-Format** verbreiten.[51] Aber auch die Geschäftsmodelle wie **Web 2.0** und zunehmend **Web 3.0** fordern die Medienunternehmen zu neuen Marketingstrategien heraus. Die Möglichkeiten der digitalen Produktion und Distribution von Inhalten und Formgebungen haben für Medienunternehmen sowohl wettbewerbsstrategische als auch ressourcenbezogene Implikationen: Im Vergleich zu den traditionellen Vertriebsformen und den traditionellen Medienprodukten (zB Zeitungsartikel im Printformat) kann kostengünstiger distribuiert werden. Das mindert Zutrittsbarrieren der **Medienmärkte** und fördert Zutrittschancen für Konkurrenten. Außerdem entsteht eine Variantenvielfalt von Angeboten unterschiedlicher Medienprodukte.[52] Dabei spielen die Timingstrategien im **Medienmanagement** eine erhebliche Rolle.[53]

4　Der Wandel in der geistigen Produktion hat nicht nur Auswirkungen auf neue Medienprodukte (**zB Smartphone, iPod, iPhone, iPad**), sondern die kapitalorientierte Produktionsweise produziert auch einen Verbraucher mit neuen Konsumverhaltensmustern.[54] Der Nutzer kann zur gleichen Zeit Hersteller und Verbraucher sein.[55] Insofern produziert die kapitalorientierte Produktionsweise mit Hilfe der Informations- und Kommunikationsprozesse nicht nur eine Ware für das Subjekt, sondern auch ein Subjekt für die Ware.[56]

5　Die geistige Produktion mit ihren unterschiedlichen Arbeitsergebnissen in der rechtlich ausgestalteten Form der **Aneignung und Zuordnung der Medienprodukte** ist gleichsam die Grundlage für die Durchführung von **Transaktionen auf Märkten**. Für die Verwertung sind die produzierten Medienprodukte von Bedeutung (Musik, Software, Sprachwerk, Fotografie, Filmwerk etc). Die Verwertung setzt die Verkehrsfähigkeit derartiger immaterieller Waren voraus, wobei der körperliche Träger der geistigen Arbeit (zB die CD) nur eine sekundäre wirtschaftliche Bedeutung bspw als Speichermedium hat.

---

47 *Wirtz* 10.
48 Beim Begriff der Medienunternehmen kann auf die betriebswirtschaftliche Definition von Betrieben zurückgegriffen werden. Siehe Wirtz 11. Im österreichischen Mediengesetz wird ein Medienunternehmen danach bewertet, ob es eine inhaltliche Gestaltung des Mediums und seine Herstellung und Verbreitung oder Ausstrahlung (Rundfunk) oder Abrufbarkeit (Website) entweder besorgt oder veranlasst. Es muss über ein Mindestmaß an unternehmerischer

Struktur verfügen. Siehe *Zöchbauer* Mediengesetz § 1 Ziff 6 MedienG 7.
49 *Fetzer* MMR 2010, 515 ff.
50 *Koch* AfP 2007, 307.
51 *Homann* 293.
52 *Hagenhoff/Kaspar* 51.
53 *Wirtz* 653.
54 *Koch* AfP 2007, 306; *Spacek* 7.
55 *McLuhan* The Global Village 117.
56 *Marx* Grundrisse der Kritik der politischen Ökonomie 14.

Die körperlichen Träger (zB Papier) werden einerseits nach der traditionellen **6** Methode auf dem Markt angeboten (zB Buchläden), andererseits ist durch das Internet ein **Kommunikationsnetz** entstanden, in dem mittels der **Computertechnik** und der digitalen Technologie Medienprodukte geschaffen werden. Das Internet ermöglicht einen virtuellen Markt und Kulturraum (zB eine **virtuelle Bibliothek**), der ein neues Strukturelement in der geistigen Produktion impliziert. Es betrifft zum einen die Herstellung der immateriellen Güter als Waren und zum anderen – der eigentliche, ökonomisch interessante Aspekt – die Verwertung im globalen Netz. Beides kann direkt miteinander im Netz verknüpft werden. Trotz dieser Entwicklungstendenzen und der **teilweisen Überwindung der klassischen Arbeitsgesellschaft** kann die sog Informationsgesellschaft nicht auf die „New Economy" reduziert werden.[57] Die Beschränkung eines derartigen **Ökonomismus der Informationen** als Zeichen, Bilder oder Töne reduziert den gravierenden ökonomischen, sozialen, kulturellen und rechtlichen Wandel, der mit der geistigen Produktion und Reproduktion in einer globalisierten Welt einhergeht.[58]

3. Ubiquität der Medienprodukte

Die Medienprodukte bringen teilweise die Globalisierung der gesellschaftlichen **7** Produktionsverhältnisse und Märkte zum Ausdruck. Das Medienprodukt kann an vielen Orten, in zahlreichen Staaten und zur gleichen Zeit genutzt werden. Dieser weltweite Genuss durch Dritte ist eine Folge der **Ubiquität immaterieller Güter** im Unterschied zum Sacheigentum.[59] Wirtschaftlich ist das für die Vermarktung eines Produkts ein enormer Vorteil, da **die Transaktionskosten** gesenkt werden. Denn anders als bei körperlichen Waren fällt ein Teil der Transportkosten weg und die Verwertung kann im Grunde ohne Verlust der Qualität immer wieder erfolgen.[60] Die traditionelle **Mehrfachnutzung der Medienprodukte**[61] wird von einer digitalen Mehrfachnutzung immer stärker im Netz begleitet.[62] So erschließen Onlinehändler einen neuen Markt, der vollständig aus Nischenprodukten besteht: den „Long Tail".[63] **Digitale Online-Medien** stellen für den einzelnen Nutzer entsprechend seinen Bedürfnissen im Rahmen der Mehrfachnutzung Medienprodukte zur Verfügung, indem sie über ein **computergesteuertes Individualisierungssystem** das Medienprodukt für die Kunden produzieren.[64] Diese digitale Produktionsweise und deren Produktverwertung ist nicht nur betriebswirtschaftlich interessant, sondern erfordert eine **Rechtskonzeption**, die die entstehenden Widersprüche zu lösen vermag. Das nationale Recht gerät dabei immer mehr in Widerspruch zu den internationalen Produktionsverhältnissen, wenn es nicht als Gestaltungsinstrument Einfluss auf diese globale Entwicklung auszuüben gedenkt.[65] Dabei spielt der **Schutz des geistigen Eigentums** eine zentrale Rolle, weil es sowohl Regeln für die Entstehung des Schutzes der Medienprodukte in der wissen-

---

57 Ebenso *Bühl* 45.
58 Hepp/Krotz/Moores/Winter/*Winter* 79.
59 *Troller* 97. Die Abbildung einer Sache stellt eine Vervielfältigung des geistigen Werkes dar. Das Vervielfältigungsrecht als Ausschließlichkeitsrecht des Urhebers des geistigen Werkes ergibt sich aus dem Urheberrecht. Die Rechte des Sacheigentümers ergeben sich aus § 903 BGB.
60 Pierson/Ahrens/Fischer/*Pierson* 2.
61 So kann ein Roman als Printausgabe auf

dem Buchmarkt erscheinen. Dieser wiederum kann Gegenstand einer Verfilmung für das Kino oder für das Fernsehen oder für die DVD-Produktion sein.
62 *Hagenhoff/Kaspar* 56.
63 *Dierking/Möller* MMR 2007, 426, 427.
64 *Hagenhoff/Kaspar* 58.
65 *Hoeren* MMR 2007, 3 – er weist auf Zoning und Geolocation hin, die kollisionsrechtliche Fragen im Internet aufwerfen.

schaftlichen, literarischen, künstlerischen und technischen Produktion als auch Regeln für die Verbreitung und Verwertung derselben beinhaltet. Zunächst wäre aber eine **Evaluierung** des Rechts des geistigen Eigentums nötig. Gesetzesfolgeabschätzung und Gesetzesevaluierung geraten vor allem dort in den Fokus, wo das Gesetz auf das Marktgeschehen *und* auf das innovative Verhalten gerichtet ist.[66]

8　　Die **Entwicklung des Rechts** war in den historischen Etappen einerseits eine Reaktion auf technische Erneuerungen, andererseits ein Spiegelbild der historisch bedingten und kulturell bestimmten Produktionsweise, die einer Entwicklungsstufe der Produktivkräfte entsprach und entspricht.technischer Fortschritt verändert notwendigerweise das Recht als Teil der Kultur, wobei die Folgen offensichtlich sind. So wie das Automobil neue Regeln im Straßenverkehr notwendig machten, so sind durch die Informations- und Kommunikationstechnik Regelungen für den Datenschutz erforderlich geworden.[67] Die technologische Entwicklung hatte und hat natürlich Auswirkungen auf die **Arbeitsteilung** und auf den **Markt**. Neben dem traditionellen ist ein virtueller Markt durch die Informations- und Kommunikationstechnik entstanden. Das bedeutet aber nicht, dass immer mehr Rechtsgüter ihren Marktcharakter verlieren und damit zu Nichtvermögensgütern werden.[68] Die Marktgesetze werden nicht durch die technologische Entwicklung aufgehoben, sondern modifiziert. Dem BGB liegt ein Marktmodell zu Grunde, das dem freien Spiel der Marktkräfte entspricht, in dem selbst das Persönlichkeitsrecht einen Marktwert hat und insoweit als Ware in der Werbung zirkulieren kann.[69]

4. Medien und kulturelle Prozesse

9　　Es gab und gibt einen dialektischen Zusammenhang zwischen **Individualitätsentwicklung** und Reichtumsproduktion.[70] Die Medienprodukte – wie alle Waren – erscheinen nur als eine Vergegenständlichung gesellschaftlicher Verhältnisse, in denen die Akteure ihre körperlichen und geistigen Fähigkeiten produzieren und reproduzieren. Das Medienprodukt ist insoweit Ausdruck einer bestimmten **Kulturstufe**. Der **schöpferische Akteur** ist historisch gesehen ein Produkt, aber auch ein Subjekt gesellschaftlicher Prozesse. Bleibt der Akteur nur Objekt einer kapitalorientierten Mediengesellschaft, verkümmern die geistigen und körperlichen Fähigkeiten. Die Literatur-, Kunst-, Informations- und Wissenschaftsproduktion im technologischen Zeitalter kann als Kulturproduktion bezeichnet werden,[71] wenn **die Kreativität** und **Innovation** Vorrang hat vor Verdummung und Zerstörung menschlicher Fähigkeiten. Die Veränderungen gesellschaftlicher Prozesse sind zurückzuführen auf die Entwicklungen der **Informations- und Kommunikationstechnologien**. Sie sind das Ergebnis und teilweise eine Voraussetzung der geistigen Produktion. Die Entstehung neuer Medienprodukte und **neuer Kulturindustrien** als Folge der technischen Entwicklung hat Bedeutung für die Kulturentwicklung und für die Globalisierung der Märkte.[72] Die geistige Produktion macht nicht vor nationalen Grenzen halt. Jede Person in Deutschland, die technisch die Voraussetzungen geschaffen hat, kann mit einem chinesischen Bürger oder Unternehmen kommunizieren. Die gemeinsam geschaffenen Medienprodukte können

---

66 Tades/Danzl/Graninger/*Dreier* 49.
67 *Boehme-Neßler* 58.
68 AA Beater/Habermeier/*Gotthardt* 6.
69 BGH GRUR 2010, 546 – Der strauchelnde Liebling; BGH GRUR 2009,1085 – Wer wird Millionär?; BGH ZUM 2007, 1 – Rücktritt des

Finanzministers; BGH ZUM 2007, 54 – kinski-klaus.de.
70 *Marten* 17; BT-Drucks 16/7000, 47 f.
71 *Bourdieu* 113 ff.
72 *Baer* 90; *Pahlow* UFITA 2006/III, 705 ff.

durch die **Vernetzung** produziert und über das Netz verbreitet werden. Das **Internet** macht es möglich. Bspw können Kunstprodukte im Internet als ein eigener Bereich der geistigen Produktion und Kommunikation geschaffen und als Waren vermarktet werden.[73] **Medienprodukte als Waren** machen das System des geistigen Eigentums und damit das Recht der Medien für die wirtschaftliche Verwertung derselben durch die Medienunternehmen noch interessanter. Die **Medienökonomie** der Medienunternehmen gerät dabei immer stärker in den Fokus der wirtschaftswissenschaftlichen Forschung der Informations- und Kommunikationstechnologie.[74] Auch das Immaterialgüterrecht kann sich dem nicht verschließen; seine Wirkungsweise kann aber nicht allein auf das „Ökonomische" reduziert werden. Denn Recht ist selbst eine **Kulturerscheinung**.[75] Das Recht als Ergebnis gesellschaftlicher Interessenwidersprüche und als Phänomen der **Verhaltenssteuerung** ist auf die Lösung der Interessenwidersprüche und auf den Interessenausgleich der Beteiligten im kulturellen Gesamtprozess gerichtet. Mit der Digitalisierung und dem Internet brechen die einzelnen **Interessenwidersprüche** auf, die zwischen Medienunternehmen und zwischen Medienunternehmen und den Nutzern bestehen. So liegt zB ein Interessenwiderspruch innerhalb der **Open-Access-Bewegung** vor, in der der Autor dem Anbieter sein Werk kostenlos zur Verfügung stellt, obwohl eine Kollision der Interessen zwischen Unternehmen[76] oder mit Verlagsverträgen bestehen kann.[77] Diese Bewegung der freien Verfügbarkeit von Inhalten hat ein eigenes Lizenzvertragssystem entwickelt. Zu den bekanntesten Lizenzvertragssystemen gehören die General Public License (GPL) und die Creative Commons-Lizenzen, die auch als AGB anerkannt sind.[78] In der **Wissenschaftskommunikation** ist das Internet zum vorherrschenden Medium geworden. Derzeit sind bereits mehr als 1000 Zeitschriftartikel, Broschüren und Bücher im Volltext abrufbar und frei zugänglich.[79] Der Unternehmer will seine Produkte vermarkten, der Nutzer will einen freien Zugang zu den „Contents". **Neben wettbewerbs-, marken-, urheber- und geschmacksmusterrechtlichen Problemen ist auch das Strafrecht** gefragt, das – wie das Recht insgesamt – an die Grenzen der Verhaltenssteuerung im Internet und in den Informations- und Kommunikationsprozessen stößt bzw stoßen kann. Das betrifft auch Fragen der **örtlichen Zuständigkeit bei Urheber-, Marken- und Wettbewerbsverletzungen im Internet**.[80] Was innerhalb der Netze passiert, ist immer schwerer rechtlich zu steuern. Das gilt auch für das Internetstrafrecht zur Bekämpfung der **Computerkriminalität**, die Änderungen des materiellen und prozessualen Strafrechts erforderlich machte.[81] Der Ruf nach internationalen Regelungen im Zusammenhang mit dem Projekt Google Street View wird immer offensichtlicher. Die Daten können weltweit von jedermann genutzt werden.

5. Vermarktung von Medienprodukten in der EU

Die rechtlichen Rahmenbedingungen für die Verwertungskonditionen des Kapitals **10** sind sowohl auf europäischer als auch auf internationaler Ebene festzustellen. Die **Europäische Union** hat mit dem Lissaboner Vertrag, der am 1.12.2009 in Kraft getreten ist, eine umfassende rechtliche Grundlage geschaffen, die auch Auswirkungen für

---

[73] *Marten* 35.
[74] *Wirtz* 16; *Breyer-Mayländer/Seeger* 27; *Hagenhoff/Hogrefe/Riedel/Zibull* 82.
[75] *Zimmermann* 95 ff; nach seiner Auffassung ist die dogmatische Jurisprudenz eine Normwissenschaft.
[76] *Lessig* 259.

[77] *Hagenhoff/Dorschel* 239.
[78] *Mantz* GRUR Int 2008, 24.
[79] *Roesler-Graichen* Börsenblatt Nr 5, 2007, 32.
[80] EuGH GRUR 2009, 753 – Falco/Lindhorst; *Dankwerts* GRUR 2007, 104 ff.
[81] *Gercke* ZUM 2007, 282.

den Inhalt und Umfang des Schutzes von Medienprodukten und deren Rechtsinhaber haben wird. Der Vertrag von Lissabon behält strukturell die Dreiteilung bei: (1) Der Vertrag über die Europäische Union (EUV); (2) Der Vertrag über die Arbeitsweise der Europäischen Union (AEUV) und (3) Die Charta der Grundrechte der Europäischen Union. Neben dem Primärrecht versucht die Europäische Union mit ihren Richtlinien als Sekundärrecht die Grundlagen für die Regulierung der Märkte von Medienprodukten auf dem Gebiet des Fernsehens,[82] der elektronischen Kommunikation, der Presse, der Werbung und des Buchmarktes zu schaffen,[83] wobei die Kommission damit begonnen hat, die Richtlinien zu überprüfen und Vorschläge zur Verbesserung zu unterbreiten.[84] Dazu gehört vor allem die **Richtlinie für audiovisuelle Mediendienste vom 11.12.2007**,[85] welche die bisherige Fernseh-Richtlinie geändert hat und durch den 13. Rundfunkänderungsstaatsvertrag 2010 umgesetzt wurde.[86] Da die Richtlinie zu den Fernsehprogrammen derzeit insb analoges und digitales Fernsehen, Live Streaming, Webcasting und den zeitversetzten Videoabruf („Near-video-on-demand") zählt und Mediendienste auf Abruf erfasst sowie Regelungen zur **Werbung**, sind die rechtlichen und wirtschaftlichen Probleme der Mediendienste im kommerziellen und nicht kommerziellen Bereich noch nicht absehbar.[87] So ist das „**Product Placement**" im dualen Rundfunksystem in unterschiedliche Weise geregelt. Während es den privaten Sendern erlaubt ist, entgeltliche und unentgeltliche Produktplatzierungen in ihren Programmen zu senden, muss sich der öffentlich-rechtliche Rundfunkauf auf unentgeltliche Produktionshilfen beschränken.[88] Dabei stellt sich auch die Frage, ob der deutsche Rundfunkbegriff noch richtlinienkonform sein kann.[89]

11   Die wirtschaftliche Bedeutung der **Medienmärkte** ist immens. Als Beispiel sei der Umsatz im europäischen Telekommunikations-Sektor genannt; dieser beträgt jährlich rund € 270 Mrd.[90] Auch der Umsatz von **Video- und Computerspielen** ist in Deutschland gestiegen.[91] Ebenso sollen die Nettowerbeumsätze des Privatfernsehens voraussichtlich im Jahr 2010 auf rund € 3,52 Mrd steigen. Das entspricht einem Wachstum im Verhältnis zum Vorjahr um 4 %.[92] Auf dem Gebiet des geistigen Eigentums sind ebenfalls bedeutende Richtlinien verabschiedet worden.[93] Allen Richtlinien ist gemeinsam, dass sie darauf abzielen die Unterschiede im Rechtsschutz zwischen den Mitgliedstaaten aufzuheben, um den **freien Verkehr** von Waren und Dienstleistungen in der Europäischen Union sicherzustellen. Hierzu gehört insb die Richtlinie 2004/48/EG des Europäischen Parlaments und des Rates vom 29.4.2004 zur Durchsetzung der

---

82 Dörr/Kreile/Cole/*Dörr* 63 ff; *Holtz-Bacha* Media Perspektiven 113. Die ökonomische Sichtweise der Kommission auf den Rundfunk und mit der Anwendung des Wettbewerbsrechts auf die Medien ist ein Dauerkonflikt zwischen der Kommission und den Mitgliedstaaten entstanden.

83 *Breyer-Mayländer/Seeger* 27.

84 *Enaux/Worok* CR 2006, 736.

85 Vgl die RL 2007/65/EG v 11.12.2007 zur Änderung der RL 89/552/EG des Rates zur Koordinierung bestimmter Rechts- und Verwaltungsvorschriften der Mitgliedstaaten über die Ausübung der Fernsehtätigkeit, Abl L 332/27.

86 *Castendyk* ZUM 2010, 29; *Castendyk/Böttcher* MMR 2008, 13.

87 *Kreile* ZUM 2009, 709; *Hesse* ZUM 2009, 718; Schwartmann/*Schwartmann* 1.2 Rn 25;

Castendyk/Böttcher MMR 2008, 15; *Schulz* EuZW 2008, 107; *Weberling/Wallraf/Deters/ von Heinegg* 108.

88 *Castendyk* ZUM 2010, 29, 32. Produktionshilfe ist in § 44 RÄndStV geregelt.

89 *Castendyk/Böttcher* MMR 2008, 16.

90 *Enaux/Worok* CR 2006, 736.

91 Nach dem Creative Economy Report der UN von 2008 (S 4) sind auch die Creative industries um 12,3 % in der EU gestiegen. Der Bundesverband Interaktiver Unterhaltungssoftware eV verzeichnete 2006 einen Umsatz von € 1 126,– Mrd. Dies entspricht einem Zuwachs von 7,4 % gegenüber 2005. S *Otto* Politik und Kultur 2007, 14.

92 *Dörr/Schwartmann* 4.

93 Wandtke/Bullinger/*Wandtke* Einl UrhR Rn 21.

Rechte des geistigen Eigentums (**Durchsetzungs-Richtlinie**). Mit dieser Richtlinie werden Maßnahmen, Verfahren und Rechtsbehelfe beschrieben, die für die Durchsetzung der Rechte des geistigen Eigentums erforderlich sind.[94] Die Richtlinie entspricht der allgemeinen Tendenz, immaterielle Güter als Medienprodukte auch international zu schützen. Angeknüpft wird an das Übereinkommen über handelsbezogene Aspekte der Rechte des geistigen Eigentums (**TRIPs**) vom 15.4.1994.[95] Es soll mit der Erweiterung der Rechte der Rechtsinhaber („**TRIPs-Plus**") der Bedeutung des geistigen Eigentums für das Funktionieren des Binnenmarktes Rechnung getragen werden.[96] Alle Industriestaaten sind Mitglieder der **Welthandelsorganisation** (WTO) und nach dem TRIPs-Abkommen verpflichtet, geistige Leistungen in ihrem Staatsgebiet effektiv zu schützen.[97]

Im Prozess der **Vermarktung der Medienprodukte in der EU** spielen die Medienkonzerne im Hinblick auf die Meinungsmacht eine nicht zu unterschätzende Rolle. Durch die zunehmende **Medienkonzentration** ist die Meinungsvielfalt gefährdet. Deshalb hat die Europäische Kommission kürzlich einen **Drei-Stufen-Plan** zur Erhaltung des Medienpluralismus vorgestellt.[98] Als Grundlage dient ein Arbeitspapier, das neben den Regulierungszielen zur **Verhinderung von Informationsmonopolen** die Überarbeitung der Fernseh-Richtlinie enthält.[99] Im Interesse der Erhaltung des Medienpluralismus ist auch die Medienkonzentration im Internet zu verhindern. Denn mit dem Internet als **Rundfunkplattform** entstehen selektive Nutzungsmöglichkeiten, die das Fernsehen und den Hörfunk als Massenkommunikationsmittel in einem neuen Licht erscheinen lassen.[100] Das Fernsehen und das Internet verschmelzen zunehmend zu einem einheitlichen Kommunikations- und Informationsmittel. Die Gewährleistung der Rundfunkfreiheit in einer dualen Rundfunkordnung spielt dabei eine immer wichtigere Rolle. Denn die technologischen Neuerungen der letzten Jahre und die dadurch ermöglichte Vermehrung der Übertragungskapazitäten sowie die Entwicklung der Medienmärkte haben an dem **verstärkten Schutz der Rundfunkfreiheit** nichts geändert. Rundfunkprogramme als Medienprodukte verfügen nach wie vor über eine Breitenwirkung, Aktualität und Suggestivkraft. Die bestehenden Behinderungen der Rundfunkfreiheit sind vielfältig. So steht zB die Aufrechterhaltung des Pluralismus im Rahmen der Kulturpolitik den Rundfunkveranstaltern zu, deren Programme durch die **Kabelnetzbetreiber** verbreitet werden müssen. Die nationalen Regelungen sind deshalb im Rahmen des Art 167 AEUV dahingehend auszulegen.[101] Aber nicht nur strukturelle Gefahren bestehen, die den Pluralismus der Kulturpolitik verhindern können. Ebenso besteht die Gefahr einer einseitigen Einflussnahme auf den Inhalt der Programme durch den **ökonomischen Wettbewerbsdruck**.[102] Eine Behinderung der Rundfunkfreiheit kann auch darin bestehen, dass politischer Druck auf die Sender ausgeübt wird und kritische Sendungen verboten werden. Insofern besteht zwischen der Rundfunkfreiheit und der Meinungsfreiheit ein unmittelbarer Zusammenhang. Die **Mei-**

12

---

94 *Seichter* WRP 2006, 391, 392.
95 BGBl 1994 II S 1730; ausf zum TRIPs-Abkommen: Busche/Stoll/*Busche* TRIPs Einl 2 Rn 1 ff.
96 *Seichter* WRP 2006, 392.
97 *Ann* GRUR Int 2004, 597 ff.
98 *Zagouras* AfP 2007, 1.
99 S das Dokument „Medienpluralismus in den Mitgliedstaaten der Europäischen Union", SEC (2007) 32, 11.

100 Schwartmann/*Schwartmann* 1.2 Rn 39 f; Holznagel/Dörr/Hildebrand 40 ff.
101 S alte Regelung Art 49 EG und Art 86 EG; EuGH ZUM 2008, 131, 135; zur Übertragungspflicht der Kabelnetzbetreiber („must carry").
102 BVerfG ZUM 2007, 712, 721; *Bretschneider* WRP 2008, 761, 764.

nungsfreiheit gilt ebenso für Sendungen, deren Informationen verletzen, schockieren oder beunruhigen. Pluralismus, Toleranz und offene Geisteshaltung sind Voraussetzungen einer demokratischen Gesellschaft.[103]

6. Internationaler Markt und kulturelle Dimension der Medienprodukte

13   Das geistige Eigentum ist im globalen Maßstab von Bedeutung, weil weltweit nicht nur die wirtschaftliche Effizienz[104] der Medienprodukte (zB Rundfunkprogramme, Geschmacksmuster, Marken, Kennzeichen, Musik, Texte, Bilder, Filmwerke) im Fokus der Vermarktung steht, sondern auch die **kulturelle Wertschätzung** der immateriellen Güter zum Ausdruck gebracht wird.[105]

14   Die **UNESCO** hat im Oktober 2003 in Paris die Konvention zum Schutz des immateriellen Kulturerbes[106] beschlossen. Die UNESCO ist zu Recht der Auffassung, dass die Prozesse der Globalisierung große Gefahren für den Verfall, den Verlust und die Zerstörung des **immateriellen Kulturerbes** mit sich bringen. Deshalb ist der Schutz des immateriellen Kulturerbes weltweit so bedeutsam.

15   Der Gegenstand des Schutzes offenbart die Breite und Vielfalt immaterieller Güter. Dazu gehören folgende Bereiche:
– mündlich überlieferte Traditionen und Ausdrucksformen einschließlich der Sprache,
– darstellende Künste,
– gesellschaftliche Bräuche, Rituale und Feste,
– Praktiken im Umgang mit der Natur und dem Universum sowie
– Fachwissen über traditionelle Handwerkstechniken.[107]

16   Auch die Konvention zum Schutz und zur Förderung der Vielfalt kultureller Ausdrucksformen der UNESCO vom 20.10.2005 weist auf die kulturelle und wirtschaftliche Bedeutung der kulturellen Vielfalt und der Produktion von derartigen Gütern und Dienstleistungen hin.[108]

Auffallend ist dabei, dass ein direkter Zusammenhang zwischen dem Schutz der kulturellen Vielfalt und der allgemeinen Erklärung der **Menschenrechte** von 1948[109] und dem Internationalen Pakt über wirtschaftliche, soziale und kulturelle Rechte von 1966 sowie dem Internationalen Pakt über bürgerliche und politische Rechte von 1966 hergestellt wird.[110] Es wird bei der Harmonisierung des nationalen Rechts insofern nicht um jeden Preis eine Angleichung möglich und erforderlich sein, um die Vielfalt kultureller Güter und Leistungen zu gewährleisten. Die **Europäische Union** hat die Grundsätze des UNESCO-Übereinkommens zum Schutz und zur Förderung der Vielfalt kultureller Ausdrucksformen in Art 3 Abs 3 EUV und Art 167 AEUV umgesetzt. Diese Pflicht hatte sich die Europäische Union auferlegt.[111] Die Rechtsprechung der

---

103 S EGMR NJW-RR 2007, 1524, 1528 – L'honneur perdu de la Suisse; EGMR JuS 2006, 1120, 1121 – Meinungsfreiheit; Dörr/Kreile/Cole/*Heer-Reißmann/Dörr/Schüller-Keber* 25.
104 *Cornish/Llewelyn* Chap 1, Rn 1–3.
105 S ausf BT-Drucks 16/7000, 259.
106 Abrufbar: www.unesco.de/442.html.
107 Ziff 2 der Konvention.
108 S Art 2 Ziff 5 iVm Art 4 Ziff 4 der Konvention.
109 S *Fassbender* Menschenrechteerklärung 2009, 55 ff.
110 In der Präambel der Konvention über die

kulturelle Vielfalt v 20.10.2005 wird auf die Bedeutung der kulturellen Vielfalt für die volle Verwirklichung der in der Allgemeinen Erklärung der Menschenrechte und in anderen allgemein anerkannten Übereinkünften verkündeten Menschenrechte und Grundfreiheiten hingewiesen.
111 S den Beschluss des Rates der Europäischen Union v 18.5.2006 über den Abschluss des Übereinkommens zum Schutz und zur Förderung der Vielfalt kultureller Ausdrucksformen, GRUR Int 2007, 35. Ebenso hat die EU-Kommission in ihrer Mitteilung „Eine europäische

Europäischen Union trägt zur Umsetzung dieser Ziele bei. So lässt sich der **EuGH** in ständiger Rechtsprechung von dem Grundsatz leiten, die Grundrechte unter Wahrung gemeinsamer **Verfassungstraditionen** der Mitgliedstaaten unter Hinweis auf die Menschenrechte vor allem nach der EMRK anzuwenden bzw durchzusetzen. Das gilt für das Recht auf Eigentum[112] genauso wie für die anderen Grundrechte, die Bestandteil der **Charta der Grundrechte** der Europäischen Union vom 18.12.2000 in der angepassten Fassung vom 12.12.2007 sind.[113] Mit der Änderung des Art 6 des Vertrages der Europäischen Union ist nunmehr die Charta der Grundrechte für die Mitgliedstaaten verbindlich.[114] Im Kern geht es um die Garantie der sozialen, ökonomischen, politischen und kulturellen Rechte in der Europäischen Union, die die demokratischen Strukturen stärken soll.[115] Ein wesentlicher Aspekt im Grundrechtskatalog ist die Sicherung und Entwicklung eines unterschiedlichen kulturellen Schaffens in allen Mitgliedstaaten und nicht das Streben nach einer Einheitskultur. Denn überall findet man häufig gleiche kulturelle Erscheinungsformen. An Stelle der historisch gewachsenen Unterschiede in der kulturellen Entwicklung treten gesichtslose Städte, Einkaufszentren und Massenprodukte auf. Dieser Kulturverlust ist auch Ausdruck eines Marktversagens, dh, der Markt gewährleistet nicht die allokative und produktive Effizienz.[116] Es sind deshalb Rechtsregeln erforderlich, die die Vielfalt kultureller Ausdrucksformen und das kulturelle Erbe sichern, ohne dabei den Marktmechanismus als Motor wirtschaftlicher Entwicklung aufs Spiel zu setzen.[117] Eine Nivellierung, zB des Musikmarktes, wird durch eine Quotenregelung möglicherweise nicht zu verhindern sein. Solange die Einschaltquote im Rundfunk den Maßstab für ökonomische Effizienz bildet, bleibt die **kulturelle Vielfalt** auf der Strecke. Das gilt auch für die Formatierung von TV-Sendungen oder TV-Serien.[118] Der wirtschaftliche Wettbewerbsdruck ist mit dafür verantwortlich, dass bei einer Steuerung des Verhaltens der Rundfunkveranstalter allein über den Markt das für die Funktionsweise einer Demokratie besonders wichtige Ziel der inhaltlichen Vielfalt gefährdet ist.[119] Hierbei spielt die globale Marketingstrategie der US-TV-Industrie eine bedeutende Rolle.[120] Die **Schaffung europäischer Identität** zielt auf die Stärkung kultureller Kohäsion, ohne eine europäische Einheitskultur anzustreben.[121] Das gilt auch und gerade für den **internationalen Medienmarkt** (weltweite Angebote und Nachfragen von Medienprodukten) und den Markt der Medien (Wettbewerb der Hersteller von Medienprodukten). Die geistige Produktion und Reproduktion von Medienprodukten kann nicht nur unter ökonomischer Prosperität, sondern muss vor allem unter kultureller Produktivität, **zB Innovation** und **Vielfalt der Ausdrucksformen**, betrachtet werden.[122] Dabei wird zu betonen sein, dass es einseitig wäre, die Substanz der Kultur lediglich in der Welt der Objekte, im gegenständlichen Dasein der Kultur zu suchen. Die Medienprodukte müssen an der Frage gemessen werden, inwieweit sie als Mittel der Produktion von Indivi-

---

Kulturagenda im Zeichen der Globalisierung" v 10.5.2007 den Zusammenhang zwischen kultureller und wirtschaftlicher Entwicklung zum Ausdruck gebracht.
112 EuGH GRUR Int 2007, 237, 240 – Laserdisken/Kulturministeriet.
113 Calliess/Rufert/*Calliess* Art 1 GRCh Rn 1.
114 Am 13.12.2007 wurde der geänderte Vertrag der Europäischen Union in Lissabon angenommen.
115 BVerfG JZ 2009, 890, 893 – Lissaboner Vertrag.

116 *Hofmann/Goldhammer* 84. So ist die produktive Effizienz die Herstellung von Produkten so wirtschaftlich wie möglich. Die allokative Effizienz meint die optimale Befriedigung der Bedürfnisse.
117 *Schwintowski* 184, 185.
118 AA *Spacek* 12.
119 BVerfG ZUM 2007, 712, 721.
120 Eastman/Ferguson/*Klein/Bellamy/Chabin* 293.
121 Calliess/Ruffert/*Blanke* Art 151 EGV Rn 3.
122 Zimmermann/Geißler/*Fuchs* 60 ff.

dualität dienen.[123] In dieser Richtung ist auch die Charta der Grundrechte der Europäischen Union zu betrachten.[124] Eine nur auf Wirtschaft und Wettbewerb ausgerichtete **Politik der EU** muss ihr Ziel verfehlen, wenn nicht die kulturelle Dimension der Kreativität und der Schutz der Persönlichkeitsrechte der Erfinder, Urheber und Künstler als Regelungsgegenstand gesehen wird. Das gilt auch für den Schutzzweck der kollektiven Rechtewahrnehmung, die die kulturelle Vielfalt der Kreativen mittels **der Verwertungsgesellschaften** durchzusetzen in der Lage ist.[125] Der Wettbewerb führt dann zur kulturellen Verarmung, wenn nicht die Besonderheiten der wissenschaftlichen, literarischen und künstlerischen Produktion und Vermarktung der Medienprodukte berücksichtigt werden.[126] Der Zusammenhang zwischen **Wirtschaft und Kultur** ist nicht zu leugnen.[127] Jede Produktionsweise baut auf einer vorhandenen Kulturstufe auf, um die Schätze der Vergangenheit zu heben. Die Verfeinerung der Produktivkräfte erfolgt zunehmend international.

17   Die wirtschaftliche, soziale, politische und kulturelle Dimension des digitalen Zeitalters im Rahmen eines globalen Marktes ist evident.[128] Die rechtliche Ausgestaltung eines globalen Schutzes hat diese Seiten eines **ganzheitlichen Prozesses** zu berücksichtigen. In diesem ganzheitlichen Prozess sind die „Creative Industries" als ein bedeutender Wirtschaftsfaktor anzusehen.[129]

II. Medienprodukte

1. Medienprodukte als Waren

18   **Medienprodukte** – wie alle Waren – in einer kapitalorientierten Produktionsweise verkörpern die Verdinglichung der gesellschaftlichen Produktion und die Versubjektivierung der materiellen Grundlagen der Produktion.[130] Es gilt nicht mehr die Ware an sich, sondern die Verpackung und damit eine Warenästhetik, in der sich die Werbung in der Epoche des digitalen Scheins befindet.[131]

19   Die technologische Entwicklung verändert die Warenproduktion und ermöglicht einen völlig neuen Umgang mit den Medienprodukten, die „immer häufiger in digitaler Form produziert, distribuiert und konsumiert werden".[132] Es ist kaum zu unterscheiden, was als Endprodukt des einen Prozesses und was als Rohmaterial des anderen gelten soll.[133]

20   In der mikroökonomischen Betrachtungsweise besteht weitgehend Einigkeit darüber, dass Firmen Produktionsentscheidungen treffen, um den Gewinn zu maximieren.[134] Zu diesen Produktionsentscheidungen gehören auch die **Vermarktungsstrategien der Unter-**

---

123 *Marten* 73.
124 Die Charta der Grundrechte in der Fassung v 12.12.2007 ist für die Mitgliedstaaten verbindlich. Darauf weist Art 6 des EUV hin. Außerdem gilt die Europäische Konvention zum Schutz der Menschenrechte und Grundfreiheiten für die Mitgliedstaaten. Sie ist Teil des Unionsrechts.
125 S BT-Drucks 16/7000, 267.
126 Geiss/Gerstenmaier/Winkler/Mailänder/ Gerlach 530.
127 *Dietz* GRUR Int 2006, 9; BT-Drucks 16/7000, 53.
128 *Lucchi* 141.

129 S Creative Economy Report 2008 der UN, 4; die Creative Industries are among the most dynamic sectors in world trade ... annual growth rate of 8,7 %; ebenso BT-Drucks 16/7000, 335.
130 *Marx* Das Kapital 887.
131 *Haug* 219 f.
132 *Hofmann/Stadler* 303.
133 *Hofmann/Stadler* 303.
134 *Eichenberger* 101 – er ist der Auffassung, dass Firma und Produzent die Mikroökonomik reflektieren und als Synonym gebraucht werden.

nehmen, die Medienprodukte öffentlich zugänglich machen, anbieten und verkaufen. Medienprodukte können im weiteren und engeren Sinne verstanden werden.

Medienprodukte im **weiteren Sinne** sind solche Produkte, die von Unternehmen **21** produziert werden und vor allem den körperlichen und unkörperlichen **Träger von Medien** betreffen und Mediales verbreiten, zB Ton- und/oder Bild(ton)träger, Video-/Tonbänder, -plattformen, CDs, DVDs und Kassetten sowie mit Programmen und/oder Daten versehene maschinenlesbare Datenträger aller Art. Träger von Medienprodukten sind auch **Druckerzeugnisse,** zB Bücher, Zeitschriften, Zeitungen, Geld, Noten, Poster, Plakate, Tagebücher, Kalender, Karten, Lesezeichen und Fotos. Zu den Medienprodukten im weiteren Sinne gehören **Formgebungen** als Inhaltsmitteilungen, zB Gemälde, Webseiten, Gedichte, Romane, Sinfonien, Spielfilme. Neben den Trägern immaterieller Güter vermitteln vor allem **Zeichen jeglicher Art** einen bestimmten Bedeutungsgehalt und Informationen. Daher sind Wörter, Namen, Abbildungen, Zahlen, Hörzeichen, Farben usw Gegenstand des Markenrechts, dh Marken, die geeignet sind, Waren und Dienstleistungen zu unterscheiden. Die **immateriellen Güter** als Medienprodukte sind gleichsam das Ergebnis der geistigen Arbeit, in der die Zeichen als Marke, Text, Musik usw kombiniert bzw komponiert werden. So wird mittels der Sprache ein Text, mittels Töne Musik oder Geräusche, mittels Farbe eine Grafik, ein Gemälde oder eine Zeichnung produziert.

Die Medienprodukte im weiteren Sinne können aber auch in der Form auftreten, **22** dass die menschliche Kommunikation in der **Vermarktung von Merkmalen einer Persönlichkeit** (zB Name, Stimme, Gesicht) oder in der Vermarktung körperlicher Leistungen von ausübenden Künstlern (zB Sänger, Schauspieler und Tänzer) und Sportlern besteht.[135]

Produkte der **Medienindustrie im engeren Sinne** sind solche Medienprodukte, die **23** die Fernseh- und Hörfunkanstalten, die Filmindustrie und die Print- und Online-Industrie produzieren und der **Massenkommunikation** dienen. So ist die öffentliche Wiedergabe von Musik im Internet ein Prozess, in dem die Musik als Medienprodukt selbst seine Wirkung entfaltet und zB mit der **Recording-Software** für Internetradios und **Online-Videorecorder** für Fernsehprogramme Rechtskonflikte unvermeidbar sind.[136] Umgekehrt kann aber die Musik als Medienprodukt für andere Waren und Dienstleistungen wirtschaftliche Bedeutung haben, indem sie für die **Förderung des Absatzes** derselben benutzt wird. Das trifft vor allem auf **Merchandising** und auf die Werbung für andere Waren und Dienstleistungen zu.[137] Klingeltöne werden zB für die Förderung des Absatzes der **Mobiltelefone** und für andere Waren und Dienstleistungen benutzt.[138]

Sind Medienprodukte hergestellt, kommt es dann darauf an, die Botschaft des **24** Medienprodukts zum Empfänger zu transportieren. Das kann dergestalt passieren, dass technische Geräte – sog Sekundärmedien – für derartige Kommunikation nicht erforderlich sind.[139] Jeder kann die Bedeutung der Information aufnehmen, zB aus einem Foto, einer Schrift, einer Grafik usw. Das gilt insb für Druckerzeugnisse, zB Zeitungen, Zeitschriften und Bücher. Demgegenüber sind die **tertiären Medien** solche

---

135 EGMR GRUR 2004, 1051 – Caroline von Hannover; BVerfG GRUR 2008, 539 – Caroline von Hannover; BGH ZUM 2010, 529 – Der strauchelnde Liebling; BGH GRUR 2010, 1029 – Charlotte im Himmel der Liebe.
136 BGH GRUR 2009, 845 – Internet-Videorecorder.
137 *Kreifels/Breuer/Maidl* Rn 250; *Schertz* 4.

138 BGH GRUR 2010, 920, 922 – Klingeltöne für Mobiltelefone II; BGH GRUR 2009, 395 – Klingeltöne für Mobiltelefone; BGH WRP 2006, 885 – Werbung für Klingeltöne.
139 *Pross* 128; *Pross* verwendet den Begriff primäre Medien im Zusammenhang mit dem Ausdruck des Körpers, der Gangart, der Kopfhaltung usw.

Medien, bei deren Nutzung oder Gebrauch sowohl der Sender als auch der Empfänger Geräte benötigen, um die Übertragung zu ermöglichen. Dies sind hauptsächlich die **elektronischen Kommunikationsmittel**.[140] Aus der Übertragung der Medienprodukte an den Empfänger werden die **Distributionsverhältnisse** angesprochen, die sich durch die Informations- und Kommunikationstechnologie verändert haben.

2. Ökonomischer Wert und Werteträger

25   Medienprodukte als Kulturgüter haben wie alle Waren einen Tausch- und Gebrauchswert. Der Gebrauchswert eines Medienprodukts kann einen möglichen ideellen Wert[141] bzw eine ästhetische Formgebung aufweisen. Stellt die ästhetische Formgebung nicht allein in den Augen des Verkehrs die alleinige Ware dar, sondern erscheint sie nur als Zutat zu der Ware, deren Nutz- oder Verwendungszweck auf anderen Eigenschaften beruht, steht sie zB der Eintragung als Marke nicht entgegen.[142] Der eigentliche ökonomische „Wert" eines Medienprodukts hängt zunächst mit der verausgabten geistigen und körperlichen Arbeit zusammen und mit der Fähigkeit, als Tausch- und Gebrauchswert auf dem Markt zu zirkulieren.[143] **Ökonomischer Wert** entsteht erst, wenn es gelingt, einen Gegenstand, ein Etwas, in das **Medium Ware** umzusetzen.[144] Schwierigkeiten bestehen vor allem bei der **Bewertung immaterieller Güter**, die zu den wichtigen Vermögensgegenständen eines Unternehmens gehören. Die entwickelten betriebswirtschaftlichen Methoden können dabei hilfreich sein.[145] Entscheidend ist aber nicht, dass Medienprodukte (zB Rundfunkprogramme, Kunstwerke, Fotos, Formgebungen eines Designs, Zeichen einer Marke, Geschäftsabzeichen) schlechthin produziert werden. Durch die Einbindung der Medienprodukte in die Warenproduktion wird ihr Charakter zum Zwecke der Produktion von Mehrwert bestimmt.[146] Der Profit ist der beherrschende Gedanke und das eigentliche Motiv der Medienunternehmen. Mit neuen Geschäftsmodellen soll dieses Ziel erreicht werden. Solch ein Geschäftsmodell ist zB der **Online-Videorecorder für Fernsehprogramme**,[147] die Nutzung der Peer-to-Peer-**Filsharing-Software**, die Nutzung der **Recording-Software** für die Aufnahme von Musikstücken aus einer großen Zahl von Internetradios[148] oder der **Verkauf personenbezogener Daten**, die einen monetär bewertbaren Produktionsfaktor darstellen.[149] Wegen der Besonderheit des Internets und der Telekommunikation bestehen andere Möglichkeiten und Schwierigkeiten des Schutzes und der Durchsetzung der Rechte. Der Bundesrat hat im Zusammenhang mit der Neuregelung der Telekommunikationsüberwachung den **zivilrechtlichen Auskunftsanspruch** gegen den Internet-Provider angemahnt.[150] Das BVerfG hat in seiner historisch bedeutenden Entscheidung der Vorratsspeicherung die sechsmonatige, vorsorglich anlasslose Speicherung von Telekommunikationsverkehrsdaten gem der §§ 113a, 113b TKG

---

140 *Pross* 128.
141 So aber BT-Drucks 16/7000, 259.
142 BGH GRUR 2008, 71, 72 – Fronthaube.
143 So besteht der wirtschaftliche Wert eines Sportereignisses allein in der Möglichkeit, die Wahrnehmung des Spiels in Bild und Ton durch das sportinteressierte Publikum zu verwerten; s BGH NJW 2006, 377, 380 – Hörfunkrechte.
144 *Fleischer* 216.
145 *Menninger/Nägele* WRP 2007, 912, 915; vgl auch www.idw.de.
146 *Marx* Das Kapital 886, 887.

147 Statt wie früher Sendungen mit dem heimischen Videorecorder aufzunehmen, werden über das Netz von einem Anbieter die Aufnahmen angeboten. S *Wiebe* CR 2007, 28 ff; *Kamps/Koops* CR 2007, 581. Dieses Geschäftsmodell ist ein Verstoß gegen das Urheberrecht: BGH GRUR 2009, 845 – Internet-Videorecorder; OLG Köln MMR 2006, 35; LG Leipzig CR 2006, 784; LG München I ZUM 2006, 583; LG Braunschweig ZUM-RD 2006, 396.
148 *Von Zimmermann* MMR 2007, 553.
149 *Hofmann/Cas/Peissl* 274.
150 S BR-Drucks 798/1/07, 1.

wegen Verstoß gegen Art 10 Abs 1 GG für verfassungswidrig erklärt und die Erteilung von Auskünften durch die Diensteanbieter über die Inhaber von IP-Adressen unabhängig von begrenzenden Straftaten- oder Rechtsgüterkatalogen für die Strafverfolgung, Gefahrenabwehr und die Wahrnehmung nachrichtendienstlicher Aufgaben für zulässig angesehen.[151] Der EuGH hat die Pflicht zur Regelung eines zivilrechtlichen Auskunftsanspruchs aus dem Gemeinschaftsrecht für die Mitgliedstaaten verneint.[152]

Da die Medienprodukte einen **Tausch- und Gebrauchswert** verkörpern, ist das **26** Interesse der Unternehmen und der Verbraucher auf die Aneignung des Gebrauchswertes des Medienprodukts gerichtet. Es kann der Tauschwert zur primären Eigenschaft eines Medienprodukts werden, ohne dass der Gebrauchswert eine geringere Bedeutung hätte, zB bei Kunstwerken.[153] Medienunternehmen, die den **Inhalts- und Bedeutungsgehalt** einer Information durch Medienprodukte vermitteln, sind Teil des sozialen Funktionssystems in der Wirtschaft und des ihm entsprechenden Kommunikationsprogramms. Nicht umsonst hat sich **das Äußerungsrecht** als selbständige Materie entwickelt.[154] Medienunternehmen verkaufen **Äußerungen als Ware** (zB Reden, Artikel, Berichte, Nachrichten, Sendungen etc). Es gibt keine Medienunternehmen, die nicht den Kommunikationsmodus **Ware und Geld** im Kommunikationsprogramm Wirtschaft benutzen.[155] Im Unterschied zur Alltagskommunikation dient die Massenkommunikation ausschließlich zur Produktion und zum Erwerb von Äußerungen als Ware. Rundfunkprogramme haben im Vergleich zu anderen Waren besondere ökonomische Eigenschaften.[156]

Äußerungen in den verschiedenen Erscheinungsformen können zB selbst im Inter- **27** net produziert, aber auch als Ware erworben und veräußert werden. Insoweit gilt nichts anderes als bei Autos.[157] Damit können nicht nur körperliche Sachen iSv § 90 BGB als Waren in Erscheinung treten.[158] Der Unterschied besteht jedoch darin, dass das Auto als körperliche Sache nur einmal erworben oder verkauft werden kann. Dagegen weisen Programme bzw Äußerungen oder andere **immaterielle Güter** die **ökonomische Eigenschaft** auf, dass sie bei gleicher Qualität unbegrenzt ohne nennenswerte Transaktionskosten erworben oder verkauft werden können. Die immateriellen Güter haben **Informationswert**, der Bestandteil des Gebrauchswertes ist. Der Informationswert kann in dem ästhetischen Gehalt einer Formgebung, im Inhalt eines Romans oder im Verwendungszweck liegen. Geistige Formgebungen, zB Musik-, Sprach-, Film-, Fernsehwerke, Geschmacksmuster, Marken und Spiele,[159] bringen gleichsam ein Bündel von Informationen zum Ausdruck. Alle Medienprodukte, die in den Distributions- und Konsumtionsprozess gelangen, verkörpern einen Informationswert. Medienprodukte und Geld stehen dabei in einem direkten Zusammenhang. Die

---

151 BVerfG NJW 2010, 833 ff – Vorratsspeicherung von Telekommunikationsverkehrsdaten; Konsequenzen für Provider: dazu *Wehr/Ujica* MMR 2010, 667 ff.

152 EuGH GRUR 2008, 241 – Promusicae/Telefonica. In der Entscheidung wird die Offenlegung der IP-Adresse durch den Internetprovider im Zusammenhang mit dem Schutz des Urheberrechts abgelehnt. Allerdings wird auf ein angemessenes Gleichgewicht nach dem Grundsatz der Verhältnismäßigkeit zwischen dem Grundrecht auf Schutz des geistigen Eigentums und dem Grundrecht auf Schutz der Privatsphäre hingewiesen.

153 *Marten* 149.

154 *Wenzel/Burkhardt* Einl Rn 20; eine Zuordnung des Äußerungsrechts zum Medienrecht wird abgelehnt, s Rn 19.

155 Die Berichterstattung von Sportveranstaltungen verkörpert einen wirtschaftlichen Wert. So der BGH NJW 2006, 377, 379 – Hörfunkrechte.

156 BVerfG ZUM 2007, 712, 721.

157 *Fischer* 252.

158 Spindler/Schuster/*Weber* § 312e BGB Rn 4.

159 S *Schricker* GRUR Int 2008, 200, 202.

Macht der Medienunternehmen steht in einem direkten Verhältnis zur Macht des Geldes und umgekehrt. In dem Maße, wie die **Macht des Geldes** wächst, nimmt die Macht der Medienunternehmen und deren Bedürfnisse nach optimaler Verwertung der Medienprodukte zu. „Wie das Bedürfnis des Menschen wächst, nimmt die Macht des Geldes zu. Die Maßlosigkeit und die Unmäßigkeit des Geldes wird sein wahres Maß."[160] Folge dieses **ganzheitlichen Prozesses** ist eine Angleichung durch **Vereinzelung und eine Entfremdung der Bedürfnisse**, die durch die Kulturindustrie geprägt und produziert werden.[161] Es ist dann kein langer Weg vom manipulatorischen Zynismus, zB der angebotenen Botschaften der Fernseh- und Werbeproduzenten, bis zu den perversesten Formen der scholastischen Illusion in ihrer populistischen Fassung.[162] Medienprodukte transportieren insofern Informationen und Inhalte als Werte, die die geistige Haltung der Verbraucher zu beeinflussen vermögen. Desinformation und Manipulation sind zwei Seiten einer Medaille, die den **demokratischen Willensbildungsprozess** zerstören. Bedürfnisse werden durch neue Medienprodukte – auch Geschäftsmodelle genannt – geweckt und befriedigt. Ein neuer Markt wird erschlossen und die Gier nach Verwertung derselben kennt keine Grenzen. Dabei spielen menschliche Eigenschaften, zB der Spieltrieb, in der **Marketingstrategie** eine bedeutende Rolle. Höhepunkt dieser Entwicklung sind Medienprodukte als Computerspiele, zB „**Second life**", die es dem Nutzer erlauben, in eine virtuelle Welt einzutauchen, in der alle Wünsche des Users (zB Kauf von Einfamilienhäusern, Autos und Kostümen) gegen ein Entgelt erfüllt werden können. Dies ist ein Geschäftsmodell, in dem der Kunde reales Geld verliert, aber zu einer Traumwelt Zugang hat. Damit sind zugleich gesellschaftliche Widersprüche verbunden, die **neue Rechtsfragen**[163] vor allem auf dem Gebiet des allgemeinen Zivil-, Urheber- und des Persönlichkeitsrechts sowie des **Schutzes der Jugendlichen** aufwerfen.[164] So ist der Umfang der Prüfungspflichten der Internetplattformbetreiber im Zusammenhang mit den Anforderungen an das Altersverifikationssystem zu bestimmen, die sich aus dem Schutzzweck des Jugendschutzrechts ergeben.[165] Der Betreiber einer Internetplattform hat das konkrete Angebot sofort zu sperren, wenn der Rechteinhaber oder der Verletzte auf die Rechtsverletzung hinweist.[166] Dazu gehört die zunehmende Verletzung der Menschenwürde durch Werbung[167] oder durch Kinderpornografie.[168] Die Rechtsfolgen für Verletzungen des Jugendschutzes durch Internetbetreiber von **Meinungsforen** und Betreibern von **Chatrooms** sind gleich zu behandeln.[169] Dabei spielt die **Medienethik** zunehmend eine Rolle.[170] Den Providern wird überhaupt mehr Aufmerksamkeit in der Rechtswissenschaft geschenkt. Dabei ist die Störerhaftung im Fokus der Überlegungen, zB inwieweit die Prüfungspflichten des Hostproviders vor oder nach Kenntnis der rechts-

---

160 *Marx* Ökonomisch-philosophische Manuskripte 419.
161 *Horkheimer/Adorno* 128 ff.
162 *Bourdieu* Über das Fernsehen 140.
163 *Geis, I/Geis, E* CR 2007, 721.
164 BGH WRP 2010, 104 – Kinder von Franz Beckenbauer; *Braml/Hopf* ZUM 2010, 645 ff; *Hopf/Braml* ZUM 2007, 354, 360.
165 BVerfG ZUM-RD 2010, 61; BGH AfP 2007, 477, 482; OVG Lüneburg ZUM-RD 2008, 221, 223.
166 BGH GRUR 2009, 1093, 1095 – Focus Online; BGH GRUR 2008, 702, 706 – Internetversteigerung III.

167 *Scherer* WRP 2007, 598 f.
168 BVerfG ZUM-RD 2010, 61; *Ritlewski* K&R 2008, 96 f.
169 *Hopf* ZUM 2008, 207, 216. Chatrooms sind gerade für Kinder und Jugendliche sehr beliebt. Hopf schlägt vor, dass sich Chatbetreiber im Vorfeld von Verstößen gegen den Jugendschutz aktiv beteiligen. So sollten die Chatbetreiber die Pflicht haben – ähnlich wie die Betreiber von Meinungsforen – ab Kenntnis von Jugendschutzverstößen diese zu beseitigen.
170 *Heller/Goldbeck* ZUM 2007, 637.

widrigen Information von Bedeutung sind, um neben dem Unterlassungsanspruch auch einen Schadenersatzanspruch durchsetzen zu können.[171] Dabei sind Unterschiede zwischen Providern und Anschlussinhabern im privaten und geschäftlichen Bereich zu machen. So hat der BGH eine proaktive Prüfungspflicht des Anschlussinhabers im privaten Bereich bejaht, wenn der Private seinen WLAN-Anschluss nicht ausreichend gesichert hat und Dritte Zugang zu Musiktiteln im Rahmen von Tauschbörsen haben. Sie müssen ein persönliches Passwort einrichten, sonst sind sie Unterlassungsansprüchen ausgesetzt.[172] Demgegenüber geht es um Haftungsfragen der Provider im Zusammenhang mit dem TMG. Die §§ 7–10 TMG, die eine Abstufung der Haftung für unterschiedliche Provider enthalten, sollten unter dem Aspekt einer verschärften Haftung überprüft werden.[173] Der EuGH hat die Haftung der Suchmaschine Google bejaht, wenn dieselbe Kenntnis vom rechtswidrigen Inhalt hat.[174]

3. Konvergenz der Medien und Multimediaprodukte

In der Warenwelt werden zunehmend multifunktionelle Kommunikationsgeräte angeboten, zB MP3-Foto-Handy, i Pad, iPod und iPhone. YouTube, Triple Play sowie Web 2.0 ermöglichen mit ihrer **interaktiven Gestaltung der Meinungsbildung**[175] einen globalen Zugriff auf Informationen. Sie erlauben nicht nur den **Abruf von Informationen,** sondern auch deren Verwendung. Jedermann kann **Webseiten** erstellen, die von jedermann weltweit abgerufen werden können. Ferner können mit dem **Mobiltelefon** Fotos angefertigt und übertragen sowie laufende Hörfunk- und Bewegtbildsendungen nicht nur abgerufen, sondern zum Abruf bereitgestellt oder in eine laufende Kommunikation eingebracht werden.[176] Eine **Konvergenz** der **Kommunikationsgeräte** ist Folge dieser technologischen Entwicklung.[177] Ein Gerät kann mehrere Funktionen übernehmen, die sonst von verschiedenen Geräten (Fotoapparat, Telefon, Computer, Fernseher, Videogerät) umgesetzt werden. Die technische Konvergenz der Medien hat sowohl Auswirkungen auf die Netze und Kommunikationsplattformen, als auch auf die Angebote und auf das Nutzungsverhalten der Teilnehmer am Kommunikationsprozess.[178]

28

Multimedia bezeichnet eine Synthese und ganzheitliche Nutzung verschiedener Medien. Bild, Film und Fotografie, Ton und Text sind nicht mehr getrennte Werkgrößen, sondern können dank einer **Digitalisierung** zu einer neuen Einheit verbunden bzw miteinander kombiniert werden. Die Anwendungsmöglichkeiten sind vielfältig. Produkte mit multimedialem Charakter werden in verschiedenen Bereichen eingesetzt, zB im Bereich der Aus- und Weiterbildung, Medizin, Verwaltung, Verlagswesen, Musik- und Filmindustrie usw.

29

---

171 Ausf *Leistner* GRUR 2010, Beilage Heft 1; *Ensthaler/Heinemann* WRP 2010, 309; *Fürst* WRP 2010, 378.
172 BGH ZUM 2010, Rn 19 – Sommer unseres Lebens.
173 BGH NJW 2010, 2731 – Vorschaubilder; BGH MMR 2010, 556 – marions-kochbuch.de; BGH MMR 2004, 668, 670 – Internetversteigerung I; BGH MMR 2007, 508 – Internetversteigerung II; KG ZUM-RD 2010, 461.
174 EuGH GRUR Int 2010, 385, 395 – Google France/Louis Vuitton (Keyword Advertising I).

175 *Spindler* CR 2007, 239.
176 *Handig* GRUR Int 2007, 206. Nach einer repräsentativen Studie der ARD/ZDF-Medienkommission hat das Handy mit Abstand den höchsten Verbreitungsgrad. 82 % der Bevölkerung ab 14 Jahren verfügen über ein Handy, 26 % über einen MP3-Player, 27 % über einen Laptop; s Media Perspektiven 2007, 13.
177 Hepp/Krotz/Moores/Winter/*Winter* 79 f; *Huber* ZUM 2010, 201, 207; *Bullinger,* M JZ 2006, 1137, 1139.
178 *Mückl* JZ 2007, 1078.

30 Multimediale Produkte werden als **Off- und Onlineprodukte** vertrieben, wobei feste Datenträger (meist CD-ROMs oder DVDs) oder unkörperliche Verwendungsformen vorliegen, die via Telekommunikation die Medienprodukte verbreiten.[179] **Multimediaprodukte** sind wesentliche Ergebnisse der geistigen Produktion mit Hilfe neuer Informations- und Kommunikationstechnologien. Die vielfältige **Kombination aller denkbaren Zeichensysteme**, zB Schriften, Grafiken, Töne, statische und bewegte Bilder, ist ein bestimmender Faktor gegenwärtiger und künftiger Informations- und Kommunikationsprozesse. Geht man von den medialen Kernelementen aus, wie der Schrift, dem statischen und bewegten Bild (Video) sowie dem Ton (Audio), dann sind in der Tat mit der Digitalisierung neue Technologien, nicht aber neue Medien entstanden.[180] Die Möglichkeiten zur Herstellung multimedialer Produkte verbessern sich erheblich. Denn nun kann ein Buch mit Video und/oder Audio verbunden werden.

31 Sinn und Zweck dieser Entwicklung ist nicht nur die **Verbesserung der Informationswege**, sondern es entstehen neue Märkte und der **Verdrängungswettbewerb**, zB auf dem **Handymarkt**, spitzt sich zu. Neben dieser Entwicklung ist ein Phänomen aufgetreten, das Grundfragen des Rechts der Medien betrifft. Es ist gegenwärtig kaum feststellbar, welche Rechte entstehen, wenn mehrere Personen im Internet ein Medienprodukt (zB einen Text) produzieren und für jedermann zum Download anbieten. Da diesen geistigen Leistungen eine Ubiquität anhaftet, sind sie auch in Multimediaprodukten verwertbar. Die massenweise Produktion von Medienprodukten durch User im Internet hebt gleichsam einen **effektiven Rechtsschutz** auf. Der einzelne Schöpfer ist kaum feststellbar und die **individualistische Konzeption**, zB des Urheberrechts, befindet sich an ihren Grenzen. Die interaktiven Gestaltungsmöglichkeiten der Meinungsbildungs- und Willensbildungsprozesse mittels Multimediaprodukten schließen notwendigerweise rechtliche Regulierungsprobleme und Abgrenzungsfragen ein.[181] **Die Grenzen zwischen Telekommunikations-, Presse-, Rundfunk- und Telemedienrecht verschwimmen immer mehr.**[182] Es können zB Mobiltelefone Fersehsendungen empfangen, dh Daten werden über UMTS auf das Handy gestreamt. Erst auf individuelle Anfrage des Nutzers wird gesendet (point-to-point). Demgegenüber besteht ein Broadcastingangebot, welches unabhängig von der konkreten Anforderung des Nutzers ausgestrahlt wird. Der Übertragungsweg erfolgt dann point-to-multipoint, was dem Rundfunkbegriff mehr entspricht. Ebenso gibt es Probleme bei der Abgrenzung zwischen **Fernsehwerbung** und **Teleshopping**.[183] Auch der Telekommunikationsmarkt muss neu reguliert werden.[184]

4. Marke als Medienprodukt

32 Ein erfolgreiches **Markenmanagement** verlangt einen tiefen Einblick in die Möglichkeiten und Wirkungen der **Marke als Kommunikationsmittel**.[185] Die Marke beinhaltet ein ästhetisches Gebrauchswertmonopol.[186] Da jedes Zeichen (zB Buchstaben, Wörter, Bilder, Töne usw) als Marke zur Unterscheidung von Waren und Dienstleis-

---

[179] *Hoeren* Teil 14 Rn 2.
[180] Delp/*Titel* 83.
[181] *Hoeren* MMR 2008, 139. Die klassischen Regulierungssysteme des Telekommunikations-, Rundfunk- und Onlinerechts stoßen an ihre Grenzen. Davon ist auch das Urheberrecht mit seinen Normen betroffen.
[182] Spindler/Schuster/*Holznagel/Kibele* § 2

RStV Rn 9; *Spindler* CR 2007, 240; *Mückl* JZ 2007, 1083.
[183] EuGH GRUR Int 2008, 132, 135.
[184] *Fetzer* MMR 2010, 515 ff.
[185] *Ingerl/Rohnke* § 14 MarkenG Rn 301; *Fezer* Einl Rn 41; *Hildebrandt* § 3 Rn 3.
[186] *Haug* 231 f.

tungen benutzt werden kann, ist deren Wirkungsmechanismus für die **Marketingstrategie** der Unternehmen von Bedeutung. Hierin eingeordnet ist vor allem die Durchsetzung der bedeutenden **Herkunftsfunktion** der Marke. Aber auch andere Funktionen der Marke spielen eine wichtige Rolle, wie die **Garantie-, Werbe-, Kommunikationsund Investitionsfunktion.**[187] Marken und Werktitel können, wenn sie urheberrechtlich schutzfähig sind, einem doppelten Rechtsschutz unterliegen.[188]

Neben der rechtlichen Einordnung in eine unternehmerische Vermarktungsstrategie der Waren und Dienstleistungen sind die Medien von Interesse, welche die optischen Kommunikationsformen und **Medienkanäle** bedienen. Die Marke als Kommunikationsmittel wird in dem Maße erfolgreich sein, wie sie die emotionalen, visuellen und auditiven Faktoren berücksichtigt. Der Markeninhaber muss im Rahmen der digitalen Technologien und einem veränderten Medienkonsum nach **neuen Werbeformaten** und **Marketinginnovationen** suchen. **Online Advertising** und die **interaktive Zielgruppenkommunikation** werden mehr und mehr im Zentrum des Wettbewerbs zwischen den Unternehmen stehen.   **33**

Der Unternehmer wird in dem Maße Zuspruch erhalten, wie er den kulturellen Wandlungsprozess und das **Konsumverhalten** beachtet. Dabei stellen die Marken temporär begrenzte Identifikationsmuster mit einer Botschaft an den Verbraucher dar.[189] So werden bekannte Persönlichkeiten aus **Kultur, Kunst, Politik und Sport als Werbeträger** in die Vermarktungsstrategie eingebunden.   **34**

Marken befinden sich in einem **öffentlichen Raum** – dem traditionellen und virtuellen Markt – und sind Teil eines kulturellen Gesamtprozesses der kapitalorientierten Produktionsweise. Dieser öffentliche Raum eröffnet dem Konsumenten **Projektionsräume** von Wünschen und Erwartungen, Geschmack und Geschmacklosigkeit sowie Dummheit.   **35**

Mit den Informations- und Kommunikationstechnologien wird eine **Netzöffentlichkeit** installiert, die eine Herausforderung für die Werbung und **„Public Relation"** der Unternehmen bedeutet.

5. Urheberrechtliches Medienprodukt als Werk und künstlerische Leistung

Das Urheberrecht gerät immer stärker in den Fokus wirtschaftlicher Verwertungsprozesse. Der ökonomische Wert der urheberrechtlichen Werke wie Film- und Musikwerke sowie Software ist für die Unternehmen bedeutsam. So hat zB ein Geschworenengericht in den USA den deutschen Softwarekonzern SAP zu einer Schadensersatzzahlung von $ 1,3 Mrd an den Konkurrenten Oracle verurteilt.[190] Die Vorstellung eines medienspezifischen Urheberrechts ist sachlich nicht gerechtfertigt, wenn Fragen des Werkbegriffs ausgeklammert werden.[191] Für das Urheberrecht ist nicht nur von Bedeutung, ob ein Medienprodukt – hier als Werk iSd § 2 Abs 2 UrhG – vorliegt und geschützt ist, oder ob die **Abgrenzungsfragen** zu einem anderen Ergebnis führen. Soweit zB **Computerspiele** oder grafische Benutzeroberflächen urheberrechtlich zu bewerten sind, ist deren Schutzausschluss hinsichtlich der Werkkategorien der Literatur, Wissenschaft und Kunst nicht berechtigt.[192] Die Trennung zwischen einer Software   **36**

---

187 Wandtke/*Wandtke* Urheberrecht Kap 1 Rn 86; *Völker/Elskamp* WRP 2010, 64.
188 Wandtke/*Wandtke* Urheberrecht Kap 1 Rn 86.
189 *Spacek* 23.

190 S Süddeutsche Zeitung v 25.11.2010, 19.
191 *Petersen* § 10 Rn 3.
192 S EuGH GRUR Int 2011, 148 – BSA/Kulturministerium; *Schricker* GRUR Int 2008, 200, 202.

und einem Computerspiel als Werk ist rechtlich von Bedeutung.[193] So hat der EuGH eine grafische Benutzeroberfläche nicht als Computerprogramm bejaht, sondern als mögliches urheberrechtliches Werk anerkannt.[194] Die Frage der Schutzfähigkeit geistiger Arbeitsergebnisse in den unterschiedlichsten Erscheinungsformen berührt Grundfragen des Urheberrechts, die zugleich auch das Recht der Medien einschließen.

37   Es ist nicht überzeugend, wenn das Urheberrecht für das Medienrecht deshalb so interessant sein soll, weil die Verbreitung des Werkes im Fokus steht.[195]

38   Der hier vertretene Ansatz knüpft an das urheberrechtlich relevante Sprach-, Musik-, Tanz- und Filmwerk, die Fotografie, Werke der bildenden und angewandten Kunst, Baukunst ua Werkarten, die als Medienprodukte für die Massen- und **Individualkommunikation** von Bedeutung sind, an. Dabei erfassen auch sie den Prozess der Produktion, Distribution und Konsumtion. Vergleicht man die Verwertungsrechte der Kreativen (Urheber und Künstler), dann fällt auf, dass das Vervielfältigungs-, Verbreitungs-, Bearbeitungs- und Änderungsrecht sowie das Recht der öffentlichen Zugänglichmachung und das Aufführungsrecht alle Phasen eines Produktions- und Reproduktionsprozesses widerspiegeln. Es geht also nicht nur um die Vermittlung eines urheberrechtlichen Werkes[196], das in der Distributionssphäre angesiedelt ist. Es sind vor allem die **Kreativen und die Medienunternehmen** (Hörfunk-, Fernsehanstalten, Filmhersteller und Presseunternehmen), die auf der Grundlage der vorhandenen geschützten oder nicht geschützten Medienprodukte einer Kulturstufe neue Werke „produzieren", die in den Kreislauf des **traditionellen oder virtuellen Marktes** geraten.

39   Will zB das ZDF oder RTL ein Werk senden, muss der Sender die sprachlichen Vorlagen für das Medienprodukt **„Fernsehserie"** bspw vom Urheber produzieren lassen. Das arbeitsteilige Kunstwerk wird dann gesendet, wenn alle ökonomischen und rechtlichen Voraussetzungen vorliegen. Umgekehrt ist aber auch möglich, dass das **Sprachwerk** (zB Drehbuch) bereits fertig gestellt ist und der Urheber es dem Sender anbietet. Dieser Akt der Produktion endet ebenfalls mit der Ausstrahlung der „Fernsehserie", die die Zuschauer genießen bzw konsumieren können.

40   Da das Urheberrecht mit seinen Medienprodukten die Kommunikations- und Innovationsfunktion bedient und den **Schutz derartiger Formgebungen** beinhaltet, eignet sich dieses Rechtsgebiet besonders für das Recht der Medien. Es ist anerkannt, dass der Gestaltung von Webseiten unabhängig von der Digitalisierung des Inhalts ein Urheberrechtsschutz zukommt[197] und die Bildschirmgestaltung im Internet kommuniziert werden kann.[198]

6. Designprodukt

41   Für die Vermarktung von Medienprodukten spielen das Kommunikations- (zB Werbegrafiken, Illustrationen, Karten, Webseiten) und vor allem das **Produktdesign** (zB Textil- und Modedesign, Möbel, Fahrzeuge, Schmuck, Spielzeug, Haushaltsgeräte)[199] sowie Kunstwerke eine Rolle. Dabei spielt der Schutzumfang eine bedeutende Rolle.[200] Zum Schutz zur Verbreitung und zur Verwertung derartiger kreativer

---

193 *Bullinger/Czychowski* GRUR 2011, 19, 21.
194 EuGH BeckRS 2010, 91497.
195 AA *Petersen* § 10 Rn 2.
196 AA *Petersen* § 10 Rn 2.
197 OLG Rostock GRUR-RR 2008, 1; OLG Frankfurt aM GRUR-RR 2005, 299.

198 OLG Rostock GRUR-RR 2008, 1.
199 BGH GRUR 2010, 718 – Verlängerte Limousinen; krit Anm zum BGH-Urteil von *Ruhl* GRUR 2010, 692; OLG München GRUR-RR 2010, 166 – Geländewagen.
200 *Nirk* 30 ff; *Ruhl* GRUR 2010, 289 ff.

Leistungen steht ein Strauß mehrerer Rechtsgebiete zur Verfügung.[201] Neben dem Geschmacksmusterrecht sind das Urheberrecht und das Wettbewerbsrecht zu beachten. Mit der nunmehr einheitlich durch Art 5 der RL 98/71/EG vorgegebenen Schutzvoraussetzung der „Eigenart" hat der Gesetzgeber Abschied von der alten konzeptionellen urheberrechtlichen Schutzprüfung der Gestaltungshöhe genommen.[202] Der **Designschutz** hat auch mit der **Harmonisierung des Geschmacksmusterrechts** in der EU das Verhältnis zwischen Geschmacksmusterschutz und Urheberrechtsschutz trotz der unterschiedlichen Schutzvoraussetzungen nicht aufgehoben. Selbst wenn das Geschmacksmuster zu den gewerblichen Schutzrechten zählt und eine Stärkung erfahren hat,[203] ist der Zusammenhang zum Urheberrecht evident. Denn wegen der Formgebung und der körperlichen Warenform im **Bereich der angewandten Kunst** ist ein **doppelter Rechtsschutz** (Urheberrechts- und Geschmacksmusterschutz) möglich.[204] Die Neukonzeption des Designschutzes erlaubt es nicht mehr, dass eine Abstufung zum Urheberrecht erfolgt.[205] Auch im Bereich des Designschutzes ist es natürlich fraglich, ob alle Designprodukte urheber- und geschmacksmusterrechtlichen Schutz genießen können, aber dennoch vermarktet werden und **Vermögen für die Unternehmen** darstellen.

7. Merchandisingprodukte

Im Rahmen von **Vermarktungsstrategien** für Waren und Dienstleistungen werden zunehmend Medienprodukte dazu benutzt, den Verkauf derselben zu stärken.[206] Merchandising ist dabei die umfassende **Sekundärvermarktung** von populären Erscheinungen, insb fiktiven Figuren, realen Persönlichkeiten, Namen, Titeln, Signets und Logos, Ausstattungselementen, Designs und Bildern.[207] Das **Merchandising** zielt darauf ab, den Absatz von Waren und Dienstleistungen zu fördern. Auf der einen Seite soll durch das Medienprodukt der Kaufentschluss beeinflusst und auf der anderen Seite eine bestimmte Qualität der Waren und Dienstleistungen suggeriert werden. Kein gesellschaftlicher Produktionsbereich ist von der Flut von **Merchandisingobjekten** ausgeschlossen. Insb sind davon der Sport, die Kunst, die Politik, das Fernsehen, der Hörfunk, der Film, die Universitäten, die Organisationen ua betroffen. Die **Werbung für Merchandisingprodukte** spielt dabei im Rahmen einer Marketingstrategie eine wichtige Rolle. Zunehmend wird das **Internet als Werbemedium** benutzt, um Medienprodukte anzupreisen. Mit der Richtlinie über audiovisuelle Mediendienste der EU wird die Werbung und Werbeunterbrechung im Rundfunk und im Internet legalisiert, einschließlich „**Product Placement**".[208] Wirtschaftlich ist die Werbung für die Unternehmen im Internet eine Goldgrube. **Google**, ursprünglich eine Suchmaschine, hat den Wert des Internets als Werbemedium erkannt. Im ersten Quartal 2007 erwirtschaftete Google als Medien- und Werbeimperium einen Umsatz von $ 2,28 Mrd. Das sind 99 % der Umsätze von Google.[209]

42

---

201 *Zentek* 7.
202 Büscher/Dittmer/Schiwy/*Steinberg* Kap 5 Rn 4.
203 EuGH GRUR 2011, 216 – Flos/Semeraro; Pierson/Ahrens/Fischer/*Pierson* 5.
204 BGH GRUR 2004, 941, 942 – Metallbett; Eichmann/von Falckenstein/*Eichmann* GschmMG Allg Rn 32; Schricker/Loewenheim/ *Schricker/Loewenheim* Einl Rn 47.

205 *Zentek* WRP 2010, 73, 75; Wandtke/*Wöhrn* Urheberrecht Kap 2 Rn 52 ff; Schricker/ Loewenheim/*Schricker/Loewenheim* Einl UrhG Rn 47; Loewenheim/*Götting* § 3 Rn 17; *Stolz* 174; aA BVerfG ZUM 2005, 387.
206 *Eastman/Ferguson/Klein/Newton* 53.
207 *Schertz* Rn 14.
208 S *Castendyk* ZUM 2010, 29.
209 S der „Tagesspiegel" v 6.5.2007, 22.

43   Rechtsfragen im Zusammenhang mit der Werbung im Internet und der Sekundär-
verwertung von Medienprodukten treten auf dem **Gebiet des Wettbewerbs-, Marken-
und Urheberrechts oder Geschmacksmusterrechts** auf. Hier ist ein Doppel- oder
Mehrfachschutz möglich,[210] einschließlich des Schutzes des allgemeinen Persönlichkeitsrechts.[211] „Don't be evil" hat sich Google als Motto verpasst. Es ist zu bezweifeln, ob Google diesen Anspruch immer erfüllt.

8. Medienprodukt und Patent

44   Medienprodukte als Ergebnis der geistigen Produktion bedürfen zu ihrer Verbreitung und ihrer Konsumtion bestimmter **technischer Erfindungen.** Sie sind in ihrer
historischen Entwicklung eine **conditio sine qua non.** So wie der Buchdruck, das Telefon, der Film, das Fernsehen und das Radio eine besondere Art der Kommunikation
und Verbreitung von Bildern, Musik und der Sprache ermöglichte, ist mit der technologischen Revolution das Internet erfunden worden, dessen ökonomische und kulturelle Folgen noch nicht absehbar sind. Die technischen Erfindungen im Rahmen der
Informations- und Kommunikationstechnologie prägen das Gesicht der Medienlandschaft, vor allem der **IT-Sicherheit.** Der Begriff der **Telekommunikation** wird als „der
technische Vorgang des Aussendens, Übermittelns und Empfangens von Nachrichten
jeglicher Art in Form von Zeichen, Sprache, Bilder oder Töne mittels Telekommunika-
tionsanlagen" bezeichnet.[212] Die **Message des Patents** ist die Idee zur Lösung eines
technischen Problems, die dem Medienprodukt wie etwa ein Datenverarbeitungspro-
gramm zugrunde liegt.[213] Ohne das Internet wäre ein virtueller Markt mit allen Facet-
ten einer rechtlichen Gestaltung nicht möglich. Die Message der Patente innerhalb der
Informations- und Kommunikationstechnologie ist vor allem für die wirtschaftlichen
Beziehungen der Unternehmen von Bedeutung. Das Patentrecht hat insofern unmittelbare Bedeutung für das Recht der Medien. Innerhalb der gewerblichen Schutzrechte
hat das Patent- und Gebrauchsmusterrecht eine besondere Stellung.[214] Mit der Ausführung der Erfindung entstehen erfinderische Erzeugnisse, die Objekt wirtschaftlicher Begierde sind. So sind zB die Raumform- und Stofferfindungen in der Erscheinung einzelner Maschinen, Arbeitsgeräte, Vorrichtungen, Gebrauchsgegenstände und
Stoffe in der Industrie begehrt.[215] Das Patentgesetz soll geistige Leistungen schützen,
die auf dem Gebiet der Technik erbracht werden. Im technischen Fortschritt wird das
Ziel und der Zweck des Patentwesens gesehen, wobei das Patentwesen einen nennenswerten Beitrag zur technischen Information leistet.[216]

45   Der Erfinder soll für seine oft mit viel Kapital verbundenen Investitionen im Inno-
vationsprozess belohnt werden.[217] Es gibt eine Fülle von praktischen Problemen, die
den **Technikbegriff** auf den Prüfstand stellen[218], zB die Gentechnik oder Softwarepatente.[219] Mit dem Wiederaufgreifen der Bemühungen um das Europäische Gemeinschaftspatent ist erneut der Streit um die **Patentfähigkeit von Software** aufgeflammt.

---

210 *Ingerl/Rohnke* § 8 MarkenG Rn 144; Eich-
mann/von Falckenstein/*Eichmann* GeschmMG
Allg Rn 32; Piper/Ohly/Sosnitza/*Ohly* Einf D
Rn 82 ff.
211 *Markfort* ZUM 2006, 829 ff.
212 § 3 Nr 22 TKG.
213 BGH CR 2010, 493, 494 – Dynamische
Dokumentengenerierung.
214 Junghans/Levy/*Junghans* 19 f.
215 *Götting* 53.
216 *Kraßer* 41.

217 RGZ 85, 95, 99; *Kraßer* 37.
218 BGH GRUR 2011, 125, 127 – Wiedergabe
topografischer Informationen; BGH GRUR
2010, 992 – Ziehmaschinenzugeinheit II.
219 S BGH CR 2010, 493, 495 – Dynamische
Dokumentengenerierung; BGH GRUR 2009,
479, 480 – Steuerungseinrichtung für Unter-
suchungsmodalitäten; BPatG GRUR 2007, 316,
317 – Bedienoberfläche; BGHZ 159, 197, 203;
BGH GRUR 2005, 143 – Rentabilitätsermittlung.

Die Verhinderung der Einführung der Richtlinie zur Patentierbarkeit von Software ist kein Ruhmesblatt der Europäischen Gemeinschaft. Auf diese Weise wird die „Never Ending Story" weitergetrieben. Es bleibt abzuwarten, wie die Software „als solche" letztlich geschützt wird. Das Patentgesetz hat einen Patentierungsausschluss für Datenverarbeitungsprogramme als solche geregelt.[220] Vor allem Erzeugnis-, Verfahrens- und Vorrichtungspatente sind denkbar, die auch für den Schutz von Software genutzt werden können.[221] Verfahrenspatente können zB einen verbesserten **Teletext** schützen, wonach zusätzlich zum digitalen Rundfunkprogramm ein Fernsehsender Zusatzdaten mit einer Menüführung an den Endkunden ausstrahlt.[222] Denkbar ist auch, dass ein Medienprodukt sowohl durch das Patentrecht als auch durch andere gewerbliche Schutzrechte und das Urheberrecht erfasst werden kann.[223]

III. Medienprodukte und Schutz anderer Rechtsgüter

1. Persönlichkeitsrecht und dessen Erscheinungsformen

Das Interesse der Allgemeinheit an der Berichterstattung durch die Medien, insb durch die Presse, den Rundfunk und das Internet, hat im Zeitalter der technologischen Revolution weiter zugenommen. Zur Berichterstattung und zu den Vermarktungsstrategien der Medienunternehmen gehört auch die Einhaltung der Persönlichkeitsrechte. Das gilt für den traditionellen und den virtuellen Markt. Für den europäischen Markt existiert bisher im EUV als **Primärrecht** kein umfassender Rechtsschutz der Persönlichkeit. Nur im **Sekundärrecht** sind vereinzelte Anhaltspunkte zum Persönlichkeitsschutz zu finden[224] Deutschland hat dagegen ein abgestuftes Regelungssystem zum Schutz der Persönlichkeitsrechte.[225] Da Medienprodukte unterschiedliche Erscheinungsformen annehmen können, sind auch unterschiedliche rechtliche Schutzmöglichkeiten für das Persönlichkeitsrecht möglich. Bspw können Medienprodukte in Gestalt eines Designs oder einer Marke nicht beim DPMA registriert werden, wenn sie gegen die **guten Sitten oder die öffentliche Ordnung** verstoßen (zB § 3 Abs 1 Nr 3 GeschmG, §§ 8, 9 MarkenG). **46**

Während das urheberrechtlich geschützte Werk nicht von solchen **Schutzhindernissen** betroffen ist, können aber für alle immateriellen Güter als Medienprodukte das verfassungsrechtlich verbriefte Recht des allgemeinen Persönlichkeitsrechts,[226] und dessen besondere Erscheinungsformen zB die **Äußerungsfreiheit,**[227] der **Bildnisschutz**[228], der **Domainname,**[229] der **Jugend-**[230] **und der Datenschutz** im Zusammen- **47**

220 Ausf Darstellung des Streites: *Kamlah* CR 2010, 485, 486; Benkard/*Bacher/Melullis* § 1 PatG Rn 142 f; *Wimmer-Leonhardt* WRP 2007, 273 ff.
221 *Kamlah* CR 2010, 485, 486.
222 *Haupt* GRUR 2007, 187.
223 *Kamlah* CR 2010, 485, 486.
224 So weist Art 6 AEUV auf die Charta der Grundrechte der EU. *Lettl* WRP 2005, 1045, 1047.
225 Die Rechtsgrundlagen in Deutschland sind vielfältig. Neben dem Grundgesetz, Art 1 Abs 1, Art 2 Abs 1 GG, gelten besondere Rechtsvorschriften zum Schutz der Rechte der Persönlichkeit.
226 BGH ZUM 2011, 164 ff; *Fechner* Geistiges Eigentum und Verfassung 218.

227 Wenzel/*Burkhardt* Erster Teil Rn 7 ff.
228 BGH ZUM 2011, 164; BGH ZUM 2011, 161 ff; BGH NJW 2010, 3025 ff; BGH GRUR 2010, 546 – Der strauchelnde Liebling; EGMR GRUR 2004, 1051 – Caroline von Hannover; BVerfG NJW 2008, 1793 – Caroline II; *Hoffmann-Riem* NJW 2009, 20.
229 EuGH MMR 2010, 538 – „eu"; BGH GRUR 2009, 685 ff – ahd.de; BVerfG MMR 2005, 165 – adacta.de; BGH NJW 2007, 684, 685 – kinski-klaus.de; BGH ZUM 2007, 860, 861 – grundke.de; BGHZ 149, 191, 199 – shell.de; BGHZ 155, 273, 276 – maxem.de.
230 BVerfG ZUM 2011, 234 ff; BVerfG MMR 2010, 48, 49 – Altersverifikationssysteme; *Baumann/Hofmann* ZUM 2010, 863, 869; *Braml/Hopf* ZUM 2010, 645 ff;

hang mit der Vorratsspeicherung[231] und der Werbung[232] von Bedeutung sein. Die natürliche Person hat ein allgemeines Persönlichkeitsrecht. Ob aber auch ein Unternehmen ein allgemeines Persönlichkeitsrecht hat, muss bezweifelt werden, vor allem dann, wenn die Menschwürde einbezogen sein soll.[233] Unternehmen unterliegen einer anderen Haftung.[234] Die Verletzung des **allgemeinen Persönlichkeitsrechts** kann an gewerblich und urheberrechtlich geschützten Medienprodukten auftreten. So ist in der Kunstproduktion zwischen dem **Inhalt einer Äußerung und der Formgebung** zu unterscheiden.[235] Die Abwägung zwischen **Kunstfreiheit und Persönlichkeitsrecht** bleibt eine Schwierigkeit bei der Lösung von Rechtskonflikten durch die Gerichte.[236] Das gilt gerade dann, wenn es sich um **Fiktion und Wirklichkeit** im Roman oder Film handelt.[237] Denn Kunstfreiheit wird hauptsächlich mit der freien schöpferischen Gestaltung in Verbindung gebracht, „in der Eindrücke, Erfahrungen und Erlebnisse des Künstlers durch das Medium einer bestimmten Formsprache zu unmittelbarer Anschauung gebracht werden".[238] Insoweit können Kunstformen als Teil der Realität in Abwägung zwischen Kunstfreiheit und Persönlichkeitsrecht auch Ausdrucksformen der Sexualität enthalten, die nicht unbedingt die Kunstfreiheit gegenüber dem Persönlichkeitsrecht zurücktreten lassen.[239] Wenn die Lektüre, **Karikatur oder Parodie** die Form darstellen, ist davon zu unterscheiden, ob eine Person davon betroffen ist. Zielt zB das Sprachwerk als Medienprodukt vordergründig auf eine Diffamierung der Person, sog Schmähkritik[240], kann sich der Betroffene zivilrechtlich auf sein allgemeines Persönlichkeitsrecht als „sonstiges Recht" nach § 823 Abs 1 BGB iVm Art 2 Abs 1, Art 1 Abs 1 GG berufen.[241] Eine ähnliche Rechtslage tritt zB dann ein, wenn ein Bildnis für ein Medienprodukt benutzt wird und das Persönlichkeitsrecht des Abgebildeten verletzt,[242] wobei ein weiter **Bildnisbegriff** zu favorisieren ist, der auch die Darstellungsformen im Film, auf der Bühne und Literatur erfasst.[243] Ebenso kann die Kunstfreiheit nach Art 5 Abs 3 GG bei **Theateraufführungen** eine Beschränkung durch das gleichfalls verfassungsrechtlich geschützte Persönlichkeitsrecht erfahren.[244]

Schnabel JZ 2009, 996; *Braml* ZUM 2009, 925.
231 BVerfG NJW 2010, 833 ff – Vorratsspeicherung von Kommunikationsverkehrsdaten; *Eckhardt/Schütze* (CR 2010, 225 ff) sind der Auffassung, dass die Entscheidung des BVerG ein Phyrussieg sei, weil die Vorratsdatenspeicherung zu einer höheren Kostenbelastung führen würde.
232 *Peifer*, M MMR 2010, 524 ff.
233 *Koreng* GRUR 2010, 1065 ff; Koreng weist zutreffend auf andere Rechtsinstitute hin, die das Unternehmen gegen geschäftsschädigende Äußerungen schützen kann.
234 BGH NJW 2006, 830; BGH NJW 1994, 1281; BGH NJW 1975, 1882; ausf dazu *Schaub* JZ 2007, 548 ff.
235 BVerG NJW 2009, 3016, 3017 – durchgeknallt.
236 Für Persönlichkeitsrecht BGH GRUR 2010, 171, 173 – Esra; BVerfG NJW 2008, 39 – Esra; für Kunstfreiheit BVerfG ZUM-RD 2009, 574 – Kannibale von Rothenburg; BGH NJW 2009, 3576 – Kannibale von Rothenburg; BVerfG GRUR-RR 2008, 206 – Theaterstück „Ehrensache"; BGHZ 50, 133 – Mephisto; BVerfGE

30, 173 – Mephisto; Jacobs/Papier/Schuster/*Götting* 427 ff; *von Becker* KUR 2003, 81; *Wankel* NJW 2006, 578; *Frenzel/Singer* AfP 2005, 416.
237 OLG Frankfurt aM ZUM-RD 2010, 320; BGH ZUM-RD 2009, 429, 431 – Kannibale von Rothenburg; BVerfG ZUM-RD 2008, 113; BVerfG NJW 2008, 39 – Esra; krit Anmerkungen zur Esra-Entscheidung (BGH NJW 2005, 2844); *von Becker* Fiktion und Wirklichkeit im Roman 100; *Obergfell* ZUM 2007, 912; BVerfG ZUM 2007, 730, 733 – Contagan-Film.
238 BGH GRUR 2010, 171, 172 – Esra; BVerfGE 30, 173, 188; BVerfGE 31, 229, 238.
239 BVerfG GRUR-RR 2008, 206, 207 – Theaterstück „Ehrensache".
240 BVerfG NJW 2009, 3016 – Schmähkritik; BVerfG ZUM 2004, 917, 918.
241 St Rspr seit BGHZ 13, 334, 338; BVerfG ZUM-RD 2006, 165.
242 BVerfG WRP 2006, 1361 – Marlene-Dietrich – Der blaue Engel.
243 *Schertz* GRUR 2007, 563.
244 BVerfG GRUR-RR 2008, 206 – Theaterstück „Ehrensache"; LG Essen ZUM-RD 2007, 92; LG Hamburg ZUM-RD 2007, 94.

Artur-Axel Wandtke

Denn das allgemeine Persönlichkeitsrecht sichert die **Selbstbestimmung des Einzelnen** darüber, ob und wie er sich in der Öffentlichkeit darstellt.[245] Der Bildnisschutz als Ausprägung des allgemeinen Persönlichkeitsrechts gewährleistet dem Abgebildeten Einfluss und Entscheidungsmöglichkeiten, wenn von seiner Person Fotografien und Aufzeichnungen angefertigt und verwendet werden.[246] Dabei ist eine **Stärkung des Persönlichkeitsrechts** des Minderjährigen durch die Gerichte erforderlich.[247] Nicht in jedem Fall kann beansprucht werden, die Veröffentlichung jeglicher Fotos mit einem Minderjährigen von Prominenten bis zu dessen Volljährigkeit zu unterlassen.[248]

48

Die Maßstäbe für die Medienberichterstattung sind im Wesentlichen aus den Entscheidungen des **EGMR** zu entnehmen, worauf sich die nationalen Gerichte berufen.[249] Die Europäische Menschenrechtskonvention spielt als Ordnungsrahmen für das Internet eine besondere Rolle. Das Internet ermöglicht einen freien und grenzüberschreitenden Informationsfluss. Für die Ausübung der Meinungsfreiheit ist das Internet als wichtigstes Medium nicht mehr wegzudenken. Gefahren, die mit dem Internet einhergehen, sind evident.[250] Bestimmte Grenzen des Schutzes des allgemeinen Persönlichkeitsrechts dürfen nicht überschritten werden, insb in Bezug auf den Schutz des guten Rufes und der Rechte Dritter. Die Grenzen der erlaubten Kritik gegenüber Privatpersonen sind zwar enger zu ziehen als für Politiker, aber die journalistische Freiheit kann bis zu einem gewissen Grad Übertreibung oder sogar Provokation gegenüber Privatpersonen einschließen. Privatpersonen setzen sich zB der kritischen Beurteilung aus und haben infolge ihrer Handlungen einen höheren Grad an Toleranz zu zeigen, wenn sie die Bühne der öffentlichen Debatte betreten.[251] Der Konflikt zwischen dem Schutz der Privatsphäre und dem Schutz der Meinungs- bzw Pressefreiheit, die das **öffentliche Informationsinteresse**[252] einschließt, wird bleiben, wenn bei der Abwägung der Grundsatz der Verhältnismäßigkeit nicht beachtet wird.[253] Das betrifft die Schmähkritik genauso wie die Prangerwirkung durch die Presse.[254] Soweit es die Pressefreiheit betrifft, ist es nicht nachvollziehbar, dass die Presse darüber entscheiden soll, „was sie des öffentlichen Interesses für Wert halten und was nicht."[255] Nicht die Presse, sondern die Rechtsprechung sollte **normative Leitlinien** entwickeln.[256] Ebenso ist Verdachtsberichterstattung abzulehnen, wenn die Presse und der Staatsanwalt Vor-

49

[245] BVerfG GRUR 2011, 255, 257 – Carolines Tochter; BVerfG ZUM-RD 2010, 657, 660; BVerfGE 35, 202, 220 f; BVerfGE 101, 361, 380; BVerfG GRUR 2006, 1051, 1052.
[246] BVerfG ZUM-RD 2010, 657, 660; BVerfG ZUM 2007, 382; BVerfG GRUR 2000, 446 – Caroline von Monaco; BVerfG GRUR 2006, 1051, 1052.
[247] BVerfG GRUR 2011, 255, 257 – Carolines Tochter; BVerfG NJW-RR 2007, 1057; BGH NJW 2010, 1454, 1455; *Beater* Rn 347.
[248] BVerfG GRUR 2011, 255 – Carolines Tochter; BGH NJW 2010, 1454, 1456.
[249] BVerfG NJW 2007, 2685; BVerfG NJW 2007, 2686; BVerfG ZUM 2007, 651, 654; EGMR GRUR 2004, 1051 – Caroline von Hannover; EGMR JUS 2006, 634 – Karhuvaara und Iltalehti/Finnland; BGH ZUM 2007, 382, 383; BGH WRP 2007, 648, 649 – 7 Tage; BGH ZUM-RD 2007, 397, 399.
[250] *Uerpmann-Wittzack/Jankowska-Gilberg* MMR 2008, 83, 84.

[251] EGMR Medien und Recht 2006, 8, 10.
[252] BVerfG ZUM-RD 2010, 657, 661; BGH ZUM 2009, 560, 561; BVerfG WRP 2008, 645, 653; BGH ZUM 2007, 382; KG ZUM-RD 2008, 1, 2.
[253] BVerfG ZUM-RD 2010, 657, 660; BVerfG WRP 2008, 645, 653; BVerfG NJW-RR 2007, 1191, 1193; BGH CR 2010, 184, 185; BGH WRP 2007, 648, 650 – 7 Tage; BGH WRP 2007, 1216, 1218; *Gersdorf* AfP 2005, 221 f.
[254] BVerfG WRP 2010, 743, 745; BGH NJW 2010, 1587, 1589 – Zitat aus Anwaltsschreiben; *Büscher/Dittmer/Schiwy/Bröcker* Kap 14 Rn 85 ff.
[255] AA offensichtlich: BVerfG WRP 2008, 645, 653; BGH NJW 2010, 3025, 3026; BGH GRUR 2007, 527, 529 mwN; BGH ZUM 2007, 858, 860.
[256] Anm *Götting* GRUR 2007, 531.

verurteilungen Vorschub leisten.[257] Es muss aber den Medien möglich sein, eine On-line-Archivierung für zulässig zu halten, soweit die Beiträge deutlich als Altbeiträge gekennzeichnet sind. Als Anbieter von Telemedien können sich die Betreiber von Online-Archiven auf das datenschutzrechtliche Medienprivileg berufen.[258]

50   Die Informationen, welche die Presse zur Ausübung der Pressefreiheit benötigt, beruhen auf unterschiedlichen Quellen. Das trifft auch auf die Anbieter im Internet zu. Personenbezogene Daten stehen dabei zunehmend im Fokus der kommerziellen Nutzung. So wird vor allem die Neugier der Leser befriedigt, indem Informationen über das Privat- und Intimleben in der Presse veröffentlicht werden. Soweit es die kontextbezogene Bildberichterstattung über Personen der Zeitgeschichte betrifft, bestehen keine Bedenken, wenn dazu die Wortberichterstattung unzulässig ist.[259]

51   Die **kommerzielle Nutzung** und Verwertung personenbezogener Daten bzw Merkmale ist ein wesentliches Merkmal der Produktion von Äußerungen als Medienprodukte, die die Pressefreiheit genauso betreffen wie die Meinungsfreiheit. Das **Presseprivileg** steht dabei auf dem Prüfstand.[260] Die Datenbestände fungieren zunehmend als „**verselbstständigtes Informationskapital**" und werfen eine Fülle von Rechtsfragen auf,[261] die das Recht insgesamt betreffen. Das **Recht** kann nur bedingt seine Schutzfunktion im Internet, in der Presse, im Film, im Theater etc erfüllen.

2. Kommerzialisierung des Persönlichkeitsrechts

52   Im Rahmen von Vermarktungsstrategien für Waren und Dienstleistungen werden zunehmend Medienprodukte dazu benutzt, den Verkauf derselben zu stärken. Namen, Bilder oder Stimmen von bekannten **Persönlichkeiten werden für die Werbung**[262] oder als Merchandisingprodukte auf dem traditionellen und virtuellen Markt in Übereinstimmung oder gegen den Willen der Betroffenen verwertet.

53   Das betrifft Politiker, Unternehmer, Künstler und Sportler. Die Kommerzialisierung des Persönlichkeitsrechts ist dabei ein massenweises Phänomen in den Medien. Man mag die Kommerzialisierung der Persönlichkeitsrechte bedauern, aber als **Nichtvermögensrecht** hat es nicht seinen Marktcharakter verloren. Dabei spielt der Bildnisschutz nach §§ 22, 23 KUG eine besondere Rolle. Hier sind es vor allem die Marlene-Dietrich-Entscheidungen,[263] die methodische und dogmatische Fragen aufwerfen.

54   Die dogmatischen Fragen, die es zu beantworten gilt, betreffen zB sowohl die monistische oder dualistische **Konzeption der Persönlichkeitsrechte** mit ihren ideellen und vermögensrechtlichen Bestandteilen[264] als auch Fragen des postmortalen Schutzes bei Verletzung der Menschenwürde[265] und der Übertragbarkeit und Vererbbarkeit der

---

257 BVerfG NJW-RR 2010, 470 – Presseschau; *Kaufmann* MMR 2010, 520, 523.
258 BGH NJW 2009, 2888.
259 BVerfG GRUR 2011, 255 – Carolines Tochter; BGH NJW 2010, 3025, 3027.
260 Ausf zum kommerziellen Persönlichkeitsrecht und Presseprivileg *Lettmaier* WRP 2010, 695 ff.
261 *Moos* MMR 2006, 718 ff.
262 BGH GRUR 2010, 546, 547 – Der strauchelnde Liebling; Spindler/Schuster/*Nink* § 823 BGB Rn 48; *Scherer* WRP 2007, 594.
263 BVerfG WRP 2006, 1361; BGH NJW 2000, 2198 – Marlene Dietrich; BGH NJW 2000, 2201 – Der blaue Engel.

264 BGH GRUR 2010, 546 – Der strauchelnde Liebling; BGH GRUR 2009, 1085, 1088 – Wer wird Millionär?; BVerfG ZUM 2006, 211, 212 – Marlene Dietrich; BGH ZUM 2000, 586 – Marlene Dietrich; BGH ZUM 2007, 54 – kinski-klaus.de; BGH GRUR 2007, 139 – Rücktritt des Finanzministers; BGH ZUM 2006, 211; krit dazu mit überzeugenden Argumenten *Schack* Rn 58; *Peukert* 330 f; Ahrens/Born-kamm/Kunz-Hallstein/*Götting* 65, 72; *Peifer* GRUR 2002, 495; *Helle* JZ 2007, 444; *Reber* GRUR Int 2007, 492, 496.
265 BVerfG ZUM 2007, 380; BGH ZUM 2007, 54 – kinski-klaus.de.

vermögenswerten Bestandteile sowie deren **Schutzdauer**[266] und die Anwendung der Präventions- und Ausgleichsfunktion[267] beim zivilrechtlichen Schadensersatz. Dazu gehört letztlich auch die **Lizenzgebühr** als Schadensberechnungsart[268] und das Verhältnis zwischen Werbung und Meinungsfreiheit.[269] Wenn auch das **kommerzialisierte Persönlichkeitsrecht** ein „res incorporales" darstellt, ist es seinem Wesen nach nicht dem **System des Immaterialgüterrechts** zuzuordnen.[270] Es zeigt aber auf der anderen Seite, dass Persönlichkeitsmerkmale in einer kapitalorientierten Produktionsweise die Form von Medienprodukten als Waren annehmen können.

Medien sind daher immer **Teil der kulturellen Tradition und Bedeutungskonstruktion.** Sie verlinken die Menschen mit der Wirtschaft.[271]   **55**

IV. Technologie- und Kulturentwicklung

1. Massenproduktion und massenweise Vermarktung

Die technologische Entwicklung erlaubte es, dass sich die Produktionsweise änderte. An die Stelle der Produktion von Einzelstücken trat die **Massenproduktion.**[272] So wie die Druckerpresse im 15. Jahrhundert es ermöglichte, die Ergebnisse der Literaturproduktion zunehmender und umfassender zu verbreiten,[273] war es erst am Anfang des 20. Jahrhunderts möglich, durch die Erfindung des Rundfunks und der Schallplatte die Leistung eines Komponisten oder Künstlers massenweise reproduzierbar zu machen. Die **Reproduzierbarkeit des Kunstwerks** im 20. Jahrhundert setzte an die Stelle seines einmaligen Vorkommens sein Massenhaftes, wie sich Walter Benjamin auszudrücken pflegte.[274]   **56**

Die technologische Entwicklung hatte im Laufe der Geschichte des Schutzes geistiger Leistungen und damit der Medienprodukte immer **wieder neue Verwertungsmöglichkeiten** eröffnet.   **57**

---

[266] BGH ZUM 2007, 54, 55 – kinski-klaus.de; der BGH ist der Auffassung, dass bei den vermögensrechtlichen Bestandteilen des postmortalen Persönlichkeitsrechts nur eine Schutzfrist von 10 Jahren besteht, während bei der Verletzung der ideellen Interessen eine längere Schutzfrist besteht. Ebenso *Schack* Anm zum kinski-Klaus-Urteil JZ 2007, 366, 367; aA *Götting* GRUR 2007, 170; *Wankel* NJW 2007, 686; *Reber* GRUR Int 2007, 494.
[267] BVerfG ZUM-RD 2007, 1, 2; *Wachs* 241 ff mwN.
[268] BGH ZUM 2009, 517, 519 – Wer wird Millionär?; BVerfG ZUM 2006, 865; BGH ZUM 2007, 55, 57 – Rücktritt des Finanzministers; s *Ehrmann* AfP 2007, 81. Es wird sowohl für den Schadensersatz als auch für das Bereicherungsrecht eine angemessene Lizenzgebühr als Berechnungsgrundlage bejaht, aber die Frage einer doppelten Lizenzgebühr wird nicht problematisiert. Die dogmatische Grundlage für eine doppelte Lizenzgebühr wäre die Markttheorie. S *Bodewig/Wandtke* GRUR 2008, 220, 228.

[269] BGH GRUR 2010, 546, 547 – Der strauchelnde Liebling; BGH GRUR 2007, 139 – Rücktritt des Finanzministers; *Ladeur* ZUM 2007, 117, ist – wie der BGH – der Auffassung, dass die Meinungsfreiheit Vorrang vor der Werbung hat, mit der Folge, dass ein Schadensersatz auf der Grundlage einer Lizenzgebühr ausgeschlossen ist.
[270] Nach *Peifer* handelt es sich bei den Persönlichkeitsrechten aus ökonomischer Sicht um „verdünnte Property Rights"; *Peifer* 306. Persönlichkeitsrechte sind nicht das Resultat innovativen Verhaltens, sondern Ergebnis rechtlicher Zuordnung zum Schutz der menschlichen Persönlichkeit, die ein geistiges Eigentum als Immaterialgüterrecht, zB an der Stimme oder Bildnis, ausschließen. Ebenso *Schack* Rn 58.
[271] Hepp/Krotz/Moores/*Krotz* 2006, 36.
[272] *Holz* 225.
[273] *Wadle* 67.
[274] *Benjamin* 412.

58   Im 19. Jahrhundert konnte die künstlerische Leistung eines Sängers noch nicht reproduziert werden, weil ein entsprechender materieller Träger fehlte. In seiner Mehrwerttheorie beschrieb Karl Marx diesen Vorgang wie folgt: „Was ich genieße, existiert nur in einer von dem Sänger selbst untrennbaren Aktion, und sobald seine Arbeit, das Singen, am Ende ist, ist auch mein Genuss am Ende. Ich genieße die Tätigkeit selbst."[275] Mit den technischen Möglichkeiten im 20. und 21. Jahrhundert kann diese Leistung auf einen **materiellen Träger** fixiert werden und die Möglichkeit des Genusses bleibt bestehen. Der materielle Träger verändert die Art und Weise des Genusses und der Verwertung künstlerischer Leistungen. Die technische Qualität der Wiedergabe der künstlerischen Leistung wurde bzw wird immer mehr verbessert von analog zu digital.

59   Die massenhafte Produktion von immateriellen Gütern, die eine sachliche gegenständliche Erscheinungsform besitzen können,[276] hat eine neue Dimension erreicht und damit einen besonderen Stellenwert des **Rechts in der Kultur- und Wirtschaftsordnung** hervorgerufen.

60   Erst mit der Möglichkeit der massenhaften Verwertung der literarischen, wissenschaftlichen, künstlerischen und technischen Medienprodukte wurden sie **Objekt wirtschaftlicher Begierde**. Heute ist es die **Computerkunst** oder die Kunst der Computer, die neue Medienprodukte hervorbringt.[277] Auch eine Änderung der **Werbung** ist eingetreten. Die Werbung tritt nicht mehr nur mit Produkten oder Leistungen und deren Eigenschaften an die Öffentlichkeit, sondern sie präsentiert zunehmend Lebensstile, die mit dem Produkt verbunden werden.[278] Ebenso hat die Werbung der Ärzte in den Medien zugenommen. Die in der Presse veröffentlichten Artikel, die vordergründig sachliche Informationen über Behandlungs- und Operationsmethoden geben, stehen einer Werbung nicht[279] entgegen. Mit der Reform des BDSG ist auch § 28 BDSG grundlegend verändert worden, wonach personenbezogene Daten und deren Verwendung für Werbemaßnahmen grundsätzlich einer Einwilligung bedürfen. Nur in Ausnahmefällen ist die Einwilligung nicht erforderlich.[280]

2. Neue Medienindustrien

61   Die **Kulturindustrie** will die Ware mit Gewinn auf den Markt bringen. Dies ist zunächst der schlichte ökonomische Vorgang in der **Distributions- bzw Konsumtionssphäre**, der auch Verwertungsprozess genannt wird. Der hier charakterisierte ökonomische Vorgang wiederholt sich in der Praxis millionenfach. Motor der ökonomischen Veränderungsprozesse sind technische Umwälzungen, die den traditionellen Medien neue Gestaltungsmöglichkeiten eröffnen.[281]

62   Das betrifft die **Film-, Fernseh-, Print-, Computer- und Merchandisingindustrie** genauso wie die **Internetindustrie**, die auch einen neuen Markt hervorbrachte. Die Vermarktung erfolgt mit Hilfe der Technik so umfangreich, dass zB der Künstler gar nicht in der Lage ist, die Konsequenzen zu erkennen, geschweige denn eine Kontrolle auszuüben. Als Beispiel sei nur der Popkünstler genannt, dessen Erscheinungsbild von der Kulturindustrie bestimmt wird. Die Aufnahme eines Musikwerkes liegt in der Hand des Produzenten. Zur Musik werden **Videoclips** gedreht. Der veröffentlichte

---

[275] *Marx* Theorie über den Mehrwert 368.
[276] *Marten* 91.
[277] *Claus* 123; *Müller* 37 f.
[278] *Ladeur* ZUM 2007, 112.

[279] BVerfG NJW 2006, 282.
[280] *Peifer*, M MMR 2010, 524, 526.
[281] *Koch* AfP 2007, 306.

Song wird in der Werbung für andere Produkte zweitverwertet oder zusätzlich als **Soundtrack** für Spielfilme verwendet. Zudem werden vermögensrechtliche Elemente des Persönlichkeitsrechts der Künstler **durch Merchandising** vermarktet, wie die Marlene-Dietrich-Entscheidungen der Rechtsprechung erneut deutlich gemacht haben.[282] Das Bild des Künstlers findet sich auf T-Shirts, Kalendern, Bettwäsche, Getränkedosen etc. Auch für den Bereich der bildenden Kunst, der Filmkunst und der Musik lassen sich Beispiele finden. Die Bilder von Grosz, Picasso, Dalí, Matisse, Monet ua sind auf Textilien, Postern, Briefmarken, Schlüsselanhängern, T-Shirts und Aufklebern zu sehen. Szenen aus alten Filmen werden für die **Werbung** wiederentdeckt. Werke von Carl Orff werden für Eiskremwerbung benutzt. Möglich ist es aber auch, dass dies alles im Internet erscheint. Die Beispiele könnten fortgesetzt werden.

3. Typologisierung von Medienunternehmen

Mit Hilfe der Informations- und Kommunikationstechnologie wird nicht nur der **63** Katalog der Verbreitungshandlung und damit der Distribution der Medienprodukte erweitert, sondern es entstehen **neue Werkarten und Medienindustrien.**[283] Die Typologisierungen von Medienunternehmen beruhen auf unterschiedlichen **Unternehmensgegenständen,** dh auf den unterschiedlichen Produkten.[284] Typisches Beispiel hierfür ist die Entstehung der **Fernseh- und Filmindustrie** am Anfang des 20. Jahrhunderts, in deren Ergebnis Fernseh- bzw Filmwerke als neue Werkarten entstanden sind bzw entstehen und die einen bedeutenden Wirtschaftsfaktor vor allem in den USA darstellen.[285] Die filmische Form eröffnete, wie Bertolt Brecht zu Recht formulierte, größere Verbreitungsmöglichkeiten und fügte den alten Reizen die Reize der neuen Technik hinzu.[286] Ähnlich ist es mit **der Entstehung der Unterhaltungs-** und **Softwareindustrie und dem Internet.**

Durch die Technik ist die **industrielle Massenproduktion** möglich geworden. Hier **64** sei zB an die angewandte Kunst gedacht. Die funktionelle Sachlichkeit und die sachliche Ästhetik, die vom Bauhaus ausging, hat einige Warenformen revolutioniert. Ein Beispiel für die neue Formfindung sind die Stahlrohrmöbel, die schon vor 1930 von Marcel Breuer, Mies van de Rohe, Gerrit Rietveld und Mart Stamm entwickelt worden sind. Die einsetzende Massenproduktion brachte einen **Konkurrenzkampf** der Hersteller mit sich, der sich letztlich auch in urheber- und wettbewerbsrechtlichen Streitigkeiten äußerte.[287] Die Medienunternehmen sind gezwungen, das Marktverhalten anderer Unternehmen und der Verbraucher zu analysieren und deren Bedürfnisse zu befriedigen. Dazu gehört, dass sie neue Bedürfnisse wecken. Bspw haben Designprodukte das ästhetische Bewusstsein der Verbraucher verändert und das Kaufverhalten beeinflusst. Fiktive Figuren spielen bei der Vermarktung der Kunst eine nicht zu unterschätzende Rolle. Die Entscheidungen des BGH weisen darauf hin.[288] Das **Kaufverhalten** der Verbraucher und Unternehmen im Zusammenhang mit dem Internet hat sich sehr stark verändert. Viele Produkte und Dienstleistungen werden über das Internet abgewickelt. **Telemedien** dienen dabei den Unternehmen und Verbrauchern.

---

[282] BVerfG WRP 2006, 1361, 1367 – Marlene Dietrich; BGHZ 143, 214 = GRUR 2000, 709 – Marlene Dietrich; BGH GRUR 2000, 715 m Anm *Wagner* NJW 2000, 2201 – Der blaue Engel.

[283] *Horkheimer/Adorno* 128 ff; *Rüthers* Rechtstheorie Rn 40; *Koch* AfP 2007, 306.

[284] *Breyer-Mayländer/Seeger* 3.

[285] *Edelmann* 47; *Reber* 2.

[286] *Brecht* 448 f.

[287] *Wandtke* UFITA Bd 130 (1996), 57 ff.

[288] BGH GRUR 1994, 191 – Asterix; GRUR 1994, 207 – Alcolix.

4. Konzentrationsprozesse und Produktpiraterie

65 Mit der zunehmenden Konzentration von Medienunternehmen in der europäischen Gemeinschaft ist neben einer nationalen Regulierungsbehörde zur Pluralismussicherung ein freiwilliger Zusammenschluss nationaler Medienaufsichten anzustreben.[289] Denn seit langem ist der Trend festzustellen, dass Medienkonzerne und Verlage weltweit fusionieren,[290] die auch den virtuellen Markt beherrschen und die Medienvielfalt auf der Strecke bleibt.[291] Denn die Konzentrationsprozesse sind ein zentrales Strukturproblem der Medienindustrie. Neben den Expansionsstrategien des Suchmaschinenbetreibers „Google"[292] sind Konzentrationsprozesse auf dem Musikmarkt festzustellen, die einen **fairen Wettbewerb** unmöglich machen.[293] Die marktbeherrschende Position einiger **Musikkonzerne** wird durch die neuen technischen Möglichkeiten und die Digitalisierung noch gestärkt. Das **Medienkartellrecht** kann diese Konzentrationsprozesse nur bedingt oder gar nicht unterbinden.[294] Die weltweit agierenden 5 **Musiklabel** (Universal Music Group, BMG, Sony Music Entertainment, Warner Music, EMI) kontrollieren mit einem Anteil von 84,8 % den US-amerikanischen Musikmarkt. Eine ähnliche Entwicklung der **Medienkonzentration** ist auf dem Rundfunk- und Zeitungs- sowie Filmmarkt festzustellen. So verfügen zB die vier Holdings der Sender RTL, VOX, Super-RTL, n-tv sowie Sat 1, Pro 7, Kabel 1 und N24 über 80 % des TV-Werbemarktes,[295] wobei für das Medienkartellrecht die Rabattverträge von Bedeutung sind, die es zwischen den beiden marktbeherrschenden **TV-Vermarktern und den Mediaagenturen** gibt.[296] Das Bundeskartellamt hat der Fusion zwischen der Springer AG und den Fernsehsendern ProSieben/SAT1 untersagt, weil zu erwarten gewesen wäre, dass durch den beabsichtigten Zusammenschluss die marktbeherrschende Stellung dieses Oligopols auf dem Fernsehwerbemarkt verstärkt worden wäre.[297] Auch der Buchmarkt ist davon betroffen.[298] Folgen dieser Entwicklung sind Gefahren für die Demokratie, insb für die **Meinungsfreiheit und Meinungsbildung**, weil sich zunehmend nicht kritische und unabhängige Ansichten durchzusetzen in der Lage sind.[299] Das Medienkonzentrationsrecht nach dem **Rundfunkstaatsvertrages**[300] und die **europäischen Wettbewerbsregelungen**, insb Art 102 AEUV (bisher Art 82 EG-Vertrag)[301], stehen auf dem Prüfstand. Ein weiteres Gefahrenpotenzial für die Medienordnung ist die **Produktpiraterieindustrie**, die ein nationales und internationales Problem der Verletzung des Immaterialgüterrechts ist. Der Ruf nach einem stärkeren Schutz wird immer lauter. Aus dem OECD Bericht von 2008 über die wirtschaftlichen Folgen von Produkt- und Markenpiraterie ergibt sich, dass der internationale Handel mit gefälschten und unerlaubt kopierten Produkten im Jahre 2005 ein Volumen von schätzungsweise $ 200 Mrd erreicht hat.[302] In den USA sollen deshalb

---

289 *Bretschneider* ZUM 2010, 418, 424.
290 Raue/Hegemann/*Grünwald* 507 ff; *Hess/Fischer* AfP 2006, 439 ff.
291 *Paal* JZ 2010, 647 f.
292 *Ott* WRP 2010, 435, 447; *Klickermann* MMR 2007, 751, 753.
293 Gegenwärtig existieren fünf den Weltmarkt beherrschende Musikkonzerne. Sie haben einen Anteil von über 75 % am internationalen Musikmarkt; siehe Moser/Scheuermann/Neef/*Blömer* 104.
294 *Paal/Henemann* ZRP 2010, 40, 42; *Bretschneider* WRP 2008, 761, 765; *Hess/Fischer* AfP 2007, 28.

295 BGH MMR 2011, 60 – Springer/ProSieben Sat1 II; BGH WRP 2010, 1527 – Springer-Pro Sieben-Sat1.
296 S „Der Tagesspiegel" v 22.7.2007, 30.
297 BGH WRP 2010, 1527 – Springer-Pro Sieben-Sat1.
298 BGH NJW 2007, 1820 – National Geographic I; BGH NJW 2007, 1823 – National Geographic II.
299 BVerfG ZUM-RD 2008, 281, 288; *Lessig* 166 f.
300 *Schmid/Kitz* ZUM 2009, 739, 741.
301 *Möschel* JZ 2009, 1040 f.
302 *Ensthaler/Heinemann* WRP 2010, 309.

Artur-Axel Wandtke

die zivil- und strafrechtlichen Sanktionen verschärft werden.[303] Die Herstellung und Verbreitung von Waren erfolgt unter Nichteinhaltung des Marken-, Patent-, Geschmacksmusters-, Gebrauchsmusters und Urheberrechts.[304] Ihr Unwesen hat nicht nur zu massenweisen Verletzungen der materiellen und geistigen Interessen der Schöpfer und Unternehmen geführt, sondern die Kulturindustrie ist von der Produktpiraterie in einer Weise betroffen, dass der Schutz des geistigen Eigentums zur **internationalen Handelsangelegenheit** geworden ist und künftig weiterhin im Mittelpunkt internationaler Auseinandersetzungen stehen wird. Die hinter diesem Konflikt stehenden Wirtschaftsinteressen offenbaren sich in ihrer ganzen Widersprüchlichkeit zwischen den **USA, Europa und China**.[305] Aber auch andere Widersprüchen zeigen sich auf dem Gebiet des geistigen Eigentums. Es ist zB offensichtlich geworden, dass die USA immer wieder mit ihrer Auffassung vom Produzentencopyright in Widerspruch zu der kontinentaleuropäischen Urheberrechtskonzeption gerät,[306] obwohl eine Annäherung beider Urheberrechtsordnungen feststellbar ist. Während zB in der amerikanischen Filmindustrie der Filmproduzent als Urheber betrachtet wird, ist nach der kontinentaleuropäischen Urheberrechtsdoktrin der Filmregisseur Urheber. Beides ist unvereinbar. Die Lösung kann nur in einem Kompromiss liegen. Wie wichtig eine internationale Lösung künftig sein wird, zeigen die neuen Formen der Auseinandersetzungen zwischen der Filmindustrie in den USA und den Internetbetreibern. Es geht schlichtweg um **Anteile am Markt**. Noch bevor der Film des Jahres wie zB „Der Gladiator" auf DVD verkauft wurde oder als Leihkassette in die Videotheken kam, konnten sich die User den Streifen aus dem Internet im DivX-Format besorgen und dann auf CD brennen. Die hinter DivX stehende Technik komprimiert die Streifen ähnlich stark wie das **MP3-Format** Musikstücke.

Die **Produktpiraterie** hat im Musikbereich eine neue Dimension erreicht, die im Internet auch durch technische Schutzmaßnahmen kaum zu unterbinden ist.[307] Dieser Aspekt der Verwertung von Informationen (Töne als Information) bedeutet, dass eine Gesellschaft zu entstehen im Begriff ist, in der sich die Produktpiraterie zu einem lukrativen Industriezweig entwickelt und kaum durch rechtliche Maßnahmen und Sanktionen zu unterbinden ist. Denn nunmehr ist die Industrieproduktion nicht mehr das entscheidende Strukturelement der bestehenden Produktionsweise,[308] sondern die geistige Produktion. Die geistige Produktion wird zunehmend durch die Digitaltechnik bestimmt, die Kern des technologischen Zeitalters ist.[309] Mit neuen Technologien ist auch die Produktpiraterie einfacher geworden, um Medienprodukte unerlaubterweise nachzuahmen. Erforderlich ist, dass die Unternehmen im Rahmen von **Public Relation auf ihren Websiten** oder anderen medienwirksamen Aktionen (zB Presse und Rundfunk) die Verbraucher auf die Folgen der Produktpiraterie hinweisen.[310]

66

303 Vertreter der Demokraten und Republikaner haben einen Gesetzesentwurf zur Verschärfung der Sanktionen gegen urheberrechtliche Vergehen vorgelegt. Siehe www.heise.de/newsticker/meldung/100131.
304 *Von Welser/Gonzalez* Rn 8.
305 *Von Welser/Gonzalez* Rn 28. China hat sich zum Fälschungsland Nummer 1 entwickelt.

306 Becker/Lerche/Mestmäcker/*von Lewinsky* 394.
307 *Lucchi* 91 f.
308 *Bell* 353.
309 Fiedler/Ullrich/*Dreier* 157.
310 *Von Welser/Gonzalez* Rn 852.

5. Änderungen der Produktions- und Distributionsstrukturen

67   Die Technik hat in ihrer Entwicklung nicht nur die Menschenkraft erspart.[311] Dieser Kulturwandel kann auch als **postmoderne Entwicklung** bezeichnet werden[312], weil der **Wertschöpfungsprozess** selbst einem Wandel unterliegt. Die Verlagsproduktion ist zB nicht mehr von einer Druckerei abhängig. Der Autor übergibt seine elektronische Datei mit dem Manuskript und der Verlag stellt den Text ins Internet oder der Autor produziert und verbreitet alles allein im Internet. Der Leser kann den Text herunterladen und ausdrucken. Auf Grund der neuen Informations- und Kommunikationstechnologien treten auch Veränderungen im Publizieren der Verlage auf. Nutzer konnten aktuelle Vorabveröffentlichungen des „Spiegel" schon 1996 über den großen Online-Dienst CompuServe erhalten.[313] **Neue Online-Vertriebswege** bilden sich heraus, zB Online-Shopping, Online-Banking und vieles mehr.[314] Der Gesetzgeber hat mit dem **Telemediengesetz** auf diese Entwicklung reagiert, wobei viele Fragen offen bleiben.[315]

6. Internet und Medienprodukte

68   Das Internet hat viele Vorzüge und Nachteile.[316] Zu den Vorteilen gehört, dass sich über **Suchmaschinen** jedermann in Sekundenschnelle ein Bild davon machen kann, was die Welt über ein Medienprodukt, ein Unternehmen oder über eine Person denkt oder zu wissen glaubt. Jedermann kann mit einer geringen **Investition** seinen spielerischen oder sonstigen Neigungen nachgehen und Informationen und Meinungen recherchieren. So nutzen zB 70 Millionen Erwachsene am Tag in den USA das Internet.[317] Der Leser kann Mitglied einer virtuellen Welt werden, in der er seine Wünsche gegen Entgelt zu erfüllen hofft. Internetforen schießen wie Pilze aus dem Boden, bspw **YouTube, MySpace, Tumble,** Bloomstreet. In diesen Foren werden Inhalte wie Fotos, Texte, Film- oder Fernsehmaterial verbreitet bzw der Allgemeinheit zum Abruf bereitgestellt.[318] „Blogs" und „Wikis" sind neue kommunikative Erscheinungsformen eines „**Web 2.0**" oder „**User Generated Content**". Das Internet ist gleichsam mit seinen Möglichkeiten ein Tummelplatz für den Austausch von Informationen und Medienprodukten. Das **Internet ist insofern ein ideales Distributionsmittel** für die Verbreitung von Informationen und Medienprodukten. Das wirklich Revolutionäre besteht aber darin, dass durch die Vernetzung und Digitalisierung die Möglichkeit besteht, dass jedermann Produzent geistiger Güter wird. Er kann selbst eine Produktionsweise betreiben, die ihm die technologischen Mittel erlauben. Jedermann kann in Personalunion Produzent, Verwerter und Konsument werden. Ein Beispiel hierfür ist **YouTube**. Nutzer können kostenlos Video-Clips ansehen und hochladen. Unter der Internetadresse www.youtube.com findet man Film- und Fernsehausschnitte, Musikvideos sowie selbstgedrehte Filme.[319] Damit ist das **technologische Zeitalter das Zeitalter der**

---

[311] So bereits *Schopenhauer* 254.
[312] Der Begriff der Postmoderne ist äußerst schillernd und höchst umstritten. Sie wird vor allem mit der Literaturwissenschaft, der Malerei, der Philosophie und Soziologie verbunden. Sie ist aber nicht darauf reduzierbar. *Zimmerli* 14; *Welsch* 1991, 9; *Vester* 1993, 119; *Zima* 1997, 8 ff; *Baumann* 113 ff.
[313] S www.spiegel.de.
[314] *Negroponte* 218.
[315] *Kitz* ZUM 2007, 368.

[316] BT-Drucks 14/9200, 259 ff.
[317] Eastman/Ferguson/Klein/Masiclat/*Klein* 225.
[318] *Fülbier* CR 2007, 515.
[319] YouTube wurde mit seiner Website im Februar 2005 gegründet. Mit einem geschätzten Marktanteil von 45% ist YouTube der populärste Dienst dieser Art. Am 9.10.2006 gaben die Betreiber der Suchmaschine Google die Übernahme von YouTube bekannt (Wochenpost v 28.1.2007).

Auflösung alter Strukturen, Produktionsformen und herkömmlicher Verhaltensmuster der Konsumenten. Es geht nicht mehr nur um die massenweise Reproduzierbarkeit von Kunstwerken, deren „Aura" verloren gegangen ist, wie sich Walter Benjamin auszudrücken pflegte.[320] Neue Fähigkeiten und Fertigkeiten der Nutzer und Produzenten im Internet werden gefordert, die der traditionellen arbeitsteiligen geistigen Produktion gegenüberstehen (zB Film-, Buchproduktion).Wenn der Nutzer in der Lage ist, einen literarischen, wissenschaftlichen, künstlerischen oder technischen Beitrag – unabhängig von der Qualität derselben – allein oder mit vielen Nutzern zu produzieren und im Internet zu verbreiten, werden traditionelle Strukturen der geistigen Produktion in Frage gestellt. Eine Enzyklopädie kann zB weltweit mit Hilfe von **Wikipedia** produziert und weltweit verbreitet werden.[321] **Wissen wird weltweit öffentliches Gut.** Wenn das alles mit einer entsprechenden Software möglich ist, dann muss das notwendigerweise Folgen für die Rechtsgestaltung haben.

7. Vergesellschaftungsprozesse und individuelle Produktion

Die **Vergesellschaftungsprozesse** sind auf der Ebene der Produktion und auf der Ebene der Konsumtion festzustellen. So findet eine aufwendige und arbeitsteilige Produktion (zB Filmproduktion) von **massenhaften Medienprodukten** (zB Filmen) neben der massenhaften kostengünstigen Eigenproduktion (unbekannte Internetnutzer produzieren) einzelner Medienprodukte (zB ein Film oder ein Lexikon) statt. Die Vermarktung von Medienprodukten durch Unternehmen wird in der realen Welt immer schwieriger, weil die lebendige und die vergegenständlichte Arbeit nicht mehr in elektronischen Informations- und Kommunikationsprozessen getrennt werden kann. Die tatsächlichen oder vermeintlichen Literaten, Texter, Musiker, Maler als Produzenten verbreiten ihre geistigen Leistungen weltweit über das Netz. Sie können sich entscheiden, ob sie für das Herunterladen ihrer geistigen Leistungen ein Entgelt haben wollen oder nicht. Der unentgeltliche Zugang zu Medienprodukten wird dabei favorisiert. Die „Open Access"- oder „Open Source"-Bewegung"[322] ist ebenfalls eine Folge der technologischen Informations- und Kommunikationsprozesse, wonach ein unbeschränkter Zugang zu geistigen Leistungen angestrebt wird, vor allem Leistungen der Wissenschaftler.[323] Neue technologische Produktionsweisen werfen neue Fragen des Eigentumsrechts in der Zivilrechtsordnung auf, die vorwiegend von der Rechtskonstruktion des Sacheigentums geprägt ist.[324] Projekte wie Wikipedia, MySpace und You Tube animieren alle zB zum Schreiben, Filmen, Fotografieren, Musizieren und Malen. Das Internet ist insofern nicht nur ein Vertriebskanal, sondern ein Ort, an dem sich Leute treffen, sich unterhalten und darstellen. Mit Web 2.0 besteht die Möglichkeit der Selbstdarstellung. Blogs und Podcasts erlauben es, in einer verlinkten Netz-Gemeinschaft in Windeseile Protest, Boykott und Unterstützung zu organisieren. Sie stehen für eine **Demokratisierung** der Massenkommunikationsmittel.[325] Der Trend, dass sich ein Wandel in der Wertschöpfungskette und in den Aneignungsprozessen der geistigen Güter vollzieht, ist Ausdruck der Vergesellschaftung. Die traditionelle Auffassung, dass das **verfassungsrechtlich geschützte Eigentum** in seinem Gehalt durch

69

---

320 *Benjamin* 411.
321 *Myers* 190.
322 Wandtke/Bullinger/*Grützmacher* § 69c UrhG Rn 73.
323 Hagenhoff/*Dorschel* 235.
324 *Siegrist/Götting* 151; so ist zweifelhaft, ob

an virtuellen Erscheinungen eigentumsrechtliche Schutzpositionen durch das Hausrecht der Forenbetreiber möglich ist; s *Klickermann* MMR 2007, 766, 767.
325 *Hornig* Wir sind das Netz, Spiegel Special, Nr 3 2007, 11.

Privatnützigkeit gekennzeichnet sei, dh, dass eine Zuordnung zu einem individuellen Rechtsträger mit einer **Verfügungsbefugnis** über einen Eigentumsgegenstand erfolgen kann,[326] entspricht zumindest nicht mehr den realen Gegebenheiten im Internet. Im digitalen Zeitalter kann jeder mit jedem im Internet produzieren. Wer was produziert hat, kann häufig nicht mehr nachvollzogen werden. Nicht das private, sondern ein „gesellschaftliches" Eigentum an den geistigen Arbeitsergebnissen bildet sich heraus. Jeder kann darüber verfügen. Das betrifft die Produktion und Vermarktung von Medienprodukten im Bereich der Zeitungen, der Zeitschriften, des Films, des Fernsehens, des Hörfunks und des Internets. Es entstehen **multimediale Wertschöpfungsketten.**[327] Der springende Punkt ist der, ob das Recht diese Prozesse gestaltend begleitet oder selbst an die Grenzen der Einflussnahme auf diese gesellschaftlichen Prozesse gerät. Zunächst ist es eine Illusion, anzunehmen, dass die geistige Produktion im Internet dazu führt, dass die Medienprodukte, unabhängig vom kulturellen Wert derselben, nur noch unentgeltlich angeboten und verbreitet werden. In dem Augenblick, wo ein neues **Geschäftsmodell** auf den Markt kommt, das ein User produziert hat, kann sich ein Medienunternehmen dem nicht entziehen. Entweder der User gründet ein eigenes Unternehmen oder das Geschäftsmodell wird von einem bestehenden Unternehmen gekauft oder schlichtweg kopiert und selbst kommerziell genutzt. Die Geschäftsmodelle von „Second life" oder „Napster" stehen stellvertretend für diesen Entwicklungsprozess. Eine andere Entwicklung hängt mit den **Verdrängungsprozessen im globalen Wettbewerb** zusammen. Jedes Unternehmen muss unter Strafe seines Untergangs einen Gewinn machen, um sein Überleben zu sichern. **Zentralisations- und Konzentrationsprozesse** auch in der Kulturindustrie sind das Ergebnis des Verdrängungsprozesses auf dem nationalen und internationalen Markt. Vertragsfreiheit und **Selbstregulierung** sind dabei die Wunderheilmittel, um die Verwertungsbedingungen des Kapitals flexibler zu gestalten. Die Selbstregulierung zwischen Kreativen bzw deren Organisationsformen und der Verwerterindustrie wird im Rahmen der Novellierung des Urheberrechtsgesetzes (sog Korb II) favorisiert, ohne das asymmetrische Vertragssystem zwischen Urheber und der Medienindustrie zu berücksichten.[328] Im Grunde steht dahinter eine **neoliberale Wirtschaftskonzeption** des „freien Marktes" als „freie Kultur" mit dem methodologischen Ansatz des Individualismus,[329] der sich mit Hilfe einer Vereinbarung derselben nach dem Motto „Laissez faire, laissez passer, le monde va de lui-même", durchzusetzen gedenkt. Dabei wird der Widerspruch zwischen den Interessen derjenigen, die zunehmend geistige Leistungen im Internet anbieten, und den Unternehmen und den Nutzern immer größer. Die Nutzer wollen unentgeltlich Zugang zu den Medienprodukten haben, während die Unternehmen und die geistigen Produzenten dafür, dass sie in das Medienprodukt investiert haben, vergütet werden. Es wird teilweise in der öffentlichen Diskussion die „**Kulturflatrate**" im Verhältnis zu **den DRM-Systemen**[330] favorisiert, ohne zu hinterfragen, welche bestehenden gesetzlichen **Vergütungssysteme** als entsprechendes Äquivalent für die Verwertung von Ausschließlichkeitsrechten der Inhaber geistiger Leistungen bestehen.[331] Die Tatsache,dass unerlaubte Vervielfältigungen im Peer-to-Peer-Netzwerk stattfinden, kann

---

[326] MünchKommBGB, 4. Aufl 2004, § 903 Rn 3; BVerfGE 50, 290, 339.
[327] *Wirtz* 684.
[328] S die Begründung der Bundesregierung zum Entwurf eines Zweiten Gesetzes zur Regelung des Urheberrechts in der Informationsgesellschaft, BT-Drucks 16/1828, 16.

[329] *Lessig* 190.
[330] *Hofmann/Goldhammer* 92.
[331] Krit zur Kulturflatrate *Pfennig* Kulturpolitische Mitteilungen 2009, 34.

Artur-Axel Wandtke

nicht die Kulturfltrate als gesetzliche Alternative zur Legalisierung ungesetzlicher Verhaltensweisen vorgeschlagen werden.[332] Im Rahmen des Korb III sind Vorschläge zur Erweiterung der Schrankenregelungen zu unterbreiten.

Der Nachteil des Internets besteht darin, dass es eine Spielwiese unterschiedlicher **70** Interessengruppen ist, die zu zügeln und auszugleichen Aufgabe des Rechts der Medien sein muss. Als **Verhaltenssteuerungsinstrument** steht das Recht vor einer unlösbaren Aufgabe. Destruktives Verhalten einzudämmen und schöpferische Prozesse zu fördern, gehören sicherlich zu den Grundaufgaben in einer kapitalorientierten Welt. Muss nicht das Recht hinter der technologischen Entwicklung herhinken? Reichen die bestehende Regelungen zum Schutz der geistigen Leistungen, des Persönlichkeitsrechts, des Wettbewerbs,[333] der Telemediendienste, des Jugendschutzes, des Medienstrafrechts etc aus? Sind neue **Haftungsregelungen** durch das Internet notwendig geworden? Verluste, Schäden oder sonstige Schwierigkeiten im Management eines Unternehmens sind immer in einer ex-post-Betrachtung zum ex-ante-Maßstab einer rechtlichen Regelung vorzunehmen. Das gilt auch für das Urheberrecht, in dem Regelungen über technische Schutzmaßnahmen in das Gesetz aufgenommen wurden, die sich im nachhinein als Behinderung einer fairen Nutzung herausstellen.[334] Entscheidend wird aber sein, wie das Recht innovatives Verhalten und Investitionen fördert und stimuliert.

V. Individualkommunikation contra Massenkommunikation

1. Öffentliche Meinungsbildung

Zur öffentlichen Meinungsbildung gehören ohne Zweifel die **Massenmedien**, dh **71** Einrichtungen in der Gesellschaft, die sich zur Verbreitung von Informationen technischer Mittel bedienen, zB Druckerzeugnisse, Bücher, Zeitungen, Zeitschriften, aber auch elektronische Kopierverfahren jeder Art, sofern sie Produkte in großer Zahl mit unbestimmten Adressaten erzeugen. Dazu gehört vor allem der Rundfunk, Film und unterschiedliche Multimediadienste,[335] aber auch das **Internet**.[336] Die Freiheit der Medien ist konstituierend für die freiheitliche demokratische Grundordnung.[337] Dazu gehört die Gewährleistung des Schutzes der im Rundfunk und in der Presse tätigen Personen und den Informanten gem Art 5 Abs 1 S 2 GG.[338]

Angesichts der Rolle der Medien in einer demokratischen Gesellschaft wird es **72** immer bedeutsamer, ob Probleme angesprochen werden, die für den **öffentlichen Willensbildungs- und Meinungsbildungsprozess** wesentlich sind oder ob lediglich private Angelegenheiten von den Medien veröffentlicht werden, die die **Neugier und Sensationslust** befriedigen sollen.[339] Das betrifft die Privatsphäre der Künstler, Politiker, Sportler und Manager als Personen der Zeitgeschichte. Aber auch die Ehepartner der Personen der Zeitgeschichte und deren Kinder sind im Fokus der Berichterstattung. Es

---

332 So aber *Roßnagel/Jandt/Schnabel* MMR 2010, 8 ff.
333 *Brömmelmeyer* 31. Er wirft generelle Fragen des Wettbewerbs im Internet auf. Die Ubiquität und die Konvergenz der Medien bringen Rechtsanwendungsprobleme mit sich.
334 *Lessig* 160 ff.
335 *Luhmann* 11; *Fechner* Medienrecht Rn 41.

336 Die journalistisch-redaktionell gestalteten Angebote im Internet sollen den Massenmedien zugeordnet werden, nicht dagegen sonstige Telemedien. Dies wird zu Recht kritisiert. Siehe *Rumyantsev* ZUM 2008, 33.
337 BVerfG ZUM 2007, 294, 297; st Rspr.
338 BVerfG ZUM 2007, 294, 298.
339 BVerfG ZUM-RD 2007, 1, 2.

bedarf die Persönlichkeitsentfaltung der Kinder und Jugendlichen des besonderen Schutzes vor den Gefahren der Medienberichterstattung[340] und den Internetforen mit jugendgefährdenden Inhalten.[341] Die Gefahren sind vielfältig. Die von den Massenmedien angebotenen Realitätskonstruktionen haben durchgreifende Auswirkungen auf das, was in der Gesellschaft als Freiheit beobachtet werden kann und wie die Chancen personal zurechenbaren Handelns in der Gesellschaft verteilt sind.[342] Vorurteile und Manipulationen können ständig durch die Massenmedien reproduziert werden.[343] In dem Maße, wie die gesellschaftliche Entwicklung ausschließlich an dem wirtschaftlichen Erfolg und dem Fetisch Geld gemessen wird, sind die Medienunternehmen nur Erfüllungsgehilfen einer verfehlten **Medienpolitik**. Was fehlt ist die Herausbildung von politischen Fähigkeiten der Jugendlichen und Erwachsenen, um die ökonomischen und politischen Widersprüche einer zerrissenen Gesellschaft zu erkennen sowie gestaltend und verändernd mit Hilfe demokratischer Institutionen eingreifen zu können. Demokratie setzt diese Fähigkeiten voraus. Je geringer diese Fähigkeiten ausgebildet sind, desto größer ist das Demokratiedefizit und der Glaube an den offiziellen Lügen in den Medien. Solange nicht erkannt wird, dass Intoleranz und Ausgrenzung unterschiedlicher Personengruppen in den politischen, ökonomischen und kulturellen Verhältnissen wurzeln, solange wird auch und vor allem in Krisenzeiten von den wirklichen Ursachen gesellschaftlicher Widersprüche abgelenkt. Ein Staat, der für die Menschen das Recht auf Arbeit nicht durchzusetzen vermag, nimmt ihnen letztlich die menschliche Würde. Nicht umsonst wird in den Menschenrechtskonventionen der UNO von 1948 und 1966 das Recht auf Arbeit als Menschenrecht postuliert. Arbeitslosenunterstützung ist zB überwiegend die Kompensation sozialer Ausgrenzung und bildungspolitisch ein Desaster. Medien nennen die Erscheinungen, ohne die wirklichen Ursachen öffentlich zu diskutieren. Interessant wäre ein demokratisches Gesellschaftskonzept, das unabhängig von den Interessengruppen und Parteien in einer globalisierten Welt die verschiedenen Alternativen sozialer, kultureller, ökonomischer und politischer Zukunftsaussichten der Gesellschaft der Öffentlichkeit vorgestellt wird. Daraus ließen sich auch die rechtlichen Rahmenbedingungen ableiten, damit nicht die Ungleichheit zwischen den Reichen und Armen, den Besitzenden und Besitzlosen als erniedrigte Wesen zementiert wird. Um Pangloß, den Hausphilosophen in Voltaires Werk „Candide" zu widersprechen, ist diese Welt eben nicht die beste aller Welten.

73   **Die** öffentliche Meinungsbildung erfolgt nicht mehr nur durch den **linearen Rundfunk** und die Presse im traditionellen sondern zunehmend im globalen virtuellen Markt. Die Ergebnisse des Grimme-Institut von 2010 prognostizieren eine weitgehende Abkehr von linearen Programmen und einen klaren Trend zum Herunterladen von einzelnen Sendungen.[344] Die nichtlinearen, freien Mediendienste im Internet stellen teilweise eine echte Konkurrenz zum Meinungsmonopol der Presse und des Rundfunks dar.[345] So spielen zB die sog **Blogs** für den demokratischen Willensbil-

---

340 BVerfG GRUR 2011, 255 – Carolines Tochter; BVerfG MMR 2010, 48 – Altersverifikationssysteme; BVerfGE 101, 361, 385; BVerfG ZUM-RD 2007, 1, 3.

341 BGH WRP 2007, 1173, 1175.

342 *Luhmann* 156.

343 Schopenhauer erkannte schon früh die Ambivalenz der Pressefreiheit. Sie bedeutet einerseits, dass sich die Menschen mit den Worten wegen der Unzufriedenheit Luft machen

können. Anderseits wirkt sie wie Gift für Geist und Gemüt. „Denn was lässt sich nicht dem kenntnis- und urteilslosen großen Haufen in den Kopf setzen? zumal wenn man ihm Vorteil und Gewinn vorspiegelt. Und zu welcher Untat ist der Mensch nicht fähig, dem man etwas in den Kopf gesetzt hat?". Siehe *Schopenhauer* 259.

344 Welt Kompakt v 25.11.2010, 26.

345 *Castendyk/Böttcher* MMR 2008, 15.

dungsprozess eine hervorragende Rolle, weil die Möglichkeit besteht, kostenlos Informationen zu erhalten und gegen bestimmte herrschende Meinungsmacher eigene Positionen zu begründen und diese weltweit zu verbreiten.[346] Das Blogging nutzen Unternehmen in den USA, um mit den Kunden im Rahmen des **Direktmarketings** zu kommunizieren und entsprechende Bedürfnisse schneller befriedigen zu können.[347] **Hörfunk und Fernsehen sowie Presse** sind nicht mehr die ausschließlichen Meinungsmacher. Sie müssen mit dem Internet eine technische „Ehe" eingehen, um den Einfluss auf die **Meinungs- und Willensbildungsprozesse** weiterhin ausüben zu können. So lässt die Internetverbindung den Abruf auch von Fernseh- oder Hörfunkprogrammen nebeneinander abwickeln, zB in Form des **Streaming**. Der Internetempfang tritt funktionell neben den Fernsehempfang.[348] Bei Radioprogrammen erfolgen zB sowohl Erstverwertungen im Internet (sog **Internetradio oder Webcaster**) als auch die Übertragung derselben als Zweitverwertung, dh der Inhalt von Hörprogrammen kann simultan im Internet übertragen werden.[349] Die typischen Strukturen des Rundfunks, nur für eine unbestimmte Anzahl von Verbrauchern Sendungen bereit zu halten, verändern sich.[350] Rundfunkähnliche Abrufdienste werfen Probleme auf, zB ob die nichtlinearen Dienste wie **Radio- und Fernsehsendungen beim Handy oder PC** genehmigungs- und gebührenpflichtig sind.[351] Die Multimediaprodukte verschärfen insofern das Problem einer rechtlichen effektiven Regulierung im Verhältnis zwischen Individual- und Massenkommunikation. Der Gesetzgeber hat sich mit dem **Telemediengesetz** für die Individualkommunikation entschieden und damit neue Probleme geschaffen,[352] insb hinsichtlich der **Haftung des Internetforumbetreibers**.[353] Ebenso spielen die **Computerspiele** als Massenmedium und als modernes Freizeitangebot eine bedeutende Rolle. Sie nur auf die „Ego-Shooter", sog **Killerspiele**, zu reduzieren, verkennt das Innovationspotenzial derselben. Denn es besteht kein monokausaler Wirkungszusammenhang zwischen der Mediengewalt und der Entstehung gewalttätigen Verhaltens. Medien sind Verstärker, nicht Verursacher von Gewalt.[354] Durch den Medienkonsum besteht aber die Gefahr, dass minderjährige Rezipienten falsche Lebenserwartungen entwickeln und so ihre Erziehung zu verantwortungsvollen Mitgliedern der Gesellschaft behindert wird.[355]

2. Medien als Antriebsfaktoren in der Meinungsbildung

Die sozialen und kulturellen Auswirkungen der Informations- und Kommunikationstechnologien sind noch nicht absehbar. Eines scheint aber schon jetzt feststellbar: Demokratische Prozesse der Meinungsbildung werden ausgelöst und **antidemokratische Gefahren** bestehen real und gefährden das **Gemeinwesen**. Die **Macht der Sprache** verkommt zunehmend zur Sprache der Macht. Lügen und Desinformationen

74

---

[346] *Lessig* 53.
[347] *Scoble/Israel* 213. Mc Donald's vertat zB die Chance, mit den Kunden über deren geschmacklichen Bedürfnisse zu kommunizieren.
[348] *Eberle* ZUM 2007, 439.
[349] *Weisser/Glas* ZUM 2009, 914; *Handig* 207.
[350] *Paal/Hennemann* ZRP 2010, 40, 42; *Michel* ZUM 2009, 453; *Schütz* MMR 2009, 228; *Ladeur* ZUM 2009, 906; *Pottthast* ZUM 2007, 443.
[351] *Bullinger, M* JZ 2006, 1141. Das BVerfG hat sich für eine Gebühr für Rechner entschie-

den, die Rundfunkprogramme ausschließlich über Angebote aus dem Internet wiedergeben können; s ZUM 2007, 712, 722.
[352] *Spindler* CR 2007, 241.
[353] BGH GRUR 2011, 152, 154 – Internetmarktplatzbetreiber; BVerfG MMR 2010, 48 – Altersverifikationssysteme; BGH WRP 2010, 922, 925 – marions-kochbuch.de; BGH GRUR 2008, 702, 708 – Internetversteigerung III; OLG Koblenz MMR 2008, 54.
[354] *Erdemir* K&R 2008, 224.
[355] *Baumann/Hofmann* ZUM 2010, 863, 869.

sind deren Bestandteil. Demagogen haben wieder Konjunktur! Dazu gehören ohne Zweifel Falschinformationen über die Notwendigkeit eines Angriffskrieges gegen den Irak und Afganistan, deren Bilder im Fernsehen und im Internet der Öffentlichkeit als neue „Ästhetik" erscheinen, um dem Krieg das unmenschliche Antlitz und Verbrecherische zu nehmen sowie diese Kriege als unvermeidbar darzustellen, obwohl es ein ius ad bellum im gegenwärtigen **Völkerrecht** nicht gibt.[356] Es wird nicht auf Verhandlung gesetzt, sondern mit den Androhungen von Sanktionen werden gleichzeitig sog Militärschläge eingeplant. Es ist der Zustand erreicht worden, wie sich Friedrich Schiller auszudrücken pflegte: „Wenn das Recht nicht entscheiden kann, so tut es die Stärke."[357] Diejenigen, die den Krieg als politisches Mittel nutzen und als Erfüllungsgehilfen Allianzen schmieden, sind völkerrechtlich ohne Ansehen der Personen und Staaten zur Verantwortung zu ziehen. Das Völkerrrecht bleibt nur ein Papiertiger, wenn die politischen Verbrechen folgenlos bleiben. Das gilt auch für die USA und die Nato. Angebliche Menschrechtsverletzungen sind kein Rechtfertigungsgrund für einen Krieg. Sie sind nur Vorwand. Wer sich ständig auf das Recht auf Pressefreiheit in anderen Ländern beruft und selbst Menschrechte permanent verletzt, zB das Recht auf Arbeit, ist kein Vorbild für andere Länder in Osteuropa und Asien. Die Werteordnung des Westens kann nicht einem anderen Land übergestülpt werden. Die wirklichen Kriegsziele, zB Sicherung von Rohstoffen und strategische Militärblöcke, werden mit Hilfe von Menschenrechten verschleiert. Die Politik mißbraucht die Medien und die Medien missbrauchen die Politik. Hegemoniale Werte- und Machtansprüche bleiben politisch und kulturell für die Weltgemeinschaft nicht folgenlos, wenn die Mächtigen dieser Welt nur mit Hilfe eines Krieges politische und ökonomische Widersprüche in einer globalisierten Welt zu lösen glauben. Einige Medien sind für diese Entwicklung mitverantwortlich. Es hat sich offensichtlich seit der Antike nichts geändert.[358] Denn das Verbrechen hat auch einen ökonomischen Hintergrund für die Medien. Der Verbrecher produziert das Strafrecht, die Polizei und die Grundlagen für Kunst und Literatur, die Wirkung des Verbrechens kann global sein. Denn „ohne nationale Verbrechen, wäre je der Weltmarkt entstanden? Ja auch Nationen?"[359] Die „jüngsten Schandtaten von Staatsterrorismus- und Kriege sind nichts anderes als genau das! – wurden religiös drapiert."[360] Das alte Feindbild wurde durch ein neues ersetzt. Die Simultanität von Religionsfundamentalismus und Marktradikalismus, mit dem die ganze Welt beglückt wird, ist das ein purer Zufall?[361] Mit einem Bedrohungsszenario werden wesentliche Menschenrechte eingeschränkt, zB das allgemeine Persönlichkeitsrecht beim **Datenschutz**.[362] Dazu gehören die **Online-Durchsuchun-**

---

[356] *Vitzthum/Bothe* Rn 3 ff; *Seidel* 449; *Bernhardt/Randelzhofer* p 1246.
[357] *Schiller* 123.
[358] Der griechische Tragödiendichter *Euripides* (480–406) hatte schon in dem Stück „Die Hilfeflehenden" zur Frage des Krieges Folgendes formuliert: „Doch kennen alle wir von den Begriffen ‚gut' und ‚schlecht' den besseren und wissen auch, wie sehr der Frieden für den Menschen besser ist als Krieg: Er ist ein treuer Freund der Musen, dann ein Feind der Rachegeister, freut sich wohlgeratener Kinder und liebt den Reichtum. Und wir Toren geben all dies preis, wir wählen Krieg, wir unterjochen den Geschlagenen, der Mensch den Menschen, Staat den Staat."

[359] *Marx* Theorie über den Mehrwert 364.
[360] *Klenner* Juristenaufklärung über Gerechtigkeit 55.
[361] *Klenner* Juristenaufklärung über Gerechtigkeit 55.
[362] *Gola/Schomerus* BDSG Einl Rn 22; § 14 Abs 2 TMG enthält nunmehr die Möglichkeit, dass auf Anordnung der zuständigen Stelle der Dienstanbieter Auskunft über Bestandsdaten erteilen kann, soweit dies zur Erfüllung der Aufgaben zB des Bundesnachrichtendienstes, der Verfassungsschutzbehörden und des Militärischen Abschirmdienstes erforderlich ist.

gen,[363] oder **Vorratsspeicherungen** von Daten[364], die Eingriffe in die verfassungsrechtlich verbriefte Privatsphäre und das Fernmeldegeheimnis[365] sowie in das Recht des Bürgers auf informationelle Selbstbestimmung bedeuten.[366] Denn das allgemeine Persönlichkeitsrecht umfasst die Befugnis des Einzelnen, über die Preisgabe und Verwendung seiner persönlichen Daten selbst zu bestimmen, dh, dass dieses Recht auf informationelle Selbstbestimmung als Norm des objektiven Rechts seinen Rechtsgehalt auch im Privatrecht entfaltet.[367] Das Grundrecht auf Gewährleistung der Vertraulichkeit und Integrität informationstechnischer Systeme ist als Ausprägung des allgemeinen Persönlichkeitsrechts geschaffen worden, um Eingriffe in den Kernbereich privater Lebensgestaltung zu verhindern.[368]

„Die Medienunternehmen mit ihren spezifischen Angeboten sind mächtige Antriebsfaktoren für die verbreitete Neigung nach Performance und Events, immer wieder neue (Vor-)Bilder der Eskalationen dafür zu ventilieren, wie sie auch Plattformen dafür bieten, dass jedermann zum zeitweiligen Inszenierungsstar avanciert und sein **Persönliches und Intimstes** vermarkten kann".[369] Der äußere Schein vieler Medienangebote entspricht der inneren Hohlheit der Texte, Äußerungen und Bilder. „Dschungelcamp", „Big Brother" und andere Fernsehsendungen auf diesem Niveau bringen eine zunehmend sensationsorientierte, exhibitionistische Medienwelt zum Ausdruck. Ein humanistisches auf Toleranz ausgerichtetes Weltbild bleibt dabei auf der Strecke.

75

Wenn mit dem „Bedeutungsverlust der Arbeit und des Arbeitsethos eine Sinnkrise schwelt, die sich Kompensationen im Erlebnishunger sucht, sind die Medien die perfekten Surrogate, mit der die Trostlosigkeit übertönt wird".[370] Die Medienunternehmen reagieren ganz unterschiedlich auf den Zustand der Gesellschaft. Sie sind Teil der Gesellschaft und insofern Teil eines Problems einer **Medienkultur**, die in einem dialektischen Spiel von Angebot und Nachfrage zu verflachen droht. Denn der **Fortschritt der Verdummung** darf nicht hinter dem gleichzeitigen Fortschritt der Intelligenz zurückbleiben.[371] Die Menschen wissen teilweise nicht, worüber sie lachen und warum sie aufgehört haben nachzudenken.[372] Die Vernunft durchzusetzen, gelingt nicht, solange nicht vernünftige Verhältnisse existieren. Dringend bedarf es einer **Renaissance der poitischen Aufklärung durch die Medien!** Es ist ein verherrender Dogmatiker-Irrtum einiger Medien, wenn das Erreichte verklärt wird, anstatt über das Erforderliche aufzuklären.[373] Denn alle politische Dummheit leidet am Überdruss ihrer selbst (Omnis stultitia laborat fastidio sui). Deshalb sind die versteinerten Verhältnisse zum Tanzen zu bringen. Die Medien verändern das öffentliche Bewußtsein und das öffentliche Bewußtsein verändert die Medien.

76

---

363 S BVerfG NJW 2008, 822, 829.
364 BVerfG MMR 2009, 36 f.
365 So bestehen erhebliche verfassungsrechtliche Bedenken gegen die Vorratsdatenspeicherung. S *Puschke/Singelnstein* NJW 2008, 113, 118, Es ist ein Irrtum, anzunehmen, dass Dritte nicht die Möglichkeit erhalten, auf die persönlichen Daten im Internet durch technische Mittel zugreifen zu können. Am Ende steht der gläserne Mensch, dessen persönlichsten Daten missbräuchlich im globalen Netz benutzt werden können.

366 *Brinkel/Lammers* ZUM 2008, 11, 12.
367 BVerfG NJW 2007, 3707; BVerfG NJW 1984, 419.
368 S *Hoffmann-Riem* JZ 2008, 1009; BVerfG NJW 2008, 822, 827.
369 Delp/*Kübler* 306.
370 Delp/*Kübler* 306.
371 Horkheimer/*Adorno* 153.
372 *Postman* 198.
373 *Klenner* 72.

3. Interaktive Abrufdienste

77 Individualkommunikation ist ein Austausch von Informationen zwischen zwei oder mehreren bestimmten Beteiligten.[374] Sobald eine Selektionsmöglichkeit des Teilnehmers besteht, insb eine individuelle Zusammenstellung gewünschter Informationen ermöglicht wird, liegt **Individualkommunikation** vor. Das gilt vor allem für die interaktiven Abrufdienste im Audio- oder Videobereich, bei denen zB die Teilnehmer eine gewünschte Sendung über eine Datenleitung aus einem Datenspeicher abrufen. Ebenso trifft das auf die interaktiven **Teleshopping- oder Homeshopping-Angebote** zu, über die sich der Kunde selbst informiert, um die entsprechende Ware zu kaufen.[375] Durch das Internet als neues Medium stellt sich generell die Frage einer **andersartigen Präsentation** von Waren und neuer Marketingstrategien für die Unternehmen. Das Medienprodukt muss sich gleichsam selbst mit allen Vorzügen und Funktionen im Internet vermarkten können.

78 Die Informations- und Kommunikationstechnologien heben insofern **traditionelle Märkte** auf und schaffen neue. Presse und Rundfunk als klassische Massenkommunikationsmittel werden nicht verdrängt, sondern werden in die neuen Technologien integriert. Während in den traditionellen Medien die Informationen nur in mediumspezifischer Darbietung (zB als gesprochenes Wort, Bild, Foto, Film, Musik, Buch) übermittelt und rezipiert werden, können sie nun über **digitale Telekommunikationsnetze** abgerufen und über eine „Multimedia-Maschine" dargeboten werden. Insoweit lösen sich die Grenzen zwischen Print- und Ton-/Bildmedien, zwischen Telefon, Hörfunk, Fernsehen und Datendiensten tendenziell auf bzw die Abgrenzung zwischen Rundfunk und Telemedien wird immer schwieriger.[376] Es gibt Zwischenformen, die nicht der einen oder anderen Sphäre zugerechnet werden können, zB die **Chatrooms** im Internet, die der Allgemeinheit zugänglich sind.[377]

4. Theaterproduktionen und Sportveranstaltungen

79 Den Begriff der Massenkommunikation nur unter dem Aspekt eines technischen Mittels inhaltlich zu bestimmen, mit dessen Hilfe eine räumliche Distanz überwunden werden kann,[378] ist nicht überzeugend. Es gibt Einrichtungen, die historisch gesehen, einen entscheidenden Beitrag zur **Meinungsbildung und der Vermittlung von Werten** geleistet haben und leisten. Zu den bedeutenden Medienunternehmen gehören auch die **Theater**,[379] **Galerien und Konzertveranstalter**.[380] Sie sind zwar nicht quantitativ mit der Anzahl der Zuschauer, Zuhörer oder Leser der Medienprodukte des Hörfunks, Fernsehens, der Presse und des Films vergleichbar, aber im Rahmen ihrer historischen Entwicklung haben sie bis heute das gleiche Prinzip. Die Zuschauer haben nur die Möglichkeit, die Inszenierung oder das Konzert zu sehen bzw zu hören, ohne Einfluss auf die Inszenierung oder Musikwerke zu haben. Der gleiche Inhalt wird an eine unbestimmte Zahl von Zuschauern vermittelt. Die Entscheidungsfreiheit, nicht ins

---

374 *Fechner* Medienrecht Rn 11.
375 Prinz/Peters/*Funke* 146. Eine individuelle, elektronische Kommunikation ist der Dialog mittels einer E-Mail, SMS oder auch in Chat-Foren. Siehe Spindler/Schuster/*Weber* § 312e BGB Rn 5.
376 *Huber* ZUM 2010, 201, 207; Dörr/Kreile/Cole/*Janik* 115; Prinz/Peters/*Funke* 143.

377 *Fechner* Medienrecht Rn 2.
378 So aber *Fechner* Medienrecht Rn 10.
379 *Ladeur* ZUM 2004, 1, 3.
380 AA *Luhmann* 11; Theater gehört nach seiner Auffassung nicht zu den Massenmedien, weil es sich zur Verbreitung von Kommunikation nicht technischer Mittel bedient.

Theater zu gehen (bzw es vor Ende der Aufführung zu verlassen), bleibt jedermann offen, obwohl man sich wünscht, dass die Theaterproduktionen einen stärkeren Einfluss auf das kulturelle Verhalten der Menschen auszuüben vermögen. Die räumliche Distanz wird durch die Inszenierung überwunden. Insofern spielt das Theater im Recht der Medien eine andere Rolle als der Rundfunk. Außerdem kann heute die Theaterinszenierung durch technische Mittel übertragen werden (zB Fernsehen, Internet oder Public Viewing).

Die Frage der Massenkommunikation ist sicherlich mit der technischen Entwicklung verbunden, aber dieses Phänomen ist nicht allein darauf zu reduzieren, wenn man an die Entwicklung von Medienprodukten der Presse im 18. Jahrhundert denkt,[381] die früher als die Rundfunk- und Filmprodukte auf den Markt kamen. Eine ähnliche Massenwirksamkeit wie Filme haben Sportveranstaltungen, die mit Hilfe des Rundfunks und des Internets weltweit verbreitet werden.[382] Mit der zunehmenden **Kommerzialisierung des Sports** werden Fragen der rechtlichen Regulierung aufgeworfen, zB die Vermarktung der Persönlichkeitsrechte der Fußballer durch Werbemaßnahmen und die Rechte der Veranstalter. Es kann ein Konflikt zwischen den **Verwerterinteressen** der Veranstalter und der gesellschaftlichen Aufgabe unabhängiger Medien entstehen.[383] **80**

Ein anderer bedeutender Aspekt für das Recht der Medien besteht gerade darin, dass sowohl die Massen- als auch die Individualkommunikation nur den Aspekt des Zugangs und der Verbreitung von Informationen beinhaltet. Es wird damit die **Distributionssphäre** untermauert. Sie ist zwar für die Meinungsbildung bedeutsam, aber das Recht der Medien kann nicht allein auf die Verbreitung von Medienprodukten reduziert werden, sondern sie beeinflusst die Politik und **die Politik beeinflusst die Medien.** **81**

VI. Informationsgesellschaft und geistige Produktion

1. Begriff der Informationsgesellschaft

Die Begriffe „Informationsgesellschaft" oder „**Wissensgesellschaft**" werden immer wieder inflationär benutzt, ohne wirklich zu hinterfragen, was sie inhaltlich auszusagen in der Lage sind. **82**

All die Begriffe „Informationsgesellschaft", „Wissensgesellschaft", „Dienstleistungsgesellschaft" oder „Mediengesellschaft" verweisen auf einen tief greifenden gesellschaftlichen Wandel, dh die enorme Beschleunigung und die ständig steigende Kontingenz der Veränderungen künftiger Gesellschaften sowie die „wachsende, zumal öffentlich publizierte diskutierte Reflexivität, die wiederum die Medien unaufhörlich verbreiten und vervielfachen".[384] **83**

Der Begriff der Informationsgesellschaft wird nur als Arbeitsbegriff in diesem Sinne verwandt, dass sämtliche Lebensbereiche mit den Informations- und Kommunikationstechnologien ausgestattet und durchdrungen sind, insb die gesellschaftliche Produktion und Reproduktion sowie die **globale Arbeitsteilung** mit der Überwindung **84**

---

[381] *Pross* 108.
[382] Fritzweiler/Pfister/Summerer/*Summerer* 337.
[383] *Dörr* JZ 2007, 482; BGH NJW 2006, 377, 379 – Hörfunkrechte. Der BGH hat in seiner

Entscheidung die Entgeltlichkeit der Hörfunkberichterstattung einer Sportveranstaltung auf der Grundlage des Hausrechts bejaht.
[384] Delp/*Kübler* 304.

herkömmlicher Strukturen. An ihre Stelle treten dezentrale, flexiblere, offenere, aber auch ungewisse Produktions- und Arbeitsweisen.[385] Die „Informationsgesellschaft" zeichnet sich also dadurch aus, dass aufgrund der Informations- und Kommunikationstechnologien eine massenhafte Verbreitung von Inhalten (zB Filme, Romane, Musik) ohne territoriale Grenzen möglich ist. Informationen verfügen über bestimmte Inhalte unterschiedlicher rechtlicher Qualität.[386] Im Grunde werden mit dem **Informationsbegriff** verschiedene Vorgänge des Informierens, des Austausches von Gedanken, des Mitteilens, des Übertragens ua Informationsprozesse bezeichnet.[387] Die unterschiedliche rechtliche Bewertung von Informationen und von Informationsträgern ist evident. Eine Nachricht über ein Tagesereignis in einer Zeitung oder im Internet ist erlaubt, dagegen ist es verboten, einen Roman in Buchform oder Online ohne Zustimmung des Urhebers bzw des Verlages zu verbreiten oder zum Download anzubieten. Bei Formgebungen, zB ein Freischwinger, wird der Betrachter durch die ästhetische Form angeregt, deren Nachbau ohne Zustimmung des Rechtsinhabers verboten ist. Die verschiedenen Zeichen (Wörter, Töne, Bilder, Farben, Persönlichkeitsmerkmale, Symbole uam) können unterschiedliche Inhalte vermitteln und in verschiedenen körperlichen und unkörperlichen Trägern (Medienprodukte) Gestalt annehmen. Informationen können einen Teil des Vermögens eines Unternehmens sein.[388] Die **Medienprodukte sind Informationsvermittler.**

2. Informationsgesellschaft und Wissensproduktion

85 Die Informationsgesellschaft befindet sich an einem Scheideweg, wenn es um die Vermarktungsstrategien von Medienprodukten geht. Es ist eine Tendenz feststellbar, wonach öffentliche **Aufgaben des Staates der Privatisierung** unterworfen werden. Das hängt offensichtlich mit einer liberalen Wirtschaftskonzeption zusammen. Wissenschaftler, Studenten, Universitäten und andere Institutionen befinden sich in einer Promotional Culture, die durch unterschiedliche Kommunikationsmittel der (Selbst-)-Vermarktung gekennzeichnet wird.[389]

86 So ist die Privatisierung öffentlicher Aufgaben der Kulturpolitik in den USA und Europa eng mit der **Kommerzialisierung der Medienkultur** und der Erlebnisgesellschaft verknüpft.[390]

87 Aus historischer Sicht haben Universitätsverlage zB in den USA einen wichtigen Beitrag zum demokratischen Diskurs zu leisten. Dieser Auftrag wird mittlerweile in Frage gestellt, weil die Bildungspolitik zunehmend privatisiert wird und sich eine Globalisierung der kommerziellen **Informationsindustrie** durchzusetzen beginnt.[391] Die Informations- und Kommunikationstechnologien haben für die geistige Produktion zB von wissenschaftlichen Publikationen die Folge, dass die Informationen global erfassbar sind und die Entstehung, Verbreitung und Rezeption wissenschaftlicher Kommunikation immer mehr verschwimmen. Der Produktionsprozess wird beschleunigt und die Aktualität der Bücher als Medienprodukt wird immer kurzlebiger. Eine Informationsdichte ist die **Folge globaler Vernetzung** und eine daraus resultierende Überlastung mit unkontrollierbarer Informationskultur, die zur Irrationalität und **Desinfor-**

---

385 *Kübler* 308.
386 *Beater* Rn 894.
387 So wird der Begriff der Information nach § 1 Abs 1 InfoV anders geregelt als in § 2 Ziff 2 IFG.

388 *Perwin* 26.
389 *Wernick* 154 ff.
390 *Schulze* 524 ff.
391 Delp/*Rectanus* 33.

Artur-Axel Wandtke

mation tendiert.[392] Wahrheit und Lüge können in den Medien globaler produziert und verbreitet werden.

Das Buch als Medienprodukt ist Kommunikationsmittel und Objekt ökonomischer und kultureller Strategien. Mit der Umwandlung analoger Informationen in digitale Formen verändert sich die Option der **Speicherung und Verarbeitung** der Manuskripte. Was bis in die 80er Jahre des 20. Jahrhunderts noch das Geheimnis der Jünger Gutenbergs war, die Ästhetik der Seite, wird zu einem öffentlichen Gut.[393] Ob aber an Stelle des Papiers zB CD-ROMs treten können, ist fraglich.[394] **88**

3. Books on Demand

Die Technologie **Books-on-Demand hat eine unterschiedliche Auswirkung auf den Markt.** Das **E-Book** hat als transportables Lesegerät für elektronische Texte einen neuen Markt gefunden. Die Nutzer vermochten offensichtlich teilweise den Vorteil gegenüber eines gebundenen Buches zum „Blättern" erkennen. Das elektronische Publizieren im Internet im Bereich der Nachschlagewerke und der wissenschaftlichen Literatur spielt eine große Rolle. Denn es geht nicht um den Lesegenuss, sondern um das schnelle Auffinden und Verbreiten von Informationen. Dies gilt generell für das Internet. In diesem Sinne ist auch der Aufbau einer **Digitalen Bibliothek in Europa** zu begrüßen, die die Schätze der Kunst, Literatur und Wissenschaft dem Nutzer zur Verfügung stellen soll.[395] Damit ein umfassender Zugang zu den Schätzen der Kultur gewährleistet werden kann, besteht ein gesetzgeberischer Handlungsbedarf hinsichtlich der vergriffenen und verwaisten Werke. Während bei den vergriffenen Werke die Rechtsinhaber bekannt sind, sind die Urheber der verwaisten Werke unbekannt.[396] Die VG Wort hat in ihrem Wahrnehmungsvertrag von 2010 eine Rechtseinräumungsklausel mit einem Widerruf der Autoren aufgenommen. Sie kann an die Bibliotheken Lizenzen zum Einscannen der Werke vergeben. Damit wird ein anderes Modell als das Google Book Settlement favorisiert, wonach erst die Bücher eingescannt werden und der Urheber dann Widerspruch einlegen kann.[397] **89**

Die Buchproduktion und -verbreitung hat erhebliche Blessuren erlitten. Dabei spielt die Tauschbörse eine nicht zu unterschätzende Rolle. Immerhin sind im Jahr 2006 knapp 11% der bei Deutschlands größten Tauschbörse BitTorrent getauschten Dateien Verlagsprodukte gewesen (7% E-Books, 4% Hörbücher).[398] Hinzu kommt, dass sich eine Tendenz mit Hilfe des Internets und der Digitalisierung durchzusetzen beginnt, die mit dem Begriff **„Desktop-Publishing"** beschrieben werden kann, dh dass das Publishing tatsächlich am PC zuhause ermöglicht. Verlage und Laien publizieren. **90**

Die Kehrseite dieser Entwicklung besteht darin, dass damit ein unbestreitbarer Verfall der Typografie und ein Verfall der inhaltlichen Qualität von Büchern verbunden ist.[399] **91**

Die Konsequenz dieser Entwicklung bedeutet einen Verlust der Produktionsmittel für Verleger, wenn für jedermann die Produktion von Büchern preiswert wird und die Distributionskanäle für jedermann offen stehen. Es ist ein leichtes Spiel, durch Eröff- **92**

---

[392] *Lash* 146.
[393] Delp/*Titel* 80.
[394] Delp/*Titel* 80.
[395] S www.leb.eu.
[396] *Peifer* GRUR-Prax 2011, 1 ff; *Spindler* FS Loewenheim 287, 293.

[397] *Hüttner/Ott* ZUM 2010, 377 ff.
[398] S Ipoque P2P-Studie 2006, abrufbar unter www.ipoque.com/media/internet_studies/ p2p-studie_2006.
[399] Delp/*Göbe* 271 ff.

nung einer eigenen Homepage mit einer bibliografischen Aufnahme eines Titels im Internet als einzelner Produzent aufzutreten, um jedermann die Medienprodukte zugänglich zu machen.

93   Steht nicht hinter dieser Entwicklung ein objektiver Prozess der Vergesellschaftung, wonach ohne große Mühe die Medienprodukte jedermann frei zugänglich sind und teilweise unentgeltlich zur Verfügung stehen?

4. Kommunikations- und Transaktionsplattformen

94   Das Internet spielt als neue **Kommunikations- und Transaktionsplattform** eine bedeutende Rolle im globalen Maßstab. Verbreitungsformen von Multimediaprodukten wurden durch E(lectronic)-Commerce verändert. Eine Erweiterung der Verbreitungsmöglichkeiten im globalen Maßstab findet statt. Das Vertriebsnetz ändert sich, zB durch alternative Formen, und Unternehmensstrategien müssen sich den neuen Bedingungen anpassen. Über das Internet als Informationskanal werden Werbe- und Marketingmaßnahmen realisiert.

95   Neue Kunden sollen gewonnen und vorhandene an das Unternehmen gebunden werden. E-Commerce als Kommunikationskanal bietet die Möglichkeit des Informationsaustausches durch interaktive Plattformen. Dies gilt sowohl für den **Business-to-Business-Bereich** (B2B-Bereich) als auch im **Business-to-Consumer-Bereich** (B2C-Bereich). Die Grundsätze werden im Transaktionskanal abgewickelt. Schließlich erlaubt die unmittelbare Versendung eines Medienproduktes über elektronische Netzwerke eine neue Form der Distribution.[400]

96   **Online-Text-Versionen** werden sicherlich zunehmend genutzt, aber das Buch oder andere Druckerzeugnisse werden in der Zukunft Bestand haben. So wie das Fernsehen nicht den Kinobesucher verdrängt hat, wird der PC mit Zugang zum **World Wide Web** nicht das Buch verdrängen. Die Online-Vermarktung ist selbst eine neue „Ästhetik" der Kommerzialisierung der Medienprodukte, die letztlich auch das Verhalten der User und Unternehmen beeinflusst. Die interaktiven Gestaltungsmöglichkeiten der Nutzer in **Internetforen** werfen neue Probleme auf, die das bestehende System der Rechtsinstitute in Frage stellen. Bspw wird das Eigentums- und Besitzrecht des Betreibers von Internetforen mit einem **virtuellen Hausrecht** in Verbindung gebracht.[401] Auch einen vollständigen **Ausschluss des Wettbewerbers** im Sinne eines virtuellen Hausverbots wird ein Unternehmer nicht bewirken und durchsetzen können, der einen **Internetshop** betreibt.[402] In jedem Fall sind die Besonderheiten des Mediums Internet zu berücksichtigen. So wird die Erschwerung des Zugangs zu der Homepage des Internetshops, zB die Sperrung bestimmter IP-Nummern oder sonstige technische Zugangsbeschränkungen, als wettbewerbswidrig angesehen.[403]

---

[400] *Kuhn* 129 ff.
[401] LG München I CR 2007, 264; LG Bonn CR 2000, 245; OLG Köln CR 2000, 843; *Redeker* krit Anmerkung zum Urteil des LG München I CR 2007, 266.

[402] OLG Hamm MMR 2008, 175, 176. Ein virtuelles Hausverbot ist zulässig, wenn die Sperrung der IP-Nummer unter dem Gesichtspunkt der Betriebsstörung erfolgt.
[403] OLG Hamburg MMR 2008, 58, 60.

Artur-Axel Wandtke

§ 2
Geistiges Eigentum und Medienprodukte

I. System des geistigen Eigentums

1. Immaterialgüterrecht

Während die geistige Produktion nur ein Teil des gesellschaftlichen Gesamtprozes-   **97**
ses darstellt, in dem Medienprodukte in den Kreislauf der Distribution und Konsumtion gelangen, wird mit dem **System des geistigen Eigentums** die rechtliche Ausgestaltung der Aneignungs- und Verwertungsprozesse erfasst. Die Auffassung, dass das
geistige Eigentum aus der Sicht des Rechts der Medien nicht mehr als solches entscheidend sein soll, sondern deren Vermittlung,[404] verkennt die Tragweite der geistigen
Produktion und das System des geistigen Eigentums von immateriellen Gütern als
Medienprodukte. Dabei kann und muss das System des geistigen Eigentums[405] hinter-
fragt werden, inwieweit es im Prozess der kapitalorientierten Verwertung bzw Vermarktung oder Nutzung derselben auch und gerade für ein Recht der Medien relevant
sein kann oder nicht. In dem hier verstandenen Sinne wird das System des geistigen
Eigentums als **Aneignungs- und Verwertungsprozess** in der geistigen Produktion und
Reproduktion der Medienprodukte betrachtet. Der Aneignungs- und Verwertungsprozess der Medienprodukte findet auf verschiedenen gesellschaftlichen Stufen statt.
So herrschen in einer arbeitsteilig organisierten Kunstproduktion (zB Film-, Theater-
produktion) oder Wissenschafts- bzw Literaturproduktion andere Bedingungen,
die rechtlich den Kreativen schützen, als die Bedingungen, die den Nutzer, den Leser, den
Zuhörer oder den Zuschauer betreffen. Dabei wird aber ein Unterschied zwischen
dem geistigen Eigentum und dem Immaterialgüterrecht sowie den immateriellen
Gütern gemacht.

2. Formgebungen

Das System des geistigen Eigentums wird im Schrifttum mit dem Immaterialgüter-   **98**
recht umschrieben, dessen Bestandteile die gewerblichen Schutzrechte (zB Patent,
Geschmacksmuster, Marken ua) und das Urheberrecht sind.[406]

Zu einem Immaterialgüterrecht wird das immaterielle Gut erst, welches sich auf   **99**
irgendeine Weise ideell oder materiell nutzen lässt, wenn die Rechtsordnung es einer
konkreten Person zuordnet und damit als Rechtsobjekt verfügbar macht. Dies hat die
Rechtsordnung aus gutem Grund nicht für alle Immaterialgüter gemacht.[407] Sie werden als Medienprodukte bezeichnet, soweit sie Informationen und Inhalte verkörpern,
die im Informations- und Kommunikationsprozess vordergründig eine Rolle spielen.

Die geistigen Leistungen, die in Medienprodukten zum Ausdruck gebracht werden,   **100**
können sehr verschieden sein. Allen ist gemeinsam, dass sich ihre Bedeutung für die
Medien nicht allein vom materiellen Träger ableiten lässt (zB Papier, Holz, Vorrichtungen).[408]

---

[404] AA *Petersen* 150.
[405] Zum Recht des geistigen Eigentums zählen
die **gewerblichen Schutzrechte** (zB Patent-, Ge-
brauchsmuster-, Marken-, Geschmacksmuster-,
Halbleiter- und Sortenschutzrechte) und das
Urheberrecht; siehe *Cornish/Llewelyn* Chap 1,
Rn 1–4; *Fink/Maskus* 41 f; *Grzeszick* ZUM

2007, 344, 351; *Götting* GRUR 2006, 353;
Seichter WRP 2006, 392.
[406] Pierson/Ahrens/Fischer/*Pierson* 1;
Wandtke/Bullinger/*Wandtke* Einl UrhG Rn 44.
[407] *Schack* Rn 21.
[408] *Fechner* Medienrecht Rn 9.

101   Ihre Bedeutung liegt in der Verkörperung der literarischen, künstlerischen, wissenschaftlichen, politischen, ökonomischen und sozialen Ideen sowie Gedanken. Diese Ideen und Gedanken manifestieren sich in bestimmten literarischen (zB Roman), künstlerischen (zB Theaterinszenierung), wissenschaftlichen (zB Forschungsbericht) oder ästhetischen (zB Designermöbel) Formgebungen. Die **Formgebungen** können körperlich oder unkörperlich in der Wirklichkeit abgebildet sein. Die kreativen Leistungen weisen dabei ganz unterschiedliche ökonomische, kulturelle und rechtliche sowie moralische Wertungs- und Bewertungsebenen auf, die für den Informations- und Kommunikationsprozess in der Medienlandschaft typisch sind. Das Ergebnis **der geistigen Arbeit** im Allgemeinen (zB künstlerische oder wissenschaftliche Leistung) und im Besonderen (Schreiben eines Briefes, eines Romanes oder Herstellen einer Software, eines Designs, einer Nachricht usw) kann wirtschaftlich insofern interessant sein, als die Medienprodukte in den Strom der Ware-Geld-Beziehung gelangen und zB sehr unterschiedliche Töne, Zeichen, Bilder ua Informationen mitteilen. **Das Medienmanagement** konzentriert sich dabei auf den Gewinn, den es mit der Vision „to make people happy" zu erreichen glaubt.[409]

3. Naturrecht und Ausschließlichkeitsrechte

102   Die entscheidende rechtstheoretische Frage ist die, ob alle Medienprodukte und die damit verbundenen gesellschaftlichen Verhältnisse dem System des geistigen Eigentums bzw Immaterialgüterrechts zugeordnet werden können. Denn der Begriff des geistigen Eigentums erfasst nicht mehr und nicht weniger als die zeitlich begrenzte Herrschaftsmacht des durch das Gesetz Berechtigten, der wiederum mit **Ausschließlichkeitsrechten** ausgestattet ist.[410] Das Immaterialgüterrecht impliziert im Ergebnis eine Monopolstellung des Kreativen. Die im Schrifttum berechtigte Kritik ist dann nicht von der Hand zu weisen, wenn ein aus dem Naturrecht geprägtes überrechtliches Gebilde nebulös bleibt.[411] Schon Schopenhauer hatte auf die Lebensverhältnisse hingewiesen, die der Produktion von Recht zugrunde liegen und nicht das Naturrecht.[412] Die gesetzgeberische Inhaltsbestimmung ist nicht aus der Natur der Sache ableitbar, sondern aus dem jeweiligen kulturellen, technischen und ökonomischen Entwicklungsstand der gesellschaftlichen Verhältnisse sowie deren prägenden Interessen. Das Naturrecht wird häufig im Gegensatz zum **Rechtspositivismus** gesehen, wobei vor allem die Beziehung zwischen dem gesetzten Recht und dem Sittlichem hergestellt wird.[413] Rechtliche und ethische Maßstäbe können, müssen aber nicht übereinstimmen. Denn nicht alles, was gesetztes und wirkendes Recht ist, ist vernünftig und richtig.[414] Das **Naturrecht** kann deshalb nicht die Aufgabe haben, als Maßstab und Kontrollinstrument gegenüber dem staatlich gesetzten Recht zu dienen.[415] Insofern gibt es auch ein Dilemma in der Überwindung des Naturrecht-Positivismus-Streits.[416] Deshalb ist es auch nicht hilfreich, wenn mit dem Begriff des geistigen Eigentums ein dem positiven Recht übergeordnetes Naturrecht behauptet wird,[417]

---

[409] *Wirtz* 79.
[410] *Fechner* Geistiges Eigentum und Verfassung 111; *Götting* GRUR 2006, 353.
[411] *Klenner* 9.
[412] *Schopenhauer* 247.
[413] *Seelmann* 140.
[414] *Naucke/Harzer* 65. Sie sind der Meinung,

dass sich das Naturrecht mit dem positiven Recht verbindet.
[415] AA *Rüters* 189.
[416] Kaufmann/Hassemer/Neumann/*Kaufmann* 106 ff.
[417] So zu Recht *Rehbinder* Rn 97; aA *Götting* GRUR 2006, 353 ff mwN.

Artur-Axel Wandtke

obwohl es in der Geschichte eine revolutionäre Bedeutung hatte.[418] Es wurde insb mit der geistigen Arbeit und der Aufhebung feudaler Privilegien in Verbindung gebracht.[419] Der Begriff des geistigen Eigentums kann in dem hier verstandenen Sinne – im Gegensatz zum Sacheigentum – nur als Bündel von ausschließlichen Rechten verstanden werden, nicht aber auch Persönlichkeitsrechte implizieren. Aufgrund der asymmetrischen Interessenlage zwischen der Verwerterindustrie und den Kreativen ist der viel gepriesene **Interessenausgleich** im Recht eine Illusion. Der Kreative ist der eigentliche Produzent kultureller Güter. Der Verwerter hat ausschließlich **derivative Rechte**. Denkbar ist der Interessenausgleich zwischen den Kreativen und der Allgemeinheit nur dann, wenn die Monopolstellung der Kreativen zugunsten der Allgemeinheit und damit auch der einzelnen Nutzer teilweise aufgehoben wird.

Die Frage ist aber, ob die geistige Produktion Leistungen hervorbringt, die das geltende System des Immaterialgüterrechts erweitern und damit das System des geistigen Eigentums. Im Grunde geht es um die Frage, ob das System des Immaterialgüterrechts eine Numerus clausus- oder -apertus-Regelung beinhaltet, dh, ob das System des Immaterialgüterrechts begrenzt oder für neue Immaterialgüter bzw Medienprodukte offen ist. Nur eine einseitige Ausrichtung auf die wirtschaftliche Verwertung von Medienprodukten mag zwar dem Interesse der Verwerter entsprechen und im Immaterialgüterrecht zum Ausdruck gebracht werden, zB im Marken- und Geschmacksmusterrecht. Dies trifft aber nicht auf das Urheberrecht zu, dessen persönlichkeitsrechtliche Seite neben den vermögensrechtlichen Befugnissen prägend ist.[420] Deshalb ist auch die Kritik an Art 17 Abs 2 der Grundrechtscharta der EU berechtigt, wonach zwar der Schutz des geistigen Eigentums ausdrücklich genannt wird, aber offensichtlich nur die wirtschaftliche Bedeutung gesehen wird.[421] Die Tatsache, dass im System des geistigen Eigentums die Persönlichkeitsrechte der Schöpfer nicht integriert sind und nur der vermögensrechtliche Aspekt eine Rolle spielt,[422] lässt nichts Gutes für die Zukunft erahnen. Tatsache ist, dass das BVerfG in Auslegung des Art 14 GG von einem naturrechtlich geprägten, geistigen Eigentumsbegriff ausgeht und damit die vermögensrechtliche Seite des Immaterialgüterrechts betont.[423] Das gilt auch auf europäischer und internationaler Ebene (**TRIPs**).[424]

Unabhängig davon, wie der Begriff des geistigen Eigentums inhaltlich bewertet wird, bleibt er ein wichtiger Bezugspunkt, der mit den Medienprodukten und deren Verwertung bzw Vermarktung oder Nutzung in unmittelbarer Beziehung steht.

4. Erweiterung der Schutzrechte

a) **Zeitlich begrenzte Schutzrechte.** Soweit die Medienprodukte mit den gewerblichen Schutzrechten und dem Urheberrecht belastet sind, sind damit auch zeitliche Grenzen des Schutzes verbunden. Solange diese **Schutzrechte** wirksam sind, hat der Rechteinhaber aber Ausschließlichkeitsrechte und kann gegen jedermann wegen Verletzungen seines Immaterialgüterrechtes vorgehen.

b) **Gemeinfreie Leistungen.** Nach Ablauf der Schutzfrist oder bei Eintreten anderer **Erlöschensgründe** bleibt das Medienprodukt weiter im Kreislauf der Produktions-,

103

104

105

106

---

[418] *Hofmann/Siegrist* 67.
[419] *Boncompain* 335; *Ann* GRUR Int 2004, 597.
[420] *Schack* Rn 22.
[421] *Dietz* GRUR Int 2006, 1, 8.

[422] Ebenso *Rehbinder* § 1 Rn 28.
[423] BVerfG GRUR Int 2011, 72, 76 – Drucker und Plotter II; BVerfGE 49, 382, 392; BVerfGE 79, 29, 41 f.
[424] *Dietz* GRUR Int 2006, 1.

Distributions- und Konsumtionsprozesse. Die nicht mehr geschützten Medienprodukte stehen der **Allgemeinheit**, aber auch den Unternehmen zur Verfügung. Hierzu kann das **Wettbewerbsrecht** den Unternehmen helfen. Denn der wettbewerbsrechtliche Schutz für Werke und Leistungen ist möglich, wenn sie gemeinfrei geworden sind. Auch das **Markenrecht** wäre zu beachten. So kann beim Markenrecht ein unbefristeter Schutz bestehen. Ein abgelaufenes Geschmacksmuster oder ein urheberrechtlich **gemeinfreies Werk** kann verwertet werden und bleibt damit wirtschaftlich und kulturell für die Unternehmen und Nutzer interessant. Muss nicht auch dies zum System des geistigen Eigentums gerechnet werden?

107   Wenn auch Medienprodukte Gegenstand der vermögenswerten Vermarktung sind, obwohl **Ausschließlichkeitsrechte** oder andere Rechte daran nicht mehr bestehen, müsste diese Form der gesellschaftlichen Aneignungsprozesse vom geistigen Eigentum erfasst werden. Es wird von einem geistigen Eigentum auszugehen sein, das jedermann benutzen und verwerten kann. Das **Geistesprodukt** hat die Bestimmung, von anderen Individuen zu eigen gemacht zu werden. An diesem Geistesprodukt kann wiederum ein spezielles geistiges Eigentum des reproduzierenden Individuums entstehen.[425]

108   Es besteht ein Interesse der Allgemeinheit, dass nach Ablauf der Schutzfrist die urheberrechtlichen Medienprodukte geistiges und kulturelles Allgemeingut werden.[426]

109   c) **Private Nutzung und Sozialbindung.** Eine ähnliche „Rechtskonstruktion" besteht in den Fällen, in denen der Gesetzgeber erlaubt, dass die Allgemeinheit Medienprodukte nutzt bzw verwertet, ohne mit den Rechten der Kreativen in Kollision zu geraten. So sind zB Patente in ihrer Wirkung nicht auf Handlungen im privaten Bereich gerichtet, soweit sie nicht zu kommerziellen Zwecken vorgenommen werden.[427]

110   Die private Nutzung geschützter Medienprodukte hat vor allem auf dem Gebiet des Urheberrechts Kontroversen über den richtigen Weg des Schutzes des geistigen Eigentums ausgelöst. Als Stichpunkte mögen bspw **Filesharing, rechtswidrige Vorlage** einer **Privatkopie** und **technische Schutzmaßnahmen** ausreichen.[428] Allen Immaterialgüterrechten, die eine private Nutzung erlauben, ist gemeinsam, dass sie sich der **Sozialbindung** des Eigentums nach Art 14 Abs 2 GG verpflichtet fühlen.[429] Mit der Veröffentlichung tritt zB das urheberrechtliche Werk bestimmungsgemäß in den gesellschaftlichen Raum und löst sich mit der Zeit von der **privatrechtlichen Verfügbarkeit**. Es wird geistiges und kulturelles Allgemeingut.[430] Für den künstlerischen Schaffensprozess kann das bedeuten, dass Künstler als Urheber Eingriffe in ihre Kunstwerke hinzunehmen haben, sofern keine merklichen wirtschaftlichen Nachteile entstehen.[431] Der zulässige Eingriff wird durch die urheberrechtlichen Schrankenregelungen (§§ 44a ff UrhG) bestimmt.

111   In dem Augenblick, in dem eine kommerzielle Verwertung geschützter Medienprodukte durch Medienunternehmen oder private Nutzer angestrebt wird, bleibt die privatrechtliche Verfügungsmacht der Kreativen mit ihren Vermögensrechten bestehen.

---

[425] *Hegel* 103.
[426] BVerfGE 31, 229, 242; BVerfGE 49, 382, 394; BVerfGE 79, 29, 42.
[427] Benkard/*Scharen* § 11 PatG Rn 2.
[428] BGH GRUR 2011, 56 – Session-ID; BGH GRUR 2008, 996 – Clone-CD; Wandtke/Bullinger/*Ohst* § 95a UrhG Rn 3; Schricker/*Götting* Vor §§ 95a ff Rn 16; Dreier/Schulze/*Dreier*

§ 95a UrhG Rn 2; Dreyer/Kotthoff/Meckel/ *Dreyer* Vor §§ 95a UrhG Rn 8.
[429] *Pahud* 49 ff; *Fechner* Geistiges Eigentum und Verfassung 239 ff.
[430] BVerfG GRUR 2001, 149, 151 – Germania 3.
[431] BVerfG GRUR 2001, 149, 151 – Germania 3.

Denn nunmehr soll der Kreative an der wirtschaftlichen Verwertung seiner geschützten Medienprodukte beteiligt werden.

d) Free Culture. Internet-Techniken sind nicht dafür verantwortlich, dass die **Kultur** zerstört wird.[432] Das Internet erleichtert den Zugang zu Informationen. Es führt auch zur Entstehung eines neues Kulturverhaltens der Nutzer. Das Internet kann, aber es muss nicht nur ein Fluch sein. Die Ursachen für eine mögliche Zerstörung der Kultur liegen in den gesellschaftlichen Widersprüchen einer profitorientierten Warenproduktion. Das Internet kann dazu beitragen, wenn es in falsche Hände gerät oder wenn niveaulose Inhalte des realen Marktgeschehens in die virtuelle Welt übertragen werden. Entscheidend ist, wie und mit welchem Ziel die Informations- und Kommunikationstechnologien im wirtschaftlichen, sozialen und kulturellen Gesamtprozess eingebunden sind. Damit sich die **Kreativität** frei entfalten kann, sind die gesellschaftlichen Bedingungen zu untersuchen, die diesen Prozess behindern oder fördern. Es ist ein Trugschluss anzunehmen, dass ein freier Markt eine freie Kultur impliziert, wie sich *Lessig* auszudrücken pflegt.[433] Die Ursachen für fehlende Kreativität und Innovation ist nicht am Begriff des freien Marktes – was auch immer das sein mag – festzumachen, sondern an gesellschaftlichen Widersprüchen, die Rechtsprobleme einschließen. Die Stimulierung und Motivation kreativer und innovativer Arbeit sowie deren Anerkennung und Vergütung ist ein Aspekt in der geistigen Produktion. Der andere Aspekt ist der Zugang und die Verbreitung von kulturellen Leistungen. Hierbei spielt das **System des geistigen Eigentums** (zB das Urheber-, Marken-, Geschmacksmuster- und Patentrecht) eine erhebliche Rolle. Selbst die Tatsache, dass das geistige Eigentum (zB ein Online-Artikel, Musik und Film) im Internet ein flüchtiges Gut sein kann,[434] ist nicht das Internet als technisches Mittel für neue Geschäftsmodelle verantwortlich, die massenhaft zu Verletzungen führen. Die historisch bedingte Produktionsweise mit ihren politischen, ökonomischen, wissenschaftlichen, literarischen und künstlerischen Verhältnissen bestimmt den Inhalt und das Wesen einer freien Kultur, in der zum Ausdruck kommt, ob jedermann die Möglichkeit und Fähigkeit hat Schöpfer zu sein. Der Kreative mit seinen geistigen Arbeitsergebnissen (zB als Musik, Gedicht, Artikel, Rezension, Marke, Geschmacksmuster ua Medienprodukte) erfährt dann eine gesellschaftliche Anerkennung. Der technologische Entwicklungsstand kann die Kreativität und Innovation befördern oder behindern. Das hängt wiederum von den jeweiligen Interessen ab, die sich im Recht widerzuspiegeln vermögen. Wenn die Interessen der Kulturindustrie (zB technische Schutzmaßnahmen) im Urheberrecht im Vordergrund stehen und in rechtlichen Regelungen zum Ausdruck gebracht werden, können damit auch Behinderungen für die Kreativität auftreten. Die Aneignung und Verwertung immaterieller Güter erfolgt nicht nur auf der Ebene des rechtlichen Schutzes. Die freie Kultur erfasst ebenso immaterielle Güter, die keinem rechtlichen Schutz unterliegen. Zum System des geistigen Eigentums als Prozess der Aneignung und Verwertung der Medienprodukte sollte deshalb auch der wirtschaftliche und kulturelle Reproduktionsprozess gerechnet werden, in dem zwar **keine Schutzrechte** an den Texten, Bildern, Tönen ua Zeichen durch das Immaterialgüterrecht entstehen, aber für die Unternehmen, die Allgemeinheit und jeden einzelnen Nutzer von Bedeutung sind. Das gilt auch zwischen Wettbewerbern.[435] Zur freien Kultur gehört natürlich in erster Linie

112

---

[432] So aber *Lessig* 176.
[433] *Lessig* 190.
[434] Herdegen/Klein/Papier/Scholz/*Ossenbühl* 327 f.

[435] Die Rechtsprechung wendet die Grundsätze des Verbots von Zugangsbeschränkungen auf die Bedingungen des elektronischen Geschäftsverkehrs modifiziert an, insb auf den Handel

der **freie Zugang zu kulturellen Leistungen.** Die Informationsfreiheit ist gleichsam die conditio sine qua non eines demokratischen Gemeinwesens. Die vorhandene Information als Bild, Symbol, Zeichen, Kunstwerk, Töne uvm ist der Rohstoff für künftige kulturelle Leistungen. Das öffentliche Interesse besteht an einem freien Zugang zu immateriellen Gütern ohne Beschränkungen durch das Recht. Um das Gleichgewicht zwischen Rechteinhabern und Nutzern wieder herzustellen, könnte ein freier und möglicherweise ein kostenloser Zugriff auf Informationen erfolgen. In diese Richtung zielen sämtliche **Open Source-, Open Content- und Open Publishing-Strategien.** Dazu gehört auch das **Creative Commons-Projekt,** wonach der Urheber seine Werke unter Zurückbehaltung einiger Rechte, zB des Namensnennungsrechts oder des Rechts der kommerziellen Verwertung, frei zur Verfügung stellt.[436] Diese Prozesse weisen auf die Notwendigkeit hin, die gegenwärtigen Strukturen des Immaterialgüterrechts zu überdenken und den neuen Gegebenheiten anzupassen. Das bedeutet aber nicht, dass generell ein kostenloser Zugang zu den Kulturgütern erfolgen kann. Denn die Informationsfreiheit nach Art 5 GG bedeutet, dass ua der Bürger vor Informationsbeschränkungen und staatlichen Meinungslenkungen geschützt werden soll.[437] Die Informationsfreiheit garantiert aber keinen kostenlosen Zugang zu allen gewünschten Informationen. Denn der Zugang zu einer Information ist von den Leistungsentgelten zu unterscheiden. Das Recht auf Privatkopie ist deshalb nicht mit dem Recht auf Werkzugang gleichzusetzen. Das gilt auch für das Bezahlfernsehen als allgemein zugängliche Quelle.[438] Die **Medienunternehmen** sind daran interessiert, dass sie unbeschränkt Medienprodukte verkaufen oder der Öffentlichkeit anbieten können. Damit wird ein grundsätzliches Problem der Rechtsgestaltung des geistigen Eigentums im Zeitalter der Vernetzung und Digitalisierung sowie der **Konvergenz der Medien** aufgeworfen. Führt die Informations- und Kommunikationstechnologie zu einer Ausdehnung der Schutzrechte an immateriellen Gütern? Die kreativen Prozesse mit ihren unterschiedlichen quantitativen und qualitativen Ergebnissen führen nicht notwendigerweise zu mehr Schutzrechten an immateriellen Gütern.

113 „Free Culture" kann nicht bedeuten, dass alle in der geistigen Produktion hervorgebrachten Medienprodukte per se urheberrechtsschutzfähig sind. Nicht jede Nachricht oder jede E-Mail oder jede Kritzelei unterliegt automatisch dem Urheberrecht.[439] **Die Information** als solche ist zwar **nicht schutzfähig,** aber dennoch muss das konkrete Medienprodukt immer einer rechtlichen Bewertung zugänglich sein. Für die geistigen Arbeiter ist es von Bedeutung, dass ihr Produkt mit einem Schutzrecht behaftet ist, wenn damit auch für diese Personen die Kreativität gefördert und die wirtschaftliche Beteiligung an der Verwertung ihre Medienprodukte gesichert wird. Andererseits kann die rechtliche Bewertung des Medienprodukts dazu führen, dass aus rechtspolitischen Gründen, zB Sicherung der Befriedigung kultureller Bedürfnisse der Allgemeinheit, dem Kreativen keine Schutzrechte gewährt werden. Dieser Aspekt spielt wegen des Wandels in der Produktion, des Austauschs, der Verteilung und der Konsumtion durch die Informations- und Kommunikationstechnologie eine zunehmende Rolle.

114 e) **Materiell-rechtliche Voraussetzungen des Schutzes von Medienprodukten.** Die gewerblichen Schutzrechte sind nach einem strengen Regime der materiell-rechtlichen

---

über Internetshops (OLG Hamburg MMR 2008, 58).
[436] *Lessig* 276; *Mantz* GRUR Int 2008, 20; *Hofman/Dreier/Nolte* 61.

[437] BVerfG 27, 71, 80.
[438] BT-Drucks 16/1828, 20 f.
[439] So aber *Lessig* 144.

Artur-Axel Wandtke

Voraussetzungen der **Schutzfähigkeit** geregelt. Werden diese materiell-rechtlichen Voraussetzungen nicht erfüllt, liegen zwar Erzeugnisse der geistigen Produktion vor, aber ein Schutz und damit das Entstehen von Schutzrechten entfällt bzw andere Schutzwirkungen können entstehen.

Die **Erfindung** wird zB als Gegenstand des Patents als eine „Lehre" (Anweisung, Regel) zum technischen Handeln bezeichnet, wobei sie aber sie ein Immaterialgut darstellt. Als Immaterialgut muss sie gedanklich von körperlichen Mitteilungsträgern wie der schriftlichen Beschreibung und von Sachen (zB eine konstruierte Maschine) unterschieden werden.[440] Das Medienprodukt ist dann nicht die konstruierte Maschine, sondern die Erfindung, die schließlich als Patent in der Patenterteilung erfolgt und mit der Veröffentlichung im Patentblatt die gesetzlichen Wirkungen desselben eintreten.[441] Sie kann innerhalb der verschiedenen Erfindungsarten gleichsam die Grundlage für die Informations- und Kommunikationstechnologie sein. Sie ist insofern nur zum Teil für medienrechtliche Beziehungen von Bedeutung. Demgegenüber ist die Form (Muster und Modelle) im **Geschmacksmusterrecht** zentrales Schutzgut als Medienprodukt. Es können neue ästhetische Formgebungen, zB die Eigenart eines Autos,[442] geschützt sein. **115**

Anders als die gewerblichen Schutzrechte haben sich die Gerichte beim **Urheberrecht** bei der Feststellung, ob ein geschütztes Werk als Medienprodukt der Literatur, Kunst und Wissenschaft vorliegt oder nicht, mit dem Begriff der „persönlichen geistigen Schöpfung" auseinanderzusetzen.[443] Abgesehen von den vielen Schwierigkeiten, die dieser Begriff der Rechtsprechung bereitet, sind immer wieder Kriterien herangezogen worden, die die Schutzfähigkeit eines Werkes bejahen. Da das Urheberrecht das Ergebnis der Literatur-, Kunst- und Wissenschaftsprodukte ohne Form- oder Anmeldevoraussetzungen schützt, bietet sich dieser Gegenstand ideal für die Medienunternehmen an (zB Sender, Filmhersteller, Softwarehersteller, Verlage, Theater, Internetprovider). Nach Art 1 Abs 3 der kodifizierten Fassung der Richtlinie 2009/24/EG über den Rechtsschutz von Computerprogrammen („Software-RL") reicht es aus, wenn die Computerprogramme das Ergebnis der eigenen geistigen Schöpfung sind. Zur Bestimmung der Schutzfähigkeit sind keine anderen Kriterien heranzuziehen. **116**

f) Geringe Schutzschwelle. Wirtschaftlich interessant ist nicht nur das geschützte Werk, selbst wenn es gerade noch die Schutzschwelle der kleinen Münze[444] erreicht hat. Der EuGH hat für den Werkschutz auch 11 Wörter angenommen.[445] Neben der bereits erwähnten Gemeinfreiheit urheberrechtlicher Werke werden vor allem solche Medienprodukte wirtschaftlich verwertet, die nicht die Schutzschwelle des Urheberrechts erreichen, aber wirtschaftlich interessant sind. So ist die Übernahme kleinster Tonfetzen oder Tierstimmen vom Tonträger eine Verletzung des Leistungsschutzrechts des Tonträgers.[446] Ebenso spielt zB in der Vermarktung der Medienprodukte die Musik eine herausragende Rolle, die für die Werbung oder sonstige **Marketingstrategien** eingesetzt wird. Das gilt insb für die Vermarktung der **Klingeltöne**, die für den Handymarkt ein einträgliches Geschäft bedeuten. Die Vermarktung von Klingel- **117**

---

[440] *Kraßer* 3.
[441] *Kraßer* 546.
[442] BGH GRUR 2010, 718, 720 – Verlängerte Limousinen.
[443] Wandtke/Bullinger/*Wandtke* § 2 UrhG Rn 5.

[444] *Schwarz/Hansen* GRUR 2011, 109; Wandtke/Bullinger/*Bullinger* § 4 UrhG Rn 5.
[445] EuGH GRUR 2009, 1041, 1044 – Infopaq/DDF.
[446] S BGH GRUR 2009, 403, 404 – Metall auf Metall.

tönen kann Verletzungen des Wettbewerbsrechts[447] und des Urheberrechts[448] auslösen. Soweit es das Urheberrecht betrifft, erreichen sie häufig nicht einmal die Schutzschwelle der kleinen Münze.[449]

118 Das gilt auch für andere Werkkategorien. Liegt aber kein schutzfähiges Werk vor, kann das Produkt zwar vermarktet werden, aber eine Lizenzierung von Rechten an Dritte wäre dann ausgeschlossen. **Abstracts** können nur mit einer Lizenzierung Dritten gegenüber belastet werden, wenn dieselben eine Eigengestaltung darstellen. Bei Abstracts im Bereich der Belletristik ist dies ausgeschlossen, wenn wesentliche Formulierungen der Originalkritik übernommen werden.[450] Auf dem Gebiet des Patentrechts hat – im Gegensatz zum Urheberrecht – ein Paradigmenwechsel stattgefunden. Die Schutzhöhe des Gebrauchsmusters als „kleines Patent" (§ 1 GebrMG) ist dem „großen Patent"(§ 4 S 1 PatG) angeglichen worden.[451]

119 Es stellt sich generell die Frage, ob die von der EU angestrebte **Senkung der Schutzschwelle** urheberrechtlicher Werke der richtige Weg ist.[452] Zumindest trifft das auf Computerprogramme, Datenbanken und Fotografien zu.[453] Da der Herstellungsaufwand für die Schutzfähigkeit eines Medienprodukts aus urheberrechtlicher Sicht nicht relevant ist,[454] ist in den Fällen, in denen die Schutzfähigkeit versagt wird, möglicherweise wegen der **Transaktionskosten** ein besonderes Leistungsschutzrecht im Sinne eines **Investitionsschutzes** zu diskutieren, wie dies bereits mit der Umsetzung der Richtlinie über Datenbanken geschehen ist. Danach ist der Investor geschützt.[455] Die Aufnahme eines Leistungsschutzrechts als Investitionsschutzrecht sollte aber nicht im Urheberrecht erfolgen, weil es sonst zunehmend von fremden Rechtstatsachen überfrachtet wird. Der **Leistungsbegriff** sollte auf den Prüfstand, weil Unterschiede hinsichtlich der sachlichen und rechtlichen Qualifizierung des Leistungsbegriffs bestehen.[456] Die Frage ist zu beantworten, ob nur die schöpferischen Leistungen zum Eigentumsbegriff im Sinne des geistigen Eigentums nach Art 14 GG gehören oder auch unternehmerische Leistungen.[457] Soweit der Gesetzgeber eine Zuordnung im System des Immaterialgüterrechts geregelt hat, sind zumindest beide Leistungsbegriffe erfasst (zB Patent, urheberrechtliches Werk, Marke, Geschmacksmuster, Leistungsschutzrechte der Filmhersteller, Tonträgerhersteller und Rundfunksender). Fraglich ist aber, ob alle anderen Leistungen, die außerhalb des Immaterialgüterrechts liegen, mit dem geistigen Eigentum nach Art 14 GG in Verbindung gebracht werden können. Wenn mit dem Leistungsbegriff im Aneignungsprozess ein wirtschaftlicher Wert verbunden ist,[458] wird man dazu neigen können. Soweit zB Domainnamen als Marke

---

[447] S BGH GRUR 2006, 775 – Werbung für Klingeltöne; *Mankowski* GRUR 2007, 1013.
[448] BGH GRUR 2010, 920 – Klingeltöne für Mobiltelefone II; BGH GRUR 2009, 395 – Klingeltöne für Mobiltelefone.
[449] *Wandtke/Schunke* UFITA 2007/I, 61; *Landfermann* 53; *Castendyk* ZUM 2005, 9 ff; *von Einem* ZUM 2005, 540 ff; *Hertin* KUR 2004, 101 ff.
[450] BGH GRUR 2011, 137, 139 – Abstracts; AA OLG Frankfurt aM NJW 2008, 770, 772; LG Frankfurt aM ZUM 2007, 65, 67.
[451] BGH WRP 2006, 1237 – Demonstrationsschrank; krit dazu *Pahlow* WRP 2007, 739.
[452] EuGH GRUR 2011, 220, 220 – BSA/Kulturministerium; EuGH GRUR 2009, 1041,

1044 – Infopaq/ DDF; Wandtke/Bullinger/*Wandtke* Einl UrhG Rn 4.
[453] *Schack* ZFG 2009, 275, 277.
[454] BGH GRUR 2009, 1148, 1154 – Talking to Addison; Arbeitsaufwand einer Übersetzung ist nicht für die angemessene Vergütung nach § 32 UrhG relevant; OLG Hamburg ZUM 2004, 386 – Handy Logos.
[455] EuGH GRUR 2009, 572, 577 – Apios/ Lakorda; Wandtke/Bullinger/*Thum* Vor §§ 87a ff UrhG Rn 18.
[456] Hilty/Geiger/*Schulze* 117 f.
[457] *Schwarz/Hansen* GRUR 2011, 109 ff; sie schlagen den Filmproduzenten als Miturheber vor.
[458] *Grzeszick* ZUM 2007, 344, 352.

Artur-Axel Wandtke

benutzt werden[459], ist eine dogmatische Zuordnung als Vermögensrecht iS des Art 14 Abs 1 GG möglich.Das vertragliche Recht zur Nutzung einer **Domain** wird als **Eigentum** nach Art 14 Abs 1 GG verfassungsrechtlich und anerkannt.[460] Auch der EGMR hat eine ähnliche Auffassung.[461] Inwieweit schuldrechtliche Beziehungen eines derartigen Vertrages überhaupt eine Teilverdinglichung einschließen,muss bezweifelt werden.[462] Überhaupt sollte der Begriff der **Dinglichkeit** auf den Prüfstand der zivilrechtlichen Dogmatik.

II. Geistiges Eigentum und Information

1. Information und property rights

Bei vielen Informationen besteht ein ökonomischer Wert, der es rechtfertigt, property rights für Informationen zu gewähren.[463] **120**

Die Frage nach den **Ausschließlichkeitsrechten** an Informationen wird als zentraler Leitgedanke des Informationsrechts betrachtet, wobei die Immaterialgüter-, Persönlichkeitsrechte und der Geheimnisschutz dazu gerechnet werden.[464] **121**

Richtig ist, dass das Immaterialgüterrecht die **Magna Charta** der Informationsgesellschaft zu werden beginnt.[465] Dies hängt ohne Zweifel mit dem Wandel der kapitalorientierten Produktions- und Reproduktionsverhältnisse zusammen, die die geistige Produktion mehr und mehr in den Fokus der ökonomischen, kulturellen und sozialen Entwicklung rücken. **122**

Da aber die Existenz und Produktion von Informationen nur bestimmte Aspekte der geistigen Produktion sind, ist es fraglich, daraus ein Informationsrecht zu installieren.[466] Denn das Recht als Ergebnis der geistigen Produktion ist auch die Verkörperung von Informationen. Insoweit wäre das **Informationsrecht** eine tautologische Konstruktion. Außerdem ist der Begriff Information weit zu fassen. Erst wenn Informationen in der geistigen Produktion verarbeitet bzw kombiniert worden sind, kann die Frage des Schutzes des geistigen Eigentums auftreten. Es gibt verschiedene Informationssysteme in der Natur, in der Technik, in der Umwelt und in der Gesellschaft.[467] Sie sind als solche nicht geschützt. „Der Grundsatz der Gemeinfreiheit gilt zunächst für Informationen aller Art."[468] Sie sind gleichsam eine condicio sine qua non im Meinungsbildungsprozess und der Rohstoff für Wahrheiten und Lügen. **123**

Interessant sind die jeweiligen Anknüpfungspunkte für dieses oder jenes rechtliche Gebilde. Für das Informationsrecht wird zB die Tatsache gewertet, dass das **BGB** mit dem Fokus auf Sachen und Rechte den Bedürfnissen der Warengesellschaft entspricht und damit veraltet ist.[469] Eine Anpassung an die neue Realität ist auch für das Zivilrecht erforderlich. Es ist aber eine verkürzte Darstellung, wenn das BGB nicht auf **124**

---

[459] EuGH GRUR 2010, 733 – Internetportal und Marketing/Schlicht; BGH CR 2009, 801-airdsl.de.
[460] BVerfG MMR 2005, 165 – adacta.de; ebenso BGH GRUR 2009, 685 ff – ahd.de.
[461] EGMR MMR 2008, 29, 30 – Eigentumsfähigkeit Internetdomains.
[462] S *Krebs/Becker* JZ 2009, 932, 934.
[463] *Cornish/Llewelyn* Chap 1, Rn 1–10; *Hoeren* JuS 2002, 947, 948.

[464] *Hoeren* JuS 2002, 948.
[465] *Hoeren* JuS 2002, 948.
[466] So aber *Hoeren* JuS 2002, 948; *Kloepfer* § 1 Rn 67.
[467] *Lochmann* 45.
[468] *Beater* Rn 1198.
[469] *Hoeren* JuS 2002, 948.

Vertragsverhältnisse im elektronischen Geschäftsverkehr reagieren kann und deshalb ein Informationsrecht notwendig erscheint.[470] Bedeutsam ist für das BGB, wie für alle Gesetze, welche Verhältnisse zu regeln erforderlich sind, um den neuen technischen Herausforderungen gerecht zu werden.

2. Medienprodukte als Träger von Informationen

125   Während ein Teil des BGB die Warenproduktion und den Warenaustausch sowie die Verteilung derselben regelt (zB die Verteilung der körperlichen beweglichen und unbeweglichen Sachen durch Vertrag), fehlt in der Tat ein Hinweis auf die Immaterialgüter als Waren. Diese Waren sind Informationsträger oder selbst eine Information als Ware. Wer aber zB konkret Musik, Texte, Fotos, Filme, Patente, Marken, Geschmacksmuster ua geistige Produkte als Schöpfer oder ganz allgemein als Produzent herstellt, begibt sich damit in die Welt der Waren. Diese Waren verkörpern gleichsam eine Komposition von Informationen, die eines körperlichen oder unkörperlichen Trägers bedürfen. So ist zB unsere Sprache verbunden mit der körperlichen Existenz und die Musik abhängig von einem Instrument (einschließlich des Computers). Die Produkte der geistigen Produktion werden Medienprodukte genannt, weil sie Träger von Informationen und damit von Inhalten unterschiedlicher Couleur sind. Das geistige Eigentum erfasst die Verhältnisse, in denen der Schutz der immateriellen Güter im Vordergrund steht und diese das Ergebnis geistiger Arbeit sind. Musikwerke sind das Ergebnis geistiger Arbeit und zugleich **Transporteure von Informationen**. Sie werden in Verkehr gebracht und damit der Öffentlichkeit zugänglich gemacht. Dazu gehören auch die virtuellen Gegenstände zB in „Second Life".[471] Sie zielen auf Kommunikation. Im Gegensatz dazu werden Informationen als **personenbezogene Daten** geschützt, die aber selbst nicht das Ergebnis der geistigen Arbeit sind,[472] aber ein Wirtschaftsgut werden können.[473] Denn jedes Marktverhalten beruht auf der Verarbeitung personenbezogener Daten.[474] Der Schutz personenbezogener Daten kann aber nicht bedeuten, dass Rechte Dritter weniger schützenswert sind als personenbezogene Daten. Der Vorschlag ist völlig berechtigt, dass der Urheber einen zivilrechtlichen **Auskunftsanspruch** – wie ihn Art 8 der Durchsetzungs-Richtlinie vorsieht – **gegen Provider** haben sollte, wenn Rechtverletzungen auf dem Gebiet des Immaterialgüterrechts vorliegen. Denn nur der Provider weiß, welcher Nutzer sich hinter der IP-Adresse verbirgt.[475] Wie wichtig die Einbindung der Provider als mittelbare Profiteure von Rechtsverletzungen zulasten der Musik-, Film-, Softwareunternehmen und der Verlage gerechtfertigt ist, zeigt eine Untersuchung aus dem Jahr 2007. So wird das Internet zum überwiegenden Teil für Filesharing genutzt, in Spitzenzeiten bis zu 95 %.[476] Eine Reform der Haftung der Provider ist de lege ferenda erforderlich.[477]

---

[470] *Hoeren* JuS 2002, 948. So gibt es Informationspflichten für den Unternehmer beim Abschluss von Fernabsatzverträgen (§§ 312b ff BGB), die den Verbraucher stärken sollen.

[471] *Geis, I/Geis,* E CR 2007, 722.

[472] Nach § 3 BDSG sind personenbezogene Daten Einzelangaben über persönliche und sachliche Verhältnisse einer bestimmten oder bestimmbaren Person.

[473] *Giesen* JZ 2007, 919.

[474] *Giesen* JZ 2007, 919.

[475] *Brinkel/Lammers* ZUM 2008, 11, 16. Der EuGH hat die Frage eines zivilrechtlichen Auskunftsanspruchs gegen den Internetprovider den Mitgliedstaaten überlassen. Eine Pflicht zur Weitergabe personenbezogener Daten im Rahmen eines zivilrechtlichen Verfahrens durch den Internetprovider existiert nicht im Gemeinschaftsrecht. Siehe EuGH GRUR 2008, 241, 244 – Promusicae/Telefonica.

[476] S Ipoque Internetstudie 2007, abrufbar unter www.ipoque.com/media/internet_studies/ internet_study_2007.

[477] Leistner/*Spindler* 212 ff.

Bei Medienprodukten kann ein Anspruch auf Informationszugang dann ausgeschlossen sein, wenn Rechte aus dem geistigen Eigentum betroffen sind. So regelt das **Informationsfreiheitsgesetz (IFG)** vom 5.9.2005 den Anspruch gegen die Behörde des Bundes auf Zugang von amtlichen Informationen.[478] Der Anspruch auf Informationszugang gem § 6 S 1 IFG kann den Urheberpersönlichkeitsrechten, insb dem Veröffentlichungsrecht, und den Verwertungsrechten des Urhebers entgegenstehen.[479]

126

Die Schwierigkeiten einer **dogmatischen Einordnung** der Informationen als solche sind auch dem Medienrecht nicht neu. Ein eigenständiges Gepräge zu geben, hängt aber nicht mit der dogmatischen Einordnung zusammen, sondern mit dem Gegenstand, der zu regeln notwendig erscheint. Es spricht mehr dafür, ein **Recht der Medien** zu konkretisieren, in dem ein mögliches Informationsgesetz Bestandteil desselben ist. Wenn der konventionelle rechtssystematische Ansatz nicht länger aufrechterhalten werden kann, die Rechtsgebiete mit Gesetzen gleichzusetzen oder vom Privat- oder öffentlichen Recht abhängig zu machen, spricht mehr dafür, Regelungen, die den Zugang, die Verarbeitung und Verbreitung von Informationen zum Inhalt haben, im Recht der Medien aufzunehmen. Die Abgrenzung zwischen Informationsrecht und Recht der Medien ist insoweit schwierig, wenn beiden Rechtsgebieten ähnliche Regelungskomplexe zugeordnet werden.[480] Im Grunde ist alles Information, unabhängig davon, wie die Zeichen, Daten und Inhalte rechtlich bewertet werden. Recht ist – wie Kapital und Arbeit – Produktionsfaktor und trägt zum volkswirtschaftlichen Gesamteinkommen bei.[481] Mit der fortschreitenden technologischen Entwicklung ist eine Einteilung zwischen Privat- und öffentlichem Recht nicht hilfreich.[482] Für ein Recht der Medien oder Medienrecht spricht die Tatsache, dass die geistige Produktion am Ende des 20. Jahrhunderts ein neues Zeitalter der Warenwelt eingeläutet hat. Die technologische Revolution ist unumkehrbar und prägt in der einen und anderen Art die Informations- und Kommunikationsprozesse in der kapitalorientierten Produktionsweise. Das betrifft Aufgaben des Staates ebenso wie das Recht als Gestaltungs- und Konfliktlösungsinstrument. Medienprodukte sind gewissermaßen das Ergebnis dieser Produktionsweise, was wiederum Einfluss auf Rechtsverhältnisse hat und umgekehrt. Mit der Verbesserung der Aufnahme- und Wiedergabetechnik oder der Speichermethoden (**analog oder digital**) der Übertragungsformen und -wege (terristisch, Kabel, Satellit, Internet) oder der Benutzermöglichkeiten (zB **interaktive Nutzung, on demand**) oder der Multifunktionalität (zB **Mobiltelefon, Laptop, Blackberry**) werden nicht nur neue Strukturen in der Arbeitswelt[483] geschaffen, sondern die Produktivkräfte agieren global, dh alle Stufen der **Wertschöpfungskette** sind globaler geworden.[484] In diese Wertschöpfungskette gehören auch die Werbemaßnahmen der Unternehmen. Die jeweilige Werbung für eine Ware ist gleichsam ein Medienprodukt (zB Product Placement im Rundfunk und im Internet). Die Werbefreiheit in Deutschland und Europa wirft neue grundrechtliche Fragen der Meinungsfreiheit auf.[485] Das Wettbewerbsrecht hat ins-

127

---

[478] BGBl I S 2722. Nach § 2 IFG sind amtliche Informationen jede amtlichen Zwecken dienende Aufzeichnungen, unabhängig von Speicherung, Entwürfen und Notizen.
[479] VG Braunschweig ZUM 2008, 254, 256.
[480] So aber *Kloepfer* § 1 Rn 68 und 70.
[481] *Schwintowski* 171; *Schwintowski* Methodenlehre 40. Nach ihm sind Regeln vorzuziehen, die mehr nützen als kosten.

[482] Soweit es Rechtsvorschriften gibt, die eine unterschiedliche Zuständigkeit, zB der Zivil- und Verwaltungsgerichte vorschreiben, mag die Einteilung noch eine Berechtigung haben.
[483] BT-Drucks 13/11004, 49 ff.
[484] BT-Drucks 13/11004, 44.
[485] *Fassbender* GRUR Int 2006, 965 ff.

gesamt auf den traditionellen und virtuellen Märkten Tendenzen der Konzentration und Zentralisation von Medienunternehmen sowie der einseitigen Meinungsmacht entgegenzuwirken.

III. Innovation oder Investition als Schutzvoraussetzung von Medienprodukten

1. Ökonomische Analyse des Rechts der Medien

128 Die Beziehung zwischen Innovation und Investition kann nicht nur bei den immateriellen Gütern auf das Immaterialgüterrecht reduziert werden, obwohl es das wesentliche Rechtsgebiet erfasst.[486] Notwendig ist eine Sichtweise, die die geistige Produktion oder – wie *Bourdieu* formuliert – kulturelle Produktion[487] insgesamt erfasst, in der sowohl geschützte als auch nicht geschützte Leistungen, die in Medienprodukte einfließen, der Vermarktung unterliegen. Selbst wenn die ökonomischen Ziele des Immaterialgüterrechts evident sind, ist der kulturelle Gesamtprozess im Kreislauf von innovativem Handeln und Produktions- und Reproduktionsprozess nicht aus dem Auge zu verlieren. In diese Richtung erfolgt seit Jahren eine Forschung auf dem Gebiet der „intellectual property rights" durch **SERCI**.[488] Die neue Institutionenökonomik kann nicht auf eine Kosten-Nutzen-Analyse reduziert werden.[489] Es handelt sich um eine **Gerechtigkeitstheorie**,[490] was immer man darunter versteht.[491] Was fehlt, ist ein gesellschaftliches Gesamtkonzept der dialektischen Zusammenhänge zwischen den Wandlungsprozessen in der technologischen Entwicklung und den rechtlichen, sozialen, ökonomischen und kulturellen Auswirkungen im Verhalten der Menschen. Denkbar ist, dass das Recht ökonomische Prozesse effektiv steuert, aber kulturelle Auswirkungen, die das bisher bekannte Verhalten in den Schatten stellt. Es können technische Schutzmaßnahmen (**DRM**) für das Unternehmen beim Angebot von Medienprodukten ökonomisch effektiv sein, weil über das Internet die Verluste in der analogen Welt kompensiert werden, indem die Nutzer ein Entgelt für die privaten Kopien zahlen müssen. Die Teilhabe des Nutzers an den immateriellen Kulturgütern könnte aber dadurch eingeschränkt werden. Umgekehrt kann eine rechtliche Regelung wiederum zu Verlusten der Medienunternehmen führen. Universal hat von dem DRM-System Abstand genommen, weil die Verluste zu groß waren. Der Wettbewerb auf dem **Musikmarkt** in den USA hat dazu geführt, dass Apple als unangefochtener Marktführer bei legalen Musik-Downloads mit einem Anteil von 70 % den Preis für kopierschutzfreie Musik gesenkt hat.[492]

129 Ebenso ist der **Innovationsschutz**, der sich im Immaterialgüterrecht widerspiegelt, nicht nur ökonomisch ausgerichtet, sondern der Persönlichkeitsschutz – mittelbar über die geistigen Leistungen – gehört ebenso dazu, wenngleich dies zwischen den gewerblichen Schutzrechten und dem Urheberrecht unterschiedlich ausgewiesen wird. Der institutionenökonomische Ansatz hat die Auswirkungen auf den Schutz des Inno-

---

486 Riesenhuber/Klöhn/*Riesenhuber/Klöhn* 1, 8; aA *Kirchner* GRUR 2004, 603.
487 *Bourdieu* 9.
488 Society for Economic Research on Copyright Issues, www.serci.org.
489 *Schäfer/Ott* 10; zu Recht die kritische Analyse der ÖAR, *Assmann/Kirchner/Schanze/*

Kirchner 62; Hoeren/Stallberg 136; *Schwintowski* 155; *Assmann/Kirchner/Schanze/Kirchner* 65.
490 *Seelmann* 184.
491 *Klenner* Juristenaufklärung über Gerechtigkeit 35, 58.
492 S www.heise.de/newsticker/meldung/97497.

Artur-Axel Wandtke

vators und die Wettbewerber zu berücksichtigen.[493] Dabei spielt die Lehre von den Verfügungsrechten (**property rights**) eine zentrale Rolle.[494] Will man einen Schutz der Medienprodukte, der zugleich Ansporn für innovatives Verhalten bedeutet, dann muss notwendigerweise ein Unterschied gemacht werden zwischen den geistigen Leistungen und den Arbeitsergebnissen, die über ein Schutzniveau verfügen, dessen Höhe einen rechtlichen Schutz notwendig und möglich macht und den Leistungen, die nicht geschützt werden können, aber wegen einer bestimmten Investition schützenswert sind. Deutlich wird dies vor allem im Urhebervertragsrecht, deren Probleme nicht auf irrationale Verhaltensweisen für die inhaltliche, strukturelle und systematische Einordnung des Anspruchs auf eine angemessenen Vergütung reduziert werden kann.[495] Schließlich werden Leistungen in Medienprodukten festzustellen sein, die weder einen immaterialgüterrechtlichen Schutz noch einen Investitionsschutz rechtfertigen. Diese Leistungen müssten dann für jedermann frei sein. Hier wird das Recht in bestimmten Fällen überfordert. Bestimmte Zeichen oder Geräusche der Natur können nicht monopolisiert werden, es sei denn, dass sie bearbeitet werden und zB für das Kennzeichen- oder Wettbewerbsrecht relevant sind. Mit der Entscheidung des EGMR über die Eigentumsfähigkeit des Nutzungsrechts (vertragliche Forderungen) an Internetdomains wird die Rechtsprechung des BGH[496] und des BVerfG[497] bestätigt.[498] Der Kreis der property rights hat sich damit erweitert.

2. Schutzkonzeption

Historisch gesehen hat es immer schon die Tendenz in der Entwicklung des Imma- **130** terialgüterrechts gegeben, den Schutzumfang und die Schutzfähigkeit zu erweitern. So ist ein Ausbau von Schutzrechten mit einer eigentumsähnlichen Zuweisung festzustellen.[499] Einige Probleme weisen auf Widersprüche hin, wenn es um **den Schutzbedarf, das Schutzkonzept und die Schutzwirkung** geht.[500] Will man kreatives Verhalten fördern und steuern, könnten absolute Rechte für den Kreativen die Folge sein. Kommt man zu dem Ergebnis, dass ein neuer Innovationsmarkt durch die Digitalisierung und das Internet entstanden ist und damit neue Produktionsformen, die eine Kontrolle der **Rechteverwertung** ausschließen, könnte nicht nur die Sicherung einer angemessenen Vergütung als Ansporn für kreatives Verhalten im Vordergrund stehen. So wichtig die monetären Gründe für die Motivation eines Kreativen sind, müssen noch andere Aspekte für die Motivation innovativen Verhaltens berücksichtigt werden (zB gesellschaftliche Reputation, Idealismus, Ruhm).

Die Diskussion über eine **moderne Schutzkonzeption** von geistigen Leistungen der **131** Kreativen hängt mit der wirtschaftlichen Ausrichtung des gewerblichen Rechtsschutzes und des Urheberrechts zusammen.[501] Es gibt Auffassungen im Schrifttum, die für eine möglichst einheitliche und niedrige Schutzschwelle und damit für die Beibehaltung der **sog „kleinen Münze"** plädieren.[502] Gegen diese Auffassung wird das Argument ins Feld geführt, dass die Hersteller gewerblicher Produkte zwar **geringe Transaktionskosten** haben und derartige Leistungen formfrei seien. Ob aber das Urheberrecht das zweckmäßige Schutzrecht ist, wird bezweifelt.[503] Die rigorose Abschaf-

---

[493] *Kirchner* GRUR Int 2004, 606.
[494] *Peifer* 21.
[495] Riesenhuber/Klöhn/*Wandtke* 153 ff.
[496] BGH NJW 2005, 3353.
[497] BVerfG ZUM-RD 2005, 121.
[498] EGMR MMR 2008, 30.
[499] *Hilty* GRUR Int 2004, 607.

[500] Ausf dazu *Leistner* ZFG 2009, 403 ff mwN; *Leistner/Hansen* GRUR 2008, 479, 487.
[501] *Leistner/Hansen* GRUR 2008, 479 ff.
[502] Schricker/*Schricker* Einl Rn 30.
[503] *Schack* Rn 294; *Rehbinder* Rn 61; *Knöbl* 308 ff.

fung der „kleinen Münze" ist auch nicht der richtige Weg, aber eine Zurückdrängung derselben wäre möglich.[504] Es geht ja nicht darum, ob das Alltägliche, Banale und Gewöhnliche urheberrechtlich geschützt werden kann, sondern die Schwierigkeit besteht in der Bestimmung der Individualität, die in einem Medienprodukt zum Ausdruck kommen kann. Natürlich soll das Urheberrecht nicht das schützen, was kulturell bedeutungslos ist.[505] Aber was ist kulturell bedeutungsvoll? Wird damit nicht eine subjektive Wertung eingeführt, die rechtlich auch nicht weiter führt? „Kulturell wertvoll, gut und schön zu sein, sind keine realen Eigenschaften bestimmter Gegenstände, sondern nur subjektiv beigemessene Prädikate auf Grund eines positiven Gefühlsverhältnisses des Wertenden zum Wertungsgegenstand."[506] Der Rechtsprechung wird es letztlich überlassen bleiben müssen, ob das geistige Gebilde dem Urheberrechtschutz zugänglich ist oder nicht. Jedenfalls hat die Rechtsprechung den Grundsatz aufgestellt, dass das Alltägliche, Banale, das rein Handwerkliche oder die routinemäßige Leistung nicht urheberrechtlich geschützt sein kann.[507] Dort, wo die Leistung nicht den Stempel der Individualität in Gestalt einer originellen Formgebung aufweist, wird der urheberrechtliche Schutz zu versagen sein. Davon völlig unabhängig[508] kann ein geschmacksmusterrechtlicher oder wettbewerbsrechtlicher Schutz greifen, wenn deren Voraussetzungen vorliegen. Was ist aber, wenn weder das Wettbewerbsrecht noch das Urheberrecht oder andere Immaterialgüterrechte anwendbar sind? Eine moderne Schutzkonzeption müsste weitere unternehmerische Schutzrechte einschließen. Sie könnten im allgemeinen **Deliktsrecht** angesiedelt sein.[509] Denn das Recht am Unternehmen ist zB ein sonstiges Recht nach § 823 Abs 1 BGB und soll die bestehende Lücke zum gewerblichen Rechtsschutz schließen.[510] Das **Veranstalterrecht bzw das Fernsehvermarktungsrecht** wird teilweise mit dem **Hausrecht** begründet.[511] Der Anknüpfungspunkt für ein unternehmerisches Schutzrecht kann insofern sehr verschieden sein, wobei ein Leistungsschutzrecht ebenso möglich wäre.

3. Leistungsschutzrechte

132　Die unternehmerischen Schutzrechte erfassen gleichsam verschiedene Leistungen der Medienunternehmen. Es wäre zB ein besonderes Leistungsschutzrecht – im Gegensatz zum Hausrecht – für den Sportveranstalter denkbar, der nicht nur den Zutritt für die Zuschauer und für die Presse- und Fernseh- und Hörfunkteams ermöglicht, sondern eine Vielfalt von Leistungen erbringt, die mit dem Hausrecht nicht mehr erfasst werden können.[512] Die Leistung selbst kann quantitativ und qualitativ sehr verschieden sein. Wenn eine banale oder alltägliche Leistung weder urheberrechtlichen noch

---

504 *Peifer* UFITA 2007/II, 354; *Knöbl* 308 ff; *Schack* Rn 297; *Rehbinder* Rn 61.
505 *Schack* Rn 297; *Rassow* 28.
506 *Rehbinder* Rn 55.
507 BGH GRUR 1987, 704, 706 – Warenzeichenlexika; BGH GRUR 1993, 34, 36 – Bedienungsanweisung; LG Berlin ZUM-RD 2006, 573, 574 – Webseite.
508 Die Stufentheorie im Verhältnis von Urheberrecht und Geschmacksmusterrecht bei Werken der angewandten Kunst wird abgelehnt. Die Auffassung über die unterschiedliche Gestaltungshöhe zwischen Werken der bildenden und angewandten Kunst ist ebenfalls nicht

überzeugend (s *Zentek* WRP 2010,73 f; aA BVerfG ZUM 2005, 387; *Schack* Kunst und Recht Rn 806).
509 *Beater* Rn 1403.
510 BGH NJW 2006, 830, 840; Palandt/*Sprau* § 823 BGB Rn 126.
511 BGH NJW 2006, 377, 379 – Hörfunkrechte; BGHZ 110, 371, 383 – Sportübertragungen; Fritzweiler/Pfister/Summerer/*Summerer* 355; *Buchroither/Albiez/Miceli* K&R 2008, 212; aA *Beater* Rn 1404.
512 *Buchroithner/Albiez/Miceli* K&R 2008, 212.

geschmacksmuster- und wettbewerbsrechtlichen Schutz genießt, aber eine Investition für das Unternehmen bedeutet, wäre ein besonderes Leistungsschutzrecht unter bestimmten Bedingungen denkbar.[513] Von dem Grundsatz, dass der Urheberrechtsschutz dem Grunde nach ein Schutz der kreativen Leistung und kein Investitionsschutz ist,[514] wurde leider im Laufe der Entwicklung des Urheberrechts Abstand genommen. Urheberrecht wird mehr und mehr ein Industrierecht, weil stärker die Verwerterinteressen berücksichtigt werden und die kreativen Leistungen in der kapitalorientierten Produktionsweise Gewinn für die Medienunternehmen versprechen. Die Anerkennung selbstständiger Leistungsschutzrechte der Tonträgerhersteller und der Sendeunternehmen hat diese Tendenz verstärkt.[515] Rechtlich interessant sind die Folgen eines Leistungsschutzrechtes. Ein besonderes Leistungsschutzrecht für den Datenbankhersteller wurde installiert, das vom **Investitionsschutz** geprägt ist.[516] Wo keine schöpferischen Leistungen iSd Urheberrechts vorliegen, aber Investitionen iSv § 87b UrhG darstellen, wurde ein eigenes Leistungsschutzrecht für die Unternehmer entwickelt. Mit dem Schutzrecht wird dem Unternehmer eine besondere Verwertungsmöglichkeit in die Hand gegeben. Es hätte sich ein besonderes Leistungsschutzrecht der Unternehmen außerhalb des Urheberrechts angeboten, deren organisatorischen und finanziellen Aufwendungen sowie Kosten für das Personal gebührend rechtlich zu berücksichtigen wären.[517] Das gilt auch für die fragwürdige Aufnahme der Leistungsschutzrechte der Tonträgerhersteller und der Sendeunternehmen in den Kreis der „verwandten Schutzrechte".[518] Dazu wäre der wettbewerbsrechtliche Leistungsschutz besser in der Lage gewesen. Inwieweit ein Leistungsschutzrecht für **Verleger**[519] in der Zukunft geregelt werden kann, bleibt abzuwarten. Dabei ist das Schutzziel, den Schutzzweck und den Schutzumfang zu bestimmen. Unklar ist aber, wieso nur den Presseverlegern im Koalitionsvertrag ein Leistungsschutzrecht zugestanden werden soll. Wäre es nicht ein Systemwechsel, wenn sich der Schutz auch auf Nachrichten beziehen würde, die nach dem deutschen Recht und dem Konventionsrecht nicht geschützt sind. Das gleiche würde für nicht geschützte Beiträge gelten (zB Snippets). Die unterschiedliche rechtliche Behandlung zwischen Presseverlegern und andern Verlegern wäre nicht nachvollziehbar. Sie sind mit anderen Leistungsschutzrechten im Urheberrecht (zB Filmhersteller, Tonträger, Fernsehen, Hörfunk) vergleichbar. Soweit es auch die Frage der Beteiligung der Verleger an der gesetzlichen Vergütung betrifft, müsste die Rechtsnatur der Rechte der Verleger geklärt werden.[520] Der Beteiligungsanspruch der Verleger könnte sich originär aus ihren Leistungsschutzrechten oder aus

---

513 Krit dazu *Steinbeck* KSzW 2010, 223, 224; Hilty/Geiger/*Kur* 202 f; BGH GRUR 2009, 403 – Metall auf Metall.
514 BGH ZUM 1986, 39 – Inkassoprogramm.
515 *Wadle* Urheberrecht zwischen Gestern und Morgen 24.
516 BGH GRUR 2010, 231, 232 f – Gedichttitelliste III; EuGH GRUR 2009, 572, 576 – Apis/Lakorda; EuGH CR 2005, 412 – Fixtures – Fußballspielpläne II; EuGH GRUR 2005, 252 – Fixtures-Fußballspielpläne I; EuGH CR 2005, 10 – BHB-Pferdewetten; BGH GRUR 2009, 852, 853 – Elektronischer Zolltarif; BGH CR 2005, 849 – Hitbilanz.
517 Junghans/Levy/*Levy* 137 f.
518 *Wadle* Urheberrecht zwischen Gestern und

Morgen 24; Das BVerfG hat den Anspruch auf Geräte- und Speichermedienabgabe von Sendeunternehmen abgelehnt. S BVerfG ZUM 2011, 236 ff.
519 *Peifer* KSzW 2010, 263 ff; *Kauert* 228; Siegrist/Berger/*Glas* 165; aA *Schack* Rn 1142, er plädiert nicht für ein eigenes Leistungsschutzrecht, sondern für einen wettbewerbsrechtlichen Schutz der Verleger.
520 *Hanewinkel* GRUR 2007, 379. Mit der seit dem 1.1.2008 umgesetzten Reform des Urheberrechts ist § 63a UrhG geändert worden, um die Verleger an der Ausschüttung der gesetzlichen Vergütung in der VG-Wort zu beteiligen. Ein Leistungsschutzrecht hat der Gesetzgeber aber nicht geregelt (BT-Drucks 16/1828, 32).

der Rechtseinräumung der Verlagsrechte (derivativ) ergeben. Im Grunde geht es darum, ob das Unternehmen einen Ausgleich für Innovation und Investition erhält. In eine ähnliche Richtung geht die Auseinandersetzung um den Werkbegriff im Urheberrecht. Kann ein Unternehmen Vermögensrechte geltend machen, wenn eine geistige Leistung nicht die Schutzschwelle im Urheberrecht erreicht, aber in den Kreislauf der Investition und Vermarktung gerät? Wann beginnt der Schutz und wann ist er ausgeschlossen? Die Schutzschwelle im Urheberrecht durch die Gerichte abzusenken, wäre ein kultureller Irrweg und ein zu großer Spielraum für Banalitäten von Medienprodukten. Eine Einschränkung des Wettbewerbs wäre möglicherweise die Folge. Es wäre auch zu hinterfragen, ob die nicht urheberrechtlich geschützten Medienprodukte zum Vermögen gehören und damit zum Eigentum nach Art 14 Abs 1 GG. Gehören zB Kunstwerke, die nicht die Schutzschwelle des § 2 Abs 2 UrhG erreichen, zum Vermögen des Schöpfers bzw des Unternehmens? Ist nicht mit einem Herauswachsen von Schutzgegenständen aus dem Immaterialgüterrecht der Bereich des geistigen Eigentums zu erweitern? Dies ist eine Frage, die nicht nur das nationale Recht betrifft. Es wird verstärkt die Frage aufgeworfen, wie die geistigen Leistungen rechtlich zu schützen sind, die **das Kulturgut** von Volksgruppen oder das sog „traditionelle Wissen" darstellen und Vermarktungsstrategien unterliegen. So spielen die unterschiedlichen Ausdrucksformen in der Folklore eine bedeutende Rolle, die zum geistigen **Gemeineigentum** gehören sollen.[521] Soweit kein urheberrechtlicher (zB Bearbeitung), wettbewerbsrechtlicher oder markenrechtlicher Schutz in Frage kommt, wird ein Rechtsschutz sui generis vorgeschlagen, wobei das Deliktsrecht[522] oder ein Verfügungsrecht der Gruppe favorisiert wird.[523]

4. Know-how-Schutz

133 Auch andere Erscheinungen der Warenwelt der Medienprodukte werfen Fragen des Schutzes auf. Es ist schwierig, den Schutz von Know-how rechtlich einzuordnen.[524] Der Know-how-Schutz erfasst ohne Beschränkung von Gestalt und Umfang Kenntnisse, Erfahrungen und Informationen aller Art.[525] Auch hier haben wir es mit einem Herauswachsen von Schutzgegenständen aus dem Kanon der gewerblichen Schutzrechte zu tun. Ob ein Know-how-Schutz zum gewerblichen Rechtsschutz gehört, mag dahinstehen. Jedenfalls hat der Know-how-Inhaber ein faktisches Monopol, wobei er bei zufällig inhaltsgleichen Information diese nur sperren kann, wenn schutzrechtsgeeignete erfinderische, ästhetische, kennzeichnungsrelevante oder pflanzengenetische Informationen vorliegen.[526] Der **Know-how-Vertrag** spielt jedenfalls in der Praxis eine bedeutende Rolle.[527] Es könnte auch ein Schutzrecht sui generis sein.[528] Im US-amerikanischen Recht des geistigen Eigentums wird neben dem Urheberrecht, dem Patentrecht und dem Markenrecht auch der Schutz von Geschäftsgeheimnissen (trade secret law) geregelt.[529] Entscheidend ist die Frage, ob es ein rechtliches Instru-

---

521 Buscher/Stoll/*Stoll* TRIPs Einl Rn 37; Ohly/
Bodewig/Dreier/Götting/Haedicke/Lehmann/
Fikentscher 3 ff; *Siegrist/Dreier* 189 – Dreier
schlägt eine kollektive Rechtsträgerschaft vor.
522 Ohly/Bodewig/Dreier/Götting/Haedicke/
Lehmann/*Fikentscher* 5.
523 Buscher/Stoll/*Stoll* TRIPs Einl Rn 37.
524 *Bullinger/Czychowski* GRUR 2011, 19, 20;
Ann GRUR 2007, 39 ff.

525 *Westermann* 2.
526 *Westermann* 3.
527 Bartenbach/*Gennen* Rn 2530 ff; *Westermann* 80.
528 *Cornish/Llewelyn* Chap 1 Rn 1–10.
529 *Schmolke* GRUR Int 2007, 34.

mentarium gibt, das den Schutz von Informationen einschließt. Da der Know-how-Schutz nur gegen die unlautere Offenbarung von Informationen besteht, die den **Geheimnisschutz** betreffen, erlischt der Schutz von Informationen, wenn die Information in lauterer Weise bekannt gemacht wurde. Der Schutzgegenstand wird auch von Art 39 TRIPs geregelt, wobei von wirtschaftlich wertvollen Informationen ausgegangen wird.[530] Der Know-how-Schutz wird zu Recht vom System der „**property rights**" erfasst[531] und ist insofern sehr wohl dem geistigen Eigentum zuzurechnen und nach Art 14 Abs 1 GG zu schützen.[532] Neben dem wettbewerbsrechtlichen Schutz[533] und § 823 Abs 2 iVm dem UWG sowie § 823 Abs 1 BGB (Eingriff in den eingerichteten und ausgeübten Gewerbebetrieb) werden know-how-geschützte Informationen als „sonstiges" von § 823 Abs 1 BGB geschütztes Recht erfasst.[534] Ein Verlag könnte gegen denjenigen vorgehen, der Testseiten in Kurzform zusammenfasst, die zB Testergebnisse von Software als Computerspiele und Hardware wiedergeben. Eine derartige Kurzform der Testergebnisse, die möglicherweise nicht urheberrechtlich geschützt sind, würde eine unlautere Leistungsübernahme bedeuten. Ist dieses Recht des Unternehmens ein **absolutes oder relatives Recht**? Gegen ein absolutes Recht spricht das Wesen des Know-how-Schutzes, weil nicht der schöpferische Schutzgegenstand mit seinem Zuweisungsgehalt und seiner Ausschlusswirkung entscheidend ist[535] – wie bei den gewerblichen Schutzrechten und dem Urheberrecht –, sondern die Information als solche ist für das Unternehmen wirtschaftlich wertvoll. Art 39 TRIPs wurde als relatives Schutzrecht ausgestaltet, wonach der Nachweis der Unlauterkeit des Verletzerverhaltens für nicht offenbarte Informationen dem Verwertungsverbot[536] zu Grunde liegt. Als Vermögensrecht des Unternehmens[537] ist der Know-how-Schutz eine weitere Möglichkeit, Informationen zu verwerten und daraus property rights abzuleiten. Aber nicht in jedem Fall sind geschäftliche und technische Informationen ein Vermögenswert.[538] Generell wird man davon ausgehen können, dass dann, wenn das Unternehmen vorgefundene Informationen, kulturelle Leistungen, gemeinfreie Werke ua Formgebungen in Medienprodukten einfließen lässt, ein Schutz sui generis möglich sein sollte. Ein Mindestmaß an Leistung des Unternehmens müsste vorliegen. Eine schlichte Adressenliste, die jederzeit ohne großen Aufwand erstellt wird, kann nicht vom Know-how-Schutz erfasst werden.[539] Dieses Leistungsschutzrecht wäre ein Investitionsschutzrecht,[540] welches das System des geistigen Eigentums erweitern würde. Zum Schutz **der Computersoftware und der Datenbanken** wäre ein derartiges Leistungsschutzrecht besser gewesen als die Aufnahme derselben in das Urheberrecht.[541] Die Forderung nach Ausdehnung der Leistungsschutzrechte könnte dort berechtigt sein, wo ein ausreichender Schutz durch das Wettbewerbsrecht fehlt.[542]

---

530 Busche/Stoll/*Peter* TRIPs Rn 8; *Schmolke* 41.
531 Busche/Stoll/*Peter* TRIPs Art 39 Rn 3; *Schäfer/Ott* 98.
532 *Ann* GRUR 2007, 42; aA *Schäfer/Ott* 100 – sie lehnen den Begriff Eigentum für die property rights ab.
533 *Harte-Bavedamm/Henning-Bodewig* § 17 UWG Rn 44; *Grunewald* WRP 2007, 1309.
534 *Westermann* 116.

535 *Ann* GRUR 2007, 43 mwN.
536 Busche/Stoll/*Peter* TRIPs Art 9 Rn 9.
537 *Grunewald* WRP 2007, 1307.
538 *Westermann* GRUR 2007, 116, 117.
539 BGH GRUR 2006, 1044 – Kundendatenprogramm.
540 Ahrens/Bornkamm/Kunz-Hallstein/*Hilty* 666.
541 *Peifer* UFITA 2007/II, 354.
542 *Schack* Rn 82.

IV. Recht der Medien

1. Prozessbezogene Verhaltenssteuerung

134   Die zunehmende Bedeutung des Rechts der Medien hängt mit den modernen Massenmedien zusammen[543] und mit deren zunehmender wirtschaftlichen Bedeutung in einer kapitalorientierten Produktionsweise im 21. Jahrhundert. Die **modernen Medien** verschärfen den Konflikt zwischen den sich neu herausgebildeten Produktivkräften und die in den Rechtsverhältnissen zum Ausdruck gebrachte Kulturstufe der Produktions- und Reproduktionsverhältnisse.

135   Mit den Informations- und Kommunikationstechnologien wird nicht nur das Wesen der Produktionsweise in Frage gestellt, sondern **alle gesellschaftlichen Lebensverhältnisse** werden durch die technologische Revolution umgewälzt.

136   Das **Recht der Medien** oder Medienrecht ist zwar in aller Munde, aber die entscheidende Frage, ob es sich um ein Rechtsgebiet handelt, das inhaltliche Maßstäbe und Zielsetzungen hat, wird nur teilweise beantwortet.[544] Welches sind aber die sachlichen Zusammenhänge, die dem Recht der Medien das Gepräge geben? Hat es **Maßstäbe und Funktionen**, die auf einen einheitlichen Regelungskomplex hinweisen, gleichsam den roten Faden des Medienrechts zum Ausdruck bringen?[545] Die **rechtstheoretischen und -systematischen Ansätze** sind sehr verschieden. Ein gemeinsamer Bezugspunkt der rechtlichen Ordnung der Medien wird im Phänomen **der Massenkommunikation** gesehen, in der die Öffentlichkeit und ein anonymes Publikum angesprochen werden.[546] Da aber die Massenkommunikation nicht mehr nur durch die klassischen Medien (Presse und Rundfunk) bestimmt werden, mag dies nicht überzeugen. Durch die **Konvergenz** der technischen Medienträger (Mobiltelefon, Computer etc), die in einem Gerät mehrere Medien multifunktionell einsetzen können, ist die Massenkommunikation **nicht mehr auf die klassischen Massenmedien (zB Rundfunk, Presse, Film)** zu reduzieren. Der Nutzer kann zB mit einem Mobiltelefon Musik hören, Filme herunterladen, fotografieren uvm. Entscheidend ist aber, dass der Nutzer **interaktiv** die Programme, die er für bedeutsam hält, selbst bestimmen kann. Der Nutzer kann Zuhörer, Zuschauer, Spieler und Produzent in einem Prozess sein. Die klassischen Medien bekommen das mit dem Internet zu spüren. Jeder kann jeden manipulieren. Die Grenzen zwischen der **Individual- und Massenkommunikation** werden immer durchlässiger.[547] Das Internet ist ein individuelles Kommunikationsmittel und ein Massenkommunikationsmittel. Der Empfänger, Rezipient oder Adressat entscheidet zunehmend über den Inhalt. Er ist nicht in der passiven Situation, sondern aktiv im Kommunikationsprozess. Die Verletzung des Rechts im Internet durch entsprechende Software ist darin eingeschlossen. Mit der **Recording-Software** – ähnlich wie die vormals vielgenutzte **Peer-to-Peer-Fileshering-Software** – kann zB Musik aus **Internetradios** aufgenommen werden.[548] Durch das **Internet** ist diese Form der Massenkommunikation aller mit allen erst möglich geworden. Unabhängig davon, ob eine Massen- oder Individualkommunikation vorliegt, ist der prägende Grundgedanke eines möglichen Rechts der Medien als eigenständiges Rechtsgebiet das Verhalten der

---

[543] AA *Beater* Rn 8; *Petersen* § 1 Rn 1.
[544] *Beater* JZ 2005, 822; *Fechner* Medienrecht Kap 1 Rn 3.
[545] *Beater* JZ 2005, 826.
[546] *Beater* Rn 898; er schließt die Individual-

kommunikation als Gegenstand des Medienrechts aus; *Paschke* ZUM 1990, 209, 212; *Funke* 148; aA *Petersen* § 1 Rn 16.
[547] *Huber* ZUM 2010, 201, 207.
[548] *Von Zimmermann* MMR 2007, 558.

Unternehmer untereinander und zwischen Unternehmen und Nutzern in Bezug auf Medienprodukte, die produziert, verteilt, ausgetauscht und konsumiert werden.

Aufgabe der Unternehmen ist es in erster Linie zur **Meinungsbildung** beizutragen und nach Regeln zu handeln, die das **Wettbewerbsrecht**und andere Rechtsgebiete vorschreiben.[549] Insofern kann das **Recht der Medien auch als Unternehmensrecht** bezeichnet werden, das aber weiter gefasst werden sollte als das Recht der Unternehmen im Bereich der Presse, des Rundfunks und der Telemedien.[550] Das Hauptgeschäft der Unternehmen ist es, Informationen zu erlangen, zu verarbeiten und als Medienprodukt zu veröffentlichen, zu verbreiten bzw zu vermarkten. Die Informationen bilden gewissermaßen den Rohstoff für das Produkt, zB für die Zeitung oder für ein Rundfunkprogramm.[551] Von zentraler Bedeutung sind dabei die sog **Kommunikationsgrundrechte und das allgemeine Persönlichkeitsrecht**. Die Betroffenen können sich gegen staatliche Eingriffe wehren.[552] Dabei handelt es sich insb um den Schutz personenbezogener Daten, die im Focus der Online-Untersuchungen stehen. Es sind in erster Linie Normen, die nicht den Grundsatz der Verhältnismäßigkeit der verschieden Rechtsgüter wahren.[553] Im Interesse des Datenschutzes ist auch die Löschung von Telekommunikations-Verkehrsdaten nach Ende der Verbindung vorzunehmen.[554] Das BVerfG hat ausdrücklich darauf hingewiesen, dass eine sechsmonatige, vorsorgliche anlasslose Speicherung von Telekommunikationsverkehrsdaten nicht mit dem Grundrecht auf Telekommunikationsfreiheit gem Art 10 Abs 1 GG unvereinbar ist.[555]

137

2. Rechtlicher Schutz der Medienprodukte

Da die Medienprodukte unterschiedliche Erscheinungsformen der geistigen Produktion aufweisen (zB Produkte der Wissenschafts-, Literatur- und Kunstproduktion sowie Datenproduktion), sind auch unterschiedliche rechtliche Zuordnungen und Bewertungen der Medienprodukte erforderlich. Es muss ein Unterschied gemacht werden, ob die Information einen rechtlichen Schutz genießt oder nicht. Zunächst wird man davon ausgehen können, dass die **Information als Zeichen** keinen rechtlichen Schutz genießt, sondern gemeinfrei ist.[556] Umgekehrt findet in der geistigen Produktion ein Prozess des Produzierens von Informationen statt, der einen rechtlichen Schutz erforderlich macht. Sie werfen neue Fragen des Systems des geistigen Eigentums auf, das durch die Informations- und Kommunikationstechnologie möglicherweise neu bestimmt werden muss.

138

Die Veränderungen der digitalen Welt haben auch Anforderungen an das Verhalten der Unternehmer und der Verbraucher hervorgebracht. Seit jeher ist es Aufgabe des Rechts, den **technologischen Herausforderungen** und Neuerungen zu entsprechen. Schon die Erfindung des Buchdrucks hatte die wirtschaftlichen Verhältnisse radikal verändert. Neben den technischen Erfindungen in der Industrieproduktion war es vor allem die Literatur-, Kunst- und Wissenschaftsproduktion, die von den Errungen-

139

---

[549] Dazu gehören auch Meinungsäußerungen in einem kommerziellen Kontext und Wirtschaftswerbung, wenn sie einen wertenden, auf Meinungsbildung gerichteten Inhalt verkörpern (BVerfG GRUR 2008, 81).
[550] *Beater* Rn 8.
[551] *Beater* Rn 10; *Beater* JZ 2005, 823; er sieht vor allem das Medienrecht als Sonderunternehmensrecht der Massenmedien.

[552] *Fechner* Medienrecht Rn 58.
[553] BVerfG NJW 2008, 822, 829.
[554] BVerfG NJW 2007, 3051, 3055.
[555] BVerfG NJW 2010, 833 – Vorratsdatenspeicherung.
[556] *Beater* JZ 2005, 824.

schaften der Technik profitiert haben. Es wäre aber ein Trugschluss anzunehmen, dass die **Informations- und Kommunikationstechnologie** des 21. Jahrhunderts vollständig neue rechtliche Grundsätze hervorbringt. So wie die technologische Revolution unter ganz bestimmten ökonomischen, kulturellen und politischen Bedingungen entstehen konnte, ist der **Reifegrad der rechtlichen Wirklichkeit** und der Wirkung des Rechts davon wiederum abhängig. Nicht die Technik produziert das Recht, und umgekehrt produziert nicht das Recht die Technik. Technologische Wunder können, müssen aber nicht unbedingt positive Wirkungen auf die Rechtsentwicklung erzielen. Die Kommunikationsprozesse mit Hilfe des Internets und der Digitalisierung sowie die **Rechtsgestaltung** sind zwei Seiten eines dialektischen Gesamtprozesses. Deshalb sind Auffassungen ernst zu nehmen, dass sich zB das Urheberrecht in der Auflösung befindet, weil es mit den herkömmlichen Gestaltungsinstrumenten nicht für die „**Access-Welt**" geschaffen ist.[557] Die Konflikte zwischen den Verwertern, den Schöpfern und den Nutzern werden sich sicherlich weiter verschärfen, vor allem dann, wenn die rechtspolitische Vorstellung darin besteht, eine liberale **Wirtschaftskonzeption** durchzusetzen und den entfesselten Marktkräften die Regeln bestimmen zu lassen. Den freien Zugang zu Informationen in einer **Ware-Geld-Welt** zu postulieren, entspricht nicht der Realität. Diesen Konflikt mit Hilfe von technischen Schutzmaßnahmen (DRM) im Interesse der **Medienindustrie** zu lösen, wird nicht möglich sein, wenn dadurch die Privatkopie oder andere Schrankenregelungen ausgehebelt werden.[558] Ob die Content-**Flatrate** der richtige, zukunftsweisende Weg ist, bleibt abzuwarten.[559]

3. Freier Zugang zu den Medienprodukten

140 Der freie Zugang zu Medienprodukten ist im Kern mit der Informationsfreiheit nach Art 5 Abs 1 S 1 Halbs 2 GG vergleichbar. Die hier bezeichneten Medienprodukte sind Informationsquellen, die allgemein zugänglich sein müssen, dh, wenn der **Informationsträger** technisch geeignet und bestimmt ist, der Allgemeinheit Informationen zu verschaffen.[560] Die Allgemeinheit und nicht ein bestimmbarer Personenkreis ist von der **Informationsfreiheit** erfasst. Dies gilt vor allem für die Massenkommunikationsmittel wie Zeitung, Hörfunk, Fernsehen, Film uvm.[561] Was privat und an einzelne adressiert ist, fällt nicht unter das Grundrecht der Informationsfreiheit. Da die Informationsfreiheit Grundlage für die freie Meinungsbildung ist, wird die **Informationsbeschaffung, -aufbereitung und die -speicherung** unter den Bedingungen neuer Informations- und Kommunikationstechnologien immer bedeutender. Das Grundrecht auf freien Zugang von Informationen bedeutet nicht, dass ein Anspruch auf kostenlose Unterrichtung besteht.[562] Eine Zeitung ist als Medienprodukt eine Informationsquelle, die idR nur gegen ein Entgelt erwerbbar ist. Sie ist allgemein zugänglich. Hiervon ist die unentgeltliche oder entgeltliche Nutzung von geschützten immateriellen Gütern als Medienprodukten zu unterscheiden. Jedermann kann ein geschütztes Werk zum privaten Gebrauch vervielfältigen, ohne für diesen Vorgang etwas zu bezahlen. Damit der Vervielfältigungsvorgang erfolgen kann, ist ein entsprechendes Gerät, zB ein PC, erforderlich, das der Verbraucher gekauft hat. Hat ein Künstler sein Werk ins Internet zum unentgeltlichen Downloaden angeboten, ist auch dies möglich, soweit keine **kommerziellen Zwecke** des privaten Nutzers bestehen. Die verschiedenen

---

[557] *Heinz* 1 mwN.
[558] *Heinz* 29 f.
[559] *Runge* GRUR Int 2007, 130, 135.

[560] BVerfGE 33, 52, 65; BVerfGE 90, 27, 32.
[561] BVerfGE 90, 27, 32.
[562] BVerfGE 29, 214, 218.

Artur-Axel Wandtke

Vergütungsmodelle im Zusammenhang mit der Nutzung von Medienprodukten sind dabei zu berücksichtigen. Ob bei der **Online-Nutzung** die Individual (DRM)- oder Pauschalvergütung der richtige Weg ist, wird die Zukunft zeigen. Hierbei werden aus der Sicht des Schutzes der Kreativen die **Verwertungsgesellschaften** bei der Online-Nutzung eine entscheidende Rolle spielen. Es wäre aber rechtspolitisch ein Irrweg, die Verwertungsgesellschaften mit wettbewerbsrechtlichen Monopolen zu vergleichen und die Harmonisierung des Rechts derselben in der EU nur unter dem Aspekt der Musik zu betrachten.[563] Die Veränderungen, die durch die Informations- und Kommunikationstechnologie entstanden sind, haben Auswirkungen auf das Recht. Es zeigt, wie verkrustet **Rechtsstrukturen** sein können, wenn nicht das Recht und dessen **Gesetzgeber** auf die neuen technischen Herausforderungen reagiert. Natürlich werden die **Produktions-, Zirkulations-, Distributions- und Konsumtionsverhältnisse** durch die Informations- und Kommunikationstechnologie verändert, aber sie sind nur Hilfsmittel, Mittel zum Zweck, aber nicht Zweck und Ziel selbst. Sie mögen die Speicherung, Strukturierung und Vermittlung von Informationen erleichtern, beschleunigen und potenzieren, aber ohne menschliche Vernunft und Sinnzuweisung bleiben sie tot, dumm und bedeutungslos.[564] Da das **Recht** selbst eine Fülle von Informationen enthält und Teil der geistigen Produktion ist, sind dessen Ziele zu formulieren, um den neuen Herausforderungen der technologischen Revolution Rechnung tragen zu können.

141 Das Recht als Steuerungs- und Gestaltungsinstrument muss deshalb das Verhalten der Menschen regeln, dh das Verhalten der Betroffenen in Bezug auf Medienprodukte. Das ist keine technische, sondern **rechtspolitische Aufgabe des Gesetzgebers.**

142 **Die Produktion von Recht** als bestimmtes Gebiet innerhalb der geistigen Produktion hat in jeder Epoche ein kulturelles, soziales, wissenschaftliches und ökonomisches **Informationsmaterial** zur Verfügung, das von seinen Vorgängern überliefert wurde und wovon auszugehen ist. Die Technik schafft nichts a novo, sie bestimmt aber die Art und Weise der Produktion, Distribution, Zirkulation und Konsumtion der Medienprodukte.

4. Harmonisierung des nationalen Rechts der Medien

143 Recht der Medien meint eine **prozessbezogene Einwirkung** auf das Verhalten der Beteiligten im Umgang mit immateriellen Gütern als Medienprodukte. Ein Bildnis kann zB für die Werbung **wettbewerbs-, persönlichkeits-, urheber- und markenrechtlich** relevant sein. Die geltenden Gesetze, die direkt oder indirekt auf Medienprodukte hinweisen, dienen unterschiedlichen Zwecken und sind **im öffentlichen Recht und Privatrecht** angesiedelt. In dem Maße, wie sich die verschiedenen Medien (zB Rundfunk und Presse) durch die technologische Entwicklung angleichen, wird es immer dringender, einen übergreifenden Ordnungsrahmen der Regulierung zu schaffen.[565]

144 Dabei erweist sich der Föderalismus in Deutschland teilweise als Hemmschuh. So wäre es angebracht, die **16 Pressegesetze und Mediengesetze der Länder** zu harmonisieren und ein bundesdeutsches Mediengesetz mit den entsprechenden Grundsätzen zu gestalten. Dort, wo einheitliche Rechtsinstitute in verschiedenen Gesetzen vorhanden

---

[563] Berechtigte Kritik an der Empfehlung über die kollektive Verwertung von Online-Rechten der Musik vom 18.10.2005; Hilty/Geiger/*Drexl* 369.

[564] Delp/*Kübler* 328; Büscher/Dittmer/Schiwy/ *Schiwy* 2. Teil Kap 1 Rn 1.
[565] Limper/Musiol/*Musiol* Kap 1 Rn 1; *Mückl* JZ 2007, 1083.

sind, ergibt sich zwangsläufig das Bedürfnis nach einer nationalen **Harmonisierung des Rechts**, wie dies bereits mit den Mediengesetzen im Saarland und in Rheinland-Pfalz geschehen ist.[566] Mit dem Mediengesetz in Österreich wird ebenfalls der Versuch einer Harmonisierung wichtiger medienrechtlicher Tatbestände unternommen, die als Vorbild nicht nur für das Presserecht gelten könnten.[567]

145 In diese Richtung ist auch das **Telemediengesetz** vom 26.2.2007[568] zur Vereinheitlichung von Vorschriften über bestimmte elektronische Informations- und Kommunikationsdienste zu bewerten,[569] wobei vor allem die Verantwortlichkeitsregeln und die Auskunftspflicht praktische Probleme bereiten werden, weil häufig die Plattform-Betreiber nicht in Deutschland ansässig sind.[570] Ebenso unterliegen die Dienstanbieter (Provider) dem Haftungsprivileg nach § 7 Abs 2 S 2 TMG. Der rechtspolitische und dogmatische Streit erfasst die Abgrenzung zwischen Störerhaftung und Täterschaft. Dabei spielen die Begriffe, wie die Prüfungspflichten, die Zumutbarkeit und die positive Kenntnis, eine bedeutende Rolle.[571] Bund und Länder haben sich auf die Eckpunkte der neuen Medienordnung geeinigt und in Umsetzung der **E-Commerce-Richtlinie** ein weites Feld der Abruf- und Verteildienste – elektronisch – geschaffen.[572] Aufgrund der notwendigen Anpassungen an das Telemediengesetz musste auch der Rundfunkstaatsvertrag geändert werden, der am 1.4.2010 als 13. Rundfunkstaatsvertrag in Kraft getreten ist.

146 Als problematisch erweist sich das **duale Rundfunksystem** zwischen privaten Medienunternehmen und öffentlich-rechtlichen Rundfunkanstalten.[573] Während der Gesetzgeber für den privaten Rundfunk im Wesentlichen auf Marktprozesse vertraut, werden für den öffentlich-rechtlichen Rundfunk besondere normative Anforderungen an das Programmangebot gestellt. Die **klassische Funktion des öffentlich-rechtlichen Rundfunks** beinhaltet die Sicherstellung der **Grundversorgung**, wonach der öffentlich-rechtliche Rundfunk für die Gesamtheit der Bevölkerung Programme anbietet, die sie umfassend und in voller Breite informiert und die Meinungsvielfalt in der verfassungsrechtlich gebotenen Weise sichert.[574] Damit diese Funktion durchgesetzt werden kann, muss der Gesetzgeber für eine angemessene finanzielle Ausstattung sorgen. Mit Wirkung zum 1.1.2007 ist die Pflicht zur Zahlung einer Rundfunkgebühr auch für internetfähige Computer und Mobiltelefone in § 1 Abs 1 RGebStV geregelt worden.[575] Ob die Finanzierung des öffentlich-rechtlichen Rundfunks weitgehend vom Markt abgekoppelt werden kann, um die Vielfalt des Programms unabhängig von Einschaltquoten und Werbeaufträgen zu sichern,[576] ist ernsthaft zu bezweifeln.[577] Die Kommerzialisierung der Programme des öffentlich-rechtlichen Rundfunks ist nicht aufzuhalten. Die **Finanzierung** des öffentlich-rechtlichen Rundfunks durch Werbeeinnahmen spiegelt diesen Prozess wider.[578] Die **Aufhebung der Werbefreiheit** im öffent-

---

566 *Mückl* JZ 2007, 1084.
567 *Zöchbauer* Mediengesetz IX.
568 BGBl I S 179; zuletzt geändert am 14.8.2009, BGBl I S 2814.
569 *Mückl* JZ 2007, 1084.
570 Krit Einschätzung des TMG von *Hoeren* NJW 2007, 805; *Spindler* CR 2007, 239; *Fülbier* CR 2007, 515.
571 BGH ZUM 2011, 239, 241; BGHZ 158, 236, 251; BGHZ 172, 119, 131 f; BGH ZUM 2007, 533, 534; siehe auch die Anmerkung von *Schmelz* zu der Entscheidung des BGH ZUM 2007, 535 f.

572 *Bender/Kahlen* MMR 2006, 590.
573 Jacobs/Papier/Schuster/*Kunig* 195; BVerfG ZUM-RD 2008, 281, 287.
574 BVerfG ZUM-RD 2008, 281, 287; BVerfGE 74, 297, 325.
575 Best durch das BVerfG ZUM 2007, 712, 722; BVerfG ZUM 2008, 592.
576 BVerfG ZUM 2007, 712, 722.
577 *Ory* AfP 2007, 401, 406.
578 So kann das ZDF seine Ausgaben neben der Fernsehgebühr auch durch Erträge aus der Werbung decken; siehe § 29 ZDF-StV.

lich-rechtlichen Rundfunk wäre ein Weg gegen die Kommerzialisierung der Programmgestaltung und ein Vorteil für deren Unabhängigkeit.

Ein weiterer Schritt zur Beseitigung von **Markthindernissen** ist die Harmonisierung **147** des Rechts der Medien durch die Richtlinienpolitik der EG, um einen reibungslosen Zugang von Medienprodukten und deren Nutzung sowie die Meinungsvielfalt gegen eine vorherrschende Meinungsmacht zu gewährleisten.[579] Dazu gehören auch die wettbewerbs- und kartellrechtlichen Schutzmechanismen auf dem **Telekommunikations- und Medienmarkt.**[580]

---

[579] *Noske* ZRP 2007, 65.
[580] *Bretschneider* WRP 2008, 761, 763.

Kapitel 2
Die Entwicklung des Medienrechts als Disziplin

Literatur

Bamberger Einführung in das Medienrecht, Darmstadt 1986; *von Bar* Verkehrspflichten – Richterliche Gefahrsteuerungsgebote im deutschen Deliktsrecht, Köln 1980; *Beater* Medienrecht als eigenständiges Rechtsgebiet JZ 2005, 822; *Beckmann/Hoppe* Grundfragen des Umweltrechts JuS 1978, 425; *Beucher/Leyendecker/von Rosenberg* Mediengesetze, München 1999; *Berlit/ Meyer/Paschke* Hamburger Kommentar zum gesamten Medienrecht, Baden-Baden 2008; *Branahl* Medienrecht: Eine Einführung, 5. Aufl Wiesbaden 2006; *Canaris* Systemdenken und Systembegriff in der Jurisprudenz, 2. Aufl Berlin 1983; *Castendyk/Dommering/Scheuer* European Media Law, Kluwer Law International 2008 (zit Castendyk/Dommering/Scheuer/*Bearbeiter*); *Dörr* Buchbesprechung GRUR 2002, 141; *Dörr/Schwartmann* Medienrecht, 2. Aufl Köln 2008; *Dreier/Badura* (Hrsg) Festschrift für das Bundesverfassungsgericht, Bd 2 – Klärung und Fortbildung des Verfassungsrechts, Tübingen 2001 (zit Dreier/Badura/*Bearbeiter*); *Engels* Der Trennungsgrundsatz in der dualen Rundfunkordnung. Rechtlicher Gehalt und tatsächliche Durchsetzung durch die Landesmedienanstalten RuF 1997, 214; *Europäische Kommission* Grünbuch zur Konvergenz der Branchen Telekommunikation, Medien und Informationstechnologie und ihren ordnungspolitischen Auswirkungen, Brüssel 1997; *Faulstich* Medientheorien: Einführung und Überblick, Göttingen 1991; *Flume* Allgemeiner Teil des Bürgerlichen Rechts, Zweiter Band: Das Rechtsgeschäft, 4. Aufl Berlin 1992; *Fuhr/Rudolf/Wasserburg* Recht der neuen Medien, Heidelberg 1989; *Géczy-Sparwasser* Die Gesetzgebungsgeschichte des Internet, Berlin 2003; *Gounalakis* Konvergenz der Medien – Sollte das Recht der Medien harmonisiert werden? Gutachten C für den 64. Deutschen Juristentag, München 2002; *ders* Regulierung von Presse, Rundfunk und elektronischen Diensten in der künftigen Medienordnung ZUM 2003, 180; *Grampp/Seifert* Die Ordnungen der Medientheorien. Eine Einführung in die Einführungsliteratur in www.literaturkritik.de (literaturkritik.de/public/rezension.php?rez_id=7502&ausgabe= 2004 10, zuletzt abgefragt am 20. Mai 2008); *Hahn/Vesting* (Hrsg) Beck'scher Kommentar zum Rundfunkrecht, 2. Aufl München 2003; *Hartstein/Ring/Kreile/Dörr/Stettner* Rundfunkstaatsvertrag – Loseblattsammlung, 49. Aktualisierung, Heidelberg, München, Landsberg, Berlin Stand September 2010; *Hesse* Rundfunkrecht, 3. Aufl München 2003; *Hoffmann-Riem* Kommunikationsfreiheiten, Baden-Baden/Hamburg 2002; *Holznagel* Konvergenz der Medien – Herausforderungen an das Recht NJW 2002, 2351; *Knothe* Konvergenz und Medien aus nationaler Sicht K&R 1998, 95; *Koch/Rüßmann* Juristische Begründungslehre, München 1982; *Kötz/Wagner* Deliktsrecht, 10. Aufl München 2006; *Larenz/Canaris* Methodenlehre der Rechtswissenschaft, 3. Aufl Berlin, Heidelberg 1995; *Lecheler* Einführung in das Medienrecht JURA 1998, 225; *Luhmann* Rechtssystem und Rechtsdogmatik, Stuttgart, Berlin, Köln, Mainz 1974; *von Olenhusen* Handbuch des Medienrechts. Versorgungsrecht einschließlich Künstlersozialversicherungsgesetz (KSVG), Freiburg 1988; *Paschke* Medienrecht – Disziplinbildende Sinneinheit übergreifender Rechtsgrundsätze oder Chimäre? ZUM 1990, 209; *ders* Medienrecht, 2. Aufl Berlin, Heidelberg, New York 2007; *Petersen* Medienrecht, 5. Aufl 2010; *Platho* Werbung, nichts als Werbung und wo bleibt der Trennungsgrundsatz? ZUM 2000, 46; *Radlsbeck* Online-Magazine – rechtliche Würdigung von journalistisch redaktionell gestalteten Abrufdiensten, Berlin 2004; *Rebmann/Säcker/Rixecker* (Hrsg) Münchener Kommentar zum Bürgerlichen Gesetzbuch 5. Aufl München 2006; *Rehbock* Medien- und Presserecht, München 2005; *Reinemann* DVB-H, DMB und die interaktive Fernbedienung – Ist der Rundfunkbegriff den neusten technischen Entwicklungen gewachsen? ZUM 2006, 523; *Rossen-Stadtfeld* Medienaufsicht unter Konvergenzbedingungen ZUM 2000, 36;

Rüthers Rechtstheorie, München 1999; *Ruijsenaars* Zur Vermarktung der Titel mit Fernsehprogrammen ZUM 1993, 353; *Schiwy/Schütz/Dörr* (Hrsg) Medienrecht: Lexikon für Praxis und Wissenschaft, 4. Aufl Köln 2006; *Schoch* Konvergenz der Medien – Sollte das Recht der Medien harmonisiert werden? JZ 2002, 798; *Stammler* Paradigmenwechsel im Medienrecht ZUM 1995, 104; *Steiger* Umweltrecht – Ein eigenständiges Rechtsgebiet? AöR 117, 100; *Tilch* (Hrsg) Münchener Rechtslexikon, 2. Aufl München 1992 (zit Tilch/*Bearbeiter*); *Umbach/Clemens* (Hrsg) Grundgesetz – Mitarbeiterkommentar und Handbuch, Bd I, Heidelberg 2002; *Waldenberger/Hoß* Das Recht der elektronischen Presse AfP 2000, 237; *von Welser* Anmerkung zum EuGH Urteil Peek & Cloppenburg vs Cassina GRUR Int 2008, 596.

§ 1
Die Entwicklung des Medienrechts

1   Anfang der 80er Jahre gab es noch kein Medienrecht. Es gab das Rundfunkrecht, das Presserecht, das Äußerungsrecht, das Filmrecht, aber keinen gemeinsamen Oberbegriff.[1] Es war die Zeit, als es nur drei TV-Programme gab, eine vergleichsweise überschaubare überregionale Presselandschaft und weder Internet noch Mobiltelefone mit Internetzugang und Rundfunkempfangsmöglichkeit. Dies sollte sich bald ändern. Mitte der 80er Jahre, etwa zu der Zeit als privates Fernsehen in Deutschland – im Rahmen der neugeschaffenen dogmatischen Figur des „dualen Rundfunksystems"[2] – zugelassen wurde, setzte sich auch der Begriff „Medienrecht" auf breiter Front durch: Er findet Erwähnung in den allgemeinen Rechtslexika, wird Gegenstand einführender Lehrbücher und praxisorientierter Handbücher.[3] Die Zeitschrift, die 28 Jahrgänge „Film und Recht" hieß, firmierte 1985 um in „Zeitschrift für Urheber- und Medienrecht", das ehrwürdige „Archiv für Presserecht" trägt seit 1995 den Untertitel „Zeitschrift für das gesamte Medienrecht". Seitdem hat das Medienrecht eine fast inflationäre Entwicklung genommen. Es sind inzwischen sechs Lehrbücher auf dem Markt, die den Titel „Medienrecht" tragen.[4] Weitere Zeitschriften wie MultiMedia-Recht und Kommunikation & Recht sind hinzugekommen. Gab es Ende der 80er Jahre noch keinen einzigen Kommentar zum Rundfunkstaatsvertrag, sind heute bereits vier auf dem Markt.[5] Die Zahl der einschlägigen Schriftenreihen hat sich verzehnfacht,[6] der Output an Promotionen ist selbst für Fachleute kaum noch zu

---

[1] Tilch/*Wenzel* Stichwort „Medienrecht".

[2] *Hesse* Kap 4 Rn 1 ff, Kap 5 Rn 1 ff.

[3] Vgl zB *von Olenhusen*; *Fuhr/Rudolf/Wasserburg*.

[4] *Beater* Medienrecht; *Branahl* Medienrecht: Eine Einführung; *Dörr/Schwartmann* Medienrecht; *Fechner* Medienrecht; *Paschke* Medienrecht; *Petersen* Medienrecht; *Rehbock* Medien- und Presserecht.

[5] *Berlit/Meyer/Paschke*; *Beucher/Leyendecker/*

von Rosenberg; *Hahn/Vesting*; *Hartstein/Ring/Kreile/Dörr/Stettner*.

[6] ZB Schriftenreihe des Archivs für Urheber- und Medienrecht (UFITA), Schriftenreihe des Instituts für Europäisches Medienrecht (EMR), Schriftenreihe Information und Recht, Schriftenreihe zum Kommunikations- und Medienrecht, Schriftenreihe Medienrecht, Medienproduktion und Medienökonomie, Schriftenreihe des Instituts für Rundfunkrecht an der Univer-

Oliver Castendyk

überblicken. Ein ähnlich exponentielles Wachstum kann man übrigens bei den Medienwissenschaften konstatieren. Bereits 1991 beginnt *Faulstich* seinen Einführungsband „Medientheorien" mit den Worten: „Es scheint an der Zeit, das immer größer gewordene und mittlerweile kaum noch übersichtliche Feld programmatisch-theoretischer Beiträge zum Bereich Medien zu sichern und zu ordnen."[7] Fast zwei Dekaden später ist das medientheoretische Feld noch einmal wesentlich größer und unübersichtlicher geworden als 1991 – so groß, dass es inzwischen schon „Einführungen in die Einführungsliteratur" gibt.[8]

Auch vor der Aus- und Weiterbildung hat die Karriere des Medienrechts nicht haltgemacht. Seit einigen Jahren gibt es, wie ua an den Universitäten Mainz, Münster, Potsdam einen Schwerpunktbereich „Medienrecht" im Studium der Rechtswissenschaften. Zudem werden LL.M.-Studiengänge für Postgraduierte eingeführt, wie etwa der Studiengang Medienrecht in Mainz. In allerjüngster Zeit wurde durch die Bundesrechtsanwaltskammer ein Fachanwalt für Medien- und Urheberrecht eingeführt; der erste Jahrgang hat Ende 2007 die dafür erforderlichen Prüfungen absolviert und darf den entsprechenden Fachanwaltstitel tragen. Zeitlich etwas später als das deutsche, aber ebenso rasant, entwickelt sich das Medienrecht in der Europäischen Union und ihren Mitgliedstaaten.[9] Nur die frühere Zersplitterung der Zuständigkeiten innerhalb der Kommission hat den Blick auf die Tatsache verdunkelt, dass es auch auf europäischer Ebene ein mehr und mehr zusammenwachsendes Medienrecht gibt.[10]

2

§ 2
Das Medienrecht als eigenständiges Rechtsgebiet

Auch wenn sich die Bezeichnung „Medienrecht" inzwischen durchgesetzt hat, bleibt die Frage offen, ob hinter diesem Begriff ein eigenständiges Rechtsgebiet steht. Dies wird in der Literatur unterschiedlich beurteilt.

3

Die Auffassung, wonach das Medienrecht eine eigenständige Disziplin ist, wurde erstmals von *Paschke* entwickelt.[11] Als gemeinsamen und systematischen Bezugspunkt des Medienrechts sieht er die Massenkommunikation. Die Massenmedien erfüllten eine öffentliche Aufgabe und hätten laut BVerfG eine „schlechthin konstituierende Bedeutung für die freiheitlich demokratische Staatsordnung". Medienrecht sei das „Sonderrecht der Massenkommunikation" und es enthalte übereinstimmende Rechtsgrundsätze, die das Rechtsgebiet „Medienrecht" verbinden würden.[12] In ähnliche Richtung geht *Beater*, der das Medienrecht als „Sonderunternehmensrecht der Massenmedien" ansieht.[13] Er stützt sich darauf, dass an Medienunternehmen besondere Anforderungen gestellt würden, zB bei Sorgfalts- und Recherchepflichten, aber auch Privilegien verteilt würden, etwa im Bereich der Informationszugangsrechte.[14] Die

4

---

sität zu Köln, Schriftenreihe Kommunikation und Recht uvm.
[7] *Faulstich* 1.
[8] *Grampp/Seifert.*
[9] Vgl Castendyk/Dommering/Scheuer/*Dommering* Introduction 1 ff.
[10] Ein Großteil der zur Ordnung des Medienrechts erforderlichen Kompetenzen ist in der Kommission seit 2004 bei der Kommissarin

Viviane Reding gebündelt, die für „Informationsgesellschaft und Medien" zuständig ist.
[11] *Paschke* ZUM 1990, 209 ff und später in der ersten Aufl seines Lehrbuchs zum Medienrecht aus dem Jahr 1993.
[12] *Paschke* Rn 15 f.
[13] *Beater* JZ 2005, 822; *Beater* Rn 8.
[14] *Beater* JZ 2005, 822, 823 f.

Medien hätten bestimmte Funktionen in der Massengesellschaft, zB im politischen Diskurs, die durch das Medienrecht reguliert und abgesichert werden müssten.[15] In ähnliche Richtung geht auch *Stammler*, der einen Paradigmenwechsel im Medienrecht fordert – vom Presse- und Rundfunkrecht hin zum allgemeinen Kommunikationsrecht.[16]

5   Nach der Gegenauffassung erschöpft sich das Medienrecht in einer „bloßen Ansammlung von unterschiedlichen Normen" mit einem Bezug zu den Massenmedien.[17] „Medienrecht" wird definiert als die Summe der Rechtsvorschriften, die sich mit „Medien" befassen, vom Strafrecht bis zum Arbeitsrecht.[18] Das Medienrecht befasse sich mit einem „Konglomerat von einzelnen Rechtsnormen" und Lebenssachverhalten.[19] Es sei ein Querschnittsbereich, wie das Autorecht.[20] Mit anderen Worten könnte man diese Meinungsströmung zusammenfassen wie folgt: Der einzige Zusammenhang, den das Medienrecht aufweist, ist der, dass es sich um Rechtsnormen handelt, mit denen sich ein in den Medien arbeitender Rechtsanwalt bzw Justiziar regelmäßig beschäftigen muss.

6   Wie *Beater* zu Recht anmerkt,[21] wird die Gegenauffassung häufig beiläufig vertreten; Gründe für die Auffassung vom Medienrecht als „Sammelsurium" von in der Medienpraxis bedeutsamen Vorschriften und ihrer Interpretation werden kaum genannt. Die lobenswerte Ausnahme von dieser Regel ist *Petersen*, der dieser Fragestellung immerhin das erste Kapitel seines Lehrbuchs widmet.[22]

7   Zunächst macht er – zu Recht – darauf aufmerksam, dass ein Medienbezug im Sachverhalt noch nicht bedeutet, dass es sich um ein medienrechtliches Rechtsproblem handelt.[23] So lasse sich die Frage, unter welchen Voraussetzungen bei einer Internetauktion ein Vertrag zustande komme, mit dem BGB und den allgemeinen Lehren und Prinzipien der Rechtsgeschäftslehre lösen. Es gehe nicht um medienspezifische oder gar medienrechtliche Probleme. Ähnliches gelte für Fernabsatzgeschäfte. Die besondere Regelung in § 312d Abs 1 BGB diene dem Verbraucherschutz; dieses Ziel sei kein genuin medienrechtliches Rechtsschutzziel. *Petersen* ist an dieser Stelle durchaus zuzustimmen. In der Tat verbirgt sich nicht in jeder medialen Verkleidung ein medienrechtliches Rechtsproblem. Seine prägnant formulierte Aussage, wonach jedes Medium neue Rechtsprobleme hervorbringe, die allerdings nicht notwendigerweise medienrechtliche sein müssten, trifft den Kern. Fraglich ist allerdings, ob diese Erkenntnis ein Argument gegen die Existenz des Medienrechts als einem eigenständigen Rechtsgebiet liefert. Mir scheint es eher ein Argument für die andere Position zu sein. Gerade die Meinung, die Medienrecht auf alles ausweitet, was den Medienjuristen interessieren muss, gerät in Gefahr, jede Vorschrift und jede Gerichtsentscheidung mit Medienbezug dem Corpus Iuris des Medienrechts zuzuordnen. Gerade die Befürworter eines „Medienrechts als Disziplin" beschränken das Medienrecht auf bestimmte Aspekte der Regulierung von Massenmedien und sind daher in ihrem Ansatz selektiver.

8   *Petersens* zweite Argumentationslinie geht tiefer und trifft auch aus meiner Sicht den entscheidenden Punkt: Medienrecht als eigenständige Rechtsmaterie setzt aus seiner Sicht voraus, dass es mehr als nur eine „lebensweltliche Erscheinung" ist.[24] In

---

15 *Beater* JZ 2005, 822, 826 f.
16 *Stammler* ZUM 1995, 104, 114.
17 *Petersen* 2. Aufl Rn 11, 14 f; *Dörr* GRUR 2002, 141 ff; *Lecheler* JURA 1998, 225; *Fechner* Rn 5; *Branahl* 13 f; *Bamberger* 23; *Schiwy/Schütz/Dörr* 309.
18 *Lecheler* JURA 1998, 225.

19 *Petersen* Rn 14.
20 *Petersen* 2. Aufl Rn 2, 11.
21 *Beater* JZ 2005, 822, 823.
22 Rn 3 ff.
23 *Petersen* 2. Aufl Rn 2, 11.
24 *Petersen* 2. Aufl Rn 2, 11.

Oliver Castendyk

seiner Kritik stützt er sich auf den Systembegriff von *Canaris*.[25] Danach ist ein eigenständiges Rechtsgebiet gekennzeichnet durch Grundprinzipien, wie das der Privatautonomie im Zivilrecht, den Vorrang und Vorbehalt des Gesetzes im Öffentlichen Recht oder das Schuldprinzip im Strafrecht.[26] Durch ein mit derartigen Prinzipien geknüpftes „System konsistenter Binnenverweisungen" ließen sich „weiterführende Aussagen über nicht unmittelbar gesetzlich geregelte Fragen" treffen. Es ließen sich im Medienrecht, so lautet sein Argument, allenfalls (Leit-)Gesichtspunkte verallgemeinern, „Grundprinzipien des Medienrechts mit gleichsam universeller Geltung" gebe es jedoch nicht.[27]

Zuzustimmen ist *Petersen* in seinem Grundansatz: Zu den Bedingungen, die erfüllt **9** sein müssen, um vom Medienrecht als einem eigenständigen Rechtsgebiet sprechen zu können, gehören in der Tat Grundprinzipien, die Wertungswidersprüche deutlich machen und helfen, Lücken im Recht durch systematische Rechtsfortbildung zu schließen. Hier ist allerdings der Unterschied zur Gegenauffassung gar nicht so groß, denn auch diese verlangt – allerdings methodologisch etwas weniger scharf – gemeinsame „Rechtsgrundsätze"[28] oder besondere „Maßstäbe" für die Medien.[29] Obwohl der methodologische Ansatz von *Petersen* richtig ist, möchte ich ihm aus drei Gründen im Ergebnis nicht zustimmen.

Der erste Grund besteht darin, dass *Petersen* die Latte zu hoch legt. Wenn er **10** Grundprinzipien des Medienrechts von gleichsam universeller Geltung fordert, verlangt er mehr als *Canaris*, auf dessen Systembegriff er sich stützt. In einer scharfsinnigen Analyse zeigt dieser auf, dass Prinzipien im Gegensatz zu Axiomen zueinander in Widerspruch stehen können. Prinzipien würden keinen Anspruch auf ausschließliche Geltung erheben, sondern ergänzten und beschränkten sich gegenseitig.[30] Die vielen Beispiele, die *Canaris* heranzieht, untermauern darüber hinaus seine Auffassung, dass es im Zivilrecht eine Vielzahl von Prinzipien gibt, die einen nur begrenzten Anwendungsbereich aufweisen, etwa nur relevant sind für das Sachenrecht oder die Rechtsgeschäftslehre. Universell geltende Rechtsprinzipien, zu welchen man vielleicht noch die Privatautonomie zählen mag, sind selbst im Zivilrecht selten. Und auch sie sind, wie bereits ausgeführt, nicht universell in dem Sinne, dass sie nicht „in wechselseitiger Ergänzung und Beschränkung"[31] mit anderen Prinzipien und einzelgesetzlichen Wertungen konkurrieren müssten. Im Ergebnis kann daher auch von Grundprinzipien im Medienrecht keine universelle Geltung gefordert werden.

Der zweite Grund liegt in der Tatsache, dass Grundprinzipien des Medienrechts **11** existieren. Ein bekanntes Beispiel ist das Gebot der Neutralität der Medien im Wettbewerb und das Beeinflussungsverbot. Hier sprechen auch Kommentarliteratur und Rechtsprechung von einem solchen Grundsatz; so führt zB der BGH in der „Guldenburg"-Entscheidung[32] aus:

„(...) besteht beim Merchandising in einem weiteren Umfang eine nicht zu vernachlässigende Gefahr der Kollision mit tragenden Grundsätzen des Medienrechts, nämlich mit den Geboten der Neutralität im Wettbewerb und der Bewahrung der Unabhängigkeit der Programmgestaltung sowie der Abwehr sachfremder Einflüsse Dritter auf diese. (...)"

---

[25] *Petersen* Rn 13 verweist auf *Canaris* passim; ausf dazu noch die 2. Aufl Rn 14.
[26] *Petersen* 2. Aufl Rn 13.
[27] *Petersen* 2. Aufl Rn 13.
[28] *Paschke* ZUM 1990, 209, 212.
[29] *Beater* JZ 2005, 822, 828.

[30] *Canaris* 52 f.
[31] *Canaris* 52 f.
[32] BGH ZUM 1993, 363 Rn 34–37, bestätigt durch BVerfG ZUM 1999, 71 ff; zur Literatur vgl statt vieler und mwN *Ruijsenaars* ZUM 1993, 353 ff.

12   Die beiden genannten Prinzipien haben – teilweise im Zusammenwirken mit dem dritten tragenden Grundsatz des Medienwerberechts, dem Trennungsprinzip – in einer Vielzahl von Fällen eine wichtige Rolle gespielt.[33] Die Erkenntnis derartiger Prinzipien bzw tragender Grundsätze hilft darüber hinaus, die Normen des positiven Rechts, ihre *ratio legis* und ihre Funktion im Gesamtzusammenhang besser zu verstehen.[34] Ähnlich wie das Prinzip der Privatautonomie haben Prinzipien wie das Beeinflussungsverbot eine verfassungsrechtliche Grundlage. Ein Teil der dogmatischen Aufgabe besteht deswegen auch darin, diesen Zusammenhang – beim Beeinflussungsverbot zB den Zusammenhang mit der Medienfreiheit und Medienautonomie in Art 5 Abs 1 S 2 GG – näher zu erforschen und differenziert darzustellen.

13   Ähnlich wie im Deliktsrecht die Figur der „im Verkehr erforderlichen Sorgfalt" eine zentrale Rolle spielt,[35] hat sich die „publizistische Sorgfalt (…)" in den vergangenen drei Jahrzehnten zu einem der zentralen Begriffe des Medienrechts entwickelt".[36] Die publizistische Sorgfalt beschreibt Anforderungen, die an die Massenmedien gestellt werden, und zwar in verschiedenen Ausprägungen, etwa bei der Recherche, der Verdachtsberichterstattung, der Zitattreue, der Verantwortung für die Meinungsäußerungen Dritter (zB bei Anzeigen, Leserbriefen, Live-Interviews im Fernsehen, Chatrooms) uva mehr. Wie das Beeinflussungsverbot ist auch die publizistische Sorgfalt ein intensiv vom Verfassungsrecht geprägter Begriff.[37]

14   Wie anfangs beschrieben, ist das Medienrecht ein noch vergleichsweise junges Rechtsgebiet.[38] Es ist deshalb wenig erstaunlich, dass die dogmatische Durchdringung des Rechtsgebiets noch am Anfang steht. Damit komme ich zu meinem dritten Grund für ein Medienrecht als eigenständige Disziplin: Die Frage, ob das Medienrecht ein eigenständiges Rechtsgebiet ist, lässt sich nur perspektivisch beantworten und nicht auf der Basis des dogmatischen Status Quo. „Medienrecht als Disziplin" ist – zum heutigen Zeitpunkt – weniger eine Beschreibung des gegenwärtigen Zustands, als viel mehr eine Aufforderung an die Rechtswissenschaft, die dogmatische Kärrnerarbeit zu leisten, an deren Ende weitere oder zumindest besser verstandene Grundprinzipien des Medienrechts stehen. Mit anderen Worten: Die Arbeit an einer Dogmatik des Medienrechts aufzugeben, bevor man sie angefangen hat, erinnert an den Fuchs, dem die Trauben zu hoch hängen und der sie deshalb als sauer bezeichnet.[39]

---

33 BGH ZUM 1990, 291 ff – Werbung im Programm; BGH ZUM 1993, 92 ff – Ereignis Sponsorwerbung; OLG Frankfurt aM WRP 1994, 115 ff; OLG Koblenz ZUM 2001, 800 ff – ZDF-Medienpark; OLG Stuttgart WRP 1992, 513 ff.
34 Ausf zu Bedeutung und Funktion von Trennungsprinzip, Beeinflussungsverbot und dem Gebot der Neutralität im Wettbewerb unten Teil 3 Kap 3 (Rundfunkwerberecht) Rn 31 ff; *Platho* ZUM 2000, 46 ff; *Engels* RuF 1997, 214 ff.
35 *Von Bar*; *Kötz/Wagner* Rn 123 ff, 168 ff.
36 *Peters* NJW 1997, 1334 ff.
37 *Beater* Rn 1157 ff; BVerfG NJW 1980, 2072 – Böll.
38 Zur Geschichte des Medienrechts instruktiv *Schiwy/Schütz/Dörr* 317.

39 Es bedarf keiner näheren Begründung, dass auch ein dogmatisch durchgearbeitetes Rechtsgebiet „Medienrecht" nicht „selbstständig neben dem Zivil- oder Öffentlichen Recht stehen könnte" (vgl *Petersen* Rn 11 und *Fechner* Rn 5). Auch mit einem solchen Postulat würde man die Anforderungen an das „Medienrecht als Disziplin" überspannen. Es reicht völlig aus, wenn man realistische Ziele verfolgt, etwa vergleichbar einem Rechtsgebiet wie dem Umweltrecht, vgl *Steiger* AöR 117, 110 ff; *Hoppe/Beckmann* JuS 1989, 425 ff, die der Frage nachgehen, ob und inwieweit das Umweltrecht eine eigene, von anderen unterschiedene, auf bestimmten Prinzipien, Strukturen und Instituten eigener Art beruhende Rechtsmaterie ist.

Oliver Castendyk

In diesem Kontext ist daran zu erinnern, welche Funktion die Dogmatik in einem **15** Rechtssystem einnimmt:[40] (1.) Sie ordnet den umfangreichen und oft unübersichtlichen Rechtsstoff. Erst durch sie wird das Recht lehr- und lernbar, erst durch sie sieht man gleichsam den Wald und nicht nur die Bäume. (2.) Sie reduziert die Anzahl theoretisch möglicher Lösungsansätze auf überschaubare Lösungsmuster und dient damit der Rechtssicherheit. (3.) Dogmatik führt zu mehr Gerechtigkeit, indem sie auf Widersprüche innerhalb des Gesetzesrechts bzw seiner Auslegung hinweist. (4.) Damit ermöglicht und begrenzt sie gleichzeitig die Rechtsfortbildung – nicht nur die des Richters, sondern auch die des Gesetzgebers.[41]

Rechtsfortbildung wurde im Medienrecht bisher überwiegend von den Gerichten **16** angestoßen. Eine der berühmtesten Rechtsfortbildungen im deutschen Recht überhaupt, die Entwicklung des Allgemeinen Persönlichkeitsrechts,[42] gehört zumindest auch zum medienrechtlichen Kanon. Von ähnlich fundamentaler dogmatischer Bedeutung ist die Rechtsprechung des Bundesverfassungsgerichts zur Rundfunkfreiheit als „funktionalem Grundrecht".[43] Die Rechtswissenschaft hat sich bis heute damit begnügt, die Rechtsprechung nachzuzeichnen und dogmatisch zu verfeinern. Eigene Ansätze, die später von der Rechtsprechung übernommen wurden, sind im Medienrecht bisher die Ausnahme geblieben. Dies muss jedoch nicht so bleiben.

Ein mögliches medienrechtswissenschaftliches Forschungsprogramm zu skizzieren, **17** würde an dieser Stelle zu weit führen, weshalb hier nur einige Beispiele angefügt werden können: Genannt werden kann hier zunächst das erwähnte Trennungsprinzip, dessen Interpretation und Reichweite von großer Relevanz ist für die Auslegung bestehender Regelungen, zB zum Sponsoring, zur redaktionellen Werbung vom Product Placement.[44] Trennungsprinzip und Beeinflussungsverbot sind zentrale Prinzipien im Bereich des Medienwerberechts; ihr richtiges Verständnis definiert die zukünftige Autonomie der Medien gegenüber der ständig wachsenden ökonomischen Sphäre.[45]

Ein weiteres Beispiel für ein zentrales Konzept des Medienrechts, welches näher **18** erforscht werden könnte, ist das des Öffentlichkeitsbegriffs. Dahinter steht das Grundprinzip, dass private, also nicht-öffentliche Kommunikation rechtlich so weit wie möglich ungeregelt bleiben sollte. Es handelt von einen der wenigen Begriffe, die sowohl im privaten Medienrecht (hier: im Urheberrecht) als auch im öffentlichen Medienrecht eine wichtige Rolle spielen. Die Öffentlichkeit markiert sowohl die Grenze zwischen privater (Individual-)Kommunikation und Massenkommunikation als auch – im Rahmen der informationellen Selbstbestimmung – die Grenze zwischen privatem und öffentlichen Leben. Im Urheberrecht ist die Frage, ob eine Nutzung öffentlich ist oder nicht durch eine gesetzliche Definition in § 15 Abs 3 UrhG geregelt. Im Presserecht stellte sich die Frage, ob ein Prominenter sich in der Öffentlichkeit befindet, oder „erkennbar zurückgezogen" privat bleiben wollte.[46] Im regulative

---

[40] Sehr instruktiv *Rüthers* Rn 321 ff; vgl auch *Luhmann* 18 ff; *Canaris* 40 ff; *Larenz/Canaris* 45; *Koch/Rüßmann* 246 ff.
[41] Wie man am Beispiel der „Anscheinsvollmacht" sehen kann, gibt es auch Rechtsfortbildung jenseits der Dogmatik, aber sie ist nach wie vor die Ausnahme von der Regel, vgl *Canaris* 98; Gegen die Anscheinsvollmacht spricht sich daher insb *Flume* aus (§ 49, 4); vgl zur Entwicklung der Anscheinsvollmacht insgesamt MünchKommBGB/*Schramm* § 167 BGB Rn 54 ff mwN.

[42] Zur Historie und Dogmatik ausf vgl *Beater* Rn 328 ff.
[43] So zB BVerfGE 57, 295, 320 – 3. Rundfunkurteil; BVerfGE 90, 60, 87 – 8. Rundfunkurteil.
[44] S Band 1 Kap 3 Rn 168.
[45] S Band 1 Kap 3 Rn 142.
[46] BVerfG GRUR 2000, 446 ff – Caroline von Monaco; inzwischen teilweise überholtes Kriterium, vgl BVerfG NJW 2008, 1793 ff.

öffentlichen Medienrecht wird – ähnlich wie im Urheberrecht – zwischen Individual-kommunikation und Massenkommunikation, zwischen privater und öffentlicher Aus-wertung differenziert. Bisher sind die Konzepte des Urheberrechts und des regulativen Medienrechts noch unterschiedlich.[47] Auf der Ebene des europäischen Rechts wurde in einer der wichtigsten Entscheidung zur Abgrenzung von privater und öffentlicher Sphäre vom EuGH in einer das Urheberrecht betreffenden Frage erstmals auf die pa-rallele Abgrenzung im öffentlichen Medienrecht abgestellt: Nach der Rechtsprechung des Gerichtshofes bedeutet „öffentlich" im Rahmen dieses Begriffes eine unbestimmte Zahl möglicher Fernsehzuschauer (Urteile vom 2.6.2005 in der Rechtssache C-89/04, Mediakabel, Slg. 2005, I-4891, Rn 30, und vom 14.7.2005 in der Rechtssache C-192/04, Lagardère Active Broadcast, Slg. 2005, I-7199, Rn 31).[48]

19   Weitere Beispiele rechtsdogmatischer Fragestellungen könnten aus einer Entwick-lung folgen, die den Lebenssachverhalt „Medien" zurzeit grundlegend verändert und die deshalb auch von keinem Medienrechtler als unbedeutend angesehen wird: die Konvergenz.[49] Die digitale Technik erlaubt, sämtliche Medieninhalte in binäre Daten-pakete zu verwandeln und beliebig zu verbreiten. Damit verlieren nicht nur die bisher klaren Unterschiede zwischen den Medien Fernsehen, Presse und Internet ihre Trenn-schärfe (zB ist eine Online-Zeitung noch eine Zeitung oder müsste sie den Regelungen des Rundfunks unterworfen werden?), sondern auch die Unterschiede zwischen Mas-sen- und Individualkommunikation verschwimmen (zB ist ein Blog noch Individual-kommunikation, wenn er ins Netz gestellt wird?). Am Ende der Entwicklung wird ein einheitliches „Medienterminal" in jedem Haushalt stehen, welches Inhalte bietet, die heute als Zeitung, Fernsehprogramm, Internetangebot, CD-ROM, DVD etc online und offline über unterschiedliche Vertriebskanäle vermarktet werden. Obwohl schon heute über verschiedene Medien dieselben oder zumindest ähnliche Inhalte derselben Anbieter (zB Bild-Zeitung, Bild.T-Online) verbreitet werden, gibt es nach wie vor unterschiedliche Regelungen im Presserecht, im Rundfunkrecht und im Recht der Telemedien.[50] Auch auf der verfassungsrechtlichen Ebene werden nach wie vor grund-legende Unterschiede zwischen Rundfunk- und Pressefreiheit gemacht, die im Zeialter der konvergenten Medien überholt erscheinen.[51] Die medienrechtliche Dogmatik könnte an dieser Stelle die Aufgabe übernehmen zu prüfen, ob diese Unterschiede noch gerechtfertigt sind und ob unterschiedliche Maßstäbe für unterschiedliche Mas-

---

[47] Dies wird deutlich, wenn man etwa die engen Grenzen der privaten Auswertung in § 15 Abs 3 UrhG, zB bei der Hotelnutzung einer-seits, und der Zulassungsfreiheit derartiger Nut-zungen zB in § 20 Abs 2 RStV miteinander kontrastiert.

[48] EuGH [2006] C 306/05 SGAE von Rafael Hoteles; dazu Castendyk/Dommering/Scheuer/*Castendyk* European Media Law Art 1 TWFD Rn 38 ff.

[49] *Europäische Kommission* Grünbuch zur Konvergenz 1997, 623; zur Entstehungs-geschichte des Grünbuchs *Knothe* K&R 1998, 95, 97 ff; *Gounalakis* 12 ff; *Petersen* 3. Aufl Rn 21 ff; *Paschke* Rn 6 ff; *Schoch* JZ 2002, 798 ff; *Fechner* Rn 1058, *Stammler* ZUM 1995, 104 ff; *Rossen-Stadtfeld* ZUM 2000, 36 ff; *Reinemann* ZUM 2006, 523 ff; *Holznagel* NJW 2002, 2351 ff.

[50] Die Diskussion lässt sich am Beispiel des Online-Zeitung demonstrieren, vgl *Waldenber-ger/Hoß* AfP 2000, 237 ff; *Gounalakis* ZUM 2003, 180, 181; *Radlsbeck* 54 f; *Sachs/Bethger* Art 5 GG Rn 68; *Umbach/Clemens* Art 5 GG Rn 70; Dreier/Badura/*Bullinger* 193, 201.

[51] Vgl zur überkommen Lehre zB *Hesse* Rn 43 ff, 59 ff; differenzierend *Gounalakis* ZUM 2003, 180, 182; für ein einheitliches Mediengrundrecht plädiert *Hoffmann-Riem* Art 5 Rn 138 ff. Die Differenzierung geschieht dann auf der Ebene der unterschiedlichen Regu-lierungsnotwendigkeiten auf einfach-gesetz-licher Ebene, nicht auf der Ebene der Abgren-zung von unterschiedlichen Medienfreiheiten aus Art 5 Abs 1 S 2 GG.

Oliver Castendyk

senmedien heute noch zeitgemäß sind.[52] Die Konvergenz ist freilich selbst kein tragendes Prinzip des Medienrechts[53], sie ist eher ein heuristisches Instrument zur Auffindung von Regelungs- und Wertungswidersprüchen im Medienrecht, die weniger die Auslegung des geltenden als die Ausgestaltung des zukünftigen Medienrechts beeinflussen könnte.

Bisher steht einem einheitlichen Medienrechtsgesetzbuch in Deutschland nicht nur **20** die fehlende dogmatische Durchdringung des Rechtsgebiets, sondern vor allem die komplexe Gesetzgebungskompetenzverteilung zwischen Bund und Ländern entgegen. Ein Beispiel dafür ist zB der mühsame Einigungsprozess beider Seiten bei der Internetregulierung.[54] Das österreichische Gegenbeispiel beweist jedoch, dass ein Medienrechtsgesetzbuch möglich ist (Bundesgesetz vom 12.6.1981 über die Presse und andere Publizistische Medien (Mediengesetz), StF: BGBl Nr 314/1981 in der Fassung BGBl I Nr 49/2005, 151/2005 und 112/2007). Nachdem der Bund seine Rahmenkompetenz für das Presserecht 2006 aufgegeben hat, könnten die Länder einen einheitlichen gesetzlichen Rahmen für die Medien schaffen. Die Erweiterung des Rundfunkstaatsvertrags um Telemedien[55] war insofern nur ein erster Schritt.

---

[52] Selbstverständlich kann aus der Prämisse „Medien werden technisch konvergent" nicht der Schluss gezogen werden, deswegen müsse auch das Recht „konvergieren"; dies wäre, wie *Petersen* (3. Aufl Rn 23) zu Recht anmerkt, ein naturalistischer Fehlschluss von einem Sein auf ein Sollen. Der Schluss wird erst möglich durch die – oft allerdings nur implizit vorhandene – zusätzliche rechtliche (Sollens-)Prämisse, wonach gleiche Sachverhalte nicht ungleich behandelt werden sollten, also der Grundprämisse,

der auch die Argumentationsfigur des Wertungswiderspruchs zugrunde liegt.
[53] So aber *Petersen* (3. Aufl Rn 23), der die Gutachten von *Gounalakis* und *Schoch* zum 64. Deutschen Juristentag mit methodologisch strenger Elle misst.
[54] Vgl *Géczy-Sparwasser* passim; *Schoch* JZ 2002, 798, 805; *Holznagel* JZ 2001, 905, 906.
[55] Vgl 9. Rundfunkänderungsstaatsvertrag 2007.

Kapitel 3
Europäisches Medienrecht

Literatur

Alich Neuere Entwicklungen auf dem Gebiet der Lizenzierung von Musikrechten durch Verwertungsgesellschaften in Europa GRUR-Int 2008, 996; *Amschewitz* Die Durchsetzungsrichtlinie und ihre Umsetzung im deutschen Recht, Tübingen 2008; *Ann* Die Europäisierung des Markenrechts ZEuP 2002, 5; *Auer* Neues zu Umfang und Grenzen der richtlinienkonformen Auslegung NJW 2007, 1106; *Baetzgen* Internationales Wettbewerbs- und Immaterialgüterrecht im EG-Binnenmarkt, Kollisionsrecht zwischen Marktspaltung (,Rom II') und Marktintegration (Herkunftslandprinzip), Köln ua 2007; *Badura/Scholz* (Hrsg) Wege und Verfahren des Verfassungslebens, Festschrift für Peter Lerche zum 65. Geburtstag, München 1993 (zit Badura/Scholz/*Bearbeiter* FS Lerche); *Barendt* Freedom of Speech, 2. Aufl Oxford 2005; *Barendt/Hitchens* Media Law: Cases and Materials, Longman Law Series, 1. Aufl London 2000; *Bartosch* Neues Tatbestandsmerkmal der „Belastung des Staatshaushalts" iS des Art 87 Abs 1 EG NVwZ 2001, 643; *Baumann* Die Dienstleistungsfreiheit auf dem Gebiet der audiovisuellen Medien, Berlin 1998; *Beater* Zum Verhältnis von europäischem und nationalem Wettbewerbsrecht GRUR Int 2000, 963; *Becker* (Hrsg) Die Verwertungsgesellschaften im Europäischen Binnenmarkt, Baden Baden 2000; *Becker* Von „Dassonville" über „Cassis" zu „Keck" EuR 1994, 162; *Behrens* Die Konvergenz der wirtschaftlichen Freiheiten im europäischen Gemeinschaftsrecht EuR 1992, 145; *Beiser* Auslandsausschüttungen im Licht der Niederlassungs- und Kapitalverkehrsfreiheit GesRZ 2003, 187; *Berger* Novellierung der Fernsehrichtlinie ohne Novellierung des Fernsehübereinkommens? ZUM 1996, 119; *Berlit* Auswirkungen des Gesetzes zur Verbesserung der Durchsetzung von Rechten des geistigen Eigentums im Patentrecht WRP 2007, 732; *Betz* Kabelbelegung: Diktatur des Marktes? Media Perspektiven 1997, 431; *Bieber/Epiney/Haag* Die europäische Union. Europarecht und Politik, 7. Aufl Baden-Baden 2006; *Bodewig/Wandtke* Die doppelte Lizenzgebühr als Berechnungsmethode im Lichte der Durchsetzungsrichtlinie GRUR 2008, 220; *Bornkamm* E-Commerce Directive vs IP Rights Enforcement GRUR Int 2007, 642; *Broche/Chatterjee/Orssich/Tosics* State Aid for Films – a policy in motion? Competition Policy Newsletter 2007/1, 44; *Brömmelmeyer* Der Binnenmarkt als Leitstern der Richtlinie über unlautere Geschäftspraktiken GRUR 2007, 295; *Buchner/Rehberg* Wann ist der Verbraucher ein „mündiger" Verbraucher? Zur Diskussion um die Nutrition & Health Claims-Verordnung der EU GRUR Int 2007, 394; *Bundschuh* Fernsehen und Jugendschutz in Europa, Baden-Baden 1998/99; *Bülow* Themen Sponsoring im Fernsehen, München 1998; *Calliess/Ruffert* (Hrsg) EUV/EGV – Das Verfassungsrecht der Europäischen Union mit Europäischer Grundrechtscharta, Kommentar 3. Aufl München 2007 (zit Calliess/Ruffert/*Bearbeiter*); *Castendyk* Die deutsche Filmförderung – Eine Evaluation, Konstanz 2008 (zit *Castendyk* Filmförderung); *ders* Rechtliche Begründungen in der Öffentlichkeit – Ein Beitrag zur Rechtskommunikation über Massenmedien, Wiesbaden 1994 (zit *Castendyk* Rechtliche Begründungen); *ders* Quotas in favour of independent producers: Art 5 „Television without frontiers"-Directive, Communication Law 2006, Vol 11, No 3 CL, 88; *ders* Marienhof und die Folgen ZUM 2005, 2; *Castendyk/von Albrecht* Der Richtlinienvorschlag der EG-Kommission zum Satellitenfernsehen GRUR Int 1992, 734; *Castendyk/Bark* Unterliegt das Filmförderungsgesetz der Beihilfekontrolle der Art 87 ff EGV? Ein Beitrag zu den EG-rechtlichen Grenzen der Filmförderung in Deutschland ZUM 2003, 480; *Castendyk/Böttcher* Ein neuer Rundfunkbegriff für Deutschland? Die Richtlinie für audiovisuelle Mediendienste und der deutsche Rundfunkbegriff MMR 2008, 13; *Castendyk/Dommering/Scheuer* European Media Law, Kluwer Law International, Amsterdam 2008 (zit Castendyk/Dommering/Scheuer/*Bearbeiter*); *Castendyk/Keil/*

Wickleder Möglichkeiten rechtlicher Regulierung zugunsten der Film- und Fernsehprodzuenten in Nordrhein-Westfalen, Gutachten im Auftrag der Landesanstalt für Medien NRW, Potsdam April 2005, abrufbar unter http://www.lfm-nrw.de/downloads/medienrat2005/medienrat-dok6. pdf; *Classen* Auf dem Weg zu einer einheitlichen Dogmatik der EG-Grundfreiheiten? EWS 1995, 97; *Cordes* Die Grenzbeschlagnahme in Patentsachen GRUR 2007, 483; *Czychowski* Das Gesetz zur Verbesserung der Durchsetzung von Rechten des geistigen Eigentums – Teil II: Urheberrecht GRUR-RR 2008, 265; *Dauses* (Hrsg) Handbuch des EU Wirtschaftsrechts, Loseblattsammlung, 27. Aufl. Stand Oktober 2010, München (zit Dauses/*Bearbeiter*); *Degenhart* Wirtschaftliche Betätigung öffentlich-rechtlicher Rundfunkanstalten: Der Medienpark des ZDF ZUM 2001, 357; *Deinert* Das Herkunftslandprinzip und seine Bedeutung für das Internationale Deliktsrecht EWS 2006, 445; *Deutsch* Noch einmal: Das Verbraucherleitbild des EuGH und das „Nissan-Urteil" GRUR 1997, 44; *Dietz* Die Schutzdauerrichtlinie der EU, GRUR Int 1995, 670; *Dörr* Öffentlich-rechtlicher Rundfunk und die Vorgaben des Europarechts Media Perspektiven 2005, 333; *ders* Die Maastricht Entscheidung des Bundesverfassungsgerichts und ihre Auswirkungen auf die Medienpolitik ZUM 1995, 14; *Dörr/Charisse* Die Rangfolge im Kabel und die Dienstleistungsfreiheit AfP 1999, 18; *Dörre/Maaßen* Teil III: Änderung im Grenzbeschlagnahmeverfahren und im Recht der geografischen Herkunftsangaben GRUR-RR 2008, 269; *Dreier* Die Umsetzung der Richtlinie zum Satellitenrundfunk und zur Kabelweiterleitung ZUM 1995, 458; *Drexl* Auf dem Weg zu einer neuen europäischen Marktordnung der kollektiven Wahrnehmung von Online-Rechten der Musik? – Kritische Würdigung der Kommissionsempfehlung vom 18. Oktober 2005, in Riesenhuber (Hrsg) Wahrnehmungsrecht in Polen, Deutschland und Europa, 2006, 193; *Ehlers* (Hrsg) Europäische Grundrechte und Grundfreiheiten, 2. Aufl Berlin 2005 (zit Ehlers/*Bearbeiter*); *van Eijk* Universal service: a new look at an old concept: Broadband access as a universal service in Europe, abrufbar unter http://www.ivir.nl/publicaties/vaneijk/ITS-paper Nico van Eijk.pdf; *von Einem* Grenzüberschreitende Lizenzierung von Musikwerken in Europa – Auswirkungen der Empfehlung der EU-Kommission zur Rechtewahrnehmung auf das System der Gegenseitigkeitsverträge MMR 2006, 647; *Eisenführ/Schennen* Gemeinschaftsmarkenverordnung, 2. Aufl Köln 2007; *Eisenkolb* Die Enforcement – Richtlinie und ihre Wirkung – Ist die Enforcement-Richtlinie mit Ablauf der Umsetzungsfrist unmittelbar wirksam? GRUR 2007, 387; *Engel* Europäische Konvention über grenzüberschreitendes Fernsehen. Ein Schritt in die falsche Richtung ZRP 1988, 240; *Enzinger* Der europäische Rechtsrahmen für kollektive Rechtewahrnehmung GRUR Int 2006, 985; *Fezer* UWG Kommentar, München 2004 (zit Fezer/*Bearbeiter*); *ders* Das Informationsgebot der Lauterkeitsrichtlinie als subjektives Verbraucherrecht WRP 2007, 1021; *Frese* Die Rechtmäßigkeit europäischer Fernsehquoten aus kompetenzieller, grundrechtlicher und welthandelsrechtlicher Sicht, Frankfurt, Berlin, Bern, New York, Paris, Wien 1998; *Frey/Rudolph* EU Richtlinie zur Durchsetzung der Rechte des geisteigen Eigentums, Anmerkungen zur Harmonisierung des immaterialgüterrechtlichen Sanktionsrechts aus urheberrechtlicher Perspektive ZUM 2004, 522; *Gamerith* Der Richtlinienvorschlag über unlautere Geschäftspraktiken – Möglichkeiten einer harmonischen Umsetzung WRP 2005, 391; *Gangloff* Ich sehe was, was Du nicht siehst. Medien in Europa: Perspektiven des Jugendschutzes, Berlin 2001; *Gaster* Die Erschöpfungsproblematik aus Sicht des Gemeinschaftsrechts GRUR Int 2000, 571; *Geiger* EUV/EGV, 4. Aufl München 2004; *Geiss/Gerstenmaier/Winkler* Festschrift für Karl-Peter Mailänder zum 70. Geburtstag, Berlin 2006 (zit Geiss/*Bearbeiter* FS Mailänder); *Gerhardt* Verwertungsgesellschaften im Europäischen Binnenmarkt – Diskussionsbericht ZUM 2003, 38; *Gersdorf* Der Runfunkbegriff. Vom technologieorientierten zum technologieneutralen Begriffsverständnis, München 2007; *ders* Caroline-Urteil des EGMR: Bedrohung der nationalen Medienordnung AfP 2005, 220; *Gibbons* Jurisdiction over (Television) Broadcasters: Criteria for Defining 'Broadcaster' and 'Content Service Provider' in Die Zukunft der Fernsehrichtlinie – The Future of the Television without Frontiers Directive, EMR-Schriftenreihe, Baden-Baden 2005, 53; *Glöckner* Europäisches Lauterkeitsrecht, 1. Aufl München 2006; *ders* Ist die Union reif für die Kontrolle an der Quelle? WRP 2005, 795; *ders* Richtlinienvorschlag über unlautere Geschäftspraktiken, deutsches UWG oder die schwierige Umsetzung von europäischen Generalklauseln WRP 2004, 936; *Glöckner/Henning-Bodewig* Die EG-Richtlinie über unlautere Geschäftspraktiken WRP 2005, 1311; *Gornig* Äußerungsfreiheit und Informationsfreiheit als Menschenrechte, Berlin 1988; *Gounalakis* Funktionsauftrag und wirtschaftliche Betätigung des Zweiten Deutschen Fernsehens. Am Beispiel des ZDF-Medienparks. ZDF-Schriftenreihe, Band 59 Mainz 2000; *Grabitz/Hilf* (Hrsg) Das Recht der Europäischen Union, Stand 30. Ergänzungslieferung, München 2006 (zit Grabitz/Hilf/*Bearbeiter*); *Greissinger* Vorgaben des EG-Vertrages für nationales Rundfunk- und Multimediarecht, Baden-Baden 2001; *Groebel* The UNESCO Global Study on Media Violence, Paris UNESCO 1998; *Grote/Marauhn* (Hrsg) EMRK/GG – Konkordanzkommentar zum europäischen und deutschen Grundrechtsschutz, Tübingen 2006 (zit Grote/Marauhn/*Bearbeiter*); *Gundel* Die Europäische Gemeinschaft im Geflecht des internationalen Systems zum Schutz des geistigen Eigentums ZUM 2007, 603; *Gyertyánfy* Collective Management of Music Rights in Europe After the CISAC Decision IIC 2010, 59; *Haedicke* Informationsbefugnisse des Schutzrechtsinhabers im Spiegel der EU-Richtlinie zur Durchsetzung der Rechte des geistigen Eigentums, in Festschrift für Gerhard Schricker 2005, 19 (zit *Bearbeiter* FS Schricker); *Hahn/Vesting* (Hrsg) Beck'scher Kommentar zum Rundfunkrecht, 2. Aufl München 2008 (zit Hahn/Vesting/*Bearbeiter*); *Halfmeier* Vom Cassislikör zur E-Commerce Richtlinie: Auf dem Weg zu einem europäischen Mediendeliktsrecht ZEuP 2001, 837; *Handig* Urheberrechtliche Aspekte bei der Lizenzierung von Radioprogrammen im Internet GRUR Int 2007, 210; *ders* Neuer Wein in den alten Schläuchen des Folgerechts – Die geplante Anpassung aufgrund der europäischen Folgerechts-Richtlinie ZUM 2006, 546; *Hansen/Schmidt-Bischoffshausen* Ökonomische Funktion von Verwertungsgesellschaften – Kollektive Wahrnehmung im Lichte von Transaktionskosten- und Informationsökonomik GRUR Int 1997, 461; *Hartstein/Ring/Kreile/Dörr/Stettner* Rundfunkstaatsvertrag, 31. Aktualisierung Heidelberg 2007; *Hecker* Die Richtlinie über unlautere Geschäftspraktiken – Einige Gedanken zu den „aggressiven Geschäftspraktiken" – Umsetzung ins deutsche Recht WRP 2006, 640; *Heide* Schutz von Forschungsergebnissen im Lebensmittelbereich in Zeiten der Health Claims Verordnung GRUR Int 2010, 296; *Heine* Die Wahrnehmung von Online-Musikrechten durch Verwertungsgesellschaften im Binnenmarkt, Berlin 2008; *Heine/Eisenberg* Verwertungsgesellschaften im Binnenmarkt – die kollektive Wahrnehmung von Urheberrechten nach der Dienstleistungsrichtlinie? GRUR-Int 2009, 227; *Heinze/Roffael* Internationale Zuständigkeit für Entscheidungen über die Gültigkeit ausländischer Immaterialgüterrechte GRUR Int 2006, 787; *Heinze/Heinze* Transit als Markenverletzung – Schlusswort des EuGH in der Entscheidung „Montex/Diesel" GRUR 2007, 740; *Helm* Der Abschied vom verständigen Verbraucher WRP 2005, 931; *Henning-Bodewig* EU-Richtlinie über unlautere Geschäftspraktiken GRUR Int 2005, 629; *dies* Herkunftslandprinzip im Wettbewerbsrecht – Anmerkungen zu OLG Hamburg – Active Two GRUR 2004, 822; *dies* Nationale Eigenständigkeit und europäische Vorgaben im Lauterkeitsrecht GRUR Int 2010, 549; *Hentschel* Die Vereinbarkeit der deutschen Kulturförderung mit dem Beihilfenrecht der Europäischen Gemeinschaft, Frankfurt 2006; *Herdegen* Europarecht, 12. Aufl München 2010; *Hermsen* Das neue europäische Grenzbeschlagnahmeverfahren, Mitteilungen der deutschen Patentanwälte (Mitt) 2006, 261; *Herrmann/Lausen* Rundfunkrecht, 2. Aufl München 2004; *Hess* Die EG-Rundfunkrichtlinie vor dem Bundesverfassungsgericht AfP 1990, 95; *Hoeren* Entwurf einer EU-Richtlinie zum Urheberrecht in der Informationsgesellschaft MMR 2000, 515; *Hoeren/Sieber* Handbuch Multimedia-Recht 2010 (zit Hoeren/Sieber/*Bearbeiter*); *Hoffmann* Das Auskunftsverfahren nach § 101 Abs 9 UrhG nF MMR 2009, 655; *Holoubeck* Medienfreiheit in der Europäischen Menschrechtskonvention AfP 2003, 193; *Hönge* Der Medienmarkt in Europa – Aspekte zum Jugendmedienschutz, 2001, abrufbar unter http://www.kjr-muenchen-stadt.de/publikationen/k3_2001/k3_09_2001. php4; *Jacobs/Papier/Schuster* (Hrsg) Festschrift für Peter Raue zum 65. Geburtstag, Köln 2006, 529 (zit Jacobs/*Bearbeiter* FS Raue); *Jarass* Elemente einer Dogmatik der Grundfreiheiten II EuR 2000, 705; *ders* Elemente einer Dogmatik der Grundfreiheiten EuR 1995, 202; *ders* Voraussetzung der innerstaatlichen Wirkung des EG-Rechts NJW 1990, 2420; *Jung* Die Health Claims Verordnung – Neue Grenzen gesundheitsbezogener Werbung für Lebensmittel WRP 2007, 389; *Jury* Die Maßgeblichkeit von Art 49 EG für nationale rundfunkpolitische Ordnungsentscheidungen unter besonderer Berücksichtigung von Art 151 EG, 1. Aufl Frankfurt 2005; *Kadelbach/Petersen* Europäische Grundrechte als Schranken der Grundfreiheiten. Anmerkung zum EuGH-Urteil in der Rs Schmidberger (Brennerblockade) EuGRZ 2003, 492; *Kampf* Produktpiraterieverordnung 2003 – Schwerpunkte der Neufassung ZfZ 2004, 110; *Kanitz/Steinberg* Grenzenloses Gemeinschaftsrecht? – Die Rechtsprechung des EuGH zu Grundfreiheiten, Unionsbürgerschaft und Grundrechte als Kompetenzproblem EuR 2003, 1013; *Kingreen* Theorie und Dogmatik der Grundrechte im europäischen Verfassungsrecht EuGRZ 2004, 570; *Kingreen/Störmer* Die subjektiv-öffentlichen Rechte des primären Gemeinschaftsrechts EuR 1998, 263; *Klass* Zu den Grenzen der Berichterstattung über Personen des öffentlichen Lebens AfP 2007, 517; *Kleist/ Scheuer* Neue Regelungen für audiovisuelle Mediendienste – Vorschriften zu Werbung und Jugendschutz und ihre Anwendung in den Mitgliedstaaten MMR 2006, 206; *dies* Audiovisuelle Mediendienste ohne Grenzen MMR 2006; 127; *dies* Klärung von Grundsatzfragen – Die EU überprüft die Finanzierung des öffentlich-rechtlichen Rundfunks, Funkkorrespondenz vom (10.) 11.3.2005, 3; *Knaak* Die Kennzeichnungskraft im Gemeinschaftsrecht GRUR Int 2007, 801; *ders* Internationale Zuständigkeiten und Möglichkeiten des forum shopping in Gemeinschaftsmarkensachen – Auswirkungen der EuGH-Urteile Roche Niederlande und GAT/LUK auf das Gemeinschaftsmarkenrecht GRUR Int 2007, 386; *ders* Die Richtlinie zur Umsetzung der Rechte des geistigen Eigentums und ihr Umsetzungsbedarf in Deutschland GRUR Int 2004, 745; *Koenig/Füg* How to put the EC State Aid Action Plan into Action – Rendering the Market Failure Test Operational EStAL 2005, 591; *Koenig/Haratsch* The Licence-Fee-Based Financing of Public Service Broadcasting in Germany after the Altmark Trans Judgement EStAL, 2003, 569; *dies* Die Wiedergeburt von Art 86 Abs 2 EG in der RAI – Entscheidung der Europäischen Kommission ZUM 2004, 122; *Koenig/Husi* Public Funding of Digital Broadcasting under EC State Aid Law EStAL 2004, 605; *Koenig/Kühling* How to cut a long story short: Das Preussen Elektra-Urteil des EuGH und die EG-Beihilfenkontrolle über das deutsche Rundfunkgebührensystem ZUM 2001, 537; *ders* Zur Umsetzung der Richtlinie über unlautere Geschäftspraktiken GRUR 2005, 793; *ders* Irreführungsrichtlinie und deutsches Wettbewerbsrecht GRUR Int 1994, 396; *Kraft/Bron* Grundfreiheiten und grenzüberschreitende Verschmelzung im Lichte aktueller EuGH-Rechtsprechung (Sevic) IStR 2006, 26; *Krebber* Europeanisation of Regulatory Television Policy – The Decision Making Process of the Television without Frontiers Directives from 1989 and 1997, Baden-Baden 2002; *Kreile/Becker* Neuordnung des Urheberrechts der Europäischen Union GRUR Int 1994, 901; *Kühling* Die Kommunikationsfreiheit als europäisches Gemeinschaftsgrundrecht, Berlin 1999; *Kutt* Grenzüberschreitende Kapitalgesellschaften und ihre Besteuerung im deutschen Körperschaftssteuerrecht – insbesondere im Lichte der Niederlassungsfreiheit des EG-Vertrages, des Doppelbesteuerungsabkommen und des Steuerwettbewerbs, Regensburg 2001; *Ladeur* Die Globalisierung der Telekommunikation und die kooperative Herausbildung einer neuen transnationalen Rechtsordnung – das Beispiel der mobilen Satellitenkommunikation ArchPT 1998, 243; *Leitgeb* Die Revision der Fernsehrichtlinie – Überblick über die wesentlichen geplanten Änderungen unter besonderer Berücksichtigung der Liberalisierung des Verbotes von Produktplatzierungen ZUM 2006, 837; *Leitzen* Innergemeinschaftlicher Transit, Markenverletzung und Produktpiraterie – zugleich Anmerkung zu BGH „Diesel" und EuGH „Class International/Colgate Palmolive" GRUR 2006, 89; *Lenz* Ein Grundrechtskatalog für die Europäische Gemeinschaft? NJW 1997, 3289; *Lerche* Konsequenzen aus der Entscheidung des Bundesverfassungsgerichts zur EG-Fernsehrichtlinie AfP 1995, 632; *Loewenheim* Harmonisierung des Urheberrechts in Europa GRUR Int 1997, 285; *Loschelder* Die Enforcement-Richtlinie und das Urheberrecht, in Jacobs/Papier/Schuster (Hrsg) Festschrift für Peter Raue, München 2006, 529; *Lüder* First Experience With EU-wide Online Music Licensing GRUR Int 2007, 649; *ders* The Next Ten Years in EU Copyright: Making Markets Work, Fordham Intellectual Property Media & Entertainment Law Journal 2007, Vol 18, 1; *Luginbühl* Die neuen Wege zur einheitlichen Auslegung des Europäischen Patentrechts GRUR 2010, 97; *Mankowski* Internet und Internationales Wettbewerbsrecht GRUR Int 1999, 909; *Marauhn* Zum Verhältnismäßigkeitsgrundsatz in Großbritannien VerwArch 85 (1994), 52; *Martin-Pérez de Nanclares* Die EG-Fernsehrichtlinie, Frankfurt ua 1995; *Meisterernst/Haber* Die VO (EG) 1924/2006 über nährwert- und gesundheitsbezogene Angaben WRP 2007, 363; *Merkel* Das Übereinkommen mit Leben füllen – Was ist erreicht, was ist zu tun? UNESCO heute, Ausgabe 5/6, Mai/Juni 2006, abzurufen unter http://deposit.ddb.de/ ep/netpub/28/34/66/972663428/_data_dync/_stand_Dezember_2006/0506/kkv.htm; *Metzger* Licensing and collecting in the 21st century: whats's in sight and who's ahead GRUR Int 2010, 687; *Michel* Konvergenz der Medien – Auswirkungen auf das Amsterdamer Protokoll und das Europäische Beihilfenrecht MMR 2005, 284; *Moser/Scheuermann* Handbuch der Musikwirtschaft, 6. Aufl München 2003 (zit Moser/Scheuermann/*Bearbeiter*); *Mühl* Diskriminierung und Beschränkung, Berlin 2004; *Müller* Rechtewahrnehmung durch Verwertungsgesellschaften bei der Nutzung von Musikwerken im Internet ZUM 2009, 121; *Musiol* Erste Erfahrungen mit der Anwendung des § 101 Abs 9 UrhG – wann erreicht die Verletzung ein gewerbliches Ausmaß? GRUR-RR 2009, 1; *Oeter* Rundfunk als Wirtschaftsgut? Die audiovisuelle Industrie im Visier des Welthandelsrechts AfP 2005, 6; *Ohly* Bausteine eines europäischen Lauterkeitsrechts WRP 2008, 182; *ders* Das Herkunftslandprinzip im Bereich vollständig angeglichenen Lauterkeitsrechts WRP 2006, 1401; *ders* Herkunftslandprinzip und Kollisionsrecht GRUR Int 2001, 898; *Ohly/Bodewig/Dreier/Götting/Haedicke/Lehmann* (Hrsg) Perspektiven des Geistigen Eigentums und Wettbewerbsrechts, Festschrift für Gerhard Schricker zum 70. Geburtstag, München 2005 (zit *Bearbeiter* FS Schricker 2005); *Ohly/Spence* Vergleichende Werbung: Die Auslegung der Richtlinie 97/55/EG in Deutschland und Großbritannien GRUR Int 1999, 681; *Oldekop* Das nicht eingetragene Gemeinschaftsgeschmacksmuster – Eine Chance für Designer? WRP 2006, 801; *Oppermann et.al.* Europarecht, 4. Aufl München 2009; *Pagenberg* neue Überlegungen zur europäischen Patentgerichtsbarkeit. Ist Deutschland noch zu retten? GRUR Int 2010, 195; *Pakuscher* Der Richtlinienvorschlag der EU-Kommission zur Schutzfristenverlängerung für ausübende Künstler und Tonträgerhersteller ZUM 2009, 89; *Peters* Einführung in die Europäische Menschenrechtskonvention, München 2003; *Peukert/Kur* Stellungnahme des Max-Planck Instituts für geistiges Eigentum, Wettbewerbs- und Steuerrecht zur Umsetzung der Richtlinie 2004/48/EG GRUR Int 2006, 292; *Pfeifer* A legal view of selected aspects and the development of Digital Europe GRUR Int 2010, 671; *Pleitgen* Von Uruguay über Paris nach Hongkong? – Die audiovisuelle Industrie im Spannungsfeld zwischen Welthandel und kultureller Vielfalt AfP 2005, 1; *Reinbothe* Der acquis communautaire des Europäischen Urheberrechts: Stand und Entwicklung der Rechtsangleichung und Harmonisierungskonzept EWS 2007, 193; *ders* Die EG-Richtlinie zum Urheberrecht in der Informationsgesellschaft GRUR Int 2001, 733; *Reinbothe/von Lewinski* The WIPO Treaties 1996, London 2002 (zit *Reinbothe/von Lewinski* WIPO Treaties); *dies* The EC Directive on Rental and Lending Rights and on Piracy, London 1993 (zit *Reinbothe/von Lewinski* EC Directive; *Riesenhuber* (Hrsg) Systembildung im Europäischen Urheberrecht, Berlin 2007 (zit Riesenhuber/*Bearbeiter*); *Ritz* Inhalteverantwortlichkeit von Online-Diensten: Strafbarkeit von Online-Diensten in ihrer Funktion als Inhalteanbieter, Online-Service-Provider und Internet-Access-Provider für die Verbreitung von Pornographie im elektronischen Datennetz, Frankfurt aM 1998; *Rosenkranz* Die völkerrechtskonforme Auslegung des EG-Sekundärrechts dargestellt am Beispiel des Urheberrechts EuZW 2007, 238; *Roßnagel* (Schriftleitung) Der Rechtsrahmen für die neue Medienlandschaft – Eine Richtlinie über audiovisuelle Mediendienste EMR Schriftenreihe Band 36, Baden-Baden 2008, abrufbar unter http://www.emr-sb.de/home/EMR_Band_36.pdf (zit Roßnagel/*Bearbeiter*); *Roßnagel/Scheuer* Das europäische Medienrecht MMR 2005, 271; *Sack* Herkunftslandprinzip und internationale elektronische Werbung nach der Novellierung des TDG WRP 2002, 271; *Schima* Das Vorabentscheidungsverfahren vor dem EuGH, 3. Aufl Wien 2009; *Schmitt-Vockenhausen* Revision der EG-Fernsehrichtlinie ZUM 1998, 377; *Schmittmann* Das Urteil des LG Stuttgart zum Brutto/Nettoprinzip bei Fernsehwerbeunterbrechungen – Landesmedienrecht im Konflikt zum primären und sekundären Gemeinschaftsrecht AfP 1997, 515; *Schneider/Hommelhoff/Schmidt/Timm/Grunewald/Drygala* Festschrift für Marcus Lutter: Deutsches und europäisches Gesellschafts-, Konzern- und Kapitalmarktrecht, Köln 2000 (zit *Bearbeiter* FS Lutter); *Schricker* Die Bekämpfung der irreführenden Werbung in den Mitgliedstaaten der EG GRUR Int 1990, 112; *Schricker/Bastian/Knaak* (Hrsg) Gemeinschaftsmarke und Recht der Mitgliedstaaten, München 2006 (zit Schricker/Bastian/Knaak/*Bearbeiter*); *Schricker/Henning-Bodewig* (Hrsg) Neuordnung des Wettbewerbsrechts, Baden-Baden 1999 (zit Schricker/Henning-Bodewig/*Bearbeiter*); *Schultz* Das Verhältnis von Gemeinschaftsgrundrechten und Grundfreiheiten des EGV AöR 2007, 316; *Schulz* Der Bedeutungswandel des Urheberrechts durch Digital Rights Management GRUR 2006, 470; *ders* Medienkonvergenz light – Zur neuen Europäischen Richtlinie über audiovisuelle Mediendienste EuZW 2008, 107; *Schwartmann* (Hrsg) Praxishandbuch Medien-, IT- und Urheberrecht, 1. Aufl Heidelberg 2008; *Schwartz* Fernsehen ohne Grenzen: Zur Effektivität und zum Verhältnis von EG-Richtlinie und Europarats-Konvention EuR 24 (1989), 1; *Schwarze* (Hrsg) Rundfunk und Fernsehen im Lichte der Entwicklung des nationalen und internationalen Rechts, Baden-Baden 1986; *Seichter* Die Umsetzung der Richtlinie zur Durchsetzung des geistigen Eigentums WRP 2006, 391; *ders* Der Umsetzungsbedarf der Richtlinie über unlautere Geschäftspraktiken WRP 2005, 1087; *Seidel* (Hrsg) Hörfunk und Fernsehen im Gemeinsamen Markt, Baden-Baden 1983; *Selmayr/Kamann* Public Broadcasting and EC State Aid Law: No „Carte Blanche" after Altmark Trans (Rs C-280/00) K&R 2004, 49; *Söhring/Seelmann-Eggebert* Die Entwicklung des Presse- und Äußerungsrechts in den Jahren 2000 bis 2004 NJW 2005, 571; *Spindler* Europäisches Urheberrecht in der Informationsgesellschaft GRUR 2002, 105; *Spindler/Dorschel* Vereinbarkeit der geplanten Auskunftsansprüche gegen Internet-Provider mit EU-Recht CR 2006, 341; *Spindler/Weber* Die Umsetzung der Enforcement-Richtlinie nach dem Regierungsentwurf für ein Gesetz zur Verbesserung der Durchsetzung von Rechten des geistigen Eigentums ZUM 2007, 257; *Stein* Bananen-Split? Entzweien sich BVerfG und EuGH über den Bananenstreit? EuZW 1998, 261; *Steinbeck* Richtlinie über unlautere Geschäftspraktiken: Irreführende Geschäftspraktiken – Umsetzung in das deutsche Recht WRP 2006, 632; *Stender-Vorwachs/Theißen* Die Richtlinie für audiovisuelle Mediendienste – Fernsehrichtlinie reloaded? ZUM 2007, 613; *dies* Die Revision der Fernsehrichtlinie ZUM 2006, 362; *Stock* Europäisches Medienrecht im Werden RuF 1989, 180; *Stotz* Vorrang des Gemeinschaftsrechts – Anmerkungen zum Boisdet-Urteil des Conseil d'Etats EuZW 1991, 118; *Streinz* (Hrsg) EUV/EG, Kommentar, München 2003 (zit Streinz/*Bearbeiter*); *Streinz/Ohler/Herrmann* Der Vertrag von Lissabon zur Reform der EU, 2. Aufl München 2008; *Stürner* Caroline-Urteil des EGMR – Rückkehr zum richtigen Maß AfP 2005, 213; *Sumrada/Nohlen* Control of State Aid for Public Service Broadcasting: Analysis of the European Commission's Recent Policy EStAL 2005, 609; *Tigchelaar* State Aid to Public Broadcasting – Revisted EStAL 2003, 149; *Tilmann* Neue Überlegungen zum Patentrecht GRUR 2006, 824; *Trenkelbach* Internetfreiheit. Die europäische Menschenrechtskonvention als „Living Instrument" vor neuen Herausforderungen? Berlin 2005; *Uerpmann-Wittzack/Jankowska-Gilberg* Die Europäische Menschenrechtskonvention als Ordnungsrahmen für das Internet MMR 2008, 83; *Ulich* Der Pornographiebegriff und die EG-Fernsehrichtlinie, Baden-Baden 2000; *Ullmann* Das Europäische Urheberrecht in der deutschen Rechtsprechung, in Riesenhuber (Hrsg) Systembildung im Europäischen Urheberrecht, Berlin 2007, 301; *Uwemedimo* Licensing and collecting in the 21st century: whats's in sight and who's ahead GRUR Int 2010, 685; *Vázquez-Lopez* Collective and individual exercise of copyright in the digital environment: An international perspective focused on developement GRUR Int 2010, 689; *Wandtke/Ohst* Zur Reform des deutschen Geschmacksmustergesetzes GRUR Int 2005, 91; *Wank* Die Niederlassungsfreiheit in der EU: die Rechtslage in Deutschland NZA 2005 (Beilage 2 zu Heft 21), 88; *Walter* (Hrsg) Europäisches Urheberrecht, Kommentar, 1. Aufl Wien 2000 (zit Walter/*Bearbeiter*); *Walter/von Lewinski* (Hrsg) European Copyright Law, Commentary, 1. Aufl New York 2010 (zit Walter/von Lewinski/*Bearbeiter*); *Weiden* Aktuelle Berichte – Juni 2007 GRUR 2007, 491; *Weitbrecht/Mühle* Europäisches Kartellrecht 2009 EuZW 2010, 327; *von Ungern-Sternberg* Einwirkung der Durchsetzungsrichtlinie auf das deutsche Schadensersatzrecht GRUR 2009, 460; *Weigend* Strafrechtliche Pornographieverbote in Europa ZUM 1994, 133; *von Welser* Die neue europäische Produktpiraterieverordnung EWS 2005, 202; *Wiedemann* Ein Kyoto-Protokoll für die Kultur, ARD-Jahrbuch 2007, 23, abrufbar unter http://www.ard.de/intern/publikationen/id= 686346/property=download/nid=8080/1lyv3cz/artikel. pdf; *Würfel* Europarechtliche Möglichkeiten einer Gesamtharmonisierung des Urheberrechts, Karlsruhe 2005.

Übersicht

Oliver Castendyk

Oliver Castendyk

§ 1
Einleitung

I. Zur Bedeutung des europäischen Medienrechts für das nationale Recht

Das europäische Medienrecht hat in den letzten 20 Jahren erheblich an praktischer **1**
Bedeutung gewonnen. Dafür gibt es viele Gründe.

Zunächst ist das europäische Medienrecht wichtig für das Verständnis des nationa- **2**
len Medienrechts. Viele deutsche rundfunkrechtliche Normen beruhen auf europäischen Harmonisierungsvorgaben, so im öffentlichen Medienrecht zB die Werberegulierung und die Quotenvorgaben im Rundfunkstaatsvertrag; im privaten Medienrecht
gehen die letzten fünf Novellierungen des Urheberrechtsgesetzes auf Vorgaben aus
Brüssel zurück.[1]

Diese nationalen Normen müssen richtlinienkonform ausgelegt werden. Das folgt **3**
bereits aus der Verpflichtung der Mitgliedstaaten, Richtlinien in nationales Recht
umzusetzen (Art 288 Abs 3 AEUV). Dies gilt selbst dann, wenn die Umsetzungsfrist
noch nicht abgelaufen ist.[2] Prozessual eröffnet dieser Umstand grds eine zusätzliche
Instanz. Das Gericht des Mitgliedstaats kann eine das Gemeinschaftsrecht betreffende
Rechtsfrage dem EuGH zur Vorabentscheidung vorlegen, wenn es die Rechtsfrage für
entscheidungserheblich hält und begründete Zweifel an der Auslegung des Gemeinschaftsrechts hat. Die praktische Folge ist, dass das Gerichtsverfahren Jahre länger
dauern kann.[3]

Die sog Grundfreiheiten, insb die Dienstleistungsfreiheit, bilden einen Maßstab, an **4**
dem sich nationales Medienrecht messen lassen muss, soweit es um grenzüberschreitende Sachverhalte geht. Dabei fungieren die Grundfreiheiten gegenüber dem nationalen Recht ähnlich wie Grundrechte im nationalen Verfassungsrecht. Eingriffe in die
Grundfreiheiten müssen geeignet, erforderlich und verhältnismäßig sein.

„[…] Aus der Rechtsprechung des Gerichtshofs ergibt sich …, dass nationale Maßnahmen, die die Ausübung der durch den Vertrag garantierten grundlegenden Freiheiten behindern oder weniger attraktiv machen können, vier Voraussetzungen erfüllen
müssen: Sie müssen in nichtdiskriminierender Weise angewandt werden, sie müssen
aus zwingenden Gründen des Allgemeininteresses gerechtfertigt sein, sie müssen geeignet sein, die Verwirklichung des mit ihnen verfolgten Zieles zu gewährleisten, und sie
dürfen nicht über das hinausgehen, was zur Erreichung dieses Zieles erforderlich ist.
[…]"[4]

---

[1] RL 93/83/EWG des Rates zur Koordinierung
bestimmter urheber- und leistungsschutzrechtlicher Vorschriften betreffend Satellitenrundfunk und Kabelweiterverbreitung v 27.9.1993,
umgesetzt ua in den §§ 20a und 20b, 87 Abs 4
UrhG, die RL 93/98/EWG des Rates zur Harmonisierung der Schutzdauer des Urheberrechts und bestimmter verwandter Schutzrechte
v 29.10.1993, umgesetzt ua in §§ 66, 67, 71, 72
Abs 3 UrhG, die RL 96/9/EG des Europäischen
Parlaments und des Rates über den rechtlichen
Schutz von Datenbanken v 11.3.1996, umgesetzt ua in §§ 87a–87e, 127a UrhG, sowie die
RL 2001/29/EG des Europäischen Parlaments

und des Rates zur Harmonisierung bestimmter
Aspekte des Urheberrechts und der verwandten
Schutzrechte in der Informationsgesellschaft
v 22.5.2001, umgesetzt ua in §§ 16 Abs 1, 19a,
44a, 52a UrhG.
[2] BGHZ 138, 55 ff.
[3] So war es zB im Rechtsstreit über die Auslegung der Fernseh-RL hinsichtlich des Brutto-
Netto-Prinzips, vgl LG Stuttgart ZUM 1997,
62; OLG Stuttgart MMR 2001, 48; EuGH
ZUM 2000, 58.
[4] EuGH Rs C-55/94 – Gebhard, Slg 1995
I-04165 Rn 37.

5   Der aus dem deutschen Recht stammende europäische Verhältnismäßigkeitsgrundsatz ist allerdings nicht völlig identisch mit dem deutschen Original.[5] So fällt auf, dass die jüngere Rechtsprechung des EuGH in Abkehr von der klassischen Verhältnismäßigkeitsformel die Angemessenheitsprüfung nicht mehr ausdrücklich als eigenständige Prüfungsstufe bezeichnet.[6]

6   Die Dienstleistungsfreiheit und Art 10 EMRK hatten drastische Auswirkungen auf die nationalen Rundfunkmonopole, die ohne sie möglicherweise noch heute existierten.[7] Unter Rückgriff auf diese Freiheitsrechte wurde die Monopolstellung vieler öffentlichrechtlicher Rundfunkanstalten gebrochen, ua in Italien, den Niederlanden, Belgien, Österreich, Portugal und Griechenland. Auch in Deutschland war die Tatsache, dass eine Einstrahlung und Weiterverbreitung ausländischer Programme, wie zB des seit 1984 zunächst von Luxemburg ausstrahlenden TV-Senders RTL Television, aus europarechtlichen Gründen nicht zu verhindern sein würde, einer der Gründe für die Zulassung privaten Rundfunks.

7   Ebenfalls von erheblicher Relevanz ist das EU-Kartellrecht. Rechtsgrundlage ist die VO 139/2004 über die Kontrolle von Unternehmenszusammenschlüssen (FusionskontrollVO).[8] Die Verordnung findet auf Zusammenschlüsse von gemeinschaftsweiter Bedeutung Anwendung. Wichtige Fusionsverfahren in Deutschland sind am Widerstand der Kommission gescheitert. So sähe zB der Pay-TV-Markt in Deutschland heute anders aus, wenn 1994 der Zusammenschluss des 1990 gegründeten Gemeinschaftsunternehmens „Premiere" von der Kirch-Gruppe, Bertelsmann und Telekom oder später in abgeschwächter Form 1999 von der Kommission genehmigt worden wäre.[9]

8   Schließlich hat das Verbot wettbewerbsverfälschender Beihilfen (Art 107 Abs 1 AEUV) Auswirkungen auf die deutsche Medienordnung.[10] Zum einen begrenzt es die Handlungs- und Wachstumsmöglichkeiten der öffentlich-rechtlichen Rundfunkanstalten[11], zum anderen bietet es den Rahmen, den die deutsche Filmförderung auf Bundes und Landesebene nicht überschreiten darf.[12]

II. Rechtsquellen, Normenhierarchie und Wirkung europäischer Normen

9   Im Gemeinschaftsrecht existiert eine ähnliche Normenhierarchie wie im innerstaatlichen Recht. An ihrer Spitze steht das primäre Gemeinschaftsrecht, das die Gründungsverträge, die Protokolle zu den Verträgen und die allgemeinen Rechtsgrundsätze umfasst. Mit dem Vertrag von Lissabon werden die bisherigen Verträge über Europä-

---

[5] Badura/Scholz/*Ossenbühl* FS Lerche, 151 ff; *Marauhn* VerwArch 85 (1994) 52 ff; EuGH C-380/03 EuZW 2007, 46, Rn 144 mwN.
[6] EuGH Rs C-36/97 und C-37/97 – Kellinghusen, Slg 1998 I-06337 Rn 33; Rs C-233/94 – Einlagensicherung, Slg 1997 I-2405 Rn 54; Rs C-280/93 – Bananenmarktordnung, Slg 1994 I-04973. Unterschiede bestehen auch im Ausmaß der gerichtlichen Kontrolle gegenüber dem Gemeinschaftsgesetzgeber, vgl auch *Stein* EuZW 1998, 261, 262 ff; *Lenz* NJW 1997, 3289 ff.
[7] EuGH Rs C-155/73 – Sacchi, Slg 1974, 409; Rs C-352/84 – Bond van Adverteeders, Slg 1988, 2085; Rs C-260/89 – ERT, Slg 1991

I-2925; Rs C-288/89 – Gouda, Slg 1991 I-4007; EGMR NJW 1991, 620 – Autronic; EGMR AfP 1994, 281 – Lentia; vgl auch *Barendt/Hitchens* 162 ff, *Greissinger* 92 ff.
[8] Verordnung 139/2004/EG des Rates v 20.1.2004 über die Kontrolle von Unternehmenszusammenschlüssen (EG-Fusionskontrollverordnung).
[9] ABlEG 1994 L 364, 1 – MSG Media Service bzw ABlEG 1999 L 53, 1 – Bertelsmann/Kirch/Premiere.
[10] S unten Rn 82 ff.
[11] S unten Rn 82 ff.
[12] S unten Rn 84 ff.

Oliver Castendyk

ische Union und Europäische Gemeinschaft ersetzt durch den Vertrag über die Europäische Union (EU) und den über die Arbeitsweise der Europäischen Union (AEUV). Die Verträge bilden gleichzeitig die Grundlage des von den Gemeinschaftsorganen erlassenen sekundären Gemeinschaftsrechts. Dazu gehören Verordnungen, Richtlinien und Entscheidungen. Auch Empfehlungen und Stellungnahmen können eine rechtliche Wirkung bei der Interpretation des europäischen und nationalen Rechts entfalten. Zwischen sekundärem und primärem EU-Recht stehen die völkerrechtlichen Abkommen, die gem Art 216 Abs 2 AEUV die Gemeinschaftsorgane binden. Die Regeln des allgemeinen Völkerrechts (Gewohnheitsrecht und allgemeiner Rechtsgrundsätze) finden Geltung, soweit sie nicht von den Regeln des EU Rechts verdrängt werden.[13] Gemeinsam mit den politischen Zielsetzungen der Gemeinschaft bildet der Bestand des EU Rechts den sog gemeinschaftlichen Besitzstand (acquis communautaire), den die Beitrittsstaaten übernehmen müssen. Anpassungen des bestehenden Gemeinschaftsrechts im Hinblick auf die Aufnahme neuer Staaten werden durch Abkommen zwischen den Mitgliedstaaten und dem beitretenden Staat geregelt (Art 49 Abs 2 EUV).

Die Verordnung entspricht in ihrer Normqualität am ehesten einem innerstaatlichen Gesetz (vergleiche Art 288 Abs 2 AEUV). Sie gilt unmittelbar und ist in allen Teilen auch für den einzelnen verbindlich. Gem Art 296 AEUV muss die europäische Gemeinschaft Verordnungen begründen. Sie sind im Amtsblatt der Gemeinschaften, Teil L, zu veröffentlichen. Das für die Medien in Europa wichtigste Beispiel ist die FusionskontrollVO. **10**

Während das primäre Gemeinschaftsrecht und auch die Verordnungen nach Art 288 AEUV für die Mitgliedstaaten ohne weitere Umsetzungsnormen rechtlich verbindlich sind[14], bedürfen die Richtlinien nach Art 288 Abs 3 AEUV noch der Umsetzung durch die Mitgliedstaaten. Erst nach Ablauf der in der Richtlinie vorgesehenen Umsetzungsfrist kann eine Richtlinie unter bestimmten Voraussetzungen unmittelbare Wirkungen entfalten, mit der Folge, dass abweichendes nationales Recht nicht zum Nachteil des Betroffenen angewendet werden darf.[15] Bei begünstigenden Richtlinien kann sich der Einzelne nach Ablauf der Umsetzungsfrist unmittelbar auf die Richtlinie berufen, sofern diese inhaltlich unbedingte und ausreichend konkrete Rechte verbürgt bzw Regelungen enthält.[16] Bei der Anwendung einschlägiger, europäischer Richtlinien ist demnach von entscheidender Bedeutung, ob die für die Umsetzung einer einschlägigen Richtlinie vorgeschriebene Umsetzungsfrist noch läuft oder bereits abgelaufen ist, und ob der Mitgliedstaat die Richtlinie umgesetzt hat oder nicht: **11**
– Ist die Umsetzungsfrist einer einschlägigen Richtlinie noch nicht abgelaufen, so kann sie jedoch schon **Vorwirkungen** zeigen und es kann für die mitgliedstaatlichen Gerichte angezeigt sein, die Richtlinie bereits zu beachten und das nationale Recht entsprechend richtlinienkonform auszulegen („stand still").[17] Die richtlinienkonforme Auslegung hat innerhalb der Grenzen der nationalen Methodenlehre und unter voller Ausschöpfung eventuell bestehender Beurteilungsspielräume, **nicht jedoch contra legem**, das heißt nicht entgegen dem expliziten Wort-

---

[13] Vgl *Herdegen* § 9 Rn 1.
[14] Grundlegend zum Vorrang des Gemeinschaftsrechts EuGH Rs 6/64 – Costa ENEL, Slg 1964, 585.
[15] EuGH Rs C-212/04 – Adelener, Slg 2006 I-6057.

[16] EuGH Rs 152/84 – Marshall, Slg 1986, 723, 749; keine unmittelbare Wirkung jedoch zwischen Privatpersonen, EuGH Rs C-192/94 – El Corte Ingles, Slg 1996 I-1281.
[17] Weiterführend *Auer* NJW 2007, 1106.

laut der nationalen Regelung zu erfolgen.[18] Eine solche richtlinienkonforme Auslegung ist vor allem dann angezeigt, wenn die anzuwendende nationale Norm letztlich auf einer Wertungsfrage beruht und die Wertung bei Geltung des Gemeinschaftsrechts in jedem Fall anders ausfällt.[19] Enthält eine noch nicht umgesetzte Richtlinie jedoch strengere Regeln als das nationale Recht, so kann sie noch keine Vorwirkungen zeigen. Eine Verbots- oder Eingriffsregel bedarf einer gesetzlichen Grundlage, welche vor Ablauf der Umsetzungsfrist eben noch nicht gegeben ist.[20]

– Ist die Umsetzungsfrist bereits abgelaufen, ist eine Richtlinie **unmittelbar** anwendbar, sofern die Richtlinie von ihrem Inhalt her unbedingt und hinreichend bestimmt ist, um im Einzelfall angewendet werden zu können. Sind diese Voraussetzungen gegeben, können sich Einzelne gegenüber dem Staat vor nationalen Behörden und Gerichten auf die sie begünstigenden Vorschriften der Richtlinie berufen.[21] Unmittelbar anwendbar ist das Richtlinienrecht grds nur gegenüber dem Staat. Die begünstigende Drittwirkung für den Einzelnen gilt unter bestimmten Voraussetzungen allerdings auch gegenüber privaten Arbeitgebern.[22] Eine unmittelbare Drittwirkung zulasten Dritter wird vom EuGH bisher abgelehnt.[23]

– Widersprechen sich das Richtlinienrecht und das nationale Recht, so sind die mitgliedstaatlichen Gerichte gehalten, den Konflikt unter Anwendung aller gebotener Auslegungsregeln unter Berücksichtigung des Gemeinschaftsrechts zu beseitigen[24] oder das entgegenstehende nationale Recht nicht anzuwenden. Die Nichtanwendung von (weiter-)geltenden und einschlägigen, nationalen Normen führt jedoch weder auf der nationalen Ebene zu Rechtsklarheit noch kann damit zu einem einheitlichen Gemeinschaftsrecht sinnvoll beigetragen werden. Bei Unvereinbarkeit von Gemeinschaftsrecht und nationalem Recht bietet sich für den Richter deshalb das Vorlageverfahren an, insb weil die Konfliktlage dadurch dem nationalen Gesetzgeber besonders deutlich vor Augen geführt wird.[25]

– Richtlinien müssen effektiv umgesetzt werden („effet utile"-Prinzip). Über den Inhalt und die Geltung des Richtlinienrechts im innerstaatlichen Recht dürfen für den einzelnen und die nationalen Organe kein Zweifel bestehen. Deshalb müssen Richtlinien grds in Form von Außenrechtssätzen (Gesetzen, Rechtsverordnungen und Ähnlichem) umgesetzt werden. Eine Umsetzung in Form einer bloßen Verwaltungsvorschrift ist deswegen problematisch.[26]

– Die Nichtumsetzung von Richtlinien kann auch zu einem **Staatshaftungsanspruch** führen.[27] Der EuGH hat in weitgehender Rechtsfortbildung Schadensersatzan-

---

18 EuGH Rs C-212/04 – Adelener, Slg 2006 I-6057; BGH GRUR 1998, 824, 827 – Testpreis-Angebot.

19 Bspw in der Entscheidung des 1. Zivilsenats zur Frage der Zulässigkeit vergleichender Werbung, welche in Vorgriff auf die Regelungen der Werberichtlinie RL 97/55/EG zur Änderung der RL 84/450/EWG über irreführende Werbung bis dato wettbewerbswidrige, vergleichende Werbung bereits zuließ, sofern nur die ebenfalls in der Richtlinie geforderten Voraussetzungen erfüllt sind – BGH GRUR 1998, 824 ff – Testpreis-Angebot.

20 Riesenhuber/*Ullmann* 303.

21 EuGH Rs 8/81 – Becker, Slg 1982, 53; ständige Rechtsprechung, vgl zB EuGH Rs 152/84 – Mindestrentenalter, Slg 1986, 9723; Rs

C-319/97 Slg 1999 I-03143; Rs C-174/00 Slg 2002 I-07869; Rs C-231/06 EuZW 2007, 644.

22 EuGH Rs 152/84 – Marshall, Slg 1986, 723, 749.

23 EuGH Rs C-91/92 – Faccini Dori, Slg 1994 I-3325; vgl aber EuGH Rs C-397/01 – Pfeiffer, Slg 2004 I – 8835.

24 EuGH Rs C-212/04 – Adelener, Slg 2006 I-6057; *Auer* NJW 2007, 1106 ff.

25 S unten Rn 128 ff; vgl auch Riesenhuber/*Ullmann* 305.

26 Vgl EuGH Rs C-361/88 – TA Luft, Slg 1991 I-2567.

27 Ein aktuelles Beispiel aus dem Bereich der Medien ist die Klage der VG Media gegen die Bundesrepublik, die sich bei der vorletzten Urheberrechtsreform (sog 1. Korb) nicht in der

Oliver Castendyk

sprüche des Einzelnen aus dem Gemeinschaftsrecht selbst auch dann bejaht, wenn das nationale Staatshaftungsrecht überhaupt keine Basis für Schadensersatzansprüche wegen der Verletzung von Gemeinschaftsrecht bietet. Die Voraussetzungen, die der EuGH für eine derartige Staatshaftung aufstellt, ähneln den Kriterien für die unmittelbare Wirkung von nicht umgesetzten Richtlinien. So muss die Richtlinie dem Einzelnen subjektive Rechte verleihen. Der Inhalt der Rechte muss soweit konkretisiert sein, dass das Mindestmaß der gebotenen Begünstigung klar erkennbar ist. Außerdem muss zwischen dem Verstoß des Mitgliedstaates gegen die Umsetzungsfrist und dem entstandenen Schaden für den begünstigten ein kausaler Zusammenhang bestehen. Die Ausgestaltung der Staatshaftung überlässt der EuGH dem nationalen Haftungsrecht. Die aus der „Francovic"-Rechtsprechung[28] gewonnenen Erkenntnisse und Grundsätze wendet der EuGH seit Mitte der neunziger Jahre auch auf die Verletzung von unmittelbar wirksamem primärem Gemeinschaftsrecht an. Auch hier stellt der Entschädigungsanspruch aus Sicht des Gerichts eine notwendige Ergänzung der unmittelbaren Wirkung dar, die den Gemeinschaftsvorschriften zukommen, auf deren Verletzung der entstandene Schaden beruhe. Dabei lehnt der EuGH ausdrücklich ein besonderes Verschulden des verantwortlichen Organs als Haftungserfordernis ab. Die Anerkennung einer solchen Staatshaftung revolutioniert das deutsche Staatshaftungsrecht, das bis dahin keinen Anspruch wegen legislativen Unrechts kannte.[29]

III. Verhältnis des europäischen zum nationalen Recht

Das Gemeinschaftsrecht genießt **Vorrang** gegenüber dem nationalen Recht.[30] Der **12** EuGH hat in der Rechtssache Costa/Enel[31] eine für das Verhältnis des Gemeinschaftsrechts zum nationalen Recht grundlegende Feststellung getroffen: Die Staaten hätten Hoheitsrechte endgültig auf das von ihnen geschaffene Gemeinwesen übertragen. Sie könnten diesen Akt durch spätere einseitige Maßnahmen nicht rückgängig machen. Das Primat des Gemeinschaftsrechts ergebe sich aber auch aus dem Grundsatz der Vertragstreue, dem Diskriminierungsverbot (Art 18 AEUV) und der unmittelbaren Geltung von Verordnungen in jedem Mitgliedstaat (Art 288 AEUV). Das Gemeinschaftsrecht ist insoweit ein besonderes Völkerrecht, da es im Rang zwischen Verfassungsrecht und einfachem Gesetzesrecht steht oder nur den Rang einfachen Gesetzesrechts hat (Art 59 GG). Das Verhältnis von inkorporiertem oder transformiertem Völkerrecht und staatlichem Recht bestimmt sich nach der Regel, wonach das spätere Gesetz das frühere Gesetz verdrängt („lex posterior"-Grundsatz). Der Vertrag von Lissabon hat entgegen der ursprünglichen Planung keinen ausdrücklichen Vorrang des EU-Rechts bestimmt. Stattdessen bekennen sich die Mitgliedsstaaten in einer Erklärung zum Lissaboner Vertrag zu den hergebrachten, auf der EuGH-Rechtsprechung beruhenden Grundsätzen, die in einem der Erklärung angehängten Rechtsgutachten des Jurisischen Dienstes des Rates näher beschrieben sind.

Lage gesehen hatte, den Sendern einen Vergütungsanspruch aus §§ 53 ff UrhG auf der Basis ihres Signalrechts gem § 87 UrhG zu gewähren (KG Berlin ZUM 2009, 567 rechtskräftig).
28 EuGH C-6/90 ua – Francovich, Slg 1991 I-5357.
29 Ausf dazu Dauses/*Stettner* A IV Rn 46 f.

30 Der Vorrang des Gemeinschaftsrechts wird von den Gerichten der Mitgliedstaaten – nach anfänglichem Zögern – allgemein anerkannt. Ein Überblick geben *Bieber/Epiney/Haag* 94 ff; zur Haltung des französischen Conseil d'Etats vgl *Stotz* EuZW 1991, 118 ff.
31 EuGH Rs 6/64 – Costa/Enel, Slg 10, 1251.

13 Fraglich ist lediglich, ob es sich beim Vorrang des Gemeinschaftsrechts um einen **Geltungsvorrang** handelt oder nur um einen **Anwendungsvorrang** im Sinne einer Kollisionsregel. Bei einem Geltungsvorrang würde ein Verstoß des nationalen Rechts gegen das EU-Recht automatisch zu dessen Unwirksamkeit führen, während bei einer Kollisionsregel das EU-rechtswidrige innerstaatliche Recht nur im konkreten Fall nicht angewendet werden dürfte. Auch ein Anwendungsvorrang kann jedoch weit reichende Folgen haben. Dies zeigt sich am Beispiel der Bestandskraft von (gemeinschaftsrechts-) widrigen Verwaltungsakten. Der Vorrang des Gemeinschaftsrechts setzt sich zumindest insoweit gegen die Bestandskraft durch, als eine Geldstrafe, die nach dem Zeitpunkt des Beitritts eines Mitgliedstaates wegen der Nichtbeachtung eines bestandskräftigen Veraltungsaktes verhängt wurde, nicht verlangt werden kann.[32]

14 Etwas komplexer ist das Verhältnis zwischen Gemeinschaftsrecht und **deutschem Verfassungsrecht**. Grds bot bereits Art 24 Abs 1 GG (und bietet heute Art 23 GG) eine ausreichende Basis für den Vorrang des Gemeinschaftsrechts. Das BVerfG verneinte jedoch in der ersten „Solange-Entscheidung" 1974 den Vorrang des Gemeinschaftsrechts, weil es die Grundrechtsgewährleistungen des Gemeinschaftsrechts für nicht ausreichend hielt. **Solange** der allgemein verbindliche Grundrechtsstandard des EU Rechts demjenigen des Grundgesetzes noch nicht mit Sicherheit entspräche, sei es Sache des nationalen Verfassungsgerichts, sekundäres Gemeinschaftsrecht auf seine Vereinbarkeit mit den Grundrechten zu überprüfen und gegebenenfalls seine Unanwendbarkeit festzustellen.[33] Später hatte das Gericht angesichts der Weiterentwicklung der gemeinschaftsrechtlichen Grundrechte durch den Europäischen Gerichtshof die „Solange-Formel" umgedreht. Solange die Europäische Gemeinschaft einen wirksamen, dem Grundgesetz im Wesentlichen entsprechenden Schutz der Grundrechte gewährleistet, will das BVerfG seine Gerichtsbarkeit über die Anwendung von sekundärem Gemeinschaftsrecht nicht mehr ausüben und nicht mehr am Maßstab des Grundgesetzes messen.[34] Entsprechende Vorlagen nach Art 100 Abs 1 GG seien somit unzulässig.[35] Diese zweite „Solange-Formel" hat das BVerfG in seinem Maastricht-Urteil im Grundsatz bestätigt und hinzugefügt, dass es seine Gerichtsbarkeit über die Anwendbarkeit von sekundärem Gemeinschaftsrecht in Deutschland in einem „Korporationsverhältnis" zum EuGH ausüben wolle, indem der EuGH den Grundrechtsschutz im Einzelfall garantiere und das BVerfG sich auf eine generelle Gewährleistung des unabdingbaren Grundrechtsschutzes beschränken könne.[36] In seiner jüngsten Entscheidung zum Vertrag von Lissabon spricht das Gericht unter Bezugnahme auf die Präambel und Art 23 GG von einem Grundsatz der Europafreundlichkeit.[37] Der unabdingbare und gewissermaßen „europarechtsfeste" Grundrechtsbestand ist der in Art 79 Abs 3 GG gewährte Kernbestand der Grundrechte. Dabei definiert das Gericht verfassungsrechtlich gesicherte Tabuzonen, die eine Art gesicherter Restsouveränität der Bundesrepublik Deutschland abstecken; dazu gehören laut der letztgenannten BVerfG-Entscheidung das Gewaltmonopol des Staates, die Budgethoheit, das Straf- und Familienrecht aber auch die grundlegende Medienordnung.[38] Außerdem will das BVerfG selbst prüfen, ob die EU beim Erlass von Sekundärrecht im Rahmen ihrer

---

[32] EuGH Rs C-224/97 – Ciola, Slg 1999 I-2517.
[33] BVerfGE 37, 271, 279 ff – Solange I.
[34] BVerfGE 73, 339, 375 ff – Solange II.
[35] S aber unten in der nachfolgenden Rn 16; BVerfGE 73, 339, 387 – Solange II.

[36] BVerfGE 89, 155 – Maastricht; vgl *Dörr* ZUM 1995, 14 ff.
[37] BVerfG NJW 2009, 2267, Rn 225.
[38] BVerfG NJW 2009, 2267 Rn 249 ff; krit *Schmittmann* AfP 2009, 350.

Oliver Castendyk

Kompetenz bleibt, denn die Bundesrepublik habe ihre Souveränität nur insoweit aufgegeben, als die EU sich im Rahmen der „begrenzten Einzelermächtigung" bewege.

Kurz zusammengefasst lassen sich deshalb drei Varianten differenzieren: Einfaches **15** Verfassungsrecht muss dem Gemeinschaftsrecht weichen. Verfassungsrecht, für das es keinen dem Grundgesetz im Wesentlichen vergleichbaren Grundrechtsschutz auf europäischer Ebene gibt, bleibt anwendbar. Und schließlich kann auch der **unantastbare Kernbestand** des Art 79 Abs 3 GG nicht von entgegenstehendem Gemeinschaftsrechts verdrängt werden.

Diese sog **Ewigkeitsgarantie** des Art 79 Abs 3 GG führt auch dazu, dass das BVerfG **16** seine frühere Rechtsprechung, wonach eine Verfassungsbeschwerde nicht unmittelbar gegen supranationale Hoheitsakte gerichtet werden konnte (da es sich dabei nicht um einen Akt deutscher öffentlicher Gewalt handelte) aufgegeben hat. Denn auch Akte einer supranationalen Organisation betreffen Grundrechte; sie berühren damit die Gewährleistung des Grundgesetzes und die Aufgaben des BVerfG.[39] Die Reduzierung der inhaltlichen Kontrolle im Grundrechtsbereich beinhaltet außerdem keine Beschränkung der **Kontrolle in Kompetenzfragen.** Ausgehend vom Demokratieprinzip als tragendem Strukturprinzip des Grundgesetzes iSd Art 79 Abs 3 GG behält sich das Gericht deswegen vor, das jeweilige Zustimmungsgesetz dahingehend zu kontrollieren, ob es sich an die durch die Verträge den Gemeinschaftsorganen zugewiesenen Kompetenzen hält. Diese Überprüfung einer möglichen Kompetenzüberschreitung durch einen Rechtsakt der Europäischen Gemeinschaft wird auch von anderen Gerichten in Europa vertreten und vom Europäischen Parlament mit Besorgnis betrachtet.[40]

§ 2
Europäisches Primärrecht

I. Grundfreiheiten

Gem Art 26 AEUV ist es vorrangiges Ziel der Europäischen Gemeinschaft, einen **17** einheitlichen Binnenmarkt als Raum ohne Binnengrenzen zu errichten, in dem der freie Verkehr von Waren, Personen, Dienstleistungen und Kapital gewährleistet ist. Unterschiedlich strenge Regelungen in den einzelnen Mitgliedstaaten können den freien Waren- und Dienstleistungsverkehr im Binnenmarkt behindern und damit das gegenüber dem nationalen Recht **vorrangige Primärrecht der Gemeinschaft** verletzen. Neben dem allgemeinen Diskriminierungsverbot aus Art 18 AEUV sind im Bereich des Medienrechts vor allem die primärrechtlichen Vorschriften zum Schutze des freien Warenverkehrs (Art 34 ff AEUV) und des freien Dienstleistungsverkehrs (Art 56 ff AEUV) von Bedeutung. Daneben können auch die Niederlassungsfreiheit und die Kapitalverkehrsfreiheit eine Rolle spielen. Allerdings sind nationale medienrechtliche Bestimmungen, die auf Gemeinschaftsebene bereits abschließend harmonisiert wurden, anhand der betreffenden Harmonisierungsmaßnahmen und nicht des primären Gemeinschaftsrechts zu beurteilen.[41]

Eine mitgliedstaatliche, gesetzliche Regelung verstößt damit gegen primäres Ge- **18** meinschaftsrecht, wenn die Rechtsfrage **noch nicht durch sekundäres Gemeinschaftsrecht abschließend harmonisiert** wurde, wenn der **Anwendungsbereich einer Grund-**

---

39 BVerfGE 89, 155, 175 – Maastricht.
40 Vgl *Herdegen* Rn 247 f.
41 EuGH EuZW 2002, 89 – Daimler Chrysler; EuGH NJW 2004, 131 – DocMorris.

freiheit eröffnet ist und die nationale Maßnahme nicht durch die expliziten **Schrankenregelungen** der Grundfreiheiten oder den durch Rechtsprechung bestätigten immanenten Schranken gerechtfertigt ist.[42]

19   Nationales Recht, welches gegen die Grundfreiheiten verstößt, ist zwar nicht nichtig, darf aber von den Gerichten nicht angewandt werden.[43] Verstößt eine nationale Rechtsvorschrift etwa gegen die Warenverkehrsfreiheit (zB das deutsche Reinheitsgebot für Bier)[44], und wird diese jedoch für den grenzüberschreitenden Warenverkehr aufgehoben und nur für Inländer beibehalten, so ist der Verstoß gegen Gemeinschaftsrecht nicht mehr gegeben. In diesen Fällen der **Inländerdiskriminierung** ist das Gemeinschaftsrecht nicht mehr betroffen, sondern es kommen Verstöße gegen nationales Verfassungsrecht in Betracht.[45]

1. Warenverkehrsfreiheit, Art 34 AEUV

20   a) **Grundsatz.** Art 34 AEUV verbietet **mengenmäßige Einfuhrbeschränkungen** und nach gefestigter Rechtsprechung des EuGH auch sämtliche **Maßnahmen gleicher Wirkung** zwischen den Mitgliedstaaten. Als Maßnahme mit gleicher Wirkung ist laut EuGH jede Regelung der Mitgliedstaaten anzusehen, die geeignet ist, den innergemeinschaftlichen Handel zwischen den Mitgliedstaaten unmittelbar oder mittelbar, tatsächlich oder potenziell zu behindern.[46] Es ist nicht erforderlich, dass die nationale Regelung gerade bezweckt, den Handel zwischen den Mitgliedstaaten zu regeln. Vielmehr kommt es lediglich darauf an, wie sich die Regelung tatsächlich oder potenziell auf den innergemeinschaftlichen Handel auswirken kann. Mit dieser **sog _„Dassonville-Formel"_** hat der EuGH den Anwendungsbereich des Art 34 AEUV gleich einer Generalklausel weiterentwickelt, welche eine Überprüfung sämtlicher Beschränkungen des innergemeinschaftlichen Warenverkehrs erlaubt. Fehlt es an einer anerkannten **Rechtfertigung** für solche Beschränkungen aufgrund **Art 36** AEUV oder entsprechend der _Cassis-de-Dijon_-Rechtsprechung[47], so unterfallen sie dem Verbot des Art 34 AEUV. Soweit sich also Hemmnisse für den Warenverkehr daraus ergeben, dass importierte Waren aus anderen Mitgliedstaaten, die dort rechtmäßig hergestellt und in den Verkehr gebracht worden sind, bestimmten nationalen, warenbezogenen Vorschriften entsprechen müssen, sind sie – vorbehaltlich einer anerkannten Rechtfertigung – gem Art 34 AEUV als verbotene Maßnahmen mit gleicher Wirkung zu qualifizieren, selbst wenn diese Vorschriften unterschiedslos für importierte wie für einheimische Waren gelten.

21   Aus dieser Rechtsprechung folgt das **Prinzip der gegenseitigen Anerkennung:** Die in einem Mitgliedstaat rechtmäßig hergestellten und in Verkehr gebrachten Waren sind – vorbehaltlich gerechtfertigter Beschränkung – in der gesamten Gemeinschaft verkehrsfähig.

22   Der EuGH unterscheidet seit seiner _Keck_-Entscheidung[48] von 1993 in ständiger Rechtsprechung zwischen Regelungen, welche die Merkmale der **Ware selbst**, und solchen, die lediglich **Modalitäten des Verkaufs der Ware** betreffen.

---

[42] Wie etwa im Urteil EuGH GRUR 1979, 468 – Cassis de Dijon.
[43] EuGH EuZW 1997, 574 – Morrelato.
[44] EuGH Rs 178/84 – Reinheitsgebot für Bier, Slg 1987, 1227.
[45] S dazu EuGH EuZW 1992, 189 – Steen/Deutsche Bundespost.

[46] EuGH GRUR Int 1974, 467 – Dassonville.
[47] EuGH GRUR 1979, 468 – Cassis de Dijon; weiterführend _Becker_ EuR 1994, 162 ff.
[48] EuGH GRUR 1994, 296 – Keck und Mithouard.

Als **warenbezogene Regelung** sind bspw Regelungen anzusehen, die an Waren **23** bestimmte Anforderungen, etwa hinsichtlich der Bezeichnung, Form, Abmessung, Zusammensetzung, Aufmachung, Etikettierung und Verpackung stellen.[49] Soweit eine Vorschrift nicht die Merkmale der Ware selbst regelt, sondern nur bestimmte Modalitäten ihres Verkaufs beschränkt oder verbietet, stellt sie laut EuGH grds keine Maßnahme gleicher Wirkung iSd Art 34 AEUV dar. Als Verkaufsmodalitäten sind insb solche Vorschriften anzusehen, die das Wer, Wo, Wann und Wie der Produktvermarktung regeln. Dazu gehören bspw Werbebeschränkungen und Werbeverbote, etwa bzgl der Fernsehwerbung[50] oder das Verbot des Versandhandels mit apothekenpflichtigen Arzneimitteln.[51] Mit dieser Unterscheidung wollte der EuGH seine Rechtsprechung auf diesem Gebiet überprüfen und präzisieren, da sich Wirtschaftsteilnehmer immer häufiger auf Art 34 AEUV beriefen.[52] Gleichwohl kann die Abgrenzung im Einzelfall Schwierigkeiten bereiten. Als Orientierung, nicht jedoch zur zweifelsfreien Abgrenzung kann die Frage dienen, ob auf Basis der fraglichen Regelung bei einer Einfuhr-Inspektion eines ausländisches Produktes festgestellt werden könnte, dass das Produkt in seiner konkreten Aufmachung und Verpackung im Inland nicht angeboten werden darf.[53] Wenn das der Fall ist, so handelt es sich um eine warenbezogene Regelung, denn zu dem Zeitpunkt hat der Abverkauf der Ware noch nicht begonnen.

Eine lediglich **Verkaufsmodalitäten** betreffende Regelung fällt nur dann unter **24** Art 34 AEUV, wenn sie erstens nicht für alle betroffenen Wirtschaftsteilnehmer gilt, die ihre Tätigkeit im Inland ausüben und sie zweitens den Absatz der inländischen Erzeugnisse und der Erzeugnisse aus anderen Mitgliedstaaten rechtlich wie tatsächlich nicht in gleicher Weise berührt.[54] Berühren die Regelungen den Absatz inländischer Erzeugnisse und importierter Erzeugnisse rechtlich wie tatsächlich in gleicher Weise, so ist der Anwendungsbereich des Art 34 AEUV nicht eröffnet.

b) **Ausnahmen/Rechtfertigungsgründe.** Fällt eine Beschränkung unter Art 34 **25** AEUV, so kann diese entweder durch die **geschriebene Schranke des Art 36 AEUV** oder durch ungeschriebene Rechtfertigungsgründe als „zwingende Allgemeinwohlinteressen" nach der **Cassis-de-Dijon-Rechtsprechung** gleichwohl gerechtfertigt werden.

Bei der Prüfung ist allerdings zu beachten, dass Maßnahmen, die nicht unter- **26** schiedslos für einheimische wie für eingeführte Produkte gelten, ausschließlich durch Art 34 AEUV gerechtfertigt werden können.[55] Die Prüfung der Rechtfertigung nach Art 34 AEUV hat vor der Prüfung der immanenten Einschränkungen von Art 34 AEUV zu erfolgen. Denn als rechtfertigende „zwingende Erfordernisse" kommen nur solche in Betracht, die nicht in Art 36 AEUV genannt sind.[56]

aa) **Art 36 AEUV.** Eine **Rechtfertigung** von Beschränkungen, die unter Art 34 **27** AEUV fallen, kommt aus Art 36 AEUV in Betracht, wenn folgende **Voraussetzungen** gegeben sind: (a) Es liegt einer der in Art 36 AEUV abschließend aufgezählten Rechtfertigungsgründe vor. (b) Die Beschränkung genügt dem Verhältnismäßigkeitsgebot.

---

[49] EuGH WRP 1995, 677 – Mars; WRP 1997, 706 – Zeitschriften-Gewinnspiel.
[50] EuGH WRP 1995, 470 – Leclerc-Siplec; GRUR Int 1997, 913, 917 – de Agostini.
[51] EuGH NJW 2004, 131 – DocMorris.
[52] So ausdrücklich der EuGH, GRUR 1994, 296 – Keck und Mithouard.

[53] Vgl Piper/Ohly/*Ohly* Einf C Rn 15 mit weiteren Beispielen; weiterführend auch Ehlers/*Epiney* 227 ff; *Ackermann* RIW 1994, 189.
[54] EuGH GRUR 1994, 296 – Keck und Mithouard; EuGH NJW 2004, 131 – DocMorris.
[55] Weiterführend *Mühl* 345 ff.
[56] EuGH EuZW 1993, 129 – Michel Debus.

(c) Die Beschränkung darf weder ein Mittel zur willkürlichen Diskriminierung noch eine verschleierte Beschränkung des Handels zwischen den Mitgliedstaaten darstellen.

28 Nach Art 36 AEUV können solche Einfuhr-, Ausfuhr- und Durchfuhrverbote oder -beschränkungen gerechtfertigt sein, die aus Gründen der öffentlichen Sittlichkeit, Ordnung und Sicherheit, zum Schutze der Gesundheit und des Lebens von Menschen, Tieren oder Pflanzen, des nationalen Kulturguts von künstlerischem, geschichtlichem oder archäologischem Wert oder des gewerblichen und kommerziellen Eigentums gerechtfertigt sind. Im Bereich des privaten Medienrechts und Wettbewerbsrechts kommt vor allem dem **Schutz der Gesundheit und des Lebens** (insb bei Arzneimitteln) sowie dem Schutz des gewerblichen und kommerziellen Eigentums besondere Bedeutung zu. Unter letzteren Begriff fallen sämtliche **Rechte des geistigen Eigentums**, insb technische Schutzrechte wie Patente und Gebrauchsmuster, Kennzeichenrechte wie Marken, Unternehmensbezeichnungen und Werktitel sowie das Geschmacksmusterrecht, Urheberrecht und die verwandten Schutzrechte.[57] Der EuGH hat auch geographische Herkunftsangaben als Rechte gem Art 36 AEUV anerkannt.[58]

29 Das **Verhältnismäßigkeitsgebot** gilt im gesamten Gemeinschaftsrecht und erfordert, dass die zu überprüfende Maßnahme **geeignet, erforderlich und angemessen** sein muss, um die berechtigten Belange der Maßnahme zu erreichen. Während den Mitgliedstaaten hinsichtlich der Erforderlichkeit der Maßnahme, dh die Frage, ob es nicht ein milderes aber ebenso zuverlässiges Mittel gegeben hätte ein Prognosespielraum zukommt, ist die Frage der Geeignetheit voll überprüfbar.[59] Schließlich ist eine Maßnahme nur dann angemessen, wenn sie in einem angemessenen Verhältnis zum verfolgten Zweck steht. Auch hier steht dem Gesetzgeber ein weiter Spielraum für eigene Wertungen zu.

30 **bb) Immanente Einschränkungen von Art 34 AEUV.** Nach der Rechtsprechung des EuGH sind auch solche Regelungen als Maßnahmen gleicher Wirkung gem Art 34 AEUV zu beurteilen, die sich nicht auf eingeführte Waren beziehen, sondern unterschiedslos für ausländische und inländische Waren gelten, sofern sie die Einfuhr solcher ausländischer Waren behindern, die nach ausländischem Recht rechtmäßig hergestellt und in den Verkehr gebracht worden sind.[60] Allerdings können solche Regelungen nicht nur nach Art 36 AEUV, sondern auch nach den **ungeschriebenen Rechtfertigungsgründen**, also den immanenten Einschränkungen des Art 34 AEUV zulässig sein.

31 In seinem *Cassis-de-Dijon*-Urteil entschied der EuGH, dass nationale Regelungen, die unterschiedslos für heimische wie für importierte Erzeugnisse gelten, aber zu Hemmnissen für den freien Binnenhandel führen, in Ermangelung einer gemeinschaftsrechtlichen Regelung hingenommen werden müssen, wenn sie notwendig sind, um **zwingenden Erfordernissen des Allgemeininteresses** gerecht zu werden.[61] Zu den zwingenden Erfordernissen des Allgemeininteresses zählt der EuGH ua den Verbraucherschutz, den Gesundheitsschutz, die Lauterkeit des Handelsverkehrs und den Umweltschutz. Das Ziel der jeweiligen nationalen Regelung muss daher mit dem Gemeinschaftsrecht vereinbar sein. Beschränkende – diskriminierungsfreie – Regelungen sind außerdem nur dann zulässig, wenn sie dem **Grundsatz der Verhältnismäßigkeit** ent-

---

57 Streinz/*Schroeder* Art 30 EGV Rn 23 ff.
58 EuGH GRUR Int 1993, 76 – Exportur.
59 EuGH GRUR 1993, 747 – Yves Rocher; EuGH GRUR Int 1994, 231 – Clinique; EuGH EuZW 2007, 46 – Tabakwerberichtlinie.

60 EuGH Rs 120/78 – Cassis de Dijon, Slg 1979, 649.
61 EuGH Rs C-368/95 – Familiapress, Slg 1997 I-3689.

Oliver Castendyk

sprechen, also in einem angemessenen Verhältnis zum verfolgten Zweck stehen, und wenn dieser Zweck nicht durch Maßnahmen erreicht werden kann, die den innergemeinschaftlichen Handel weniger beschränken.[62]

Eine Rechtfertigung kann demnach unter folgenden **Voraussetzungen** gegeben sein: **32** (a) Es fehlt eine abschließende, gemeinschaftsrechtliche Regelung. Liegt eine gemeinschaftsrechtliche Regelung in dem betroffenen Bereich vor, so ist zunächst festzustellen, ob diese eine vollständige Harmonisierung bezweckt oder lediglich Mindeststandards festlegen soll. Nur sofern eine vollständige Harmonisierungsmaßnahme vorliegt, ist eine Berufung auf sonstige „zwingende Erfordernisse des Allgemeinwohls" nicht möglich.[63] (b) Es liegt ein zwingendes Erfordernis für das Allgemeinwohl vor. Hier eröffnet sich mangels abschließender Definition von Algemeinwohlbelangen ein gewisser Spielraum, wobei der EuGH bislang nur gewichtige Belange anerkannt hat, welche von einiger Bedeutung für die Gesellschaft sind.[64] So wurden anerkannt: Die wirksame steuerliche Kontrolle; Schutz der öffentlichen Gesundheit, Schutz der Lauterkeit des Handelsverkehrs, Umweltschutz, Verbraucherschutz, Schutz der Sozialsysteme, Schutz der Medienvielfalt. (c) Die zu überprüfende Regelung gilt unterschiedslos für importierte wie inländische Waren. Sofern auch nur mittelbare Unterschiede (mittelbare Diskriminierung) in der Anwendung der Regelung existieren, sind nach dem EuGH lediglich die geschriebenen Rechtfertigungsgründe des Art 36 AEUV einschlägig.[65] (d) Die Beschränkung muss dem Gebot der Verhältnismäßigkeit genügen (erforderlich und angemessen), wie für Art 36 AEUV (ehem Art 30 EGV) entwickelt worden ist.

cc) Die Grundrechte als Rechtfertigungsgründe und Schranken-Schranken. Neben **33** dem Grundsatz der Verhältnismäßigkeit sind nach ständiger Rechtsprechung des EuGH die **Grundrechte der Union** als selbstständige **Schranken-Schranken** in die Überprüfung von Eingriffen in die Grundfreiheiten heranzuziehen.[66] Soll ein Eingriff in die Grundfreiheiten durch einen geschriebenen oder ungeschriebenen Rechtfertigungsgrund gedeckt sein, so ist die „im Gemeinschaftsrecht vorgesehene Rechtfertigung im Lichte der allgemeinen Rechtsgrundsätze und insb der Grundrechte auszulegen".[67] Das soll sowohl für die geschriebenen Rechtfertigungsgründe als auch die immanenten Schranken der Grundfreiheiten gelten,[68] sowie für nichtdiskriminierende Verkaufsmodalitäten, bei welchen eine Beeinträchtigung der Grundfreiheiten nach Maßgabe der *Keck*-Formel gar nicht vorliegt und sich die Frage der Rechtfertigung an sich gar nicht stellt.[69]

In seiner jüngeren Rechsprechung verstärkt der EuGH die Rolle der Grundrechte **34** noch und sieht in ihnen auch ein eigenständiges Gegengewicht zu den Grundfreiheiten: Da die Grundrechte der Union sowohl von der Union als auch den Mitgliedstaaten zu beachten seien, stellt ihr Schutz laut EuGH ein berechtigtes Interesse dar, welches **Beschränkungen der Grundfreiheiten** rechtfertigen kann.[70] Grundrechte im Sinne

---

62 EuGH GRUR 1993, 747 – Yves Rocher; EuGH GRUR 1994, 303 – Clinique; EuGH NJW 1995, 3243 – Mars; EuGH GRUR Int 1997, 912 – de Agostini.
63 EuGH EuZW 2002, 89 – Daimler Crysler; GRUR 2004, 174 – DocMorris; EuGH GRUR Int 1997, 912 – de Agostini.
64 MwN Streinz/*Schroeder* Art 30 EGV Rn 33 ff.
65 EuGH GRUR 2004, 174 – DocMorris.

66 EuGH Rs C-368/95 – Familiapress, Slg 1997 I-3689, Rn 24.
67 EuGH Rs C-368/95 – Familiapress, Slg 1997 I-3689, Rn 24.
68 EuGH Rs C-368/95 – Familiapress, Slg 1997 I-3689, Rn 24.
69 EuGH Rs C-71/02 – Karner, Slg 2004, I-3025.
70 EuGH Rs C-415/93 – Bosman, Slg 1995 I-4921, Rn 79 EuGH Rs C-112/00 – Schmid-

des EuGH sind jedoch lediglich die Grundrechte der Union, da die Beeinträchtigung der Grundfreiheiten den Anwendungsbereich der Unionsgrundrechte automatisch eröffne und damit mitgliedstaatliche Grundrechte verdränge.[71]

35 Die Grundrechte der Gemeinschaft entfalten damit im Verhältnis zu den Grundfreiheiten ein **doppeltes Spannungsfeld**: Einerseits können sie die Wirkung der wirtschaftlichen Grundfreiheiten verstärken, indem sie als Schranken-Schranken für Eingriffe in die Grundfreiheiten wirken und auf diese Weise den **Schutz von Individualinteressen** in den Abwägungsprozess einbringen.[72] Andererseits können sie auch eine Schutzkonstellation hervorrufen, die eine **Einschränkung der Grundfreiheiten** durch die Mitgliedstaaten erfordert und rechtfertigt.[73]

2. Dienstleistungsfreiheit, Art 56 ff AEUV

36 Dienstleistungen sind nach Art 57 AEUV Leistungen, die in der Regel gegen Entgelt erbracht werden, soweit sie nicht den Vorschriften über den freien Waren- und Kapitalverkehr und über die Freizügigkeit von Personen unterliegen. Dazu gehören nach dem EuGH auch **Rundfunksendungen** (Hörfunk und Fernsehen).[74]

37 Art 56 AEUV schützt sowohl den Erbringer als auch den Empfänger grenzüberschreitender Dienstleistungen. Entsprechend sind **sämtliche Beschränkungen der Dienstleistungsfreiheit** verboten, insb die Diskriminierung von In- und Ausländern, aber **auch alle sonstigen Maßnahmen**, die geeignet sind, den Dienstleistungsverkehr zwischen den Mitgliedstaaten mittelbar oder unmittelbar, aktuell oder potenziell zu behindern. Der Schutzbereich der Dienstleistungsfreiheit ist damit korrespondierend zur Warenverkehrsfreiheit weit auszulegen.[75] Auch unterschiedslos auf In- und Ausländer anwendbare Regelungen fallen in den Anwendungsbereich des Art 56 AEUV, wenn sie geeignet sind, die Tätigkeiten von Dienstleistern, die in einem anderen Mitgliedstaat ansässig sind und ihre Dienstleistungen dort rechtmäßig erbringen, zu unterbinden oder zu behindern.[76] Eine Abgrenzung zwischen **produktbezogenen und lediglich vertriebsbezogenen Maßnahmen** wie in der *Keck*-Entscheidung wurde hier allerdings vom EuGH noch nicht getroffen.[77]

38 **Rechtfertigungsgründe** vergleichbar mit Art 36 AEUV sind in den Art 56 ff AEUV nicht vorgesehen. Sofern noch keine abschließende gemeinschaftsrechtliche Regelung besteht, sind nach der Rechtsprechung des EuGH Beschränkungen der Dienstleistungsfreiheit jedoch zulässig, wenn sie zur Erreichung **eines der Ziele des Art 52 AEUV** oder aus **zwingenden Gründen des Allgemeininteresses** erforderlich sind, hierzu in einem angemessenen Verhältnis stehen und diese zwingenden Gründe oder Ziele nicht durch weniger einschneidende Maßnahmen erreicht werden können.[78] Die

---

berger (Brennerblockade), Slg 2003 I-5659; vgl weiterführend *Kadelbach/Petersen* EuGRZ 2003, 492 ff.

71 EuGH Rs C-112/00 – Schmidberger, Slg 2003, I-5659. Krit zur Verdrängung der mitgliedstaatlichen Grundrechte *Kanitz/Steinberg* EuR 2003, 1013; *Kingreen/Störmer* EuR 1998, 263; *Kingreen* EuGRZ 2004, 570.

72 Weiterführend auch *Schultz* AöR 2007, 316 ff; Ehlers/*Ehlers* 177 ff.

73 EuGH Rs C-415/93 – Bosmann, Slg 1995, I-4921, Rn 79; EuGH Rs C-112/00 – Schmidberger, Slg 2003, I-5659.

74 EuGH Rs 155/73 – Sacchi, Slg 1974, 409, 428 ff; weiterführend *Baumann* 163 ff.

75 Streinz/*Müller-Graff* Art 49 EGV, Rn 85.

76 EuGH EuZW 2000, 763 – Corsten; EuGH EuZW 2003, 415 – Kommission/Luxemburg.

77 Vgl EuGH GRUR Int 1997, 913 – de Agostini, wo der EuGH zwar eine Verkaufsmodalität als Einschränkung der Dienstleistungsfreiheit anerkennt und diese Frage gar nicht aufwirft; vgl auch *Behrens* EuR 1992, 145 ff.

78 EuGH NJW 1996, 579 – Gebhard; EuGH GRUR Int 1997, 913 – de Agostini; EuGH NJW 2004, 139 – Gambelli.

Beschränkungen dürfen nicht in diskriminierender Weise angewandt werden. Zu den „zwingenden Gründen des Allgemeininteresses" zählen, wie bei Art 34 AEUV, nur besonders beachtliche Gründe, unter anderem die Lauterkeit des Handelsverkehrs[79], der Schutz der Verbraucher sowie der Schutz der sittlichen, religiösen und kulturellen Besonderheiten der Sozialordnung[80] und der Menschenwürde.[81]

3. Niederlassungsfreiheit, Art 49 Abs 2 AEUV

Die Niederlassungsfreiheit verbürgt das **Freizügigkeitsrecht der Selbstständigen,** also Freiberufler, Handwerker und sonstigen Gewerbetreibenden (Unternehmer) und stellt damit einen der drei Eckpfeiler des Freizügigkeitsrechts in der Union dar, neben Art 45 Abs 1 AEUV (Arbeitsnehmerfreizügigkeit) und Art 21 AEUV (allg. Freizügigkeitsrechts der Unionsbürger). Da insb im Bereich der freien Berufe umfangreiche, mitgliedstaatliche Zugangsbestimmungen gewachsen sind, soll Art 49 AEUV in diesem Bereich das **Prinzip der gegenseitigen Anerkennung** verstärken. Die Vorschrift ist jedoch nur für Fälle mit **grenzüberschreitendem Bezug** anwendbar. Die Fälle der **Inländerdiskriminierung** können nicht unter Berufung auf Art 49 AEUV gelöst werden.

39

Auf die Niederlassungsfreiheit können sich sowohl natürliche als auch juristische Personen[82] berufen, die einer **selbstständigen Erwerbstätigkeit**[83] nachgehen bzw in einem anderen Mitgliedstaat ihre **Niederlassung** begründen. Der EuGH definiert den Begriff der Niederlassung als „tatsächliche Ausübung einer wirtschaftlichen Tätigkeit mittels einer **festen Einrichtung** in einem anderen Mitgliedstaat auf unbestimmte Zeit".[84]

40

Eine besondere Ausprägung hat der **Begriff der Niederlassung im europäischen Medienrecht** erhalten. Durch die Fernseh-RL 89/552/EWG[85] wurden die Mitgliedstaaten verpflichtet, bei den **„ihrer Rechtshoheit unterworfenen Fernsehveranstaltern"** für die Einhaltung der von der Richtlinie aufgestellten Regelungen bei den durch diese erfassten Sendungen zu sorgen. In Folge hatte der EuGH die Frage zu klären, welcher Mitgliedstaat bei mehreren Niederlassungen eines Fernsehveranstalters die Rechtshoheit innehält. Der EuGH stellte auf eine qualifizierte Niederlassung ab, an welcher der Fernsehveranstalter den „Mittelpunkt seiner Tätigkeit" habe und in dem insb „die Entscheidungen über die Programmpolitik und die endgültige Zusammenstellung der zu sendenden Programme getroffen würden".[86] Dabei sei es laut EuGH unbeachtlich, dass bei der Ermittlung der Kriterien für die qualifizierte Niederlassung die Ausübung der Rechtshoheit über diesen Veranstalter einem anderen Mitgliedstaat zufalle, als dem Mitgliedstaat, für dessen Gebiet die Programme ausschließlich bestimmt sind.[87] Diese Rechtsprechung des EuGH fand Eingang in die revidierte Fernseh-RL, der

41

---

[79] EuGH GRUR Int 1997, 913 – de Agostini; EuGH WRP 1995, 801 – Alpine Investments.
[80] EuGH NJW 2004, 139 – Gambelli für das Verbot von Internetwetten.
[81] EuGH EuZW 2004, 753 – Omega Spielhallen für Verbot eines Laserdrom, in dem menschliche Tötungshandlungen simuliert werden.
[82] Weiterführend *Schön* FS Lutter 685 ff; *Wank* NZA 2005, 88 ff.
[83] Der Begriff dient der Abgrenzung zur

Arbeitnehmerfreizügigkeit, vgl EuGH EuZW 2006, 179 ff – Ritter-Coulais.
[84] EuGH Rs C-221/89 – Factortame, Slg 1991, I-3905, Rn 20.
[85] Vgl unten Rn 134 ff.
[86] EuGH Rs C-222/94 – Kommission/Vereinigtes Königreich, Slg 1996, I-4025, Rn 58, 60; EuGH Rs C-56/96 – VT4 Ltd, Slg 1997, I-3143, Rn 19 ff.
[87] EuGH Rs C-56/96 – VT4 Ltd, Slg 1997, I-3143, Rn 19 ff.

Richtlinie über audiovisuelle Mediendienste, die aber im Kern am Sendelandsprinzip festgehalten hat.[88]

42 Die Niederlassungsfreiheit wird vom EuGH seit den Entscheidungen *Klopp*,[89] *Vlassopoulou*,[90] *Kraus*[91] und *Inasti*[92] zunehmend als „Behinderungsverbot" verstanden, welches unabhängig vom Vorliegen einer Diskriminierung einschlägig sein kann. Art 49 AEUV verbiete **„auch geringfügige oder unbedeutende Beschränkungen"** der Niederlassungsfreiheit.[93]

43 Als **Ausnahme** von dem grundsätzlichen Behinderungsverbot verweist der EuGH in ständiger Rechtsprechung auf **„zwingende Gründe des Allgemeinwohls"**[94] und rekurriert damit auf einen Grundsatz der allgemeinen Grundfreiheitendogmatik. Danach können beschränkende Maßnahmen ausnahmsweise gerechtfertigt sein, wenn (a) sie nicht in diskriminierender Weise angewandt werden, (b) aus zwingenden Gründen des Allgemeinwohls gerechtfertigt sind und (c) dem Grundsatz der Verhältnismäßigkeit entsprechen, dh geeignet, erforderlich und angemessen sind.

4. Kapitalverkehrsfreiheit

44 Eine genaue Definition der Kapitalverkehrsfreiheit ist bislang weder vom Gemeinschaftsgesetzgeber noch vom EuGH getroffen worden. Aus der Zusammenschau aller primär- und sekundärrechtlichen Regelungen, aus der EuGH-Rechtsprechung sowie aus dem ökonomischen Verständnis des Begriffs lässt sich jedoch ableiten, dass unter **Kapitalverkehr** jede über die Grenzen eines Mitgliedstaates der Gemeinschaft hinweg stattfindende Übertragung von Geld- oder Sachkapital zu verstehen ist, welche primär zu Anlagezwecken erfolgt.[95]

45 Der **Schwerpunkt der Rechtsprechung** des EuGH zur Kapitalverkehrsfreiheit lag anfänglich insb in der **Abgrenzung zu den anderen europäischen Grundfreiheiten**, insb zur Warenverkehrsfreiheit,[96] Dienstleistungsfreiheit[97] und zur Niederlassungsfreiheit,[98] da der Gebrauch dieser Freiheiten in der Regel einen Kapitaltransfer als Gegenleistung nach sich zieht und die Liberalisierung der Kapitalverkehrsfreiheit nicht in gleichem Maße, wie die der anderen Freiheiten erfolgt.

46 Art 63 Abs 1 AEUV verbietet grds **alle Beschränkungen** des Kapitalverkehrs zwischen den Mitgliedstaaten selbst sowie zwischen den Mitgliedstaaten und Drittstaaten. Damit ist ausschließlich der **grenzüberschreitende Kapitalverkehr** erfasst.[99] Als „Beschränkung" iSd Art 63 Abs 1 AEUV hat der EuGH sowohl Beschränkungen bei der Ausfuhr von Banknoten angesehen[100], als auch eine mitgliedstaatliche Regelung,

---

88 Vgl unten Rn 164 ff.
89 EuGH Rs 107/83 – Klopp, Slg 1984, 2971.
90 EuGH Rs C-340/89 – Vlassopoulou, Slg 1999, I-2357.
91 EuGH Rs C-19/92 – Kraus, Slg 1993, 1663.
92 EuGH Rs C-53/95 – Inasti, Slg 1996, I-703 Rn 9, 11.
93 EuGH Rs C-49/89 – Societé Corsica Ferries, Slg 1989, 4441, Rn 7 f.
94 Vgl etwa EuGH Rs C-140/03 – Kommission/Griechenland, Slg 2005, I-3177 Rn 27; Rs C-19/92 – Kraus, Slg 1993, 1663; Rs C-55/94, Gebhard, Slg 1995, 4165, Rn 37.
95 Vgl Calliess/Ruffert/*Bröhmer* Art 56, Rn 8; weiterführend *Beiser* GesRZ 2003, 187 ff.

96 Vgl dazu EuGH Rs 7/78 – Thompson, Slg 1978, 2247, Rn 27, 28.
97 Vgl dazu EuGH Rs 267/86 – ASPA, Slg 1988, 4769, Rn 22–25; Rs C-484/93 – Svensson und Gustavsson, Slg 1995, I-3955 Rn 10, 11; Rs C-118/96 – Safir, Slg 1998, I-1897 Rn 9 ff.
98 EuGH Rs C-302/97 – Konle, Slg 1999, I-3099.
99 Allgemeine Ansicht; vgl dazu Calliess/Ruffert/*Bröhmer* Art 56, Rn 38; weiterführend *Kutt*; vgl auch *Kraft/Bron* IstR 2006, 26 ff.
100 EuGH Rs 203/80 – Casati, Slg 1981, 2595, Rn 13.

Oliver Castendyk

welche grenzüberschreitende Kapitalbeteiligungen verbietet.[101] Die letztgenannte **Veronica**-Entscheidung beschäftigte sich mit einer niederländischen medienrechtlichen Vorschrift, welche die Tätigkeiten von Rundfunkveranstaltern einer umfassenden Genehmigungspflicht unterwarf, um so die Gründung von ausländischen Rundfunkaktiengesellschaften zu verhindern. Der EuGH qualifizierte diese Vorschrift eindeutig als Beschränkung iSd Art 63 AEUV, ging jedoch davon aus, dass dieses konkrete **Genehmigungserfordernis für Medienunternehmen** der Erhaltung eines pluralistischen und nichtkommerziellen Rundfunksystems und damit als Beschränkung dem **Allgemeinwohlinteresse** diene. So sei der beschränkende Eingriff in die Kapitalverkehrsfreiheit jedenfalls dann gerechtfertigt, wenn die Auslandsgründung lediglich dazu diene, sich den Verpflichtungen aus den inländischen Vorschriften zu entziehen.[102] Damit rekurriert der EuGH auch bei der Kapitalverkehrsfreiheit auf die sich verfestigende **Grundfreiheitendogmatik**[103], die er bereits zu Art 34 und 36 (ehem 28,30 EGV) entwickelt hatte.

II. Grundrechte: Art 10 EMRK

1. Einleitung

Die **Konvention zum Schutz der Menschenrechte und Grundfreiheiten** (EMRK)[104] wurde am 4.11.1950 in Rom von den Mitgliedsstaaten des Europarates unterzeichnet. Inzwischen ist sie von 47 Mitgliedern des Europarates ratifiziert.[105] Sie stimmt inhaltlich in vielen Punkten mit der Allgemeinen Erklärung der Menschenrechte der Vereinten Nationen (im Folg: „Erklärung") überein, der als politischem Bekenntnis jedoch nur – in Teilen – gewohnheitsrechtliche Geltung zukommt.[106] Die Vertragsparteien der EMRK konnten sich darauf einigen, der Konvention „Zähne" zu geben: ein Beschwerderecht für jedermann und eine gerichtsähnliche Institution, die über die Beschwerden entscheidet. Außerdem enthält die EMRK im Gegensatz zur Erklärung klare und spezifische Schrankenregelungen, die sie justitiabler macht als die Erklärung. Nach Art 6 Abs 1 EU gilt auch die Grundrechte-Charta der EU neben der als Rechtsquelle in gleichem Rang wie EU und AEUV. Gleichzeitig wurde auch die EMRK aufgewertet, weil die EU der EMRK förmlich beigetreten ist (Art 6 Abs 2 EU) und die EMRK nach Art 6 Abs 3 zu den allgemeinen Grundsätze des EU-Rechts zählt. Wie weit sich dies auf die Rechtsprechung des EuGH auswirkt, bleibt abzuwarten. Erste Ansätze zeigen sich – für das Medienrecht bedeutsam – in der Promusicae-Entscheidung.[107]

47

Die EMRK ist bisher durch insgesamt 13 **Protokolle** ergänzt bzw revidiert worden. Die Protokolle, die materielle Grundrechte gewähren, sind Zusatzprotokolle. Sie können in Kraft treten, auch wenn sie nicht von allen Mitgliedstaaten der EMRK ratifi-

48

---

101 EuGH Rs C-148/91 – Veronica, Slg 1993, 487, Rn 15.
102 EuGH Rs C-148/91 – Veronica, Slg 1993, 487, Rn 9, 13, 15.
103 Weiterführend *Classen* EWS 1995, 97 ff; *Jarass* EuR 1995, 202 ff und 2000, 705 ff.
104 Konvention zum Schutze der Menschenrechte und Grundfreiheiten, abgeschlossen in Rom am 4.11.1950, BGBl 1952 Teil II S 686.
105 Der aktuelle Stand der Ratifikationen ist abrufbar unter http://conventions.coe.int/ Treaty/Commun/ChercheSig.asp?NT=005&CM =7&DF=3/27/2008&CL=GER.
106 *Peters* 1; eine bindende Gewährleistung enthält hingegen der Internationale Pakt über bürgerliche und politische Rechte, ua auch zur Meinungsfreiheit, vgl Grote/Marauhn/*Grote/ Wenzel* Kap 18 Rn 10.
107 EuGH Rs C-275/06 Slg 2008, I-271–348 Rn 61 ff – Promusicae.

ziert worden und binden dann nur die ratifizierenden Staaten. Dadurch sind in den verschiedenen Mitgliedstaaten materiell unterschiedliche Grundrechtsstandards möglich.

49   Die EMRK gehört zum Grundbestand (sog „acquis communitaire") des **Gemeinschaftsrechts**.[108] Immer wieder hat der **EuGH** europäische Grundrechte aus der EMRK als Schranken-Schranke der wirtschaftlichen Grundfreiheiten des EGV angewendet. Wenn sich also ein Mitgliedstaat auf einer Vertragsausnahme berief, um eine Grundfreiheit, wie zB die Dienstleistungsfreiheit, einzuschränken, musste diese Rechtfertigung wiederum im Lichte der Bedeutung des jeweiligen Grundrechts ausgelegt werden.[109]

50   Art 10 Abs 1 S 1 und 2 EMRK statuieren die **Meinungs- und Informationsfreiheit**; sie schützt sowohl Individuen als auch Massenmedien. S 2 erlaubt den Mitgliedstaaten, Rundfunk- und Kinobetreiber, dh also bestimmte audiovisuelle Diensteanbieter, einer Lizenzierungspflicht zu unterwerfen. Abs 2 enthält eine ausdifferenzierte Schrankenregelung.

51   Die **praktische Relevanz** von Art 10 EMRK für die Massenmedien in Europa sollte nicht unterschätzt werden: Ähnlich wie die Dienstleistungsfreiheit gem Art 49 ff EGV war Art 10 EMRK wichtig für die Öffnung nationaler Rundfunkmärkte, die über viele Jahrzehnte durch **staatliche Rundfunkmonopole** gekennzeichnet waren. So wurde das Rundfunkmonopol des Österreichischen Rundfunks (ORF) in der Entscheidung des EGMR in der Sache *Lentia*[110] für konventionswidrig erklärt und musste durch eine duale Rundfunkordnung unter Zulassung privaten Rundfunks ersetzt werden. Die **zweite** wesentliche **Bedeutung** von Art 10 EMRK für das nationale Medienrecht liegt darin, dass – ähnlich wie in einer verfassungsrechtlichen Überprüfung – die **nationalen Standards am Maßstab** der EMRK gemessen und überprüft werden. Dies ist auch für Staaten relevant, die – wie die Bundesrepublik Deutschland – über ein vergleichbares Grundrecht in der eigenen Verfassung verfügen.[111] Das hat zuletzt die Entscheidung in Sachen *Caroline von Hannover* gezeigt, in der der EGMR Personen der Zeitgeschichte einen größeren Schutz der Privatsphäre zubilligte als das BVerfG.[112] Hier hat das oberste deutsche Gericht verlangt, einer konventionsgemäßen Auslegung von nationalen Rechtsnormen den Vorzug zu geben, soweit Interpretationsspielräume bestehen.[113] Der **dritte Grund** für die zunehmende Bedeutung der EMRK ist ihre Relevanz für das **EU-Recht**. Europäische Rechtsakte wie etwa Richtlinien sind einer Kontrolle am Maßstab deutscher Grundrechte grds[114] entzogen. Sie müssen sich jedoch am Maßstab der EMRK messen lassen.[115]

2. EMRK als Rechtsquelle, Begünstigte, Drittwirkung und Prüfungsfolge

52   Der Rang der EMRK als **Rechtsquelle** ist in den einzelnen Mitgliedstaaten unterschiedlich. Teilweise steht sie über den nationalen Verfassungen, zum Beispiel in der

---

108 Grote/Marauhn/*Grote/Wenzel* Kap 18 Rn 11 mwN; *Kühling* 110 ff.
109 Ein gutes Beispiel aus dem Bereich der Medienfreiheiten ist die Entscheidung EuGH Rs C-368/95 – Familiapress, Slg 1997, I-3689 Rn 24 f; vgl allgemein *Peters* 29 mwN.
110 EGMR AfP 1994, 281 – Lentia; Radio ABC v Österreich, Rep 1997 – VI, 2188, Rn 26 ff.
111 Noch praxisrelevanter ist die EMRK selbst-

verständlich für Staaten, die keinen vergleichbaren Grundrechtsschutz kennen, wie etwa beim Vereinigten Königreich.
112 *Klass* AfP 2007, 517 ff; s unten Rn 68 ff.
113 BVerfGE 111, 307, 329.
114 S Rn 14.
115 EuGH Rs C-368/95 – Familiapress, Slg 1997, I-3689 Rn 24 f; EuGH NVwZ 2006, 1033 Rn 52 – Familienzusammenführung.

Schweiz, teilweise hat sie Verfassungsrang, wie in Österreich, teilweise lediglich Gesetzesrang, wie in Deutschland. Obwohl damit in Deutschland formal der Grundsatz des *lex posterior* gilt, wonach alle zeitlich nach dem Zustimmungsgesetz erlassenen deutschen Gesetze der EMRK vorgehen müssen, sollte die Ausstrahlungswirkung auf das einfache Recht nicht unterschätzt werden. Aus dem Grundsatz der **völkerrechtsfreundlichen Auslegung** wird der Schluss gezogen, dass sämtliche Organe des Staates, einschließlich der Gerichte, die Urteile des EGMR, berücksichtigen müssen. Unterbleibt eine Auseinandersetzung mit der EMRK, verstößt dies gegen das Rechtsstaatsprinzip.[116] Wie weit die Bindung deutscher Gerichte und deutsche Behörden an die EMRK geht, zeigt das Beispiel des Caroline-Urteils.[117]

Die EMRK gewährt jedem, der unter die Gerichtsbarkeit eines Mitgliedsstaats fällt[118], **Rechte und Freiheiten**. Dazu gehören Freiheitsrechte, wie das Recht auf Achtung des Privatlebens (Art 8 EMRK), Gedanken-, Gewissens- und Religionsfreiheit (Art 9 EMRK), aber auch Gleichheitsrechte und justizbezogene Rechte, wie das Recht auf ein faires Verfahren (Art 6 EMRK). Rechtssubjekte sind natürliche und juristische Personen.   **53**

Im Rechtsschutzsystem der EMRK existieren zwei Verfahrensarten, die **Individualbeschwerde** und die – praktisch unbedeutende – Staatenbeschwerde. Mit dem 11. Protokoll wurde die Menschenrechtskommission in einen ständigen Gerichtshof mit hauptamtlichen tätigen Richtern umgewandelt. Die wichtigste Zulässigkeitsvoraussetzungen für die Individualbeschwerde ist die effektive Ausschöpfung des innerstaatlichen Rechtswegs (Art 35 Abs 1 EMRK).   **54**

Adressaten der sich aus der EMRK ergebenden Verpflichtungen sind Staaten, nicht Privatpersonen. Dennoch entfaltet die EMRK eine Art **mittelbarer Drittwirkung**. So kann die Rechtsverletzung von einer privaten Person ausgehen, zB von einem Presseunternehmen; hier kann dem Staat vorgeworfen werden, dass er die Rechte der Einzelnen nicht genügend gegen Angriffe Dritter schützt bzw Regelungen trifft, die diese Eingriffe zulassen.[119]   **55**

Die **Prüfungsreihenfolge**[120] ähnelt einer Grundrechtsprüfung. Zunächst muss allerdings geprüft werden, ob die EMRK überhaupt anwendbar ist.[121] Danach muss festgestellt werden, ob in den Schutzbereich eines von der EMRK geschützten Rechts eingegriffen worden ist. Im dritten Schritt muss geklärt werden, ob der Eingriff durch die allgemeine Schrankenregelung (Art 15 bis 17 EMRK) oder durch spezielle Rechtfertigungen in Abs 2 des jeweiligen Grundrechts gerechtfertigt ist. Im vierten Schritt geht es um die Frage, ob der Eingriff „notwendig für eine demokratische Gesellschaft" ist bzw ob es ein „pressing social need" für den Eingriff gibt. Diese Prüfung entspricht der **Verhältnismäßigkeitsprüfung** in Deutschland. Sie enthält eine Abwägung der Be-   **56**

---

116 BVerfGE NJW 2004, 3407 – Bindungswirkung der Entscheidungen des EGMR.
117 *Klass* AfP 2007, 517 ff; in seinem jüngsten Urteil v 26.2.2008 hat das BVerfG das Verhältnis von Grundgesetz und EMRK näher betrachtet: Danach findet die Pressefreiheit ihre Schranken nach Art 5 Abs 2 GG nicht nur in den Vorschriften des Kunsturhebergesetzes, sondern auch in Art 8 EMRK. Damit hat das Gericht elegant die Frage umschifft, welchem der beiden Normkomplexen der Vorrang gebührt, vgl BVerfG WRP 2008, 645 ff.

118 Der Beschwerdeführer muss deshalb nicht Staatsangehöriger des Konventionsstaats sein, dessen Jurisdiktion er unterliegt.
119 EGMR NJW 2004, 2647 – Caroline von Hannover; EGMR 28.6.2001 – Verein gegen Tierfabriken, Appl 24699/94.
120 *Peters* 256 ff.
121 Dies ist zB nicht der Fall, wenn der betreffende Staat die EMRK bzw das einschlägige Protokoll nicht ratifiziert hat.

deutung des Eingriffsziels im Verhältnis zur Schwere des Eingriffs. Dazu kommt: Je nach Eingriff und je nach Ziel der Beschränkung hat der Mitgliedsstaat einen unterschiedlich großen Beurteilungsspielraum („margin of appreciation"). Dieser Beurteilungsspielraum ist größer in Bereichen, die starkem gesellschaftlichen Wandel unterliegen, wie zB Moralvorstellungen. Der Spielraum ist ebenfalls eher größer, wenn im betreffenden Rechtsbereich ein gemeinsamer Standard in Europa fehlt.[122] Im Bereich der Meinungsfreiheit ist die Marge eher klein, insb wenn es nicht nur um die Interessen eines Einzelnen, sondern um Themen geht, die von allgemeinem Interesse sind.[123]

3. Die Meinungs- und Informationsfreiheit

57 Art 10 EMRK schützt den **gesamten Prozess** der Meinungsbildung. Umfasst ist sowohl die Freiheit zur Mitteilung von Informationen und Ideen als auch das Recht auf den freien Empfang von Informationen. Dies schließt auch die Sammlung und Gewinnung von Informationen ein.[124] Allerdings geht der Anspruch nicht so weit, dass ein Anspruch auf Zugang zu noch nicht veröffentlichten Informationen bestehen würde.[125] Art 10 EMRK ist deshalb zu Recht als Grundnorm des europäischen Medien- und TK-Rechts bezeichnet worden.[126] Der EGMR hat eine Bereichdogmatik der **Medienfreiheiten** entwickelt, die im Hinblick auf ihre grundrechtsdogmatische Ausdifferenzierung in Europa keinen Vergleich zu scheuen braucht.[127]

58 Um den **Schutzbereich** des Art 10 EMRK zu eröffnen, ist lediglich eine **Äußerung** im Sinne einer zu vermittelnden Informationen notwendig. Dabei wird nicht wie in Deutschland zwischen Meinungen und Tatsachen unterschieden. Auch kommerzielle Äußerungen werden grds geschützt.[128] Die Äußerung falscher Tatsachen und kommerzielle Meinungsäußerungen können allerdings stärker beschränkt werden als andere Äußerungen[129].

59 Art 10 Abs 2 EMRK enthält eine detaillierte **Schrankenregelung**. Um zulässig zu sein, muss der Eingriff erstens gesetzlich vorgesehen sein, zweitens eines der in dieser Norm genannten Ziele verfolgen und drittens in einer demokratischen Gesellschaft notwendig und damit verhältnismäßig sein.

60 Der EGMR fasse wichtige **Grundsätze** seiner Rechtsprechung zu Art 10 EMRK im Fall *Observer* wie folgt zusammen:

„Die Meinungsäußerungsfreiheit stellt eine der wesentlichen Grundlagen einer demokratischen Gesellschaft dar; unbeschadet des Art 10 Abs 2 gilt sie nicht nur für Nachrichten oder Ideen, welche positiv aufgenommen werden, welche als unschädlich angesehen werden, oder welche auf Gleichgültigkeit stoßen, sondern auch und gerade für solche, die Angriffe enthalten, schockieren oder irritieren. Die Freiheiten gem Art 10 unterliegen einer Reihe von Ausnahmen, welche jedoch so auszulegen sind, dass die Notwendigkeit irgendwelcher Beschränkungen überzeugend dargelegt wird. Diese Grundsätze sind von besonderer Bedeutung hinsichtlich der Presse. Wenn sie

---

[122] *Peters* 25.
[123] EGMR 25.8.1998 – Hertel v Schweiz, Appl 25181/94, Rep 1998 – VI, 2298 ff Rn 47.
[124] EGMR 27.3.1994 – Goodwin, Appl 17488/90; EGMR 15.7.2003 – Ernst ua, Appl 33400/96.
[125] EGMR 19.2.1998 – Guerra, Appl 14967/89.
[126] *Trenkelbach* 59.
[127] *Kühling* 129 ff.
[128] Castendyk/Dommering/Scheuer/*Dommering* Art 10 ECHR passim; Grote/Mahraun/*Grote* Kap 18.
[129] S unten Rn 64.

auch nicht die Grenzen überschreiten darf, die sich ua hinsichtlich der nationalen Sicherheitsinteressen oder zur Aufrechterhaltung der Ansehens der Justiz begeben, ist es dennoch ihre Aufgabe, Nachrichten und Ideen über Angelegenheiten von öffentlichem Interesse zu verbreiten. Es ist nicht nur Aufgabe der Presse, solche Nachrichten und Ideen mitzuteilen, sondern die Öffentlichkeit hat auch das Recht, sie zu empfangen. Sonst wäre die Presse nicht in der Lage, ihre wesentliche Rolle als Wächter der Öffentlichkeit („public watchdog") wahrzunehmen."[130]

4. Differenzierung des Schutzstandards nach Inhalten

Die Meinungsfreiheit kann verschiedene Funktionen in einer Gesellschaft haben.[131] **61** Sie kann ein „**Marktplatz der Meinungen**" sein; sie ermöglicht Diskussionen und Auseinandersetzungen und damit letztlich Erkenntnisgewinn. Außerdem hat sie eine besondere Bedeutung für die **demokratische Meinungsbildung**. Ähnlich wie das BVerfG hält der EGMR die Meinungsfreiheit für ein besonders zentrales Grundrecht, weil sie Teil der demokratischen Ordnung ist.[132] In der öffentlichen Diskussion würden die politischen Alternativen formuliert, zwischen denen die Bürger wählen können.[133] Die Sicht der Medien als fünfte Gewalt, als „public watchdog", hat zu Folge, dass bei der Schutzbedürftigkeit von Äußerungen zu differenzieren ist.[134]

Besonders geschützt sind **Politiker** und **Journalisten**.[135] Eingriffe in ihre Meinungs- **62** freiheit sind nur unter sehr restriktiven Voraussetzungen zulässig. Hier ist der Beurteilungsspielraum der Mitgliedstaaten deutlich geringer. Diese im Fall *Lingens* 1986 aufgestellten Grundsätze bestimmen seitdem die Rechtsprechung des Gerichtshofs. Gleichzeitig müssen Politiker allerdings auch härtere Kritik hinnehmen. Die Bezeichnung des Verhaltens eines Politikers als „unmoralisch und würdelos" war vor diesem Hintergrund ebenso zulässig wie die Bezeichnung als „Trottel".[136]

Im Rahmen der Verhältnismäßigkeitsprüfung unterscheidet der EGMR zwischen **63** **Tatsachenbehauptungen** und **Werturteilen**. Bei Tatsachenbehauptungen darf ein Wahrheitsbeweis verlangt werden. Unrichtige Tatsachenbehauptungen werden idR nur geschützt, wenn sie unter Beachtung der (journalistischen) Sorgfaltspflichten gewonnen wurden.[137] Die jeweilige nationale Regelung muss den Wahrheitsbeweis erlauben. Die Weigerung der spanischen Gerichte, im Strafverfahren gegen *Castells* den Wahrheitsbeweis zuzulassen, war für das Gericht ausschlaggebend, eine Verletzung des Art 10 EMRK anzunehmen.[138] Zu berücksichtigen ist auch der sog „chilling effect", so dass zB ein grds gerechtfertigtes Bußgeld wegen einer falschen Tatsachenbehauptung gegen Art 10 EMRK verstoßen kann, wenn es zu hoch ist und Menschen von riskanten Äußerungen von vorneherein abschrecken kann.[139]

Eingeschränkten Schutz genießt die „**commercial speech**".[140] Dies gilt allerdings **64** nicht, wenn es um mehr geht als um **Werbung** für ein Produkt oder eine Dienstleis-

---

130 EGMR EuGRZ 1995, 16 ff – Observer/Guardian.
131 Vgl *Barendt* 13 ff.
132 *Holoubeck* 195 f.
133 Krit dazu *Castendyk* Rechtliche Begründungen 50 ff.
134 EGMR 7.12.1976 – Handyside, Appl 5493/72; 26.4.1979 – Sunday Times, Appl 6538/74.
135 *Holoubeck* 194 f.

136 EGMR 8.7.1986 – Lingens, Appl 9815/82, Rn 41; 1.7.1987 – Oberschlick II, Appl 20834/92, Rn 24 f.
137 *Holoubeck* 194.
138 EGMR 23.4.1992 – Castells, Appl 11798/85, Rn 42.
139 EGMR 15.2.2005 – Steel & Morris, Appl 68416/01.
140 EGMR 24.2.1994 – Casado Coca, Appl 15450/89, Rn 33 ff.

tung, zB wenn auf Missstände hingewiesen wird.[141] Nicht zu verwechseln mit diesem geringeren Schutz ist der Umstand, dass das Gericht nicht in die komplexen Abwägungen des Wettbewerbsrechts des jeweiligen Mitgliedsstaates eingreifen will und deshalb den Beurteilungsspielraum seiner Gerichte und Behörden ausweitet.[142]

65 Ähnlich wie in Deutschland wird zwischen Meinungsäußerungen differenziert, die **Relevanz** für die politische bzw öffentliche Meinungsbildung aufweisen, und solchen Äußerungen, die lediglich die private Neugier befriedigen.[143]

66 Der Ermessensspielraum der nationalen Gerichte und Behörden ist besonders hoch bei **religiösen** und **moralischen Fragen**. Damit vertritt das Gericht nicht die Meinung, dass solche Fragen keine Bedeutung für den politischen oder gesellschaftlichen Diskurs aufweisen, sondern es geht davon aus, dass es hier keinen einheitlichen Standard über alle Mitgliedsstaaten hinweg gibt. Das Verhältnismäßigkeitsprinzip ist dennoch zu beachten. Dies wurde deutlich im Fall *Verein gegen Tierfabriken*.[144]

67 Der Verein wollte in einem Fernsehspot im Schweizer Fernsehen auf **Tierquälerei** bei der Tierhaltung hinweisen. Das Schweizer Rundfunkrecht verbietet[145] jedoch – ebenso wie das deutsche[146] – religiöse und politische Werbung. Der Fernsehsender weigerte sich, den Spot auszustrahlen. Das Gericht stellte einen Eingriff in den Schutzbereich fest, da eine Entscheidung des Schweizer Bundesgerichts und damit der Staat iSd Art 1 EMRK für das Ausstrahlungsverbot verantwortlich war. In der Prüfung der Rechtfertigung konzedierte das Gericht, dass ein Verbot politischer Werbung der Meinungsvielfalt dienen könne, indem es verhindere, dass finanzkräftige Gruppen einen politischen Wettbewerbsvorteil erhalten. Dies sei ein legitimer Zweck zum Schutz der Rechte Anderer iSd Art 10 Abs 2 EMRK.[147] Im Rahmen der **Verhältnismäßigkeit** sei jedoch im Einzelfall abzuwägen zwischen dem Recht des Beschwerdeführers auf freie Meinungsäußerung und dem Ziel, die öffentliche Meinungsbildung gegen übermäßige Beeinflussung durch finanzkräftige Gruppen zu schützen. Das Gericht argumentierte, dass die Verhinderung des politischen Wettbewerbsvorteils kein dringendes soziales Bedürfnis sein könne, wenn das Verbot der politischen Werbung **nicht für Printmedien** gelte. Die schweizerische Regierung habe außerdem nicht dargelegt, dass der kleine Verein gegen Tierfabriken eine finanzstarke Gruppierung darstelle. Deshalb sei das Verbot in einer demokratischen Gesellschaft nicht notwendig und verletze Art 10 EMRK.

5. Prominente und ihre Privatsphäre

68 Im Jahre 2004 hatte das EGMR darüber zu entscheiden, ob die deutschen Gerichte die **Privatsphäre Prominenter** ausreichend schützten. Sein Urteil[148] hatte Folgen im konkreten Fall[149] und darüber hinaus.[150] Es ging um eine **Bildberichterstattung** über

---

[141] EGMR 25.3.1985 – Barthold, Appl 8734/79.
[142] EGMR 20.11.1989 – markt intern Verlag, Appl 10572/83; 24.2.1994 – Casado Coca, Appl 15450/89.
[143] *Barendt* 155; s unten Rn 68 ff.
[144] EGMR 28.6.2001 – Verein gegen Tierfabriken, Appl 24699/94.
[145] Art 18 Abs 5 des Bundesgesetzes über Radio und Fernsehen.
[146] Vgl § 7 Abs 7 RStV.
[147] EGMR 28.6.2001 – Verein gegen Tierfabriken, Appl 24699/94, Rn 63 ff.

[148] EGMR NJW 2004, 2647 ff; krit dazu ua *Gersdorf* AfP 2005, 220 ff; *Stürner* AfP 2005, 213 ff; *Söhring/Seelmann-Eggebert* NJW 2005, 571; *Klass* AfP 2007, 517 ff.
[149] Als Folge des Urteils einigten sich Caroline von Hannover und die Bundesregierung außergerichtlich auf die Zahlung von € 115 000,–. Damit wurden ihr nicht nur die Gerichtskosten erstattet, sondern sollten auch die entstandenen immateriellen Schäden ausgeglichen werden, vgl *Klass* 517 Fn 7.
[150] *Klass* 519 ff.

Oliver Castendyk

Urlaube von *Caroline von Hannover*. Nach der ständigen Rechtsprechung des BVerfG waren Personen der Zeitgeschichte in der Öffentlichkeit nur geschützt, wenn sie sich – außerhalb des häuslichen Bereichs – erkennbar in eine räumliche Abgeschiedenheit begeben hatten, zB wenn man sich in den kaum beleuchteten hinteren Teil eines Gartenlokals zurückgezogen hatte.[151]

Diese eher räumliche Abgrenzung zwischen geschützte **Privatsphäre** und öffentlicher Sphäre beim Schutz des Rechts am eigenen Bild wurde vom EGMR für nicht ausreichend gehalten. Entscheidend für die Abwägung zwischen dem Recht am eigenen Bild (geschützt von Art 8 EMRK) und der durch Art 10 EMRK geschützten **Pressefreiheit** war für den EGMR die Frage, ob der Beitrag zur gesellschaftlichen Meinungsbildung beitragen könne. Welches Gewicht die Meinungsfreiheit im Einzelfall erhalte, hänge deshalb davon ab, ob es sich um einen Beitrag zu einer Diskussion in einer demokratischen Gesellschaft und um Personen des öffentlichen des politischen Lebens handele oder ob nur Aspekte des Privatlebens und Personen betroffen seien, die keinerlei öffentliche Aufgabe wahrnehmen. Die Auslegung des § 23 Abs 1 KUG durch die deutschen Gerichte war deshalb in zweierlei Hinsicht problematisch: Zum einen passt die Kategorie der Person der Zeitgeschichte nicht auf Prominente, die kein öffentliches Amt bekleiden. Zum anderen unterscheiden die deutschen Gerichte nicht zwischen einem Beitrag zur Diskussion in einer demokratischen Gesellschaft und einem solchen, der nur der Befriedigung privater Neugier dient.[152] **69**

Der BGH versucht seit dem die vom EGMR aufgestellten Grundsätze zu beachten und mit in seine Abwägung einzustellen.[153] Dabei versucht das Gericht in Diktion und Formulierung an die bisherige Rechtsprechung anzuknüpfen und damit den von der EGMR-Entscheidung veranlassten Bruch mit der alten Auslegung von § 23 KUG nicht allzu drastisch erscheinen zu lassen. So wird zB betont, dass die Presse selbst nach publizistischen Kriterien entscheiden dürfe, was der Befriedigung des öffentlichen Interesses diene. „Das BVerfG hat zwar die Entscheidung des erkennenden Senats insoweit bestätigt, als dort der Schutz der Privatsphäre gegen unerwünschte Aufnahmen auf die Fälle erkennbarer räumliche Abgeschiedenheit beschränkt worden ist. Das schließt es jedoch nicht aus, bei der erforderlichen Interessenabwägung zwischen Pressefreiheit und Schutz der Privatsphäre den Informationswert für die Öffentlichkeit stärker zu berücksichtigen."[154] **70**

Im Ergebnis folgte der BGH jedoch dem EGMR. Obwohl es sich – iSd alten Rechtsprechung – um Personen der Zeitgeschichte handelte, die sich nicht erkennbar in einer räumliche Abgeschiedenheit zurückgezogen hatten, wurde die Veröffentlichung der Fotos aus dem Urlaub von *Caroline von Hannover* für unzulässig gehalten. Der Urlaub gehöre zum Kernbereich der Privatsphäre. Die Veröffentlichung der Fotos sei **71**

---

[151] BVerfG NJW 2000, 1021 ff, mit der die vorausgegangene BGH-Rechtsprechung (vgl ua BGH AfP 1996, 140 ff) zur Erweiterung des Prominentenschutzes auch auf Teile des öffentlichen Raumes bestätigt wurde.
[152] Das BVerfG hat zwar in anderen Entscheidungen durchaus den Schutz politisch relevanter Meinungsäußerungen höher gewichtet und besonders geschützt (zB BVerfGE 102, 347, 362 f – Benetton-Werbung); diese Differenzierung wurde jedoch bei der Definition der Person der Zeitgeschichte nicht relevant.

[153] BGH ZUM 2007, 382 ff – Caroline V; es ging um Fotos, die Caroline und ihren Ehemann im Urlaub auf einer öffentlichen Straße zeigten und um Bilder, die das prominente Paar auf einer Straße in St Moritz abbildeten, ebenfalls verbunden mit einer Berichterstattung über ihren Urlaub; vgl außerdem BGH AfP 2007, 472 ff – Lebenspartnerin von Herbert Grönemeyer.
[154] BGH ZUM 2007, 382, 384 Rn 22.

weder von **allgemeinem Interesse**, noch handle es sich um ein zeitgeschichtliches Ereignis. Der Informationswert für die Öffentlichkeit sei gering, es ginge vielmehr um Unterhaltung ohne gesellschaftliche Relevanz. Nur bei den Fotos, die die Krankheit von Fürst *Rainier von Monaco* thematisierten, bestünde ein Zusammenhang mit einem zeitgeschichtlichen Ereignis, der die Bildberichterstattung zulässig mache.[155]

72　Das BVerfG hat sich mit dieser Fragestellung in grundlegender Weise in seiner Entscheidung vom 26.2.2008 auseinander gesetzt.[156] Es ist dabei ebenfalls der neuen Linie gefolgt. Es hält allerdings an seiner Ansicht fest, dass auch **unterhaltende Beiträge**, etwa über prominente Personen, am Schutz der Pressefreiheit teilhaben. Erst bei der Abwägung mit kollidierenden Persönlichkeitsrechten durch die Gerichte komme es auf das Gewicht des **Informationsinteresses** und auf die Weise an, in der die Berichterstattung einen Bezug zu Fragen aufweise, welche **die Öffentlichkeit wesentlich angehen**. Das Gericht sieht sich in der Nachprüfung der Instanzgerichte auf die Frage begrenzt, ob der Einfluss der deutschen Grundrechte, **auch unter Berücksichtigung** der Gewährleistungen der EMRK auf die Auslegung der zivilrechtlichen Normen und auf die Abwägung der kollidierenden Schutzgüter hinreichend beachtet ist. Im Hinblick auf die bisher zentrale Unterscheidung zwischen **absoluten** und **relativen Personen** der **Zeitgeschichte** macht der Erste Senat darauf aufmerksam, dass er diese Unterscheidung nur als eine mögliche Abkürzung der Umschreibung für Personen verstanden wissen will, deren Bild die Öffentlichkeit für beachtenswert hält. In Rn 82 der Entscheidung regt es deswegen an, **neue**, auf der Basis der EGMR-Rechtsprechung stehende **Typisierungen** und **Fallgruppen** zu entwickeln.

6. Zurechnung

73　Geschützt ist auch die Verbreitung von Ideen anderer durch die Medien. Ihre Rolle als Marktplatz der Meinungen schützt sie auch, wenn sie ehrverletzende oder sogar rassistische Äußerungen verbreiten. Voraussetzung ist allerdings, dass die Äußerungen Dritter dem jeweiligen Medium nicht zugerechnet werden können. Im Fall *Jersild* interviewte der gleichnamige Journalist dänische Neonazis. Diese äußerten sich extrem verächtlich über bestimmte ethnische Minderheiten. Das Interview wurde in einem Nachrichtenmagazin ausgestrahlt. Es sollte auf das Problem des anwachsenden Rassismus bei den dänischen Jugendlichen aufmerksam machen. Der Journalist und der Fernsehsender wurden wegen Beihilfe und Anstiftung zur Rassendiskriminierung zu einem Bußgeld verurteilt. Bei der Rechtfertigung des Bußgelds musste – zugunsten des dänischen Verbots – Art 4 und 5 der UN Antirassismus-Konvention berücksichtigt werden. Aufgrund der Rolle der Medien als „watch dog" und Spiegel der Gesellschaft und weil die Äußerungen der Jugendlichen weder dem Journalisten nach dem Fernsehsender zurechenbar waren, müssten besonders starke Gründe für ein Verbot vorliegen. Und so entschieden die Richter in ihrer Mehrheit (12 gegen 7), dass die Informationsfreiheit in diesem Falle höher zu gewichten sei als der Minderheitenschutz. Das Bußgeld sei deshalb unverhältnismäßig gewesen und verletze Art 10 EMRK.[157]

---

[155] BGH ZUM 2007, 382, 385 Rn 26.
[156] BVerfG v 26.2.2008, 1 BvR 1602/07, 1606/07 und 1626/07.

[157] EGMR NStZ 1995, 237 – Jersild.

　Oliver Castendyk

III. Kartell- und Wettbewerbsrecht

Zum europäischen Kartellrecht kann auf die Ausführungen von *Müller* in Band 3 **74**
Kap 2, zum europäischen Wettbewerbsrecht auf den von *Andrea Kyre* bearbeiteten
Teil zum privaten europäischen Medienrecht[158] verwiesen werden.

IV. Beihilfenrecht

1. Einleitung

Der Gemeinsame Markt kann nicht nur durch missbräuchliches Verhalten von **75**
Kartellen oder durch Unternehmenszusammenschlüsse gestört werden, sondern auch
durch staatliche Eingriffe. Von staatlicher Seite gewährte **Subventionen** oder **sonstige
Hilfen** an einheimische Unternehmen oder ganze Wirtschaftszweige können ebenso
den Wettbewerb verfälschen, zB wenn dadurch die einheimischen Produkte und
Dienstleistungen künstlich verbilligt werden. Art 107 Abs 1 AEUV möchte verhindern, dass der Handel zwischen Mitgliedstaaten durch solche von staatlichen Stellen
gewährte Vergünstigungen beeinträchtigt wird, wenn dadurch der Wettbewerb verfälscht wird oder verfälscht zu werden droht.

Beihilfen durch die Mitgliedstaaten sind deshalb grds gem Art 107 Abs 1 AEUV **76**
verboten.[159] Dieses Verbot gilt allerdings nicht absolut. Es bestehen zum einen im
AEUV festgelegte **Ausnahmen**, zB Beihilfen zur Beseitigung von Schäden, die durch
Naturkatastrophen entstanden sind (Art 107 Abs 2b) AEUV), Ausnahmen, die **im
Ermessen** der Kommission liegen (Art 107 Abs 3 AEUV), zB zur Förderung strukturschwacher Gebiete, und Ausnahmen, die in sog **Freistellungsverordnungen** vereinheitlicht worden sind (Art 107 Abs 3c) AEUV). Art 106 Abs 2 AEUV bietet eine weitere
Ausnahmeregelung für Unternehmen, die **Dienstleistungen von allgemeinem öffent-
lichen Interesse** erbringen, im Medienbereich sind dies zB öffentlich-rechtliche Sender.
Voraussetzung ist ua, dass die Kompensation für die Erbringung der Dienstleistung
von allgemeinem wirtschaftlichem Interesse auf das Notwendige beschränkt ist und
keine sog Überkompensation stattfindet. Art 14 AEUV, der durch den Vertrag von
Amsterdam Eingang in den damaligen EG-Vertrag gefunden hatte, legt ein allgemeines
Bekenntnis zu den Diensten von allgemeinem wirtschaftlichem Interesse ab.

2. Struktur und Verfahren

Rechtsgrundlage der Beihilfekontrolle durch die EU-Kommission sind die **Art 107– 77
108 sowie Art 106 Abs 2 AEUV.** Die Struktur der Beihilferegelung im AEUV ist relativ einfach. Art 107 Abs 1 AEUV statuiert den Grundsatz, wonach Beihilfen unzulässig sind. In Abs 2 werden bestimmte allgemeine Ausnahmen gemacht, etwa für Sozial-
beihilfen; hier besteht kein Handlungsspielraum für die Kommission. Die in Abs 3
genannten Ausnahmen, zB zur Förderung der wirtschaftlichen Entwicklung von struk-
turschwachen Gebieten oder zur Kulturförderung, stehen im Ermessen der Kommission. Das **Beihilfeverfahren** ergibt sich aus Art 108 EGV und der Verordnung (EG)
Nr 659/1999 des Rates vom 22.3.1999 über besondere Vorschriften für die Anwendung von Art 108 AEUV.[160] Art 109 AEUV ermöglicht Durchführungs- und Freistellungsverordnungen.

---

[158] Vgl Rn 205 ff.
[159] Calliess/Ruffert/*Cremer* Art 87 EGV Rn 1.

[160] ABlEG 1999, L 83, 1.

78   Die Mitgliedstaaten sind verpflichtet, der Kommission neue Beihilfen oder Änderungen bestehender Beihilferegelung vor ihrer Durchführung anzumelden (sog **Notifizierung**). Ausgenommen von der Notifizierungspflicht sind nur die Beihilfen, die unter eine Gruppenfreistellungsverordnung der Kommission fallen. Der Mitgliedstaat darf die angemeldete Maßnahme solange nicht durchführen, bis die Kommission entschieden hat. Die Kommission hat in der Regel zwei Monate[161] Zeit, um eine Entscheidung zu fällen. Diese relativ kurze Frist wird von der Kommission häufig eingehalten, weil im Vorfeld – vor der offiziellen Anmeldung der Beihilfe – informelle Gespräche zwischen den Behörden des jeweiligen Mitgliedstaats und der Kommission stattfinden. Vor der Genehmigung gewährte Beihilfen sind rechtswidrig.[162]

79   Beim Verfahren unterscheidet Art 108 AEUV zwischen zwei Varianten: **bestehende und „neue" Beihilfen**. Als bestehende Beihilfen gelten nach Art 1d VO 659/1999 ua: aus der Zeit vor dem Beitritt stammende Beihilfen, genehmigte Beihilfen, Beihilfen, die länger als 10 Jahre zurückliegen, sowie Beihilfen, die zum Zeitpunkt ihrer Einführung keine Beihilfen waren und zu solchen erst aufgrund der Entwicklung des gemeinsamen Marktes wurden, ohne dass sie eine Änderung durch den Mitgliedstaat erfahren haben. Als eine solche Beihilfe wurden zB die **Rundfunkgebühren** in Deutschland eingestuft.[163] Bestehende Beihilfen können gem Art 108 Abs 1 AEUV überprüft werden. Nach der Einleitung der Überprüfung kann die Beihilfe jedoch weitergewährt werden und muss nicht ausgesetzt werden. Gem Art 108 Abs 1 S 2 AEUV kann die Kommission zweckdienliche Maßnahmen vorschlagen, um die Beihilferegelung statthaft zu machen.

80   **Neue Beihilfen** oder **Änderungen** bestehender Beihilfen müssen angemeldet werden (Art 108 Abs 3 S 1 AEUV). Hält die Kommission eine geplante Beihilfe für mit dem Gemeinsamen Markt unvereinbar, leitet sie ein Verfahren nach Art 108 Abs 2 ein.[164] An dessen Ende steht entweder einer Verbot oder die Aufforderung, die geplante Beihilfe umzugestalten.

81   Wird eine neue Beihilfe nicht notifiziert, kann die Kommission **einstweilige Anordnungen** erlassen, um die Zahlung einer Beihilfe bis zum Abschluss des Hauptverfahrens zu verhindern (Art 11 der VO 659/1999). Wird die Beihilfe für nicht freistellungsfähig erachtet, kann die Kommission anordnen, dass der Mitgliedstaat eine bereits geleistete Beihilfe vom Beihilfeempfänger zurückzufordern hat. Außerdem kann die Kommission gegen den betreffenden Mitgliedstaat ein Vertragsverletzungsverfahren gem Art 258 AEUV einleiten und zwar sowohl wegen der Verletzung der Notifizierungspflicht als auch gegebenenfalls wegen Nichtbefolgung der Anordnungen.

3. Relevanz des Art 107 Abs 1 AEUV für die Medien

82   Die Beihilfekontrolle durch die EU-Kommission ist von großer **Bedeutung für die Medien** auch in Deutschland. Die prominenteste Fallgruppe ist die Finanzierung des öffentlich-rechtlichen Rundfunks und hier insb die **Gebührenfinanzierung**. Die Debatte über die Finanzierung von Sendern wie RAI, BBC, ZDF, TVE oder ORF, die Anfang der 90er Jahre erstmals unter Beihilfegesichtspunkten geführt wurde, ging auf

---

[161] Sog „Lorenz-Frist", vgl EuGH Rs 120/73, Slg 1973, 1741, Rn 4.
[162] EuGH Rs C-345/90, Slg 1991 I-5505 Rn 16.
[163] Entscheidung der Kommission v 24.4.2007

zur Finanzierung des öffentlich-rechtlichen Rundfunks in Deutschland, KOM (2007) 1761 endg Rn 200.
[164] S Art 4 Abs 4 der VO 659/1999.

Beschwerden privater Rundfunkveranstalter zurück, die von der EU-Kommission allerdings zunächst diktatorisch behandelt wurden. Der Gerichtshof erster Instanz entschied jedoch in den Fällen „Gestevisión Telecinco" und „TF1", dass die Kommission ihren Verpflichtungen nicht nachgekommen ist.[165] Als Reaktion auf die damit erstmals drohende Kontrolle der Rundfunkfinanzierung durch die Kommission verlangten eine Reihe von Mitgliedstaaten, insb Belgien, Deutschland und Schweden, die öffentlich-rechtlichen Rundfunksender aus der Beihilfekontrolle herauszunehmen und schlugen einen klarstellenden Zusatz im EG-Vertrag vor. Dieses Unterfangen war nur teilweise erfolgreich. Die Mitgliedstaaten einigten sich auf das Amsterdamer Protokoll zum EG-Vertrag.[166] Darin heißt es unter anderem:

„[...] Die Bestimmungen des Vertrages zur Gründung der Europäischen Gemeinschaft berühren nicht die Befugnis der Mitgliedstaaten, den öffentlich-rechtlichen Rundfunk zu finanzieren, sofern die Finanzierung der Rundfunkanstalten dem öffentlich-rechtlichen Auftrag, wie er von den Mitgliedstaaten den Anstalten übertragen, festgelegt und ausgestaltet wird, dient und die Handels- und Wettbewerbsbedingungen in der Gemeinschaft nicht in einem Ausmaß beeinträchtigt, dass dem gemeinsamen Interesse zuwiderläuft, wobei den Erfordernissen der Erfüllung des öffentlich-rechtlichen Auftrages Rechnung zu tragen ist."

83 Das Amsterdamer Protokoll ist ein integraler Bestandteil des Vertrages und keine bloße Absichtserklärung. Es erkennt die Kompetenz der Mitgliedstaaten an, für den öffentlich-rechtlichen Rundfunk einen bestimmten Aufgabenkreis festzulegen und auszugestalten. Die Kommission hingegen sieht in dem Amsterdamer Protokoll – pointiert ausgedrückt – kaum mehr als eine Paraphrasierung des Art 106 Abs 2 AEUV.[167] Für die Kommission sind die „Mitteilung über die Dienstleistungen von allgemeinem Interesse in Europa" aus dem Jahr 1996[168] und die darauf beruhende Rundfunkmitteilung[169] die weitaus wichtigeren Rechtsquellen. Auf Beschwerden ua des VPRT[170] und der Premiere AG aus dem Jahr 2002 und nach langen Diskussionen mit Bund und Ländern einigte sich die Kommission mit der Bundesregierung 2006 über bestimmte Änderungen ua bei der Rundfunkgebühr, der Definition des Rundfunkauftrags und der Transparenz der Geldflüsse. Dieser Kompromiss wurde mit dem 12. Rundfunkänderungsstaatsvertrag in deutsches Recht umgesetzt.

84 Als **zweites Beispiel** für die Relevanz des Beihilfetatbestandes kann hier die staatliche bzw staatlich organisierte **Filmförderung** in Deutschland genannt werden. In allen Mitgliedstaaten der EU existieren Filmförderungsprogramme, die insb Gelder an Filmproduktionsfirmen und Filmauswerter (Verleih, Kino, etc) vergeben.[171] In Deutschland wird Filmförderung sowohl auf Landesebene (zB durch das Medien-

---

165 EuGH Rs T-95/96 – Gestevisión Telecinco, Slg 1998 II 3407, Rn 90; T-17/96 – TF1, Slg 1999 II 1757, Rn 90.
166 Protokollerklärung Nr 32 der Amsterdamer Regierungskonferenz („Amsterdamer Protokoll") über den öffentlich-rechtlichen Rundfunk in den Mitgliedstaaten.
167 Vgl die sog Rundfunkmitteilung (Mitteilung der Kommission über die Anwendung der Vorschriften über Staatliche Beilhilfen auf den öffentlich-rechtlichen Rundfunk) von 2009, http://ec.europa.eu/competition/state_aid/legislation/broadcasting_communication_de.

pdf. sowie die Entscheidung der Kommission KOM (2007) 1761 endg, Rn 217.
168 Mitteilung der Kommission v 11.9.1996 KOM (96) 443 endg.
169 Mitteilung der Kommission über die Anwendung der Vorschriften über Staatliche Beihilfen auf den öffentlich-rechtlichen Rundfunk, ABlEG 2001, C 320, 4, die voraussichtlich 2008 reformiert wird.
170 Verband privater Rundfunk und Telemedien eV.
171 *Castendyk* Filmförderung 125 ff.

board Berlin-Brandenburg[172], den FilmFernsehFonds Bayern[173] oder die Filmstiftung NRW[174]) als auch auf Bundesebene ua über die Filmförderungsanstalt (FFA) betrieben.[175] Seit Anfang der 90er Jahre werden sie von der Kommission nach Art 107 ff AEUV überprüft.[176] Dabei hat die Kommission sowohl ihre Rechtsauffassungen[177] als auch ihre Kriterien für die Zulässigkeit von Filmförderungen immer weiter verfeinert und in der sog Kinomitteilung aus dem Jahre 2001[178], deren Gültigkeit durch diverse Mitteilungen bis heute verlängert wurde[179], zusammengefasst. Streitpunkte sind dabei ua die Frage, ob die Mitgliedsstaaten einen „Ländereffekt" zur Voraussetzung ihrer Förderung machen dürfen (sog Territorialisierung), wie hoch der Anteil der Förderung am Gesamtbudget eines Films sein darf und an welchen Kriterien die allein genehmigungsfähige „kulturelle" Filmförderung zu erkennen ist.[180] Bei der folgenden Darstellung des Tatbestands der Beihilfe werden diese beiden Bereiche, die Rundfunkgebührenfinanzierung[181] und die Filmförderung, zur Illustration herangezogen.[182]

4. Der Tatbestand der Beihilfe

85　a) **Übersicht.** Eine staatliche Beihilfe iSd Art 107 Abs 1 AEUV liegt vor, wenn folgende **Tatbestandsmerkmale** erfüllt sind:

　　aa) eine staatliche oder aus **staatlichen Mitteln** finanzierte Maßnahme gleich welcher Art,

　　bb) die bestimmte Unternehmen oder Wirtschaftszweige **begünstigt,**

　　cc) den **Wettbewerb** verfälscht oder zu verfälschen droht und den **Handel** zwischen Mitgliedstaaten beeinträchtigt.

86　aa) **Staatliche Mittel. Staatliche Mittel** im og Sinne liegen vor, wenn eine Beihilfe unmittelbar vom Staat oder von öffentlichen oder privaten Einrichtungen, die vom

---

172 www.medienboard.de.

173 www.fff-bayern.de.

174 www.filmstiftung.de.

175 www.ffa.de; neben der FFA fördert ua auch der Bundesbeauftragte für Kultur und Medien, etwa durch die Finanzierung des deutschen Filmpreises.

176 Vgl zB Entscheidung der Kommission zum Deutschen Filmförderfond (DFFF) K(2006) 6682 endg, Staatliche Beihilfe – N695/2006 – Deutscher Filmförderungsfond; Entscheidung K(2007) 2432 Staatliche Beihilfe – N248/2007 – FilmFernsehFonds Bayern; Entscheidung K(2007) 2437 Staatliche Beihilfe – N236/2007 – Medienboard Berlin-Brandenburg; Entscheidung K(2007) 2431 Staatliche Beihilfe – N230/2007 – Filmstiftung NRW; Entscheidung K(2004) 4762 endg Stattliche Beilhilfe – N411/2004 – Förderung von Film- und Fernsehproduktionen in den deutschen Ländern, Entscheidung SG (99) D/4249, Staatliche Beihilfe – N4/98 – Filmförderungsgesetz.

177 *Broche/Chaterjee/Orssich/Tosics*, Competition Policy Newsletter 2007/1, 44 ff.

178 Mitteilung der Kommission an den Rat, das Europäische Parlament, den Wirtschafts- und

Sozialausschuss und den Ausschuss der Regionen zu bestimmten Rechtsfragen im Zusammenhang mit Kinofilmen und anderen audiovisuellen Werken v 26.9.2001 KOM (2001) 534 endg, ABlEG 2002 C 43, 6 (sog Kinomitteilung).

179 Kinomitteilung KOM (2001) 534 endg.

180 *Broche/Chaterjee/Orssich/Tosics* Competition Policy Newsletter, 2007/1, 44 ff.

181 Andere Vorteile öffentlich-rechtlicher Sender, die ebenfalls Begünstigungscharakter haben, wie etwa die Gewährträgerhaftung des Staates und die steuerliche Sonderbehandlung (vgl Entscheidung der Kommission KOM (2007) 1761 endg, Rn 152 ff) sollen hier außer Betracht bleiben.

182 Selbstverständlich gibt es weitere Beispiele, zB die Subventionierung von DVB-T, vgl Castendyk/Dommering/Scheuer/*Braun* Art 87 EC, Rn 56 ff; Entscheidung der Kommission v 9.11.2005 über die Staatliche Beihilfe, die die Bundesrepublik Deutschland zugunsten der Einführung des digitalen terrestrischen Fernsehens (DVB-T) in Berlin-Brandenburg gewährt hat, ABlEG 2006, L 200, 14 Rn 62 ff; vgl auch *Koenig/Hus* EStAL 2004, 605, 608 ff.

　　　　　　Oliver Castendyk

Staat zur Durchführung der Beihilfenregelung eingerichtet oder beauftragt wurden, gewährt wird.[183] Wenn die Mittel nicht direkt aus dem Staatshaushalt fließen, sondern von Privatpersonen an eine öffentliche Einrichtung gezahlt werden, können sie dennoch als „staatliche oder aus staatlichen Mitteln stammende Zuwendungen" angesehen werden, wenn (a) die Vergünstigungen unmittelbar oder mittelbar aus staatlichen Mitteln gewährt werden[184] und (b) die Entscheidung über die konkrete Zuwendung dem Staat zurechenbar ist.[185]

Die Kommission geht davon aus, dass die deutschen **Rundfunkgebühren** staatliche Mittel sind, da sie vom Staat beschlossen werden und den Anstalten des öffentlichen Rechts zufließen.[186] Bund und Länder weisen demgegenüber darauf hin, dass Rundfunkanstalten schon aus verfassungsrechtlichen Gründen „staatsfrei" sein müssen (s Band 4 Teil 1 Kap 1). Ähnliche Probleme stellen sich bei der Filmförderung: Die Filmförderungsanstalt (FFA) erhebt ua die sog **Filmabgabe**, § 66 FFG, die zB von den Kinobetreibern entrichtet werden muss. Die FFA ist eine Anstalt öffentlichen Rechts, keine staatliche Institution. Sie wird von der Filmwirtschaft selbst kontrolliert. Die Gremien, die über die Projektfilmförderung entscheiden, sind staatsfrei zusammengesetzt. Der Staat beschränkt seine Kontrolle auf die Rechtsaufsicht. **87**

In der älteren Rechtsprechung des EuGH wurden **parafiskalische Abgaben**[187], dh staatlich bestimmte Abgaben eines bestimmten Personenkreises, die nicht in den Staatshaushalt fließen, sondern in gesonderte Fonds oder Einrichtungen, als staatliche Mittel betrachtet.[188] Im *Preussen Elektra*-Urteil[189] entschied der Gerichtshof jedoch, dass eine Begünstigung nur dann aus staatlichen Mitteln stammt, wenn die Zuwendung Auswirkungen auf den Staatshaushalt hat. Die bloße Tatsache, dass die Vergütungsverpflichtung des Stromeinspeisungsgesetzes auf einem Gesetz beruhe, habe keine Bedeutung.[190] Ein Teil der Literatur hat die Entscheidung dahingehend interpretiert, dass unabhängig davon, ob eine staatliche Einrichtung oder eine privatwirtschaftliche Institution zwischengeschaltet wird, der **Staatshaushalt** durch die Subvention belastet werden muss.[191] Diese Interpretation ist allerdings nicht zwingend. **88**

---

[183] Dauses/*Götz/Martínez Soria* Bd II H III, Rn 56 ff; Grabitz/Hilf/*von Wallenberg* Bd II Art 87 Rn 35 ff.
[184] Vgl EuGH Rs C-72/91 und C-73/91 – Sloman Neptun, Slg 1993 I-887 Rn 19; Rs C-189/91 – Kirsammer-Hack, Slg 1993 I-6185 Rn 16; Rs C-52/97 ua – Vicido ua, Slg 1998 I-2629 Rn 13; Rs C-200/97 – Ecotrade, Slg 1998 I-7907 Rn 35; Rs C-295/97 – Piaggio, Slg 1999 I-3735 Rn 35; Rs C-379/98 – Preussen Elektra, Slg 2001 I-2099 Rn 58; Rs C-482/99 – Stardust Marine, Slg 2002, I-4397 Rn 24.
[185] EuGH Rs C-482/99 – Stardust Marine, Slg 2002, I-4397 Rn 24; Rs 67, 68 und 70/85 – Van der Kooy, Slg 1988, 219 Rn 35; Rs C-303/88 – Italien/Kommission, Slg 1991 I-1433 Rn 11; Rs C-305/89 – Italien/Kommission, Slg 1991 I-1603 Rn 13.
[186] Entscheidung der Kommission KOM (2007) 1761 endg, Rn 148 ff.
[187] EuGH Rs 173/73, Slg 1974, 709 Rn 35; EuG Rs T-358/94 – Air France/Kommission, Slg 1996 II-2109; Dauses/*Götz/Martínez Soria* Bd II, H III, Rn 58.

[188] Vgl *Koenig/Kühling* ZUM 2001, 537 (543) mwN; ähnlich auch Generalanwalt Jacobs, der parafiskalische Abgaben dann annimmt, wenn die Mittel zweckgebunden in einen zum Staatshaushalt gehörenden Sonderfonds fließen und dann an bestimmte Dritte ausgezahlt werden; Schlussanträge zum Urteil EuGH Rs C-379/98 – Preussen Elektra, Slg 2001 I-2099 Rn 165.
[189] EuGH Rs C-379/98 – Preussen Elektra AG, Slg 2001 I-2099.
[190] EuGH Rs C-379/98 – Preussen Elektra AG, Slg 2001 I-2099 Rn 59: „Der Umstand, dass die Abnahmepflicht auf einem Gesetz beruht und bestimmten Unternehmen unbestreitbare Vorteile gewährt, kann damit der Regelung nicht den Charakter einer staatlichen Beihilfe iSv Art 92 Abs 1 EGV verleihen", so auch der Generalanwalt in seinen Schlussanträgen zum Urteil, Rn 165 ff.
[191] Vgl *Bartosch* NVwZ 2001, 643, 645 f; *Koenig/Kühling* ZUM 2001, 537, 543 mwN.

Denkbar ist, dass die Bedingung „Auswirkung auf den öffentlichen Haushalt" **nur** für Sachverhalte wie bei *Preussen Elektra* gilt, in denen die Mittel ausschließlich zwischen Privaten zirkulieren.[192] Die jüngste Entscheidung zur *Stardust Marine*[193] verdeutlicht diese Auffassung für zwischengeschaltete Institutionen: Der Gerichtshof sah Vergünstigungen einer privatrechtlich organisierten Bank in staatlichem Eigentum als staatliche Mittel an, obwohl sie diese Mittel aus ihrem laufenden Geschäftsbetrieb erwirtschaftet hatte. Entscheidend sei, dass die Mittel „unter **staatlicher Kontrolle** und damit den zuständigen nationalen Behörden zur Verfügung stehen".[194]

89 Aber auch die staatliche Kontrolle wurde sowohl bzgl der Einnahmeseite mit Blick auf das staatsfern organisierte KEF-Verfahren bezweifelt, als auch bzgl der Ausgabeseite, da die Verwendung der **Rundfunkgebühr** durch die Rundfunksender gerade keiner staatlicher Kontrolle unterliegt.[195] Bei der **Filmförderung** gibt es hingegen auf der Einnahmeseite weniger Zweifel, weil sie der Höhe nach vom Gesetzgeber festgelegt wird.

90 Entscheidungen des Europäischen Gerichtshofes zur deutschen Rundfunkgebühr gibt es nicht. Angesichts der Tatsache, dass Bund und Länder weitgehende **Zugeständnisse** gegenüber der Kommission gemacht haben (vgl Mitteilung der Kommission vom 24.4.2007[196]), ist die zwischen 1998–2007 intensiv geführte Diskussion[197] nicht mehr so relevant. Dasselbe gilt für das Filmförderungsgesetz (FFG). Der EuGH hat sich zwar nicht zur deutschen Filmförderung geäußert. Die Bundesregierung hat jedoch seit 1991 alle FFG-Novellen notifiziert und die von der Kommission gewünschten Änderungen vorgenommen, obwohl die freiwilligen Beiträge der Fernsehsender nicht unter den Begriff der staatlichen Mittel subsumiert werden können.[198]

91 **bb) Begünstigung.** Eine **Begünstigung** als weitere Voraussetzung des Art 107 Abs 1 AEUV ist gegeben, wenn Unternehmen geldwerte Vorteile ohne marktgerechte Gegenleistung erhalten.[199] Ob eine angemessene Gegenleistung vorliegt, ist danach zu beur-

---

[192] Diese Auffassung wird von der Kommission vertreten, s Entscheidung der Kommission KOM (2007) 1761 endg, Rn 151; in etwas andere Richtung geht jedoch der EuGH Rs C-72/91 und C-73/91 – Sloman Neptun, Slg 1993 I-887 Rn 19 ff.

[193] EuGH Rs C-482/99 – Stardust Marine, Slg 2002, I-4397.

[194] EuGH Rs C-482/99 – Stardust Marine, Slg 2002, I-4397 Rn 37; damit erteilte der Gerichtshof denjenigen Interpretationen eine Absage, die nach *Preussen Elektra* die Voraussetzung „aus staatlichen Mitteln" nur für gegeben ansehen, wenn der Staatshaushalt unmittelbar belastet wird, so auch Castendyk/Dommering/Scheur/*Braun* Art 87 EC Rn 11.

[195] Vgl *Bartosch* NVwZ 2001, 643, 645 f; *Koenig/Kühling* ZUM 2001, 537, 545 mwN; *Gounalakis* 166 ff; aA *Degenhardt* ZUM 2001, 357, 370.

[196] Entscheidung der Kommission KOM (2007) 1761 endg, Rn 322 ff.

[197] Hinsichtlich der Rechtslage in Deutschland vgl Schreiben der Generaldirektion Wettbewerb

der EU-Kommission zur Finanzierung der öffentlich-rechtlichen Rundfunkanstalten in Deutschland und zur Vereinbarkeit des bestehenden Systems mit dem gemeinsamen Markt, v 3.3.2005, Staatliche Beihilfe E 3/2005, epd medien 2005, Nr 21; s anders die Antwort der Bundesregierung v 6.5.2005, Journalist.de 6/2005, 1 ff (abrufbar unter http://www. journalist.de/downloads/pdf/dokumentationen/finanzierung.pdf); vgl Analyse von *Kleist/Scheuer* Funkkorrespondenz 11.3.2005, 3 ff; *Sumrada/Nohlen* EStAL 2005, 609, 618 ff; *Dörr* Media Perspektiven 2005, 333, 335 ff; *Jury*, 80 ff; *Koenig/Haratsch* EStAL 2003, 569, 570 ff; *Koenig/Kühling* ZUM 2001, 537, 538 ff; *Michel* MMR 2005, 284, 285 ff; Auffassung der Kommission (vgl Schreiben der Generaldirektion Wettbewerb der EU-Kommission v 3.3.2005, *epd* medien 2005 Nr 21 Rn 118, wird ua unterstützt von *Selmayr/Kamann* K&R 2004, 49, 52; *Tigchelaar* EStAL 2003, 169, 173.

[198] *Castendyk/Bark* ZUM 2003, 480, 483.

[199] Calliess/Ruffert/*Cremer* Art 87 Rn 7 mwN.

Oliver Castendyk

teilen, ob ein privater Investor dieselbe Summe für die Leistung zahlen würde (sog „**private investor test**").[200] Der EuGH geht davon aus, dass auch **adäquate Gegenleistungen** für die Erfüllung von Gemeinwohlverpflichtungen iSd Art 106 Abs 2 AEUV den Tatbestand der Beihilfe entfallen lassen können.[201]

Auch bei der Rundfunkgebühr ist das Tatbestandsmerkmal der Begünstigung umstritten. Denn es ist fraglich, ob die **Rundfunkgebühr** nicht doch eine angemessene Gegenleistung für die Leistungen der Rundfunkanstalten ist.[202] Die Voraussetzungen, die der EuGH für die „angemessene Gegenleistung" aufstellt, überschneiden sich teilweise mit denen des Ausnahmetatbestands für Unternehmen, die **Dienstleistungen von allgemeinem öffentlichen Interesse** erbringen (Art 106 Abs 2 EGV).[203] **Eine der vier** Voraussetzungen ist, dass die Parameter, anhand derer die angemessene Gegenleistung für das Unternehmen berechnet wird, zuvor (dh vor der Betrauung mit der gemeinwirtschaftlichen Tätigkeit) objektiv und transparent aufgestellt werden müssen. Dies ist bei der Rundfunkgebühr nicht der Fall, denn sie wird von der KEF ex post geprüft und letztendlich von den Ländern bestimmt.[204] Schon deshalb erfüllt die Rundfunkgebühr auch das Tatbestandsmerkmal der Begünstigung.[205]

92

Die **Filmförderung** ist ebenfalls begünstigend. Betrachtet man die **Einnahmeseite**, ist unproblematisch, dass die Filmabgabe keine angemessene Gegenleistung für eine Leistung der FFA darstellt. Bei der **Ausgabenseite** sieht es nicht anders aus: Die Referenzförderung ist keine Gegenleistung für die Leistung eines geförderten Filmherstellers. Die Projektfilmförderung als erfolgsbedingt rückzahlbares Darlehen hielte angesichts einer Rückzahlungsquote von unter 10 %[206] keinem „private investor test" stand.[207] Nur bei Förderarten, wie der Filmtheaterförderung nach § 56 Abs 3 FFG, bei der die FFA zinslose Darlehen für Investitionen (zB neue Bestuhlung eines Kinos) vergibt, die in der Regel auch zurückgezahlt werden, liegt die Begünstigung nicht im Förderbetrag selbst, sondern lediglich in der Differenz zum marktüblich verzinsten Darlehen.

93

cc) **Wettbewerbs- und Handelsbeeinträchtigung.** Eine Beihilfe ist mit dem gemeinsamen Markt unvereinbar, wenn die Auswirkungen auf den innergemeinschaftlichen **Handel** eine verzerrende Wirkung auf den **Wettbewerb** in der Gemeinschaft entfaltet oder entfalten kann. Dies ist zB dann der Fall, wenn die Beihilfe die Stellung eines Unternehmens gegenüber seinen Wettbewerbern in diesem Handel stärkt.[208] Bei der

94

---

[200] EuG Rs T-358/94 – Air France/Kommission, Slg 1996 II-2109 Rn 70 ff; Dauses/*Götz/Martínez Soria* Bd II H III Rn 62.
[201] EuGH Rs C-53/00 – Ferring, Slg 2001 I-9067 Rn 17 ff; Rs C-280/00 – Altmark Trans, Slg 2003 I-7747 Rn 87 ff.
[202] Vgl *Koenig/Kühling* ZUM 2001, 537, 538 ff; Michel MMR 2005, 284, 285 ff.
[203] Die Auffassung, wonach nach der Altmark-Entscheidung kein Raum mehr für eine selbstständige Prüfung des Art 86 Abs 2 EGV verbleiben würde, ist wohl überholt, vgl *Koenig/Haratsch* ZUM 2004, 122 ff.
[204] Vgl Band 4 Teil 1 Kap 1.
[205] Entscheidung der Kommission KOM (2007) 1761 endg Rn 160 ff.

[206] Vgl *Castendyk* Filmförderung 143 f.
[207] Gesondert ist die Förderung nach dem Filmfernsehabkommen zwischen ARD-Sendern, ZDF und FFA zu beurteilen, da die Rundfunkanstalten als Gegenleistung für ihre Förderung Senderechte an den geförderten Filmen erhalten. Die Begünstigung könnte nur in der Differenz zwischen nach dem Abkommen vereinbarten, für die Filmproduzenten vergleichsweise günstigen und den üblichen Vertragsbedingungen bestehen.
[208] EuGH Rs 730/79 – Philip Morris/Kommission, Slg 1980, 2671 Rn 11, Grabitz/Hilf/*von Wallenberg* Bd II Art 87 Rn 54.

Auswirkung auf den Wettbewerb ist seitens der Kommission der relevante Markt zu definieren, wenn sie die Beihilfeentscheidung begründet.[209]

95   Angesichts des **internationalen Programm- und Sportrechtehandels** sowie der grenzüberschreitenden Wirkung der Werbung geht die Kommission davon aus, dass eine staatliche Finanzierung öffentlich-rechtlicher Rundfunksender den **innergemeinschaftlichen Handel beeinflusst.** Da private und **öffentlich-rechtliche Sender** um dieselben Zuschauer und zumindest teilweise um dieselben Werbekunden kämpfen, kann sich die Begünstigung **wettbewerbsverfälschend** auswirken.[210] Weitere Argumente basieren auf der Tätigkeit der kommerziellen Tochterfirmen und der Onlinerangebote des öffentlich-rechtlichen Rundfunks in Deutschland.

96   Auch die **Filmproduktion** und **Filmauswertung** ist ein internationales Geschäft, so dass deren Förderung den innergemeinschaftlichen Handel und Wettbewerb verzerren kann. Die derzeit aktuelle Frage bei Rundfunkgebührenfinanzierung und Filmförderung ist deshalb weniger, ob sie Beihilfen darstellen, sondern eher, inwieweit und in welcher Ausgestaltung sie ausnahmsweise zulässig sein können. Für die Rundfunkgebührenfinanzierung kommt als Ausnahmevorschrift vor allem der erwähnte Art 106 Abs 2 AEUV in Betracht, für die Filmförderung geht es um die Bereichsausnahme in Art 107 Abs 3d) AEUV.[211]

97   b) **Art 106 Abs 2 AEUV.** Eine Ausnahme für Unternehmen, die mit **Dienstleistungen von allgemeinem öffentlichen Interesse** betraut sind, kommt unter drei Voraussetzungen in Betracht:[212]

1. Die zu erbringenden Dienstleistungen von allgemeinem wirtschaftlichem Interesse muss vom Mitgliedstaat klar definiert sein (**Definition**).
2. Das Unternehmen muss mit der Erbringung der Dienstleistung durch eine öffentliche Stelle betraut sein (**Betrauung**). Die Einhaltung der allgemeinen wirtschaftlichen Verpflichtungen im Einklang mit dem Betrauungsakt muss durch eine unabhängige Stelle überwacht werden.
3. Die staatliche Beihilfe darf nicht über die Netto-Mehrkosten der allgemeinen wirtschaftlichen Dienstleistung hinausgehen, wobei andere Einkünfte, die unmittelbar oder mittelbar aus der Erbringung der öffentlichen Dienstleistungen entstehen, zu berücksichtigen sind (**Verhältnismäßigkeit**).

98   Bei der **Definition** des Rundfunkauftrags gesteht die Kommission – entsprechend dem Amsterdamer Protokoll[213] – den Mitgliedsstaaten gesetzgeberisches Ermessen zu. Die Rolle der Kommission beschränkt sich auf die Kontrolle **offensichtlicher Fehler.**[214]

---

[209] Vgl EuGH, verbd Rs C-329/93, C-62/95, C-63/95 – Bremer Vulkan, Slg 1996 I-5151 Rn 53 ff; s anders Schlussanträge des Generalanwalts Alber zu EuGH Rs C-351/98 – Spanien/Kommission, Slg 2002 I-8031 Rn 78 ff.
[210] Entscheidung der Kommission KOM (2007) 1761 Rn 184 ff.
[211] Selbstverständlich kommen theoretisch beide Ausnahmeregelungen für Rundfunkgebühr und Filmförderungen Betracht. Dies wird aber nur bei der Rundfunkgebühr thematisiert, vgl zB Hahn/Vesting/*Libertus* § 13 Rn 46 f; Castendyk/Dommering/Scheuer/ *Schmahl* Art 151 EC, Rn 27; Grabitz/Hilf/ *von Wallenberg* Bd II Art 87 Rn 182 f.

[212] So die Kommission in dem Verfahren der staatlichen Beihilfe – C 62/1999 (ex NN 140/1998) – Italien, ABlEG 1999, C 351, 20 ff, Entscheidung der Kommission betreffend der Maßnahmen Italiens zu Gunsten von RAI K(2003) 3528, ABlEG 2004, L 119, 1, Rn 95 ff; *Koenig/Haratsch* ZUM 2004, 122 ff und in der Entscheidung der Kommission KOM (2007) 1761 Rn 217 ff.
[213] S oben Rn 82.
[214] Entscheidung der Kommission KOM (2007) 1761 Rn 220.

Oliver Castendyk

Auch wenn es den Mitgliedstaaten frei steht, den öffentlichen Auftrag selbst zu definieren[215], müssen diese Definitionen jedoch hinreichend präzise sein. Dabei hat die Kommission die sehr weit gefasste Definition des Rundfunkauftrags in den meisten deutschen Rundfunkgesetzen grds akzeptiert. In Einzelfällen, zB bei Digitalkanälen und bei Internetangeboten, hat sie jedoch Präzisierungen verlangt.[216] Die Zulassung öffentlich-rechtlicher E-Commerce-Angebote, von Werbung, Sponsoring und Merchandising über das Internet, von Pay-TV und Pay-Per-View und ähnlicher kommerzieller Dienste wäre hingegen ein „offensichtlicher Fehler".

Bei der **Betrauung** hat die Kommission Zweifel daran erkennen lassen, ob die interne Kontrolle durch den Rundfunk- bzw Verwaltungsrat effizient ist.[217] Dies gilt insb für die noch unzureichende Kontrolle der kommerziellen Tochter- und Beteiligungsfirmen der Rundfunkanstalten. **99**

Zur **Verhältnismäßigkeit** hat die Kommission eine Vielzahl von Anforderungen an die Kommission. Gem der Rundfunkmitteilung muss die Kommission im Rahmen von Art 106 Abs 2 AEUV darüber wachen, dass die Subventionierung der Dienstleistung von allgemeinem wirtschaftlichem Interesse den Wettbewerb auf dem gemeinsamen Markt nicht in unverhältnismäßig hohem Maße beeinträchtigt. Neben der klaren Definition des öffentlichen Auftrags erfordert dies eine ebenso klare Trennung zwischen gemeinwirtschaftlichen und anderen kommerziellen Tätigkeiten. Nur auf Grundlage einer solchen differenzierten Mittelzuweisung lässt sich feststellen, ob die öffentliche Finanzierung tatsächlich auf die Nettokosten des öffentlich-rechtlichen Auftrages begrenzt ist. Die Anforderungen an die getrennte Buchführung ergeben sich dabei aus der Transparenz-RL. Nur damit können unzulässige Quersubventionierungen kommerzieller Töchter mit Mitteln aus der Rundfunkgebühr verhindert werden. **100**

c) **Art 107 Abs 3d) AEUV.** Ein Filmförderungsprogramm kann von der Kommission nach Art 107 Abs 3 d) AEUV als Förderung der Kultur genehmigt werden[218], wenn sie die Handels- und Wettbewerbsbedingungen in der Gemeinschaft nicht in einem Maß beeinträchtigen, das dem gemeinsamen Interesse zuwiderläuft. Nach Ansicht der Kommission ist eine Filmförderung in diesem Sinne noch angemessen, wenn maximal 50 % der Gesamtkosten des Films von der Filmförderung zugeschossen werden, wobei Ausnahmen für kleine, schwierige oder kulturell besonders wichtige Filme möglich sind.[219] Der Produzent muss mindestens 20 % des Filmbudgets in anderen Mitgliedsstaaten ausgeben dürfen, ohne dass die ihm gewährte Beihilfe gekürzt wird (sog „80/20-Regel"). Damit wird der *Territorialisierungsgrad* auf 80 % limitiert.[220] **101**

Es muss außerdem sichergestellt sein, dass **Produktionen mit nicht kulturellem Inhalt** von der Förderung ausgeschlossen sind, der EuGH nennt als Beispiele Werbung **102**

---

[215] Mit dieser Möglichkeit sind interessante Fragestellungen, wie zB, ob ein Marktversagen erforderlich ist, um eine Einrichtung mit der Dienstleistung von öffentlichem Interesse zu betrauen, leider abgeschnitten (vgl krit zum Konzept des Marktversagens jedoch *Koenig/Füg* EStAL 2005, 591 ff).
[216] Entscheidung der Kommission KOM (2007) 1761 Rn 236, 248 ff.
[217] Entscheidung der Kommission KOM (2007) 1761 Rn 255 ff.
[218] Denkbar ist selbstverständlich auch eine

andere Ausnahme, zB die Förderung strukturschwacher Gebiete, vgl Art 87 Abs 1a) EGV iVm der Verordnung (EG) Nr 1628/2006 (Regionalfreistellungsverordnung).
[219] Kritik an diesem – allerdings in der Praxis nicht sehr ernst genommen – Kriterium übt *Hentschel* 289.
[220] Vgl Kinomitteilung KOM (2001) 534 endg Rn 6, die zunächst bis Ende 2004 galt, bis Mitte 2007 verlängert wurde und spätestens Ende 2009 auslaufen soll.

oder Pornographie.[221] Wichtig ist daneben, dass nicht die Wirtschaftsförderung im Vordergrund steht. Diese Voraussetzungen waren bei der FFA ua über das **Qualitäts-erfordernis** (welches iS einer kulturellen Qualität ausgelegt werden muss) und § 19 FFG sichergestellt. Neuerdings verlangt die Kommission aber auch zusätzliche „kulturelle" Kriterien. Bisher hielt sie dies nur bei „Incentive"-Förderungen, wie dem Deutschen Filmförderungsfonds, für erforderlich. Bei den jüngsten Genehmigungsverfahren hat sich gezeigt, dass die EU-Kommission zwischen – förderungswürdigen – „kulturellen" und – nicht förderungsfähigen – technischen bzw wirtschaftlichen Teilen der Filmproduktion differenzieren möchte.[222] Es ist jedoch problematisch, zwischen „kultureller" und „wirtschaftlicher" Filmförderung zu unterscheiden. Eine Trennung in „kulturell wertvolle" und „Kommerzfilme" ist nicht möglich und wäre auch mit Bezug auf die Funktion des Films als kultureller Spiegel der Gesellschaft verfehlt. Auch erfolgreiche und massenattraktive Filme können einen ganz erheblichen Einfluss auf die private und öffentliche Meinungsbildung erlangen und kulturell eine ganze Generation mitprägen. Noch problematischer ist die einseitige Bevorzugung „kreativer" Beiträge, denn zum einen sind auch Teile der „technischen" Beiträge heutzutage künstlerisch, zB im Bereich der digitalen Nachbearbeitung, zum anderen sind auch rein technische Beiträge notwendig, um den Film entstehen zu lassen.

§ 3
Medien im Völkerrecht und Europa

I. Einleitung

103   Das Völkerrecht beeinflusst Rundfunk und Medien unter verschiedenen Gesichtspunkten.

104   Von ganz erheblicher praktischer Bedeutung sind die völkerrechtlichen Regelungen für das **Fernmeldewesen**.[223] So wird etwa das Frequenzspektrum im Rahmen internationaler Vereinbarungen zwischen den Staaten aufgeteilt.[224] Die Verteilung von Frequenzen richtet sich nach dem internationalen **Fernmeldevertrag (IFV)**[225] und der **Vollzugsordnung für den Funkdienst (VO Funk)**. Danach koordiniert, verteilt und registriert die **Internationale Fernmeldeunion (IFU)**, eine Sonderorganisation der UNO, die Frequenzen. In mehrjährigem Abstand finden sog Weltfunkkonferenzen statt, bei denen die Vollzugsanordnungen ergänzt und geändert werden. Die danach auf nationaler Ebene zur Verfügung stehenden Frequenzen werden in Deutschland nach Maßgabe des **TKG** in einem mehrstufigen Verfahren vergeben.[226] Ebenfalls bedeutsam sind die Handelsliberalisierungen, die im Anschluss an die Uruguay-Runde

---

221 Vgl Entscheidung der Kommission SG(98) D/6935, Staatliche Beihilfe – N3/98 – Frankreich, 6 f.
222 Entscheidung der EU-Kommission zum neuen UK-Fund K(2007) 6075 endg, Staatliche Beihilfe – NN 6/06 – UK film development and production funds; Entscheidung der Kommission zum Deutschen Filmförderfond (DFFF) K(2006) 6682 endg, Staatliche Beihilfe – N695/2006 – Deutscher Filmförderungsfond.

223 Zur Einführung vgl *Ladeur* ArchPT 1998, 243 ff.
224 Einen ersten Einstieg bietet *Herrmann/Lausen* 5. Kap § 29 Rn 1 ff.
225 Vertragstext in der Fassung des Schweizer Bundesgesetzblatts abrufbar unter http://www.admin.ch/ch/d/sr/i7/0.784.16.de.pdf.
226 *Herrmann/Lausen* 5. Kap § 29 Rn 26 ff.

der WTO-Verhandlungen auch für den **Telekommunikationssektor** erreicht wurden.[227] Da das TK-Recht nicht zum Medienrecht gehört, soll dieser Aspekt im Folgenden nicht weiter vertieft werden.

Bei **Rundfunk- und Mediendiensten** wurde in den letzten Jahren vor allem diskutiert, ob und inwieweit derartige Angebote unter das **WTO-Regime** fallen. Die in den GATT- und GATS-Abkommen vereinbarten Liberalisierungen sind für den audiovisuellen Sektor durchaus relevant[228]: Wäre etwa das **GATT-Abkommen** von 1947 auf Rundfunksendungen anwendbar, wären Quotenregelungen, wie zB die europäische Quote in Art 4 der Fernseh-RL, völkerrechtswidrig.[229] Die Anwendung des welthandelsrechtlichen Grundsatzes der Inländerbehandlung könnte zB dazu führen, dass in Europa ansässige US-amerikanische Zweigniederlassungen Anspruch auf europäische Fördermittel hätten. Auch im Bereich der Kabelweiterleitung dürften außereuropäische Anbieter nicht mehr benachteiligt werden. Schließlich würde jede Subvention für Medienangebote, gegebenenfalls sogar auch die Rundfunkgebühr, dem harten Erforderlichkeitstest des GATT-Abkommens ausgesetzt.

105

Neben der WTO bestimmen auch die Aktivitäten der **UNESCO** die völkerrechtliche Diskussion der audiovisuellen Medien. In Ausfüllung des Prinzips des „free flow of information" verabschiedete sie 1972 eine – rechtlich unverbindliche – Deklaration zum **freien Informationsfluss** bei Rundfunksendungen. Dabei erkennt sie damals auch noch das gegenläufige Prinzip des „prior agreement" an (Art IX Abs 1), welches heute mehr in den Hintergrund getreten ist.[230]

106

Wichtig ist daneben auch die **kulturelle Dimension** von Rundfunk und Telemediendiensten, die völkerrechtlich gesehen auch die Funktion hat, Liberalisierungen aus rein wirtschaftlichen Motivationen heraus Grenzen zu setzen. Nach langer und intensiver Debatte wurde am 20.10.2005 das „Übereinkommen zum Schutz der Förderung der Vielfalt kultureller Ausdrucksformen" verabschiedet. Kulturpolitische Ziele der Nationalstaaten können damit gewisse Einschränkungen des Welthandels rechtfertigen.[231]

107

Nicht zuletzt hat das Völkerrecht **für den Einzelnen** die Bedeutung einer Garantie der **Informations- und Meinungsfreiheit**. Hervorzuheben ist zunächst Art 19 der Allgemeinen Erklärung der Menschenrechte (GA-Res 217 III vom 10.12.1948), in dem es heißt: „Jeder Mensch hat das Recht auf freie Meinungsäußerung; dieses Recht umfasst die Freiheit, Meinungen unangefochten anzuhängen und Informationen und Ideen mit allen Verständigungsmitteln ohne Rücksicht auf Grenzen zu suchen, zu empfangen und zu verbreiten." Dieses Freiheitsrecht wurde später in Art 19 Abs 2 **Internationaler Pakt über bürgerliche und politische Rechte** (IPbürgR)[232] fast wortgleich übernommen. Angesichts der nahezu weltweiten Ratifikation dieses Paktes wird heute von einer völkergewohnheitsrechtlichen Geltung des Menschenrechts auf Meinungs- und Informationsfreiheit ausgegangen.[233] Dies muss auch die EU bei der Gestaltung ihrer Politik in den Bereichen von Medien, Telekommunikation und Infor-

108

---

[227] Vgl Grabitz/Hilf/*Tietje* Bd IV E 27 Rn 63 ff.
[228] Zur Bedeutung der welthandelsrechtlichen Regelung für den Rundfunk allgemein *Pleitgen* AfP 2005, 1 ff.
[229] Castendyk/Dommering/Scheuer/*Castendyk* Art 4 TWFD Rn 37 ff; *Oeter* AfP 2005, 6 ff.
[230] UNESCO World Communication Report 2006.

[231] *Wiedemann* 23 ff; *Merkel* 9 ff.
[232] Internationaler Pakt über bürgerliche und politische Rechte (IPbürgR) vom 16.12.1966, BGBl 1973 II S 1534.
[233] Vgl Böckstiegel/*Wolfrum* 395; *Gornig* 230 ff passim.

mationstechnologie beachten. Selbstverständlich ist das Menschenrecht auf Meinungs- und Informationsfreiheit, ähnlich wie die entsprechenden Regelungen im Grundgesetz und in der EMRK, nicht schrankenlos gewährleistet. Als legitime Gründe für eine Einschränkung dieser Kommunikationsfreiheiten nennt Art 19 Abs 3 IPbürgR die Rechte anderer, den Schutz der nationalen Sicherheit, des ordre public, der Volksgesundheit und der öffentlichen Sicherheit.

109   Auch die **Europäische Menschenrechtskonvention** (EMRK)[234] stellt eine völkerrechtliche Grundlage für das Menschenrecht auf Meinungs- und Informationsfreiheit dar. Da die EMRK zum sog „acquis communitaire" gehört und damit immer stärker in die Rolle eines Grundrechtskatalogs für das EU-Recht hineingewachsen ist, wurde die EMRK bereits in § 2, II dieses Abschnitts als Teil des europäischen Primärrechts dargestellt.[235]

II. GATT/GATS

110   Die völkerrechtlich aktuellste **Problemstellung** betrifft die Frage, wie der Rundfunk- und die sonstigen audiovisuellen Medienangebote im WTO-Kontext zu verorten sind. Rundfunk transportiert Information, Kultur und Unterhaltung. Die audiovisuellen Dienste dienen der öffentlichen Meinungsbildung und Unterhaltung, sind aber gleichzeitig auch Wirtschaftsunternehmen, die mit ihren Waren und Dienstleistungen Geld verdienen müssen. Diese kulturelle und ökonomische **Doppelnatur** warf die Frage auf, ob und inwieweit welthandelsrechtliche Normen auf Rundfunkangebote anwendbar sind. Zentraler Dreh- und Angelpunkt für das Welthandelsrecht ist die WTO mit ihren circa 160 Mitgliedstaaten; sie wirkt auf den Abbau von Handelsbeschränkungen zwischen den Mitgliedstaaten hin. Die WTO bildet das Dach für eine ganze Reihe von multilateralen Handelsabkommen.[236]

111   Grundlegend ist zunächst das **GATT-Abkommen** aus dem Jahre 1947,[237] mit dem der Handel mit Waren liberalisiert wurde. Es stellt für die Mitgliedstaaten strenge, zT unmittelbar umzusetzende Regeln auf. Mengenmäßige Beschränkungen sind grds verboten: es gilt das Gebot der Inländergleichbehandlung. Es enthält außerdem Regelungen über Subventionen und ihre Zulässigkeit. Im Jahr 1995 kam das Abkommen über die Liberalisierung von Dienstleistungen (GATS)[238] hinzu. Dieses Abkommen enthält Rahmenbedingungen für den Dienstleistungsverkehr. Die Einbeziehung des audiovisuellen Sektors in das GATS war während der Uruguay-Verhandlungsrunde äußerst umstritten. Die Europäer, insb Frankreich, betonten die kulturelle Seite des Sektors und forderten eine „exception culturelle". Andere Staaten, allen voran die USA und Japan, hielten audiovisuelle Güter nur für Unterhaltungsdienstleistungen, die keine Ausnahmeregelungen verdienen würden. Am 14.12.93 wurden die diesbezüglichen Verhandlungen als gescheitert abgebrochen. Es gelang den Europäern nicht, eine Ausnahmeregelung zu Gunsten des audiovisuellen Sektors durchzusetzen. Damit unterfallen auch Rundfunkprogramme grds dem Abkommen.

---

234 Konvention zum Schutze der Menschenrechte und Grundfreiheiten v 4.11.1950 in der Fassung der Bekanntmachung v 17.5.2002, BGBl II S 1054.
235 S oben Rn 47.
236 Dazu gehört auch das im Urheberrecht so bedeutsame TRIPS-Abkommen, vgl zur WTO

die Aufzählung unter http://www.wto.org/english/docs_e/legal_e/legal_e.htm#agreements.
237 Allgemeines Zoll- und Handelsabkommen (engl *General Agreement on Tariffs and Trade*).
238 Allgemeines Abkommen über den Handel mit Dienstleistungen (engl *General Agreement on Trade in Services*).

Oliver Castendyk

Die Folgen für den audiovisuellen Sektor in Europa sind jedoch gering, da das **112** GATS-Abkommen völlig anders strukturiert ist als das GATT-Abkommen. Nach dem GATS-Abkommen besteht ohne eine spezifische Verpflichtung („**specific committment**") nicht einmal Anspruch auf Marktzugang. Nur für Dienstleistungen, die ausdrücklich in einem Anhang benannt sind („Positivliste"), gilt der Grundsatz der Inländerbehandlung. Angesichts ihrer harten Verhandlungsposition bei der Uruguay-Runde wenig erstaunlich, hat die EU niemals Verpflichtungen für den audiovisuellen Bereich angemeldet.

Da also GATT und GATS unterschiedlich große Liberalisierungsforderungen stellen, **113** ist die **Abgrenzung** zwischen Waren und Dienstleistungen von erheblicher Bedeutung. Dennoch wurden die Begriffe „Ware" und „Dienstleistung" nicht definiert. Allerdings wurden in der „**Services Sectoral Classification List**",[239] bestimmte audiovisuelle Dienstleistungen aufgeführt. Hierzu gehören die Produktion, öffentliche Vorführung und der Vertrieb von Kino- und Videofilmen, das Radio und Fernsehdienste. Daraus ergibt sich ein in der Praxis schwer zu handhabendes, durchaus widersprüchliches Ergebnis. So ist ein klassischer Spielfilm als eine auf einem Träger fixierte Bild- und Tonsequenz unstreitig eine Ware im Sinne des GATT. Die Vorführung oder Ausstrahlung des Spielfilms ist jedoch als Dienstleistung und nicht als Ware einzuordnen. Gleichzeitig enthält das GATT-Abkommen von 1947 Regelungen zu Kinoquoten, die streng genommen die Vorführung der „Ware Film" im Kino und damit eine Dienstleistung regeln.[240] Noch verschärft werden diese Abgrenzungsprobleme mittlerweile im Kontext des Internets. Über die systematische Einordnung der über das Netz vermarkteten digitalen Produkte besteht keine Einigkeit. Während einerseits digitale Produkte grds als Dienstleistung angesehen werden, wird andererseits vertreten, elektronisch übertragene Produkte wären generell als Waren im Sinne des GATT-Abkommens anzusehen.[241]

III. Übereinkommen über das grenzüberschreitende Fernsehen

Die Mitgliedsstaaten des **Europarates** haben 1989 das Europäische Übereinkom- **114** men über das grenzüberschreitende Fernsehen (FsÜ) abgeschlossen.[242] Die Konvention wurde mit Änderungsprotokoll vom 1.10.1998 an die 1997 revidierte Fernseh-RL

239 GATT. Doc. MTN.GNS/W/120 (07/10/ 1991), abrufbar unter http://www.wto. org/english/tratop_e/serv_e/serv_sectors_e.htm.
240 Es wurde diskutiert, ob das GATT und die genannten Regelungen auf Fernsehsendungen analog Anwendung finden können. Zur Klärung dieser von den USA im Jahre 1961 in das GATT getragenen Frage wurde eine Arbeitsgruppe eingesetzt, die sich jedoch nicht auf einen Standpunkt einigen konnte, vgl *Frese*, 143 f. Ob Quotenregelungen im Fernsehen, wie in Art 4–6 der Fernsehrichtlinie, die schließlich auch Kinofilme einschließen, gegen das GATT-Abkommen verstoßen, wurde in den vom GATT vorgesehenen Schlichtungsverfahren jedoch noch nicht überprüft, vgl dazu auch Castendyk/Dommering/Scheuer/*Castendyk* Art 4 TWFD Rn 37 ff.
241 Castendyk/Dommering/Scheuer/*Castendyk* Art 4 TWFD Rn 32 ff.

242 Europäisches Übereinkommen über das grenzüberschreitende Fernsehen v 5.5.1989, Text im Internet unter http://conventions.coe. int/Treaty/ger/Treaties/Html/132.htm. Das FsÜ ist inzwischen in Bulgarien, Deutschland, Finnland, Frankreich, Großbritannien, Italien, Lettland, Malta, Norwegen, Österreich, Polen, San Marino, der Schweiz, Slowakei, Spanien, Türkei, Ungarn, Vatikanstadt und Zypern in Kraft. Unterzeichnet haben weiterhin Albanien, Estland, Griechenland, Kroatien, Liechtenstein, Litauen, Luxemburg, Niederlande, Portugal, Rumänien, Schweden, Slowenien, Tschechische Republik und die Ukraine, abrufbar unter http://conventions.coe.int/Treaty/Commun/ ChercheSig.asp?NT=132&CM=7&DF=2/27/ 2008&CL=GER.

angepasst.[243] Das auf diese Weise revidierte FsÜ trat am 1.3.2002 in Kraft. Der Kreis der Vertragsstaaten ist größer als der der Mitgliedstaaten der EU, für die gleichzeitig die Fernseh-RL gilt. Als völkerrechtlicher Vertrag wird das Übereinkommen durch Ratifikation in den einzelnen Vertragsstaaten gültig. Das Zustimmungsgesetz[244] hat in der Bundesrepublik den Rang eines einfachen Bundesgesetzes.

115   Die **politische Motivation** für eine parallele rundfunkrechtliche Regelung zur damaligen Fernseh-RL war vielgestaltig.[245] So machte der Satellitenrundfunk auch nicht an den Grenzen der damaligen Europäischen Gemeinschaft halt, so dass eine europaweite Mindestregelung sinnvoll erschien, die auch Staaten wie die Schweiz oder Norwegen miteinbeziehen konnte. Außerdem wollten viele Mitgliedstaaten und auch die deutschen Bundesländer auf ihre exklusiven Kompetenzen im Rundfunkbereich nicht verzichten und waren nicht bereit, der Europäischen Gemeinschaft Kompetenzen zuzugestehen.[246] Da sie gleichzeitig einsehen mussten, dass angesichts des Satellitenrundfunks eine gewisse Harmonisierung rundfunkrechtlicher Vorschriften in Europa notwendig war, hielten sie ein völkerrechtliches Instrument mit geringerer Bindungswirkung für besser geeignet. Dieses politische Ziel, die Fernseh-RL zu verhindern, wurde jedoch nicht erreicht. Damit hat das FsÜ für EU-Mitgliedstaaten nur noch eine geringe Bedeutung.

116   Der Vorrang der Fernseh-RL und heute der AVMDR wird durch eine Kollisionsregel sichergestellt. Nach Art 27 Abs 1 FsÜ sind die Bestimmungen der Fernseh-RL bzw AVMDR in EU-Mitgliedstaaten vorrangig, es sei denn, dass es zu dem Regelungsgegenstand keine Vorschrift der Richtlinie gibt. Zwischen den EU-Mitgliedsstaaten hatte das FsÜ deswegen nur noch die Bedeutung einer **Interpretationshilfe** bei der Auslegung der Fernseh-RL. Denn es entspricht dem Grundsatz der völkerrechtsfreundlichen Auslegung, gleichlautende Regelungen in Richtlinien ohne Widerspruch zur FsÜ zu interpretieren.[247] Dieser Ansatz wird auch vom EuGH vertreten. In einem Fall, der Art 18 der Fernseh-RL[248] betraf, suchte der EuGH nach Ansatzpunkten auch im FsÜ (und seinem „**Explanatory Memorandum**").[249] Allerdings muss es sich um gleichlautende Regelungen handeln. In dem Verfahren Kommission gegen Vereintes Königreich[250], in dem das Vereinigte Königreich ebenfalls für einen „consistent approach" votierte, verweigerte sich der EuGH dieser Argumentationslinie, weil die jeweiligen Regelungen einen anderen Wortlaut und unterschiedliche Kriterien verwendeten.

---

243 Ebenso gibt es bereits Bestrebungen, das Abkommen an die AVMDR anzupassen, s Bericht des ständigen Ausschusses (Report TT-T(2007)007) v 8. und 9.10.2007, TOP 5, abrufbar unter http://www.coe.int/t/e/human_ rights/media/2_transfrontier_television/ T-TT(2007)007_en.asp#TopOfPage.
244 Das FsÜ trat in Deutschland am 1.11.1993 in Kraft, vgl *Dörr* ZUM 1994, 342, 343.
245 Vgl *Schwartz* EuR 24, 1 Fn 11; *Berger* ZUM 1996, 119 ff; *Engel* ZRP 1988, 240.
246 Die Länder hatten vergeblich versucht, die Zustimmung der Bundesregierung zur Fernsehrichtlinie mit einer einstweiligen Anordnung des Bundesverfassungsgerichts zu verhindern, BVerfGE 1980, 74 ff; auch in der Hauptsache hat das höchste deutsche Gericht den Ländern

seinen Schutz versagt (BVerfGE 92, 203 ff); vgl dazu ua *Lerche* AfP 1995, 632 ff.
247 Es ist ständige Rechtsprechung, dass Vorschriften des sekundären Gemeinschaftsrechts – soweit wie möglich – in Übereinstimmung mit von der Gemeinschaft abgeschlossenen völkerrechtlichen Verträgen auszulegen sind. Vgl EuGH Rs C-61/94 – Kommission/Deutschland, Slg 1996 I-3989 Rn 52.
248 RL 1989/552/EWG des Rates v 3.10.1989 zur Koordinierung bestimmter Rechts- und Verwaltungsvorschriften der Mitgliedstaaten über die Ausübung der Fernsehtätigkeit.
249 EuGH Rs C-320/94 ua – RTI, Slg 1996 I-6471.
250 EuGH Rs C-222/94 – Kommission/Vereintes Königreich, Slg 1996 I-4025.

Ziel des Übereinkommens ist die Sicherung des „**free flow of information**" und der **117** Unabhängigkeit der Rundfunkveranstalter durch Erleichterung der grenzüberschreitenden Verbreitung von Fernsehprogrammen. Es gilt, anders als die AVMDR, **nur für grenzüberschreitende** Programme (Art 3). Die Vertragsstaaten werden verpflichtet, den freien Empfang zu gewährleisten und die Weiterverbreitung von Programmen (im Kabelnetz) nicht einzuschränken (Art 4). Die Vertragsstaaten sind frei, für die ihrem Recht unterworfenen Fernsehveranstalter strengere oder ausführlichere Vorschriften zu erlassen (Art 28). Sie könnten also zB über das Verbot der Werbung für Tabakerzeugnisse hinausgehende, weitere inhaltliche Werbeverbote einführen, die Anzahl und Dauer der nach dem Übereinkommen zulässigen Werbeunterbrechungen verringern oder die zulässige tägliche Sendezeit für Werbung reduzieren.

In seinem **Inhalt** gleicht das Übereinkommen in den meisten Punkten der alten **118** **Fernseh-RL.** Die Quotenregelung zugunsten der europäischen audiovisuellen Produktionen, die Werbebeschränkungen, die Gegendarstellung und der Jugendschutz sind fast identisch geregelt. Unterschiede bestehen bei der Werbung insofern, als die gezielte Einstrahlung und die damit verbundene Abschöpfung von **Werbeeinnahmen aus dem Empfangsland** nicht zulässig ist, wenn dadurch die Werbebestimmungen des Empfangslands umgangen werden (Art 16). Darüber hinaus enthält die Konvention auch Programmgrundsätze, wonach Menschenwürde und Grundrechte anderer Personen zu achten sind, die Nachrichten objektiv sein und die freie Meinungsbildung fördern sollen (Art 7). Auch der Zugang der Öffentlichkeit zu wichtigen Ereignissen darf – ähnlich wie bei der Richtlinie – nicht durch Vergabe von Exklusivrechten übermäßig beeinträchtigt werden (Art 9).

Zur Beratung und Vermittlung zwischen den Vertragsparteien wird ein **ständiger** **119** **Ausschuss** eingesetzt (Art 20). Nach Art 21 ist der ständige Ausschuss berechtigt, Empfehlungen gegenüber den Vertragsparteien in Bezug auf die Anwendung und Auslegung der FsÜ abzugeben. Der Ausschuss hat bspw eine einflussreiche Empfehlung zur damals noch neuartigen virtuellen Werbung im Fernsehen abgegeben.[251] Sie folgte dem Verhaltenskodex der European Broadcasting Union (EBU) und der Association of Commercial Television in Europe (ACT) aus dem Jahr 1996. Diese Auffassung des ständigen Ausschusses hatte starken Einfluss auf die Auslegung der parallelen Normen in der Fernseh-RL.[252]

Vergleicht man Konvention und Richtlinie, so bestehen die größten Unterschiede **120** nicht in ihrem Inhalt, sondern in ihrer **Durchsetzbarkeit**. Die AVMDR ist nach ihrer Verabschiedung bindend. Sie muss innerhalb der vorgegebenen Frist in allen Mitgliedstaaten umgesetzt werden. Spätere Änderungen sind nicht möglich. Die Einhaltung dieser Vorgaben wird von der Kommission überwacht; im Falle der Zuwiderhandlung bleibt ihr das Mittel des Vertragsverletzungsverfahrens. Außerdem liegt die letztverbindliche Auslegung für alle Mitgliedstaaten in einer Hand: der des EuGH. Darüber hinaus kann die Richtlinie, wenn sie nicht umgesetzt wird, unter bestimmten Voraussetzungen unmittelbare Wirkung entfalten[253]. Beim Übereinkommen beruhen Beitritt und Umsetzung dagegen auf **Freiwilligkeit**. Eine spätere Kündigung, die Änderungen

---

[251] Empfehlung des ständigen Ausschusses (Recommendation (97) 1, adopted by the Standing Committee on Transfrontier Television at its 12th meeting) abgedr bei *Hartstein/Ring/Kreile/Dörr/Stettner* RStV § 7 Rn 60.
[252] Mitteilung der Kommission zu Auslegungs-

fragen auf bestimmte Aspekte der Bestimmungen der Richtlinie „Fernsehen ohne Grenzen" über Fernsehwerbung, ABlEG 2004 C 102, 2 Rn 42.
[253] S oben Rn 11.

des Rundfunkrechts entgegen dem FsÜ in diesem Mitgliedsstaat erlauben würde, ist ebenso möglich wie die Erklärung von Vorbehalten bei der Unterzeichnung. Eine einheitliche Auslegung ist nicht gewährleistet. Eine unmittelbare Wirkung dieser rein völkerrechtlichen Regelung kommt nicht in Betracht.

§ 4
Entscheidungskompetenzen

I. Gesetzgebungskompetenzen

121 Die EU verfügt nur über die Kompetenzen, die ihnen die Mitgliedstaaten durch die Gründungsverträge übertragen haben (Art 4 Abs 1, Art 5 Abs 2 S 2 EU). Diese begrenzte Kompetenz, das Erfordernis einer spezifischen Ermächtigungsgrundlage für die Gesetzgebung der Gemeinschaft und ihrer Organe wird als Prinzip der begrenzten Einzelermächtigung bezeichnet.[254] Ein klassischer Nationalstaat hat hingegen eine sog Kompetenz-Kompetenz, dh er kann sich selbst Kompetenzen schaffen. Das Prinzip der **begrenzten Einzelermächtigung** ist in Art 5 Abs 1 EU und für die Befugnisse der Gemeinschaftsorgane in Art 13 Abs 1 S 2 EU, Art 3 ff EU statuiert. Die Praxis der Kommission und des EuGH folgt einem großzügigen Verständnis vom Umfang der Gemeinschaftskompetenzen. Dies liegt daran, dass sich diese Organe der EU als Motor der Integration verstehen. Aber auch Vertreter der Mitgliedstaaten im Rat tragen zur Kompetenzausweitung der EU bei, weil sich bestimmte Bereiche, wie zB staatliche Monopole, auf europäischer Ebene leichter liberalisieren lassen. Es ist daher wenig verwunderlich, wenn das BVerfG die deutschen Vertreter im Rat dazu ermahnt hat, auf die Einhaltung der Kompetenzschranken der Gemeinschaft zu achten.[255] Der EuGH hat zu überprüfen, ob die Gemeinschaftsorgane für den Erlass der fraglichen Maßnahme zuständig waren. Dabei muss zwischen gemeinschaftlicher und mitgliedsstaatlicher Zuständigkeit abgegrenzt werden. Daneben prüft der EuGH, ob die Gemeinschaftsorgane für den fraglichen Rechtsakt die richtige Kompetenzgrundlage gewählt haben.[256]

122 Die Entscheidung über die richtige Grundlage für die Zuständigkeit ist deshalb von Bedeutung, weil davon nicht nur die anzuwendenden Verfahrensvorschriften (zB Beteiligung anderer Organe, Beschlussverfahren etc) abhängen, sondern dies auch Rückwirkungen auf den zulässigen Inhalt einer Regelung haben kann.[257]

123 Sind im EU oder AEUV Befugnisse für eine bestimmte Tätigkeit vorgesehen und hält die Gemeinschaft sie dennoch für erforderlich, kann der Rat einstimmig auf Vorschlag der Kommission nach Anhörung des Europäischen Parlaments die geeigneten Vorschriften erlassen (Art 352 AEUV). Ein Rückgriff auf diesen Artikel ist nur möglich, wenn andere Ermächtigungsgrundlagen nicht eingreifen. In der Vergangenheit

---

254 BVerfGE 89, 155 ff; Calliess/Ruffert/*Calliess* Art 5 EGV Rn 8.
255 BVerfGE 92, 203, 235.
256 EuGH Rs C-156/93 – Parlament/Kommission, Slg 1995 I-2019; Rs C-303/94 – Parlament/Rat, Slg 1996 I-2943; Rs C-189/97 – Parlament/Rat, Slg 1999 I-1689; Rs C-209/97 –

Kommission/Rat, Slg 1999 I-8067; EuGH Gutachten 2/00 – Cartagena, Slg 2002 I-7699; Rs C-491/01 – British American Tobacco, Slg 2002 I-11453.
257 EuGH Rs 45/86 – Kommission/Rat, Slg 1987, 1520.

Oliver Castendyk

sind auf der Grundlage der allgemeinen Kompetenznorm des Art 352 AEUV Maßnahmen ua im Bereich des Umweltschutzes erlassen worden. Neben dieser subsidiären Handlungsermächtigung gibt es Zuständigkeiten kraft **Sachzusammenhangs** und **Annexzuständigkeiten**.[258] Damit sind Gemeinschaftsorgane durch die aus den Verträgen eingeräumte Befugnis gleichzeitig auch zum Erlass solcher Maßnahmen ermächtigt, die zur wirksamen und sinnvollen Ausführung dieser ausdrücklich erteilten Befugnis erforderlich sind.

Ermächtigungen zur **Rechtsangleichung** finden sich in Art 114 ff AEUV. Die Basisnorm ist Art 114 AEUV mit Ermächtigung zum Erlass von Richtlinien für die Angleichung derjenigen Rechts- und Verwaltungsvorschriften der Mitgliedstaaten, die sich unmittelbar auf die Errichtung oder das Funktionieren des gemeinsamen Marktes auswirken. Von einer unmittelbaren Auswirkung kann gesprochen werden, wenn innerstaatliche Rechtsvorschriften die Freiheit des Wirtschaftsverkehrs behindern, den Wettbewerb zwischen den Mitgliedstaaten beeinträchtigen oder die gemeinsamen Politiken der Gemeinschaft oder die Koordinierung der Wirtschaft oder Sozialpolitik der Mitgliedstaaten gefährden.[259] **124**

Art 114 AEUV hat einen weiten Anwendungsbereich und bietet der EU viel **Freiraum** für die Bewertung der jeweils gebotenen Angleichungsziele. Auch das Fehlen entsprechender Vorschriften kann eine Beeinträchtigung des gemeinsamen Marktes bedeuten. Man muss also nicht warten, bis die Mitgliedstaaten eigene Rechtsvorschriften erlassen. Die Rechtsangleichung nach Art 114 AEUV kann nur durch den Erlass von Richtlinien erfolgen. Die Richtlinie ist nach dem „effet utile"-Prinzip ohnehin darauf beschränkt, bestimmte Ergebnisse vorzugeben und ist damit ein flexibles Harmonisierungsinstrument. **125**

Art 115 Abs 1 AEUV ermächtigt die Gemeinschaftsorgane zum Erlass von Maßnahmen zur Angleichung der Rechts- und Verwaltungsvorschriften der Mitgliedstaaten, welche die Errichtung und das Funktionieren des **Binnenmarktes** zum Gegenstand haben. Art 105 AEUV ähnelt Art 114 AEUV, ist jedoch für auf den Binnenmarkt bezogene Maßnahmen *lex specialis*[260] bzw „*Rechtsangleichungs-Grundnorm*".[261] Angesichts der materiellen Identität der Begriffe „gemeinsamer Markt" und „Binnenmarkt"[262] sind es im Wesentlichen die gleichen inhaltlichen Anforderungen. **126**

Die allgemeine Harmonisierungskompetenz für den Binnenmarkt aus Art 114 AEUV und die speziellen Rechtsangleichungsbefugnisse der Marktfreiheiten[263] rechtfertigen jedoch nicht jede Harmonisierung unter Berufung auf mögliche Gefährdungen der Marktfreiheiten oder potentiell denkbare Wettbewerbsverzerrungen. Dies hat der EuGH in seiner Leitentscheidung zum Tabakwerbeverbot deutlich gemacht.[264] Der EuGH sah in dem umfassenden Werbeverbot im Interesse des freien Warenverkehrs und der Dienstleistungsfreiheit eine über die Kompetenzermächtigung hinausgehende Regelung, weil bestimmte Werbeträger, wie zB Plakat- oder Kinowerbung, gar nicht Gegenstand des grenzüberschreitenden Handels bzw Dienstleistungsverkehrs **127**

---

[258] EuGH Rs 22/70 – AETR, Slg 1971, 263; Grabitz/Hilf/*Krenzler* Bd IV E 1, Rn 25 ff, 34 ff.
[259] Grabitz/Hilf/*Tietje* Bd II Art 94 Rn 18 ff.
[260] Grabitz/Hilf/*Tietje* Bd II Art 95 Rn 56.
[261] So *Oppermann* § 18 Rn 9 f; Grabitz/Hilf/*Tietje* Bd II Art 94 Rn 1 ff; Calliess/Ruffert/*Kahl* Art 94 Rn 3 f.

[262] Grabitz/Hilf/*Tietje* Bd II Art 94 Rn 4 f.
[263] Art 46 Abs 2 EGV für die Dienstleistungsfreiheit, sowie Art 40, 44, 47, 52, 55 iVm 46 Abs 2, 47 und 57 Abs 2 EGV.
[264] EuGH Rs C-376/98 – Tabakwerbeverbot, Slg 2000 I-8419.

waren.[265] Außerdem konnte der EuGH auch keine spürbaren Wettbewerbsverzerrungen erkennen, die von der Richtlinie hätten beseitigt werden können.[266]

II. Vorlage an den EuGH

1. Vorabentscheidungsverfahren gem Art 267 AEUV

128 Die Gerichte der Mitgliedstaaten der EU haben bei der Anwendung des nationalen Rechts den **Vorrang des Gemeinschaftsrechts** zu beachten. Beruht eine nationale Regelung auf Gemeinschaftsrecht, so ist diese auch „europäisch", dh konform mit Zweck und Wortlaut des Gemeinschaftsrechts anzuwenden bzw auszulegen.[267]

129 Erachtet ein mitgliedstaatliches Gericht eine das Gemeinschaftsrecht betreffende Rechtsfrage für entscheidungserheblich und hat es begründete Zweifel an der Auslegung dieses Gemeinschaftsrechts, so kann es diese nach Art 267 Abs 2 AEUV dem EuGH zur **Vorabentscheidung** vorlegen.[268] Ein letztinstanzlich entscheidendes, mitgliedstaatliches Gericht ist in einem solchen Fall zur Vorlage an den EuGH gem Art 267 Abs 3 AEUV sogar verpflichtet. Die verbindliche Auslegung des Gemeinschaftsrechts ist ausschließlich dem EuGH vorbehalten, dem gem Art 19 EU das sog **Auslegungsmonopol** zukommt.[269]

130 Durch die Vorlagepflicht soll zum einen eine einheitliche Auslegung und Anwendung von Gemeinschaftsrecht gesichert und zum anderen verhindert werden, dass sich in einem Mitgliedstaat nationale Rechtsprechung festigt, welche mit den Vorschriften des Gemeinschaftsrechts in Widerspruch steht. Die Vorlagepflicht der letztinstanzlichen mitgliedstaatlichen Gerichte entfällt entsprechend nur, wenn die Rechtsfrage nicht entscheidungserheblich ist oder bereits Gegenstand einer Auslegung durch den EuGH war oder die richtige Auslegung und damit Anwendung des Gemeinschaftsrechts derart offenkundig ist, dass für einen vernünftigen Zweifel kein Raum ist.

131 Hat der EuGH über eine Vorlagefrage entschieden, so ist grds nur das im Ausgangsverfahren befasste staatliche Gericht an diese Auslegung gebunden. Im Interesse einer einheitlichen Auslegung des Gemeinschaftsrechts sind jedoch sämtliche mitgliedstaatlichen Gerichte gehalten, das Gemeinschaftsrecht in der Auslegung durch den EuGH anzuwenden oder aber die Auslegungsfrage erneut vorzulegen.

132 Der EuGH ist als **gesetzlicher Richter** iSd Art 101 Abs 1 S 2 GG anzusehen. Missachtet ein Gericht seine Vorlagepflicht, kann eine Verfassungsbeschwerde wegen Verstoßes gegen den verfassungsrechtlichen Grundsatz des gesetzlichen Richters erhoben werden.[270]

---

265 EuGH Rs C-376/98 – Tabakwerbeverbot, Slg 2000 I-8419, Rn 99 ff.
266 EuGH Rs C-376/98 – Tabakwerbeverbot, Slg 2000 I-8419, Rn 108 ff.
267 Dreyer/Kotthoff/Meckel/*Dreyer* § 15 UrhG Rn 29.
268 Auch die Auslegung einer Richtlinie selbst kann Gegenstand eines Vorlageverfahrens sein, vgl EuGH WRP 1998, 290, 292 ff – Inter-Environnement Wallonie.

269 Zu den Auslegungsprinzipien des EuGH vgl Rs 283/81 – CILFIT, Slg 1982, 3415; Rs C-336/03 – easy car (UK) Ltd, Slg 2005, I-1947; zum Gebot des effet utile vgl EuGH Rs C-231/96 – Edis, Slg 1998, I-4951; Rs C-223/98 – Adidas, Slg 1999, I-7081.
270 BVerfGE 73, 399, 366 – Solange II.

2. Typische Auslegungsfragen

Für die mitgliedstaatlichen Gerichte können sich sowohl aus dem primären Gemeinschaftsrecht als auch aus dem sekundären Gemeinschaftsrecht vielfältige **Auslegungsfragen** ergeben. Während jedoch das primäre Gemeinschaftsrecht und auch die sekundäres Gemeinschaftsrecht bildenden Verordnungen nach Art 288 Abs 2 AEUV für die Mitgliedstaaten ohne weitere Umsetzungsnormen rechtlich verbindlich sind[271], bedürfen die Richtlinien nach Art 288 Abs 3 AEUV noch der Umsetzung durch die Mitgliedstaaten. Erst nach Ablauf der in der Richtlinie vorgesehenen Umsetzungsfrist kann eine Richtlinie unter bestimmten Voraussetzungen unmittelbare Wirkungen entfalten und darf abweichendes nationales Recht nicht zum Nachteil des Betroffenen angewendet werden.[272] Bei begünstigenden Richtlinien kann sich der Einzelne nach Ablauf der Umsetzungsfrist unmittelbar auf die Richtlinie berufen, sofern diese inhaltlich unbedingt ist und ausreichend konkrete Rechte verbürgt bzw Regelungen enthält.[273] Bei der Anwendung einschlägiger europäischer Richtlinien ist demnach von entscheidender Bedeutung, ob die für die Umsetzung einer einschlägigen Richtlinie vorgeschriebene Umsetzungsfrist noch läuft oder bereits abgelaufen ist, und ob der Mitgliedstaat die Richtlinie umgesetzt hat oder nicht:

– Ist die Umsetzungsfrist einer einschlägigen Richtlinie noch nicht abgelaufen, so kann sie jedoch schon **Vorwirkungen** zeigen und es für die mitgliedstaatlichen Gerichte angezeigt sein, das Richtlinienrecht bereits zu beachten und das nationale Recht bereits richtlinienkonform auszulegen.[274] Bereits aus der Verpflichtung der Mitgliedstaaten, Richtlinien in nationales Recht umzusetzen (Art 288 Abs 3 AEUV), folgt auch die Verpflichtung, nationales Recht im Regelungsbereich einer Richtlinie **richtlinienkonform** im Hinblick auf Zweck und Wortlaut der Richtlinie auszulegen. Dabei hat eine Auslegung innerhalb der Grenzen der nationalen Methodenlehre und unter voller Ausschöpfung eventuell bestehender Beurteilungsspielräume, **nicht jedoch contra legem**, das heißt nicht entgegen dem expliziten Wortlaut der nationalen Regelung, zu erfolgen.[275] Eine solche richtlinienkonforme Auslegung ist vor allem dann angezeigt, wenn die anzuwendende, nationale Norm letztlich auf einer Wertungsfrage beruht und die Wertung bei Geltung des Gemeinschaftsrechts in jedem Fall anders ausfällt.[276] Enthält eine noch nicht umgesetzte Richtlinie jedoch strengere Regeln als das nationale Recht, so kann sie noch keine Vorwirkungen zeigen. Eine Verbots- oder Eingriffsregel bedarf einer gesetzlichen Regelung, welche vor Ablauf der Umsetzungsfrist eben noch nicht vorliegt.[277]

– Ist die Umsetzungsfrist bereits abgelaufen, ist das Richtlinienrecht **unmittelbar** anwendbar, sofern es eindeutig ist, für die Angehörigen eines Mitgliedstaates subjektive Rechte verbürgt und nationale Normen nicht entgegenstehen. Widersprechen sich das Richtlinienrecht und nationales Recht, so sind die mitgliedstaatlichen

133

---

271 Grundlegend zum Vorrang des Gemeinschaftsrechts EuGH Rs 6/64 – Costa Enel, Slg 1964, 1251.
272 EuGH NJW 2006, 2465 – Adelener.
273 EuGH Rs 152/84 – Marshall, Slg 1986, 723, 749; keine unmittelbare Wirkung jedoch zwischen Privatpersonen EuGH NJW 1996, 1401 – El Corte Ingles.
274 Weiterführend *Auer* NJW 2007, 1106.
275 EuGH NJW 2006, 2465 – Adelener; BGH GRUR 1998, 824, 827 – Testpreis Angebot.

276 Bspw in der Entscheidung des Zivilsenats I. zur Frage der Zulässigkeit vergleichender Werbung, welche in Vorgriff auf die Regelungen der Werberichtlinie RL 97/55/EG zur Änderung der RL 84/450/EWG über irreführende Werbung bis dato wettbewerbswidrige, vergleichende Werbung bereits zuließ, sofern nur die ebenfalls in der Richtlinie geforderten Voraussetzungen erfüllt sind – BGHZ 138, 55 – Testpreis-Angebot.
277 Riesenhuber/*Ullmann* 303.

Gerichte gehalten, den Konflikt unter Anwendung aller gebotenen Auslegungs-regeln unter Berücksichtigung des Gemeinschaftsrechts zu beseitigen[278] oder das entgegenstehende nationale Recht nicht anzuwenden. Die Nichtanwendung von (weiter-)geltenden und einschlägigen nationalen Normen führt jedoch weder auf der nationalen Ebene zu Rechtsklarheit, noch kann damit zu einem einheitlichen Gemeinschaftsrecht sinnvoll beigetragen werden. Bei Unvereinbarkeit von Gemein-schaftsrecht und nationalem Recht bietet sich für einen Richter daher das Vorlage-verfahren an, insb weil die Konfliktlage dadurch dem nationalen Gesetzgeber besonders deutlich vor Augen geführt wird.[279]

3. Die Auslegung sekundären Gemeinschaftsrechts

134   Die Auslegung des Gemeinschaftsrechts ist nicht nur im Rahmen eines Vorlagever-fahrens, sondern ist bereits im Rahmen der richtlinienkonformen Auslegung des nationalen Rechts von Bedeutung. Das Gemeinschaftsrecht enthält keine Vorschriften zu den anzuwendenden Auslegungsmethoden. Der EuGH, dem das ausschließliche **Auslegungsmonopol** zukommt, hat in seiner Rechtsprechung noch keine abschlie-ßende Auslegungsmethodik entwickelt, den Urteilen lassen sich gleichwohl Aus-legungsregeln entnehmen. Auch stellt der EuGH bei der Auslegung von sekundärem Gemeinschaftsrecht auf den Wortlaut, den systematischen Zusammenhang sowie den Sinn und Zweck der Norm ab. Allerdings ergibt sich bereits beim Abstellen auf den **Wortlaut** die Besonderheit, dass im Gemeinschaftsrecht die verschiedenen Sprachfas-sungen der einzelnen Mitgliedstaaten gleichrangig nebeneinander stehen. Die Aus-legung einer gemeinschaftsrechtlichen Vorschrift würde streng genommen zunächst einen Vergleich aller Sprachfassungen erfordern. Demgegenüber betont der EuGH, dass das Gemeinschaftsrecht einer eigenen Terminologie folgt und seine Rechtsbe-griffe nicht zwingend mit dem Gehalt nationaler Rechtbegriffe übereinstimmen müs-sen.[280] Auch die **systematische Auslegungsmethode** erkennt der EuGH an, wonach jede Vorschrift des Gemeinschaftsrechts in ihrem Zusammenhang zu sehen und im Lichte des gesamten Gemeinschaftsrechts auszulegen ist, insb im Hinblick auf die Grundfreiheiten.[281] Die auszulegende Norm muss sich also widerspruchsfrei in die sonstigen Bestimmungen der Norm sowie verwandter Normen auf dem Gebiet einfü-gen und mit ihrer Ermächtigungsgrundlage sowie den allgemeinen Grundsätzen des Gemeinschaftsrechts in Einklang stehen.[282] In diesem Zusammenhang hat der EuGH auch den Vorrang der von der Gemeinschaft selbst abgeschlossenen völkerrechtlichen Verträge vor dem abgeleiteten Gemeinschaftsrecht anerkannt und lässt bisher in die-sen engen Grenzen die **völkerrechtskonforme Auslegung** des Sekundärrechts zu.[283] Auf nicht durch die Gemeinschaft abgeschlossene völkerrechtliche Verträge und auf solche, die lediglich Mindeststandards in dem geregelten Rechtsgebiet aufstellen sol-len, dürfte diese Methode jedoch nicht anwendbar sein. Anderenfalls könnte strenge-res Gemeinschaftsrecht ausgehöhlt werden, sofern eine verwandte völkerrechtliche Norm geringeres Schutzniveau aufweist.[284] Die Reichweite der völkerrechtskonfor-

---

[278] EuGH NJW 2006, 2465 – Adeneler; *Auer* NJW 2007, 1106 ff.
[279] Riesenhuber/*Ullmann* 305.
[280] Walter/*von Lewinski* AT Kap 1, Rn 35.
[281] EuGH Slg 1992, I-3669 – Delhaize et Le Lion; WRP, 1994, 380, 381 – Clinique; Rs C-220/98 – Estée Lauder, Slg 2000, I-117.

[282] Walter/*von Lewinski* AT Kap 1 Rn 36.
[283] EuGH Rs C-61/94 – Kommission/BRD, Slg 1996 I-3989/4021; weiterführend *Rosenkranz* EuZW 2007, 238 ff.
[284] Anderer Auffassung jedoch Generalanwäl-tin Eleanor Sharpston im Schlussantrag v 17.1.2008 im Vorlageverfahren Peek&Cloppen-

Oliver Castendyk

men Auslegung ist durch den EuGH anlässlich des Vorlageverfahrens *Peek&Cloppenburg vs Cassina*[285] aktuell behandelt worden, wobei der EuGH in seiner Entscheidung die Auslegung der verfahrensgegenständlichen Richtlinie (Art 4 Abs 1 InfoRL 2001/29/EG) an den verwandten Vorgaben des Völkerrechts misst. Damit lässt der EuGH allerdings zum Ausdruck kommen, dass bei Fehlen einer explizit weiteren Regelung des Sekundärrechts das Schutzniveau einer völkerrechtlichen Vorschrift durchaus auch die Auslegung des Sekundärrechts beschränken kann. Ob der EuGH damit allerdings auch eine allgemeine Auslegungsregel aufstellen wollte, wonach die Mindeststandards des Völkerrechts zugleich den Maximalstandard für die Auslegung des gemeinschaftlichen Sekundärrechts vorgeben, wird aus der Entscheidung nicht deutlich. Eine solche Auslegungsregel würde auch der allgemein überkommenen Auffassung widersprechen, wonach das urheberrechtliche Konventionsrecht lediglich obligatorische Mindestrechte vorschreibt. In der Praxis des EuGH stellt schließlich die **teleologische Auslegung (Sinn und Zweck der Norm)** die wichtigste Auslegungsmethode dar, bei welcher der EuGH mit Blick auf den **effet utile** darauf abstellt, welche Auslegung die praktische Wirksamkeit der einschlägigen Bestimmungen am besten garantiert oder die Verwirklichung der Vertragsziele am besten fördert.[286] Ferner kann der Sinn und Zweck der Norm den **Erwägungsgründen** des jeweiligen Rechtsaktes entnommen werden, welche nach Art 296 AEUV zwingend zur Rechtsetzung gehören, auch wenn sie selbst nicht zu den operativen Bestimmungen des Rechtsaktes zählen.

§ 5
Öffentliches und europäisches Medienrecht

I. Überblick

Bei der Beschreibung des für audiovisuelle Medien **relevanten Sekundärrechts** soll im Folgenden das Schwergewicht auf aktuelle Fragestellungen gelegt werden. Die Fernseh-RL (FsRi) von 1997 wurde mit der Richtlinie über audiovisuelle Mediendienste (AVMDR) Ende 2007 novelliert; die nur für Fernsehangebote geltende Fernseh-RL wurde auf fernsehähnliche Medienangebote auf Abruf erweitert. Diese Novellierung wurde 2009 in deutsches Recht umgesetzt. Zentrale Vorschriften der FsRi und der AVMDR sind idR wortgleich in deutsches Medienrecht umgesetzt worden. Mit Bezug auf die Interpretation etwa der Werberegulierung kann deshalb der Leser weitgehend auf die Kommentierung des deutschen Fernsehwerberechts verwiesen werden.[287] Dasselbe gilt für den Bereich des Jugendmedienschutzes.[288] **135**

Medienregulierung wird zu Recht vor allem als **Inhalteregulierung** verstanden. Es geht um rechtliche Grenzen, die sich auf Medieninhalte beziehen. Dennoch sollte nicht außer Acht gelassen werden, dass die Regulierung der technischen Seite, insb der **136**

---

burg vs Cassina, abrufbar unter http://eurlex.europa.eu/LexUriServ/LexUriServ.do?uri=CELEX:62006C0456:DE:HTML.
[285] EuGH GRUR Int 2008, 593 – Peek & Cloppenburg vs Cassina; krit dazu *von Welser* GRUR Int 2008, 596.

[286] Weiterführend Walter/*von Lewinski* AT Kap 1 Rn 37.
[287] S Band 3 Kap 3.
[288] S Band 4 Teil 3 Kap 4.

Verbreitung, erheblichen Einfluss auf das Medienangebot und die Medienvielfalt haben kann. Deswegen sollen neben der – alten und neuen – Richtlinie zur Inhalteregulierung die **technischen Rahmenbedingungen** erwähnt werden, die auf europäischer Ebene zunehmend harmonisiert werden.

II. Sekundärrecht im Bereich des Medienrechts

1. Von der Fernseh-RL zur Audiovisuellen Mediendienste-RL

137　a) **Entstehungsgeschichte.**[289] Die Anstrengungen der Europäischen Gemeinschaft, im Bereich des Rundfunks zu einer gemeinschaftsweiten Regelung zu kommen, reichen zurück in die **80er Jahre.** Damals gab es verschiedene Entwicklungen, die eine Harmonisierung erforderlich machten. Die neue Satellitentechnik ermöglichte die paneuropäische Ausstrahlung von Fernsehprogrammen. Eine ausschließlich nationale Regulierung des Fernsehens war nicht mehr möglich. Die Grundlagen für die erforderliche **Regelungskompetenz** der EG waren durch die Entscheidung des EuGH in Sachen *Sacchi* geschaffen worden.[290] Überdies bröckelten in dieser Zeit die ersten nationalen Rundfunkmonopole von in der Regel öffentlich-rechtlichen Sendern. Es wurde möglich, durch Zulassung privater Sender einen dynamischen Wachstumsmarkt zu etablieren. Gleichzeitig versuchte man seitens des Europäischen Parlaments, den Gefahren der Kommerzialisierung des Rundfunks auch auf europäischer Ebene zu begegnen.[291]

138　1984 legte die Kommission das sog **Grünbuch** „Fernsehen ohne Grenzen" vor.[292] Ihre Zielsetzung war die Schaffung eines einheitlichen europäischen Rundfunkmarktes im Rahmen eines gemeinsamen Binnenmarktes für Dienstleistungen. Dabei träumte sie auch von paneuropäischen Satellitenprogrammen, die sich an das gesamte europäische Publikum richten sollten, wie dies bei Euronews Realität wurde. In den Bereichen, in denen Beschränkungen der Dienstleistungsfreiheit für zulässig angesehen wurden, sollte ein Mindeststandard durch eine Richtlinie etabliert werden. Das Grünbuch nannte die Bereiche Jugendschutz, Werbung, Gegendarstellung und Urheberrecht.[293]

139　Zwei Jahre später legte die Kommission einen ersten Entwurf für die Fernseh-RL vor. Erst nach langen und intensiven Diskussionen wurde die **Richtlinie „Fernsehen ohne Grenzen"** am 3.10.1989 vom Ministerrat in zweiter Lesung endgültig verabschiedet, wobei sowohl Kommission als auch einige Mitgliedstaaten ihre Auffassung zu verschiedenen Bestimmungen in Protokollerklärungen festhielten.[294] Die ursprüng-

---

289 Zur Entstehungsgeschichte der Richtlinie vgl ausf *Krebber* passim und *Stock* RuF 1989, 180 ff.

290 S oben Rn 36 ff.

291 Entschließungsanträge der Abgeordneten Pedini, Hahn ua sowie Schinzel ua, abgedruckt bei *Seidel* 244 ff.

292 Grünbuch der EG-Kommission Fernsehen ohne Grenzen. Die Errichtung des gemeinsamen Marktes für den Rundfunk, insb über Satellit und Kabel (Mitteilung der Kommission an den Rat vom 14.6.1984, KOM (84) 300 endgültig), auszugsweise abgedruckt bei *Schwarze* 191 ff.

293 Die Harmonisierung des Urheberrechts

stellte sich als politisch so schwierig heraus, dass sie erst in einer späteren Richtlinie, der sog Kabel- und Satelliten-RL (RL 93/83/EWG des Rates v 27.9.1993, ABlEG 1993 L 20048, 15) erreicht wurde. Vgl dazu den Vorschlag der EG-Kommission für eine Richtlinie zur Koordinierung bestimmter urheber- und leistungsschutzrechtlicher Vorschriften betreffend Satellitenrundfunk und Kabelweiterverbreitung, ZUM 1992, 21 ff; *Castendyk/von Albrecht* GRUR Int 1992, 734 ff.

294 Richtlinie des Rates vom 3.10.1989 zur Koordinierung bestimmter Rechts- und Verwaltungsvorschriften der Mitgliedstaaten über die

liche Absicht, auch den Hörfunk mit einzubeziehen, wurde nicht realisiert; deswegen wird die Richtlinie zu Recht auch die „Fernseh-RL" (im Folgenden abgekürzt „FsRi") genannt.

Erheblichen Widerstand gegen die Richtlinie leisteten die deutschen **Bundesländer,** **140** die eine Aushöhlung ihrer **Rundfunkkompetenz** befürchteten. Das von den Ländern angerufene BVerfG bestätigte, dass die Bundesregierung in der Tat ihre Rechte verletzt hatte.[295] Sie hätte im Gesetzgebungsverfahren der Gemeinschaft nicht konsequent genug vertreten, dass der Gemeinschaft die Kompetenz für die Regelung von Quoten im Fernsehen fehle. Diese Auffassung entsprach dem vorher gemeinsam mit den Bundesländern entwickelten Rechtsstandpunkt. Der Verstoß gegen diese formellen Spielregeln der Außenvertretung blieb allerdings ohne Folgen, da mit dem neuen Art 23 GG die Außenvertretung der Länder durch den Bund im EU-Gesetzgebungsverfahren ohnehin neu geregelt wurde.

Am 17.6.1997 wurde die **erste Revision** der Richtlinie vom Ministerrat verabschie- **141** det.[296] Die Revision brachte für bestimmte Bereiche, wie etwa das Sendelandsprinzip, Präzisierungen mit sich. Außerdem wurden neue Regelungen eingeführt, wie etwa Art 3a, der sicherstellen sollte, dass **Ereignisse von erheblicher gesellschaftlicher Bedeutung** im jeweiligen Mitgliedstaat nicht nur im Pay-TV ausgestrahlt werden. Teleshopping wurde ausdrücklich zugelassen und gesondert geregelt. Im Bereich des Jugendschutzes konnten sich Strömungen nicht durchsetzen, den sog **V-Chip** („violence chip") verbindlich zu machen.[297] Erfolglos war auch der Versuch, neue audiovisuelle Dienste, wie zB On-Demand-Angebote, ebenfalls dem Regelkorsett der Fernseh-RL zu unterwerfen. Dies ist erst mit der zweiten Revision der Fernseh-RL geschehen, die Ende 2007 in Kraft trat.[298]

Die Fernseh-RL wurde im Dezember 2007 durch die Richtlinie über Audiovisuelle **142** Mediendienste (AVMDR) abgelöst. Wie der Name schon andeutet, versucht die AVMDR rundfunkrechtliche Regulierung auf rundfunkähnliche Angebote im Internet auszuweiten und damit Regelungsungleichgewichte zwischen linearen und non-linearen Angeboten einzuebnen. Für beide Bereiche sollen Hindernisse für grenzüberschreitende Angebote verringert werden. Der Verabschiedung im Parlament vom 29.11. 2007 waren lange und zähe Verhandlungen vorangegangen, die bereits im Jahre 2002 begonnen hatten.[299] Einem 2005 von der Kommission vorgelegten Entwurf[300] waren im Europäischen Parlament mehr als 150 Änderungsanträge entgegengebracht worden. Erst 2007, nach Einreichung eines geänderten Vorschlags durch die Kommission[301], einigte sich der Rat auf einen gemeinsamen Standpunkt. Diese unter deutscher Ratspräsidentschaft erreichte politische Einigung wurde als Durchbruch gefeiert.[302] Der Kern der Revision der Fernseh-RL ist die Erweiterung des Anwendungsbereichs auf audiovisuelle Mediendienste, die nach dem Konzept der gestuften

---

Ausübung der Fernsehtätigkeit, abgedruckt ua in Media Perspektiven, Dokumentation, 1989, 107 ff; vgl zur Gesetzgebungsgeschichte ausf *Krebber* passim.
295 BVerfGE 83, 238, 295 ff; vgl dazu *Hess* AfP 1990, 95; Hahn/Vesting/*Hahn/Witte* Präambel Rn 7.
296 Vgl *Schmitt-Vockenhausen* ZUM 1998, 377; *Berger* ZUM 1996, 119;
297 Dieser in den USA teilweise verwendete Chip reagiert auf ein zusammen mit dem Fern-

sehbild ausgestrahltes Signal und schaltet den Bildschirm schwarz, wenn der Fernsehanbieter die Sendung mit diesem Signal gekennzeichnet hat.
298 S unten Rn 167 ff.
299 Vgl Überblick der Kommission, abrufbar unter http://ec.europa.eu/avpolicy/reg/history/codecision/index_en.htm.
300 KOM (2005) 646 endg.
301 KOM (2007), 170.
302 *Schulz* EuZW 2008, 107.

Regulierung – ähnlich wie in Deutschland Rundfunk und Telemedien – unterschiedlich ausführlichen Regelungen unterliegen. Die Regulierung von **Fernsehangeboten** (auch „lineare" Angebote genannt) hat sich demgegenüber weniger verändert. Dennoch gibt es einige Neuregelungen, die Erwähnung verdienen, weil sie sehr praxisrelevant sein werden: liberalisiert[303] wurden die Werbemengenbegrenzungen, die Werbeunterbrecherregelungen und das Trennungsprinzip, letzteres durch Einführung einer zulässigen Form der Produktplatzierung.

2. Richtlinie über audiovisuelle Mediendienste (AVMDR)[304]

143   **a) Geltungsbereich und Definition. aa) Grundsatz.** Die AVMDR gilt für klassische Fernsehangebote (lineare audiovisuelle Mediendienste) und non-lineare Angebote mit einer Ähnlichkeit zu TV-Angeboten. Die im Dezember 2007 in Kraft getretene AVMDR basiert, ebenso wie der Rundfunkstaatsvertrag mit seiner Unterscheidung zwischen Rundfunk und Telemedien, auf dem Prinzip der **abgestuften Regelungsdichte**. Die Regelungen für das Fernsehen gehen weiter als die für die nicht-linearen audiovisuellen Mediendienste. Um den Rundfunkbegriff nach der AVMDR näher zu bestimmen, muss man drei Kategorien von Angeboten unterscheiden, denen wiederum drei Regulierungsebenen entsprechen:

(1) Am wenigsten reguliert sind Angebote, die als Dienste der Informationsgesellschaft der E-Commerce-RL unterfallen,[305] den elektronischen Kommunikationsdiensten nach der Rahmen-RL zuzuordnen sind oder gar keine medien- oder telekommunikationsspezifische Regulierung genießen.

(2) Auf der mittleren Ebene liegt die Regulierung der non-linearen audiovisuellen Mediendienste.

(3) Am stärksten reguliert sind die linearen audiovisuellen Mediendienste und damit Fernsehdienste, wie sie im Wesentlichen schon nach der Fernseh-RL definiert waren.

144   Mengenlogisch formuliert: **Dienste der Informationsgesellschaft** machen die Gesamtmenge aus. Davon bilden die **audiovisuellen Mediendienste** eine Teilmenge, von der wiederum (lineare) **Fernsehdienste** und (non-lineare) On-Demand-Dienste Teilmengen sind. Die Regeln für die Gesamtmenge gelten auch für die Teilmengen, wenn es keine abweichende, speziellere Regel gibt. Im Kern geht es damit um zwei Abgrenzungen: (1) zwischen Diensten der Informationsgesellschaft und audiovisuellen Mediendiensten und (2) zwischen linearen und non-linearen audiovisuellen Mediendiensten.

145   **bb) Geltungsbereich. Abgrenzung zwischen Diensten der Informationsgesellschaft und audiovisuellen Mediendiensten.** Gem Art 1(a) AVMDR umfasst der Begriff der audiovisuellen Mediendienste Dienstleistungen iSd Art 49 und 50 des EG-Vertrags

---

303 Vgl ua Roßnagel/*Schmid* 93; Roßnagel/*Mastroianni* 85.
304 RL 2007/65/EG des Europäischen Parlaments und des Rates v 11.12.2007 zur Änderung der RL 89/552/EWG des Rates zur Koordinierung bestimmter Rechts- und Verwaltungsvorschriften der Mitgliedstaaten über die Ausübung der Fernsehtätigkeit, ABlEG 2007, L 332, 27.

305 RL 2000/31/EG des Europäischen Parlaments und des Rates v 8.6.2000 über bestimmte rechtliche Aspekte der Dienste der Informationsgesellschaft, insb des elektronischen Geschäftsverkehrs im Binnenmarkt, ABlEG 2000, L 178, 1.

(wirtschaftliche Tätigkeiten), für die ein Mediendiensteanbieter die **redaktionelle Verantwortung** trägt. Ihr Hauptzweck ist die Bereitstellung von Sendungen zur Information, Unterhaltung oder Bildung der allgemeinen Öffentlichkeit **über elektronische Kommunikationsnetze** iSv Art 2a der RL 2002/21/EG, also zB über Satellit, Kabel, Internet oder UMTS. Audiovisuelle Mediendienste, die sich auf vorwiegend **nichtwirtschaftliche Tätigkeiten** erstrecken, wie zB private Internetseiten oder nicht-kommerzielle Blogs, unterfallen nicht dem Anwendungsbereich der Richtlinie.

Das Kriterium der **redaktionellen Verantwortlichkeit**, näher definiert in Art 1(c) **146** AVMDR, stellt klar, dass nur solche audiovisuellen Dienste gemeint sind, bei denen ein Mediendiensteanbieter die redaktionelle Gestaltung und Zusammenstellung der Sendungen verantwortet.

Es geht um die Bereitstellung von Sendungen zur Information, Unterhaltung und **147** Bildung der allgemeinen Öffentlichkeit **als Hauptzweck** der audiovisuellen Mediendienste. Das ‚Hauptzweckkriterium' schließt solche Dienste aus, bei denen audiovisuelle Inhalte lediglich eine Nebenerscheinung darstellen, wie zB Internetseiten, die lediglich ergänzend audiovisuelle Elemente enthalten, wie ua elektronische Ausgaben von Zeitungen und Zeitschriften, Glücksspiele mit einem einen Geldwert darstellenden Einsatz oder Suchmaschinen.[306]

Auch audiovisuelle Dienste bestehen aus „**Sendungen**"; sie sind in Art 1(b) **148** AVMDR definiert als Abfolgen von bewegten Bildern mit oder ohne Ton, die Einzelbestandteil eines **Sendeplans** oder eines **Katalogs** sind und **die nach Form und Inhalt mit Fernsehsendungen vergleichbar** sind. Beispiele für Sendungen sind ua Spielfilme, Sportberichte, Fernsehkomödien, Dokumentarfilme oder Kindersendungen. Audiovisuelle Mediendienste müssen damit also eine gewisse ‚**Fernsehähnlichkeit**' aufweisen und laut Erwägungsgrund 17 sogar auf das gleiche Publikum wie Fernsehsendungen ausgerichtet sein. Der Sendungsbegriff muss allerdings unter Berücksichtigung der Entwicklungen auf dem Gebiet des Fernsehens dynamisch ausgelegt werden. Auch wenn Art 1(b) AVMDR derzeit typische Fernsehsendungen wie zB Spielfilme als Beispiele anführt, kann die weitere Entwicklung auch neue Fernsehformen und -inhalte mit sich bringen.

Erwägungsgrund 16 stellt außerdem klar, dass nur solche audiovisuellen Medien- **149** dienste erfasst sind, die **Massenmedien** sind. Heranzuziehen ist die vom EuGH in der Rechtssache *Mediakabel*[307] – im Rahmen der Definition der Allgemeinheit – geforderte Intention des Diensteanbieters, eine **unbestimmte Zahl** möglicher Zuschauer zu erreichen.

cc) **Geltungsbereich. Abgrenzung zwischen Fernsehen und audiovisuellen Medien-** **150** **diensten auf Abruf.** Die Richtlinie unterscheidet zwischen Fernsehen und Mediendiensten auf Abruf nach dem **Kriterium der Linearität**. Ein Fernsehprogramm ist ein linearer audiovisueller Mediendienst. Dieser wird gem Art 1(e) für den zeitgleichen Empfang von Sendungen auf der Grundlage eines **Sendeplans** bereitgestellt. Es handelt sich damit letztlich um ein technisches Kriterium.[308] Dies entspricht weitgehend dem Gegensatz zwischen dem Senderecht (§ 20 UrhG) und dem Recht der öffentlichen Zugänglichmachung (§ 19a UrhG) im Urheberrecht und folgt der schon vom EuGH in *Mediakabel* und *Largadere* und *SGAE* praktizierten Parallelisierung zwischen

---

[306] Vergleiche Erwägungsgrund 18.
[307] EuGH Rs C-89/04 – Mediakabel, Slg 2005, I-4891, Rn 30.

[308] *Gersdorf* 32 ff, der darauf hinweist, dass dies der von der EU-Kommission angestrebten Technologieneutralität nicht entspricht.

öffentlichem und privatem Medienrecht.[309] Der von der DLM befürwortete[310] Ansatz einer Abstufung der verschiedenen audiovisuellen Mediendienste nach Wirkungsintensität und Meinungsrelevanz in Anlehnung an das deutsche Recht wurde nicht übernommen.[311] Die in Erwägungsgrund 20 genannten Beispiele für lineare Dienste umfassen analoges und digitales Fernsehen, Live Streaming, Webcasting und Near-Video-On-Demand.[312]

151　　b) **Das Sendelandsprinzip.** Das **Sendelandsprinzip**, das im Englischen treffender „**home country control**"-Prinzip genannt wird[313], regelt die Frage, welcher Staat für die Aufsicht und Zulassung eines Mediendiensteveranstalters zuständig ist (Art 2), sowie die Verpflichtung zur freien und ungehinderten Weiterverbreitung von audiovisuellen Mediendienste, die innerhalb der Union zugelassen sind (Art 2a). Nach diesem zentralen Prinzip der Richtlinie darf die Kontrolle ausschließlich in dem Staat erfolgen, in dem der Rundfunkveranstalter niedergelassen ist. Damit soll eine **mehrfache Zuständigkeit** verhindert werden. Ein Mitgliedstaat muss den freien Empfang eines in einem anderen Mitgliedsstaat ordnungsgemäß zugelassenen Fernsehprogramms gewährleisten und darf ua die Kabeleinspeisung nicht aus Gründen behindern, die dem Harmonisierungsziel der Richtlinie widersprechen.

152　　Das Sendelandsprinzip wurde in Deutschland in § 52 Abs 1 RStV umgesetzt.[314] Bezogen auf die Bundesrepublik Deutschland spricht man auch vom **Führerscheinprinzip**. Die Analogie ist einleuchtend: Wer seinen Führerschein in Hamburg gemacht hat, braucht für bayerische Straßen nicht nochmals eine Führerscheinprüfung zu absolvieren. Europäisch gewendet, reicht auch ein Führerschein aus Riga oder Lissabon. Dasselbe Prinzip gilt für die Zulassung eines Rundfunkprogramms; ist es in einem Mitgliedstaat zugelassen, darf ein anderer Mitgliedsstaat nicht als Voraussetzung für die Kabelverbreitung eine erneute Zulassung verlangen.

153　　Auch wenn sich Art 2 und 2a AVMDR auf die Prinzipien „home country control" und ungehinderte Weiterverbreitung reduzieren lassen, geht es doch um **komplexe Fragestellungen.** Das lässt sich an einem **hypothetischen Beispiel** illustrieren: Nehmen wir an, ein Teleshopping-Sender mit Sitz in Kopenhagen strahlt ein Programm in deutscher Sprache aus, welches sich an das deutsche Publikum richtet; die Redaktion sitzt in Kiel, Geschäftsführung und Sendetechnik in Kopenhagen. Nehmen wir weiter

---

309 EuGH Rs C-89/04 – Mediakabel, Slg 2005, I-4891, Rn 30; Rs C-192/04 – Lagardère Active Broadcast, Slg 2005, I-7199, Rn 31; Rs C-306/05 – SGAE, Slg 2006, I-1519, Rn 37 ff (dazu auch oben Teil 1 Kap 2 Rn 18 Medienrecht als Disziplin).
310 http://ec.europa.eu/avpolicy/docs/reg/modernisation/2003_review/contributions/wc_dlm.pdf, Papier Fokusgruppe 1, http://ec.europa.eu/avpolicy/docs/reg/modernisation/focus_groups/fg1_wp_de.pdf.
311 *Stender-Vorwachs/Theißen* ZUM 2006, 362, 367.
312 Krit dazu *Gersdorf* 29 ff.
313 Denn entscheidend ist nicht, von wo aus gesendet wird, sondern wo der Fernsehveranstalter niedergelassen ist.
314 „Die zeitgleiche und unveränderte Weiter-

verbreitung von bundesweit empfangbaren Fernsehprogrammen, die in Europa in rechtlich zulässiger Weise [...] veranstaltet werden, ist durch Landesrecht im Rahmen der vorhandenen technischen Möglichkeiten zu gestatten. Die Weiterverbreitung von Fernsehprogrammen kann unter Beachtung europäischer rundfunkrechtlicher Regelungen ausgesetzt werden. Landesrechtliche Regelungen zur analogen Kanalbelegung sind zulässig, soweit sie zur Erreichung klar umrissener Ziele von allgemeinem Interesse erforderlich sind. Sie können insb zur Sicherung einer pluralistischen, am Angebot der Meinungsvielfalt orientierten Medienordnung getroffen werden. Einzelheiten, insb die Rangfolge bei der Billigung der Kabelkanäle, regelt das Landesrecht."

　　Oliver Castendyk

an, dass die dänischen Regelungen für Teleshopping weniger streng sind als die deutschen. Darf der Sender damit die deutschen Regelungen „umgehen"? Wo liegt der Sitz des Senders wirklich – am Ort der Geschäftsführung oder am Ort der Redaktion – und welcher Staat ist deshalb zuständig für eine Sendelizenz und die Kontrolle? Dürfte die Landesmedienanstalt eines Bundeslandes eine Erlaubnis zur Kabelweitersendung daran knüpfen, dass die strengeren deutschen Regelungen eingehalten werden? Dürfte die Weiterverbreitung untersagt werden, wenn der Sender ab 22.00 Uhr drastische Werbung für pornographische DVDs macht? Dürfen andere Teleshopping-Sender bei der Vergabe von Kabelplätzen in einem Bundesland bevorzugt behandelt werden, wenn sie dort zugelassen sind oder dort Arbeitsplätze schaffen? Art 2 und 2a AVMDR beantworten diese Fragen.

Mit der Revision der Fernseh-RL im Jahre 1997 wurde das **Sendestaatsprinzip** **154** konkretisiert: danach ist ein Fernsehveranstalter der Gerichtshoheit eines Mitgliedstaat unterworfen, wenn er dort seine **Niederlassung** hat.[315] Er gilt nach Art 2 Abs 3 a) AVMDR als dort niedergelassen, wo er seine **Hauptverwaltung** hat und wo die **redaktionellen Entscheidungen** über das Programmangebot getroffen werden. Fallen Hauptverwaltung und Sitz der redaktionellen Entscheidung auseinander, so kommt es darauf an, wo der wesentliche Teil des Senderpersonals beschäftigt ist.[316] Dass in einem solchen Falle die Entscheidung im Einzelfall nicht einfach ist, hat die Auseinandersetzung um die in Luxemburg zugelassenen, aber auf das holländische Publikum ausgerichteten Sender RTL 4 und RTL 5 gezeigt, deren Sendepersonal in beiden Staaten beschäftigt war.[317]

Eine weitere Problematik ist die **Umgehung** möglicher Beschränkungen im Emp- **155** fangsland. Art 3 Abs 3 und 4 AVMDR enthalten eine komplexe Regelung für diesen Fall: Wenn eine Aufsichtsbehörde zu dem Schluss gelangt, dass ein der Rechtshoheit eines **anderen Mitgliedstaats** unterworfener Fernsehveranstalter Fernsehprogramme veranstaltet, die ganz oder vorwiegend auf ihr Gebiet ausgerichtet sind, kann sie sich mit dem Mitgliedstaat, dessen Rechtshoheit der Fernsehveranstalter unterworfen ist, in Verbindung setzen, um eine beiderseits zufrieden stellende Lösung zu finden. Auf Ersuchen der Aufsichtsbehörde bzw des Mitgliedstaats, wo sie ihren Sitz hat, fordert der Mitgliedstaat, dessen Rechtshoheit der Fernsehveranstalter unterworfen ist, diesen Veranstalter auf, die Bestimmungen einzuhalten. Der Mitgliedstaat, dessen Rechtshoheit der Fernsehveranstalter unterworfen ist, unterrichtet danach den erstgenannten Mitgliedstaat binnen zwei Monaten über die im Anschluss an das Ersuchen erzielten Ergebnisse. Jeder der beiden Mitgliedstaaten kann den gem Artikel 23a eingesetzten Kontaktausschuss um Prüfung des Falles ersuchen. Gelangt der erstgenannte Mitgliedstaat danach zu dem Schluss, dass die aufgrund der Anwendung des Absatzes 2 erzielten Ergebnisse nicht zufrieden stellend sind und dass der betreffende Fernsehveranstalter sich in dem Mitgliedstaat, dessen Rechtshoheit er unterworfen ist, niedergelassen hat, **um** die strengeren Bestimmungen in den von dieser Richtlinie erfassten Bereichen, denen er unterliegen würde, wenn er im erstgenannten Mitgliedstaat niedergelassen wäre, **zu umgehen**, so kann er selbst gegen den Fernsehveranstalter **Maßnahmen er-**

---

[315] Dabei wurden Entscheidungen des EuGH zur alten Richtlinie in Gesetzesform gegossen, vgl Erwägungsgründe 11–18 zur FsRi von 1997; ua EuGH Rs C-222/94 – Kommission v Vereinigtes Königreich, Slg 1996 I-4025; Rs C-23/93 – TV 10 v Commissariaat voor de Media, Slg 1994 I-4795.

[316] Zu Details vgl Castendyk/Dommering/Scheuer/*Dommering* Art 2 TWFD Rn 7 ff.
[317] Castendyk/Dommering/Scheuer/*Dommering* Art 2 TWFD Rn 52 ff.

greifen. – Die Fernseh-RL enthielt keine vergleichbare Vorschrift, lediglich im Erwägungsgrund 14 war ein Verweis auf die *TV 10*-Entscheidung des EuGH zu finden. Die Ausnutzung eines Rechtsgefälles war für sich genommen keine Umgehung iS eines **Missbrauchtatbestandes**.[318]

156   Hält sich der Sendestaat **nicht** an die in der Richtlinie vorgegebenen Mindeststandards, darf der Empfangsstaat – mit Ausnahme der og Regelung für Umgehungen – gem Art 2a AVMDR die Weiterverbreitung nicht behindern oder untersagen. Dies musste der EuGH in *Paul Denuit* der belgischen Regierung ins Stammbuch schreiben, die **Cartoon Networks** aus Großbritannien die Kabeleinspeisung verweigerte, weil der Sender die **Quotenregelung** nicht eingehalten hatte.[319]

157   Die weitere **Ausnahme** vom strikten Prinzip des „**free flow**" besteht gem Art 2a Abs 2 AVMDR für den Fall, dass ein Programm offensichtlich und schwerwiegend gegen die **Jugendschutzvorschriften** in Art 3b oder 22 FsRi verstößt und ein Konsultationsverfahren zwischen Sende- und Empfangsstaat keinen Erfolg hat.[320] Zwar kann eine Behörde des Empfangsstaats in diesen Fällen die Weiterverbreitung dieses Programms untersagen, **die Interpretation** von Begriffen wie „Pornographie", „ernsthafte Jugendgefährdung" etc richtet sich jedoch nach dem **Recht des jeweiligen Sitzlandes** und der Auslegung des EuGH. Wird also zB in einem Mitgliedsstaat der Begriff „Pornographie" liberaler ausgelegt als in einem anderen, kann lediglich der EuGH über eine verbindliche Interpretation dessen entscheiden, was die AVMDR als Minimalgrenze für Sexualdarstellung im Fernsehen vorgibt. Daran ändert sich nichts, wenn die entsprechende Verbotsnorm nicht im Rundfunkrecht, sondern zB im Strafrecht geregelt ist. Andernfalls könnte der vom EuGH geforderte „effet utile" (dh, die Durchsetzung der Vorgaben der Richtlinie) durch die Wahl der Rechtsmaterie unterlaufen werden.

158   Allerdings gilt der **Grundsatz der ungehinderten Weiterverbreitung** nur unmittelbar. Zumindest **mittelbar** kann man die Ausstrahlung eines Programms behindern, das gegen Regelungen verstößt, die **nicht in der AVMDR harmonisiert** worden sind. Das Schulbeispiel dafür ist die EuGH-Entscheidung *de Agostini/TV-Shop*.[321] Es ging um ein Fernsehprogramm, TV 3, das in Großbritannien zugelassen und auf das schwedische Fernsehpublikum ausgerichtet war. Anders als in Großbritannien ist in Schweden an Kinder gerichtete Werbung verboten. Die schwedische Wettbewerbsbehörde ging gegen Werbespots für Kinder in mittelbarer Weise vor: Sie versuchte nicht, die Weiterverbreitung oder gar den Empfang von TV 3 in Schweden zu untersagen, sondern eröffnete Bußgeldverfahren gegen die schwedischen Werbetreibenden, die Kinderwerbung auf TV 3 geschaltet hatten. Auch diese mittelbare Behinderung des freien Empfangs bzw der Weiterverbreitung verstößt gegen Art 2 und 2a AVMDR, wenn es sich um einen Rechtsbereich handelt, der in der Richtlinie **harmonisiert** ist. Dies war bei der Kinderwerbung der Fall, die damals in Art 16 FsRi geregelt war. Zuständig für Regulierung und Kontrolle war ausschließlich die britische Behörde, bei der TV3 die Sendezulassung erworben hatte. In der damit verbundenen Rechtssache *TV-Shop* ging es hingegen um irreführende Werbung, die **nicht** in der Richtlinie har-

---

318 EuGH Rs C-56/96 – VT 4, Slg 1997 I-3143.

319 EuGH Rs C-14/96 – Paul Denuit, Slg 1997 I-2785.

320 Vgl die Verfahren EuG Rs T-69/99 – Eurotica Rendez-Vous Television, Slg 2000 II-4039;

EFTA E-8/97, TV Sverige 1000, ABlEG 1998, C 275, 6.

321 EuGH verbd Rs C-34, 35 und 36/95 – de Agostini, Slg 1997 I-3834 ff.

monisiert war.[322] Hier – so der Gerichtshof – hinderte die Richtlinie einen Mitgliedsstaat nicht daran, in Anwendung allgemeiner Vorschriften zum Schutz der Verbraucher vor irreführende Werbung, Maßnahmen gegen einen Werbetreibenden wegen einer aus einem anderen Mitgliedstaat ausgestrahlten Werbung zu ergreifen. Allerdings dürfen diese Maßnahmen nicht die Weiterübertragung von Fernsehsendungen aus diesem anderen Mitgliedstaat in sein Gebiet unterbinden.[323]

Kabelrangfolgeregelungen können gegen den Grundsatz der freien Weiterverbreitung verstoßen. In einem sog Mahnschreiben (1. Stufe eines Vertragsverletzungsverfahrens gem Art 258 AEUV) hatte die Kommission bereits 1995 die Vereinbarkeit von Rangfolgeregelungen in drei deutschen Landesmediengesetzen mit Art 56 AEUV infrage gestellt, die in diesem Bundesland zugelassene Anbieter in der Rangfolge bevorzugten (sog Landeskinderklausel). Die Regelungen wurden deshalb geändert.[324] Auch Kriterien, die deutschsprachige Programme bevorzugen, oder solche mit regionalem oder lokalem Bezug können eine – zumindest verdeckte – Diskriminierung ausländischer Veranstalter beinhalten.[325]

159

c) Möglichkeiten der Inländerdiskriminierung. Die AVMDR setzt mit ihren Regelungen nur einen **Mindeststandard**. Dies drückt Art 3 Abs 1 AVMDR aus, der es den Mitgliedstaaten erlaubt, **strengere** und **ausführlichere** Bestimmungen in den von dieser Richtlinie erfassten Bereichen zu erlassen. Macht ein Mitgliedstaat davon Gebrauch, werden inländische Fernsehanbieter möglicherweise schlechter behandelt als die ausländischen Konkurrenten, die von anderen Mitgliedstaaten aus nach Deutschland einstrahlen. Man nennt dies eine „**Inländerdiskriminierung**". Ein Beispiel aus dem Rundfunkstaatsvertrag ist das deutsche Verbot, Kindersendungen mit Werbung zu unterbrechen, während die AVMDR die Unterbrechung von Kindersendungen mit einer Länge von mehr als 30 Minuten erlaubt.

160

Allerdings dürfen diese strengeren Vorschriften nicht gegen **primäres Gemeinschaftsrecht** (zB Dienstleistungsfreiheit, Art 10 EMRK) verstoßen.[326] Sie sind, wenn es sich um Beschränkungen oder mittelbare Diskriminierungen handelt, nur gerechtfertigt, wenn sie zwingende Gründe des Allgemeinwohls für sich in Anspruch nehmen können.[327] Außerdem muss bei der Überprüfung der Richtlinienkonformität des nationalen Rechts zwischen einer – möglicherweise zulässigen – Inländerdiskriminierung und einer Fehlinterpretation der Richtlinie durch Legislative, Judikative oder Exekutive des Mitgliedsstaates unterschieden werden.[328]

161

d) Einzelne Regelungen zu Werbung und Sponsoring. aa) Allgemeines. Die AVMDR enthält umfangreiche Regelungen zur Werbung, zum Sponsoring und zum Teleshopping. Sie enthalten ua das Trennungsprinzip, das Verbot der Schleichwerbung, die begrenzte Zulassung gekennzeichneter Produktplatzierung, Bestimmungen zur Möglichkeit der Unterbrechung von Fernsehsendungen mit Fernsehwerbung, inhaltliche Werbeverbote, etwa mit Bezug auf Tabakprodukte oder rezeptpflichtige

162

---

322 Für irreführende Werbung existieren eigene Harmonisierungsrichtlinien, vgl insb die RL 2006/114/EG über irreführende und vergleichende Werbung v 12.12.2006 und hierzu Hefermehl/Köhler/Bornkamm/*Köhler*, Einl Rn 3.41 ff.
323 Urteil des EuGH verbd Rs C-34, 35 und 36/95 – de Agostini, Slg 1997 I-3843.

324 Vgl *Betz* Media Perspektiven 1997, 431 ff.
325 Vgl dazu auch *Dörr/Charisse* AfP 1999, 18.
326 EuGH Rs C-6/98 – ARD vs ProSieben; Rs C-245/01, RTL vs NLM, Slg 2003, I-12.489.
327 Ausf dazu Castendyk/Dommering/Scheuer/ *Scheuer/Ader* Art 3 TWFD Rn 11 ff.
328 Vgl auch *Schmittmann* AfP 1997, 515, 525.

Arzneimittel, Regelungen zum Sponsoring und zum Sponsorhinweis, Werbemengenbegrenzungen pro Stunde sowie Regelungen für Teleshoppingspots, -fenster und -sender.

163   **bb) Prinzipien.** Das Trennungsgebot ist in Art 10 Abs 1 AVMDR enthalten. Die nur für lineare Dienste geltende Regelung lautet:

„Fernsehwerbung und Teleshopping müssen als solche leicht erkennbar und vom redaktionellen Inhalt unterscheidbar sein. Unbeschadet des Einsatzes neuer Werbetechniken müssen Fernsehwerbung und Teleshopping durch optische und/oder akustische und/oder räumliche Mittel eindeutig von anderen Sendungsteilen abgesetzt sein."

164   **Erkennbarkeit** und **Abtrennung** („eindeutig von anderen Sendungsteilen abgesetzt sein") sind zwei unterschiedliche Konzepte. Abtrennung geht weiter als Identifizierung. Werbung muss durch optische, akustische oder räumliche Mittel vom Programm abgetrennt werden. Der Unterschied kann am Beispiel der Produktplatzierung deutlich gemacht werden. Wenn eine Produktplatzierung, zB ein Softdrink auf dem Tisch des Protagonisten, mit einem Warnhinweis (zB roter Punkt) versehen wäre, wäre die werbliche Aussage Teil der Handlung und damit Teil des Programms. Das Erkennbarmachen durch den roten Punkt würde daran nichts ändern. Das Trennungsprinzip im engeren Sinne, welches ausschließlich nur für lineare audiovisuelle Mediendienste (Fernsehdienste) Geltung beansprucht, würde dies nicht zulassen.[329]

165   Der Zusatz „unbeschadet des Einsatzes **neuer Werbetechniken**" verfolgt das Ziel, neue Formen der Werbung, wie sie insb bei interaktiven Internetangeboten zur Zeit entstehen, nicht zu behindern. Würde man lineare Angebote (und zwar auch die, die über das Internet verbreitet werden) auf konventionelle Formen der Fernsehwerbung beschränken, würden lineare Angebote gegenüber non-linearen zu sehr eingeschränkt.[330] Ein Beispiel für eine solche neue Werbetechnik ist „enhanced advertising": bei internetbasierte Fernsehen ist es möglich, Requisiten – etwa das Kleid der Protagonistin – als Ausgangspunkt für weitergehende Produktinformationen zu nutzen. Der Zuschauer kann mit der Maus/der Fernbedienung das Kleid anklicken und es öffnet sich ein Pop-up oder ein Sublevel mit kommerziellen Informationen. Betrachtet man das Kleid selbst als Werbung, wäre der Trennungsgrundsatz verletzt. Um derartige neue Werbetechniken dennoch zuzulassen, wurde der Zusatz „unbeschadet [...]" eingefügt. Wohlgemerkt lässt der Zusatz nur Erleichterungen beim Trennungsgrundsatz zu, nicht beim Erkennbarkeitsgrundsatz.

166   **cc) Produktplatzierung.** Die zentrale Ausnahme vom Trennungsgrundsatz ist die zulässige **Produktplatzierung.** Sie wird definiert in Art 1 (m) AVMDR als eine kommerzielle Kommunikation, die sich auf Produkte, eine Dienstleistungen oder Marken bezieht und zwar als Gegenleistung für ein Entgelt oder eine geldwerte Leistung. Der Begriff ist etwas anders definiert als Schleichwerbung in Art 1d FsRi, im Ergebnis sind die Unterschiede jedoch gering: Bei der Schleichwerbung muss das Entgelt (bzw die entgeltwerte Leistung) des Werbetreibenden **an den Sender** geleistet werden oder dem Sender zumindest zurechenbar sein,[331] bei der Produktplatzierung reicht es aus, wenn es **an den Filmhersteller** gegeben wird.

167   Aus Erwägungsgrund 61 (und in Art 3g AVMDR) wird deutlich, dass Sachspenden (dies betrifft Produkte und Dienstleistungen) nur dann erfasst werden, wenn sie einen

---

329 Zu den Ausnahmen von diesem Grundsatz s unten Rn 182 ff.

330 Vgl Erwägungsrund 57 zur AVMDR.

331 S Band 3 Kap 3.

Oliver Castendyk

signifikanten Wert haben. Überlässt also zB ein Modehaus der Filmproduktionsfirma ein Abendkleid, damit die Hauptdarstellerin dieses in einer zentralen Szene des Films trägt, wäre dies streng genommen eine Produktplatzierung. Denn damit würde ein Produkt für eine ähnliche Gegenleistung (ie: der Wert des Abendkleids) präsentiert werden. Nach Erwägungsgrund 61 ist zu prüfen, ob der Wert des Abendkleids – im Verhältnis zu den gesamten Produktionskosten – ins Gewicht fällt. Liegt der kumulierte Wert aller von einem Hersteller gespendeten Gegenstände unter 1 % der Filmherstellungskosten, kann der Wert sicherlich nicht mehr als signifikant bezeichnet werden.[332]

Auch wenn die Richtlinie über audiovisuelle Mediendienste „product placement" zulässt, bindet sie die Zulässigkeit jedoch an enge Voraussetzungen: Es muss auf die Produktplatzierung mit einem Warnhinweis hingewiesen werden. Die Werbeverbote für bestimmte Produkte (Tabakprodukte, rezeptpflichtige Medikamente) gelten auch für das „product placement". Die Platzierung des Produkts oder der Dienstleistung darf nicht zu offensichtlich sein (Kriterium der „undue prominence")[333] und sie darf keinen unmittelbar werblichen Charakter haben, zB dadurch dass unmittelbar zum Kauf des Produkts aufgefordert wird. **168**

Außerdem darf der Werbetreibende keinen Einfluss auf Inhalt oder Sendplatz der jeweiligen Sendung erhalten. Das Beeinflussungsverbot in Art 3g AVMDR entspricht dem bereits bekannten aus Art 17 Abs 1 (a) FsRi, wonach es dem Sponsor verboten ist, Inhalt oder Programmplatz einer gesponserten Sendung zu beeinflussen. Auch hier ist es schwierig, die Grenze zu bestimmen, ab der unzulässiger Einfluss ausgeübt wird.[334] Ein Beispiel wird in Erwägungsgrund 63 genannt: das sog Themen-Placement.[335] **169**

Die Regeln für die statthafte Produktplatzierung gelten **nicht nur für lineare**, sondern auch für non-lineare Angebote. Aufgrund des Warnhinweises sind sie jedoch vor allem eine Ausnahme und Spezialregelung zum Trennungs-, und nicht zum Erkennbarkeitsgrundsatz. **170**

Regelungen für Fernsehdienste. Anders als die Vorgängernorm Art 18 FsRi enthält Art 18 AVMDR keine Begrenzung der **täglichen Werbezeit** mehr. Eine von der EU-Kommission in Auftrag gegebene empirische Studie hatte ergeben, dass diese Grenze ohnehin von keinem TV-Sender je erreicht wurde.[336] Geblieben ist nur die Begrenzung der stündlichen Werbezeit, wonach nicht mehr als 20 % pro Stunde Werbe- und Teleshoppingspots ausgestrahlt werden dürfen. Weggefallen ist auch die Limitierung von **Teleshopping-Fenstern** auf maximal acht pro Tag und eine maximale Zeit von drei Stunden pro Tag (Art 18a AVMDR). Weitergehende Einschränkungen wären angesichts der in dieser Hinsicht regulatorisch weit weniger beschränkten Internet-Shoppingangebote auch nicht zu rechtfertigen gewesen. **171**

---

332 Castendyk/Dommering/Scheuer/*Castendyk* Art 1 AVMSD Rn 144 ff.
333 Zur Auslegung des Begriffs der „undue prominence" vgl Castendyk/Dommering/Scheuer/*Castendyk* Art 3 g AVMSD Rn 25 f; eine zu enge Interpretation des Begriffs würde Produktplatzierungen unmöglich machen.
334 Castendyk/Dommering/Scheuer/*Castendyk* Art 3g AVMSD Rn 22 f.

335 Zum Themen-Placement nach altem Recht, vgl *Castendyk* ZUM 2005, 2 ff; *Bülow* passim.
336 Vgl Gutachten Carat/KOAN, Comparative study on the impact of control measures on the televisual advertising markets in European Union Member States and certain other countries, abrufbar unter http://ec.europa.eu/avpolicy/docs/library/studies/2003/44_03_finalrep_fr.pdf.

172   **e) Einzelne Regelungen zu Quotenvorgaben. aa) Quoten für Fernsehveranstalter.** Für Veranstalter linearer audiovisueller Dienste änderte die AVMDR am bis 2007 geltenden Rechtszustand nichts. Gem Art 4 AVMDR müssen die Mitgliedstaaten mit angemessenen Mitteln dafür sorgen, dass die Fernsehveranstalter in ihrer Zuständigkeit den **Hauptteil ihrer Sendezeit**, die nicht aus Nachrichten, Sportberichterstattung, Spielshows oder Werbung bzw Teleshopping besteht (qualifizierte Sendezeit), mit europäischen Werken bestücken.[337] Diese Quotenregelung war und ist sehr umstritten. 1988 hätte der Konflikt zwischen Frankreich, das eine Quote forderte, und Mitgliedstaaten wie Großbritannien und Deutschland, die sie ablehnten, fast zu einem Scheitern der Verhandlungen geführt. In Deutschland hat die Quotenregelung jedoch fast keine praktische Bedeutung. Ihre Einhaltung wird praktisch nicht überprüft und die Nicht-Einhaltung würde auch keine negativen Rechtsfolgen haben. Dies liegt zum einen daran, dass die Bundesrepublik Deutschland in einer Protokollerklärung zur Fernseh-RL von 1989 festgehalten hat, dass es sich bei der Regelung in Art 4 nur um eine politische Absichtserklärung und nicht um eine bindende Verpflichtung handelt.[338] Auch wenn EuGH und BVerfG derartige Protokollerklärungen nicht für geeignet halten, klare und bindende Vorschriften des sekundären Gemeinschaftsrechts auszuhebeln[339], bestimmt diese politische Haltung jedoch nach wie vor die Aufsichtspraxis der Landesmedienanstalten. Der zweite Grund liegt darin, dass die Angaben darüber, ob Fernsehsender die **Quotenvorgaben** der Richtlinie einhalten, von den betroffenen Fernsehsendern selbst gemacht werden.[340] Eine unabhängige Überprüfung hätte mit dem Problem zu kämpfen, dass die Prüfung, ob ein Film europäisch oder außereuropäisch ist (vgl die Definition in Art 6 AVMDR), große Schwierigkeiten bereitet, zB müsste eruiert werden, wo die Filmschaffenden zur Zeit der Produktion ihren Wohnsitz hatten.

173   Art 5 AVMDR enthält eine weitere TV-bezogene Quotenvorgabe zu Gunsten **unabhängiger Produzenten**.[341] Der **Schwellenwert** von wahlweise mindestens 10 % der qualifizierten Sendezeit oder 10 % ihrer Haushaltsmittel ist jedoch so niedrig, dass kein deutscher Fernsehsender Schwierigkeiten hat, diese Vorgabe einzuhalten. Sie wäre so lediglich für solche Fernsehveranstalter relevant, die ihr Programm ausschließlich mit eigenen Mitarbeitern herstellen, wie dies bei vielen ARD-Sendern in den sechziger und siebziger Jahren noch der Fall war.[342]

174   **bb) Non-lineare audiovisuelle Mediendienste.** In der ausführlichen Konsultation der EU-Kommission vor der Richtlinie für audiovisuelle Medien wurde diskutiert, ob eine **Quotenregelung** auch für audiovisuelle Mediendienste sinnvoll sein könnte.[343] Die Befürworter argumentierten mit dem Interesse der europäischen Filmproduktionsindustrie. Die Gegner brachten vor, dass Quoten bei On-Demand-Diensten nicht dazu führen würden, dass sich mehr Menschen europäische Produktionen ansehen würden. Das Angebot im Internet sei zu groß, um Steuerungseffekte zu erzielen. Eine Quote,

---

337 Ausf zu Art 4, zu seiner Entstehungsgeschichte, Interpretation und der streitigen Vereinbarkeit mit höherrangigem Recht Castendyk/Dommering/Scheuer/*Castendyk* Art 4 TWFD Rn 3 ff.
338 Castendyk/Dommering/Scheuer/*Castendyk* Art 4 TWFD Rn 15 ff.
339 EuGH Rs C-292/89 – Antonissen, Slg 1991 I-745; BVerfGE 83, 238, 295 ff.

340 Erst die AVMDR beinhaltet eine Verpflichtung, unabhängige Daten über die Einhaltung der Quotenvorgaben zu erheben.
341 Ausf zu Art 5 vgl *Castendyk* Communication Law 2006, 88 ff.
342 Vgl *Castendyk/Keil/Wickleder* passim.
343 Vgl sog Hieronymi Report, 56 ff, abrufbar unter http://www.europarl.europa.eu/comparl/cult/media_services_directive_en.pdf.

die einen bestimmten Prozentsatz der Programmakquisition des On-Demand-Anbieters ausmachen würde, liefe Gefahr, europäische Anbieter gegenüber ihrer internationalen Konkurrenz zu sehr zu benachteiligen. Das Ergebnis war eine weiche Quotenregelung, die es weitgehend den Mitgliedsstaaten überlässt, über das „wie" zu entscheiden. Danach müssen die Mitgliedsstaaten dafür sorgen, dass audiovisuelle Mediendienste auf Abruf die **Produktion** europäischer Werke und den **Zugang** hierzu fördern. Die Förderung kann zB ein Beitrag zur klassischen Filmförderung sein[344], aber auch ein gesetzlich festgelegter Anteil an europäischen Werken im Programmkatalog des Anbieters.

f) Jugendschutz. Die Regelungen zum Jugendschutz existierten schon vorher und **175** wurden allerdings teilweise den Besonderheiten der verschiedenen Dienste angepasst.[345] Art 3h AVMDR stellt regeln für non-lineare Mediendienste auf, Art 22 AVMDR überträgt die auf Fernsehveranstalter. Wie im deutschen Recht wird zwischen **jugendgefährdenden** und minderjährige Zuschauer lediglich **beeinträchtigenden** Sendungen unterschieden. Art 3h und 22 Abs 1 AVMDR unterscheiden verwirrenderweise in „beeinträchtigen" und „ernsthaft beeinträchtigen". Gem Art 22 Abs 1 AVMDR müssen die Mitgliedstaaten angemessene Maßnahmen ergreifen, um Sendungen zu verhindern, welche die körperliche, geistige und sittliche Entwicklung von Minderjährigen ernsthaft beeinträchtigen können, insb solche, die Pornographie oder grundlose Gewalttätigkeiten zeigen. Programme, welche die körperliche, geistige oder sittliche Entwicklung von Minderjährigen (nur) beeinträchtigen können, sollen durch die Wahl der Sendezeit oder durch sonstige **technische Maßnahmen**, wie zB durch **Verschlüsselung** und Zugangscodes dafür sorgen, dass diese von Minderjährigen üblicherweise nicht wahrgenommen werden (Art 22 Abs 2 AVMDR).

Art 22 Abs 3 AVMDR fordert, dass **jugendbeeinträchtigende** Programme (dies gilt **176** in Deutschland für Filme mit einer FSK-Freigabe von 16 oder 18 Jahren) nur ausgestrahlt werden, wenn ihre Ausstrahlung durch akustische Zeichen angekündigt oder durch optische Zeichen während der gesamten Sendung kenntlich gemacht wird. Diese Regelung wurde in Deutschland in § 10 Abs 2 JMStV umgesetzt und erfordert in der Praxis den bekannten **Warnhinweis** „Diese Sendung ist für Jugendliche unter […] Jahren nicht geeignet".[346] Art 3b AVMDR verbietet Sendungen, die zu Hass aufgrund von Rasse, Geschlecht, Religion oder Nationalität aufstacheln.

Die Bestimmungen zum Jugendschutz in der AVMDR stehen im Einklang mit **177** **europäischem und internationalem Recht** zum Schutz von Kindern und Jugendlichen und der Menschenwürde auf dem Feld der Medien. Auf EU-Ebene betrifft dies zum Beispiel die Rahmenentscheidung gegen die sexuelle Ausbeutung von Kindern und Kinderpornographie vom 20.12.2003. Auf internationaler Ebene sind dies Vorgaben wie die UNO-Konvention der Rechte des Kindes vom 20.11.1983 oder der UNESCO-Resolution „Kinder und Gewalt auf dem Bildschirm" vom 12.11.1997.[347]

In Europa herrschen große **Unterschiede** bei der Einschätzung, ob ein bestimmtes **178** Programm Minderjährige gefährdet oder zumindest ihre Entwicklung beeinträch-

---

[344] In Deutschland gibt es bereits eine solche Filmabgabe für On-Demand-Anbieter bzw die Inhaber solcher Rechte (§ 67 Abs 2 FFG).
[345] Castendyk/Dommering/Scheuer/*Ukrow* Art 3b AVMDR Rn 2.

[346] Näheres dazu in Hahn/Vesting/*Hertel* § 10 JMStV Rn 5 f.
[347] *Groebel* passim; *Roßnagel/Scheuer* MMR 2005, 271.

tigt.[348] Die Unterschiede sind fast ebenso groß wie die Unterschiede der **moralischen Vorstellungen.** Dies lässt sich am Beispiel der Pornographie illustrieren, die in Europa sehr unterschiedlich definiert wird.[349] Wie oben ausgeführt,[350] ist der vom EuGH und dem EGMR gewährte Spielraum für die Mitgliedstaaten, Grundfreiheiten oder Grundrechte einzuschränken, im Bereich von Menschenwürde, Jugendschutz und öffentlicher Moral sehr groß. Dies ergibt sich auch aus dem Subsidiaritätsprinzip in Art 5 Abs 2 EGV. Dies mag ein Grund dafür sein, dass die Jugendmedienschutzregelungen in Europa nach wie vor sehr unterschiedlich ausfallen. Jedenfalls müssen Beschränkungen der Grundfreiheiten, insb der Dienstleistungsfreiheit des Fernsehanbieters, verhältnismäßig sein. Dies gilt auch für Regelungen zum Jugendschutz und zum Schutz der Menschenwürde.[351]

179 g) **Gegendarstellung.** Art 23 AVMDR garantiert für lineare audiovisuelle Mediendienste das Recht auf **Gegendarstellung** oder auf **gleichwertige Maßnahmen.**[352] Die Mitgliedstaaten müssen insb dafür Sorge tragen, dass die tatsächliche Ausübung des Rechts auf Gegendarstellung oder auf gleichwertige Maßnahmen nicht durch Auferlegung unverhältnismäßiger Bedingungen behindert wird. Bei der Regelung des Verfahrens muss darauf geachtet werden, dass die Frist für die Wahrnehmung des Rechts auf Gegendarstellung oder auf gleichwertige Maßnahmen auch von juristischen Personen oder natürlichen Personen wahrgenommen werden kann, deren Wohnsitz oder Niederlassung sich einem anderen Mitgliedstaat befindet.

180 Aus deutscher Sicht sind nur wenige Elemente dieser Vorschrift relevant. Zum einen ist zu beachten, dass sog „**gleichwertige Maßnahmen**" ausreichen. In einer Protokollerklärung hat Frankreich klargestellt, dass unter diesen Begriff sämtliche der Gegendarstellung vergleichbare, rechtliche oder behördliche, Rechtsbehelfe fallen.[353] Damit sind auch Mittel gemeint, die im technischen Sinne keine Gegendarstellungen sind, wie zB ein Anspruch auf Unterlassung oder auf Widerruf. Nicht ausreichen dürfte es angesichts von Art 23 Abs 5 AVMDR, wenn lediglich ein Rekurs zu einer Institution der Selbstregulierung eröffnet wäre, zum Beispiel zum Deutschen Presserat.[354]

181 Das Recht auf Gegendarstellung oder auf Widerruf im transnationalen Kontext betrifft auch das Internationale Privatrecht. Im Bereich des Deliktsrechts wurde dieser Bereich durch die Verordnung (EG) Nr 864/2007 („Rom II")[355] harmonisiert. Im Rahmen der Entstehungsgeschichte von Rom II wurde – nach intensivem Lobbying der Medienverbände – das Sendestaatsprinzip für Medien eingeführt. Damit wurden Widersprüche zu Art 2 AVMDR verhindert. Art 6 Abs 2 iVm Art 4 Rom II legt deshalb fest, dass das Recht des Staates anwendbar ist, in dem der Fernsehveranstalter oder der Verlag seine Niederlassung hat. Damit gilt – entgegen dem ursprünglichen Entwurf – für die Gegendarstellung und vergleichbare Rechtsbehelfe nicht das Recht des Staates, in dem der Betroffene niedergelassen ist.

---

348 *Bundschuh* 123 f; *Gangloff* 104 ff.
349 Vgl hierzu ua *Ulich* 114 ff; *Ritz* passim; *Weigend* ZUM 1994, 133 ff; *Hönge* passim.
350 S Rn 56.
351 Castendyk/Dommering/Scheuer/*Ukrow* Art 22 TWFD Rn 9 ff.
352 Ausf dazu Castendyk/Dommering/Scheuer/ *Palzer/Scheuer* Art 23 TWFD Rn 4 ff.
353 *Martin-Pérez de Nanclares* 155.

354 Weiter gefasst scheint hier die entsprechende Regelung im Fernsehübereinkommen zu sein, vgl Explanatory Report FsÜ Rn 169.
355 Verordnung (EG) Nr 864/2007 des Europäischen Parlaments und des Rates v 11.7.2007 über das auf außervertragliche Schuldverhältnisse anzuwendende Recht (Rom II), ABlEG 2007, L 199, 40.

Oliver Castendyk

3. Telekommunikationsrichtlinien

a) **Überblick.** Nach der wegweisenden Entscheidung in den USA, das Monopol **182** von AT&T aufzulösen und den Telekommunikationsgiganten in einzelne Teile aufzuspalten (1984), folgte die EU-Kommission diesem Beispiel. In den achtziger und neunziger Jahren wurde eine Reihe von Richtlinien erlassen, die die Mitgliedstaaten dazu zwangen, die nationalen Monopolunternehmen, wie zB die Deutsche Post, zu privatisieren und die Märkte zu liberalisieren. Die EU-Kommission ging zu Recht davon aus, dass eine Privatisierung und Liberalisierung einen erheblichen Dynamisierungsschub auslösen würde.[356]

Die Leitlinien ergaben sich aus dem **Grünbuch** über die Entwicklung des gemein- **183** samen Marktes für Telekommunikationsdienstleistungen und Telekommunikationsgeräte aus dem Jahr 1987.[357] Die **Marktöffnung** sollte in drei Bereichen stattfinden: bei den Endgeräten, bei den Diensten und bei den Netzen. Dabei wurden vier Regelungsziele verfolgt: die Liberalisierung und Privatisierung durch schrittweise Aufhebung besonderer und ausschließlicher Rechte auf dem Telekommunikationssektor, die Harmonisierung durch Angleichung der rechtlichen Rahmenbedingungen, die Gewährleistung eines chancengleichen und fairen Wettbewerbs und die Sicherstellung von Universaldienstleistungen. Diese Ziele wurden erfolgreich mit einer Reihe von Richtlinien verfolgt, ua der Endgeräte-RL, der Dienste-RL, der Kabel-RL und der Wettbewerbs-RL. Besonders zentral waren die Richtlinien, die versuchten, den sog offenen Netzzugang (ONP) zu garantieren. In diesem Zusammenhang gehört auch die Verordnung zur Entbündelung des Zugangs zum **Teilnehmeranschluss** (sog local loop), die für Diensteanbieter den Zugang zum Teilnehmeranschluss zu transparenten, fairen und diskriminierungsfreien Bedingungen europaweit sicherstellen sollte.

1999 war die Zeit reif, diese Telekommunikationspolitik zu evaluieren. Die Kom- **184** mission regte einen **Kommunikationsbericht** an, der die bisherige Situation beurteilen und neue Vorschläge für eine Regulierung entwerfen sollte.[358] Die vorgeschlagenen Reformen betrafen weniger eine weitere Liberalisierung der Märkte, sondern mehr die Sicherung und Vereinfachung des Erreichten. Dabei sollte ein technologieneutraler Ansatz gewählt werden. Der Fokus lag nicht länger auf der Infrastruktur für Telekommunikationsdienstleistungen, sondern – gewissermaßen unter Streichung des „tele" – auf der Regulierung sämtlicher Kommunikationsangebote und -strukturen. Der neue Schlüsselbegriff lautet „elektronische Kommunikationsnetze". Im Übrigen wurde deutlich gemacht, dass die einheitlichen Regelungsstandards auch für Rundfunkverbreitung gelten sollten. Der nachfolgende Gesetzgebungsprozess führte zu fünf neuen Richtlinien (der Rahmen-RL, der Zugangs-RL, der Datenschutz-RL für elektronische Kommunikation, der Genehmigungs-RL und der Universaldienst-RL), die im Jahre 2001 verabschiedet wurden. Bei der anschließenden Umsetzung in Deutschland wurden außerdem Fehler und Lücken des bisherigen Regulierungsrahmens beseitigt. Vor allem konnten die Ende der Achtzigerjahre noch kaum bekannten Telekommunikationsdienstleistungen, wie etwa das Internet oder die Mobiltelefonie, berücksichtigt werden. Ebenfalls relevant ist die Frequenzentscheidung[359], die versucht, die Verfügbarkeit und effiziente Nutzung des Frequenzspektrums europaweit zu koordinieren.

---

356 Vgl Maunz/Dürig/*Lerche* Art 87 f GG Rn 25.
357 KOM (87) 290 vom 30.6.1987.
358 KOM (1999) 539 endg, 10.11.1999.
359 Entscheidung Nr 676/2002/EG des Euro-

päischen Parlaments und Rates v 7.3.2002 über einen Rechtsrahmen für die Frequenzpolitik in der Europäischengemeinschaft (Frequenzentscheidung), ABlEG 2002, L 108, 1.

185   b) Die Rahmen-RL.[360] In der Rahmen-RL werden die wesentlichen **Grundsätze** des europäischen Regulierungsrahmens vorgestellt. Die Erwägungsgründe 5 und 6 machen deutlich, dass die **Konvergenz** von Telekommunikation, Medien und Informationstechnologie einen einheitlichen Regelungsrahmen erzwingt, der für alle Übertragungsnetzwerke und Dienste gilt. In Art 2c Rahmen-RL wird nochmals deutlich gemacht, dass es nicht darum geht, **Inhalte** von Diensten, in welcher Form sie auch immer angeboten werden, rechtlichen Regeln zu unterwerfen. Dies sei, von Ausnahmen abgesehen, Sache des nationalen Gesetzgebers.

186   Das in Art 8 der Rahmen-RL näher ausgeführte zentrale Ziel ist die Gewährleistung **effektiven Wettbewerbs**. Dabei wird das Konzept der **beträchtlichen Marktmacht** weiterentwickelt und dem allgemeinen wettbewerbsrechtlichen Konzept der marktbeherrschenden Stellung angenähert.[361] Das Verfahren der Marktregulierung soll dabei in **drei Schritten** erfolgen: In einem Marktdefinitionsverfahren werden auf nationaler Ebene diejenigen Märkte ermittelt, die reguliert werden müssen. Dabei müssen die Empfehlungen der Kommission berücksichtigt werden. Die auf diese Weise ermittelten Märkte werden im sog Marktanalyseverfahren daraufhin untersucht, ob wirksamer Wettbewerb existiert. Nur wenn ein wirksamer Wettbewerb fehlt, können Unternehmen, die über beträchtliche Marktmacht verfügen, Verpflichtungen auferlegt werden.

187   Die Genehmigungs-RLen verlangt von den Mitgliedstaaten, dass die entsprechenden Märkte von einer **unabhängigen Regulierungsbehörde** kontrolliert werden. Das bezieht sich insb auf die Unabhängigkeit der Marktbeteiligten. Dies macht eine staatliche Kontrolle schwierig, soweit der Staat selbst größere Anteile an den betreffenden Telekommunikationsunternehmen besitzt.

188   c) Die Genehmigungs-RL.[362] Die Genehmigungs-RL **beendete** die bis dahin üblichen **Einzelgenehmigungen**. Stattdessen favorisiert sie, ähnlich wie die Gruppenfreistellungsverordnungen im europäischen Wettbewerbsrecht, allgemeine Genehmigungsvoraussetzungen. Gem Art 3 Abs 2 Genehmigungs-RL können von den betreffenden Unternehmen Anzeigen verlangt werden, jedoch keine Einzellizenzierung. Ausnahmen sollen nur noch für die Frequenz- und Nummerverteilung gelten, denn sie werden weiterhin als knappe Güter angesehen. Diese Prinzipien gelten grds auch für den **Rundfunkbereich**. Nach Art 5 Genehmigungs-RL müssen auch Rundfunkfrequenzen mittels offener, transparenter und nicht diskriminierender Verfahren vergeben werden.

189   d) Die Zugangs- und Zusammenschaltungs-RL.[363] Mit dieser Richtlinie werden die nationalen Regulierungsbehörden dazu angehalten, die in Art 8 der Rahmen-RL festgelegten Ziele zu realisieren, insb durch angemessene **Zugangs-** und **Zusammenschaltungsregeln** sowie die Gewährleistung der **Interoperabilität** von Kommunika-

360 RL 2002/21/EG des Europäischen Parlaments und des Rates v 7.3.2002 über einen gemeinsamen Rechtsrahmen für elektronische Kommunikationsnetze und -dienste (Rahmenrichtlinie), ABlEG 2002, L 108, 33.
361 Damit wurde die bisherige feste Grenze von 25 % durch ein flexibleres Kriterium ergänzt, vgl Castendyk/Dommering/Scheuer/*van Eijk* Directive 2002/21/EC, Rn 7.
362 RL 2002/20/EG des Europäischen Parla-

ments und des Rates v 7.3.2002 über die Genehmigung elektronischer Kommunikationsnetze und -dienste (Genehmigungsrichtlinie), ABlEG 2002, L 108, 21.
363 RL 2002/19/EG des Europäischen Parlaments und des Rates v 7.3.2002 über den Zugang zu elektronischen Kommunikationsnetzen und zugehörigen Einrichtungen sowie deren Zusammenschaltung (Zugangs-RL), ABlEG 2002, L 108, 7.

Oliver Castendyk

tionsdiensten. Der Begriff des Zugangs wird dabei weit ausgelegt, er beinhaltet jegliche Bereitstellung von Einrichtungen oder Diensten, wobei nur die Nachfrage von Leistungen durch Anbieter, nicht aber die von Endkunden erfasst wird. Eine Zusammenschaltung meint jede Art von Verbindung von Netzen, so dass den Nutzern die Kommunikation in verschiedenen Netzen untereinander ermöglicht wird, zB von einem Mobilfunknetz zu einem anderen. Möglich sind Maßnahmen gegenüber allen Unternehmen und solchen, die sich nur an Unternehmen mit beträchtlicher Marktmacht richten.

e) **Die Datenschutz-RL.**[364] Die **Datenschutz-RL** fasst nochmals alle Grundsätze **190** der in den klassischen Datenschutzrichtlinien[365] in der EU festgehaltenen Prinzipien für den **Kommunikationssektor** zusammen. Dabei soll zwischen dem Schutz der Privatsphäre und dem Recht an den eigenen Daten sowie dem Interesse an der wirtschaftlichen Verwertung personenbezogener Daten ein vernünftiger Ausgleich gefunden werden. Die zentrale Vorschrift ist Art 5, der die Mitgliedstaaten verpflichtet, Schutzvorschriften gegen die unrechtmäßige Kenntnisnahme von Kommunikationen zu erlassen. Dabei geht es vor allem um die Speicherung von Nutzungs- und Benutzerdaten sowie die Lokalisierung der Kommunikation, wie sie zB im Mobilfunkbereich möglich ist.

Ein wichtiges Thema war auch die Übermittlung von ungewollten Fax-Mitteilungen, SMS und E-Mails (SPAM). Dabei entstand ein Konflikt zwischen Kommission **191** und Europäischem Parlament.[366] Die Kommission befürchtete, zu viel **SPAM** würde das Internet verstopfen, das Parlament sah sich mehr auf der Seite der Anbieter. Am Ende wurde ein sog „opt in" eingeführt. Danach müssen die Verbraucher dem Empfang derartiger Werbemitteilungen ausdrücklich zustimmen. Lediglich wenn Unternehmen bereits auf elektronische Weise Kontakt zu ihren Kunden aufgenommen haben, können Sie nicht verlangte Werbemitteilungen an sie senden. In diesem Fall muss der Kunde jedoch die Möglichkeit haben, sich wieder aus dem Verteiler nehmen zu lassen („opt out").

f) **Die Universaldienst-RL.**[367] Das Ziel der Universaldienst-RL ist die Sicherstel- **192** lung eines bestimmten Mindestangebots bzw einer bestimmten **Mindestversorgung** von allen Diensten zu einem für alle Nutzer erschwinglichen Preis. Zu diesem Zweck definiert die Richtlinie ein **Mindestangebot**, welches in allen Mitgliedstaaten bestehen muss. Es ist im Wesentlichen begrenzt auf Sprachtelefondienste, (noch) nicht auf Internetzugang. Entsprechende Vorschläge wurden im Gesetzgebungsverfahren abge-

---

[364] RL 2002/58/EG des Europäischen Parlaments und des Rates v 12.7.2002 über die Verarbeitung personenbezogener Daten und den Schutz der Privatsphäre in der elektronischen Kommunikation (Datenschutzrichtlinie für elektronische Kommunikation), ABlEG 2002, L 201, 37.
[365] RL 95/46/EG des Europäischen Parlaments und des Rates v 24.10.1995 zum Schutz natürlicher Personen bei der Verarbeitung personenbezogener Daten und zum freien Datenverkehr, ABlEG 1995, L 281, 31 sowie RL 97/66/EG des Europäischen Parlaments und des Rates

v 15.12.1997 über die Verarbeitung personenbezogener Daten und den Schutz der Privatsphäre im Bereich der Telekommunikation, ABlEG 1998, L 24, 1 ff.
[366] Vgl Darstellung in Castendyk/Dommering/Scheuer/*van Eijk* ECRF Rn 21.
[367] RL 2002/22/EG des Europäischen Parlaments und des Rates v 7.3.2002 über den Universaldienst und Nutzerrechte bei elektronischen Kommunikationsnetzen und -diensten (Universaldienstrichtlinie) ABlEG 2002, L 108, 51.

lehnt.[368] Der Spielraum der Mitgliedstaaten bei der Kontrolle der Preisbildung ist begrenzt. Bis dahin übliche Versuche, die Positionen marktbeherrschender Unternehmen durch Zulassung überhöhter Preise und Anschlusskosten zu stabilisieren, werden durch das vorgesehene Preisbildungsverfahren erschwert. Relevant für den Rundfunkbereich ist Art 31, der bestimmte „must carry"-Verpflichtungen vorsieht.

193   **g) Reform des TK-Richtlinienpakets. aa) Gesetzgebungsverfahren** November 2007 legte die *Kommission* Vorschläge für eine Reform des Telekom-Rechtsrahmens vor. In der ersten Lesung wurde keine Einigung erzielt.[369] Kritisiert wurde ua die geplante Schaffung einer unabhängigen europäischen Regulierungsbehörde, die vorgesehene Regulierung von Netzen der nächsten Generation und das Vetorecht der *Kommission* bei der Auferlegung von Abhilfemaßnahmen. Nach Verhandlungen wurde anstelle der europäischen Behörde lediglich ein beratendes *Gremium Europäischer Regulierungsstellen für elektronische Kommunikation (GEREK)* vorgesehen, das die *European Regulators Group (ERG)* ersetzen und die Arbeit der nationalen Regulierer besser koordinieren soll. Ferner wurde das Vetorecht der *Kommission* für Abhilfemaßnahmen in ein Mitspracherecht umgewandelt. In der zweiten Lesung kam daraufhin eine weitestgehende Einigung zu Stande. Die Verabschiedung des Pakets verzögerte sich weiterhin, weil das *Parlament*, anders als der *Rat*, im Mai 2009 für Internetsperren bei Urheberrechtsverstößen eine richterliche Anordnung verlangte. Erst in der dritten Lesung konnte im November 2009 im Vermittlungsverfahren ein Kompromiss erreicht werden, wodurch ein Scheitern der gesamten Reform verhindert wurde. Nach Veröffentlichung im EU-Amtsblatt traten die beiden Richtlinien am 19.12.2009 in Kraft und sind nunmehr bis zum 25.5.2011 in nationales Recht umzusetzen. Die Verordnung ist seit dem 7.1.2010 ohne Umsetzungsakt unmittelbar anwendbar.

194   **bb) Überblick.** Das Reformpaket aus zwei Richtlinien und einer Verordnung hat Auswirkungen fünf Rechtsakte. Die RL 2009/140/EG ändert die Rahmen-RL 2002/21/EG (RRL), die Zugangs-RL 2002/19/EG (ZRL) und die Genehmigungs-RL 2002/20/EG (GRL); die RL 2009/136/EG reformiert die Universaldienst-RL 2002/22/EG (URL) und die Telekom-Datenschutz-RL 2002/58/EG (DSRL); die VO (EG) Nr 1211/2009 schafft das bereits erwähnte supranationale *Gremium Europäischer Regulierungsstellen für elektronische Kommunikation (GEREK)*. Ziel der Reform ist die weitere Stärkung des Binnenmarkts durch Anpassung der Rahmenvorgaben an die technischen und wirtschaftlichen Entwicklungen im TK-Sektor seit der letzten Novelle im Jahr 2002. Der Rechtsrahmen soll effektiver werden, indem Regulierungsinstrumente konkretisiert, Marktregulierungsverfahren optimiert, der Zugang zu Funkfrequenzen effizienter gestaltet und Verbraucherrechte gestärkt werden.

195   **cc) Wesentliche Neuregelungen. aaa) Vorabregulierung.** Ein wesentliches Ziel der Reform war die Präzisierung und Harmonisierung der **Vorabregulierung** hinsichtlich der bestehenden Verfahrensschritte Marktdefinition, Marktanalyse und Auferlegung von Abhilfemaßnahmen. Durch die Reform soll zB die Regulierung verbessert werden, in denen ein marktbeherrschendes Unternehmen den Wettbewerb und dadurch

---

368 Vgl *van Eijk* 21.
369 http://ec.europa.eu/information_society/
policy/ecomm/tommorrow/index_eu.htm.

Innovationen behindert. Dies gilt auch für neue und verbesserte Infrastrukturen, etwa beim Ausbau der schnellen Breitbandnetze. Erstmals wird das Ziel der Deregulierung ausdrücklich genannt. Danach soll die sektorspezifische Vorabregulierung je nach Wettbewerbsentwicklung auf den Märkten schrittweise abgebaut und die elektronische Kommunikation am Ende ausschließlich dem Wettbewerbsrecht unterworfen weden. Bisdahin bleibt es bei dem Grundsatz, dass eine Deregulierung erst dann gerechtfertigt ist, wenn auf einem regulierten Markt dauerhaft wirksamer Wettbewerb besteht.

bbb) Straffung des Marktdefinitions- und Marktanalyseverfahrens. Um die Regulierung effizienter zu gestalten, wurde das Marktdefinitions- und Marktanalyseverfahren gestrafft, zB wurden Fristen für die nationalen Regulierer eingeführt, um den Marktbeteiligten mehr Sicherheit hinsichtlich der Regulierungsbedingungen zu geben. Die Regelungen des § 14 TKG müssen deshalb angepasst werden. Die Zahl der Gemeinschaftskonsultationen wurde verringert und der Vorrang der nationalen Konsultation festgeschrieben. Die *Kommission* leitete im Juni 2009 ein entsprechendes Vertragsverletzungsverfahren gegen Deutschland auf Grund der Anwendung dieser Vorschrift durch die *BNetzA* ein. Im Zuge der nunmehr anstehenden Umsetzung des Reformpakets hat der Gesetzgeber Gelegenheit, die §§ 12 und 13 TKG zu überarbeiten. **196**

ccc) Mitspracherechte der Kommission und des GEREK. Die von der Reform geschaffene neue Behörde wird „GEREK" („Gremium Europäischer Regulierungsstellen für elektronische Kommunikation") heißen und die bisherige Zusammenarbeit zwischen den nationalen Regulierungsbehörden innerhalb der „Gruppe Europäischer Regulierungsstellen" (ERG) durch ein besser strukturiertes Konzept ablösen.GEREK-Beschlüsse werden grundsätzlich mit der Mehrheit der Leiter der nationalen Telekom-Regulierer gefasst: mit einfacher Mehrheit bei GEREK-Stellungnahmen zur Prüfung der von nationalen Regulierungsbehörden notifizierten Abhilfemaßnahmen durch die Kommission und mit Zwei-Drittel-Mehrheit in allen anderen Fällen. Die GEREK-Beschlüsse werden von einem unabhängigen, supranationalen und mit Fachleuten besetzten Amt vorbereitet. Außerdem wird GEREK die unabhängige Arbeit der nationalen Telekom-Regulierungsbehörden beratend begleiten, unterstützen und ergänzen, vor allem wenn es um grenzübergreifende Regulierungsfragen geht. Über den GEREK-Sitz müssen die Regierungen der 27 Mitgliedstaaten noch entscheiden. **197**

ddd) Funktionelle Trennung als neue Abhilfemaßnahme. Neben die bestehenden Abhilfemaßnahmen in der ZRL tritt nunmehr gem Art 13a ZRL das Regulierungsinstrument der funktionellen Trennung, welches in das TKG neu einzufügen ist. Damit können die nationalen Telekom-Regulierer ein zusätzliches Instrument in die Hand, mit dem sie Telekommunikationsunternehmen als letzten Ausweg zwingen können, Netzbetrieb und Dienstleistungen innerhalb des Unternehmens voneinander zu trennen. Eine funktionale Trennung kann den Wettbewerb auf den Märkten rasch verbessern, ohne die Anreize für Investitionen in neue Netze zu mindern. Im Vereinigten Königreich ist die funktionale Trennung seit Januar 2006 in Kraft und löste einen Boom bei den Breitbandanschlüssen aus (von 100 000 ungebündelten Teilnehmeranschlüssen im Dezember 2005 auf 5,5 Mio Anschlüsse drei Jahre später). **198**

eee) Frequenzverwaltung. Ein weiterer Schwerpunkt der Reform liegt in der Harmonisierung und Flexibilisierung der Frequenzverwaltung. Politisches Ziel bei der Fre- **199**

quenzzuweisung ist die effizientere Nutzung von frei werdendem Frequenzspektrum auf Grund der Digitalen Dividende geht. Schon bisher unterliegen die Mitgliedstaaten einer weit reichenden Kooperationspflicht untereinander und mit der *Kommission*. Obwohl die Vorschriften relativ weich formuliert sind, sind sie durchaus praxisrelevant. So eröffnete die *Kommission* im Oktober 2009 gegen Deutschland ein Vertragsverletzungsverfahren auf Grund des Ausschlusses des „Festen Funkdienstes" von der Frequenzzuteilung im 2,5–2,69 GHz-Spektrum, der nach Auffassung der *Kommission* gegen die Entscheidung 2008/477/EG zur Harmonisierung dieses Frequenzbands verstieß.

200   Bestehende Beschränkungen an Frequenznutzungsrechten können gem Art 9a RRL innerhalb von 5 Jahren ab dem 25.5.2011 auf Antrag der Unternehmen durch die Regulierer neu bewertet und geändert werden. Nach den neuen Vorgaben hat der nationale Gesetzgeber zudem die Übertragung oder Vermietung individueller Rechte zur Nutzung von Funkfrequenzen sicherzustellen. Diese Vorgabe könnte eine Anpassung des TKG erforderlich machen, wonach die *BNetzA* bislang lediglich die Möglichkeit hat, Frequenzbereiche nach öffentlicher Konsultation unter bestimmten Bedingungen für den Handel freizugeben. Nunmehr unterliegen die Mitgliedstaaten der ausdrücklichen Verpflichtung, den Frequenzhandel auf nationaler Ebene zuzulassen.

201   fff) **Stärkung der Verbraucherrechte.** Außerdem will die Reform Verbraucherrechte stärken. Hierzu gehören gem Art 20–22 URL neue Mindestanforderungen an Vertragsinhalte und transparente Angaben zu Leistungen, Preisen und Vertragslaufzeiten in Endkundenverträgen. Es ist sicherzustellen, dass Teilnehmer im Fall der Änderung von Vertragsbedingungen den Vertrag ohne Zahlung von Vertragsstrafen widerrufen können. Weitere Neuerungen betreffen die Erleichterung des Anbieterwechsels, der nationale Gesetzgeber muss den Anspruch des Verbrauchers auf Wechsel seines Festnetz- oder Mobilfunkanbieters innerhalb eines Werktags unter Beibehaltung der bisherigen Telefonnummer ermöglichen und des Schutzes der Verbraucher vor Datenschutzverletzungen. Diensteanbieter müssen zB die Verkehrsdaten über jeden Anruf und jede Internetsitzung, sicher aufbewahren. Der Verbraucher muss bei einer Datenschutzverletzung benachrichtigt werden. Darüber hinaus werden die Vorschriften über die Wahrung der Privatsphäre und den Datenschutz verstärkt und zB auf „Cookies" und ähnliche Techniken ausgedehnt. So müssen die Internetnutzer besser über den Einsatz von „Cookies" und den Umgang mit ihren personenbezogenen Daten informiert werden und können in der Praxis leichter über ihre persönlichen Informationen bestimmen. Ferner erhalten Internet-Diensteanbieter neue Rechtsmittel zum Schutz ihres Unternehmens und ihrer Kunden vor Spam-Versendern. Die Frage der (automatischen) Sperrung des Internet bei Urheberrechtsverletzungen blieb bis zum Abschluss des Gesetzgebungsverfahrens stark umstritten. Nach intensiven Verhandlungen wurde mit einer Internetfreiheits-Klausel eine ausdrückliche Bestimmung in das neue Telekommunikationsrecht aufgenommen, wonach die Mitgliedstaaten bei allen Maßnahmen, die sie in Bezug auf den Zugang zu Diensten und Anwendungen und deren Nutzung ergreifen, die Grundrechte und Grundfreiheiten der Bürger achten müssen. Außerdem müssen solche Maßnahmen angemessen, verhältnismäßig und notwendig sein. Sie müssen auch die Unschuldsvermutung und das Recht auf Privatsphäre wahren. Bei etwaigen Maßnahmen der Mitgliedstaaten in Bezug auf ihren Internetzugang (zB zur Bekämpfung von Kinderpornografie oder anderen Rechtsverletzungen) haben die Bürger Anspruch auf ein vorheriges, faires und unparteiisches Verfahren, bei dem sie angehört werden müssen, sowie auf eine wirksame und zeitnahe gerichtliche Überprüfung. Ein gesetzlich vorgesehenes automatisches „3 Strikes and you are out"-Modell ist damit ausgeschlossen.

ggg) Netzneutralität Die nationalen Regulierungsbehörden können eine Mindest- **202** qualität für Netzübertragungsdienste vorschreiben, um die „Netzneutralität" und „Netzfreiheit" zu fördern. Die *Kommission* wird verpflichtet, die Neutralität des Internet zu beobachten und dem *Parlament* und dem *Rat* regelmäßig über den Stand der Netzneutralität Bericht erstatten. In Deutschland ist das Thema noch entwicklungsfähig. Im Koalitionsvertrag der Regierungsparteien findet sich nur ein knapper Passus zum Thema: „Wir vertrauen darauf, dass der bestehende Wettbewerb die neutrale Datenübermittlung im Internet und anderen neuen Medien (Netzneutralität) sicherstellt, werden die Entwicklung aber sorgfältig beobachten und nötigenfalls mit dem Ziel der Wahrung der Netzneutralität gegensteuern". Erste Fälle einer Einschränkung der Netzneutralität sind in Deutschland jedoch schon geschehen. Zuletzt erregte die Auseinandersetzung zwischen *Skype* und dem Mobilfunk-Serviceprovider *T-Mobile* Aufmerksamkeit. *Skype* hatte einen VoIP-Client entwickelt, mit dem Nutzer eines iPhone über IP-Verbindungen telefonieren können.

4. Filmförderung

Filmförderungen sind staatliche Beihilfen, die gem Art 87 EG-Vertrag von der **203** Kommission genehmigt werden müssen. Nach Abs 3 (d) dieser Vorschrift können Beihilfen zur Förderung der Kultur und der Erhaltung des kulturellen Erbes genehmigt werden, wenn und soweit sie die Handels- und Wettbewerbsbedingungen in der Gemeinschaft nicht in einem Maße beeinträchtigen, das dem gemeinsamen Interesse zuwiderläuft. Die Kriterien, die die EU-Kommission bei der Genehmigung von Filmförderungen verwendet, wurden 1998 in der Entscheidung über die französische Filmförderung des CNC entwickelt und im Jahr 2001 in der sog „Kinomitteilung"[370] festgelegt. Es sind derzeit vier Voraussetzungen:

Die Beihilfe muss einem kulturellen Produkt zugute kommen. Jeder Mitgliedsstaat muss sicherstellen, dass die Beihilfen nur für Produktionen gewährt werden, die nach überprüfbaren nationalen Kriterien einen kulturellen Inhalt haben.

Der Produzent muss mindestens 20 % des Filmbudgets in anderen Mitgliedsstaaten ausgeben dürfen, ohne dass die ihm gewährte Beihilfe gekürzt wird (sog „80/20-Regel"). Damit wird der *Territorialisierungsgrad* auf 80 % limitiert.

Die Höhe der Beihilfe soll grds auf 50 % des Produktionsbudgets beschränkt sein, damit für normale marktwirtschaftliche Geschäftsinitiativen weiterhin Anreize bestehen und ein Förderwettlauf zwischen den Mitgliedsstaaten vermieden wird (sog 50/50-Regel"). Ausnahmen gelten für sog „kleine und schwierige Filme".

Zusätzliche Beihilfen für besondere Filmarbeiten (zB Postproduktion) werden nicht genehmigt, damit die Neutralität der Anreizwirkung gewahrt bleibt und der Mitgliedstaat, der die Beihilfe gewährt, nicht gerade die betreffenden Unternehmen schützen oder ins Land locken kann.

---

[370] Mitteilung der Kommission an den Rat, das Europäische Parlament, den Wirtschafts- und Sozialausschuss und den Ausschuss der Regionen zu bestimmten Rechtsfragen im Zusammenhang mit Kinofilmen und anderen audiovisuellen Werken v 26.9.2001; die Mitteilung wurde mehrfach verlängert, zuletzt bis Ende 2012.

204   Diese Kinomitteilung gilt nach mehreren innerhalb der EU-Kommission umstrittenen Verlängerungen bis heute.

205   Die EU-Kommission hatte sich vorgenommen, die Voraussetzungen, die in der noch geltenden Kinomitteilung enthalten sind, in zwei Punkten zu verschärfen:[371]

1. Sie strebt an, den *Territorialisierungsgrad* von derzeit 80 % zu reduzieren.
2. Sie möchte für alle Förderungen, zB bei der Referenzförderung nach dem FFG, ‚kulturelle Tests' einführen. Bisher hielt sie dies nur bei „Incentive"-Förderungen, wie dem Deutschen Filmförderungsfonds, für erforderlich. Es zeigte sich bei den Genehmigungsverfahren seit 2005, dass die EU-Kommission zwischen – förderungswürdigen – „kulturellen" bzw „kreativen" und – nicht förderungsfähigen – technischen bzw wirtschaftlichen Teilen der Filmproduktion und -verwertung differenzieren möchte.

206   Beide Vorhaben wurden Anfang 2007 im Konsultationsprozess von Vertretern der europäischen Filmwirtschaft stark kritisiert. Aus juristischer Sicht ist anzumerken, dass es in der Tat problematisch erscheint, zwischen „kultureller" und „wirtschaftlicher" Filmförderung zu unterscheiden. Eine Trennung in „kulturell wertvolle" und „Kommerzfilme" ist nicht möglich und wäre auch mit Bezug auf die Funktion des Films als kultureller Spiegel der Gesellschaft verfehlt. Auch erfolgreiche und massenattraktive Filme können einen ganz erheblichen Einfluss auf die private und öffentliche Meinungsbildung erlangen und kulturell eine ganze Generation mitprägen. Noch problematischer ist die einseitige Bevorzugung ‚kreativer' Beiträge, denn zum einen sind auch Teile der ‚technischen' Beiträge heutzutage künstlerisch, zB im Bereich der digitalen Nachbearbeitung, zum anderen sind auch rein technische Beiträge notwendig, um den Film entstehen zu lassen.

§ 6
Privates europäisches Medienrecht

I. Überblick

207   Vor dem Hintergrund der durch den EG-Vertrag verbürgten Grundfreiheiten sowie dem Ziel eines einheitlichen Binnenmarktes ist auch der Bereich des privaten Medienrechts Gegenstand zahlreicher Harmonisierungsbemühungen durch europäisches Sekundärrecht. Aus diesen Vorschriften lassen sich zunehmend auch bestimmte Grundprinzipien ableiten, welche für den jeweils geregelten Bereich maßgeblich sind.

1. Die Instrumente des Sekundärrechts

208   Als Sekundärrecht werden alle Rechtsakte bezeichnet, die von den Organen der Gemeinschaft auf Grundlage der Europäischen Verträge erlassen wurden. **Verordnungen** kommt unmittelbare Geltung in den Mitgliedstaaten zu (Art 288 Abs 2 AEUV).

---

371 Die Mitglieder der zuständigen unit H3 der DG Wettbewerb haben ihre Ziele und ihre dem zugrunde liegende Rechtsauffassung in einem   Aufsatz dargestellt: *Broche/Chaterjee/Orssich/Tosics* Competition Policy Newsletter 2007/1, 44 ff.

Richtlinien hingegen bedürfen der Umsetzung in nationales Recht der Mitgliedstaaten (Art 288 Abs 3 AEUV49 Abs 3 EGV). Entsprechend sind Richtlinien für die Mitgliedstaaten hinsichtlich des zu erreichenden Ziels verbindlich, die Wahl der Umsetzungsform und der Mittel für die Umsetzung ist jedoch den Mitgliedstaaten überlassen. Die Mitgliedstaaten sind verpflichtet, Richtlinien fristgerecht umzusetzen. Wird eine Richtlinie nicht fristgerecht umgesetzt, so kann sie unmittelbare Wirkung in den Mitgliedstaaten erlangen[372], sofern sie inhaltlich unbedingt[373] und hinreichend bestimmt ist.[374] Schließlich können Mitgliedstaaten, die eine Richtlinie nicht fristgerecht umsetzen, schadensersatzpflichtig gegenüber ihren Bürgern werden, sofern diese einen Schaden aufgrund der fehlenden oder fehlerhaften Umsetzung einer Richtlinie erleiden.[375] Aus der Umsetzungsverpflichtung der Mitgliedstaaten folgt auch die Verpflichtung, nationales Recht im Regelungsbereich einer Richtlinie **richtlinienkonform** im Hinblick auf Zweck und Wortlaut der Richtlinie auszulegen.[376] Wesentliches Hilfsmittel dabei sind die Erwägungsgründe zur Richtlinie, welche in sämtlichen Amtssprachen gleichermaßen verbindlich sind.[377] Diese **Vorwirkungen** von Richtlinien können unabhängig von der Umsetzungsfrist bestehen.[378] **Entscheidungen** regeln einen Einzelfall und sind – vergleichbar mit Verwaltungsakten des deutschen Rechts – für diejenigen verbindlich, die in der Entscheidung bezeichnet werden (Art 288 Abs 4 AEUV). **Empfehlungen und Stellungnahmen** sind hingegen gar nicht verbindlich (Art 288 Abs 5 AEUV), können jedoch bereits Problemstellungen und Regelungsabsichten aufzeigen, die später durch verbindliche Rechtsetzungsmittel umgesetzt werden.

2. Europäische Strukturprinzipien

a) Herkunftslandprinzip. Das Herkunftslandprinzip beruht auf der Regel, dass die   **209** Mitgliedstaaten die in ihrem Hoheitsgebiet niedergelassenen Anbieter von Waren oder Dienstleistungen nach ihren nationalen Vorschriften zu messen haben (Kontrolle im Niederlassungsland) und dass kein Mitgliedstaat den freien Verkehr von Waren und Dienstleistungen aus einem anderen Mitgliedstaat behindern darf (Verkehrsfreiheit).[379] Das Herkunftslandprinzip knüpft an diese Regel an und schränkt für den Bereich des grenzüberschreitenden Warenverkehrs die Kontrolle im Niederlassungsland ein: Die Zulässigkeit einer Handlung in den Mitgliedstaaten darf nach dem Herkunftslandprinzip nicht strenger beurteilt werden als nach dem Recht des Mitgliedstaates, in dem der Handelnde seinen Sitz hat. Der Handelnde soll sich also an seinem Heimatrecht orientieren können und bei grenzüberschreitenden Aktivitäten nicht zusätzlich auch das Recht aller Mitgliedstaaten berücksichtigen müssen, in denen sich seine Handlung auswirkt. Durch das Prinzip soll eine Doppelkontrolle im Heimatstaat wie im Empfangsstaates vermieden werden.[380] Umstritten ist, ob das Herkunftslandprinzip lediglich eine (strengere) Doppelkontrolle vermeiden will, oder auch die

---

372 *Jarass* NJW 1990, 2420, 2423.
373 EuGH Rs 41/74 – van Duyn, Slg 1974, 1337.
374 EuGH NJW 1982, 499 – Becker; EuGH EuZW 1999, 476 – Kortas; vgl *Geiger* Art 249 EG Rn 15; Streinz/*Schroeder* Art 249 EG Rn 106 ff.
375 EuGH NJW 92, 165 – Francovich; EuGH NJW 96, 3141 – Pauschalreise-Richtlinie.

376 EuGH NJW 2006, 2465 – Adeneler; BGH GRUR 1998, 824, 827 – Testpreis Angebot; Streinz/*Schroeder* Art 349 EG Rn 126; vgl *Auer* NJW 2007, 1106 ff.
377 EuGH EuZW 1997, 34, 346 – Ebony.
378 Näher dazu oben Kap 3 § 1 II.
379 Vgl Piper/Ohly/*Ohly* Einf C Rn 65.
380 Zu den Problemen des anwendbaren Rechts vgl *Henning-Bodewig* GRUR 2004, 822 ff.

Anwendbarkeit des Rechts des Herkunftslandes anordnet.[381] Das Herkunftslandprinzip ist **kein allgemeiner Grundsatz** des Gemeinschaftsrechts, sondern gilt nur in dem Bereich, in dem es durch eine gemeinschaftsrechtliche Norm angeordnet wird. Angesichts der fortschreitenden, grenzüberschreitenden Wirkungen medialer Waren und Dienstleistungen ist das Herkunftslandprinzip im **Bereich des Medienrechts** bereits mehrmals kodifiziert worden.[382] Die wichtigsten Vorschriften dazu finden sich in Art 2, 2a der Fernseh-RL 89/552/EWG, in Art 3 der E-Commerce-RL 2000/31/EG und in Art 4 der RL 2005/29/EG über unlautere Geschäftspraktiken (2005/29/EG).[383] Das Herkunftslandprinzip spielt – sofern bereichsspezifisch verbürgt – insb in den Bereichen eine Rolle, in denen eine vollständige Harmonisierung noch nicht erfolgt ist.[384] Außerhalb des Geltungsbereichs eines bereichsspezifischen Herkunftslandprinzips sind Regelungen im Bereich des Art 34 AEUV bei fehlender Harmonisierung durch Sekundärrecht am Maßstab der Rechtfertigungsgründe des Art 36 AEUV und der zwingenden Erfordernisse der *Cassis-de-Dijon*-Rechtsprechung zu messen.[385]

210   **b) Grundsatz der gemeinschaftsweiten Erschöpfung.** Sowohl durch die Rechtsprechung des EuGH als auch durch Bestimmungen des Sekundärrechts hat sich der Grundsatz der gemeinschaftsweiten Erschöpfung entwickelt, wonach das urheberrechtliche Verbreitungsrecht in der gesamten Gemeinschaft verbraucht wird, wenn der Berechtigte wenigstens in einem Mitgliedstaat der Veräußerung eines Vervielfältigungsstückes zugestimmt hat. Eine territoriale Aufspaltung des Gebiets der Gemeinschaft in Bezug auf das Verbreitungsrecht ist also unwirksam, nicht jedoch im Verhältnis zu Drittstaaten.[386] Dieses urheberrechtliche Prinzip soll einen Interessenausgleich schaffen zwischen den Interessen des Urhebers sowie der Eigentümer von rechtmäßig erworbenen Vervielfältigungsstücken eines Werkes. Die Erschöpfung bezieht sich jedoch nicht auf das Werk oder den Schutzgegenstand an sich, sondern nur auf das jeweils veräußerte Vervielfältigungsstück. Der Verbrauch des Verbreitungsrechts durch Erschöpfung hat zur Folge, dass rechtmäßig erworbene Vervielfältigungsstücke weitergegeben, insb verkauft, getauscht oder verschenkt werden dürfen.[387] Im medienrechtlichen Sekundärrecht ist der europäische Erschöpfungsgrundsatz in Art 4 der Computerprogramm-RL 91/250 EWG, in Art 5c) und/Abs 2 der Datenbank-RL 96/9/EG, in Art 9 Abs 2 der Vermiet- und Verleih-RL 92/100/EWG sowie in Art 4 Abs 2 der Informationsgesellschafts-RL 2001/29/EG vorgesehen. Der Grundsatz der gemeinschaftsweiten Erschöpfung wurde für den europäischen Gesetzgeber mit den ersten urheberrechtlichen Richtlinien relevant, der EuGH hatte den Grundsatz jedoch bereits zuvor im Hinblick auf Art 34 AEUV und Art 36 AEUV entwickelt.[388] Mit der Rege-

---

381 Meinungsstand zur **Fernseh-RL** vgl *Sack* WRP 2002, 271 ff; Harte/Henning/*Glöckner* Einf C Rn 10; *Halfmeier* ZeuP 2001, 837 ff; der EuGH geht nicht von der Anwendbarkeit des Rechts des Herkunftslandes aus, vgl EuGH GRUR Int 1997, 913 ff – *de Agostini*; Meinungsstand zur **E-Commerce-RL** vgl *Mankowski* GRUR Int 1999, 909 ff; Fezer/*Hausmann*/*Obergfell* Einf I, Rn 123 ff; *Ohly* GRUR Int 2001, 899 ff; *Sack* WRP 2002, 271 ff; Meinungsstand **Richtlinie über unlautere Geschäftspraktiken** vgl *Glöckner* WRP 2005, 795 ff; *Glöckner/Henning-Bodewig* WRP 2005, 1311 ff.

382 Weiterführend *Baetzgen*; vgl auch *Deinert* EWS 2006, 445 ff und *Ohly* WRP 2006, 1401 ff.
383 Vgl Piper/Ohly/*Ohly* Einf C, Rn 66, 70 ff; *Brömmelmeyer* GRUR 2007, 295 ff.
384 *Brömmelmeyer* GRUR 2007, 295, 300.
385 Vgl oben Kap 3 § 2 II Ziff 1.
386 Walter/*Walter* Stand der Harmonisierung Rn 59, 64 f; *Gaster* GRUR Int 2000, 571.
387 Walter/*Walter* Stand der Harmonisierung Rn 35 ff.
388 EuGH GRUR Int 1971, 450 – Polydor; EuGH GRUR Int 1981, 229 – Gebührendifferenz II; zur Erschöpfung des Rechts der öffent-

lung der Informationsgesellschafts-RL, die sich auf sämtliche Werkkategorien erstrecken soll, ist die horizontale Wirkung des Prinzips der gemeinschaftsweiten Erschöpfung zusätzlich klargestellt.[389]

II. Sekundärrecht

1. Geistiges Eigentum

a) Urheberrecht. Die Harmonisierung des Urheberrechts ist bislang weitgehend **211** durch Richtlinien erfolgt. Dabei ist die Kompetenz der Europäischen Gemeinschaft zur Rechtsetzung in Bezug auf das geistige Eigentum beschränkt. Mangels spezieller Regelungsgrundlage nach AEUV wurden die einzelnen von der Gemeinschaft auf diesem Gebiet erlassenen Richtlinien mit einem Harmonisierungsbedürfnis begründet, um den **Binnenmarkt** zu ermöglichen bzw jegliche Störungen des Binnenmarktes zu vermeiden (Art 114 AEUV).[390] Dadurch ist der Grad der Harmonisierung durch die Richtlinien stets ausgerichtet an den Auswirkungen der verschiedenen Rechte und Ausnahmen auf den Binnenmarkt. Gem den Prinzipien der Subsidiarität und Proportionalität, wie in Art 5 Abs 2, 3 EU niedergelegt, ist den Mitgliedstaaten dabei soviel Freiraum wie möglich zu lassen und dabei soviel Harmonisierung wie nötig vorzuschreiben.[391]

Vor dem Hintergrund des technologischen Fortschritts und der damit anwachsenden Möglichkeit der globalen Vermarktung von Medienprodukten und -dienstleistungen hat die Europäische Gemeinschaft unter Berufung auf die Erfordernisse des Binnenmarktes eine Reihe von Richtlinien geschaffen, die zwar bereichsspezifische Regelungen treffen, jedoch nicht umhin kommen, auch allgemeine, urheberrechtliche Fragestellungen zumindest in ihrem Regelungsbereich zu beantworten.[392] Die Aktivitäten der Gemeinschaft gehen auf das von der Kommission bereits 1988 vorgelegte „Grünbuch über Urheberrecht und technologische Anforderungen"[393] zurück. Im Nachgang und ergänzend zum Grünbuch hat die Kommission am 17.1.1991 ein „Arbeitsprogramm auf dem Gebiet des Urheberrechts und der verwandten Schutzrechte" vorgelegt,[394] in welchem sich die Kommission nicht nur auf das Ziel der Vereinheitlichung des bestehenden Urheberrechtsschutzes beruft, sondern sich auch für eine **Anhebung des Schutzniveaus** des Urheberrechts ausspricht, um die Gegenwart und Zukunft der schöpferischen Tätigkeit der Urheber, Unternehmen des Kultursektors, der Verbraucher und letztlich der ganzen Gesellschaft zu sichern".[395] Zu den sich mit der fortschreitenden Digitalisierung der Gesellschaft aufgeworfenen Fragen legte die Kommission schließlich 1995 das **Grünbuch „Urheberrecht und verwandte Schutzrechte in der Informationsgesellschaft"**[396] vor, und gab einen Ausblick auf die weiteren, technologiebedingten Harmonisierungsbemühungen auf dem Gebiet des Urheberechts.

212

---

lichen Wiedergabe vgl EuGH GRUR Int 1980, 602 – Coditel I; zur Ausnahme beim Vermiet- und Verleihrecht vgl EuGH GRUR Int 1989, 668 – Warner Brothers/Christiansen.
389 Vgl Art 4 Abs 2, InfoRL.
390 Ausf zur Rechtsgrundlage der einzelnen Richtlinien *Würfel* 144 ff; vgl auch *Roßnagel/ Scheuer* MMR 2005, 274.
391 *Reinbothe* GRUR Int 2001, 734.

392 Zu einigen, materiellen, Urheberrechtsfragen, die sich aus den horizontalen Wirkungen der ergangenen Richtlinien ableiten, *Würfel* 165 ff.
393 KOM (1988), 172 endg.
394 KOM (1990), 584 endg.
395 KOM (1990), 584 endg.
396 KOM (1995), 382 endg.

213   Die im Folgenden skizzierten, bisher ergangenen Europäischen Richtlinien bilden somit ein urheberrechtliches *acquis communautaire*,[397] welches seit 2004 Gegenstand einer umfassenden Überprüfung durch die Europäische Kommission ist, mit dem Ziel, eine weitergehende Kohärenz zwischen den einzelnen Rechtsinstrumenten zu schaffen und das gesamte Regelwerk zu vereinfachen.[398] 2006 hat die Kommission ein erstes Arbeitsprogramm für eine Reform der Urheberrechtsvergütungen vorgelegt.[399]

214   aa) **Computerprogramm-RL 91/250/EWG in der Fassung der RL 2009/24/EG.** Mit den rasanten technischen Entwicklungen in der Computertechnologie und den sich damit bereits abzeichnenden nahezu unbegrenzten Einsatzmöglichkeiten dieser Technologie stellte sich bereits 1991 das Erfordernis, einheitliche Rahmenbedingungen für den Schutz von den Computerprogrammen zu schaffen. Mit der Computerprogramm-RL (CPRL)[400] verfolgte die Europäische Kommission die Einführung einer einheitlichen Schutzschwelle für Computerprogramme[401] und führte einen Rechtsschutz auch in den Mitgliedstaaten ein, in welchen ein solcher Schutz noch nicht eindeutig gegeben war. Als erste Richtlinie mit urheberrechtlicher Relevanz behandelt die Computerprogramm-RL erstmals auch klassische Fragen des Urheberrechts auf Gemeinschaftsebene, wie die Frage nach dem Urheberbegriff und der Definition von Werken im urheberrechtlichen Sinn. Die Richtlinie wurde in Deutschland durch das 2. UrhGÄndG vom 9.6.1993[402] umgesetzt.

215   Die Richtlinie bestimmt, dass Computerprogramme „**urheberrechtlich als literarische Werke**" im Sinne der Revidierten Berner Übereinkunft (RBÜ) geschützt sind (Art 1 Abs 1 S 1 der CPRL). Die urheberrechtliche Schutzschwelle ist bereits erfüllt, wenn es sich um eine „**eigene geistigen Schöpfung**" handelt (Art 1 Abs 3 CPRL).[403] Weitere Anforderungen, wie etwa qualitative („Schöpfungshöhe") oder ästhetische Merkmale eines Computerprogramms dürfen nach der Richtlinie nicht aufgestellt werden, um ein Computerprogramm als schutzfähig anzusehen.[404] Geschützt werden

---

[397] Krit dazu Riesenhuber/*Reinbothe* 84, der im bestehenden acquis communautaire keine strukturelle Vorgehensweise der Gemeinschaft sieht – wie im Grünbuch von 1988 initiiert –, sondern lediglich das Ergebnis von Einzelmaßnahmen im Hinblick auf den Binnenmarkt.; vgl weiterführend auch *Reinbothe* FS Schricker 2005, 483 ff und *Reinbothe* EWS 2007, 193; anders *Kreile/Becker* GRUR Int 1994, 904, die gerade in der bereichsspezifischen Vorgehensweise der Kommission und der Zusammenführung einer Vielzahl von Einzellösungen zu einem Gesamtkonzept das Geheimnis der europäischen Integration sehen; vgl auch *Loewenheim* GRUR Int 1997, 285; weiterführend *Gundel* ZUM 2007, 603.

[398] Das Arbeitspapier der Kommission kann abgerufen werden unter http://ec.europa.eu/ internal_market/copyright/review/review_de. htm; dazu *Roßnagel/Scheuer* MMR 2005, 274; im Einzelnen in den vergleichbaren Richtlinienvorschriften, die unterschiedlich behandelt werden, *Würfel* 155 ff.

[399] http://ec.europa.eu/internal_market/ copyright/levy_reform/index_de.htm: Proposal:

Fair compensation for private copying: copyright levies reform.

[400] RL 91/250/EWG des Rates v 14.5.1991 über den Rechtsschutz von Computer-Programmen, ABlEG 1991 L 122 42 modifiziert durch RL 2009/24/EG des Europäisches Parlaments v 23.4.2009 abgedruckt GRUR Int 2009, 677 ff.

[401] Riesenhuber/*Reinbothe* 85.

[402] BGBl 1993 I S 910, in Kraft getreten am 24.6.1993.

[403] Walter/*Walter* Software RL Art 1 Rn 13 ff.

[404] Diese Absenkung der Schutzschwelle überwand die bis dahin ständige Rechtsprechung in Deutschland, wonach Computerprogramme grds zwar als urheberrechtlich schutzfähig angesehen, jedoch die Schutzanforderungen sehr hoch angesetzt wurden. Der BGH verlangte in einem zweistufigen Prüfungsverfahren einerseits einen Abgleich des Computerprogramms mit vorbekannten Programmen, um sodann für die Schutzfähigkeit zu fordern, dass „schöpferische Eigenheiten gegenüber dem Vorbekannten" vorliegen. BGH GRUR 1985, 1041, 1047 – Inkasso-Programm.

damit Programme aller Ausdrucksformen, einschließlich des Entwurfsmaterials (Art 1 Abs 1 S 2, Abs 2 S 1 CPRL). Nicht geschützt sind jedoch die einem Computerprogramm zugrunde liegenden Ideen und Grundsätze (Art 1 Abs 2 S 2 CPRL).[405] Ob die grafische Benutzeroberfläche von Computerprogrammen als Ausdrucksform unter den urheberrechtlichen Schutz fällt, liegt dem EuGH als Vorlagefrage in Sachen BSA gegen Ministerstvo kultury vor.[406]

Ergänzend und auch ausgleichend im Interessenkonflikt zwischen Rechtsinhaber und Nutzer[407] definiert die Richtlinie den Schutzumfang von Computerprogrammen neu, indem sie **spezifische Schranken** für den Schutz von Computerprogrammen vorsieht. So werden bspw bestimmte Bearbeitungen und Vervielfältigungen durch die Nutzer als Handlungen eingestuft, die **keiner Zustimmung des Rechtsinhabers** bedürfen, sofern sie für eine **bestimmungsgemäße Benutzung**[408] des Computerprogramms durch den rechtmäßigen Erwerber bzw die Einrichtung der Interoperabilität des Computerprogramms notwendig sind (Art 5 und 6 CPRL – Dekompilierung). Gleichzeitig gibt sie die Notwendigkeit der Schaffung besonderer, geeigneter Schutzmaßnahmen vor, um dem unerlaubten Kopieren und Verbreiten von Computerprogrammen wirksam zu begegnen (Art 7 CPRL). **216**

Neben der abgesenkten Schutzschwelle für Computerprogramme trägt die Richtlinie ferner auch den wirtschaftlichen Bedingungen der Entstehung bzw Schöpfung von Computerprogrammen Rechnung. Diese stellen in der Regel das Ergebnis von komplexen Entwicklungsschritten dar, welche insb regelmäßig von mehreren, auf die einzelnen Entwicklungsschritte spezialisierten Experten geschaffen werden. Die Richtlinie trifft entsprechend Festlegungen zu einer möglichen **Rechteinhaberschaft** und erkennt ausdrücklich auch Personengruppen als „Urheber" an (Art 2 Abs 1 Hs 1 CPRL),[409] wobei diesen die Rechte daran dann gemeinsam zustehen (Art 2 Abs 2 CPRL). Ebenso können nach der Richtlinie auch juristische Personen als Urheber angesehen werden, wenn diese nach dem mitgliedstaatlichen Recht als Rechtsinhaber gelten. **217**

Hervorzuheben ist in diesem Zusammenhang die Regelung der Rechteinhaberschaft an Computerprogrammen, die **im Rahmen eines Arbeitsverhältnisses** geschaffen werden: Wurde ein Computerprogramm von einem Arbeitnehmer in Wahrung seiner Aufgaben oder nach Anweisungen des Arbeitgebers geschaffen, so ist ausschließlich der Arbeitgeber zur Ausübung aller wirtschaftlichen Rechte an dem geschaffenen Programm berechtigt, es sei denn es liegt eine abweichende Vereinbarung vor (Art 2 Abs 3 CPRL). Ob mit dieser Regelung eine Definition des Urhebers erfolgen sollte oder ob lediglich eine Übertragungsvermutung der wirtschaftlichen Rechte vorliegt, ist nach der Richtlinie nicht ganz klar. Entscheidend für die Auslegung können hier die gesetzlichen Vergütungsansprüche der Urheber von Computerprogrammen sein, wenngleich es zweifelhaft erscheint, ob dem Arbeitnehmer-Urheber tatsächlich auch die Vergütungsansprüche „genommen" oder lediglich dem Arbeitgeber die ungehinderte Verwertung des Computerprogramms ermöglicht werden sollte.[410] **218**

405 Walter/*Walter* Software RL Art 1 Rn 26 ff.
406 Zur Begründung der Vorlage siehe Schlussanträge des Generalanwalts in RS c-393/09 Beck RS 2010, 91196 ff.
407 Riesenhuber/*Reinbothe* 85.

408 Walter/*Blocher* Software RL Art 5 Rn 6, 23 ff.
409 Walter/*Walter* Software RL Art 2 Rn 7 ff.
410 Krit Riesenhuber/*von Lewinski* 220.

219   **bb) Vermiet- und Verleih-RL 92/100/EWG in der Fassung der RL 115/2006/EG.**
Auch die Vermiet- und Verleih-RL (VVRL)[411] entstand 1992 vor dem Hintergrund der
erweiterten Kapitalisierungsmöglichkeiten von bespielten Bild- und/oder Tonträgern
über global wirkende neue Technologien. Die Möglichkeiten dieser Technologien verlangten nach einheitlichen Regelungen zum Vermiet- und Verleihrecht, um Handels-
schranken und Wettbewerbsverzerrungen zu vermeiden. Gleichzeitig wurde eine län-
derübergreifend wirksame Bekämpfung der Produktpiraterie erforderlich, welche mit
den neuen technologischen Möglichkeiten neuen Aufschwung gewann. Die VVRL
wurde in Deutschland mit dem 3. UrhGÄndG vom 23.6.1995[412] umgesetzt.

220   Die VVRL widmet sich erneut den klassischen Regelungsgegenständen des Urheberrechts und der verwandten Schutzrechte. Aus den Erwägungsgründen zur Richtlinie wird erstmals besonders deutlich, dass sich die Intention der Europäischen
Rechtssetzung von einem rein industriellpolitischen Ansatz entfernt[413] und dem angemessenen Schutz von urheberrechtlichen Werken eine grundlegende wirtschaftliche
und kulturelle Bedeutung für die Europäische Gemeinschaft zuschreibt.[414]

221   Ohne den Werkbegriff explizit definieren zu wollen, deklariert die Richtlinie **das
Vermiet- und Verleihrecht** als **ausschließliches Recht**, welches **sowohl Urhebern als
auch ausübenden Künstlern, Tonträgerherstellern, und Filmherstellern zusteht** (Art 3
Abs 1 VVRL). Damit geht die Richtlinie generell von der Schutzfähigkeit von Tonauf-
nahmen und Filmwerken aus, ohne Dispositionsmöglichkeit für die Mitgliedstaaten.[415] Durch einen Verweis auf Computerprogramme (Art 4 VVRL) wird ferner die
urheberrechtliche Schutzfähigkeit von Software bestätigt. Mit der vollwertigen Einbeziehung der ausübenden Künstler sowie der Tonträger- bzw Filmhersteller in den
Kreis der ausschließlichen Rechteinhaber hebt die Richtlinie den bis dahin geltenden
Schutzstandard merklich an.[416]

222   Das **Vermietrecht** ist **als Verbotsrecht** und nicht als Vergütungsanspruch konzipiert
worden.[417] Da davon auszugehen war, dass sich die Produzenten von Filmwerken und
Tonträgern das Vermietrecht regelmäßig einräumen lassen würden, führte die Richtlinie ein weiteres Instrument ein als Ausgleich zwischen den Interessen der Produzenten einerseits und den Beteiligungsinteressen der Urheber und der ausübenden Künstler andererseits: den **unverzichtbaren Anspruch** der Urheber und ausübenden Künstler
auf **angemessene Vergütung für die Vermietung** (Art 5 Abs 1 und Abs 2 VVRL). Dieser Vergütungsanspruch kann (muss jedoch nicht) laut Richtlinie auf Verwertungsgesellschaften, die Urheber oder ausübende Künstler vertreten, übertragen und von
diesen geltend gemacht werden (Art 5 Abs 3 VVRL).[418] Mit der Unverzichtbarkeit auf
das Recht auf angemessene Vergütung führte die Richtlinie erstmals eine Regelung zur

---

[411] RL 92/100/EWG des Rates v 19.11.1992
zum Vermiet und Verleihrecht sowie zu bestimmten dem Urheberrecht verwandten
Schutzrechten im Bereich des geistigen Eigentums, ABlEG 1992, L 346 S 61, zuletzt geändert
durch die Richtlinie des Europäischen Parlaments und des Rates v 12.12.2006 zum Ver-
miet- und Verleihrecht, GRUR Int 2007, 219 ff;
[*Anm d Verf: Angesichts der kürzlichen Änderungen, die zu einer neuen Nummerierung der
Artikel der Richtlinie führten, kann die zitierte
Literatur noch Verweise auf die alten Artikel
der Richtlinie enthalten.*].

[412] BGBl 1995 I S 842, in Kraft getreten am
30.6.1995.
[413] *Würfel* 142.
[414] Erwägungsgründe 1 bis 7 zur Richtlinie.
[415] Riesenhuber/*Riesenhuber* 133, 146.
[416] Eingehend Walter/*von Lewinski* VVRL
Art 2 Rn 1 ff.
[417] Vgl *Loewenheim* GRUR 1997, 286.
[418] Weiterführend zur Entstehung und zum
Ziel des Interessenausgleiches der VVRL s *Rein-
bothe/von Lewinski* EC Directive, 4 f.

Beschränkung der Vertragsfreiheit im Urhebervertragsrecht ein.[419] Die Rechteinhaber können zwar das Vermietrecht auf den Produzenten übertragen, behalten jedoch ihren Vergütungsanspruch. Ziel dieser Bestimmung war, neben dem oben genannten Interessenausgleich auch das regelmäßig vorhandene Ungleichgewicht in den typischen Vertragsverhältnissen zwischen Urhebern/ausübenden Künstlern und Produzenten auszugleichen.[420] Jedoch erreicht die Richtlinie den Interessenausgleich und die Aufhebung des Ungleichgewichts nicht ganz. Ohne konkrete Bestimmungen zur Umsetzung dieser Garantie einer angemessenen Vergütung für die Vermietung wird das beschriebene Ungleichgewicht lediglich abgemildert. Ein tatsächlicher Ausgleich erfordert auch zwingende Vergütungssätze, zumindest jedoch eine zwingende kollektive Wahrnehmung der Vergütungsansprüche bspw durch eine Verwertungsgesellschaft, welche dann einheitliche (und nicht verhandelbare) Verwertungstarife festlegen kann. Ohne kollektive Bündelung der Interessen aller Urheber/ausübenden Künstler bleibt die Bestimmung der angemessenen Vergütung weiterhin im ungleichen Verhältnis zwischen Urheber/ausübender Künstler und Produzent angesiedelt.[421]

Für den Filmbereich beinhaltet die Richtlinie eine weitere wichtige Regelung: Für **ausübende Künstler** ist eine **zwingende Übertragungsvermutung für das Vermietrecht** bei Abschluss eines Vertrages mit einem Filmhersteller über eine Filmproduktion statuiert (Art 3 Abs 4 VVRL). Den Mitgliedstaaten steht offen, ob die Übertragungsvermutung mangels entgegenstehender Vertragsbestimmungen eintritt (Art 3 Abs 4 VVRL) oder ob die Ermächtigung zur Vermietung bereits mit Unterzeichnung eines Vertrages über die Mitwirkung an einer Filmproduktion konkludent erteilt wird (Art 3 Abs 6 VVRL). Die Übertragungsvermutung setzt lediglich voraus, dass der Vertrag für den ausübenden Künstler eine angemessene Vergütung iSd Art 5 VVRL vorsieht.[422] Während diese Übertragungsvermutung für die ausübenden Künstler zwingend vorgeschrieben ist, stellt es die Richtlinie (Art 3 Abs 5 VVRL) den Mitgliedstaaten frei, eine ähnliche Regelung auch für **Urheber** vorzusehen – freilich nur in demselben Umfang (nur für Filmwerke und Vermietrecht) und unter den gleichen Voraussetzungen (angemessene Vergütung). **223**

Bei der **Ausgestaltung des Verleihrechts** gibt die Richtlinie den Mitgliedstaaten einen größeren Spielraum. Sie erlaubt den Mitgliedstaaten, **Ausnahmeregelungen zum ausschließlichen Verleihrecht** zu treffen, insb in Bezug auf Tonträger, Filme und Computerprogramme. Das Verleihrecht muss entsprechend nicht als ausschließliches Verbotsrecht konzipiert werden, sondern kann subsidiär auch durch die Statuierung eines gesonderten Vergütungsanspruches zumindest für Urheber ausgestaltet werden (Art 6 Abs 1 und 2 VVRL).[423] Damit versucht die Richtlinie wiederum einen Interessenausgleich zwischen Verwertern und Urhebern zu schaffen, findet jedoch nur einen unbefriedigenden Kompromiss, solange ausübende Künstler unberücksichtigt bleiben können und auch keine zwingenden Vorschriften zur Festsetzung der gesonderten Vergütung vorgesehen sind.[424] Für das Verleihrecht ist der unverzichtbare Vergütungsanspruch aus Art 5 Abs 2 VVRL zudem nicht anwendbar.[425] **224**

Ebenfalls von Bedeutung ist Art 1 Abs 2 VVRL, wonach klargestellt wird, dass sich das Vermiet- und das Verleihrecht an Originalen und Vervielfältigungsstücken **225**

---

[419] Riesenhuber/*von Lewinski* 223.

[420] Walter/*von Lewinski* VVRL Art 4 Rn 15.

[421] Krit auch Riesenhuber/*von Lewinski* 224, 230.

[422] Weiterführend zur Entstehung dieser Regelung Riesenhuber/*von Lewinski* 221 ff.

[423] Zur „Bibliothekstantieme" vgl Walter/*von Lewinski* VVRL Art 5 Rn 8, 9.

[424] Riesenhuber/*Reinbothe* 87.

[425] Vgl *Reinbothe/von Lewinski* EC Directive, 68 ff.

von urheberrechtlich geschützten Werken nicht durch Veräußerung und darauf bezogene Verbreitungshandlungen erschöpft.[426] Nach Art 9 Abs 2 VVRL erschöpft sich lediglich das **Verbreitungsrecht der Leistungsschutzberechtigten**, jedoch „nur mit dem Erstverkauf des Gegenstandes in der Gemeinschaft durch den Rechteinhaber oder mit seiner Zustimmung". Mit diesem Prinzip der **gemeinschaftsweiten Erschöpfung** wurde zugleich auch eine **internationale Erschöpfung** abgelehnt, so dass Veräußerungsgeschäfte außerhalb der EU und des EWR nicht zur Erschöpfung des Verbreitungsrechts der Leistungsschutzberechtigten führen. Die Rechteinhaber sollten somit berechtigt werden, Parallelimporte aus Drittländern zu unterbinden.[427]

226   Schließlich regelt die Richtlinie bestimmte **verwandte Schutzrechte** im Bereich des geistigen Eigentums und harmonisiert die Verwertungsrechte in körperlicher Form für ausübende Künstler, Tonträger- und Filmhersteller sowie Sendeunternehmen einschließlich Kabelsendeunternehmen (sog „**Europäische Leistungsschutzrechte**", Art 7–9 VVRL).[428] Die Richtlinie hat die im ROM-Abkommen[429] berücksichtigten Rechteinhaber sowie das Leistungsschutzrecht der Filmhersteller harmonisiert, geht jedoch in vielen Punkten über den Schutzstandard des ROM-Abkommens hinaus. Nach den letzten Änderungen durch die InfoRL enthält die Richtlinie folgende Bestimmungen: Für ausübende Künstler und Sendeunternehmen ist ein **ausschließliches Aufzeichnungsrecht** vorgesehen. Das **ausschließliche Verbreitungsrecht** wird ausübenden Künstlern in Bezug auf die Aufzeichnungen ihrer Darbietungen, Tonträgerherstellern, Filmherstellern und Sendeunternehmen eingeräumt. Ein **Vergütungsrecht** für die Zweitnutzung von Tonträgern zum Zwecke der **Sendung und öffentlichen Wiedergabe** steht sowohl Künstlern als auch Tonträgerherstellern zu. Ausübenden Künstlern und Sendeunternehmen steht das ausschließliche Recht zu, die **Weitersendung sowie öffentliche Wiedergabe** ihrer Darbietungen bzw Sendungen zu erlauben oder zu verbieten.

227   **cc) Satelliten- und Kabel-RL 93/83/EWG.** Die Satelliten- und Kabel-RL von 1993[430] entstand im Zuge der Abspaltung des urheberrechtlichen Teils der RL 89/552/EWG zum Fernsehen ohne Grenzen.[431] Die Richtlinie sollte der Rechtsvereinheitlichung in dem wirtschaftlich und kulturpolitisch wichtigen Bereich des grenzüberschreitenden Rundfunks über Satellit und Kabel dienen und einen einheitlichen audiovisuellen Raum schaffen. Die Richtlinie wurde in Deutschland mit dem 4. UrhGÄndG vom 8.5.1998[432] umgesetzt.

228   Auch diese Richtlinie definiert **keinen eigenen Werkbegriff**, sondern setzt einen solchen in Mitgliedstaaten voraus. Wie schon in der VVRL wird die Schutzfähigkeit von Filmwerken und audiovisuellen Werken vorausgesetzt (Art 1 Abs 5 SKRL). Bei der

---

[426] Vgl dazu EuGH GRUR Int 1998, 878 ff – Videogrammdistributor/Laserdisken.
[427] Von Hartlieb/Schwarz/*Mielke*/*Schwarz* 576 Rn 3.
[428] Eingehend Walter/*von Lewinski* VVRL Art 6–10.
[429] Internationales Abkommen über den Schutz der ausübenden Künstler, der Hersteller von Tonträgern und der Sendeunternehmen (ROM-Abkommen) v 26.10.1961; zur Entstehung des Abkommens *Ulmer* GRUR Int 1961, 569 ff.
[430] RL 93/83/EWG des Rates v 27.9.1993 zur

Koordinierung bestimmter urheber- und leistungsschutzrechtlicher Vorschriften betreffend Satellitenrundfunk und Kabelweiterverbreitung, ABlEG 1993 L 248, 15.
[431] RL 89/552/EWG des Rates v 3.10.1989 zur Koordinierung bestimmter Rechts- und Verwaltungsvorschriften der Mitgliedstaaten über die Ausübung der Fernsehtätigkeit, ABlEG 1989 L 298, 23.
[432] BGBl 1998 I S 902, in Kraft getreten am 1.6.1998.

Definition der **Rechteinhaber** für das Satelliten-Senderecht berücksichtigt die Richtlinie bereits getroffene, gemeinschaftsrechtliche Regelungen: So steht das Satelliten-Senderecht nach der Richtlinie nur den Urhebern zu (Art 2 SKRL). Für die ausübenden Künstler, Tonträgerhersteller und Sendeunternehmen bestimmt sich das Satelliten-Senderecht bereits nach den Vorschriften der Vermiet- und Verleih-RL (Art 4 und 2 SKRL iVm Art 8 Abs 1, 2 und 3 VVRL).[433] Das **KabelweiterverbreitungsR** wird **für Urheber und Leistungsschutzberechtigte** bzgl Rundfunksendungen als ausschließliches Recht gewährt.[434] Die Regelungen über die Kabelweiterverbreitung beziehen sich nur auf grenzüberschreitende Weiterverbreitung, so dass die Regelung der Kabelweiterverbreitung innerhalb eines Landes den Mitgliedstaaten vorbehalten bleibt. Ferner sind die Mitgliedsaaten verpflichtet, **Urhebern** ein **ausschließliches Recht** zur öffentlichen Wiedergabe ihrer **Werke über Satellit** zu gewähren (Art 2 SKRL).[435] Für **Leistungsschutzberechtigte** verweist die Richtlinie hinsichtlich des Satelliten-Senderechts auf den ausschließlichen Rechtsschutz aus der Vermiet- und Verleih-RL (Art 4 SKRL).

Eine zentrale Regelung ist die **zwingende kollektive Rechtewahrnehmung des Kabelweiterverbreitungsrechts** (Art 9 Abs 1 SKRL) hinsichtlich der Rechte der Urheber und ausübenden Künstler aus der Kabelweiterleitung ihrer Werke.[436] Im Vordergrund dieser Bestimmung stand jedoch nicht das Ziel, die Urheber und ausübenden Künstler als schwächere Vertragspartei gegenüber den Verwertern zu stärken. Regelungsziel der Richtlinie war einerseits festzuschreiben, dass der Erwerb der Kabelweitersendungsrechte auf vertraglicher Grundlage beruht. Zum anderen erforderte die Anerkennung des ausschließlichen Kabelweitersendungsrechts für Urheber und Leistungsschutzberechtigte durch den EuGH,[437] wonach diese Rechte eine nach dem EG gerechtfertigte Handelsschranke darstellen, die Einführung einer Zwangslizenz, um den freien Dienstleistungsverkehr zu gewährleisten.[438] Die Pflicht zur kollektiven Rechtewahrnehmung beruht auf der Überlegung, dass die Kabelweitersendungsunternehmen die Weiterleitungsrechte von einer Vielzahl einzelner Rechteinhaber benötigen, die sich schon allein deshalb nicht feststellen lassen, weil die Kabelsendeunternehmen über den Inhalt der von ihnen weitergeleiteten Programme keine oder nur kurzfristige Informationen erhalten.[439] Ergänzend enthält die Richtlinie eine **Außenseiterregelung.**[440] Diese Regelung beinhaltet eine Fiktion, wonach eine Verwertungsgesellschaft, die Rechte der gleichen Art wahrnimmt, auch dann als wahrnehmungsberechtigt gilt, wenn ein Rechteinhaber seine Rechte aus Kabelweiterleitung dieser Verwertungsgesellschaft nicht übertragen hat (Art 9 Abs 2 SKRL). Die Fiktion gilt in diesem Fall auch zugunsten des Rechteinhaber, der insb hinsichtlich seiner Vergütungsansprüche die gleichen Rechte gegen die Verwertungsgesellschaft geltend machen kann, wie die per Wahrnehmungsvertrag gebundenen Rechteinhaber (Art 9 Abs 2 S 3 SKRL). Damit bleibt das Kabelweiterverbreitungsrecht für Urheber und ausübende Künstler nur noch auf dem Papier als ausschließliches Recht bestehen. Denn im Ergebnis bedarf es für eine Kabelweiterverbreitung aufgrund der Verwertungsgesellschaftpflicht sowie der Außenseiterregelung weder der Einholung der Er-

229

---

[433] Eingehend zum Senderecht Walter/*Dreier*/*Walter* SKRL Art 2, 3.
[434] Walter/*Dreier*/*Walter* SKRL Art 8 Rn 3.
[435] Zur Abgrenzung zum urheberrechtsfreien Empfang vgl EuGH GRUR Int 2000, 548 ff – SatKabel-RL/Hotelzimmer.
[436] Weiterführend hierzu *Dreier* ZUM 1995, 458 ff.

[437] EuGH GRUR Int 1980, 602 ff – Coditel I; GRUR Int 1983, 175 ff – Coditel II.
[438] Riesenhuber/*von Lewinski* 226, 227.
[439] Vgl *Loewenheim* GRUR Int 1997, 286.
[440] Walter/*Dreier*/*Walter* SKRL Art 9 Rn 7.

laubnis vom Rechteinhaber, noch einer Mitgliedschaft des Rechteinhabers in der Verwertungsgesellschaft.[441] Für **Sendeunternehmen**, die Rechte in Bezug auf ihre eigenen Sendungen geltend machen, begründet die Richtlinie ausdrückliche **keine Verwertungsgesellschaftpflicht**, da hier eine Behinderung des Dienstleistungsverkehrs nicht droht (Art 10 SKRL).[442]

230 Für die **Satellitenweitersenderechte** begründet die Richtlinie keine Zwangslizenz – jedoch eine andersartige, bedeutsame **Fiktion des Nutzungslandes** (Art 1 Abs 2d) SKRL). Als zentrale Regelung der Richtlinie wird die **Sendelandtheorie** verankert, die besagt, dass eine öffentliche Wiedergabe über Satellit nur in dem Mitgliedstaat stattfindet, in dem die „programmtragenden Signale unter der Kontrolle des Sendeunternehmens und auf dessen Verantwortung in eine ununterbrochene Kommunikationskette eingegeben werden, die zum Satelliten und zurück zur Erde führt". Damit kommt es – in Abkehr von der **sog „Bogsch-Theorie"**[443] – für die Nutzung bzw die Nutzungserlaubnis nicht mehr auf den Empfang einer Satellitensendung in den verschiedenen Mitgliedstaaten an. Findet eine öffentliche Wiedergabe über Satellit in einem Drittstaat statt, so gilt diese Wiedergabe als in einem Mitgliedstaat erfolgt, wenn die programmtragenden Signale von einer in einem Mitgliedstaat gelegenen Erdfunkstation an den Satelliten geleitet wurden. Ebenso verhält es sich, wenn zwar weder die Wiedergabe noch die Erdfunkstation in einem Mitgliedstaat stattfindet bzw stationiert ist, jedoch ein in einem Mitgliedstaat niedergelassenes Senderunternehmen die öffentliche Wiedergabe in Auftrag gegeben hat. Diese Regelungen haben die möglichst weite und unbeschränkte Verbreitung von Sendungen zum Ziel, ohne dass von den Satellitenunternehmen auch die Nutzungsrechte für die intendierten Ausstrahlungsgebiete zu erwerben wären.[444] Gleichzeitig soll die Sendelandtheorie auch verhindern, dass Anbieter in Drittländer mit geringerem Schutzniveau abwandern.[445] Für Rechteinhaber ist die Sendelandtheorie schließlich von besonderer Relevanz, denn sie haben nach der erstmaligen Vergabe des Rechts zur Satellitensendung später keine rechtliche Möglichkeit mehr zu verhindern, dass ihre Werke überall in der Reichweite der Satellitenausstrahlung empfangen werden können. Rechteinhaber müssten daher bereits bei der ersten Vergabe des Rechtes eine angemessene Vergütung erzielen, ohne dass die Richtlinie hierfür verbindliche Regelungen oder eine Verwertungsgesellschaftpflicht statuiert.[446]

231 Da die üblichen Verwertungsverträge, insb Koproduktionsverträge vor Verabschiedung der Richtlinie territorial aufgespaltene Auswertungsregelungen vorsahen, schaffte die Richtlinie **Übergangsbestimmungen**, bis die neue Rechtslage zwingend zu beachten war (Art 7 SKRL). Hinsichtlich der Rechte der **Leistungsschutzberechtigten** finden die Regelungen erst für Nutzungshandlungen nach dem **1.1.1995** Anwendung (Art 14 Abs 1 SKRL). **Verwertungsverträge** über Werke und andere geschützte Gegen-

---

441 Walter/*Dreier*/*Walter* SKRL Art 9 Rn 7, 8; vgl EuGH, ZUM-RD 2006, 493 – Uradex-BRUTELE.

442 Weiterführend Walter/*Dreier* SKRL Art 3 Rn 1, 9.

443 Zur „Bogsch-Theorie" Walter/*Dreier* SKRL Art 1 Rn 12; krit zur Praktikabilität der Theorie auch *Handig* GRUR Int 2007, 210, 213 f.

444 Nach der „Bogsch-Theorie" wäre im Interesse der Rechteinhaber diese „Doppel-Lizenzierung" erforderlich gewesen.

445 Krit zum Sendelandprinzip *Handig* GRUR Int 2007, 210 ff.

446 Krit *Kreile/Becker* GRUR Int 1994, 910, die insb auf das Fehlen einer festen Bezugsgröße für die Bemessung der Vergütung hinweisen, da sich aus den Erwägungsgründen lediglich ergibt, dass bei der Vereinbarung einer angemessenen Vergütung auch die „potenzielle Einschaltquote" betrachtet werden soll, ohne den Begriff Einschaltquote zu definieren.

Andrea Kyre

stände, welche vor dem 1.1.1995 abgeschossen wurden, sind **bis zum 1.1.2000** von dem Sendelandprinzip der Richtlinie ausgenommen.[447]

Wie aufgezeigt, nimmt die Richtlinie sowohl im Bereich des Satellitenrundfunks als auch der Kabelweiterverbreitung **weitgehende Einschränkungen des Urheberrechts** im Interesse ihrer übergeordneten, medienpolitischen Ziele hin, so dass die Modelle der Richtlinie nicht ohne weiteres auf andere urheberrechtliche Regelungsbereiche anwendbar sein können,[448] insb auch, weil die Praxis noch erhebliche Schwierigkeiten im Umgang mit den neuen Vorschriften der Richtlinie zeigt.[449] **232**

dd) Schutzdauer-RL 93/98/EWG in der Fassung der RL 116/2006/EG. Die 1993 **233** erlassene Schutzdauer-RL (SDRL)[450] gehört zu den wichtigsten Harmonisierungsmaßnahmen auf dem Gebiet des Urheberrechts. Sie führte in allen Mitgliedstaaten die Vereinheitlichung der Schutzdauer für das Urheberrecht und die Leistungsschutzrechte ein und erweiterte damit die 50-jährige Mindestschutzdauer nach der Berner Übereinkunft, die nach Auffassung des europäischen Gesetzgebers aufgrund der gestiegenen Lebenserwartung nicht mehr ausreichend war, um einen Schutz über zwei Generationen zu erfassen.[451] Das Ziel der Richtlinie war es, eine wesentliche Grundlage zur Vereinheitlichung des Rechtsschutzes im Binnenmarkt zu schaffen.[452] In Deutschland wurde die Richtlinie 1995 mit dem 3. UrhGÄndG vom 23.6.1995[453] umgesetzt.

Die Richtlinie gibt **verbindliche Schutzfristen** vor: Für Urheber gilt der Schutz **234** 70 Jahre nach dem Tod des Urhebers (Art 1 Abs 1 SDRL) und für Leistungsschutzrechte 50 Jahre nach Aufführung bzw Veröffentlichung der Aufzeichnung über die Aufführung (Art 3 Abs 1 SDRL). Für Filmhersteller gilt die 50-Jahre-Schutzfrist ab erstmaliger Aufzeichnung oder ab erstmaliger Wiedergabe, falls der Film nach der Aufzeichnung erlaubterweise öffentlich wiedergegeben wird (Art 3 Abs 3 SDRL). Die Rechte der Sendeunternehmen erlöschen 50 Jahre nach der Erstsendung (Art 3 Abs 4 SDRL). Auf das **Urheberpersönlichkeitsrecht** findet die Richtlinie ausdrücklich keine Anwendung (Art 9 SDRL).[454]

---

[447] Eingehend Walter/*Dreier* SKRL Art 7 Rn 8 ff.
[448] So auch Riesenhuber/*Reinbothe* 88.
[449] Vgl Bericht der Kommission über die Anwendung der RL 93/83/EWG des Rates zur Koordinierung bestimmter urheber- und leistungsschutzrechtlicher Vorschriften betreffend Satellitenrundfunk und Kabelweiterverbreitung, KOM (2002) 430 endg, 2.2.1.: Hier konstatiert die Kommission, dass die Möglichkeiten des Sendelandprinzips nicht flächendeckend genutzt werden und dass ein wirtschaftliches Interesse der Sendeunternehmen an der Satellitenverbreitung ihrer Programme nicht mehrheitlich besteht, wodurch der Unionsbürger einerseits direkt in seinem täglichen Leben berührt wird und zugleich erhebliche negative Auswirkungen auf die kulturelle, sprachliche, soziale und wirtschaftliche Verflechtung innerhalb der Gemeinschaft zu befürchten sind; zu den Schwierigkeiten in der tatsächlichen Umsetzung und Anwendung des in der Richtlinie verankerten Ursprungslandprinzips eingehend auch *Würfel* 158.

[450] RL 93/98/EWG des Rates v 29.10.1993 zur Harmonisierung der Schutzdauer des Urheberrechts und bestimmter verwandter Schutzrechte, ABlEG 1993, L 290, 9, zuletzt geändert durch RL 2006/116/EG des Europäischen Parlaments und des Rates v 12.12.2006, ABlEG 2006, L 372, 12.
[451] So Erwägungsgrund 6 zur Richtlinie.
[452] Vorausgegangen war eine Entscheidung des EuGH v 24.1.1989, wonach es mit dem EG unvereinbar war, wenn in einem Mitgliedstaat – aufgrund noch laufender Schutzfrist – ein Tonträger als unrechtmäßig hergestellt zu betrachten ist, obwohl der Tonträger in einem anderen Mitgliedstaat wegen bereits abgelaufener Schutzfrist rechtmäßig hergestellt worden ist – GRUR Int 1989, 319 – Schutzfristenunterschiede.
[453] BGBl 1995 I S 842, in Kraft getreten am 30.6.1995.
[454] Krit hierzu *Dietz* GRUR Int 1995, 677.

235   Die Schutzfristen gelten für alle Werke und Schutzgegenstände, die **bis zum 1.7.1995** in mindestens einem Mitgliedstaat noch geschützt waren (Art 10 Abs 2 iVm Art 13 Abs 1 SDRL). Dies hat zur Folge, dass der durch Ablauf der bis dahin geltenden Schutzfristen in einem Mitgliedstaat erloschene Schutz am 1.7.1995 wiederauflebte, wenn das Werk oder der Schutzgegenstand zu diesem Datum in einem anderen Mitgliedstaat noch geschützt war.[455]

Die Richtlinie verankert in zweierlei Hinsicht die **Notwendigkeit eines Schutzfristenvergleichs**: Die neu festgesetzte Schutzdauer soll längere Schutzfristen, die am 1.7.1995 in einem Mitgliedstaat bereits liefen, nicht verkürzen (Art 10 Abs 1 SDRL).[456] Im Verhältnis zu **Drittländern** soll die festgelegte Schutzdauer lediglich eine Maximalschutzdauer in der europäischen Gemeinschaft festlegen, ohne dass jedoch die Schutzdauer des Drittlandes, dessen Staatsangehörigkeit der Rechtsinhaber besitzt, überschritten wird (Art 7 SDRL).[457]

236   Zur Frage, wie Nutzungshandlungen zu bewerten sind, die im Vertrauen auf die Gemeinfreiheit vor dem Wiederaufleben der Schutzfrist getätigt worden sind, stellt die Richtlinie den **Grundsatz der Nichtrückwirkung** auf, so dass solche Nutzungshandlungen unberührt bleiben sollen (Art 10 Abs 3 SDRL). Die Mitgliedstaaten sollen hierzu die notwendigen Bestimmungen treffen, um insb die erworbenen Rechte Dritter zu schützen.[458]

237   Die Richtlinie verweist auf den **Werkbegriff** iSd Art 2 der Berner Übereinkunft und sieht damit von einer allgemeinen Aussage zu diesem Begriff ab. Speziell erwähnt werden jedoch Filmwerke und Fotografien: Da die **Rechtsinhaberschaft an Filmwerken** in der Berner Übereinkunft offen gelassen und von den Mitgliedstaaten unterschiedlich beurteilt wird, wird ein Filmwerk wieder – wie schon in den Richtlinien zuvor – explizit dem Hauptregisseur als Haupturheber zugeordnet (Art 2 Abs 1 SDRL). Die Mitgliedstaaten können nach der Richtlinie weitere Urheber als Miturheber eines Filmwerkes benennen. Damit lässt die Richtlinie die Frage nach der Filmurheberschaft weiter offen[459], selbst wenn sie eine weitere Bestimmung enthält, wonach die Schutzfrist für Filmwerke erst 70 Jahre nach dem Tod des Längstlebenden von folgenden Personen beginnt: Hauptregisseur, Urheber des Drehbuchs, Urheber der Dialoge, Komponist der speziell für das Filmwerk/audiovisuelle Werk komponierten Musik (Art 2 Abs 2 SDRL). Diese Aufzählung eines weiteren Personenkreises ist lediglich für eine einheitliche Schutzfristberechnung bestimmt, denn der Tod des Längstlebenden soll immer ausschlaggebend sein, unabhängig davon, ob dieser (von den Mitgliedstaaten) „als Miturheber benannt worden" ist (Art 2 Abs 2 SDRL).[460] Dennoch ist die Aufzählung abschließend, so dass andere, nach mitgliedstaatlichem Recht in Frage kommende Urheber eines Filmwerkes (zB Kameramann und Cutter nach deutschem Recht) für die Schutzfristberechnung keine Berücksichtigung mehr finden.

---

[455] *Kreile/Becker* GRUR Int 1994, 908; eingehend auch *Dietz* GRUR Int 1995, 681; zum Wiederaufleben der Schutzfristen in den Mitgliedstaaten im Vergleich Walter/*Walter* Anh zu Art 10.
[456] Zum Schutzfristenvergleich unter Bezugnahme auf die Phil-Collins-Entscheidung des EuGH (GRUR Int 1994, 53), wonach das allgemeine Diskriminierungsverbot aus Art 12 EG auch im Urheber- und Leistungsschutzrecht anzuwenden ist; vgl auch Walter/*Walter* SDRL Art 10 Rn 16–18; *Dietz* GRUR Int 1995, 680 ff;

zur Regelung der Schutzdauer für DDR-Werke nach der Deutschen Wiedervereinigung vgl *Katzenberger* FS Schricker 2005 § 64 Rn 69.
[457] S auch Erwägungsgründe 22–24 zur Richtlinie.
[458] Zum Grundsatz der Wahrung wohlerworbener Rechte *Dietz* GRUR Int 1995, 683 f.
[459] So auch Riesenhuber/*Riesenhuber* 145; *Dreyer/Kotthoff/Meckel* § 64 UrhG Rn 17.
[460] Krit zum Versäumnis der Definition der Miturheberschaft *Dietz* GRUR Int 1995, 673, 675 f.

Andrea Kyre

Auch **Fotografien** werden explizit als urheberrechtlich geschützte Werke eingeordnet, wenn sie das Ergebnis eigener geistiger Schöpfung der Urhebers sind, mit der Folge der Anwendbarkeit der für Urheber geltenden Schutzfrist (Art 6 S 1 SDRL). Andere Kriterien zur Bestimmung der urheberrechtlichen Schutzfähigkeit von Fotografien erlaubt die Richtlinie nicht – wie schon für Computerprogramme geschehen, wird auch hier für den speziell geregelten Bereich die Schutzschwelle herabgesenkt.[461] Den Mitgliedstaaten bleibt anheim gestellt, ob sie den Schutz für andere Fotografien auch vorsehen – und damit die Schutzschwelle noch weiter absenken (Art 6 S 3 SDRL).[462]

238

ee) **Vorschlag der Kommission zu einer Änderungsrichtlinie zur Schutzdauer-RL.** Mit ihrem 2008 erlassenen Richtlinienvorschlag entfachte eine neue Diskussion zur Schutzdauerfrage für den Schutz der Darbietungen ausübender Künstler und Tonträgerhersteller und schlägt darin eine **Verlängerung von 50 auf 95 Jahre** vor.[463] Eine Rückwirkung ist nicht vorgesehen, das heißt lediglich solche Darbietungen und Tonträger, welche zum Zeitpunkt des Inkrafttretens einer Änderung n och nicht gemeinfrei geworden sind, sollen in den Genuss der verlängerten Schutzfrist fallen.[464] Nur die somit in der Schutzdauer verlängerten Schutzgegenstände sollen ferner von begleitenden Maßnahmen erfasst sein: Hier ist ein zusätzlicher Vergütungsanspruch der ausübenden Künstler vorgesehen, welche ihm der Tonträgerhersteller zu zahlen hat, falls dieser durch einen vorangehenden Buy-Out Vertrag umfassende Rechte übertragen hat. Eine Bagatellgrenze soll zugleich den Kreis der umfassten Tonträgerhersteller begrenzen, wobei den Mitgliedstaaten freigestellt sein soll, ob sie Tonträgerhersteller mit einem Jahresumsatz von weniger als € 2 Mio aus der Pflicht zur zusätzlichen Vergütung ausnehmen wollen. Zur Wahrnehmung dieser Vergütungsansprüche räumt der Richtlinienvorschlag die Möglichkeit zur Wahrnehmung durch eine Verwertungsgesellschaft ein. Durch ein besonderes Kündigungsrecht der ausübenden Künstler gegenüber ihrem Tonträgerhersteller sollen die ersteren jedoch davor bewahrt werden, dass ihre Rechte bei einem Tonträgerhersteller verlängert liegen bleiben, welcher die Aufnahme nicht mehr ausreichend online und offline vermarktet (**sog use-it-or-lose-it Klausel**). Im Falle der Kündigung sollen jedoch die ausübenden Künstler gehalten sein, innerhalb eines Jahres nach Kündigung die Nutzungen selbst aufzunehmen, anderenfalls würde die verlängerte Schutzfrist nicht zur Anwendung kommen.

239

ff) **Datenbank-RL 96/9/EG.** Mit der im Jahr 1996 erlassenen Datenbank-RL (DBRL)[465] sollte die Rechtsposition von Datenbankherstellern maßgeblich verbessert werden. Ausgangspunkt war die Erkenntnis, dass Datenbanken als Mittel des Informationsmanagements angesichts der ständig steigenden Informationsflut unverzichtbar geworden sind, ihr Aufbau und Betrieb zugleich erhebliche persönliche, technische und finanzielle Investitionen der Hersteller erfordert.[466] Gleichzeitig sind die Daten-

240

---

461 Dreyer/Kotthoff/Meckel/*Meckel* § 64 UrhG Rn 18; anders Riesenhuber/*Riesenhuber* 132, der in der Vorschrift gerade keine Absenkung der Schutzschwelle sieht sondern eine besondere Hervorhebung der Anforderung an die künstlerische und professionelle Qualität einer Fotografie sieht.
462 Zum Hintergrund dieser Regelung *Dietz* GRUR Int 1995, 670, 677.
463 Vorschlag zu einer Richtlinie zur Änderung

der Schutzdauer-RL v 16.7.2008 abrufbar unter http://europa.eu/rapid/pressReleasesAction.do?reference=IP/08/240&format=HTML&aged=0&language=DE&guiLanguage=en.
464 Ausf *Pakuscher* ZUM 2009, 90 ff.
465 RL 96/9/EWG des Parlaments und des Rates v 11.3.1996 über den rechtlichen Schutz von Datenbanken, ABlEG 1996, L 77 S 20.
466 Erwägungsgrund 10 zur Richtlinie.

bankhersteller aufgrund der fortschreitenden Digitalisierung der Gefahr ausgesetzt, dass die von ihnen mit hohen Investitionen entwickelten Datenbanken von Dritten zum Aufbau und Betrieb einer identischen und im Wesentlichen übereinstimmenden Datenbank übernommen werden, ohne dass diese vergleichbare Aufwendungen zu tragen hätten.[467] Die DBRL wurde in Deutschland durch Art 7 des Informations- und Kommunikationsgesetzes vom 13.6.1997 eingeführt.[468]

241 Zunächst bedurfte es der Festlegung des Schutzes von Datenbanken, wobei sich die Richtlinie hierbei – in Anknüpfung an die bereits in der Computer-RL getroffenen Schutzvoraussetzungen – für die Anerkennung **urheberrechtlichen Schutzes** von Datenbanken entschied, sofern diese eine „eigene Schöpfung ihres Urhebers" darstellen (Art 3 Abs 1 S 1 DBRL).[469] Weitere Voraussetzungen für den Urheberrechtsschutz dürfen nicht aufgestellt werden (Art 3 Abs 1 S 2 DBRL). Geschützt wird nur die „Datenbank als solche" und der Schutz erstreckt sich nicht auf ihren Inhalt (Art 3 Abs 2 DBRL). Wie in der Computerprogramm-RL werden auch Gruppen von Urhebern anerkannt, sofern dies nach dem Recht des jeweiligen Mitgliedstaates anerkannt wird (Art 4 Abs 1 DBRL). Die rechtliche Ausgestaltung, wie mit der Urheberschaft von Arbeitnehmern umzugehen ist, überlässt die Richtlinie jedoch anders als die Computerprogramm-RL der Ausgestaltung der Mitgliedstaaten.[470]

242 Ergänzend verbürgt die Richtlinie den Herstellern von Datenbanken ein **Recht sui generis** (Art 7 ff DBRL), welches unabhängig davon gegeben sein soll, ob die hergestellte Datenbank urheberrechtlichen Schutz genießt.[471] Die Richtlinie verlangt lediglich, dass die Herstellung der Datenbank eine in qualitativer oder quantitativer Hinsicht wesentliche **Investition für die Beschaffung, die Überprüfung oder die Darstellung ihres Inhaltes** erforderte (Art 7 Abs 1 DBRL).[472]

243 Wie für Computerprogramme sieht die Richtlinie zum Schutz der Urheber und der Hersteller von Datenbanken eine Reihe von **ausschließlichen Rechten** vor (Art 5, 7 DBRL).[473] Die starke Rechtsposition der Urheber und Datenbankhersteller wird jedoch wieder durch **Schrankenregelungen** ausgeglichen, die bei einem rechtmäßigen Datenbankbenutzer regelmäßig erforderlich sind, um Zugang zum Inhalt der Datenbank zu erhalten bzw die Datenbank bestimmungsgemäß zu nutzen (Art 6 Abs 3, 8 Abs 2, 3 DBRL). Die Nutzer sind gegenüber den Urhebern bzw den Datenbankherstellern wiederum verpflichtet, jede Schädigung oder Beeinträchtigung von Datenbanken zu unterlassen. Damit wird ein **Drei-Stufen-Test** verankert, der zu einem Ausgleich zwischen Nutzerinteresse und Schutzinteresse führen soll, und lediglich die „normale Nutzung" von Datenbanken und damit eventuell verbundene urheberrechtlich relevante Handlungen erlauben soll.

244 Sowohl die Rechte als auch die Pflichten der rechtmäßigen Nutzer sind vertragsfest verbürgt (Art 15 iVm Art 6 Abs 1 und Art 8 DBRL), so dass abweichende vertragliche Bestimmungen nichtig wären.

---

467 Erwägungsgrund 38 zur Richtlinie.
468 BGBl 1997 I S 1870, in Kraft getreten am 1.1.1998.
469 Eingehend Walter/*von Lewinski* DBRL Art 3 Rn 7 ff.
470 Erwägungsgrund 29 zur Richtlinie.
471 Zum Schutzgegenstand eingehend Walter/*von Lewinski* DBRL Art 7 Rn 1 ff.
472 Riesenhuber leitet aus diesem vom urheber-

rechtlichen Schutz unabhängigen Recht sui generis her, dass es bei der Beurteilung des Urheberrechts für Datenbanken in besonderem Maße auf die geistige Schöpfung des Urhebers ankommen müsse, vgl Riesenhuber/*Riesenhuber* 130.
473 Zu den Rechten im Einzelnen Walter/*von Lewinski* DBRL Art 5 Rn 3 ff.

gg) Informationsgesellschafts-RL 2001/29/EG – sog Multimedia-RL. Die Infor- **245** mationsgesellschafts-RL (InfoRL)[474] gehört zu den meist diskutierten urheberrechtlichen Richtlinien. Insb die digitalen Technologien in der Informationsgesellschaft und die damit verknüpften globalen digitalen Netze erforderten auf Gemeinschaftsebene eine erneute Befassung mit zahlreichen, klassischen Problemen des Urheberrechts.[475] Mit der Richtlinie wollte der Gemeinschaftsgesetzgeber – wenn auch nur hinsichtlich einiger Aspekte[476] – einen *building block* für das Funktionieren der Informationsgesellschaft in allen Mitgliedstaaten schaffen,[477] um einer Zersplitterung des Binnenmarktes entgegenzuwirken und die grenzüberschreitende Verwertung geistigen Eigentums zu ermöglichen.[478] Gleichzeitig sollte diese Richtlinie die Verpflichtungen der Europäischen Union und ihrer Mitgliedstaaten aus den beiden WIPO-Verträgen WCT und WPPT von 1996 auf EU-Ebene umsetzen, um den Beitritt der Europäischen Gemeinschaft und ihrer Mitgliedstaaten zu diesen Abkommen vorzubereiten.[479] 2003 wurde die Richtlinie in Deutschland umgesetzt.[480]

Die Richtlinie betrifft **zentrale Themen des Urheberechts,** wie etwa kollektive **246** Rechtewahrnehmung, *Digital Rights Management (DRM)*, Anwendung von Vergütungssystemen auf private und digitale Vervielfältigungen, die rechtliche Einordnung von *Caching* und *Browsing*, die Kontrolle von digitalen Online-Diensten und die Reichweite des Verbreitungsrechts und des Erschöpfungsgrundsatzes bei Online-Verbreitung.[481] Bereits angesichts dieser Fülle von Grundsatzfragen konnte die Richtlinie jedoch nicht allen Anforderungen gerecht werden. Insb fehlt auf horizontaler Ebene zu den anderen Richtlinien eine Angleichung von Formulierungen, wodurch das Verhältnis zwischen dieser wohl allgemeinsten, urheberrechtlichen Richtlinie zu den **speziellen, werkbezogenen oder leistungsschutzrechtsbezogenen Richtlinien** hätte deutlicher ausgearbeitet werden können.[482] Denn gem Art 1 Abs 2 InfoRL bleiben die anderen, vorstehend behandelten Richtlinien des *acquis communautaire* unberührt. Enthalten die früheren Richtlinien also Bestimmungen, die auch in der InfoRL ange-

---

[474] RL 2001/29/EG des Europäischen Parlaments und des Rates v 22.5.2001 zur Harmonisierung bestimmter Aspekte des Urheberrechts und der verwandten Schutzrechte in der Informationsgesellschaft, ABlEG 2001, L 167, 10.
[475] Erwägungsgründe 5, 6 zur Richtlinie.
[476] Erwägungsgründe 5, 7 zur Richtlinie, die ausdrücklich festhalten, dass kein Bedarf an neuen Konzepten für den Schutz des geistigen Eigentums besteht, sondern lediglich Anpassungen der urheberrechtlichen Bestimmungen an die neuen Formen und Möglichkeiten der Verwertung erfolgen müssen, sofern beträchtliche Unterschiede zwischen den Mitgliedstaaten bestehen und dies die Funktionsfähigkeit des Binnenmarktes beeinträchtigen kann.
[477] *Reinbothe* GRUR Int 2001, 734.
[478] Dies basierte auf der Grundlage des Grünbuchs der Kommission v 19.7.1995 zum Urheberrecht und zu den verwandten Schutzrechten in der Informationsgesellschaft, KOM (95) 382 endg und der darauf folgenden Mitteilung der Kommission v 20.11.1996 – Initiativen zum Grünbuch über Urheberrecht und verwandte Schutzrechte in der Informationsgesellschaft,

KOM (96) 568 endg, welche bereits eine sog „digitale Agenda" an den zu bearbeitenden Fragestellungen aufstellte; Erwägungsgrund 15 zur Richtlinie.
[479] WIPO-Urheberrechtsvertrag/WIPO Copyright Treaty (WCT) und WIPO-Vertrag über Darbietungen und Tonträger/WIPO Performances and Phonogram Treaty (WPPT) v 20.12. 1996; vgl *Reinbothe/von Lewinski* WIPO Treaties, 487. S auch Erwägungsgrund 15 zur Richtlinie. Eingehend zur Historie der Richtlinie *Walter/von Lewinski/Walter* InfoRL Kap II Rn 5 ff; *Reinbothe* GRUR Int 2001, 735 ff.
[480] Durch das Gesetz zur Regelung des Urheberrechts in der Informationsgesellschaft v 10.9.2003, BGBl I S 1774.
[481] Zu Aspekten der Diskussion Riesenhuber/ *Reinbothe* 92 f.
[482] Ausdrücklich lässt die Info-RL gem Art 1 Abs 2 die bestehenden gemeinschaftsrechtlichen Regelungen der Computerprogramm-, der Vermiet- und Verleih-, der Kabel- und Satelliten-, der Schutzdauer- sowie der Datenbank-RL unberührt.

sprochen sind, bleiben also grds die früheren Regelungen bestehen und werden nicht durch die InfoRL abgeändert.[483]

247   In den vor der Info-RL erlassenen europäischen Richtlinien wurden Verwertungsrechte nicht im Allgemeinen geregelt. Auch die Frage der Behandlung von Online-Übertragungen blieb bis dahin weitgehend offen.[484] Um eine dieser Lücken zu schließen, schafft die Info-RL nun eine **einheitliche Definition des Vervielfältigungsrechts**, wonach allen Urhebern, Künstlern, Tonträger- bzw Filmherstellern sowie Sendeunternehmen das ausschließlich Recht zusteht, die unmittelbare oder mittelbare, vorübergehende oder dauerhafte Vervielfältigung auf jede Art und Weise und in jeder Form ganz oder teilweise zu erlauben oder zu verbieten (Art 2 InfoRL). Damit bestätigt die Richtlinie, dass jeder noch so flüchtige Kopiervorgang eine Vervielfältigung im Sinne des Urheberrechts ist.

248   Die Richtlinie vereinheitlicht für Urheber das **Recht der öffentlichen Wiedergabe**.[485] Sie führt zudem erstmals gemeinschaftsweit das **Recht der öffentlichen Zugänglichmachung** ein (Art 3 Abs 1, 2 InfoRL), welches als interaktives Wiedergaberecht ("öffentliche Zugänglichmachung … [für] Mitglieder der Öffentlichkeit von Orten und Zeiten ihrer Wahl") für Urheber und Leistungsschutzberechtigte gleichermaßen gelten soll.[486] Aus den Erwägungsgründen[487] ist zu entnehmen, dass hier nur das ausschließliche Recht gemeint ist, „interaktive Übertragungen auf Abruf für die Öffentlichkeit zugänglich zu machen", so dass **lediglich interaktiv herbeigeführte Vorgänge**, nicht jedoch *near on demand* oder andere nicht-interaktive Vorgänge erfasst werden sollen.[488] Die Richtlinie lässt in Zusammenhang mit dem Recht auf öffentliche Zugänglichmachung offen, wo der Ort der relevanten Verwertungshandlung hinsichtlich der Zugänglichmachung der Werke liegen soll oder muss.[489] In der Begründung der Kommission zum ersten Richtlinienentwurf wird jedoch ausdrücklich auf den Akt des Zugänglichmachens Bezug genommen, unabhängig davon, ob das Werk abgerufen wird. Demnach wäre auf den **Ort der Abrufbarkeit**, also des Angebotes, abzustellen.[490]

---

483 Ausnahmen hiervon macht nur Art 11 Info-RL; *Reinbothe* GRUR 2001, 734.

484 Walter/*Walter* InfoRL Rn 14: Lediglich Art 5d der Datenbank-RL regelt ausdrücklich „jede öffentliche Wiedergabe", wodurch auch Online-Übertragungen umfasst sein sollten.

485 Unklar bleibt allerdings, ob auch die klassischen Formen der öffentlichen Wiedergabe (Aufführung, Vortrag, Vorführung) erfasst sein sollen. Vgl hierzu Walter/*Walter* Info-RL Rn 77 f, der im Ergebnis in Hinblick auf das Begriffsverständnis des Art 6 WCT die klassischen Wiedergabeformen der Aufführung, des Vortrages und der Vorführung nicht erfasst sieht.

486 S Walter/*Walter* InfoRL Rn 46, der den Hintergrund für diese Unterscheidung auch darin sieht, dass die Sende- und Aufführungsrechte im leistungsschutzrechtlichen Bereich nach dem Stand der internationalen Konventionen und der nationalen Urhebergesetze weit weniger entwickelt waren als für das Urheberrecht. Da die Richtlinie die Vorschriften der Vermiet- und Verleih-RL ausdrücklich unbe-

rührt lässt, ist das Recht der öffentlichen Sendung und Wiedergabe für den Kreis der Leistungsschutzberechtigten dort (Art 8 VVRL) zudem bereits geregelt; eingehend hierzu *Reinbothe* GRUR 2001, 734.

487 Erwägungsgrund 25 zur Richtlinie.

488 Krit *Spindler* GRUR 2002, 108, der zu Recht auf die Schwierigkeiten der Unterscheidung zwischen Abruf- und Verteilerdiensten hinweist.

489 Die Kommission wies in ihrem ersten Richtlinienentwurf darauf hin, dass keine neue kollisionsrechtliche Regelung getroffen werden soll: Vorschlag für eine Richtlinie des Europäischen Parlaments und des Rates zur Harmonisierung bestimmter Aspekte des Urheberrechts und der verwandten Schutzrechte in der Informationsgesellschaft, KOM (97) 628 endg v 10.12.1997. Zurückzugreifen wäre demnach auf die allgemeinen Grundsätze; krit dazu *Spindler* GRUR 2002, 108.

490 Begründung zu Art 3 erster Richtlinienvorschlag für eine Richtlinie des Europäischen Parlaments und des Rates zur Harmonisierung

Auch in Hinblick auf das **Verbreitungsrecht** sollte die Richtlinie die Lücken **249** schließen, die sich aus den Regelungen der bisherigen Richtlinien ergaben. In diesen war zwar das Konzept des abgespalteten Verbreitungsrechts bereits angelegt, jedoch waren die Regelungen entweder auf spezifische Werke bezogen (Computerprogramme, Datenbanken) oder aber nur für Leistungsschutzberechtigte formuliert (in Art 9 Vermiet- und Verleih-RL). Die InfoRL füllt nun die Lücken und statuiert für Urheber aller Werkkategorien ein selbstständiges Verbreitungsrecht (Art 4 Abs 1 InfoRL)[491]. Urheber von **Computerprogrammen und Datenbanken** sind nicht erfasst, da deren Verbreitungsrechte bereits in der Computerprogramm-RL bzw der Datenbank-RL verankert wurden. Leistungsschutzberechtigte sind von der Richtlinie ebenfalls nicht betroffen, da das Verbreitungsrecht für sie bereits in der Vermiet- und Verleih-RL harmonisiert wurde.

Anknüpfend an das einheitliche **Verbreitungsrecht** für Urheber wird auch das Prin- **250** zip der **gemeinschaftsweiten Erschöpfung** für Urheber einheitlich verankert (Art 4 Abs 2 InfoRL). Danach soll das Verbreitungsrecht nur dann erschöpft sein, wenn der Erstverkauf oder andere erstmalige Eigentumsübertragungen in Bezug auf das Original oder Vervielfältigungsstücke eines Werkes in der Gemeinschaft durch den Rechtsinhaber oder mit dessen Zustimmung erfolgt. Eine **internationale Erschöpfung** soll nicht möglich sein. Diese Regelung lehnt sich an den bereits in Art 9 Abs 2 der Vermiet- und Verleih-RL statuierten Erschöpfungsgrundsatz für die Leistungsschutzberechtigten an. Demgegenüber soll nach Art 3 Abs 3 InfoRL keine Erschöpfung durch die öffentliche Wiedergabe bzw Zugänglichmachung nach Art 3 Abs 1, 2 InfoRL eintreten, wobei die Richtlinie nicht klar macht, inwiefern eine Differenzierung zwischen körperlicher Übergabe einer Kopie in Abgrenzung zum Onlinevertrieb angezeigt ist.[492]

Die vorgenannten Rechte werden von der Richtlinie unter wichtige **Schranken** **251** gestellt, welche **abschließend aufgezählt** werden und teils zwingend, teils fakultativ ausgestaltet sind.[493] So können mit Rücksicht auf die rein technischen Vorgänge **flüchtige oder begleitende Vervielfältigungen**, wenn sie integraler oder wesentlicher Teil eines technischen Verfahrens sind, nicht durch die Ausschließlichkeitsrechte verhindert werden. Es gilt eine Ausnahme, wenn deren alleiniger Zweck ist, die Übertragung bzw die rechtmäßige Nutzung zu ermöglichen, und wenn diese keine eigenständige wirtschaftliche Bedeutung haben (Art 5 Abs 1 InfoRL).[494] Ferner soll durch die erlaubte **Privatkopie** (Art 5 Abs 2 b) InfoRL) ein Rechts- und Interessenausgleich zwischen den Rechteinhabern und Nutzern geschaffen werden, da vor dem Hintergrund der neuen Medien eine Neubewertung von bestimmten, nicht kommerziellen Vervielfältigungen stattzufinden hat.[495] Der Anwendungsbereich der Regelungen des Art 5 InfoRL wird durch die werkspezifischen Regelungen der Computerprogramm-RL und der Datenbank-RL beschränkt, da diese spezifische Ausnahmeregelungen enthalten.

---

bestimmter Aspekte des Urheberrechts und der verwandten Schutzrechte in der Informationsgesellschaft, KOM (97) 628 endg v 10.12.1997; vgl eingehend auch *Spindler* GRUR 2002, 109.
[491] Zum Umfang des Verbreitungsrechts s EuGH GRUR Int 2008, 593 – Peek & Cloppenburg vs Cassina.
[492] Krit *Hoeren* MMR 2000, 515, 517; *Spindler* GRUR 2002, 110.

[493] Eingehend zu den Schrankenregelungen *Reinbothe* GRUR 2001, 737; vgl auch Erwägungsgrund 32 zur Richtlinie.
[494] Erwägungsgrund 33.
[495] Erwägungsgründe 31, 38, 39; eingehend zur Privatkopie *Reinbothe* GRUR 2001, 739.

Ebenso sind die speziellen Vorschriften der Vermiet- und Verleih-RL im Bereich der Leistungsschutzrechte zu beachten.[496]

252   Zur Anwendung der Schrankenregelung sieht die Richtlinie einen **Drei-Stufen-Test** (Art 5 Abs 5 InfoRL) vor. Danach dürfen die durch die Schranken geregelten Ausnahmen nur für solche Sonderfälle angewandt werden, in denen die „normale Verwertung des Werkes oder Schutzgegenstandes nicht beeinträchtigt wird und die berechtigten Interessen des Rechtinhabers nicht ungebührlich verletzt werden". Für die fakultativen Schrankenbestimmungen des Art 5 Abs 2, 3, und 4 InfoRL liegt dieser zusätzliche Kontrollmechanismus nahe. Für die zwingenden Schrankenbestimmungen des Art 5 Abs 1 InfoRL kann die Anwendung des Drei-Stufen-Tests aber bedeuten, dass den Mitgliedsstaaten ein Ausgestaltungsspielraum hinsichtlich der unbestimmten Rechtsbegriffe „vorübergehend" und „flüchtig oder begleitend" zukommt. In diesem Fall wären weiterhin abweichende Regelungen in den Mitgliedstaaten möglich.[497]

253   Schließlich statuiert die Richtlinie horizontal für alle Werke und Schutzgegenstände den **Schutz von technischen Schutzmaßnahmen**, womit auch die entsprechenden Bestimmungen des WCT und WPPT umgesetzt werden sollen (Art 6 InfoRL).[498] Der Begriff von Schutzmaßnahmen ist nicht näher definiert, wurde jedoch allgemein unter dem Begriff des *Digital Rights Management* (DRM) diskutiert, worunter allgemein die Verwaltung und Vermarktung von Werken in ihrer digitalen Gestalt und deren Sicherung zu verstehen ist.[499] Im Kern werden die Mitgliedstaaten verpflichtet, einen angemessenen Rechtsschutz gegen Umgehungsmaßnahmen oder -vorrichtungen zu etablieren, um technische Sicherungen zum Schutz von Urheberrechten, verwandten Schutzrechten oder des *sui generis* Schutzes von Datenbanken unantastbar zu machen.[500] Vervollständigt wird dieser Schutz durch die Verpflichtung der Mitgliedstaaten, die **Identifikation der Rechteinhaber** zu gewährleisten: Sie sind verpflichtet, angemessenen rechtlichen Schutz zu schaffen gegen unbefugte Entfernung oder Veränderung von elektronischen Informationen über die Rechtewahrnehmung bzw die Rechteinhaber – also Schutz gegen Handlungen, die Umgehungsakte vorbereiten bzw fördern können. Ferner sind Vorkehrungen zu treffen gegen die Einfuhr und Verbreitung von Werken oder sonstigen Schutzgegenständen, bei denen die elektronischen Informationen für die Wahrnehmung der Rechte entfernt oder geändert wurden (Art 7 Abs 1 InfoRL).

254   Erwähnenswert aus den von der Richtlinie vorgeschriebenen Sanktionen ist Art 8 Abs 3 InfoRL. Danach müssen die Mitgliedstaaten sicherstellen, dass die Rechteinhaber gerichtliche Anordnungen gegen Vermittler beantragen können, deren Dienste von einem Dritten zur Verletzung von Urheberrechten oder Leistungsschutzrechten benutzt werden – unabhängig davon, ob der Vermittler selbst eine Urheberverletzung begangen hat. Diese Regelung verhindert gemeinschaftsweit, dass sich **Access oder Service Provider** unter Berufung auf die Schranken oder Ausnahmen von Rechten gem Art 5 InfoRL von jeder Verantwortung freisprechen können.[501]

255   **hh) Folgerechts-RL 2001/84/EG.** Unter dem Folgerecht versteht man den unverzichtbaren Anspruch des Urhebers auf **Beteiligung an den Erlösen**, welche bei einer

---

496 Eingehend zu den Schwierigkeiten der Bestimmung des Anwendungsbereiches der Richtlinie Walter/*Walter* InfoRL Rn 89 ff.
497 Krit auch Walter/*Walter* InfoRL Rn 96, 100 ff; anders hingegen *Spindler* GRUR 2002, 111.

498 Erwägungsgründe, 47, 48, 51 zur Richtlinie.
499 *Schulz* GRUR 2006, 471.
500 Eingehend *Spindler* GRUR 2002, 116 ff.
501 *Reinbothe* GRUR 2001, 743.

Andrea Kyre

Weiterveräußerung von Werk-Originalen erzielt werden. Das Grundanliegen dieses Vergütungsanspruches besteht darin, den Urheber an den Wertsteigerungen zu beteiligen, die seine Werke typischerweise im Laufe der Zeit auf dem Markt erfahren.[502] Insb auf dem mit Originalwerken handelnden Kunstmarkt bestand und besteht ferner stets auch eine deutliche Tendenz, Ankäufe als Vermögensanlage und nicht aus reiner Sammlerfreude zu betreiben, und Weiterverkäufe entsprechend mit dem Ziel eines deutlichen Vermögensvorteils zu steuern.

Vor Erlass der Folgerechts-RL im Jahr 2001 (FFRL)[503] war das Folgerecht zwar in **256** den meisten Mitgliedstaaten bereits anerkannt, jedoch unterschiedlich ausgestaltet, so dass zu befürchten stand, dass der Kunstmarkt sich zielgerichtet – und zum Nachteil der Urheber – auf die Länder verlagern würde, welche gar kein Folgerecht kannten bzw ein solches lediglich mit einem geringen Schutzniveau ausgestalteten. Die hierdurch befürchteten Störungen des Binnenmarktes gaben Anlass zu einer gemeinschaftsweiten Harmonisierung, soweit die Unterschiede sich auf den Wettbewerb im Binnenmarkt direkt auswirken.[504]

Das Folgerecht ist in der Richtlinie eindeutig als **unverzichtbarer Beteiligungs- 257 anspruch** statuiert und stellt damit der Rechtsnatur nach einen urheberrechtlichen Vergütungsanspruch dar (Art 1 Abs 1 FRRL).

Das Folgerecht soll laut Richtlinie nicht den **Erstverkauf** von Werk-Originalen **258** durch den Urheber erfassen (Art 1 Abs 1 FRRL), wobei anerkannt ist, dass auch erste Kommissionsverkäufe als Erstverkauf und nicht als Weiterveräußerung gelten.[505] Lediglich **Weiterveräußerungen** sollen einen Beteiligungsanspruch aus Folgerecht auslösen, wobei die Richtlinie auch klarstellt, dass nur solche Weiterveräußerungen erfasst sind, an denen „Vertreter des Kunstmarktes wie Auktionshäuser, Kunstgalerien und allgemeine Kunsthändler als Verkäufer, Käufer oder Mittler beteiligt sind" (Art 1 Abs 2 FRRL). Damit sollen private (Weiter-) Verkäufe ausgenommen werden,[506] wobei die Richtlinie hier entgegen ihren erklärten Zielen verkennt, dass sich auch durch rein private Weiterverkäufe unter Sammlern erhebliche Verkaufserlöse erzielen lassen. Der zentrale Begriff „**Vertreter des Kunstmarktes**" wird in der Richtlinie nicht abschließend definiert.[507] Satt dessen wird klargestellt, dass sowohl Verkäufer, Mittler als auch Käufer zu Vertretern des Kunstmarktes gehören können, so dass im Sinne des Richtlinienziels ein Spielraum verbleibt, um alle typischen Weiterveräußerungen mit hohem Erlöspotenzial erfassen zu können.[508]

Als urheberrechtliche Besonderheit bezieht sich das Folgerecht traditionell in erster **259** Linie auf die **Werke der bildenden Kunst**, da insb diese von dem Geschäft der Weiter-

---

[502] Walter/*Walter* FRRL, Einleitung, Rn 3.
[503] RL 2001/84/EG des Europäischen Parlaments und des Rates vom 27.9.2001 über das Folgerecht des Urhebers des Originals eines Kunstwerks, ABlEG 2001, L 272, 32.
[504] Erwägungsgründe 10, 13, 14, 15 zur Richtlinie, in denen auch klargestellt wird, dass gerade keine vollständige Harmonisierung aller Vorschriften erfolgen soll, sondern den Mitgliedstaaten so viel Spielraum wie möglich für einzelstaatliche Entscheidungen zu lassen ist. Die Gefahr der Abwanderung der Verkaufsgeschäfte ins Ausland wurde bereits im Richtlinienvorschlag der Kommission aus dem Jahre

1996 eingehend untersucht, wobei insb auf die „Verlagerungskosten" eingegangen wurde. Diese Kostenanalyse sollte insb als Maßstab bei der Bemessung der Höhe der zwingenden Beteiligung des Urhebers herangezogen werden.
[505] Walter/*Walter* FRRL Einleitung Rn 3.
[506] So ausdrücklich gefordert in Erwägungsgrund 18 zur Richtlinie.
[507] Walter/*Walter* FRRL Art 1 Rn 5; anders *Handig* ZUM 2006, 546, 549, der eine abschließende Aufzählung der Richtlinie annimmt.
[508] Weiterführend *Katzenberger* FS Schricker 2005, 377 ff.

---

veräußerung betroffen sind.[509] Entsprechend zählt die Richtlinie beispielhaft vor allem verschiedene Werke der bildenden Kunst als unter das Folgerecht fallende Kunstwerke auf, wie Bilder, Collagen, Gemälde, Zeichnungen etc (Art 2 Abs 1 FRRL). Die Aufzählung enthält jedoch auch Keramiken und Glasobjekte, so dass auch **Werke der angewandten Kunst** unter das Folgerecht fallen dürften, sofern sie als Original angesehen werden können.[510]

260 Die Richtlinie gibt den Mitgliedstaaten vor, einen Mindestbetrag festzusetzen, ab dem eine Weiterveräußerung im Sinne der Richtlinie den Beteiligungsanspruch des Urhebers auslöst (Art 3 Abs 1 FRRL), wobei der **Mindestbetrag nicht höher als € 3 000,–** sein darf (Art 3 Abs 2 FRRL). Hier galt es einen Höchstbetrag zu finden, der keine Werkart ohne Not von dem Folgerecht ausschließt, wobei gleichzeitig jedoch eine gewisse **Erheblichkeitsschwelle** statuiert, um den durch das Folgerecht verbürgten Eigentumseingriff zu Lasten des Veräußerers rechtfertigen zu können.

261 Bei Erreichen des von den Mitgliedstaaten entsprechend festgelegten Mindestbetrages entsteht ein Beteiligungsanspruch des Urhebers in der von der Richtlinie vorgegebenen Höhe. Die Höhe der **Beteiligung ist gestaffelt** nach der Höhe des Erlöses aus der Weiterveräußerung abzüglich Steuern (Art 4, 5 FRRL). Die Abstufungen und Begrenzungen sind von der Richtlinie fast vollständig vorgegeben.[511] Es ist eine **Kappungsgrenze** für die Höhe der Beteiligung mit € 12.500 vorgegeben. Maßgeblicher Gedanke für die Staffelung der Beträge war, dass bei Verlagerung des Weiterverkaufs ins Ausland Verlagerungskosten entstehen, die mit dem Wert des Kunststücks steigen, insb hinsichtlich der Versicherungskosten, etwaiger Steuern oder Zollabgaben. Für die Verkäufer sollte es künftig attraktiver sein, die Weiterveräußerung im Gemeinschaftsgebiet abzuwickeln, selbst wenn sie eine Beteiligung aus dem Folgerecht an den Urheber zu zahlen hätten.[512]

262 Die Richtlinie stellt es den Mitgliedstaaten schließlich frei, ob sie eine zwingende oder fakultative Wahrnehmung der Beteiligungsansprüche aus dem Folgerecht durch eine **Verwertungsgesellschaft** vorschreiben (Art 6 Abs 2 FRRL). Vor dem Hintergrund der Unverzichtbarkeit des Anspruches erscheint diese Klarstellung sinnvoll. Für die Durchsetzungsstärke der Urheber hätte eine zwingende Vorschrift hier jedoch insofern Sinn gemacht, als dass Verwertungsgesellschaften grds bessere organisatorische, personelle wie auch finanzielle Strukturen mitbringen, um dem zum Teil repressiven und auch sehr unübersichtlichen Geschäft des Kunsttransfers gerecht zu werden.[513]

263 **b) Gewerbliche Schutzrechte.** Auf dem Gebiet der gewerblichen Schutzrechte beschränkten sich die Maßnahmen der Europäischen Gemeinschaft zunächst überwiegend auf die Harmonisierung des materiellen bereichsspezifischen Rechts der Mitgliedstaaten oder auf die Schaffung einer einheitlichen Rechtsgrundlage auf gemeinschaftlicher Ebene, zB durch Schaffung einheitlicher Rechte, die in der gesamten Gemeinschaft gelten, so bspw **Gemeinschaftsmarken, Gemeinschaftsgeschmacksmuster** oder das noch in Erörterung befindliche **Gemeinschaftspatent.** In der Erkenntnis,

---

509 Zu den verschiedenen, historischen Wurzeln und der Entstehungsgeschichte der FRRL s mwN Walter/*Walter* FRRL Einleitung Rn 9, 12 ff.
510 So auch *Handig* ZUM 2006, 547.
511 Gem Art 4 Abs 2 FRRL können statt 4 % auch 5 % für Veräußerungserlöse bis € 50000,– normiert werden: Gem Art 4 Abs 3 FRRL kann

die Staffelung für den Eingangssatz im Verhältnis gemindert werden (nicht jedoch unter 4 %), wenn die Mitgliedstaaten weniger als € 3 000,– bereits als Mindestverkaufserlös ansetzen, der den Beteiligungsanspruch nach sich zieht.
512 Krit hierzu Walter/*Walter* FRRL Art 4 Rn 1 ff.
513 So auch Walter/*Walter* FRRL Art 6 Rn 6.

Andrea Kyre

dass Nachahmungen, Produktpiraterie und allgemein die Verletzung geistigen Eigentums in der globalisierten Informationsgesellschaft ständig zunehmen, leitete die Kommission mit der **Enforcement-RL** auch die Schaffung einheitlichen Rechtsschutzes ein, um die von Land zu Land noch sehr unterschiedlichen Möglichkeiten der Rechtsdurchsetzung zu harmonisieren und damit die Flucht der Verletzer in Länder mit weniger wirksamen Schutz gegen Piraterie und Nachahmung entgegenzuwirken.

aa) Marken-RL und Gemeinschaftsmarken-Verordnung. Bereits 1988 wurde mit der Ersten Marken-RL (MarkenRL)[514] das mitgliedstaatliche Markenrecht in wesentlichen Zügen harmonisiert, welche durch das Markenreformgesetz von 1994 in deutsches Recht umgesetzt wurde.[515] Mit der Richtlinie wurden die **Markenformen** (Art 2 MarkenRL) sowie die absoluten und relativen **Eintragungshindernisse** (Art 3, 4 MarkenRL) vereinheitlicht, ferner die **Rechte aus der Marke** (Art 5 MarkenRL) sowie aus ihrer Benutzung (Art 10 MarkenRL). Mit der Richtlinie wurde der Grundsatz der europaweiten Erschöpfung bestätigt (Art 7 Abs 1 MarkenRL).

264

Mit der späteren Gemeinschaftsmarkenverordnung (GMVO)[516] wurde für das gesamte Gemeinschaftsgebiet die **einheitliche Gemeinschaftsmarke** (Art 1 GMVO) geschaffen, welche einheitlich beim **Harmonisierungsamt** für den Binnenmarkt (Marken, Muster und Modelle) in Alicante (HABM)[517] verwaltet werden sollte. Markenfähig als Gemeinschaftsmarke sind seither alle Zeichen, die sich graphisch darstellen lassen, sofern sie geeignet sind, Waren und Dienstleistungen eines Unternehmens von denjenigen anderer Unternehmens zu unterscheiden (Art 4 GMVO).[518] Als zusätzliche Erweiterung markenrechtlichen Schutzes sieht die MarkenRL für die Mitgliedstaaten die Option vor, den Ruf und die Unterscheidungskraft **bekannter Marken** gegen Schädigung und Ausbeutung zu schützen. Dies wird entsprechend auch in der GMVO verbürgt.

265

Die RL 2008/95/EG zur Angleichung der Rechtsvorschriften der Mitgliedstaaten über die Marken verfolgt nunmehr die weitestgehende Anpassung der mitgliedstaatlichen Vorschriften, die sich am unmittelbarsten auf das Funktionieren des Binnenmarktes auswirken.[519] Das Gemeinschaftsmarkenrecht wird insb von den Grundsätzen der relativen Autonomie, der Einheitlichkeit sowie der Koexistenz und Äquivalenz mit nationalen Marken bestimmt.[520] Die Verordnung enthält unmittelbar wirksame Vorschriften hinsichtlich der materiellen Schutzvoraussetzungen für die Gemeinschaftsmarken, zum Anmelde- und Eintragungsverfahren, zur Schutzdauer sowie zu spezifischen Verfahrens- und Zuständigkeitsvorschriften.[521] Für Klagen wegen Verlet-

266

---

[514] Erste RL 89/104/EWG des Rates zur Angleichung der Rechtsvorschriften der Mitgliedstaaten über die Marken v 21.12.1988, ABlEG 1989, L 40, 1 v 11.2.1989.
[515] Markenrechtsreformgesetz v 25.10.1994, BGBl 1994 I S 3082, in Kraft getreten am 1.1.1995.
[516] Verordnung VO 40/94/EG des Rates über die Gemeinschaftsmarke v 20.12.1993, ABlEG 1994, L 11, 1 und Verordnung VO/3288/94/EG des Rates zur Änderung der Verordnung VO 40/94/EG über die Gemeinschaftsmarke zur Umsetzung der im Rahmen der Uruguay-Runde beschlossenen Übereinkunft v 22.12.1994, ABlEG 1994, L 349, 83, in Kraft getreten am 1.1.1995, Geltung ab 1.1.1996.

[517] Das Harmonisierungsamt nahm am 1.4.1996 seine Arbeit auf; weiterführend *Ann* ZEuP 2002, 5 ff.
[518] Zum Erfordernis der Kennzeichnungskraft vgl *Knaak* GRUR Int 2007, 801 ff.
[519] RL 2008/95/EG des Europäischen Parlaments und des Rates v 22.10.2008 zur Angleichung der Rechtsvorschriften der Mitgliedstaaten über die Marken abgedruckt in GRUR Int 2009, 126 ff.
[520] Eingehend *Eisenführ/Schennen* Art 1 GMVO Rn 3.
[521] Eingehend Schricker/Bastian/Knaak/*Knaak* GMVO Rn 55 ff; zum Vorlageverfahren des BGH im Fall „Diesel" und zu der Frage, ob Warentransit nach richtlinienkonformer Aus-

zung einer Gemeinschaftsmarke gelten primär die **besonderen Zuständigkeitsvorschriften** der Verordnung (Art 90 Abs 1 GMVO iVm den Vorschriften des EuGVÜ[522] und der EuGVVO[523]), wobei statt der Schaffung einer europäischen Gemeinschaftsmarkengerichtsbarkeit die nationalen Gerichte der Mitgliedstaaten als Gemeinschaftsmarkengerichte für Streitigkeiten über die Verletzung von Gemeinschaftsmarken zuständig sein sollen.[524]

267   **bb) Geschmacksmuster-RL und Gemeinschaftsgeschmacksmuster-Verordnung.** Zu den gemeinschaftsrechtlich inzwischen weitestgehend harmonisierten Bereichen zählt auch das Geschmacksmusterrecht. Zum einen wurden die nationalen Geschmacksmustergesetze durch die europäische Geschmacksmuster-RL (GGRL) von 1998 harmonisiert.[525] Vereinheitlicht wurden dabei insb die **Definitionen des Musters** und seiner Schutzvoraussetzungen **Neuheit und Eigenart**.[526] Die Richtlinie wurde 2004 in deutsches Recht umgesetzt.[527] Die Richtlinie hebt den Geschmacksmusterschutz gemeinschaftsweit an indem sie dieses als eigenständiges gewerbliches Schutzrecht begreift und damit von den Anforderungen des Urheberrechts loskoppelt.[528]

268   Zum anderen hat der Gemeinschaftsgesetzgeber ein Gemeinschaftsgeschmacksmuster geschaffen, welches in der Geschmacksmusterverordnung (GGVO) kodifiziert ist.[529] Eine Besonderheit des Schutzes als Gemeinschaftsrecht besteht in der **Einführung eines nicht eingetragenen Gemeinschaftsgeschmacksmusters,** welches insb dem Schutz kurzlebiger Produkte, wie bspw Modeneuheiten dient und drei Jahre lang gegen Nachahmungen schützt.[530]

269   Die Europäische Kommission hat im Juli 2007 zwei weitere Verordnungen erlassen, die erforderlich sind, um dem Beitritt der EG zur Genfer Akte des Haager Abkommens über die internationale Eintragung gewerblicher Muster und Modelle Wirkung zu verleihen.[531] Nach diesem Beitritt können europäische Unternehmen Geschmacksmuster **mit einem einzigen Antrag** nicht nur **innerhalb der EU,** sondern auch **in den Vertragsstaaten der Genfer Akte** schützen lassen. Diese Verordnungen ver-

---

legung bereits eine Markenrechtsverletzung sein kann vgl *Leitzen* GRUR 2006, 89 ff.

522 Brüsseler EWG-Übereinkommen über die gerichtliche Zuständigkeit und die Vollstreckung gerichtlicher Entscheidungen in Zivil- und Handelssachen, BGBl 1998 II S 1412.

523 Verordnung 44/2001 des Rates v 22.12.2000 über die gerichtliche Zuständigkeit und die Anerkennung und Vollstreckung von Entscheidungen in Zivil- und Handelssachen, ABlEG 2001, L 12, 1.

524 Zu den damit verbundenen Problemen bei der Rechtsdurchsetzung *Knaak* GRUR Int 2007, 386 ff; zur Reichweite der Zuständigkeiten nationaler Gerichte nach der EuGVÜ und der EuGVO eingehend *Heinze/Roffael* GRUR 2006, 787 ff.

525 RL 98/71/EG des Europäischen Parlaments und des Rates v 13.10.1998 über den rechtlichen Schutz von Mustern und Modellen, ABlEG 1998, L 289, 28.

526 Eingehend Eichmann/von Falckenstein/ *Eichmann* § 2 GeschmMG Rn 1.

527 Gesetz zur Reform des Geschmacksmusterrechts v 12.3.2004, BGBl 2004 I S 390, in Kraft getreten am 1.6.2004.

528 Zum eigenständigen Charakter des Geschmacksmusters und seinem Verhältnis zu den anderen Rechtsinstituten vgl *Wandtke/Ohst* GRUR Int 2005, 91 ff und *Wöhrn* Band 2 Teil 7.

529 Verordnung (EG) Nr 6/2002 des Rates v 12.12.2001 über das Gemeinschaftsgeschmacksmuster, ABlEG 2002, L 3, 1.

530 Weiterführend *Oldekop* WRP 2006, 801 ff.

531 Verordnung (EG) Nr 876/2007 der Kommission v 24.7.2007 zur Änderung der Verordnung (EG) Nr 2245/2002 zur Durchführung der Verordnung (EG) Nr 6/2002 des Rates über das Gemeinschaftsgeschmacksmuster nach dem Beitritt der Europäischen Gemeinschaft zur Genfer Akte des Haager Abkommens über die internationale Eintragung gewerblicher Muster und Modelle (Text von Bedeutung für den EWR), ABlEG 2007, L 193, 13.

einfachen die Regelungen zur Prüfung von Anmeldungen und Verlängerungen von Gemeinschaftsgeschmacksmustern und schaffen eine einheitliche Zuständigkeit für die Verwaltung der eingetragenen Geschmacksmuster durch das **Harmonisierungsamt für den Binnenmarkt (HABM)**.

Mit zwei weiteren Verordnungen[532] wurden die an das HABM zu entrichtenden **Gebühren** sowie die Gebühren für internationale Anmeldungen, in denen die Europäische Gemeinschaft benannt ist, vereinheitlicht.

270

Mit dem Beitritt der Europäischen Union zur Genfer Akte des Haager Abkommens am 24.9.2007 sind die Verordnungen zum Gemeinschaftsgeschmacksmuster verbindlich geworden und traten zum 1.1.2008 in Kraft.

271

cc) Patentschutz. Seit dem 1.6.1978 besteht nach dem **Europäischen Patentübereinkommen von 1973 (EPÜ)**[533] die Möglichkeit, beim Europäischen Patentamt in München mit einer einzigen Patentanmeldung (**Europäisches Patent**), welche in Deutsch, Englisch oder Französisch abgefasst sein kann, Patentschutz in mehreren europäischen Staaten gleichzeitig zu erreichen. Dem Anmelder steht die Auswahl der einzelnen Staaten offen. Soll ein Patent in mehr als drei Ländern angemeldet werden, so ist eine „gesammelte" Anmeldung über das europäische Patent preisgünstiger als eine Einzelanmeldung in den jeweiligen Staaten. Da das Europäische Patent als ein **Bündel nationaler Patente** aber jeweils nur wie ein nationales Patent wirkt, erspart die gesammelte Anmeldung jedoch nicht den Arbeitsaufwand und die einzelnen Gebühren, die jährlich für den Patentschutz in den einzelnen Ländern zu entrichten sind. Für Verletzungs- und Nichtigkeitsverfahren sind entsprechend nur die jeweiligen nationalen Patentgerichte zuständig.

272

Nicht nur um einen einheitlichen Patentschutz im Binnenmarkt zu gewährleisten, sondern auch zur Vereinfachung und der Erreichung eines Patentschutzes in der Gemeinschaft, haben die Mitgliedstaaten bereits 1989 ein **Übereinkommen zum Gemeinschaftspatent** als Sonderabkommen zum EPÜ ausgehandelt, welches jedoch mangels ausreichender Ratifizierung nicht in Kraft getreten ist.[534]

273

Auf Gemeinschaftsebene begannen bereits im Jahr 2000 die Bemühungen der Kommission um die **Schaffung eines Gemeinschaftspatentsystems**, welches insb Anreize für Investitionen in Forschung und Entwicklung bieten und die Wettbewerbsfähigkeit der Wirtschaft insgesamt fördern soll. Der von der Europäischen Kommission am **1.8.2000** vorgelegte **Vorschlag für eine Verordnung des Rates über das Gemeinschaftspatent** ist jedoch nachfolgend auf erhebliche Widerstände und Kritik gestoßen und bislang nicht in Kraft getreten.[535]

274

Ziel der gesetzgeberischen Bemühungen ist es, ein übernational wirkendes, **einheitliches Gemeinschaftspatent** einzuführen, welches durch eine einzige Patentanmeldung

275

---

[532] Verordnung (EG) Nr 877/2007 der Kommission v 24.7.2007 zur Änderung der Verordnung (EG) Nr 2246/2002 über die an das Harmonisierungsamt für den Binnenmarkt (Marken, Muster und Modelle) zu entrichtenden Gebühren nach dem Beitritt der Europäischen Gemeinschaft zur Genfer Akte des Haager Abkommens über die internationale Eintragung gewerblicher Muster und Modelle, ABlEG 2007, L 193, 16.

[533] V 5.10.1973, BGBl 1976 II S 826, zuletzt geändert durch die Akte vom 17.12.1991 zur Revision von Art 63 Des EPÜ, BGBl 1993 II S 242. Dem EPÜ gehören 31 Staaten an, darunter alle EU-Mitgliedstaaten.
[534] ABlEG 1989, L 401, 1 abrufbar unter: http://eur-lex.europa.eu/LexUriServ/LexUriServ.do?uri=CELEX:41989A0695(01):DE:HTML.
[535] KOM 2000, 412 endg, ABlEG 2000, L 337, 278.

Patentschutz in allen EU-Staaten herbeiführt. Das **Gemeinschaftspatent als übernationales Patent** soll einheitlich in allen Mitgliedstaaten der EU wirken und für den Anmelder damit Administrationsaufwand wie Kosten sparen. Der Vorschlag der Kommission enthält Bestimmungen über die Schaffung eines einheitlichen Schutztitels mit den damit verbundenen Rechten aus dem Patent, über Klagemöglichkeiten zur Durchsetzung dieser Rechte, die Nichtigkeitsgründe sowie Bestimmungen betreffend die Verwaltung der erteilten Gemeinschaftspatente, zB deren jährliche Verlängerung. Laut Vorschlag soll das **Europäische Patentamt** für die Erteilung von Gemeinschaftspatenten zuständig werden. Die Kommission schlägt den **Beitritt der Gemeinschaft zum EPÜ** vor, um dem Europäischen Patentamt die Erteilung von Gemeinschaftspatenten zu ermöglichen. Das Europäische Patentamt könnte sodann Europäische Patente und Gemeinschaftspatente nach Maßgabe der einheitlichen Standards des EPÜ erteilen, was die Rechtseinheitlichkeit und Rechtssicherheit auf dem Gebiet des Patentrechts in Europa gewährleisten würde. Durch die Zentralisierung der Anmeldungen beim Europäischen Patentamt kämen dem Gemeinschaftspatent ferner die besonderen Erfahrungen des Europäischen Patentamts, die dieses als prüfendes Amt bereits sammeln konnte, zugute. Mit einem **weiteren Vorschlag im Jahr 2003**[536] schlug die Kommission ergänzend die Übertragung der Zuständigkeit in Patentsachen auf den EuGH und die Errichtung eines **Gemeinschaftspatentgerichts** und einer **Gemeinschaftspatentgerichtsbarkeit bis zum Jahre 2010** vor. Dieser Vorschlag zielt auf einen Ratsbeschluss auf der Grundlage der Art 257 AEUV und 281 AEUV zur Bildung einer gerichtlichen Kammer mit der Bezeichnung „Gemeinschaftspatentgericht" innerhalb des EuGH. Diese Kammer wäre im ersten Rechtszug **ausschließlich zuständig** für bestimmte Streitsachen im Zusammenhang mit dem Gemeinschaftspatent, wie aus der **Verletzung** eines Gemeinschaftspatents, der **Benutzung** der Erfindung nach Veröffentlichung der Gemeinschaftspatentanmeldung, für **einstweilige Maßnahmen**, **Schadensersatz** aus den vorgenannten Bereichen sowie für die Verhängung von **Zwangsgeldern** im Falle der Nichtbefolgung einer Entscheidung oder Anordnung. Laut Vorschlag der Kommission soll das Gericht erster Instanz künftig gem Art 256 AEUV als Rechtsmittelinstanz gegen Entscheidungen des Gemeinschaftspatentgerichts fungieren können.

276 Das Konzept eines Gemeinschaftspatents hat bislang heftige Diskussionen hervorgerufen, die das weitere gesetzgeberische Vorgehen zum Stillstand brachten.[537] Zum einen wird über die immensen **Kosten und den Administrationsaufwand für Übersetzungen** gestritten, die eine gemeinschaftsweite Patentanmeldung allein dadurch verursachen würde, dass die Patentbeschreibung in die Amtssprachen aller Mitgliedstaaten übersetzt werden müsse. Zum anderen stößt die Errichtung einer zentralen Gemeinschaftspatentgerichtsbarkeit auf Kritik, da ein solches Harmonisierungsinstrument für überflüssig gehalten wird. Insb bestünde bei einem Beitritt der Gemeinschaft zur EPÜ bereits die Möglichkeit von Vorlagefragen an den EuGH, die eine ausreichende Harmonisierung gewährleisten würden.

277 Am 4.12.2009 hat der Europäische Wettbewerbsrat grundlegende Kernelemente eines Gemeinschaftspatentes in einer Verordnung verankert, die nunmehr im Europä-

---

536 Vorschlag der Europäischen Kommission für einen Beschluss des Rates zur Übertragung der Zuständigkeit in Gemeinschaftspatentsachen auf den Gerichtshof, KOM (2003) 827 endg v 23.12.2003 abrufbar unter: http:// eur-lex.europa.eu/LexUriServ/LexUriServ.do?uri=CELEX:52003PC0827:DE:NOT.
537 Zur aktuellen Diskussion vgl *Tilmann* GRUR 2006, 824 ff; *Weiden* GRUR 2007, 491 ff.

ischen Parlament beraten wird.[538] Die vorgelegte Verordnung soll ermöglichen, dass Erfindungen mit der Patenterteilung sofort EU-weiten Rechtsschutz genießen. Benannt werden soll das Schutzrecht nunmehr „EU-Patent". Ferner haben sich die Minister auf ein einheitliches Patentgericht geeinigt. Es wurden Grundzüge eines einheitlichen Streitregelungssystems aufgestellt sowie zur Höhe der Jahresgebühren.[539] Die Fragen zur notwendigen Anzahl der Übersetzungen sowie Einzelheiten zur EPÜ Revision wurden hierin jedoch weiterhin ausgeklammert, so dass eine Einigung hier wohl nicht abzusehen ist.[540]

c) Rechtsdurchsetzung. aa) Grenzbeschlagnahme-Verordnung (VO 1383/2003/EG). **278** Von großer praktischer Bedeutung ist die Produktpiraterieverordnung (Piraterie-VO).[541] Als unmittelbar wirkende, gemeinschaftsrechtliche Regelung geht die Piraterie-VO dem mitgliedstaatlichen Recht vor, so dass eine Angleichung der bereichsspezifischen mitgliedstaatlichen Regelungen erfolgt. Werden schutzrechtsverletzende Waren, wie etwa raubkopierte Filme, Musik oder Software importiert, so können die Raubkopien bereits an der Grenze durch die Zollbehörden angehalten werden. Den **Kreis der schutzrechtsverletzenden Waren** fasst die Verordnung recht weit und nennt neben nachgeahmten (kennzeichenrechtsverletzenden) und unerlaubt hergestellten (urheber- und geschmacksmusterverletzenden) Waren auch solche, welche ein mitgliedstaatlich geschütztes Patent oder näher bezeichnete Rechte an Sorten, Ursprungsbezeichnungen oder geographischen Angaben verletzen (Art 2 Abs 1 Piraterie-VO).[542] Sie erfasst auch die Einfuhr und die **Durchfuhr (Transit)** von Nichtgemeinschaftswaren.[543]

Die Piraterie-VO regelt die Einzelheiten des Verfahrens der Grenzbeschlagnahme **279** von schutzrechtsverletzenden Waren und **gilt für den Warenverkehr mit Drittstaaten.** Einfuhren von Gemeinschaftswaren, also von Waren aus anderen EG-Mitgliedstaaten, unterfallen hingegen nicht der Piraterie-VO. Auch Parallelimporte fallen nicht in der Anwendungsbereich der Piraterie-VO.[544]

Im Regelfall wird das Grenzbeschlagnahmeverfahren durch einen Antrag des **280** Rechtsinhabers eingeleitet. Nach Art 9 Abs 1 Piraterie-VO hält die Zollstelle die Waren zurück, wenn der Verdacht besteht, dass es sich um schutzrechtsverletzende Ware handelt, und ermöglicht dem Antragsteller, die Waren zu untersuchen. Handelt es sich um Piraterieware, sieht Art 13 Piraterie-VO die Einleitung eines gerichtlichen Verfahrens vor. Daneben ermächtigt Art 11 Piraterie-VO die Mitgliedstaaten, ein vereinfachtes Verfahren zu regeln.[545]

---

538 Vereinbarung abrufbar unter http://consilium.europa.eu7uedocs/cms_data/docs/pressdata/en/intm/111744.pdf.
539 Ausf dazu *Luginbühl* GRUR Int 2010, 97 ff sowie *Pagenberg* GRUR Int 2010, 195 ff.
540 Conclusions on an enhanced patent system in Europe Council of European Union abgedruckt GRUR Int 2010, 207 ff; Näheres auch unter http://www.epo.org/patents/law/legislative-initiatives/community-patent_de.html.
541 EG-Verordnung Nr 1383/2003 des Rates v 22.7.2003 über das Vorgehen der Zollbehörden gegen Waren, die im Verdacht stehen, bestimmte Rechte geistigen Eigentums zu verletzen, und die Maßnahmen gegenüber Waren, die

erkanntermaßen derartige Rechte verletzen, abgedruckt in GRUR Int 2003, 1002; eingehend hierzu *Kampf* ZfZ 2004, 110; *von Welser* EWS 2005, 202.
542 Eingehend *von Welser* EWS 2005, 202 ff; vgl auch *Cordes* GRUR 2007, 483.
543 EuGH WRP 2000, 713, 715 – The Polo/Lauren Company; EuGH GRUR Int 2004, 317, 319 – Rolex-Plagiate; EuGH GRUR 2007, 146 – Montex/ Diesel; zur Montex/Diesel Entscheidung, welche in einem Vorlageverfahren erging, eingehend *Heinze/Heinze* GRUR 2007, 740, 745.
544 BFH GRUR Int 2000, 780, 781 – Jockey.
545 Vgl *von Welser* EWS 2005, 202, 207; weiterführend *Berlit* WRP 2007, 732.

281   **bb) Enforcement-RL (RL 2004/48/EG).** Die Enforcement-RL[546] regelt die prozessuale Durchsetzung der geistigen Eigentumsrechte und ist eine der bedeutendsten Harmonisierungsmaßnahmen auf dem Gebiet der geistigen Schutzrechte in Europa.[547] Ihr Regelungsumfang ist im Gegensatz zu den vorangehenden Richtlinien aussergewöhnlich weit, denn sie bezieht sich auf das gesamte Spektrum der Immaterialgüterrechte. Dabei bezweckt die Richtlinie nicht die materiell-rechtliche Harmonisierung von einzelnen Fragen des Immaterialgüterrechts.[548] Vielmehr verpflichtet sie die Mitgliedstaaten zur **Schaffung von materiell-rechtlichen Sanktionen und verfahrensrechtlichen Instrumenten**, um einen verbesserten Rechtsschutz bei Schutzrechtsverletzungen zu schaffen (Art 3). Auch wenn dieses Ziel durch eine Verordnung unmittelbar hätte erreicht werden können, trug die Kommission bei der Wahl des Rechtsinstruments den unterschiedlichen nationalen Rechtstraditionen Rechnung und setzte sich als Kompromiss das Ziel, den Schutz der Rechte des geistigen Eigentums im nationalen Kontext sicher zu stellen.[549] Durch ihre verbindlichen verfahrensrechtlichen Vorgaben dringt die Richtlinie dennoch weit in die nationalen Rechtssysteme vor und führt daher zu weit grösseren Implementierungsproblemen als die bis dato bekannten Richtlinien.[550] Als Spielraum überlässt die die Richtlinie den Mitgliedstaaten die Ausgestaltung der einzelnen verbindlichen Maßnahmen und Verfahren nach dem Grundsatz des **Verhältnismäßigkeitsprinzips** (Art 3 Abs 2).

282   Die Regelungen sollen im **gesamten Bereich des Immaterialgüterrechts** gelten (Art 1), wie sich insb aus der Erklärung der Kommission 2005/295/EG[551] ergibt, in welcher ua Urheberrechte und verwandte Schutzrechte, Schutzrechte sui generis der Hersteller von Datenbanken, Marken-, Geschmacksmuster- und Patentrechte genannt sind.[552] Die Richtlinie selbst verzichtet auf eine umfassende Aufzählung dieser Rechte, denn ihr erklärtes Ziel ist es, sowohl die auf Europäischer Ebene gewährten Immaterialgüterrechte einzubeziehen, als auch solche, die nur nach dem nationalen Recht eines Mitgliedstaates auf dessen Territorium gewährt werden.[553] Aufgrund dieses weiten Ansatzes sind die auf europäischer Ebene gewährten verwandten Schutzrechte ebenfalls mit erfasst: dh die Rechte der ausübenden Künstler, Tonträgerhersteller, Sendeunternehmen und Filmhersteller gemäß der Vermiet- und Verleih-RL; die Rechte der Datenbankhersteller als Schutzrecht sui generis gemäß der Datenbank-RL; die Rechte der wissenschaftlichen Ausgaben und einfacher Lichtbildner ohne urheberrechtliche Schöpfungshöhe wie sie sie in der Schutzdauer-RL behandelt werden; schließlich sämtliche künftigen Immaterialgüter-Schutzrechte, welche auf europäischer und/oder nationaler Ebene künftig eingeführt werden.

283   Die in der Richtlinie vorgesehenen Maßnahmen sollen bei **allen Verletzungen** der genannten Rechte anwendbar sein, die auf gemeinschaftsrechtlicher oder mitgliedstaatlicher Ebene als solche einzustufen sind (Art 2 Abs 1). Der anfängliche Richtlinienentwurf der Kommission sah hier noch eine Beschränkung auf solche Verletzungs-

---

[546] RL 2004/48/EG des Europäischen Parlaments und des Rates v 29.4.2004 zur Durchsetzung des geistigen Eigentums, ABlEG 2004, L 195, 16.
[547] Eingehend *Knaak* GRUR 2004, 745 ff.
[548] Vgl Erwägungsgrund 15.
[549] Vgl Begründung zum Richtlinienvorschlag, KOM (2003) 46 endg v 30.1.2003.
[550] Eingehend Walter/von Lewinski/*Walter/Goebe* Enforcement Directive Rn 13.0.2.

[551] Erklärung der Kommission zur Richtlinie 2005/295/EG, ABlEG 2005, L 94, 37.
[552] Weiterführend Jacobs/*Loschelder* FS Raue 529 ff.
[553] Vgl Erwägungsgrund 13; Walter/ von Lewinski/*Walter/Goebel* Enforcement Directive Rn 13.1.7.

handlungen vor, welche in gewerblicher Absicht vorgenommen werden oder zu maßgeblicher Schädigung des Rechtsinhabers führen. Diese Beschränkung wurde im anschließenden Verabschiedungsverfahren jedoch wieder gestrichen, wohl wissend, dass die Masse an Verletzungshandlungen sicherlich einem der beiden Kriterien entsprechen würde, zumal selbst private Handlungen wie illegale Downloads in der Gesamtbetrachtung zu maßgeblichen Schäden führen. Dennoch hat diese Streichung insofern grosse Bedeutung, als dass nicht jeder einzelne Verletzungsfall zu einem maßgeblichen Schaden geführt haben muss.[554] Die Vorgaben der Richtlinie sind dabei als **Mindestvorgaben** zu betrachten (Art 2 Abs 1) – jeweilige, günstigere Vorgaben des nationalen Rechts bleiben unberührt.[555] Ebenso bleiben **spezielle Regelungen** der vorangehenden europäischen Richtlinien und Verordnungen unberührt (Art 2 Abs 2 und 3), wie etwa nach Art 7 der Computerprogramm-RL, Art 6 und Art 8 der Informationsgesellschafts-RL sowie die Regelungen zur Abwehr von Produktpiraterie nach der Grenzbeschlagnahmeverordnung.

Beachtlich ist der **Kreis der Aktivlegitimierten** gemäß der Richtlinie: Sowohl die **284** originären Rechtsinhaber, als auch Inhaber derivativer Rechte wie etwa Lizenznehmer sowie kollektive Rechtewahrnehmungsgesellschaften sind berechtigt, Verfahren und Maßnahmen gemäß der Richtlinie zu verlangen (Art 4). Dabei stellt die Richtlinie klar, dass sich diese Berechtigungen im Rahmen der Vorgaben des jeweils anwendbaren Rechts bewegen, was zunächst als conflict of law Regel zu werten ist.[556] Im Hinblick auf die Aktivlegitimation von kollektiven Rechtewahrnehmungsgesellschaften wird der Richtlinie jedoch auch entnommen, dass das nationale Recht in Umsetzung der Richtlinie solchen Gesellschaften nunmehr auch weitestgehende Klagebefugnisse einzuräumen hat.[557]

Die von der Richtlinie avisierten Maßnahmen sind ausdrücklich auf **verwaltungs-** **285** **rechtliche** bzw **zivilrechtliche Maßnahmen** beschränkt (Art 16). **Strafrechtliche Maßnahmen** sind nicht umfasst (Art 2 Abs 3b).

Zentrale Regelungen sind eine verschärfte **Beweisvorlagepflicht** des Verletzers **286** (Art 6), Maßnahmen zur **Beweissicherung** (Art 7), **Auskunftsansprüche** gegen **potenzielle Verletzer** (Art 8), **einstweilige Maßnahmen** und Sicherungsmaßnahmen (Art 9) und ein **Schadensersatzanspruch** gegen vorsätzliche Verletzer von Schutzrechten (Art 13).

Die **Beweisvorlagepflicht** (Art 6) ist als prozessuale Maßnahme ausgestaltet, die **287** das zuständige Gericht auf Antrag anordnen kann, sofern der Antragsteller selbst alle verfügbaren Beweismittel zur Begründung seines Anspruchs vorgelegt hat und darüber hinaus weitere Beweismittel benennt, die sich jedoch im Besitz des Antragsgegners befinden.[558] Ist die streitgegenständliche Rechtsverletzung in gewerblichem Ausmaß erfolgt, so muss sich die Beweisvorlagepflicht unter den gleichen Voraussetzungen auch auf gegnerische Bank-, Finanz- und Handelsunterlagen erstrecken. Diese weitreichende prozessuale Maßnahme, die unmittelbaren Einblick in die Geschäftsunterlagen ermöglicht, hat starke Kritik ausgelöst, denn sie stellt auch auf die Ermittlung der

---

554 Walter/von Lewinski/*Walter*/*Goebel* Enforcement Directive Rn 13.2.2.
555 Walter/von Lewinski/*Walter*/*Goebel* Enforcement Directive Rn 13.2.4.
556 Walter/von Lewinski/*Walter*/*Goebel* Enforcement Directive Rn 13.4.9.
557 Vgl Erwägungsgrund 18; Walter/

von Lewinski/*Walter*/*Goebel* Enforcement Directive Rn 13.4.15.
558 Vgl auch *Seichter* WRP 2006, 391, 392; zum erforderlichen Grad der Wahrscheinlichkeit einer Rechtsverletzung vgl *Eisenkolb* GRUR 2007, 387, 391.

(eventuellen, anderen) Nutznießer der Rechtsverletzung ab und entfernt sich damit von dem eigentlichen, verfahrensgegenständlichen Beweisthema.[559]

288   Die vorprozessualen Maßnahmen der **einstweiligen Beweissicherung** (Art 7) sind nicht an eine Gefahr der Beweisvernichtung geknüpft[560], eine „behauptete Rechtsverletzung" ist ausreichend, wenn der Antragsteller im Übrigen alle vernünftigerweise verfügbaren Beweismittel zur Anspruchsbegründung vorgelegt hat.[561] Wie wahrscheinlich eine Rechtsverletzung sein bzw schon bewiesen sein muss, um vorprozessuale Maßnahmen anordnen zu können, obliegt der Ausgestaltung durch die Mitgliedstaaten.[562] Gleichwohl unterstreicht die Richtlinie den Charakter einstweiligen Rechtsschutzes und statuiert eine Verpflichtung für den Kläger, innerhalb angemessener Zeit ein Hauptverfahren anzustrengen (Art 7 Abs 3). Anderenfalls kann der Beklagte die einstweilig verhängten Maßnahmen aussetzen und Schadensersatzansprüche gegen den Kläger geltend machen. Diese an sich selbstverständliche Regelung ist hinsichtlich der Vorgaben zur „angemessenem Zeit" beachtlich. Die Fristenregelungen der einzelnen Mitgliedstaaten sollen hierbei maßgeblich bleiben. In Ermangelung solcher gibt die Richtlinie jedoch 20 Arbeitstage oder 31 Kalendertage vor – je nach dem was länger ist. Diese nicht verlängerbaren Zeitvorgaben belegen einmal mehr, wie weitestgehend die Richtlinie in die Rechtssysteme der Mitgliedstaaten eingreifen kann, selbst wenn sie keine materiell-rechtliche Harmonisierung beinhaltet. Darüber hinaus können sowohl die sich gegenüberstehenden Parteien als auch die Gerichte der Mitgliedstaaten in unnötige Arbeit gezwungen werden, falls sich im Laufe des einstweiligen Rechtsschutzverfahren außergerichtliche Vergleichsgespräche und dergleichen entwickeln, welche mit Fristende noch nicht abgeschlossen sind.[563]

289   Eine der wichtigsten Regelungen der Richtlinie beinhaltet das **Auskunftsrecht** (Art 8), wonach die Mitgliedstaaten gewährleisten müssen, dass der Kläger Auskünfte über den Ursprung und die Vertriebswege von rechtsverletzenden Waren und über den Umfang der Rechtsverletzung erhalten kann. Diese obligatorische Vorgabe der Richtlinie beruht auf der einleuchtenden Erkenntnis, dass ein Auskunftsrecht der Schlüssel zur Erlangung von Rechtsschutz überhaupt sein kann, wenn man die Unübersichtlichkeit der Vorgänge betrachtet, die sich aus den zunehmend vernetzten Produktions- und Vertriebskanälen sowie der Dimensionen der Rechtsverletzungen im Internet ergeben.[564] Da die Richtlinie jedoch erklärtermaßen keine materiell-rechtliche Harmonisierung verfolgt, stellt sich jedoch bzgl des Auskunftsrechts die Frage nach dessen **Rechtsnatur**. Der Anspruch könnte sowohl als materielles als auch als rein prozessuales Recht betrachtet werden, was kontrovers diskutiert wurde und wird.[565] Im Falle materiell-rechtlichen Charakters wäre mit der Einführung des Auskunftsrechts auch die Pflicht der Mitgliedstaaten verbunden, dem Kläger ein eigenes Klagerecht gegen den Auskunftsverpflichteten einzuräumen, wohingegen bei lediglich prozessualem Charakter die Möglichkeit, gegen den Auskunftsverpflichteten selbstständig vorgehen zu können, nicht erforderlich wäre. Ausgehend vom konkreten Wortlaut der Richt-

---

[559] *Knaak* GRUR Int 2004, 747, der auch eine Kollision mit dem Verbot des „Ausforschungsbeweis" sieht, vgl BGH GRUR 2002, 1046, 1048 – Faxkarte; weiterführend *Haedicke* FS Schricker 2005, 19 ff.

[560] So forderte es noch der erste Richtlinievorschlag; vgl Stellungnahme der Deutschen Vereinigung für gewerblichen Rechtsschutz und Urheberrecht GRUR 2003, 682 f.

[561] Eingehend Walter/von Lewinski/*Walter*/ *Goebel* Enforcement Directive Rn 13.7.19 ff.

[562] Vgl *Knaak* GRUR Int 2004, 748; *Eisenkolb* GRUR 2007, 391; *Seichter* WRP 2006, 391, 395; krit *Tillmann* GRUR 2005, 737, 738.

[563] *Amschewitz* 141 ff.

[564] *Amschewitz* 145 ff.

[565] *Haedicke* FS Schricker, 19, 28 ff.

Andrea Kyre

linie wird vorrangig der materiall-rechtliche Ansatz vertreten und ist in Deutschland im Hinblick auf das Auskunftsverlangen gegen Service Provider auch umgesetzt worden.[566]

Inhaltlich kann sich der Anspruch auf **Namen, Adressen aller involvierten Personen, Warenmengen und auf die Preise** der Waren beziehen (Art 8 Abs 2). Unter den Kreis der involvierten Personen sind sowohl die Hersteller von rechtsverletzenden Waren, als auch dessen Vertriebspartner, Zulieferer zu rechnen, ferner auch Vorbesitzer jeder Art sowie sämtliche Dienstleister, die ihre Dienstleitungen zu den Herstellungs- und Absatzwegen erbracht haben. Ausgehend vom Ziel des Auskunftsrechts, den Geschädigten in die Lage zu versetzen, seine Schadensersatzansprüche berechnen und geltend machen zu können, sind ferner auch jegliche Abnehmeradressen herauszugeben.[567]

290

Auch der **Kreis der Verpflichteten** ist von der RL sehr weit definiert und umfasst neben dem Verletzer (Art 8 Abs 1) auch jede andere Person, die nachweislich rechtsverletzende Ware in gewerblichem Ausmaß in ihrem Besitz hatte (Art 8 Abs 1a), oder rechtsverletzende Dienstleistungen in gewerblichem Ausmaß in Anspruch nahm (Art 8 Abs 1b), oder nachweislich für rechtsverletzende Tätigkeiten verwendete Dienstleistungen in gewerblichem Ausmaß erbrachte (Art 8 Abs 1c), oder nach den Angaben der unter a)–c) genannten Personen an der Herstellung, Erzeugung oder am Vertrieb solcher Waren bzw Dienstleistungen beteiligt war (Art 8 Abs 1d).[568]

291

Die **Ausdehnung des Kreises** der Auskunftspflichtigen, auf Personen, die von anderen der Mitwirkung lediglich bezichtigt wurden, hat zu heftiger Kritik bei den interessierten Kreisen geführt.[569] Insb von der Regelung des Art 8 Abs 1c) sind **Access-Provider** erfasst, die sich bei Herausgabe der Namen und Adressen ihrer registrierten Nutzer im Konflikt mit **datenschutzrechtlichen Vorgaben** sehen, welche die Richtlinie nur unzureichend berücksichtigen würde.[570] In seiner Entscheidung *ProMusicaE/Telefonica de Espana* arbeitete der EuGH unter Berufung auf das Verhältnismäßigkeitsprinzip zwar heraus, dass die Mitgliedstaaten bei der Umsetzung dieser Richtlinienvorschrift eine Abwägung zwischen Urheberrecht und Datenschutz auch im Hinblick auf das Verhältnismäßigkeitsprinzip treffen müssen.[571] Festzuhalten bleibt jedoch, dass nach Maßgabe der **Kollisionsregelung des Art 2 Abs 3a)** der Richtlinie spezifische materiell-rechtliche europäische Regelungen unberührt bleiben sollen sowie auch die Datenschutz-RL 95/46/EG und die Richtlinie über den elektronischen Geschäftsverkehr RL 2000/31/EG. Erwähnenswert an dieser Stelle ist, dass die Richtlinie über den Datenschutz in der elektronischen Kommunikation-RL 2002/58/EG nicht explizit in der besagten Kollisionsregelung erwähnt wird. Danach gelten insb die speziellen Vorschriften der Datenschutz-RL, die die Herausgabe persönlicher Daten lediglich dann erlauben, wenn dies einer Rechtspflicht des Dateninhabers entspricht. Diese Rechtspflicht wird durch die Enforcement-RL jedoch gerade begründet, so dass die Mitglied-

292

---

566 Eingehend Walter/von Lewinski/*Walter/Goebel* Enforcement Directive Rn 13.8.9 ff; *Czychowski* GRUR-RR 2008, 265, 267 ff; *Dörre/Maaßen* GRUR-RR 2008, 219 ff.
567 Walter/von Lewinski/*Walter/Goebel* Enforcement Directive Rn 13.8.21 f.
568 Zum Begriff „gewerblichem Ausmaß" vgl Erwägungsgrund 14 zur Richtlinie.
569 Vgl *Knaak* GRUR Int 2004, 749, der diese Bestimmung als unvereinbar mit deutschem

Recht hält; vgl auch *Eisenkolb* GRUR 2007, 391; *Seichter* WRP 2006, 391, 395.
570 *Eisenkolb* GRUR 2007, 392.
571 Vgl EuGH Rs C-275/06 – Promusicae, abrufbar unter http://curia.europa.eu/jurisp/cgi-bin/form.pl?lang=DE&Submit=Rechercher$doc%20require=alldocs&numaff=C-275/06; vgl auch *Spindler/Dorschel* CR 2006, 341, 346 f.

staaten im Ergebnis für die Fälle des Auskunftsrechtes zur Aufnahme entsprechender Regelungen gegenüber dem Access-Provider verpflichtet sein müssten.[572] Diese Sicht bestätigt der EuGH in seiner wenig später getroffenen Entscheidung LSG/Tele2[573] wonach die Mitgliedstaaten zwar zur Verhältnismäßigkeit bei der Umsetzung der Richtlinienvorgaben verpflichtet sind, keinesfalls jedoch davon abgehalten werden sollten, zumutbare Verpflichtungen der Access-Provider zur Herausgabe von persönlichen Verkehrsdaten ihrer privaten Nutzer zu etablieren, um zivilrechtliche Prozesse wegen Verletzung von Immaterialgüterrechten zu ermöglichen. In diesem Zusammenhang seien laut EuGH die Access-Provider als Vermittler iSd Art 8 Abs 3 der Informationsgesellschafts-RL anzusehen.[574]

293   Um zu verhindern, dass rechtsverletzende Waren in die Vertriebswege gelangen, statuiert die Richtlinie flankierend zu den dargestellten Maßnahmen ein **gerichtliches Beschlagnahmeverfahren** (Art 9 Abs 3–7), welches die Vorschriften der **Grenzbeschlagnahmeverordnung** VO 1383/2003 ergänzt und über die Fälle der Einfuhr und Ausfuhr hinaus auf alle Verletzungstatbestände anwendbar sein soll.[575] Die Gerichte sollen demnach unabhängig von zollrechtlichen Vorschriften befugt sein, die Beschlagnahme von rechtsverletzenden Waren anzuordnen.

294   Schließlich ist eine weitere obligatorische Maßnahme aus der Richtlinie hervorzuheben: Die Mitgliedstaaten haben dafür Sorge zu tragen, dass die Gerichte auf Antrag des Verletzten die Veröffentlichung ihrer Urteile anordnen (Art 15). Die Maßnahme der Urteilsveröffentlichung soll dabei neben einem gewissen Strafaspekt auch der Abschreckung von potenziellen Verletzern dienen.[576] Ferner verfolgt die Richtlinie damit auch das allgemeine öffentliche Informationsinteresse.[577] Nachdem die Umsetzungsfrist bereits am 29.4.2006 abgelaufen war,[578] hat der Bundestag am 11.4.2008 dem Regierungsentwurf des „Gesetzes zur Verbesserung der Durchsetzung von Rechten des geistigen Eigentums" mit mehreren Änderungen zugestimmt.[579] Dieses trat am 1.9.2008 in Kraft.[580]

Die heftig umstrittene Frage, ob Internet-Provider zur Herausgabe persönlicher Daten ihrer Nutzer ohne richterliche Entscheidung gezwungen werden können, hat der deutsche Gesetzgeber im Rahmen seiner Pflicht zur Beachtung des Verhältnismäßigkeitsprinzips mit der Festschreibung eines Richtervorbehaltes beantwortet.[581]

295   **cc) Vorschlag für eine Richtlinie zu strafrechtlichen Sanktionen zum Schutz geistigen Eigentums.** Der Vorschlag der Kommission[582] dient der Angleichung der Rechtsvorschriften der Mitgliedstaaten auf dem Gebiet der strafrechtlichen Sanktionen bei

---

[572] Eingehend Walter/von Lewinski/*Walter/Goebel* Enforcement Directive Rn 13.8.31.
[573] Abrufbar unter http://eur-lex.europa.eu/LexUriServ/LexUriServ.do?uri=CELEX:62007O0557:DE:HTML.
[574] Vgl auch Erwägungsgrund 23.
[575] Vgl *Knaak* GRUR Int 2004, 750, der hierin eine Kompensation zu den durch die EU-Erweiterung verschobenen Außengrenzen und damit reduzierten Möglichkeiten für die Zollbeschlagnahme sieht; weiterführend *Hermsen* Mitt 2006, 261 ff.
[576] Walter/von Lewinski/*Walter/Goebel* Enforcement Directive Rn 13.15.6.
[577] Vgl Erwägungsgrund 27.

[578] Zur unmittelbaren Anwendbarkeit der Richtlinie vgl *Eisenkolb* GRUR 2007, 387; *Peukert/Kur* GRUR Int 2006, 292 ff.
[579] Vgl zu den Entwürfen BT-Drucks 16/5048 und BT-Drucks 16/8783; *Spindler/Weber* ZUM 2007, 257 ff.
[580] Gesetz zur Verbesserung der Durchsetzung von Rechten des geistigen Eigentums vom 7.7.2008, BGBl I 2008 S 1191 ff.
[581] BT-Drucks 16/5048, 6.
[582] Vorschlag zu einer Richtlinie des Europäischen Parlaments und des Rates über strafrechtliche Maßnahmen zur Durchsetzung geistigen Eigentums, KOM (2006), 168 endg v 26.4.2006.

Verletzungen der Rechte an geistigem Eigentum, bspw der Raubkopie oder der unerlaubten Nachahmung. Die Kommission schlägt die Festlegung bestimmter **Mindeststrafen** vor, welche die Mitgliedsstaaten auch überschreiten dürfen.

dd) Entschließung des Rates zur Verbesserung der Durchsetzung von Rechten des geistigen Eigentums. Mit seiner Entschließung am 1.3.2010 fordert der Rat die Kommission, die Europäische Beobachtungsstelle für Marken- und Produktpiraterie sowie Mitgliedsstaaten auf, in ihren Kampf gegen die massenhafte Verletzung immaterieller Schutzrechte zu intensivieren.[583] Insb verlangt der Rat die Schaffung nationaler Strategien und transparenter Koordinierungsstrukturen, die Zusammenstellung eventueller Verbesserungsmaßnahmen zur EuGVVO sowie die Überprüfung der Möglichkeiten, einen geänderten Vorschlag für die Richtlinie zu strafrechtlichen Sanktionen vorzulegen, die besonders auf die typischen verbundenen Delikte der Produktpiraterie eingeht. **296**

2. Lauterkeitsrecht

Die europäische Harmonisierung im Lauterkeitsrecht erfolgte bislang weitgehend durch den Erlass von Richtlinien, die den Mitgliedstaaten genügend Freiraum lassen sollten, die Vorgaben der Richtlinien in ihr eigenes Lauterkeitsrecht einzupflegen.[584] Dabei hat sich die Rechtsangleichung auf diesem Gebiet bislang als weit schwieriger erwiesen als im Recht des geistigen Eigentums.[585] Ursache dafür sind die **grundlegenden materiellen, verfahrensrechtlichen sowie methodischen Unterschiede** im System des Lauterkeitsrechts in den einzelnen Mitgliedstaaten. Während bspw in **Deutschland, Österreich und in der Schweiz** ein monistischer Ansatz verfolgt wird und daher eigenständige Gesetze zum unlauteren Wettbewerb existieren, folgt das **französische Recht** einer dualistischen Konzeption und verortet das Verbot des unlauteren Wettbewerbs einerseits im allgemeinen Deliktsrecht und schützt die Verbraucher ergänzend mit den Mitteln des Strafrechts und des Verwaltungsrechts. Die *common-law*-Länder wiederum favorisieren eine starke Selbstkontrolle der Werbewirtschaft und enthalten daher nur ergänzende deliktsrechtliche und verwaltungsrechtliche Vorschriften.[586] **297**

Die Harmonisierungsbemühungen der Kommission umfassen bislang **allgemeine, lauterkeitsrechtliche Bestimmungen**, wie etwa die Richtlinie über irreführende und vergleichende Werbung von 1984 und 1997. Daneben treten **produktspezifische Regelungen**, zum Beispiel über Tabak- und Arzneimittelwerbung. Das allgemeine Verbraucherrecht nimmt bei der Zielsetzung dieser Bestimmungen eine immer größere Bedeutung ein,[587] welchem insb durch die Schaffung von einheitlichen Informationspflichten Genüge getan werden soll.[588] **298**

a) Allgemeines Lauterkeitsrecht. aa) Richtlinie über irreführende und vergleichende Werbung (RL 84/450/EWG in der Fassung der RL 2006/114/EG). Die erste lauterkeitsrechtliche Richtlinie war die RL 84/450/EWG (Richtlinie über irreführende **299**

---

583 ABl EU Nr C 56 v 6.3.2010, 1.
584 Zu den internationalen und gemeinschaftsrechtlichen Vorgaben eingehend *Henning-Bodewig* GRUR Int 2010, 549 ff.
585 *Schricker/Henning-Bodewig/Ohly* 69 ff; *Schricker* GRUR Int 1990, 771 ff; *Ohly/Spence* GRUR Int 1999, 681, 689.

586 Eingehend *Ohly* WRP 2008, 177 unter Berufung auf die umfassende Ausarbeitung von *Glöckner*.
587 *Ohly* WRP 2008, 180.
588 Krit *Ohly* WRP 2008, 180.

und vergleichende Werbung).[589] Erweiterung hierzu brachten die RL 97/55/EG[590] sowie die RL 2005/29/EG.[591] Mit der RL 2006/114/EG[592] wurden die bisherigen Vorschriften der Richtlinie über irreführende und vergleichende Werbung schließlich aufgehoben und neu kodifiziert.

300   Ziel der Richtlinie ist es, die in den Mitgliedstaaten stark unterschiedlichen Vorschriften zu vereinheitlichen, indem sie zunächst die **Begriffe der „Werbung"**, der **„irreführenden Werbung"**[593] sowie der **„vergleichenden Werbung"**[594] (Art 2a–c der RL) definiert. Ferner nennt sie Kriterien, die bei der Beurteilung des Irreführungsvorwurfes zu berücksichtigen sind (Art 3 der RL)[595] um bestimmte **Ausnahmen vom Verbot der vergleichenden Werbung** zulassen (Art 4 der RL).[596] Die Richtlinie verpflichtet die Mitgliedstaaten, geeignete und wirksame Mittel zur **Bekämpfung irreführender Werbung** sowie zur **Einhaltung der Vorgaben an vergleichende Werbung** zu gewährleisten (Art 5 der RL). Dabei lässt sie den Mitgliedstaaten jedoch einen weiten Spielraum, was auch Ausdruck des Kompromisses zwischen den unterschiedlichen Lauterkeitsrechts-Systemen in den Mitgliedstaaten ist: **Personen und Organisationen**, die nach nationalem Recht ein berechtigtes Interesse am Verbot irreführender Werbung oder an der Regelung vergleichender Werbung haben, sollen entweder selbst **gerichtliche Schritte** einleiten dürfen oder aber sich an eine hierfür zuständige **Verwaltungsbehörde** wenden können, die dann über die Einleitung gerichtlicher Schritte entscheidet. Dieser Rechtsschutz kann durch ein **System der freiwilligen Selbstkontrolle** ergänzt werden (Art 6 der RL). Da es den Mitgliedstaaten offensteht, auch strengere Regelungen vorzusehen, setzt die Richtlinie lediglich einen **Mindeststandard** (Art 8 Abs 1 der RL). Hierdurch und durch die relativ weiten Handlungsspielräume blieb die Harmonisierungswirkung dieser Richtlinie gering.[597]

301   Während die ursprüngliche Richtlinie sich noch auf die Schutzzwecktrias berief (den Schutz der Verbraucher, der Gewerbetreibenden und der Allgemeinheit), ist dieser Schutzzweck durch die spätere Richtlinie über unlautere Geschäftspraktiken (2005) eingeschränkt worden auf den **Schutz von Gewerbetreibenden** (Art 1 der RL). Das Verhältnis zum Verbraucher sowie der Allgemeinheit soll seitdem ausschließlich und abschließend die Richtlinie über unlautere Geschäftspraktiken von 2005 regeln.

---

[589] RL 84/450/EWG des Rates v 10.9.1984 zur Angleichung der Rechts- und Verwaltungsvorschriften der Mitgliedstaaten über irreführende Werbung, ABlEG 1984, L 250, 17.
[590] RL 97/55/EG des Europäischen Parlaments und des Rates v 6.10.1995 zur Änderung der RL 84/450/EWG über irreführende Werbung zwecks Einbeziehung der vergleichenden Werbung, ABlEG 1997, L 290, 18.
[591] RL 2005/29/EG des Europäischen Parlaments und des Rates v 11.5.2005 über unlautere Geschäftspraktiken, ABlEG 2005, L 149, 22.
[592] RL 2006/114/EG des Europäischen Parlaments und des Rates v 12.12.2006 über irreführende und vergleichende Werbung, ABlEG 2006, L 376, 21.
[593] Zur Auslegung des Begriffs der „irreführenden Werbung": EuGH GRUR Int 1991, 215 –

Pall/Dallhausen; EugH GRUR Int 1993, 951 – Nissan; EuGH GRUR Int 1994, 203 – Clinique.
[594] Zur Auslegung des Begriffs „vergleichende Werbung": EuGH GRUR Int 2002, 354 –Toshiba/Katun; EuGH GRUR Int 2003, 533 – Pippig Augenoptik; EuGH GRUR Int 2006, 345 – Siemens/VIPA.
[595] Eingehend *Köhler* GRUR Int 1994, 396 ff; *Schricker* GRUR Int 1990, 112, 114 ff; Harte/*Henning*/*Glöckner* Einf B, Rn 9 ff; eingehend zu den Unterschieden in den Regelungen zu irreführender Werbung *Beater* GRUR Int 2000, 963 ff.
[596] Ausf s bei *Henning-Bodewig* GRUR Int 2010, 556 f; Umsetzung der Ausnahmeregeln in das deutsche UWG bereits durch Gesetz v 1.9.2000, BGBl 2000 I S 1374.
[597] Vgl auch *Schricker* GRUR Int 1990, 112 ff; Harte/Henning/*Glöckner* Ein B, Rn 33 ff.

bb) Richtlinie über unlautere Geschäftspraktiken (RL 2005/29/EG). Die RL **302** 2005/29/EG über unlautere Geschäftspraktiken[598] soll als **Rahmen-RL** eine horizontale, dh **produkt- und medienübergreifende Rechtsangleichung** erreichen.[599] Ihr Regelungsbereich ist nicht auf bestimmte Produkte oder Kommunikationsmedien beschränkt. Vielmehr sollen Unternehmer und Verbraucher in die Lage versetzt werden, sich in einem einzigen Rechtsrahmen zu orientieren, das alle Aspekte unlauteren Wettbewerbs in der Europäischen Union erfasst.[600] Die Richtlinie ist daher dem Funktionieren des Binnenmarktes gewidmet[601], in der Erkenntnis, dass die Rechtsvorschriften der Mitgliedstaaten und damit das Verbraucherschutzniveau immer noch so stark abweichen, dass Hemmnisse für das ordnungsgemäße Funktionieren des Binnenmarktes entstehen können.[602]

Allerdings erfasst die Richtlinie lediglich die **Verhältnisse zwischen Unternehmer** **303** **und Verbraucher** („B2C"), nicht jedoch Maßnahmen, die sich ausschließlich gegen Unternehmer („B2B") richten (Art 1 der RL), die weiterhin von der Richtlinie über irreführende und vergleichende Werbung (1984, 1997) geregelt werden sollen. Sie bleibt auch gegenüber einigen, bereichsspezifischen, gemeinschaftsrechtlichen Regelungen subsidiär (Art 3 Abs 4 der RL). So wird im Einzelfall das Ziel der Richtlinie, ein „einziges, gemeinsames, generelles Verbot"[603] unlauterer Geschäftspraktiken zu schaffen, nicht ganz erreicht.[604] Durch die Trennung der Regelungen zum Mitbewerberschutz und Verbraucherschutz wird zudem eine weitere Komplexität an Normen geschaffen, die nicht notwendig ist und darüber hinaus in der Sache auch nicht getrennt betrachtbar ist.[605]

Die Richtlinie enthält eine **Binnenmarktklausel** (Art 4 der RL), wonach es den **304** Mitgliedstaaten untersagt ist, von der Richtlinie restriktivere Regelungen zu treffen. In Anlehnung an das **Herkunftslandprinzip**[606] des EG-Vertrages sollen Produkte, die nach dem Recht des Herkunftslandes rechtmäßig hergestellt und vertrieben werden, grds genauso auch in allen anderen Mitgliedstaaten abgesetzt werden können.[607] Die Richtlinie lässt allerdings offen, ob mit dieser Regelung allein auf die bisherige Rechtsprechung des EuGH zu Art 28 EG und der *Keck*- und *Cassis de Dijon*-Rechtsprechung verwiesen werden soll oder ob den Mitgliedstaaten generell die Freiheit zur Regelung von Verkaufsmodalitäten untersagt werden soll.[608]

Hinsichtlich der Definition der unlauteren Geschäftspraktiken enthält die Richt- **305** linie neben einer **Generalklausel** (Art 5 der RL)[609] auch eine sog „black-list", welche

---

[598] RL 2005/29/EG des Europäischen Parlaments und des Rates v 11.5.2005 über unlautere Geschäftspraktiken im binnenmarktinternen Geschäftsverkehr zwischen Unternehmern und Verbrauchern, ABlEG 2005, L 149, 22.
[599] Eingehend zur RL *Köhler* GRUR 2005, 793; *Henning-Bodewig* GRUR Int 2005, 629; die Richtlinie geht auf das am 2.10.2001 vorgelegte Grünbuch über Ver-braucherschutz im Binnenmarkt zurück, KOM (2001) 531 endg.
[600] Erwägungsgründe 6, 7 zur Richtlinie.
[601] Eingehend zu den Zielen der Richtlinie *Brömmelmeyer* GRUR 2007, 295 ff.
[602] Erwägungsgrund 3 zur Richtlinie.
[603] Erwägungsgrund 13 zur Richtlinie.
[604] Krit auch *Brömmelmeyer* GRUR 2007, 295 ff; vgl auch *Henning-Bodewig* GRUR 2005, 629 ff; zu den daraus resultierenden künftigen

Konfliktfeldern im Lauterkeitsrecht vgl *Ohly* WRP 2008, 182 ff.
[605] So auch Stellungnahmen der deutschen Vereinigung, GRUR 2004, 215 ff und des MPI in GRUR Int 2003, 926 ff; *Glöckner* WRP 2004, 936, 938; vgl auch Piper/Ohly/*Ohly* Einf C Rn 43 ff.
[606] Vgl Kap 3 § 6 I Ziff 2.
[607] Krit zur eigenständigen Bedeutung der Binnenmarktklausel *Brömmelmeyer* GRUR 2007, 295 ff.
[608] Krit auch *Gamerith* WRP, 2005, 391, 411; *Glöckner* WRP 2004, 936, 939; *Brömmelmeyer* GRUR 2007, 295 ff.
[609] Durch die Generalklausel wird der Begriff der „unlauteren Geschäftspraxis" durch EuGH-Auslegung gemeinschaftsrechtliche Konturen gewinnen, vgl *Ohly* WRP 2008, 180 f.

31 verbotene Handlungen aufzählt – die **sog „per-se-Verbote"** (Anh I zu Art 5 Abs 5 der RL), die unwiderleglich[610] und „unter allen Umständen als unlauter anzusehen sind", ohne dass eine weitere Überprüfung, zB der Auswirkungen nötig wäre.[611] Neben der Generalklausel sowie der „black-list" enthält die Richtlinie auch Aussagen zu **irreführenden Handlungen und Unterlassungen** (Art 6, 7 der RL), allerdings wesentlich umfassender als die zuvor erlassene RL 84/450/EWG. Es sollen nun alle „unwahren oder zur Täuschung geeigneten Angaben" als irreführend erfasst sein, welche geeignet sind, den **Durchschnittsverbraucher** zu einer Entscheidung zu veranlassen, die er ansonsten nicht getroffen hätte. Der Durchschnittsverbraucher ist angemessen gut unterrichtet und angemessen aufmerksam und kritisch unter Berücksichtigung sozialer, kultureller und sprachlicher Faktoren – was das Verbraucherleitbild des EuGH kodifiziert.[612] Schließlich werden Regelungen zum Verbot **aggressiver Geschäftspraktiken** aufgestellt (Art 8 der RL).[613] Bzgl der von den Mitgliedstaaten zu gewährleistenden **Sanktionen** geht die Richtlinie nicht über die RL 84/450/EWG hinaus.

306   **cc) Richtlinie über Unterlassungsklagen (RL 1998/27/EG).** Die RL 1998/27/EG über Unterlassungsklagen[614] verpflichtet die Mitgliedstaaten, bei der Verletzung von bestimmten, im Anhang bezeichneten Richtlinien die **Möglichkeit von Unterlassungsklagen** in ihr nationales Recht aufzunehmen. Geschützt werden soll der Bereich des Verbraucherschutzes. Die Richtlinie lässt den Mitgliedstaaten die Wahl zwischen einem **Behördenmodell** oder einem **zivilrechtlichen Modell**[615], indem klagebefugt sowohl Verbraucherschutzbehörden als auch Verbraucherschutzorganisationen sein können. Ergänzt wird die Richtlinie durch die Verordnung über die Zusammenarbeit im Verbraucherschutz (VO Nr 2006/2004/EG).

307   **dd) Verordnung über die Zusammenarbeit im Verbraucherschutz (VO Nr 2006/2004/EG).** Die Verordnung 2006/2004/EG[616] setzt beim Verbraucherschutz verstärkt auf ein **Behördenmodell**, indem sie die Mitgliedstaaten zur **Benennung von Verbraucherschutzbehörden** verpflichtet, die bei (grenzüberschreitenden Sachverhalten) weitgehende Befugnisse zur Unterbindung von Verstößen gegen bestimmte Richtlinien haben sollen (Anh zu Art 3a) der Verordnung), so zB gegen die RLen 84/450/EWG und 97/55/EG über irreführende und vergleichende Werbung; die RL 2005/29/EG über unlautere Geschäftspraktiken und die RL 89/552/EWG zur Koordinierung bestimmter Rechts- und Verwaltungsvorschriften der Mitgliedstaaten über die Ausübung von Fernsehtätigkeit. Die Verordnung ist auf das Behördenmodell zugeschnitten, das in den meisten EU-Mitgliedstaaten besteht[617], und soll sicherstellen, dass im Bereich

---

610 Vgl *Hefermehl/Köhler/Bornkamm* RL 2005/29/EG Anh I, Rn 1 ff.
611 Vgl *Henning-Bodewig* GRUR 2005, 629 ff.
612 Erwägungsgrund 18 zur Richtlinie; Piper/Ohly/*Ohly* Einf C, Rn 52; EuGH GRUR Int 2000, 354 – Estée Lauder/Lancaster – Lifting Creme; *Helm* WRP 2005, 931, 936; *Deutsch* GRUR 1997, 44; weiterführend *Fezer* WRP 2007, 1021.
613 Vgl *Hecker* WRP 2006, 640; zu Kopplungsgeschäften vgl EuGH Urt v 14.1.2010 RS C-304/08 GRUR Int 2010, 221 – *Wettbewerb e V gegen Plus GmbH.*

614 RL 1998/27/EG des Europäischen Parlaments und des Rates v 19.5.1998 über Unterlassungsklagen zum Schutz der Verbraucherinteressen, ABlEG 1998, L 166, 51.
615 Erwägungsgrund 10 zur Richtlinie.
616 Verordnung 2006/2004/EG des Europäischen Parlaments und des Rates v 27.10.2004 über die Zusammenarbeit zwischen den für die Durchsetzung der Verbraucherschutzgesetze zuständigen nationalen Behörden, ABlEG 2004, L 364, 1.
617 Piper/Ohly/*Ohly* Einf C Rn 42.

Andrea Kyre

des Verbraucherschutzes in Europa nicht nur entsprechende materielle Verbraucherschutzvorschriften existieren, sondern zugunsten der Verbraucher auch Möglichkeiten der Durchsetzung ihrer Rechte vorgehalten werden. Durch das Gesetz über die Durchsetzung der Verbraucherschutzgesetze bei innergemeinschaftlichen Verstößen (VerbrSchDG) sollen in Deutschland die Voraussetzungen für die Verordnung geschaffen werden.[618]

b) Medienspezifisches Werberecht (Internet und Fernsehen). aa) Richtlinie über den elektronischen Geschäftsverkehr (RL 2000/31/EG). Die RL 2000/31/EG über den elektronischen Geschäftsverkehr (sog „E-Commerce-RL")[619] ist eine **bereichsspezifische Richtlinie**. Sie soll den freien Verkehr von Informationen im Binnenmarkt gewährleisten (Art 1 Abs 1). Zu diesem Zweck statuiert sie ein **Herkunftslandprinzip**[620], welches nahezu sämtliche Rechtsvorschriften für die Tätigkeit von Internet-Anbietern umfassen soll. Darüber hinaus regelt die Richtlinie hauptsächlich **Informationspflichten** (Art 5, 6), Vorschriften zum **Vertragsschluss im Internet** (Art 9 ff) und die **Haftung von Diensteanbietern** (Art 12 ff). Deutschland hat die Richtlinie teilweise im BGB und teilweise durch das Teledienstegesetz (TDG), welches mittlerweile durch das Telemediengesetz abgelöst wurde, und in anderen medienspezifischen Gesetzen umgesetzt.

308

bb) Fernabsatz-RL 1997/7/EG und die Richtlinie über den Fernabsatz von Finanzdienstleistungen (RL 2002/65/EG) sowie RL 2002/58/EG über den Datenschutz in der elektronischen Kommunikation. Zusammengenommen betreffen beide Richtlinien[621] größtenteils den **schuldrechtlichen Verbraucherschutz**, wobei die Finanzdienstleistungen seit der Fernabsatz-RL (2002) erst erfasst sind. Die Richtlinien enthalten Regelungen zu **Informations- und Auskunftspflichten**, zum **Widerrufsrecht des Verbrauchers** bei Fernabsatzgeschäften und zu den Rechten der Verbraucher bei Zusendung unbestellter Waren bzw bei der Erbringung unaufgeforderter Dienstleistungen. Diese Richtlinienbestimmungen sind in Deutschland zunächst durch das Fernabsatzgesetz eingeführt und im Rahmen der Schuldrechtsreform ins BGB integriert worden. Die werberechtliche Regelung der Richtlinien, wonach **Werbung mittels Anrufmaschinen und Faxzusendungen** ohne Einwilligung des Beworbenen (Art 10) strikt verboten ist, ist mit der spezielleren Bestimmung der Richtlinie über den Schutz der Privatsphäre in der elektronischen Kommunikation[622] überlagert worden. Diese Richtlinie dient der Konkretisierung der Datenschutz-RL 95/46/EG, wobei ihr primäres Ziel nicht Lauterkeit des Wettbewerbs oder des Verbraucherschutzes ist sondern der Schutz der Privatsphäre gem Art 8 EMRK. Dabei enthält sie allgemeine Aussagen zu **zulässigen Werbeformen**: Durch die spezielle Regelung des Art 13 sollen Privatpersonen vor allen Formen unerbetener, **belästigender Werbung** („Spam") geschützt wer-

309

---

[618] BT-Drucks 16/2930.
[619] RL 2000/31/EG des Europäischen Parlaments und des Rates über bestimmte rechtliche Aspekte des Informationsgesellschaft, insb des elektronischen Geschäftsverkehrs, im Binnenmarkt v 8.6.2000, ABlEG 2000, L 178, 1.
[620] Vgl Kap 3 § 6 I Ziff 2.
[621] RL 1997/7/EG des Europäischen Parlaments und des Rates v 20.5.1997 über den Verbraucherschutz bei Vertragsabschlüssen im Fernabsatz, ABlEG 1997, L 144, 19; RL 2002/

65/EG des Europäischen Parlaments und des Rates über den Fernabsatz von Finanzdienstleistungen an Verbraucher, ABlEG 2002, L 271, 16.
[622] RL 2002/58/EG des Europäischen Parlaments und des Rates v 12.7.2002 über die Verarbeitung personenbezogener Daten und den Schutz der Privatsphäre in der elektronischen Kommunikation, ABlEG 2002, L 201, 37, geändert durch RL v 15.3.2006, ABlEG 2006, L 105, 54.

den, welche mittels Telekommunikationsmedien verbreitet werden. Solche Methoden sollen stets die Einwilligung des Adressaten erfordern (sog „Opt-In-Lösung"). Für die Regelung der **Telefonwerbung** behalten die Mitgliedstaaten einen gewissen Spielraum. In Bezug auf **juristische Personen** lässt die Richtlinie den Mitgliedsstaaten ebenfalls einen weiteren Gestaltungsspielraum.[623]

310   cc) **Richtlinie über audiovisuelle Mediendienste (RL 2007/65/EG).** Bis 2007 galt die sog Fernseh-RL über die Ausübung der Fernsehtätigkeit (RL 89/552/EWG in der Fassung der RL 97/36/EG). Sie wurde 2007 durch die Richtlinie über audiovisuelle Mediendienste (AVMDR) abgelöst.[624] Während die **frühere Fernseh-RL** einen **medienspezifischen Ansatz** verfolgte und sich ursprünglich nur auf Fernsehsendungen mit spezifischen Regelungen für Werbung, Sponsoring und Teleshopping bezog, passt die AVMDR die Bestimmungen nun auf die veränderten Marktverhältnisse aufgrund zunehmender Medienkonvergenz an. Die Regelungen der AVMDR betreffen nunmehr **alle audiovisuellen Mediendienste allgemein**, wobei die Richtlinie zwischen **linearen und nicht-linearen Diensten** (also Abrufdiensten) unterscheidet.[625] Die Richtlinie betrachtet Mediendienste jedoch **technologieneutral** und stellt allein auf die redaktionelle Verantwortung für Inhaltsauswahl und Organisation ab.

311   Die Richtlinie enthält Werbebeschränkungen (Kap IV) wie Regelungen zur zulässigen Dauer und Modalitäten der **Werbeunterbrechungen** in Sendungen, wobei Kino- und Fernsehfilme, Nachrichtensendungen sowie Kindersendungen unterschiedlich behandelt werden: Werbepausen bei Kino- und Fernsehfilmen sowie bei Nachrichtensendungen sollen zukünftig einmal alle 30 Minuten möglich sein bei einer maximalen Werbezeit von 12 Minuten pro Stunde. Gleiches gilt auch bei Kindersendungen mit der Besonderheit, dass Kindersendungen mit weniger als 30 Minuten Laufzeit nicht unterbrochen werden dürfen. Vollständig verboten wird **Fernsehwerbung für Tabakprodukte und verschreibungspflichtige Medikamente.**

312   Das Gebot der **Trennung von Werbung und Programm** wird für alle linearen Dienste aufrechterhalten und **Schleichwerbung** allgemein für alle audiovisuellen Mediendienste verboten. **Produktplatzierungen** in redaktionellen Inhalten sollen nach der Neufassung der Richtlinie jedoch gelockert werden[626], indem ein **Erlaubnisvorbehalt** für Kinofilme, Filme und Serien sowie bei Sportsendungen und Sendungen der leichten Unterhaltung eingeführt wird. Bei erlaubten Produktplatzierungen muss jedoch – entsprechend den Bestimmungen zum Sponsoring – ergänzend zu Beginn und am Ende der Sendung sowie nach jeder Werbeunterbrechung auf die Produktplatzierung hingewiesen werden. Darüber hinaus muss sichergestellt sein, dass die freie Programmgestaltung von den Absprachen über die Produktplatzierung gewahrt bleibt. Nicht erlaubt ist die Produktplatzierung weiterhin bei Nachrichtensendungen, Kinderprogrammen, Dokumentationen und Ratgebersendungen.[627] **Den Mitgliedstaaten bleibt es überlassen, weitergehende Verbote zu erlassen oder aufrecht zu erhalten.**

---

[623] Näher Piper/Ohly/*Ohly* § 7 Rn 10.
[624] RL 2007/65/EG des Europäischen Parlaments und des Rates v 11.12.2007 zur Änderung der RL 89/552/EWG des Rates zur Koordinierung bestimmter Rechts- und Verwaltungsvorschriften der Mitgliedstaaten über die Ausübung der Fernsehtätigkeit, ABlEG 2007, L 332, 27.

[625] Eingehend *Stender-Vorwachs/Theißen* ZUM 2007, 613 ff; vgl auch Schwartmann/*Schwartmann* 34, 126 f; weiterführend *Kleist/Scheuer* MMR 2006, 127.
[626] Weiterführend *Leitgeb* ZUM 2006, 837 ff.
[627] Weiterführend *Kleist/Scheuer* MMR 2006, 206 ff.

c) **Inhaltsspezifisches Werberecht.** Neben den allgemeinen lauterkeitsrechtlichen **313** bzw medienspezifischen Vorschriften zum Wettbewerbsrecht enthalten eine Vielzahl weiterer Rechtsakte Vorschriften über die Vermarktung und Kennzeichnung von bestimmten Produktkategorien, welche aufgrund ihrer **bereichsspezifischen Detailregelungen** hier nur beispielhaft und kurz zusammengefasst werden können.[628]

Die **Tabakwerbe-RL** 2003/33/EG[629] verbietet die **Bewerbung von Tabakerzeugnis-** **314** **sen** im Rundfunk und in der Presse, mit Ausnahme branchenspezifischer und außerhalb der EU erscheinender Publikationen. Ebenso ist das **Sponsoring** von Veranstaltungen mit grenzüberschreitender Wirkung zur Förderung des Absatzes von Tabakerzeugnissen verboten. Die Regelungen sollen ua einem hohen Gesundheitsschutz in Europa dienen.

Die **RL** 2001/83/EG in der Fassung von 2004[630] fasst verschiedene **arzneimittel-** **315** **rechtliche Richtlinien** zusammen, bspw die frühere RL 92/28/EWG über die Werbung für Humanarzneimittel. Die Richtlinie verbietet die Werbung für **verschreibungspflich-** **tige Arzneimittel** und bestimmte Werbeaussagen wie bspw die Freiheit von Nebenwirkungen. Daneben schreibt sie bestimmte **Mindestanforderungen** an Kennzeichnungspflichten für Arzneimittelwerbung vor.

Das **Lebensmittelwerberecht** wird maßgeblich durch die **sog Health-Claims-Ver-** **316** **ordnung** VO 1924/2006[631] bestimmt, welche detaillierte Vorschriften zur Kennzeichnung, Aufmachung und Werbung für Lebensmittel enthält, die an den **Endverbraucher** abgegeben werden. Die Verordnung regelt insb zulässige und unzulässige nährwert- und gesundheitsbezogene Angaben.[632] Sie gilt grds auch für **Marken und marken-** **mäßige Kennzeichnungen**, lässt jedoch Ausnahmen zu, sofern eine zugelassene nährwert- oder gesundheitsbezogene Angabe „beigefügt" wird. Die wichtigste Einschränkung des Anwendungsbereichs ist in Art 2 Abs 2 Ziff 1 enthalten, wonach die Verordnung nur „freiwillige Angaben" erfasst, dh, dass Pflichtangaben nach Gemeinschaftsrecht oder den nationalen Vorschriften ausgenommen sind. Im Januar 2009 veröffentlichte die Europäische Behörde für Lebensmittelsicherheit (EFSA) eine Liste von mehr als 4000 Health Claims, welche Gegenstand der weiteren Überprüfung sein sollen.[633] Die Verordnung ist subsidiär, sofern die Richtlinien über diätetische Lebensmittel (RL 89/398/EWG), Mineralwasser (RL 80/777/EWG), Wasser für den menschlichen Gebrauch (RL 89/83/EG) sowie über Nahrungsergänzungsmittel (RL 2002/46/EG) speziellere Tatbestände und Regelungen enthalten.

---

[628] Vgl Liste im Anh II der Richtlinie über unlautere Geschäftspraktiken ABlEG 2005, L 149, 22 ff.
[629] Richtlinie des Europäischen Parlaments und des Rates v 26.5.2003 zur Angleichung der Rechts- und Verwaltungsvorschriften der Mitgliedstaaten über Werbung und Sponsoring zugunsten von Tabakerzeugnissen ABlEG 2003, L 152, 16.
[630] Richtlinie des Europäischen Parlaments und des Rates v 6.11.2001 zur Schaffung eines Gemeinschaftskodexes für Humanarzneimittel in der Fassung von 2004, ABlEG 2004, L 136, 34.

[631] Verordnung des Europäischen Parlaments und des Rates v 20.12.2006 über nährwert- und gesundheitsbezogene Angaben über Lebensmittel in der Fassung v 18.1.2007, ABlEG 2007, L 12, 3.
[632] Eingehend *Jung* WRP 2007, 389 ff; vgl auch *Meisterernst/Haber* WRP 2007, 363 ff; *Buchner/Rehberg* GRUR Int 2007, 394 ff.
[633] Eingehend zu den Auswirkungen der Health Claims Verordnung auf die Forschung *Heide* GRUR Int 2010, 296 ff.

3. Äußerungsrecht

317   Mit den Gefahren der unbegrenzten Verbreitungsmöglichkeiten über die global vernetzten und konvergenten Medientechnologien beschäftigt sich die Kommission in ihrem **Vorschlag für eine Empfehlung des Europäischen Parlaments und des Rates zum Schutz von Jugendlichen, der Menschenwürde und dem Recht auf Gegendarstellung** hinsichtlich der Wettbewerbsfähigkeit der europäischen audiovisuellen Medien und der europäischen Informationsdiensteindustrie vom 30.4.2004.[634] Der Vorschlag soll einer verantwortungsvollen Nutzung der neuen Technologien sowie der Aufklärung dienen, **Diskriminierungen** unterbinden und **illegale, schädliche und unerwünschte Inhalte** und Verhaltensweisen insb im Internet bekämpfen.

318   Die Kommission schlägt ein Tätigwerden hinsichtlich **jeglicher Inhalte in audiovisuellen Diensten und Informationsdiensten** vor, die alle Formen der Übermittlung vom Rundfunk bis zum Internet abdecken. Die von der Kommission vorgeschlagenen Maßnahmen umfassen insb die **Evaluierung** und **Klassifizierung** von qualitativen audiovisuellen Inhalten. Geschützt werden sollen hierdurch insb **Minderjährige**, wobei die Mitgliedstaaten durch den Austausch von best-practices insb die Erkennbarkeit und Bewertbarkeit von Inhalten fördern sollen, um den breiten Zugang zu Informationen nicht unnötig beschneiden zu müssen, wie etwa durch Sperrvorrichtungen oder Zugangskontrollen. Ferner sollen die Mitgliedstaaten auf nationaler Ebene dafür Sorge tragen, dass das **Recht auf Gegendarstellung** in allen Medien eingeführt wird, unbeschadet der Möglichkeit, die Art seiner Ausübung an die jeweiligen Besonderheiten der unterschiedlichen Medien anzupassen.

319   Die Kommission wählte das **unverbindliche Instrument der Empfehlung,** da sie – wie sie in der Empfehlung selbst anmerkt – für den Bereich der Industrie- und Kulturpolitik keine andere Ermächtigungsgrundlage für gesetzgeberisches Handeln sieht.

§ 7
Das Recht der Verwertungsgesellschaften

I. Primärrecht

320   Die territoriale Organisationsstruktur von Verwertungsgesellschaften sowie deren Zusammenarbeit über Gegenseitigkeitsverträge verleiht diesen Gesellschaften eine **monopolistische Grundstruktur,** die vor dem Hintergrund des Europäischen Wettbewerbsrechts nach Art 81 und 82 EGV (heute Art 101 und 102 AEUV) bereits mehrmals Gegenstand von Überprüfungsverfahren durch die Europäische Kommission war.[635] Während Art 101 EGV wettbewerbsbeschränkende Abreden verbietet, sanktioniert Art 102 EGV den Mißbrauch einer marktbeherrschenden Stellung.[636] Die eindeutige Qualifizierung einer durch eine Verwertungsgesellschaft vorgenommenen Maßnahme unter die Europäischen Wettbewerbsregeln erfordert jedoch einen detail-

---

[634] KOM (2004) 341 endg abrufbar unter http://eur-lex.europa.eu/smartapi/cgi/sga_doc? smartapi!celexplus!prod!DocNumber&lg=de& type_doc=COMfinal&an_doc=2004&nu_doc= 341.

[635] Eingehend zu den kontinental europäischen Strukturen der Verwertungsgesellschaften *Gyertyánfy* IIC 2010, 66 ff.

[636] Eingehend zu den europäischen Vorgaben in Zusammenhang mit Verwertungsgesellschaften Hoeren/Sieber/*Müller* Teil 7.5 Rn 17 ff.

lierten Blick auf die Umstände des Falles.[637] Entscheidend ist insb die Unterscheidung danach, ob und wie sich ein Verhalten einer Verwertungsgesellschaft auf das interne Mitgliedschaftsverhältnis, auf das externe Verhältnis zu den Nutzern oder zu einer anderen Verwertungsgesellschaft auswirkt. Dabei darf das Ziel einer Verwertungsgesellschaft, den Handel mit Rechten zu vereinfachen und damit Kulturgut einem möglichst unbeschränkten Kreis von Nutzern zugänglich zu machen, nicht vernachlässigt werden. Gerade vor dem Hintergrund ihres historisch bedingten nationalen Charakters sowie der Aufgabe, den Rechtsinhabern eine stärkere Position gegenüber den oftmals überlegenen Verwertern zu bieten, befindet sich eine Verwertungsgesellschaft in der rechtlichen Beurteilung in einem nahezu zwingenden Konflikt mit dem freien europäischen Markt. Die Regulierungsvorstöße der Europäischen Kommission zielen in Zusammenhang mit Verwertungsgesellschaften jedoch nicht auf ein Verbot dieser Organisationen ab, sondern vielmehr auf die Änderung der Vergabepraxis für musikalische Rechte, insb im Bereich der naturgemäß multiterritorialen Onlinerechte.[638]

1. Diskriminierungsverbot und Umfang zwingender Rechtewahrnehmung durch eine Verwertungsgesellschaft

In der *GEMA Entscheidung*[639] hat die Europäische Kommission das interne Mitgliedschaftsverhältnis der GEMA untersucht, nachdem diese **ausländische Mitglieder** von einer Wahrnehmung ausschloss sowie die Mitglieder einer langen Vertragsbindung unterwarf. Unter dem Vorwurf der Diskriminierung anderer Gemeinschaftsangehöriger sowie der Hinderung eines freien Marktes erreichte die Kommission einen Vergleich mit der GEMA, wonach diese alle Gemeinschaftsangehörige gleich zu behandeln hat und ihre Mitglieder bestimmte Nutzungsrechte oder Nutzungsterritorien von der kollektiven Wahrnehmung durch die GEMA ausnehmen können. Das somit aufgestellte Diskriminierungsverbot bestätigte auch die spätere *GVL Entscheidung* der Europäischen Kommission.[640]

321

In der *BRT/SABAM Entscheidung*[641] des EuGH war darüber zu urteilen, ob die SABAM unter Ausnutzung ihrer marktbeherrschenden Stellung ihre Mitglieder zur **weltweiten Vergabe aller Nutzungsrechte** zwingen kann, ohne dass diese bestimmte Rechte ausnehmen könnten.[642] Der EuGH arbeitete in dieser Entscheidung den Grundsatz heraus, dass Verwertungsgesellschaften im Interesse einer funktionsfähigen und breiten Rechtewahrnehmung bestimmte Wahrnehmungszwänge aufstellen müssen. Diese dürfen jedoch das notwendige Maß nicht überschreiten, was jedoch der Beurteilung durch die nationalen Gerichte vorbehalten bleibt. In ihrer Entscheidung *Banghalter and Homem Christo v SACEM*,[643] in der sich die Parteien um die zwingende Wahrnehmung der Online Rechte stritten, knüpfte die Europäische Kommission an diese EuGH Entscheidung an, beschied jedoch, dass im Online Bereich die individuelle Rechtewahrnehmung durch den Rechtsinhaber jedoch auch eigenständig möglich sein

322

---

637 Zusammenfassend zu den Entwicklungen im Europäischen Kartellrecht 2009 s *Weitbrecht/Mühle* EuZW 2010, 327 ff.
638 Hoeren/Sieber/*Müller* Teil 7.5. Rn 18.
639 Kommission v 2.6.1971 GRUR Int 1973, 86 – GEMA I.
640 EuGH GRUR Int 1983, 734 ff – GVL.
641 EuGH EuR 1974, 345 – *Belgische Radio en Televisie ./. SV SABAM und NV Fonior.*

642 SABEM ist die belgische Schwestergesellschaft der GEMA und nimmt hinsichtlich musikalischer Werke die Rechte von Komponisten, Textdichtern sowie Verlagen wahr, www.sabam.be.
643 Abrufbar unter http://ec.europa.eu/competition/antitrust/cases/dec_docs/37219/37219_11_3.pdf.

kann – etwa unter Verwendung von DRM Systemen. Daher sei eine opt-out Möglichkeit von der kollektiven Rechtewahrnehmung nicht abträglich für die Ziele der Verwertungsgesellschaft.

2. Regeln für die Festsetzung von Nutzungstarifen

323 Sowohl in der Entscheidung *Basset/SACEM*[644] als auch in *Ministére Public/Tournier*[645] arbeitete der EuGH Grundsätze für die Tarifpolitik von Verwertungsgesellschaften heraus. Im ersteren Fall beschied das Gericht, dass die Festlegung von zusätzlichen Tarifen für öffentliche Vorführung dann keine Maßnahme gleicher Wirkung sei, wenn der Zusatztarif grundsätzlich nicht nur für importierte Tonträger geschaffen wurde, sondern die öffentliche Aufführung von Tonträgern allgemein abgelten soll. Hintergrund des Streites war, dass der Zusatztarif für die öffentliche Vorführung vorrangig bei solchen importierten Tonträgern geltend zu machen war, welche aus einem Ursprungsland kamen, in welchem die öffentliche Vorführung noch nicht mit den dortigen Tarifen für die erstmalige Veröffentlichung des Tonträgers abgegolten war. Im Fall Tournier hatte der EuGH unter anderem darüber zu entscheiden, ob die Diskotheken-Tarife der SACEM[646] als unfaire Maßnahme angesehen werden müssen, da sie wesentlich höher waren als die üblichen Tarife der anderen Verwertungsgesellschaften in anderen Mitgliedstaaten. Hier betonte der EuGH zwar einmal mehr, dass die Beurteilung der Angemessenheit von Tarifen den mitgliedstaatlichen Gerichten vorzubehalten ist. Gleichzeitig jedoch legte die Europäische Kommission im Auftrag des EuGH Marktforschungsergebnisse vor, wonach die SACEM-Tarife die vergleichbaren Tarife ihrer Schwesterngesellschaften um den Faktor 3.2 bis 5.5 überschritten, so dass die SACEM sich schließlich zu einer Reduktion der fraglichen Tarife gezwungen sah.

324 Schließlich war die Tarifgerechtigkeit auch Thema einer EuGH Entscheidung aus dem Fernsehbereich: Im Fall *Kanal 5 und TV 4 AB/STIM*[647] verklagten zwei private Fernsehsender die schwedische Verwertungsgesellschaft STIM, da sie die Werbeumsätze als Grundlage der für ihre Musiknutzung anzusetzenden Pauschaltarife unter Ausnutzung der marktbeherrschenden Stellung der STIM als unangemessen ansahen.[648] Diese Klage hatte jedoch keinen Erfolg. Der EuGH unterstrich zunächst, dass die Wahrung der wirtschaftlichen Interessen ihrer Mitglieder zu den zentralen Aufgaben einer Verwertungsgesellschaft gehöre. Die Werbeumsätze eines Fernsehsenders seien – wie auch die Gesamtumsätze einer Diskothek im Fall *Tournier* – als reguläres Ergebnis der Musiknutzung anzusehen. Die Pauschalierung von Tarifen sei wiederum keine Ausnutzung einer marktbeherrschenden Stellung, solange es keine alternativen, jedoch ebenso leicht zu adminstrierenden Verfahren gäbe, die eine punktgenaue Zuordnung der gespielten Musik sowie der in dem Umfeld getätigten Werbeumsätze ermöglichten. Die Festlegung abweichender Tarife für gebührenfinanzierte, öffentlich-rechtliche Fernsehsender sei ebenfalls keine wettbewerbsrechtlich bedenkliche Maßnahme, wenn diese keine Werbeumsätze haben.

---

[644] Abrufbar unter http://eur-lex.europa.eu/LexUriServ/LexUriServ.do?uri=CELEX:61985J0402:DE:HTML.
[645] EuGH ZUM 1990, 239 – Ministére Public ./. Tournier.
[646] SACEM ist die französische Schwestergesellschaft der GEMA und nimmt hinsichtlich musikalischer Werke die Rechte von Kompo-nisten, Textdichtern sowie Verlagen wahr, www.sacem.fr.
[647] EuGH GRUR-Int 2009, 316 ff.
[648] STIM ist die schwedische Schwestergesellschaft der GEMA und nimmt hinsichtlich musikalischer Werke die Rechte von Komponisten, Textdichtern sowie Verlagen wahr, www.stim.se.

Andrea Kyre

3. Gegenseitigkeitsverträge

Im Fall *Ministére Public/Tournier*[649] führte der EuGH Grundsätzliches zur wettbewersbrechtlichen Unbedenklichkeit von Gegenseitigkeitsverträgen unter Verwertungsgesellschaften aus: Er betonte, dass Gegenseitigkeitsverträge zunächst einmal die territorial umfassende Rechteklärung ermöglichen sollen und zudem dazu dienen, die Abwicklung der Rechteklärung im Ausland von einer verbundenen Verwertungsgesellschaft und damit verlässlich, von einem örtlich versierten Partner durchführen zu lassen. Diese Vertragsziele seien wettbewerbsrechtlich unbedenklich, denn sie zielen nicht darauf ab, Wettbewerb auszuschließen, sondern vielmehr auf die verlässliche und effektive Durchführung des Wahrnehmungsauftrages der Verwertungsgesellschaften.[650]

325

II. Sekundärrecht

1. Regelungsansätze in den bereichsspezifischen Richtlinien

Eine allgemeine EU-Richtlinie zum Recht der Verwertungsgesellschaften existiert bislang nicht. Wie nachstehend noch darzustellen, sind jedoch künftig gerade in diesem Bereich die grössten Veränderungen und Regelungsansätze auf europäischer Ebene zu erwarten, da das Europäische Parlament bereits mehrfach zur Schaffung eines einheitlichen Rechtsrahmens aufgerufen hat. Vereinzelt finden sich Regelungen zum Recht der Verwertungsgesellschaften bereits in den bereichsspezifischen Richtlinien:

326

a) **Vermiet- und Verleih-RL 115/2006/EG.** Die Vermiet- und Verleih-RL etablierte als erste europäische Regelung einen Anspruch auf angemessene Vergütung für Urheber wie ausübende Künstler, wobei dieser Anspruch unabhängig von der Vergabe des Vermietrechts beim originären Rechtsinhaber verbleiben soll (Art 4 Abs 1).[651] Die Richtlinie eröffnet die Möglichkeit, den Vergütungsanspruch über eine Verwertungsgesellschaft geltend zu machen (Art 4 Abs 3), wobei das Ob und Wie dieser Wahrnehmung den Mitgliedstaaten überlassen bleibt (Art 4 Abs 4). Weitere Vorgaben zu einer Verwertungsgesellschaft enthält die Richtlinie nicht.

327

b) **Satelliten- und Kabel-RL 93/83/EG.** Die Satelliten- und Kabel-RL sieht hingegen bereits eine zwingende Wahrnehmung des Kabelweiterverbreitungsrechts vor (Art 9 Abs 1), denn allein durch eine Verwertungsgesellschaftpflicht sah man gewährleistet, dass auch die Rechte von Aussenseitern abgedeckt werden und somit die Funktionsfähigkeit von Kabelweitersendeunternehmen gesichert werden kann (Art 9 Abs 2).[652]

328

c) **Informationsgesellschafts-RL 2001/29/EG.** In der Informationsgesellschafts-RL 2001/29/EG fand das Prinzip der kollektiven Rechtewahrnehmung durch eine Verwertungsgesellschaft lediglich Eingang in die Erwägungsgründe,[653] wonach die kollektive Rechtewahrnehmung im Informationszeitalter zunehmend an Bedeutung gewinnen

329

---

[649] EuGH ZUM 1990, 239 – Ministére Public ./. Tournier.
[650] Krit hierzu Walter/von Lewinski/*Schierholz* Collective Management Rn 12.0.36 f.

[651] Vgl Kap 3 § 6 II Ziff 1a), bb).
[652] Vgl Kap 3 § 6 II Ziff 1a), cc).
[653] Vgl Erwägungsgrund 17.

kann. Die Richtlinie selbst macht hierzu keine Vorgaben, was auch daran gelegen haben kann, dass bereits im Vorfeld der Entstehung dieser Richtlinie grundsätzliche Debatten über die Frage geführt wurden, ob Digital Rights Management Systeme langfristig die kollektive Rechtewahrnehmung hinfällig machen könnten.[654]

330   **d) Folgerechts-RL 2001/84/EG.** Die Folgerechts-RL 2001/84/EG erlaubt die Wahrnehmung des Folgerechts über eine Verwertungsgesellschaft und stellt es den Mitgliedstaaten anheim, eine solche zu etablieren (Art 6 Abs 2).[655] Bis auf das Gebot der Transparenz und Effizienz macht die Richtlinie jedoch keine weiteren Vorgaben zur Ausgestaltung einer solchen, möglichen Verwertungsgesellschaft.

331   **e) Enforcement-RL 2004/48/EG.** Schließlich nimmt die Enforcement-RL 2004/48/EG die Verwertungsgesellschaft auf in den Kreis der Aktivlegitimierten und verpflichtet die Mitgliedstaaten, auch Verwertungsgesellschaften eine eigene Handhabe gegen Rechtsverletzungen zu kodifizieren.[656]

2. Vorstöße zu einer allgemeinen Harmonisierung

332   Bereits 1997 forderte das Europäische Parlament die Schaffung eines einheitlichen, horizontalen Regelungsrahmens für Verwertungsgesellschaften, wonach deren tragende Rolle für die Rechteklärung in der Informationsgesellschaft berücksichtigt werden solle, jedoch gleichzeitig die wettbewerbsrechtlichen Rahmenvorgaben und Transparenzgebote auch für solche Gesellschaften Anwendung finden sollten. Angesichts der rasanten Zunahme der Werkverbreitungen im Internet sowie der zunehmend agilen Musikindustrie, die nach den anfänglichen Versäumnissen die Chancen des Internet als Erlösquelle erkannte, begann sich die Rechtsentwicklung auf die kollektive Rechtewahrnehmung zu fokussieren[657] – Die europäischen Vorstöße kamen jedoch erst viel später, nahezu hinkend hinter den Entwicklungen:

333   **a) Entwurf einer Entschließung des Europäischen Parlaments über einen Gemeinschaftsrahmen für Verwertungsgesellschaften vom 11.12.2003.** Das Europäische Parlament hat 2003 den Ausschuss für Recht und Binnenmarkt beauftragt, einen Bericht über einen Gemeinschaftsrahmen für Verwertungsgesellschaften im Bereich des Urheberrechts auszuarbeiten. Der Bericht wurde dem Parlament am 11.12.2003 vorgelegt[658] und gelangte zum Ergebnis, dass in der Europäischen Union im Bereich der kollektiven Rechtewahrnehmung von Urheber- und Leistungsschutzrechten künftig Handlungsbedarf besteht, der insb durch die (damals unmittelbar bevorstehende) Erweiterung der EU überdacht werden sollte: Durch die nach dem Territorialitätsprinzip organisierte Wahrnehmung und Verwaltung von Rechten sowie der faktisch bestehenden regionalen Monopole der Verwertungsgesellschaften können Wettbewerbsbeschränkungen entstehen, die vor dem Ziel der Errichtung eines einheitlichen Binnenmarktes das zentrale Anliegen der Europäischen Union betreffen.[659]

---

654 Vgl Kap 3 § 6 II Ziff 1a), gg). Eingehend zur Debatte Walter/von Lewinski/*Schierholz* Collective Rights Management Rn 12.0.41.
655 Vgl Kap 3 § 6 II Ziff 1a), hh).
656 Vgl Kap 3 § 6 II Ziff 1c), bb).
657 Eingehend *Gyertyánfy* IIC 2010, 59 ff.
658 Bericht über einen Gemeinschaftsrahmen

für Verwertungsgesellschaften im Bereich des Urheberrechts, Europäisches Parlament, Dok A5-0478/2003 v 11.12.2003.
659 Weiterführend *Enzinger* GRUR Int 2006, 985, 986 f; eingehend Walter/von Lewinski/*Schierholz* Collective Rights Management Rn 12.0.49 ff.

Der Ausschuss hat in seinem Bericht hervorgehoben, dass Verwertungsgesellschaften ein unverzichtbares Bindeglied zwischen Rechtsinhabern und Verwertern darstellen und darüber hinaus auch die wichtige gesellschaftspolitische wie kulturelle Funktion haben, Werke für eine breite Öffentlichkeit bereit zu halten. Um diese wichtigen Funktionen der Verwertungsgesellschaften jedoch auch unter Binnenmarktgesichtspunkten aufrechterhalten zu können, forderte der Ausschuss den Rat und die Kommission auf, einen **Gemeinschaftsrahmen für die Verwertungsgesellschaften** festzulegen. Zu errichten seien laut Bericht einheitliche Regelungen zu **Verfahrens- und Abstimmungsvorschriften** sowie zur **Transparenz** der Tätigkeit der Verwertungsgesellschaften; **Monopolstellungen** müssten reguliert und gleichzeitig die **individuelle Wahlfreiheit** der Rechtsinhaber zwischen verschiedenen Verwertungsgesellschaften gefestigt werden; **Diskriminierungen** von Rechtsinhabern und Repertoires müssten abgeschafft und **Gegenseitigkeitsverträge** als „One-Stop-Shop" insoweit anerkannt werden, als dass den verschiedenen Gruppen der Rechtsinhaber die Möglichkeit gegeben wird, Lizenzvergaben auszuhandeln, und die Erzielung und Verteilung von Einnahmen aus der Verwertung ihrer Rechte getrennt verwaltet wird. **334**

b) **Die politische Haltung der europäischen Kommission bis 2004 zu den multilateralen Abkommen der Verwertungsgesellschaften** bestand im Wesentlichen aus Einzelfallentscheidungen: **335**

aa) **Das *Cannes Abkommen von 1997*,** durch welches sich die grössten Europäischen Verwertungsgesellschaften und die fünf international grössten Musikverleger zusammengeschlossen haben zur zentralen Lizenzierung der mechanischen Rechte,[660] wurde von der Kommission im Jahre 2000 als Zusammenschluss nach Art 81 EGV (heute Art 101 AEUV) genehmigt; die Kommission forderte jedoch die Streichung eines darin enthaltenen Wettbewerbsverbotes.[661] **336**

bb) Hinsichtlich des wenig später im Jahre 2000 geschlossenen *IFPI Simulcasting Abkommens* der Verwertungsgesellschaften für musikalische Aufführungsrechte gewährte die Kommission eine Ausnahmegenehmigung nach Art 81 Abs 3 EGV (heute Art 101 AEUV),[662] welches zunächst bis 2004 galt und danach verlängert wurde. Das Abkommen regelte die einheitliche Vergabe von Online-Lizenzen für die öffentliche Wiedergabe musikalischer Werke im Internet, die eine multi-territoriale Lizenzvergabe erforderlich macht. Die Kommission genehmigte das Abkommen unter der Prämisse, dass durch das IFPI Simulcasting Agreement ein neues Lizenzprodukt eingeführt worden sei – nämlich ein one-stop-shop für multi-territory und multi-repertoire Lizenzen. Die Absprache von verbindlichen Tarifen für dieses Lizenzprodukt sei ein unentbehrliches Element des Gesamtsystems. Die darin zugleich enthaltene Beschränkung der Preispolitik der teilnehmenden Verwertungsgesellschaften sei laut Kommission hinnehmbar, denn gleichzeitig würden die Verwertungsgesllschaften mit dem Vorteil ausgestattet, ihr gesamtes Repertoire in diesen one-stop-shop einbringen zu können. Das IFPI Simulcasting Abkommen wurde später dergestalt erweitert, dass es europäischen Sendeunternehmen erlaubte, die Verwertungsgesellschaft ihrer Wahl anzurufen, um **337**

---

660 Eingehend *Heine* 130.
661 Entscheidung der Kommission v 4.10.2006 Sache COMP7C2/38.681.
662 Entscheidung der Kommission v 8.10.2002

Sache COMP/C2/38.014 abrufbar unter http://eur-lex.europa.eu/LexUriServ/LexUriServ.do?uri=CELEX:52001XC081(02):DE:HTML.

die Rechteklärung für die multi-territory und multi-repertoire Lizenz durchzuführen. Diese Abschaffung der nationalen Monopolstellung der Verwertungsgesellschaften veranlasste die Kommission, ihre Ausnahmegenehmigung auch über 2004 hinaus zu verlängern, die bis heute gilt.

338 cc) Das ebenfalls im Jahre 2000 geschlossene *Santiago Abkommen* der Verwertungsgesellschaften für musikalische Leistungsschutzrechte genehmigte die Kommission ebenfalls ausnahmsweise bis 2004 unter den parallelen Argumenten wie das vorstehende IFPI Simulcasting Abkommen. Zu einer Verlängerung der Ausnahmgenehmigung kam es indes nicht, da das Santiago Abkommen unverändert vorsah, dass alle Nutzer sich zur Rechteklärung weiterhin an ihre zuständige, nationale Verwertungsgesellschaft zu wenden haben.[663] Die Kommission sah hierin einen Verstoss gegen europäisches Wettbewerbsrecht und die Begründung einer solchen Markstellung als nicht gerechtfertigt an, obwohl sich die Argumente der beteiligten Gesellschaften hören ließen: Sie stützten die Festlegung der nationalen Zuständigkeit der einzelnen Gesellschaften auf die Notwendigkeit, jeweils national verankerte und rechtlich kompetente Gesellschaften auch mit der Rechtsdurchsetzung bzw Abwehr von Rechtsverletzungen zu mandatieren.

339 Vor diesen Hintergründen legte die Kommission schließlich ihre Mitteilung an den Europäischen Rat vom 16.4.2004 vor.

340 c) **Mitteilung der Kommission an den Rat, das Europäische Parlament und den Europäischen Wirtschafts- und Sozialausschuss vom 16.4.2004.** In ihrer Mitteilung vom 16.4.2004[664] setzt sich die Kommission mit den Grundlagen und Problemen der individuellen Rechtewahrnehmung einerseits und dem Rechtsrahmen für die kollektive Rechtewahrnehmung auseinander. Während sich die Kommission bis dato lediglich in den ergangenen Richtlinien bereichsspezifisch mit der Frage der kollektiven Rechtewahrnehmung befasst hat,[665] trifft sie in ihrer Mitteilung vom 16.4.2004 nunmehr allgemeine Aussagen und kommt zum Ergebnis, dass in einzelnen Aspekten der Bedarf nach gemeinschaftsweiten Rechtsakten besteht.[666]

341 Dabei bestehe laut Kommission hinsichtlich einer gemeinschaftsweiten Regelung der **individuellen Rechtewahrnehmung** kein unmittelbarer Handlungsbedarf, da in den Mitgliedstaaten insgesamt eine ausreichende gemeinsame Grundlage vorhanden sei, wenngleich die Rechtsnormen der Mitgliedstaaten die privatautonome Regelungsbefugnis der Urheber punktuell unterschiedlich bewerten (zB hinsichtlich der Übertragung von Rechten für unbekannte Nutzungsarten) oder unterschiedliche Auslegungen von Urheberrechtsverträgen praktiziert werden.

342 Hinsichtlich der **kollektiven Rechtewahrnehmung** stellt die Kommission jedoch ein Defizit an gemeinschaftsweiten Regelungen fest. Es sei erforderlich, einheitliche Vorschriften zur Form der kollektiven Rechtewahrnehmung festzulegen, da diese sowohl im Interesse der Rechtsinhaber als auch der Nutzer liegen und auch im Hinblick auf die wirtschaftliche und kulturelle Funktion von Verwertungsgesellschaften erforderlich sind. Hierfür müssen einheitliche Bedingungen für die Tätigkeit der Verwertungs-

---

[663] Ausf zum Abkommen Moser/Scheuermann/*Kreile/Becker* 638.
[664] KOM (2004), 261 endg.
[665] Vgl oben Rn 209–254; vgl auch Walter/*Dillenz* AT Kap 4 Rn 24 ff und *Würfel* 181 ff; ein-

gehend auch Walter/von Lewinski/*Schierholz* Collective Rights Management Rn 12.0.54 ff.
[666] Weiterführend *Enzinger* GRUR Int 2006, 985, 986 f; vgl auch *Würfel* 185 ff.

Andrea Kyre

gesellschaften geschaffen werden, was schließlich auch der Transparenz und dem besseren Zugang zu den Lizenzen dienen soll. Insb favorisiert die Kommission die **gemeinschaftsweite Lizenzierung des Rechts der öffentlichen Wiedergabe oder der Zugänglichmachung** und sieht insb vier Lösungsmöglichkeiten: Die Einführung einer Gemeinschaftsvorschrift, wonach jede Lizenz zur öffentlichen Wiedergabe oder Zugänglichmachung per definitionem Nutzungshandlungen in der gesamten Gemeinschaft erlauben soll. Ferner könne das Modell des Sendelandprinzips (verankert in der Satelliten- und Kabel-RL) auch für dieses Recht übernommen werden. Zudem könne das ausschließliche Recht zur öffentlichen Wiedergabe oder Zugänglichmachung auf einen Vergütungsanspruch mit gesetzlich vorgeschriebener kollektiver Wahrnehmung beschränkt werden. Alternativ hierzu könnte ein Modell wie das für die Musikwirtschaft getroffene Simulcasting-Abkommens[667] herangezogen werden, wonach den Nutzern das Wahlrecht zusteht, welche Verwertungsgesellschaft die gewünschte Lizenz erteilt, oder es könnte den Verwertungsgesellschaften der Auftrag erteilt werden, automatisch gemeinschaftsweite Lizenzen einzuräumen.

d) Empfehlung der Kommission vom 18.10.2005 für die länderübergreifende kol- **343** **lektive Wahrnehmung von Urheberrechten und verwandten Schutzrechten, die für legale Online-Musikdienste benötigt werden.** Eine Harmonisierung der rechtlichen Rahmenbedingungen für die Tätigkeit von Verwertungsgesellschaften hatte die Kommission zwar bereits 1996[668] angekündigt und darin die Wettbewerbsverzerrungen bemängelt, die sich aus der aktuellen Praxis der Lizenzierung über Verwertungsgesellschaften ergeben können, die durch Gegenseitigkeitsverträge miteinander verbunden sind und damit eine Monopolstellung innehaben. Jedoch erst nachfolgend auf ihre Mitteilung vom 16.4.2004[669] legte sie am 18.10.2005 eine „Empfehlung für die länderübergreifende kollektive Wahrnehmung von Urheberrechten und verwandten Schutzrechten, die für legale Online-Musikdienste benötigt werden",[670] vor und unternahm damit einen konkreten Anstoß zu künftigen Regelungen, wobei dieser zunächst in Form einer nicht verbindlichen Empfehlung[671] erging. Nach Art 288 AEUV sind Empfehlungen **rechtlich unverbindlich**, so dass ihre Nichtbefolgung keine negativen Auswirkungen hat. Die Empfehlung ist an die Mitgliedstaaten und alle Marktteilnehmer gerichtet. Aufgrund der in der Empfehlung geforderten erheblichen Umwälzungen ist diese bei den interessierten Kreisen, insb den Verwertungsgesellschaften trotz ihrer Unverbindlichkeit auf erhebliche Beachtung gestoßen.[672]

Basierend auf einer im Juli 2005 veröffentlichten Studie zur Rechtewahrneh- **344** mung[673] stellt die Kommission in ihrer Empfehlung zunächst grds die aktuelle Praxis

---

667 Ausf zum Simulcasting-Abkommen *von Einem* MMR 2006, 650 f.

668 Mitteilung der Kommission – Initiativen zum Grünbuch über Urheberrecht und verwandte Schutzrechte in der Informationsgesellschaft, KOM (1996), 568.

669 Vgl oben Rn 258 ff.

670 Empfehlung der Kommission v 18.10.2005 für die länderübergreifende kollektive Wahrnehmung von Urheberrechten und verwandten Schutzrechten, die für legale Online-Musikdienste benötigt werden, ABlEG 2005, L 276, 54; eingehend hierzu Geiss/*Gerlach* FS Mailän-

der 523 ff; umfassend hierzu Walter/von Lewinski/*Schierholz* Collective Rights Management Rn 12.0.87 ff.

671 Walter/*von Lewinski* AT Kap 1 Rn 17.

672 Eingehend *Gyertyánfy* IIC 2010, 70 ff.

673 Studie der Kommission v 7.7.2005 über eine Initiative der Gemeinschaft über die grenzüberschreitende kollektive Rechtewahrnehmung von Urheberechten, abrufbar unter: http://ec. europa.eu/internal_market/copyright/docs/ management/study-collectivemgmt_en.pdf, im folgenden Studie zur Rechtewahrnehmung genannt.

bei der grenzüberschreitenden Lizenzierung von Musik im Online-Bereich[674] in Frage, wonach nationale Verwertungsgesellschaften jeweils nur territoriale Rechte an ihrem Repertoire einräumen und über **Gegenseitigkeitsverträge** ihre ausländischen Schwesterngesellschaften mit der Vertretung ihres Repertoires im Ausland beauftragen. Über die Gegenseitigkeitsverträge könne zwar jede verbundene Verwertungsgesellschaft für ihr Territorium auch über das Repertoire der Schwesterngesellschaften und damit über das sog „Weltrepertoire" verfügen, doch führe dies einerseits zu einer zeitaufwendigen „territory-by-territory"-Lizenzierung,[675] was den grenzüberschreitenden Geschäftsverkehr behindere. Andererseits geht mit den Gegenseitigkeitsverträgen eine Monopolstellung der Verwertungsgesellschaften einher, die zu einer Verzerrung des Wettbewerbes führt sowie den Rechtsinhabern keine freie Wahl mehr lässt, sich die Verwertungsgesellschaft ihres Vertrauens auszusuchen.

345   Das Ziel der Empfehlung ist die **Vereinfachung der Lizenzierungsverfahren**, um legale Musikdienste zu fördern.[676] Die Kommission fordert im Ergebnis die **Wahl- und Wechselfreiheit für Rechtsinhaber** hinsichtlich der Verwertungsgesellschaft **für den Online-Bereich** (Ziff 3) und zwar unabhängig von ihrer Staatsangehörigkeit (Ziff 13a). Hierzu sollen Rechtsinhaber den von der Verwertungsgesellschaft wahrzunehmenden Rechteumfang im Hinblick auf Inhalt und Territorium individuell bestimmen können (Ziff 5a–c). Die Verwertungsgesellschaften sollen entsprechend sicherstellen, dass Onlinerechte, die ein Rechtsinhaber im Rahmen seiner Wahl- und Wechselfreiheit einer anderen Verwertungsgesellschaft übertragen hat, vom Geltungsbereich der noch bestehenden Gegenseitigkeitsverträge ausgenommen werden (Ziff 5d). Die Kommission geht davon aus, dass sich hierdurch das über Gegenseitigkeitsverträge lizenzierbare Repertoire nach und nach verringern und dies zur **Aufhebung des Modells der Gegenseitigkeitsverträge** führen würde.[677] Mit diesen Maßnahmen soll im Onlinebereich schrittweise die Möglichkeit der Vergabe von **EU-weiten Direktlizenzen** durch eine Verwertungsgesellschaft ermöglicht werden. Ergänzend sollen einheitliche Rechenschafts- und Informationspflichten (Ziff 6 ff, 14), Beteiligungsmöglichkeiten (Ziff 13b) sowie Transparenzvorschriften zu den Verwaltungskosten (Ziff 11 f) die Leistungen der Verwertungsgesellschaften untereinander vergleichbarer machen. Alle Berechtigten sollen ihre Ausschüttungen nach dem **gleichen Verteilungsschlüssel** erhalten, unabhängig davon, ob sie von der Verwertungsgesellschaft direkt vertreten wurden oder indirekt über einen Gegenseitigkeitsvertrag mit einer Schwesterngesellschaft (Ziff 10, 13a).

346   Die Empfehlung der Kommission ist sowohl bei den Verwertungsgesellschaften als auch auf Verwerterseite auf heftige Kritik gestoßen.[678] Auch das Europäische Parlament warf der Kommission vor, nicht genügend und umfassend konsultiert zu haben

---

674 Zu den von der Empfehlung betroffenen Musik-Online-Rechten vgl weiterführend *Lüder* GRUR Int 2007, 651 ff.
675 Erwägungsgrund 7 zur Empfehlung.
676 Erwägungsgrund 8 der Empfehlung.
677 Studie zur Rechtewahrnehmung 54 ff.
678 Eingehend zu den Reaktionen Walter/von Lewinski/*Schierholz* Collective Rights Management Rn 12.0.92 ff; detailliert zu den alternativen Lizenzierungsmodellen *von Einem* MMR 2006, 649 ff; vgl auch *Hoeren* Kollektive Wahrnehmung von Urheberrechten und verwandten Schutzrechten, Stellungnahme zur Anhörung

der Enquete-Kommission „Kultur in Deutschland", abrufbar unter http://www.bundestag.de/parlament/gremien/kommissionen/enqkultur/oeffentlanh/5_Verwertungsgesellschaften/stellungnahmen/2_Stellungnahmen_Anwendungspraxis_und_Europ_ische_Perspektiven/3_K-Drs_16-240.pdf; demgegenüber *Lüder* GRUR Int 2007, 649, 657, wonach sich die Schaffung neuer Plattformen der Rechteklärung abzeichnet, welche von den existierenden Verwertungsgesellschaften gemeinsam betrieben werden könnten.

und somit zu verkennen, dass den Verwertungsgesellschaften ein hoher Stellenwert in der breit gefächerten Verbreitung von Werken sowie der Sicherung angemessener Vergütungen für die Berechtigten beizumessen ist.[679] Die Empfehlung verkennt bereits, dass die Online-Rechte im Musikbereich nicht sämtlich von Verwertungsgesellschaften wahrgenommen werden.[680] So ist zwar zutreffend, dass die Urheberrechte und Verlagsrechte an den Kompositionen für Online-Dienste über die jeweilige Verwertungsgesellschaft wahrgenommen werden. Für den ebenso notwendigen Erwerb der Leistungsschutzrechte der ausübenden Künstler und Tonträgerhersteller an der konkreten Aufnahme geht die Empfehlung jedoch unzutreffend von zuständigen Verwertungsgesellschaften aus. Diese Rechte werden (derzeit) ausschließlich über die jeweiligen Tonträgerhersteller lizenziert. Ebenso wird mit dem Modell der Kommission die Möglichkeit der Wahrnehmung des sog Weltrepertoires aufgegeben, ohne dass gesichert ist, dass die Verwertungsgesellschaften tatsächlich EU-weite Direkt-Lizenzen vergeben können. Denn die Rechtsinhaber könnten im Rahmen ihrer Wahl- und Wechselfreiheit weiterhin die Wahrnehmung ihrer Online-Rechte territorial aufspalten. Gegenüber dem Weltrepertoire-Modell stiege der Verwaltungsaufwand auf Verwerterseite erheblich an, schon allein deshalb, weil zunächst die für den jeweiligen Rechtsinhaber zuständige Verwertungsgesellschaft in jedem einzelnen Fall ermittelt werden müsste.[681]

Schließlich erscheint die Annahme der Kommission, durch die geforderten Maßnahmen den Wettbewerb unter den Verwertungsgesellschaften zu fördern, nicht überzeugend. Denn bei dem Kommissionsmodell würde ein „Kampf um die Rechtsinhaber" beginnen, den die etablierten und entsprechend finanziell und organisatorisch ausgestatteten Verwertungsgesellschaften erfolgreicher zu führen in der Lage sind. Von entscheidender Bedeutung werden nämlich Qualität der Wahrnehmungsdienstleistung und insb Umfang der Ausschüttung sein, die eine bestimmte Verwertungsgesellschaft gewährleistet. Je mehr wirtschaftlich bedeutende Rechtsinhaber eine Verwertungsgesellschaft für sich gewinnen kann, umso stärker können die wirtschaftlich weniger bedeutenden Rechtsinhaber „aufgefangen" und mit attraktiven Ausschüttungen gebunden werden. Darüber hinaus besteht gerade auch durch die Wahlfreiheit der Rechtsinhaber die Möglichkeit, dass diese sich für eine Verwertungsgesellschaft entscheiden, welche insb für die Wahrnehmung eines bestimmten inhaltlichen Repertoires bekannt ist, was wiederum zu einer vom Repertoire abhängigen Konzentration unter den Verwertungsgesellschaften führen kann.[682]

347

e) Statement of Objections der Europäischen Kommission in Sachen CISAC Muster-Gegenseitigkeitsvertrag vom 31.1.2006 und die CISAC Entscheidung von 2008.[683]

348

---

[679] Resolution des Europäischen Parlaments v 13.3.2007 2006/2008 INI, basierend auf dem Lévai Report, abrufbar unter http://www. europarl.europa.eu/oeil/file/jsp?id=5303682.
[680] Vgl Geiss/*Gerlach* FS Mailänder 526 ff: Lediglich für den nicht-interaktiven und wirtschaftlich bisher unbedeutenden Bereich des Webcasting und Simulcasting seien die Verwertungsgesellschaften der ausübenden Künstler und Tonträgerhersteller zuständig. Zu diesen existieren funktionierende Gegenseitigkeitsverträge unter den Verwertungsgesellschaften, welche in Abstimmung mit der EU-Kommission (Generaldirektion Wettbewerb) entwickelt wur-

den – IFPI Simulcasting-Abkommen ABlEG 2001, C 231, 18; krit auch *Lüder* Fordham Intellectual Property Media & Entertainment Law Journal 2007, 14 ff.
[681] Zu den Parametern ökonomisch effizienter, kollektiver Rechtewahrnehmung vgl eingehend *Hansen/Schmidt-Bischofshausen* GRUR Int 1997, 461 ff.
[682] So auch Geiss/*Gerlach* FS Mailänder, 523, 529.
[683] Europäische Kommission COMP/C2/ 38.698 – CISAC; siehe auch *Weitbrecht/Mühle* EuZW 2010, 327 ff.

Den vorläufigen Abschluss der Entwicklungen markiert das Statement of Objections der Kommission von 2006 sowie die Entscheidung der Kommission von 2008, worin sie den Muster-Gegenseitigkeitsvertrag der CISAC[684] in wesentlichen Punkten kritisiert. Dieser verstosse gegen europäisches Wettbewerbsrecht, indem darin die nationale Zuständigkeit der einzelnen Verwertungsgesellschaften nach wie vor aufrecht bleibe sowie in diskriminierender Weise den Verwertungsgesellschaften verbiete, Mitglieder aufzunehmen, die ihren Wohnsitz in einem anderen Mitgliedstaat haben. Auf diese Weise würde die Monopolstellung der einzelnen Gesellschaften verfestigt und Wettbewerb untereinander verhindert.[685] Die CISAC Entscheidung der Kommission verlangt damit den freien Wettbewerb der einzelnen Verwertungsgesellschaften untereinander – wie ein wettbewerbsrechtlich unbedenkliches System grenzüberschreitender Lizenzen allerdings auszusehen hat, schreibt die Kommission nicht vor.[686] Die meisten betroffenen Verwertungsgesellschaften, wie auch die GEMA, klagten unter Vortrag der vorangehend dargestellten Argumente für die notwendige Vernetzung der Gesellschaften sowie der territorialen Kompetenzen vor dem Europäischen Gericht Erster Instanz – eine Entscheidung steht derzeit noch aus.

349   Nachdem Anfang 2010 eine Neubesetzung der Kommission erfolgte, bleibt künftig abzuwarten, ob und welcher gemeinschaftsweite Regelungsbedarf im Recht der Verwertungsgesellschaften verfolgt werden wird.

---

[684] Die CISAC ist eine internationale non-governmental und non-profit Organisation und repräsentiert über ihre Mitgliedsverwertungsgesellschaften die Rechte der Komponisten, Autoren und Verleger im Musikbereich, eingehend zur CISAC *Uwemedimo* GRUR Int 2010, 685 ff.

[685] Eingehend *Müller* ZUM 2009, 121, 130.
[686] Zu möglichen Methoden des solchen Wettbewerbs *Metzger* GRUR Int 2010, 687; s auch *Peifer* GRUR Int 2010, 671 ff und *Vásquez-Lopez* GRUR Int 2010, 689 ff.

Andrea Kyre

Kapitel 4
Ansprüche im Bereich des geistigen Eigentums

Literatur Kapitel 4 und 5

Ahrens Brauchen wir einen Allgemeinen Teil der Rechte des Geistigen Eigentums? GRUR 2006, 617; *ders* Gesetzgebungsvorschlag zur Beweisermittlung bei Verletzung von Rechten des geistigen Eigentums GRUR 2005, 837; *ders* Der Wettbewerbsprozess, 6. Aufl Köln ua 2009; *Ahrens M* Neues zur Annahmeverweigerung im europäischen Zustellungsrecht NJW 2008, 2817; *Arnold/Slopek* Die Herausgabe des Verletzergewinns nach der Tripp-Trapp-Entscheidung des BGH NJW 2009, 3694; *Alexander* Die Sanktions- und Verfahrensvorschriften der Richtlinie 2005/29/EG über unlautere Geschäftspraktiken im Binnenmarkt – Umsetzungsbedarf in Deutschland? GRUR Int 2005, 809; *Asendorf* Gesetz zur Stärkung des Schutzes geistigen Eigentums und zur Bekämpfung der Produktpiraterie NJW 1990, 1283; *Austin* The Concept of "Justiciability" in Foreign Copyright Infringement Cases IIC 2009, 393; *Balganesh* Demystifying the Right to Exclude: Of Property, Inviolability, and Automatic Injunctions, Harvard Journal of Law and Public Policy 2008 Bd 31; *Baronikians* Eilverfahren und Verjährung WRP 2001, 121; *Bartholomew/Tehranian* The Secret Life of Legal Doctrine: The Divergent Evolution of Secondary Liability in Trademark and Copyright Law, Berkeley Technology Law Journal 2006 Bd 21, 1363; *Battenstein* Instrumente zur Informationsbeschaffung im Vorfeld von Patent- und Urheberrechtsverletzungsverfahren, Hamburg 2006; *Berger* Die internationale Zuständigkeit bei Urheberrechtsverletzungen in Internet-Websites aufgrund des Gerichtsstands der unerlaubten Handlung nach Art 5 Nr 3 EuGVVO GRUR Int 2005, 465; *Bergmann* Schadensersatz und das Prinzip der Erschöpfung – Herausgabe des Verletzergewinns wegen Urheberrechtsverletzung in der Absatzkette GRUR 2010, 874; *Berlit* Auswirkungen des Gesetzes zur Verbesserung der Durchsetzung von Rechten des geistigen Eigentums im Patentrecht WRP 2007, 732; *Berneke* Die einstweilige Verfügung in Wettbewerbssachen, 2. Aufl München 2003; *ders* Der enge Streitgegenstand von Unterlassungsklagen des gewerblichen Rechtsschutzes und des Urheberrechts in der Praxis WRP 2007, 579; *Bernreuther* Einstweilige Verfügung und Erledigungserklärung GRUR 2007, 660; *ders* Die negative Feststellungsklage im einstweiligen Verfügungsverfahren WRP 2010, 1191; *Bodewig* Praktische Probleme bei der Abwicklung der Rechtsfolgen einer Patentverletzung – Unterlassung, Beseitigung, Auskunft GRUR 2005, 632; *Bodewig/Wandtke* Die doppelte Lizenzgebühr als Berechnungsmethode im Lichte der Durchsetzungsrichtlinie GRUR 2008, 220; *Bohne* Zur Auskunftserteilung durch Access-Provider nach Schutzrechtsverletzung im Internet GRUR-RR 2005, 145; *Borges* Pflichten und Haftung beim Betrieb privater WLAN NJW 2010, 2624; *Bork* Effiziente Beweissicherung für den Urheberrechtsverletzungsprozeß – dargestellt am Beispiel raubkopierter Computerprogramme NJW 1997, 1665; *Bornkamm* Unterlassungstitel und Wiederholungsgefahr, in Keller/Plassmann/von Falck (Hrsg) Festschrift für Winfried Tilmann, Köln ua 2003; *ders* Der Schutz vertraulicher Informationen im Gesetz zur Durchsetzung von Rechten des geistigen Eigentums – In-camera-Verfahren im Zivilprozess? in Ahrens/Bornkamm/Kunz-Hallstein (Hrsg) Festschrift für Eike Ullmann, Saarbrücken 2006, 893; *Brandi-Dohrn* Schutzrechtshaftung und Schutzrechte im Konzern, in Beier/Brüning-Petit/Heath (Hrsg) Festschrift für Jochen Pagenberg zum 65. Geburtstag, Köln ua 2006; *Breyer* Verkehrssicherungspflichten von Internetdiensten im Lichte der Grundrechte MMR 2009, 14; *ders* Die Haftung für Mitbenutzer von Telekommunikationsanschlüssen NJOZ 2010, 1085; *Busch* Zurückweisung einer Abmahnung bei Nichtvorlage der Originalvollmacht nach § 174 S 1 BGB? GRUR 2006, 477; *Busche/Stoll* TRIPs – Internationales und europäisches Recht des geistigen Eigentums, Köln ua 2007; *Büscher/Dittmer/Schiwy* Kompaktkommentar Gewerblicher Rechtsschutz mit Urheber- und Medienrecht,

Köln ua 2008; *Carroll* Patent Injunctions and the Problem of Uniformity Cost, Michigan Tele-communications and Technology Law Review 2007 Bd 13, 421; *Cepl* Die mittelbare Urheber-rechtsverletzung, Berlin 2005; *Cook* EU Intellectual Property Law, Oxford 2010; *Cornish/Llewe-lyn* The Enforcement of Patents in the United Kingdom IIC 2000, 627; *Damm/Rehbock* Widerruf, Unterlassung und Schadensersatz in den Medien, 3. Aufl München 2008; *Danckwerts* Aktuelle Entscheidungen zur Dringlichkeit – Welche Risiken birgt ein Vollverstreckungsverzicht? GRUR-Prax 2010, 473; *Depoorter/Vanneste* Norms and Enforcement: The Case Against Copy-right Litigation, Oregon Law Review 2006 Bd 84, 1127; *Deutsch* Der BGH-Beschluss zur un-berechtigten Schutzrechtsverwarnung und seine Folgen für die Praxis GRUR 2006, 374; *Dreier* Ausgleich, Abschreckung und andere Rechtsfolgen von Urheberrechtsverletzungen GRUR Int 2004, 706; *ders* TRIPS und die Durchsetzung von Rechten des geistigen Eigentums GRUR Int 1996, 205; *Dreier/Schulze* Urheberrecht Kommentar, 3. Aufl München 2008 (zit Dreier/Schulze/ *Bearbeiter*); *Diessel* Trolling for Trolls: The Pitfalls of the Emerging Market Competition Re-quirement for Permanent Injunctions in Patent Cases Post-eBay, Michigan Law Review 2007 Bd 106, 305; *Dornis/Förster* Die Unterwerfung: Rechtsnatur und Rechtsnachfolge GRUR 2006, 195; *Dörre* Der medienrechtliche Rückrufanspruch GRUR-Prax 2010, 4; *Drobnig* Originärer Erwerb und Übertragung von Immaterialgüterrechten im Kollisionsrecht, RabelsZ 40 (1976) 195; *Durner* Fernmeldegeheimnis und informationelle Selbstbestimmung als Schranken urheber-rechtlicher Sperrverfügungen im Internet? ZUM 2010, 833; *Eisenkolb* Die Enforcement-Richt-linie und ihre Wirkung – Ist die Enforcement-Richtlinie mit Ablauf der Umsetzungsfrist unmittel-bar wirksam? GRUR 2007, 387; *Elfring* Geistiges Eigentum in der Welthandelsordnung, Köln ua 2007; *Erichson* Court-Ordered Confidentiality in Discovery, Chicago-Kent Law Review 2006 Bd 81, 357; *Ewert/von Hartz* Die Abmahnung im Urheberrecht auf dem Weg in die Bedeutungs-losigkeit? ZUM 2007, 450; *Fayaz* Sanktionen wegen der Verletzung von Gemeinschaftsmarken: Welche Gerichte sind zuständig und welches Recht ist anzuwenden? 1. Teil, GRUR Int 2009, 459; 2. Teil, GRUR Int 2009, 566; *Federrath* Technische Grundlagen von Auskunftsansprüchen ZUM 2006, 434; *Flechsig/Karg* Inhalt und Umfang der Nachbesserungsmöglichkeiten im Gegendarstel-lungsrecht ZUM 2006, 177; *Frank/Wiegand* Der Besichtigungsanspruch im Urheberrecht de lege ferenda CR 2007, 481; *Fröhlich* Standards und Patente – Die ETSI IPR Policy GRUR 2008, 205; *Gamerith* Die Verwirkung im Urheberrecht WRP 2004, 75; *Gärtner/Worm* Möglichkeiten der Bekämpfung von Produktpiraterie Mitt 2007, 254; *Geiger* Of ACTA, "Pirates" and Organized Criminality – How "Criminal" Should the Enforcement of Intellectual Property Be? IIC 2010, 629; *Gercke* Die Bedeutung der Störerhaftung im Kampf gegen Urheberrechtsverletzungen ZUM 2006, 593; *Gloy/Loschelder* Wettbewerbsrecht, 3. Aufl München 2005; *Götz* Schaden und Berei-cherung in der Verletzerkette GRUR 2001, 295; *Götting* Die persönliche Haftung des GmbH-Geschäftsführers für Schutzrechtsverletzungen und Wettbewerbsverstöße GRUR 1994, 6; *Gold-stein* Sealing and Revealing: Rethinking the Rules Governing Public Access to Information Generated Through Litigation, Chicago-Kent Law Review 2006 Bd 81, 375; *Grabinski* Grenz-überschreitende Beweisaufnahme im deutschen Patentverletzungsverfahren unter besonderer Berücksichtigung der Verordnung (EG) Nr 1206/2001, in Grosch/Ullmann (Hrsg) Gewerbliche Schutzrechte und ihre Durchsetzung, Festschrift für Tilman Schilling zum 70. Geburtstag, Köln ua 2007, 191; *Grosheide* Durchsetzung von Urheberrechten im Wege einstweiliger Maßnahmen GRUR Int 2000, 310; *Haberstumpf* Zum Umfang der Verbietungsrechte des Verlegers, in Ohly/Bodewig/Dreier/Götting/Haedicke/Lehmann (Hrsg) Perspektiven des Geistigen Eigentums und Wettbewerbsrechts – Festschrift für Gerhard Schricker zum 70. Geburtstag, München 2005, 309; *Haedicke* Informationsbefugnisse des Schutzrechtsinhabers im Spiegel der EG-Richtlinie zur Durchsetzung der Rechte des geistigen Eigentums, in Ohly/Bodewig/Dreier/Götting/Haedicke/ Lehmann (Hrsg) Perspektiven des Geistigen Eigentums und Wettbewerbsrechts – Festschrift für Gerhard Schricker zum 70. Geburtstag, München 2005, 19; *Hahn* Das Verbotsrecht des Lizenz-nehmers im Urhebervertragsrecht, Baden-Baden 2007; *Hartmann* Unterlassungsansprüche im Internet – Störerhaftung für nutzergenerierte Inhalte, Hamburg 2009; *von Hartz* Beweissiche-rungsmöglichkeiten im Urheberrecht nach der Enforcement-Richtlinie im deutschen Recht ZUM 2005, 376; *ders* Beweissicherung im gewerblichen Rechtsschutz und Urheberrecht, Baden-Baden 2004; *Hass* Zur persönlichen Haftung des GmbH-Geschäftsführers bei Wettbewerbsverstößen und Verletzung gewerblicher Schutzrechte, in Grosch/Ullmann (Hrsg) Gewerbliche Schutzrechte und ihre Durchsetzung, Festschrift für Tilman Schilling zum 70. Geburtstag, Köln ua 2007, 249; *Hecht* Verantwortlichkeit für Benutzerkonten im Internet K&R 2009, 462; *Heermann/Hirsch* (Hrsg) Münchener Kommentar zum Lauterkeitsrecht, München 2006 (zit MüKo/*Bearbeiter* § 1 UWG Rn 1); *Hess, B* Übersetzungserfordernisse im europäischen Zivilverfahrensrecht IPRax 2008, 400; *Hess, G* Vertragsstrafenklage und wettbewerbsrechtliche Gerichtszuständigkeit, in: Ahrens/Bornkamm/Kunz-Hallstein (Hrsg) Festschrift für Eike Ullmann, Saarbrücken 2006, 927; *G Hess* Unterwerfung als Anerkenntnis? WRP 2003, 353; *Heydn/Schmid-Petersen/Vassilaki* Durchsetzung von Rechten des geistigen Eigentums, München 2009; *Hoffmann* Die Entwicklung des Internet-Rechts bis Mitte 2007, NJW 2007, 2594; *ders* Das Auskunftsverfahren nach § 101 Abs 9 UrhG nF – Überblick über die Rechtsprechung im ersten Jahr nach Inkrafttreten der gesetzlichen Neuregelung MMR 2009, 655; *ders* Die Entwicklung des Internet-Rechts bis Mitte 2009 NJW 2009, 2649; *Hoene* Negative Feststellungsklage WRP 2008, 44; *Ibbeken* Das TRIPs-Übereinkommen und die vorgerichtliche Beweishilfe im gewerblichen Rechtsschutz, Köln ua 2004; *Ingerl/Rohnke* Markengesetz Kommentar, 3. Aufl München 2010; *Junker* Discovery im deutsch-amerikanischen Rechtsverkehr, Heidelberg 1987; *Katyal* Privacy vs Piracy, Yale Journal of Law & Technology, 2004 Bd 7, 222 (zit Yale J Law & Tech); *Kircher* Der Sequestrationsantrag im einstweiligen Rechtsschutz: Ausweg aus der Obliegenheit zur Abmahnung?, in Grosch/Ullmann (Hrsg) Gewerbliche Schutzrechte und ihre Durchsetzung, Festschrift für Tilman Schilling zum 70. Geburtstag, Köln ua 2007, 293; *Kitz* Die Auskunftspflicht des Zugangsvermittlers bei Urheberrechtsverletzungen durch seine Nutzer GRUR 2003, 1014; *ders* Urheberschutz im Internet und seine Einfügung in den Gesamtrechtsrahmen ZUM 2006, 444; *Klaka* Persönliche Haftung des gesetzlichen Vertreters für die im Geschäftsbetrieb der Gesellschaft begangenen Wettbewerbsverstöße und Verletzungen von Immaterialgüterrechten GRUR 1988, 729; *Klein* Keine Vertragsstrafe für die Schwebezeit GRUR 2007, 664; *Klette* Zur (regelmäßig nicht zulässigen) einstweiligen Einstellung der Zwangsvollstreckung aus Unterlassungs-Urteilsverfügungen GRUR 1982, 471; *Klute* Strategische Prozessführung im Verfügungsverfahren GRUR 2003, 34; *ders* Eine Streitschrift wider die Kenntniserlangung – Zustellungsmängel von Beschlussverfügungen und deren Heilung GRUR 2005, 924; *Knaak* Die EG-Richtlinie zur Durchsetzung der Rechte des geistigen Eigentums und ihr Umsetzungsbedarf im deutschen Recht GRUR Int 2004, 745; *Knieper* Mit Belegen gegen Produktpiraten WRP 1999, 1116; *Kochendörfer* Verletzerzuschlag auf Grundlage der Enforcement-Richtlinie? ZUM 2009, 389; *ders* EuGH: Unterlassungstitel gilt nach Ansicht des Generalanwalts gemeinschaftsweit, GRUR-Prax 2010, 503; *Köhler* Neubeurteilung der wettbewerblichen Haftung des Rechtsnachfolgers eines Unternehmers? WRP 2010, 475; *ders* Zur Erstattungsfähigkeit von Abmahnkosten, in Ahrens/Bornkamm/Gloy/Starck/von Ungern-Sternberg (Hrsg) Festschrift für Willi Erdmann zum 65. Geburtstag, Köln ua 2002, 845; *ders* „Täter" und „Störer" im Wettbewerbs- und Markenrecht – Zur BGH-Entscheidung „Jugendgefährdende Medien bei eBay" GRUR 2008, 1; *ders* Die wettbewerbsrechtlichen Abwehransprüche (Unterlassung, Beseitigung, Widerruf) NJW 1992, 137; *Köhler/Bornkamm* Gesetz gegen den unlauteren Wettbewerb, Kommentar, 28. Aufl München 2010; *Köllner* Diverse Anmerkungen zur Bemessung des Schadensersatzes bei Patentverletzungen Mitt 2006, 535; *Kramer* Zivilrechtlicher Auskunftsanspruch gegenüber Access Providern: Verpflichtung zur Herausgabe der Nutzerdaten von Urheberrechtsverletzern unter Berücksichtigung der Enforcement-Richtlinie (RL 2004/48/EG), Hamburg 2007; *Kühnen/Geschke* Die Durchsetzung von Patenten in der Praxis, 3. Aufl Köln ua 2008; *Kunz-Hallstein/Loschelder* Gemeinsame Stellungnahme der Ausschüsse für Patent- und Gebrauchsmusterrecht, Geschmacksmusterrecht und Urheberrecht zum Referentenentwurf für ein „Gesetz zur Verbesserung der Durchsetzung von Rechten des geistigen Eigentums" (Stand: 3.1.2006) GRUR 2006, 393 (zit GRUR-Stellungnahme); *Kurtz* Grenzüberschreitender einstweiliger Rechtsschutz im Immaterialgüterrecht, Göttingen 2004; *Ladeur* Der Auskunftsanspruch aus § 101 UrhG und seine Durchsetzung – Zivilrechtsanwendung ohne Methode und jenseits der Drittwirkung der Grundrechte? NJOZ 2010, 1606; *Landes/Lichtman* Indirect Liability for Copyright Infringement: An Economic Perspective, Harvard Journal of Law and Technology 2003 Bd 16, 395; *Lemley/Reese* Reducing Digital Copyright Infringement Without Restricting Innovation, Stanford Law Review 2004 Bd 56, 1345; *Lemley/Reese* A Quick and Inexpensive System for Resolving Digital Copyright Disputes, Cardozo Arts & Entertainment Law Journal 2005 Bd 23, 1; *Lehment* Zur Bedeutung der Kerntheorie für den Streitgegenstand

WRP 2007, 237; *Leible/Sosnitza* Haftung von Internetauktionshäusern – reloaded NJW 2007, 3324; *Leistner* Störerhaftung und mittelbare Schutzrechtsverletzung GRUR-Beil 2010, 1; *ders* Von „Grundig-Reporter(n) zu Paperboy(s)" – Entwicklungsperspektiven der Verantwortlichkeit im Urheberrecht GRUR 2006, 801; *Lieber/Zimmermann* Die einstweilige Verfügung im Gewerblichen Rechtsschutz, München 2009; *Lindacher* Internationales Wettbewerbsverfahrensrecht, Köln, 2009; *Lindner* Der Rückrufanspruch als verfassungsrechtlich notwendige Kategorie des Medienprivatrechts ZUM 2005, 203; *Loewenheim* Bemerkungen zur Schadensberechung nach der doppelten Lizenzgebühr bei Urheberrechtsverletzungen, in Ahrens/Bornkamm/Gloy/Starck/ von Ungern-Sternberg (Hrsg) Festschrift für Willi Erdmann zum 65. Geburtstag, Köln ua 2002, 131; *Loschelder* Rechtsfortbildung der Schadensberechnungsmethode „Herausgabe des Verletzergewinns" NJW 2007, 1503; *ders* Die Enforcement-Richtlinie und das Urheberrecht, in Jacobs/ Papier/Schuster (Hrsg) Festschrift für Peter Raue zum 65. Geburtstag, Köln 2006, 529; *Lucchi* Intellectual Property Rights in Digital Media: A Comparative Analysis of Legal Protection, Technological Measures and New Business Models Under EU And US Law, Buffalo Law Review 2005 Bd 53, 101; *Maloney* The Enforcement of Patent Rights in the United States IIC 2000, 723; *Markfort* Geistiges Eigentum im Zivilprozess, Frankfurt 2001; *Maume/Tapia* Der Zwangslizenzeinwand ein Jahr nach Orange Book Standard – mehr Fragen als Antworten GRUR Int 2010, 923; *McGuire* Beweismittelvorlage und Auskunftsanspruch nach der Richtlinie 2004/48/EG zur Durchsetzung der Rechte des Geistigen Eigentums GRUR Int 2005, 15; *Meier-Beck* Die Verwarnung aus Schutzrechten – mehr als eine Meinungsäußerung! GRUR 2005, 535; *ders* Herausgabe des Verletzergewinns – Strafschadensersatz nach deutschem Recht? GRUR 2005, 617; *Mellulis* Handbuch des Wettbewerbsprozesses, 3. Aufl Köln 2000; *Menninger/Nägele* Die Bewertung von Gewerblichen Schutzrechten und Urheberrechten für Zwecke der Schadensberechnung im Verletzungsfall WRP 2007, 912; *Gräfin von Merveldt* Der Auskunftsanspruch im gewerblichen Rechtsschutz, Baden-Baden 2007; *Graf von Merveldt* Der Ausschluss kartellrechtlicher Einwendungen im Patentverletzungsverfahren WuW 2004, 19; *Metzger* A Primer on ACTA – What Europeans Should Fear about the Anti-Counterfeiting Trade Agreement, JIPITEC (Journal of Intellectual Property, Information Technology and Electronic Commerce Law) 2010, 109; *Mittag* Der Unterlassungsanspruch gegen Mediendarstellungen im einstweiligen Rechtsschutz, Hamburg 2006; *Musielak* Kommentar zur Zivilprozessordnung, 5. Aufl München 2007; *Nägele/Nitsche* Gesetzentwurf der Bundesregierung zur Verbesserung der Durchsetzung von Rechten des geistigen Eigentums WRP 2007, 1047; *Nieder* Die Patentverletzung, München 2004; *Nieland* Störerhaftung bei Meinungsforen im Internet – Nachträgliche Löschungspflicht oder Pflicht zur Eingangskontrolle? NJW 2010, 1494; *Nill* Sachliche Zuständigkeit bei Geltendmachung der Kosten von Abschlussschreiben GRUR 2005, 740; *Ntouvas* Unterlassungsanspruch bei Patentverletzung: neue Erkenntnisse des US Supreme Court GRUR Int 2006, 889; *Ohly* Schadensersatzansprüche wegen Rufschädigung und Verwässerung im Marken- und Lauterkeitsrecht GRUR 2007, 926; *Ott* Haftung für verlinkte urheberrechtswidrige Inhalte in Deutschland, Österreich und den USA GRUR Int 2007, 14; *ders* Erfüllung von Löschungspflichten bei Rechtsverletzungen im Internet WRP 2007, 605; *Otten* Die auskunftsrechtliche Anordnung nach § 101 IX UrhG in der gerichtlichen Praxis GRUR-RR 2009, 369; *Pansch* Die einstweilige Verfügung zum Schutze des geistigen Eigentums im grenzüberschreitenden Verkehr, Köln ua 2005; *Paschke/Busch* Hinter den Kulissen des medienrechtlichen Rückrufanspruchs NJW 2004, 2620; *Patnaik* Enthält das deutsche Recht effektive Mittel zur Bekämpfung von Nachahmungen und Produktpiraterie? GRUR 2004, 191; *Peifer* Die dreifache Schadensberechnung im Lichte zivilrechtlicher Dogmatik WRP 2008, 48; *Peukert/Kur* Stellungnahme des Max-Planck-Instituts für Geistiges Eigentum, Wettbewerbs- und Steuerrecht zur Umsetzung der Richtlinie 2004/48/EG zur Durchsetzung der Rechte des geistigen Eigentums in deutsches Recht GRUR Int 2006, 292; *Piper/Ohly/Sosnitza* UWG, 5. Aufl 2010; *Prütting* Geistiges Eigentum und Verfahrensrecht, insbesondere beweisrechtliche Fragen, in Haesemann/Gennen/Bartenbach (Hrsg) Festschrift für Kurt Bartenbach zum 65. Geburtstag, Köln ua 2005, 417; *Raabe* Der Auskunftsanspruch nach dem Referentenentwurf zur Verbesserung der Durchsetzung von Rechten des geistigen Eigentums ZUM 2006, 439; *Rauscher/Wax/Wenzel* (Hrsg) Münchener Kommentar zur Zivilprozessordnung, 3. Aufl München 2008; *Rebmann/ Säcker/Rixecker* Münchener Kommentar zum Bürgerlichen Gesetzbuch, Band 11: Internationales Privatrecht, Internationales Wirtschaftsrecht, 5. Aufl München 2010; *Resnik* Uncovering, Disclosing, and Discovering – How the Public Dimensions of Court-Based Processes are at Risk, Chicago-Kent Law Review 2006 Bd 81, 521; *Retzer* Widerlegung der „Dringlichkeitsvermutung" durch Interessenabwägung? GRUR 2009, 329; *Rieble* „Kinderwärmekissen" und Vertragsstrafendogmatik GRUR 2009, 824; *Riesenhuber* (Hrsg) Systembildung im Europäischen Urheberrecht, INTERGU-Tagung 2006, Berlin 2007 (zit Riesenhuber/*Bearbeiter*); *Rohlfing* Die Umsetzung der Enforcement-Richtlinie ins deutsche Recht, Hamburg 2009; *Rojahn* Praktische Probleme bei der Abwicklung der Rechtsfolge einer Patentverletzung GRUR 2005, 623; *Sack* Notwendige Differenzierungen bei unbegründeten Abnehmerverwarnungen WRP 2007, 708; *Sack* Die Haftung für unbegründete Schutzrechtsverwarnung WRP 2005, 253; *ders* Unbegründete Schutzrechtsverwarnungen, Köln ua 2006; *Säcker/Rixecker* (Hrsg) Münchener Kommentar zum Bürgerlichen Gesetzbuch, Bd 1, München 2006; *Schack* Urheberrechtliche Schranken, übergesetzlicher Notstand und verfassungskonforme Auslegung, in Ohly/Bodewig/Dreier/Götting/Haedicke/Lehmann (Hrsg) Perspektiven des Geistigen Eigentums und Wettbewerbsrechts – Festschrift für Gerhard Schricker zum 70. Geburtstag, München 2005, 511; *ders* Internationales Zivilverfahrensrecht, 5. Aufl, Tübingen 2010; *ders* Urheber- und Urhebervertragsrecht, 5. Aufl Tübingen 2010; *Schaub* Schadensersatz und Gewinnabschöpfung im Lauterkeits- und Immaterialgüterrecht GRUR 2005, 918; *Schlosser* EU-Zivilprozessrecht, 3. Aufl, München 2009; *Schmidhuber* Schadensersatz bei falscher oder unvollständiger Erteilung einer Auskunft WRP 2008, 296; *Schmidt* Anmerkungen zur Diskussion um die Beschränkung des Akteneinsichtsrechts in den Filesharingverfahren GRUR 2010, 673; *Schneider* Die EU-Enforcementrichtlinie 2004/48/EG und deren Umsetzung in das deutsche Markenrecht, Hamburg 2009; *Schricker/Loewenheim* (Hrsg) Urheberrecht, Kommentar, 4. Aufl München 2010 (zit Schricker/Loewenheim/*Bearbeiter*); *Schulz* Schubladenverfügung und die Kosten der nachgeschobenen Abmahnung WRP 2007, 589; *Schuschke/Walker* Vollstreckung und Vorläufiger Rechtsschutz, Kommentar, 4. Aufl, Köln 2008; *Schütze* Deutsches Internationales Zivilprozessrecht unter Einschluss des Europäischen Zivilprozessrechts, 2. Auflage, Berlin 2005; *Seichter* Die Umsetzung der Richtlinie zur Durchsetzung der Rechte des geistigen Eigentums WRP 2006, 391; *ders* Der Auskunftsanspruch nach Artikel 8 der Richtlinie zur Durchsetzung der Rechte des geistigen Eigentums, in Ahrens/Bornkamm/Kunz-Hallstein (Hrsg) Festschrift für Eike Ullmann, Saarbrücken 2006, 983; *Sieber/Höfinger* Drittauskunftsansprüche nach § 101a UrhG gegen Internetprovider zur Verfolgung von Urheberrechtsverletzungen MMR 2004, 575; *Spieker* Haftungsrechtliche Aspekte für Unternehmen und ihre Internet-Werbepartner (Affiliates) GRUR 2006, 903; *Spindler* Bildersuchmaschinen, Schranken und konkludente Einwilligung im Urheberrecht – Besprechung der BGH-Entscheidung „Vorschaubilder" GRUR 2010, 785; *Spindler/Weber* Die Umsetzung der Enforcement-Richtlinie nach dem Regierungsentwurf für ein Gesetz zur Verbesserung der Durchsetzung von Rechten des geistigen Eigentums ZUM 2007, 257; *Spindler/Weber* Der Geheimnisschutz nach Art 7 der Enforcement-Richtlinie MMR 2006, 711; *Spindler/Leistner* Die Verantwortlichkeit für Urheberrechtsverletzungen im Internet – Neue Entwicklungen in Deutschland und in den USA GRUR Int 2005, 773; *Steinbeck* „Windsor Estate" – Eine Anmerkung GRUR 2008, 110; *dies* Ist die negative Feststellungsklage Hauptsache iS von § 937 I ZPO? NJW 2007, 1783; *Stumpf/Groß* Der Lizenzvertrag, 9. Aufl Heidelberg 2007; *Sujecki* Entwicklung des Europäischen Privat- und Zivilprozessrechts in den Jahren 2008 und 2009 EuZW 2010, 448; *Teplitzky* Zum Streitgegenstand der wettbewerbsrechtlichen Unterlassungsklage WRP 2010, 181; *ders* Gerichtliche Hinweise im einseitigen Verfahren zur Erwirkung einer einstweiligen Unterlassungsverfügung GRUR 2008, 34; *ders* Wettbewerbsrechtliche Ansprüche, 9. Aufl Köln ua 2007; *ders* Der Streitgegenstand in der neuesten Rechtsprechung des I. Zivilsenats des BGH WRP 2007, 1; *ders* „Markenparfümverkäufe" und Streitgegenstand WRP 2007, 397; *ders* Die wettbewerbsrechtliche Unterwerfung heute – Neuere Entwicklungen eines alten Streitbereinigungsmittels GRUR 1996, 696; *ders* Unterwerfung oder Unterlassungstitel? WRP 1996, 171; *ders* Die Regelung der Abmahnung in § 12 Abs 1 UWG, ihre Reichweite und einige ihrer Folgen, in Ahrens/Bornkamm/Kunz-Hallstein (Hrsg) Festschrift für Eike Ullmann, Saarbrücken 2006, 999; *Thun* Der immaterialgüterrechtliche Vernichtungsanspruch, München 1998; *Tilmann* Konstruktionsfragen zum Schadensersatz nach der Durchsetzungs-Richtlinie in Grosch/Ullmann (Hrsg) Gewerbliche Schutzrechte und ihre Durchsetzung, Festschrift für Tilman Schilling zum 70. Geburtstag, Köln ua 2007, 367; *ders* Beweissicherung nach europäischem und deutschem Recht, in Ahrens/Bornkamm/Kunz-Hallstein (Hrsg) Festschrift für Eike Ullmann, Saarbrücken 2006; *ders* Gewinnherausgabe im gewerblichen Rechtsschutz und Urheberrecht – Folgerungen aus der Entscheidung „Gemeinkostenanteil" GRUR 2003, 647; *ders* Beweissicherung nach Art 7 der Richtlinie zur Durchsetzung der Rechte des geistigen Eigentums GRUR 2005, 737; *Tilmann/Schreibauer* Die neueste BGH-Rechtsprechung zum Besichtigungsanspruch nach § 809 BGB – Anmerkungen zum Urteil des BGH „Faxkarte" GRUR 2002, 1015; *Tilmann/Schreibauer* Beweissicherung vor und im Patentverletzungsprozess, in Ahrens/Bornkamm/Gloy/Starck/von Ungern-Sternberg (Hrsg) Festschrift für Willi Erdmann zum 65. Geburtstag, Köln ua 2002, 901; *Torremans* Lucasfilm v Ainsworth IIC 2010, 751; *Ullmann* Wer sucht, der findet – Kennzeichenverletzung im Internet GRUR 2007, 633; *ders* Die Verwarnung aus Schutzrechten – mehr als eine Meinungsäußerung? GRUR 2001, 1027; *Ullrich* Patents and Standards – A Comment on the German Federal Supreme Court Decision Orange Book Standard IIC 2010, 337; *von Ungern-Sternberg* Einwirkung der Durchsetzungsrichtlinie auf das deutsche Schadensersatzrecht GRUR 2009, 460; *ders* Die Rechtsprechung des Bundesgerichtshofs zum Urheberrecht und zu den verwandten Schutzrechten in den Jahren 2006 und 2007, (Teil I) GRUR 2008, 193, (Teil II) GRUR 2008, 291; *ders* Die Rechtsprechung des Bundesgerichtshofs zum Urheberrecht und zu den verwandten Schutzrechten in den Jahren 2008 und 2009 (Teil I) GRUR 2010, 273, (Teil II) GRUR 2010, 386; *Vohwinkel* Neuer Vollziehungsbegriff für § 945 ZPO – Auswirkungen auf § 929 II ZPO? GRUR 2010, 977; *Vollkommer/Huber* Neues Europäisches Zivilverfahrensrecht in Deutschland – Das Gesetz zur Verbesserung der grenzüberschreitenden Forderungsdurchsetzung und Zustellung NJW 2009, 110; *Walter/von Lewinski* European Copyright Law, Commentary, Oxford 2010; *Wandtke/Bullinger* Praxiskommentar zum Urheberrecht, 3. Aufl München 2009 (zit Wandtke/Bullinger/*Bearbeiter*); *Wandtke* Doppelte Lizenzgebühr im Urheberrecht als Modell für den Vermögensschaden von Persönlichkeitsrechtsverletzungen im Internet? GRUR 2000, 942; *Wedemeyer* Änderung von Werken der Baukunst – zu Ansprüchen des Urhebers, Festschrift für Henning Piper zum 65. Geburtstag, München 1996, 787; *Weisert* Rechtsprobleme der Schubladenverfügung WRP 2007, 504; *von Welser* Die Wahrnehmung urheberpersönlichkeitsrechtlicher Befugnisse durch Dritte, Berlin 2000; *Wenzel* Das Recht der Wort- und Bildberichterstattung, 5. Aufl Köln 2003; *Wilmer* Überspannte Prüfpflichten für Host-Provider? – Vorschlag für eine Haftungsmatrix, NJW 2008, 1845; *Zahn* Die Herausgabe des Verletzungsgewinnes, Köln ua 2005; *Zöller* Zivilprozessordnung, 28. Aufl Köln 2010; *Zöllner* Der Vorlage- und Besichtigungsanspruch im gewerblichen Rechtsschutz – Ausgewählte Probleme, insbesondere im Eilverfahren GRUR-Prax 2010, 74; *Zombik* Der Kampf gegen Musikdiebstahl im Internet ZUM 2006, 450.

Übersicht

Marcus von Welser

§ 1
Einleitung

Ebenso wie das allgemeine Zivilrecht sieht das **Medienrecht** bei Verletzung **1** bestimmter Rechtspositionen zivilrechtliche Ansprüche desjenigen vor, dessen Rechtsposition beeinträchtigt wurde. Trotz der Breite des Medienrechts, welches als **Querschnittsmaterie** eine Vielzahl unterschiedlicher Gesetze betrifft, gibt es viele Gemeinsamkeiten. So hat der Betroffene bei Verletzung von geschützten Rechten wie Persönlichkeitsrechten oder Urheberrechten eine Reihe von Ansprüchen, die unter anderem auf Unterlassung, Auskunft und Schadensersatz gerichtet sind. Diese zentralen Ansprüche und deren Durchsetzung werden an dieser Stelle besprochen. Neben diesen zentralen Ansprüchen sind in den einzelnen Spezialgesetzen eine Reihe weiterer Ansprüche geregelt, die hier nicht berücksichtigt werden. So kennt bspw das Äußerungsrecht, welches zum Teil in den Landespressegesetzen geregelt ist, einen – in der praktischen Relevanz kaum zu überschätzenden – Gegendarstellungsanspruch. Das Lauterkeitsrecht sieht im Gesetz gegen den unlauteren Wettbewerb (UWG) einen – praktisch wenig relevanten – Gewinnabschöpfungsanspruch vor. Diese Spezialansprüche werden in den jeweiligen Fachkapiteln erörtert.

2 Umfassende Neuerungen der einzelnen Ansprüche enthält die Richtlinie zur Durchsetzung der Rechte des geistigen Eigentums (Enforcement-RL).[1] Die Umsetzungsfrist dieser Richtlinie lief bereits Ende April 2006 ab. Die folgenden Ausführungen beruhen auf dem „Gesetz zur Verbesserung der Durchsetzung von Rechten geistigen Eigentums", das diese Richtlinie umgesetzt hat. Ausgelöst durch den Referentenentwurf des Bundesjustizministeriums über das Gesetz zur Verbesserung der Durchsetzung von Rechten geistigen Eigentums[2] wurde in der Literatur gefordert, einen allgemeinen Teil der Rechte des geistigen Eigentums zu schaffen, in dem unter anderem die Rechtsfolgen der Verletzung einheitlich geregelt werden.[3] In der Tat legen die Gemeinsamkeiten, die nicht erst durch die Enforcement-RL, sondern zum Teil bereits durch das Produktpiraterieregesetz im Jahre 1990 geregelt wurden, eine solche gemeinsame Behandlung nahe.[4] Gleichwohl setzte sich diese Idee nicht durch. Nachfolgend werden die Ansprüche erläutert, die sich aus der Verletzung von Immaterialgüterrechten ergeben. Die Vorschriften des Urheberrechtsgesetzes werden im Folgenden exemplarisch vorgestellt. Die Ausführungen gelten in weiten Teilen auch für die anderen Spezialgesetze zum Schutz geistigen Eigentums wie das Geschmacksmustergesetz, das Markengesetz, das Patentgesetz und das Gebrauchsmustergesetz.

3 Für die **Auslegung** der Ansprüche ist auf die Begründung zum Regierungsentwurf,[5] auf die Enforcement-RL[6] und ihre Erwägungsgründe[7] sowie auf die Art 41–61 TRIPs[8] zurückzugreifen. Nach der Rechtsprechung des EuGH unterliegen der Schutz der Rechte des geistigen Eigentums und die von den Gerichten hierzu getroffenen Maßnahmen nicht dem Gemeinschaftsrecht, soweit es sich um einen Bereich handelt, in dem die Gemeinschaft noch keine Rechtsvorschriften erlassen hat und der somit in die Zuständigkeit der Mitgliedstaaten fällt. Wird dagegen festgestellt, dass eine Gemeinschaftsregelung in dem betreffenden Bereich besteht, findet das Gemeinschaftsrecht Anwendung, was die Verpflichtung umfasst, soweit wie möglich eine dem TRIPs-Übereinkommen entsprechende Auslegung vorzunehmen, ohne dass der fraglichen Bestimmung des Übereinkommens jedoch eine unmittelbare Wirkung zuerkannt werden könnte.[9] Hinsichtlich der Normen, die auf zwingenden gemeinschaftsrechtlichen Vorgaben beruhen, ist das ihrer Umsetzung dienende innerstaatliche Recht nicht am Maßstab der deutschen Grundrechte durch das BVerfG zu prüfen, sondern unterliegt dem auf Gemeinschaftsebene gewährleisteten Grundrechtsschutz.[10] Bereits zuvor

---

[1] RL 2004/48/EG zur Durchsetzung der Rechte des geistigen Eigentums.

[2] Dieses Gesetz dient der Umsetzung der RL 2004/48/EG über die Durchsetzung der Rechte des Geistigen Eigentums.

[3] Vgl *Ahrens* GRUR 2006, 617; Riesenhuber/ *Walter* 243, 285.

[4] Gesetz zur Stärkung des Schutzes des geistigen Eigentums und zur Bekämpfung der Produktpiraterie (PrPG), BGBl 1990 I S 422; hierzu *Asendorf* NJW 1990, 1283.

[5] Abgedr in BT-Drucks 16/5048.

[6] Vgl Kommentierung der Enforcement-RL bei Walter/von Lewinski/*Walter*/*Graf* Enforcement Directive, 1193–1364.

[7] Abgedr in ABl EG L 157 v 30.4.2004, 45 ff.

[8] Das Übereinkommen über handelsbezogene Aspekte der Rechte des geistigen Eigentums (Trade-Related Aspects of Intellectual Property Rights) ist integraler Bestandteil des WTO-Übereinkommens v 15.4.1994; BGBl 1994 II S 1730.

[9] EuGH GRUR 2008, 55, 56 – Merck Genéricos/Merck & Co Inc; EuGH GRUR Int 1998, 140 – Dior.

[10] BVerfG GRUR 2007, 1064, 1066 – Kopierschutzumgehung.

wurde die Richtlinie von der Rechtsprechung bei der Gesetzesauslegung berücksichtigt.[11] Nach ständiger Rechtsprechung des EuGH muss das nationale Recht der Mitgliedstaaten richtlinienkonform ausgelegt werden.[12] Voraussetzung der richtlinienkonformen Auslegung ist, dass die in Rede stehende Bestimmung der Richtlinie inhaltlich unbedingt und hinreichend genau ist.

Der Inhalt der Ansprüche, die sich aus der Verletzung von Rechten des geistigen Eigentums ergeben, bestimmt sich nach dem Recht des Schutzlandes. Nach Art 8 Abs 1 Rom-II-Verordnung[13] ist auf außervertragliche Schuldverhältnisse aus einer Verletzung von Rechten des geistigen Eigentums das Recht des Staates anzuwenden, für den der Schutz beansprucht wird. Art 8 Abs 1 des Verordnungsvorschlages verwies demgegenüber noch auf das Recht des Staates, „in dem" der Schutz beansprucht wird. Die Kommission verstand dies als Verweis auf die lex loci protectionis. Mit der neu formulierten Verweisung auf das Recht des Staates, „für den" der Schutz beansprucht wird, war keine inhaltliche Änderung beabsichtigt. Das Schutzlandprinzip entsprach schon vor seiner Kodifizierung durch den Gemeinschaftsgesetzgeber der in Deutschland überwiegend vertretenen Auffassung.[14] Umstritten war lediglich die Reichweite des Schutzlandprinzips, insb die – richtigerweise zu verneinende – Frage, ob auch die Erstinhaberschaft am Urheberrecht nach dem Recht des Schutzlandes bestimmt werden soll.[15] Nach Art 8 Abs 2 Rom-II-VO ist bei außervertraglichen Schuldverhältnissen aus einer Verletzung von gemeinschaftsweit einheitlichen Rechten des geistigen Eigentums auf Fragen, die nicht unter den einschlägigen Rechtsakt der Gemeinschaft – also der GMV[16] oder der GGV[17] – fallen, das Recht des Staates anzuwenden, in dem die Verletzung begangen wurde.[18]

4

§ 2
Aktivlegitimation und Passivlegitimation

Die aus einer Rechtsverletzung folgenden Ansprüche richten sich gegen den Rechtsverletzer, also den Täter, Mittäter, Anstifter oder Gehilfen. Während Mittäter bei der Tat dergestalt zusammenwirken, dass sie sich die Tatbeiträge des jeweils anderen zurechnen lassen müssen, unterstützt der Gehilfe den Haupttäter bei dessen Tat. Für den Beihilfe leistenden Gehilfen handelt es sich um eine fremde Tat. Gleichwohl

5

---

[11] BGH WRP 2006, 1377 Rn 41 – Restschadstoffentfernung.

[12] Calliess/Ruffert/*Ruffert* 2 Aufl Art 249 EG Rn 113 ff; *Eisenkolb* GRUR 2007, 387.

[13] Verordnung (EG) Nr 864/2007 des Europäischen Parlaments und des Rates v 11. 7. 2007 über das auf außervertragliche Schuldverhältnisse anzuwendende Recht (Rom II).

[14] BGH GRUR 2009, 840, 841 Rn 17 – Le-Corbusier-Möbel II; BGH WRP 2007, 1219, 1222 Rn 24 – Wagenfeld-Leuchte; BGH GRUR 2007, 691, 692 – Staatsgeschenk; BGH GRUR 2004, 421, 422 – CD-Export; BGH GRUR 2003, 876, 877 – Sendeformat; BGH ZUM 2003, 955 – Hundertwasserhaus; BGH GRUR 2003, 328, 329 – Sender Felsberg; BGHZ 126,

252, 255 – Joseph Beuys; BGHZ 136, 380 – Spielbankaffaire; OLG München GRUR-RR 2010, 161 – Bronzeskulptur.

[15] Vgl US Court of Appeals GRUR Int 1999, 639 – Itar-Tass; *Schack* Rn 1038; Büscher/Dittmer/Schiwy/*Obergfell* Vor §§ 120 ff Rn 5; *Obergfell* IPRax 2005, 9, 13; *Ginsburg* GRUR Int 2000, 97, 107; Wandtke/Bullinger/*von Welser* Vor §§ 120 ff UrhG Rn 11; *Drobnig* RabelsZ 40 (1976) 195, 197.

[16] Verordnung (EG) Nr 207/2009 des Rates über die Gemeinschaftsmarke.

[17] Verordnung (EG) Nr 6/2002 des Rates über das Gemeinschaftsgeschmacksmuster.

[18] BGH GRUR 2010, 718, 722 Rn 60 – Verlängerte Limousinen.

richten sich die zivilrechtlichen Ansprüche gegen Gehilfen ebenso wie gegen Täter. Darüber hinaus können sich einige Ansprüche – wie insb der Unterlassungsanspruch – auch gegen den Störer richten, der – ohne selbst Täter oder Teilnehmer zu sein – adäquat kausal zur Rechtsverletzung beiträgt. Schließlich gibt es auch Ansprüche, wie den neu geschaffenen Auskunftsanspruch gegen Provider, die sich gegen Dritte richten, ohne dass es auf deren Tatbeitrag ankäme.

I. Aktivlegitimation

1. Rechteinhaber

6   Aktivlegitimiert ist grds jeder, dessen geschützte Rechtsposition verletzt wird. Dies sind im Urheberrecht neben dem **Urheber** und dem Leistungsschutzberechtigten selbst grds auch deren **Rechtsnachfolger.** Nach dem Tod des Urhebers gehen die Rechte nach § 28 Abs 1 UrhG auf die Erben über. Der Urheber kann die Ausübung der Urheberrechte nach § 28 Abs 2 UrhG auch einem **Testamentsvollstrecker** übertragen.[19] Erteilt der Urheber eine ausschließliche Lizenz, so sind grds sowohl er als auch sein Lizenznehmer befugt, gegen Rechtsverletzungen Dritter vorzugehen.[20] Nach der Rechtsprechung ist derjenige, der eine ausschließliche Lizenz erteilt, auch nach Lizenzvergabe klagebefugt, sofern er von den Lizenzeinnahmen profitiert.[21] Daneben verbleibt das **Urheberpersönlichkeitsrecht** auch nach einer Lizenzvergabe beim Urheber. Die Verletzung der Urheberpersönlichkeitsrechte begründet ebenfalls Unterlassungs- und Schadensersatzansprüche.[22] Eine Klagebefugnis des **Lizenznehmers** ist durchaus keine Selbstverständlichkeit, wie § 30 Abs 3 MarkenG, § 31 Abs 3 GeschmMG und Art 32 Abs 3 GGVO zeigen. Sofern lizenzvertraglich nichts anderes geregelt ist, kann der Lizenznehmer an einer Marke oder einem (Gemeinschafts-)Geschmacksmuster aus der lizenzierten Marke oder dem lizenzierten Geschmacksmuster nur mit Zustimmung des Rechtsinhabers vorgehen.[23] Nach § 30 Abs 4 MarkenG kann der Lizenznehmer einer vom Inhaber der Marke erhobenen Verletzungsklage beitreten.[24] § 30 Abs 4 MarkenG ist allerdings keine materiellrechtliche, sondern ausschließlich eine verfahrensrechtliche Vorschrift. Sie gibt dem Lizenznehmer insb keinen eigenen Schadensersatzanspruch. Einen Schadensersatzanspruch hat nach § 14 Abs 4 MarkenG nur der Markeninhaber. Den möglicherweise beim Lizenznehmer entstandenen Schaden kann der Markeninhaber allerdings im Wege der Drittschadensliquidation im eigenen Namen geltend machen. Demgegenüber kann der Lizenznehmer nicht Leistung an sich, sondern nur an den Markeninhaber verlangen.[25]

---

19 Vgl KG GRUR 2006, 53 – Bauhaus-Glasleuchte II; Möhring/Nicolini/*Lütje* § 97 UrhG Rn 93.
20 Dreier/Schulze/*Dreier* § 97 UrhG Rn 19; *Schack* Rn 531; *Haberstumpf* FS Schricker 2005, 309, 310 ff; *Stumpf/Groß* Rn 398; *Pahlow* GRUR 2007, 1001 ff.
21 BGH GRUR 1992, 697, 698 – ALF; BGH GRUR 1999, 984, 985 – Laras Tochter.
22 Vgl BGH GRUR 2002, 532 – Unikatrahmen;

Schricker/Loewenheim/*Dietz* Vor §§ 12 ff UrhG Rn 12a; *von Welser* 92 ff.
23 Vgl *Ingerl/Rohnke* § 30 MarkenG Rn 73, *Ruhl* Art 32 GGVO Rn 22; *Pahlow* GRUR 2007, 1001; *Steinbeck* GRUR 2008, 110, 112.
24 BGH GRUR 2007, 877, 879 – Windsor Estate.
25 BGH GRUR 2007, 877, 880 – Windsor Estate; dagegen *Steinbeck* GRUR 2008, 110, 113.

Marcus von Welser

2. Abtretung

Die Aktivlegitimation kann auch durch Abtretung von Ansprüchen begründet wer- **7**
den. Der Zessionar kann die Ansprüche des Zedenten durchsetzen. Allerdings ist dabei zu beachten, dass Unterlassungs- und Beseitigungsansprüche grds nicht ohne das
zugrundeliegende Stammrecht übertragen werden können, da sie als unselbstständige
Ansprüche der Verwirklichung und dem Schutz des Stammrechts dienen.[26]

3. Ermächtigung und gewillkürte Prozessstandschaft

Auch soweit Ansprüche nicht abtretbar sind, hindert dies eine Geltendmachung **8**
durch Dritte grds nicht. Grundlage hierfür ist die Ermächtigung nach § 185 Abs 1
BGB, die in der gewillkürten Prozessstandschaft ihr prozessuales Pendant findet.[27] Im
Wege der gewillkürten Prozessstandschaft können auch urheberpersönlichkeitsrechtli-
che Ansprüche durchgesetzt werden.[28] Anders als bei der Abtretung wird der geltend
zu machende Anspruch hier nicht vom Stammrecht abgespalten. Daher ist eine solche
Ermächtigung auch bei unabtretbaren Ansprüchen zulässig.[29] Aufgrund der Ermächtigung kann der Erklärungsempfänger Rechtswirkungen in der Sphäre des Ermächti-
genden durch Handlungen im eigenen Namen bewirken. Hier liegt auch der Unterschied zur Vollmacht, die ein Handeln des Erklärungsempfängers im fremden Namen
voraussetzt. Die Vollmacht ist personenbezogen, die Ermächtigung hingegen gegen-
standsbezogen. Die gewillkürte Prozessstandschaft setzt neben einer Ermächtigung ein
eigenes wirtschaftliches Interesse des Prozessstandschafters voraus.[30]

II. Passivlegitimation

1. Täter und Teilnehmer

Passivlegitimiert ist grds derjenige, der als Täter oder Teilnehmer ein fremdes **9**
Recht verletzt.[31] Dies kann grds auch schuldlos geschehen. Ob dem Verletzer ein Verschulden vorzuwerfen ist, spielt nur bei wenigen Ansprüchen – bspw beim Anspruch
auf Schadensersatz – eine Rolle. Keine Störerhaftung, sondern eine täterschaftliche
Haftung liegt vor, wenn sich der Betreiber eines Internetportals urheberrechtlich
geschütztes Material, das Dritte hochladen, zu eigen macht. Ein solches Zueigenma-
chen liegt nach Auffassung des BGH vor, wenn der Betreiber des Internetportals die
eingestellten Inhalte vor ihrer Freischaltung auf Vollständigkeit und Richtigkeit überprüft.[32] Dies gilt auch dann, wenn für die Nutzer des Internetportals erkennbar ist,
dass die Inhalte nicht vom Betreiber, sondern von Dritten stammen. Es kommt nach
Auffassung der Rechtsprechung insb darauf an, wie die fremden Inhalte in die eigene

---

26 OLG Hamburg ZUM 1999, 78, 80 – Spiegel
CD-ROM; *von Welser* 100.
27 BGH GRUR 1994, 800, 801 – Museums-
katalog; Möhring/Nicolini/*Lütje* § 97 UrhG
Rn 95.
28 *Schack* Rn 565; eine entsprechende Befugnis
eines Bühnenverlages auch ohne ausdrückliche
Ermächtigung hält hingegen das KG für möglich: KG NJOZ 2005, 4093 – Die Weber (Leitsätze abgedruckt in GRUR-RR 2006, 84).
29 BGH GRUR 2002, 248, 250 – SPIEGEL-

CD-ROM; OLG Zweibrücken GRUR 1978,
546, 547 – Zirkusname; *von Welser* 104.
30 BGHZ 107, 384, 389 – Emil Nolde; BGHZ
119, 237, 242 – Universitätsemblem; OLG
München ZUM 1997, 388, 390 – Schwarzer
Sheriff; OLG München ZUM 1985, 448, 450 –
Sammelbilder.
31 *Schack* Rn 682.
32 BGH GRUR 2010, 616, 618 – marions-koch-
buch.de

Internetseite eingebunden werden. Ein Indiz dafür, dass sich der Portalbetreiber die Inhalte zu eigen macht, kann auch darin liegen, dass er sich umfassende Nutzungsrechte an den fremden Inhalten einräumen lässt und Dritten anbietet, diese Inhalte kommerziell zu nutzen. Unter Anwendung dieser, vom BGH entwickelten, Kriterien hat das Landgericht Hamburg eine täterschaftliche Haftung der Betreiberin der Internetseite Youtube angenommen.[33]

2. Störer

10   a) **Ausgangspunkt.** Von erheblicher praktischer Bedeutung ist die Frage, ob und inwieweit jemand für Rechtsverstöße haftet, die ein Dritter begeht und zu denen er – ohne Täter oder Teilnehmer zu sein – willentlich und adäquat kausal beiträgt. Dabei kann als Mitwirkung auch die Unterstützung oder Ausnutzung der Handlung eines eigenverantwortlich handelnden Dritten genügen, sofern der in Anspruch Genommene die rechtliche Möglichkeit zur Verhinderung dieser Handlung hatte. Diese Frage hat die Rechtsprechung in der Vergangenheit bspw in Bezug auf die Haftung von **Presseunternehmen** für urheberrechtsverletzende Anzeigenwerbung beschäftigt. In Bezug auf das in § 95a Abs 3 Nr 1 UrhG geregelte Werbeverbot hat das BVerfG die Störerhaftung als eine schwierige und von der höchstrichterlichen Rechtsprechung bislang ungeklärte Frage bezeichnet.[34] In Bezug auf Internetangebote, die es jedermann ermöglichen, Inhalte hochzuladen, hat dieser Problemkreis eine besondere aktuelle Relevanz erhalten. Dabei kann diese Frage bspw bei **Internetauktionshäusern**, auf deren Seiten markenverletzende Plagiate angeboten werden, ebenso relevant werden wie bei **Internetforen**, auf denen persönlichkeitsverletzende Behauptungen aufgestellt werden oder bei Internetseiten, auf denen Nutzer Musik, Fotos oder kurze Filmsequenzen hochladen können.

11   Als Ausgangspunkt betont die Rechtsprechung, dass die Störerhaftung nicht über Gebühr auf Dritte, die nicht selbst die rechtswidrige Handlung vorgenommen haben, erstreckt werden darf. Die Bejahung der Störerhaftung Dritter setzt deshalb die **Verletzung von Prüfungspflichten** voraus.[35] Wer nur durch Einsatz organisatorischer oder technischer Mittel an der von einem anderen vorgenommenen urheberrechtlichen Nutzungshandlung beteiligt war, muss demgemäß, wenn er als Störer in Anspruch genommen wird, ausnahmsweise einwenden können, dass er im konkreten Fall nicht gegen eine Pflicht zur Prüfung auf mögliche Rechtsverletzungen verstoßen hat. So kann er insb geltend machen, dass ihm eine solche Prüfung nach den Umständen überhaupt nicht oder nur eingeschränkt zumutbar war. Bei Produkten, die nicht nur rechtmäßig, sondern auch rechtswidrig verwendet werden können (Dual-Use), hängt die Störerhaftung davon ab, ob der rechtsverletzende Gebrauch des Produkts durch selbstständig handelnde Dritte bei objektiver Betrachtung nicht außerhalb aller Wahrscheinlichkeit liegt und ob dem als Störer in Anspruch Genommenen eine Haftung billigerweise zugemutet werden kann.[36] Hatte der als Störer in Anspruch Genommene gezielt damit geworben, dass ein Produkt für eine bestimmte urheberrechtswidrige Handlung verwendet werden kann, ist es ihm zuzumuten, zu prüfen, ob die von ihm

---

33 LG Hamburg BeckRS 2010, 21389 – Sarah Brightman.
34 BVerfG GRUR 2007, 1064, 1066 – Kopierschutzumgehung.
35 BGH GRUR 1973, 203, 204 – Badische Rundschau; BGH GRUR 1995, 751, 752 – Schlussverkaufswerbung II; BGH GRUR 1999, 418, 419 – Möbelklassiker; BGH GRUR 2001, 529, 431 – Herz-Kreislauf-Studie; BGH GRUR 2009, 841, 843 Rn 19 – Cybersky.
36 BGH GRUR 2009, 841, 843 Rn 20 – Cybersky.

Marcus von Welser

damit geschaffene Gefahr von Rechtsverletzungen fortbesteht. Er ist dann verpflichtet, von einem Inverkehrbringen der Software abzusehen, solange diese Gefahr nicht ausgeräumt ist.[37]

b) Bereiche/Branchen. (aa) Presse. Eine Störerhaftung im Zeitungs- und Zeitschriftengewerbe hinsichtlich des Anzeigengeschäfts bejaht die Rechtsprechung nur unter besonderen Voraussetzungen. Um die tägliche Arbeit von Presseunternehmen nicht über Gebühr zu erschweren und die Verantwortlichen nicht zu überfordern, obliegt diesen keine umfassende Prüfungspflicht. Vielmehr haftet ein Presseunternehmen für die Veröffentlichung wettbewerbswidriger oder schutzrechtsverletzender **Werbeanzeigen** nur im Fall grober, unschwer zu erkennender Verstöße.[38] Insb bei Schutzrechten, deren Prüfung sowohl in tatsächlicher als auch in rechtlicher Hinsicht Kenntnisse erfordert, über die das Presseunternehmen typischerweise nicht verfügt, lässt sich das Bestehen einer Prüfungspflicht und deren Verletzung in aller Regel nicht bejahen.   **12**

Dabei ist zu berücksichtigen, dass der an der Zumutbarkeit orientierte Umfang der Prüfungspflicht verschieden sein kann, je nachdem, ob es sich lediglich um eine Kleinanzeige oder um ein ganzseitiges, entsprechend teures Inserat handelt. War mit Blick auf die redaktionelle Gestaltung der einzelnen im Inserat wiedergegebenen Artikel ohnehin eine eingehendere Prüfung angezeigt, kann sich ein Verlag bspw nicht ohne weiteres darauf berufen, dass es sich bei den Verboten des Heilmittelwerbegesetzes um wenig bekannte Detailregelungen handelt.[39] Grds treffen den Verleger im Fall von Werbeanzeigen keine besonderen Nachforschungspflichten. Denn „unschwer" ist ein Rechtsverstoß in aller Regel nur dann zu erkennen, wenn er aus sich heraus – also bspw unter Berücksichtigung des Anzeigeninhalts und gegebenenfalls unter Einbeziehung sonstiger beim Verleger vorhandenen Informationen – ersichtlich ist.[40] Weitergehende Nachforschungen sind nach Auffassung der Rechtsprechung im Hinblick auf den Charakter des Anzeigengeschäfts als Massenverfahren, der in der Regel nur geringen wirtschaftlichen Bedeutung der einzelnen Anzeigen für das Presseunternehmen und der regelmäßigen Eilbedürftigkeit der Vorbereitung und Ausführung des Anzeigenauftrags grds nicht zumutbar. Der Verlag ist in aller Regel auch nicht etwa gehalten, von einem Anzeigenkunden die Vorlage von Belegen für ein behauptetes Lizenzrecht einzufordern. Ein derartiges in der Regel rechtlich nicht einfaches und zeitlich aufwendiges Prüfungsverfahren ist mit dem Charakter des Anzeigengeschäfts eines Presseverlages nicht vereinbar. Denn regelmäßig ist insoweit eine Kette von Rechtsübertragungen eingehend zu prüfen.[41]   **13**

(bb) Internet. Von besonderer Bedeutung ist die Frage der Störerhaftung im Online-Bereich. Bei der Tätigkeit von Internetprovidern ergibt sich besonders häufig die Frage, unter welchen Voraussetzungen diese für Handlungen Dritter haftbar gemacht werden können.[42] Die Rechtsprechung hatte sich schon häufig mit der Frage zu be-   **14**

---

[37] BGH GRUR 2009, 841, 843 Rn 20 – Cybersky; *von Ungern-Sternberg* GRUR 2010, 386, 391.
[38] BGH GRUR 1997, 313, 316 – Architektenwettbewerb; BGH GRUR 1999, 418, 420 – Möbelklassiker.
[39] BGH GRUR 2001, 529, 431 – Herz-Kreislauf-Studie.
[40] KG NJOZ 2005, 1094, 1096 – Comicfigur.

[41] KG NJOZ 2005, 1094, 1096 – Comicfigur.
[42] Vgl *Schack* Rn 684a ff; *Leistner* GRUR 2006, 801 ff; *Ott* GRUR Int 2007, 14 ff; zur Störerhaftung in den Vereinigten Staaten *Spindler/Leistner* GRUR Int 2005, 773 ff; *Bartholomew/Tehranian* Berkeley Technology Law Journal 2006, 1363 ff; *Landes/Lichtman* Harvard Journal of Law and Technology 2003, 395 ff.

schäftigen, ob und wieweit Internetauktionshäuser für Rechtsverletzungen bei Fremdversteigerungen haften. In aller Regel werden Angebote durch den Versteigerer in einem automatischen Verfahren – also ohne inhaltliche Überprüfung – ins Internet gestellt. Nach Auffassung des BGH können Internetauktionshäuser unter bestimmten Voraussetzungen als Störer für Immaterialgüterrechtsverletzungen haften.[43]

15 Nach der älteren Rechtsprechung des BGH wurde der Unterlassungsanspruch grds nicht dadurch ausgeschlossen, dass das **Telemediengesetz** (TMG) nur eine eingeschränkte Haftung für bestimmte **Provider** vorsieht.[44] §§ 7–10 TMG regeln die Verantwortlichkeit von Providern. Der BGH wendete § 10 TMG allerdings nicht auf Unterlassungsansprüche an.[45] Die Haftungsprivilegierung in § 10 TMG sollte vielmehr allein für die strafrechtliche Verantwortlichkeit und die Schadensersatzhaftung gelten.[46] Dies schloss der BGH aus dem Wortlaut des § 10 TMG, nach dem der Diensteanbieter grds nur bei positiver Kenntnis – im Falle von Schadensersatzansprüchen allerdings auch bei fahrlässiger Unkenntnis – haftet. Fielen Unterlassungsansprüche in den Anwendungsbereich des § 10 TMG, so würden an diese – systemwidrig – höhere Anforderungen als an Schadensersatzansprüche gestellt. Demgegenüber geht der EuGH davon aus, dass die dem § 10 TMG zugrundeliegende Regelung in Art 14 E-Commerce-RL[47] einschränkungslos anwendbar ist.[48] Der EuGH verweist in diesem Zusammenhang auf den 42. Erwägungsgrund der E-Commerce-RL, nach dem die in der E-Commerce-RL hinsichtlich der Verantwortlichkeit festgelegten Ausnahmen nur die Fälle erfassen, in denen die Tätigkeit des Anbieters von Diensten der Informationsgesellschaft „rein technischer, automatischer und passiver Art" ist.[49] Art 14 E-Commerce-RL ist danach im Hinblick auf den Anbieter eines Internetreferenzdienstes wie bspw Google anwendbar, wenn dieser keine aktive Rolle gespielt hat, die ihm eine Kenntnis der gespeicherten Daten oder eine Kontrolle über sie verschaffen konnte.[50] Hat dieser Anbieter keine derartige Rolle gespielt, kann er für die Daten, die er auf Anfrage eines Werbenden gespeichert hat, nicht zur Verantwortung gezogen werden, es sei denn, er hat die Informationen nicht unverzüglich entfernt oder den Zugang zu ihnen gesperrt, nachdem er von der Rechtswidrigkeit dieser Informationen oder Tätigkeiten des Werbenden Kenntnis erlangt hat. Auch der BGH hat seine Rechtsprechung zwischenzeitlich geändert. In seiner Entscheidung „Vorschaubilder" weist der BGH ausdrücklich auf die Möglichkeit einer Haftungsbeschränkung durch Art 14 E-Commerce-RL hin, ohne allerdings § 10 TMG zu erwähnen.[51] In seiner Entschei-

---

43 BGH GRUR 2004, 860 – Internet-Versteigerung I; BGH GRUR 2007, 708 – Internet-Versteigerung II; BGH Urt v 30.4.2008, Az I ZR 73/05 – Internetversteigerung III.
44 Vgl Wandtke/Bullinger/*von Welser* § 44a UrhG Rn 15.
45 Der erste Leitsatz der BGH-Entscheidung Internet-Versteigerung II lautete wie folgt: „Die Unanwendbarkeit des Haftungsprivilegs gem § 10 S 1 TMG (= § 11 S 1 TDG 2001) auf Unterlassungsansprüche gilt nicht nur für den auf eine bereits geschehene Verletzung gestützten, sondern auch für den vorbeugenden Unterlassungsanspruch (Fortführung von BGHZ 158, 236, 246 ff – Internet-Versteigerung I)" (abgedruckt in GRUR 2007, 708).
46 BGH GRUR 2008, 702 – Internet-Versteigerung III; BGH GRUR 2007, 708, 710 – Internet-

Versteigerung II; BGH GRUR 2007, 890, 892 – Jugendgefährdende Medien bei eBay; BGH GRUR 2007, 724, 725 – Meinungsforum.
47 RL 2000/31/EG des Europäischen Parlaments und des Rates v 8.6.2000 über bestimmte rechtliche Aspekte der Dienste der Informationsgesellschaft, insb des elektronischen Geschäftsverkehrs.
48 EuGH GRUR 2010, 445, 450 ff – Google und Google France.
49 EuGH GRUR 2010, 445, 451 Rn 113 – Google und Google France.
50 EuGH GRUR 2010, 445, 451 Rn 114 – Google und Google France.
51 BGH GRUR 2010, 628, 633 Rn 39 – Vorschaubilder; hierzu *Spindler* GRUR 2010, 785; *Ohly* GRUR 2010, 776, 784.

Marcus von Welser

dung zur Störerhaftung von WLAN-Inhabern weist der BGH – obiter dictum – auf die Möglichkeit einer Haftungsprivilegierung nach § 10 TMG bei Unterlassungsansprüchen hin.[52]

Nach Auffassung des BGH ist es einem Unternehmen, das im Internet eine Plattform für Fremdversteigerungen betreibt, grds nicht zuzumuten, jedes Angebot vor Veröffentlichung im Internet auf eine mögliche Rechtsverletzung hin zu untersuchen, da diese Verpflichtung das gesamte Geschäftsmodell in Frage stellen würde.[53] Sofern das Unternehmen allerdings auf eine klare Rechtsverletzung hingewiesen wurde, muss es nicht nur das konkrete Angebot unverzüglich sperren, sondern auch Vorsorge treffen, dass es möglichst nicht zu weiteren derartigen Schutzrechtsverletzungen kommt. Zur Auffindung von Rechtsverletzungen können sich Unternehmen bspw einer Filtersoftware bedienen, die durch Eingabe von Suchbegriffen Verdachtsfälle aufspürt, die gegebenenfalls manuell überprüft werden müssen. **16**

Ähnlich wie die Haftung für rechtswidrige Anzeigen beurteilt die Rechtsprechung die Haftung für die Setzung eines Hyperlinks auf ein rechtswidriges Angebot. Die Verantwortlichkeit des Pressunternehmens ist begrenzt, sofern der Hyperlink nur zur Ergänzung eines redaktionellen Artikels gesetzt wird. Allein aus dem Setzen eines Hyperlinks lässt sich nicht der Vorwurf konstruieren, das Unternehmen mache sich den Inhalt des durch den Hyperlink leichter zugänglich gemachten Internetauftritts in irgendeiner Weise zu Eigen.[54] **17**

c) **Rechtsprechung zur Störerhaftung.** Die Rechtsprechung hatte in den vergangenen Jahren häufig Gelegenheit die Grundsätze zur Störerhaftung schärfer zu konturieren. Anlass hierfür waren typischerweise Internetsachverhalte. Dabei finden sich teilweise Tendenzen, die ausufernde Störerhaftung einzuschränken. Anknüpfungspunkt für die Einschränkung ist in aller Regel die Zumutbarkeit der Prüfungspflicht.[55] **18**

(aa) **Internet-Versteigerung.** Umfangreiche Rechtsprechung existiert zum Thema Haftung bei Internetversteigerungen. Eine nicht unerhebliche Einschränkung der Prüfungspflichten hat der BGH in seinen Entscheidungen „Internet-Versteigerung II" und „Internet-Versteigerung III" vorgenommen.[56] In der Entscheidung „Internet-Versteigerung II" hatte der BGH darauf hingewiesen, dass die Grenze des Zumutbaren dann erreicht sei, wenn keine Merkmale vorhanden seien, die sich zur Eingabe in ein entsprechendes Suchsystem eigneten.[57] Gerade bei Verstößen gegen das Urheberrecht wird es häufig an entsprechenden Merkmalen fehlen. Bei Markenverletzungen in Online-Auktionen hingegen eignen sich die Markennamen typischerweise besonders gut für solche Suchsysteme. Diese für Provider vorteilhafte **Konkretisierung der Prüfungspflichten** bei Fehlen von für die Eingabe in Suchsysteme geeigneten Merkmalen wird an anderer Stelle dadurch wieder aufgehoben, dass die Anforderungen an ein Unterlassungsurteil niedrig gesetzt werden. Der BGH wies in den beiden genannten Entscheidungen ausdrücklich darauf hin, dass der Umstand, dass eine lückenlose Vor- **19**

---

[52] BGH GRUR 2010, 633, 635 Rn 24 – Sommer unseres Lebens.
[53] BGH GRUR 2004, 860, 864 – Internet-Versteigerung; *Ullmann* GRUR 2007, 633, 639.
[54] BGH GRUR 2004, 693, 696 – Schöner Wetten.
[55] BGH GRUR 2007, 708, 712 – Internet-Versteigerung II; OLG Köln MMR 2007, 786 –

Rapidshare; OLG Frankfurt GRUR-RR 2008, 73 – Filesharing durch Familienangehörige.
[56] BGH GRUR 2007, 708 – Internet-Versteigerung II; BGH GRUR 2008, 702 – Internet-Versteigerung III; vgl *Leible/Sosnitza* NJW 2007, 3324, 3326.
[57] BGH GRUR 2007, 708, 712 – Internet-Versteigerung II.

abkontrolle, die sämtliche Rechtsverletzungen sicher erkennt, technisch nicht möglich sei, eine Verurteilung zur Unterlassung nicht hindere, da auch im Falle einer Verurteilung zur Unterlassung (im Erkenntnisverfahren) die Betreiber des Auktionshauses für Zuwiderhandlungen (im Vollstreckungsverfahren) nur haftbar zu machen seien, wenn sie ein Verschulden nach § 890 ZPO treffe.[58] Für Rechtsverletzungen, die sie in einem Filterverfahren nicht erkennen können, träfe sie kein Verschulden.[59] Die Prüfungspflicht des Unternehmens kann der Rechteinhaber bspw durch ein substantiiertes Hinweisschreiben begründen.[60] Dieses muss die erforderlichen Kenntnisse vermitteln und den Adressaten in die Lage versetzen, mit sachgerechten Kontrollmaßnahmen zu reagieren.[61] Da die Prüfungspflicht durch ein solches Schreiben allerdings erst begründet wird, darf dieses nicht als Abmahnschreiben mit Aufforderung zur Abgabe einer strafbewehrten Unterlassungserklärung verfasst werden, will sich der Rechteinhaber nicht dem Vorwurf einer unbegründeten Schutzrechtsverwarnung und damit eines Eingriffes in den eingerichteten und ausgeübten Gewerbebetrieb des Presseunternehmens aussetzen. Bei einem erneuten Verstoß kann dann umgehend ein Abmahnschreiben an das Presseunternehmen versandt werden.

20   **(bb) Rapidshare.** Eine ganze Vielzahl von obergerichtlichen Urteilen beschäftigte sich mit der Haftung des **Webhosting-Diensteanbieters Rapidshare.**[62] Die Gerichte hatten über die Verantwortlichkeit der Betreiberin der Internetseite „www.rapidshare.com" und den Umfang der gesetzlichen Prüf- und Kontrollpflichten zu entscheiden. Die Anbieterin der Website „www.rapidshare.com" stellte ihren Nutzern Speicherkapazität zur Verfügung. Die Nutzer konnten dort beliebige Inhalte ablegen und erhielten dann einen Download-Link, den sie öffentlich zugänglich machen konnten. Die Anbieterin führte kein Verzeichnis über die Dateien. Sie teilte ihren Nutzern lediglich die genaue Adresse der jeweiligen Datei in der Form eines Download-Links mit. Über die Bekanntgabe dieses Links entschied allein der die Datei hochladende Nutzer. Mit Hilfe von derartigen Links wurden allerdings auf anderen, im Ausland betriebenen Internetseiten, Verzeichnisse geführt, über die nach einzelnen Dateien recherchiert werden kann und die dann direkt auf die Dateien bei „www.rapidshare.com" verlinken.

21   Eine der ersten Entscheidungen zur Zulässigkeit des Geschäftsmodells von Rapidshare traf das Oberlandesgericht Köln.[63] Nachdem das LG Köln auf Antrag der GEMA gegen die Betreiberin eine auf Unterlassung gerichtete einstweilige Verfügung erlassen hatte, beschränkte das OLG die der Betreiberin im Rahmen der Störerhaftung obliegenden Prüfungspflichten auf solche Urheberrechtsverletzungen, die dieser von den Rechtsinhabern nach konkreter Abmahnung der einzelnen Titel genannt und die sie in denjenigen Linklisten, auf die sie selber verweise, aufdecken und unterbinden könne. Dementsprechend sei die Betreiberin zu einer regelmäßigen Überprüfung der

---

[58] Gegen eine solche Verlagerung der Fragen ins Vollstreckungsverfahren *Leible/Sosnitza* NJW 2007, 3324, 3326.
[59] BGH GRUR 2008, 702, 706 Rn 53 – Internet-Versteigerung III.
[60] Vgl BGH GRUR 2007, 708 – Internet-Versteigerung II.
[61] OLG Hamburg ZUM-RD 2010, 466, 467 – Abmahnung ohne Bilder.
[62] OLG Köln MMR 2007, 786 – Rapidshare;

OLG Hamburg MMR 2008, 823 – Rapidshare I; OLG Hamburg MMR 2010, 51 – Rapidshare II; OLG Düsseldorf MMR 2010, 483 – Rapidshare; OLG Düsseldorf Urt v 6.7.2010, Az 20 U 8/10 – Rapidshare; abrufbar über die Rechtsprechungsdatenbank des nordrhein-westfälischen Justizportals: www.justiz.nrw.de/RB/nrwe2/index.php.
[63] OLG Köln MMR 2007, 786 – Rapidshare.

Linklisten verpflichtet. Das Landgericht meinte, dass ein Webhosting-Diensteanbieter, der Kenntnis davon erlangt hat, dass über seinen Dienst urheberrechtlich geschützte Werke zum Download bereitgehalten werden, generell im Rahmen des technisch und wirtschaftlich Möglichen und Zumutbaren verpflichtet sei, dafür Vorsorge zu treffen, dass diese Werke auch zukünftig nicht über seinen Dienst zugänglich gemacht werden.[64] Die Prüfungspflicht umfasse auch fremde Internetangebote, welche es ermöglichen, über den Dienst abrufbare Dateien aufzufinden. Nach dem sehr weitreichenden **Tenor der landgerichtlichen Entscheidung** sollte es die Betreiberin unterlassen, *„die Musikwerke ... über ihr Internetangebot www...com öffentlich zugänglich zu machen"*. Demgegenüber sah der **Tenor der oberlandesgerichtlichen Entscheidung** das Verbot vor, *„die Musikwerke ... als Datei ihres Internetangebotes www...com öffentlich zugänglich zu machen, wenn das jeweilige Musikwerk über einen zu der Datei führenden Link der unter www... und/oder www... ansteuerbaren Link-Sammlung abgerufen werden kann"*.

In Fällen dieser Art ist entscheidend, welche **technischen Möglichkeiten** dem **22** Betreiber einer Plattform zur Verfügung stehen, um Verstöße in der Zukunft abzustellen.[65] Nach Auffassung des Oberlandesgerichts Köln steht der Eignung sämtlicher an das Hochladen (Upload) anknüpfender automatischer Systeme der Umstand entgegen, dass mit dem Hochladen ebenso gut ein legaler Zweck – nämlich die Erstellung einer Privatkopie – verfolgt werden könne.[66] Auch an geeigneten technischen Möglichkeiten, die bei Dateien mit urheberrechtlich geschützten Inhalten eine Weitergabe des Download-Links unterbinden könnten, ohne dass die Betreiberin damit zugleich gegen ihre vertraglichen oder gesetzlichen Verpflichtungen gegenüber legalen Nutzern ihres Dienstes verstoßen würde wird es regelmäßig fehlen. Als Prüfungsmöglichkeit verblieb danach allein die manuelle Kontrolle einschlägiger Link-Sammlungen. Solche Link-Sammlungen zeichnen sich dadurch aus, dass eine Aufbereitung der dort erfassten Download-Links durch bestimmte Ordnungs- oder Suchfunktionen stattfindet, sodass hierüber mehr oder weniger gezielt nach Dateien eines bestimmten Inhalts gesucht werden kann. Nach Ansicht des Oberlandesgerichts Köln war es der Betreiberin zuzumuten, von dieser Überprüfungsmöglichkeit in Bezug auf die in der vorherigen Abmahnung der GEMA genannten Werke Gebrauch zu machen. Sharehoster, die Server zur Verfügung stellen, auf denen Kunden Dateien hochladen und speichern können, die mit Hilfe eines Download-Links, den die Kunden auch an Dritte weitergeben können, abgerufen oder anderweitig gespeichert werden können, sind also nicht eo ipso Täter oder Teilnehmer dabei vorkommender Urheberrechtsverletzungen. Dies gilt zumindest dann, wenn kein Verzeichnis der auf dem Server gespeicherten Daten angeboten wird.[67] Eine deutlich strengere Haltung hat das OLG Hamburg eingenommen.[68] Nach Auffassung des Oberlandesgerichts Hamburg kann ein Geschäftsmodell, das auf Grund seiner Struktur durch die Möglichkeit des anonymen Hochladens von Dateien der massenhaften Begehung von Urheberrechtsverletzungen wissentlich Vorschub leistet, von der Rechtsordnung nicht gebilligt werden.[69] Hinsichtlich des identifizierbaren Nutzerkreises, der schon in der Vergangenheit Rechtsverletzungen begangen hat, ist dem Betreiber nach Meinung des Oberlandesgerichts

---

[64] LG Köln ZUM 2007, 568 – Rapidshare.
[65] Vgl OLG Köln MMR 2007, 786, 788 – Rapidshare.
[66] OLG Köln MMR 2007, 786, 788 – Rapidshare.
[67] OLG Köln MMR 2007, 786 – Rapidshare.

[68] OLG Hamburg MMR 2008, 823 – Rapidshare I; OLG Hamburg MMR 2010, 51 – Rapidshare II; krit hierzu *Breyer* MMR 2009, 14.
[69] OLG Hamburg MMR 2010, 51 – Rapidshare II.

Hamburg eine konkrete inhaltliche Überprüfung des Inhaltes von Dateien bereits vor oder jedenfalls während des Hochladens abzuverlangen. Dieser grundsätzlichen Ablehnung des Geschäftsmodells ist das Oberlandesgericht Düsseldorf mit beachtlichen Gründen entgegengetreten.[70] Eine höchstrichterliche Klärung steht noch aus.

23 (cc) **Usenet.** Auch das Usenet hat die Rechtsprechung immer wieder beschäftigt.[71] Das Usenet ist ein dezentral organisiertes Netz aus Servern, das ursprünglich für den Austausch von Textnachrichten geschaffen wurde, inzwischen allerdings für den Austausch unterschiedlichster Dateien genutzt wird. Im Usenet werden die Dateien zunächst nicht vollständig auf sämtlichen Servern gespeichert, sondern lediglich die sogenannten Header der Nachrichten. Erst wenn ein Nutzer den Header einer Nachricht auswählt, so ruft der Newsserver des Providers den Nachrichteninhalt von den Newsservern eines anderen Unternehmens ab, liefert diesen an den Nutzer und nimmt eine zeitlich begrenzte Zwischenspeicherung vor.

24 In eine ähnliche Richtung wie die Rapidshare-Entscheidung des Oberlandesgerichts Köln geht die Usenet-Entscheidung des Oberlandesgerichts Düsseldorf.[72] Ein Tonträgerhersteller hatte einen Usenet-Provider auf Unterlassung in Anspruch genommen, da über einen Server eine Musikaufnahme aus dem Repertoire des Tonträgerherstellers abgerufen werden konnte. Der angegriffene Usenet-Provider vermittelt seinen Kunden einen kostenpflichtigen Zugang zum Usenet. Das LG hatte eine entsprechende einstweilige Verfügung erlassen und zur Begründung ausgeführt, das ein Usenet-Provider als Host-Provider und nicht nur als Access- oder Cache-Provider zu qualifizieren sei und nach den allgemeinen Grundsätzen als Störer für Rechtsverletzungen auf Unterlassung in Anspruch genommen werden könne.[73] Das OLG Düsseldorf hob die einstweilige Verfügung des Landgerichts auf und betonte als rechtlichen Ausgangspunkt, dass für die Störerhaftung die Verletzung einer Prüfungspflicht, deren Einhaltung im Einzelfall möglich und zumutbar sein muss, erforderlich sei.[74] Usenet-Provider könnten für Urheberrechtsverletzungen ihrer Kunden nicht verantwortlich gemacht werden. Dabei dürfe also nicht zunächst eine Verurteilung zur Unterlassung vorgenommen werden und die Frage, ob der Schuldner alles ihm Zumutbare getan hat, in das Vollstreckungsverfahren verlagert werden.[75] Das OLG Düsseldorf wies darauf hin, dass der Aufwand für die Überprüfung verhältnismäßig sein müsse. Ein Dienstanbieter müsse insb nicht jeden nur denkbaren Aufwand betreiben, um die Nutzung rechtswidriger Inhalte zu vermeiden. In die **Gesamtbetrachtung** einzubeziehen seien die Bedeutung des Einzelfalls und der erforderliche technische und wirtschaftliche Aufwand sowie die Auswirkung auf andere Teile des Dienstes. Die besondere Funktionsweise des Usenet bringt es mit sich, dass der einen Newsserver betreibende Provider in aller Regel nur als sog Cache-Provider zu qualifizieren ist. Die aus dem Usenet bezogenen fremden Dateien werden erst nach Anforderung durch einen Nutzer des Providers zwischengespeichert. Die fremden Dateien sind grds bis zur Anforderung nur ohne Inhalt als sog Header auf dem Server der Antragsgegnerin vorhanden. Diese Header verglich das OLG Düsseldorf mit Links, da der konkrete Inhalt der Nachricht erst nach einer Kundenanfrage auf den Server geladen und dann gespeichert werde.[76] Nach Auffassung des OLG Düsseldorf hat ein Cache-Provider

[70] OLG Düsseldorf MMR 2010, 483 – Rapidshare.
[71] OLG Hamburg ZUM-RD 2009, 439 – Usenet II; OLG Hamburg ZUM-RD 2009, 246.
[72] OLG Düsseldorf MMR 2008, 254 – Usenet.
[73] OLG Düsseldorf MMR 2007, 534 – Usenet.
[74] OLG Düsseldorf MMR 2008, 254 – Usenet.
[75] OLG Düsseldorf MMR 2008, 254 – Usenet.
[76] OLG Düsseldorf MMR 2008, 254 – Usenet.

Marcus von Welser

wesentlich weniger Möglichkeiten, eine Störung abzustellen als ein Host-Provider. Zum einen würde eine entsprechende Überwachungspflicht eine ständige Überprüfung der neu eingestellten Beiträge voraussetzen, zum anderen sind die Betreiber von News-servern selbst nicht in der Lage, rechtsverletzende fremde Inhalte vollständig aus dem Usenet zu löschen, da – anders als bei Internetforen – ein Betreiber eines Newsservers nur diejenigen Daten löschen kann, die auf seinem eigenen Server gespeichert sind. Bei jeder neuen Anforderung von Daten werden diese erneut auf seinen Server übertragen.

Schließlich wies das OLG Düsseldorf darauf hin, dass die Rechtsinhaber selbst in der Lage seien, entsprechende Dateien mittels einer sog **Cancel-Message** zu löschen. Bei diesem sog Fremd-Cancel wird eine Nachricht mit bestimmten Informationen in das Usenet eingestellt. Diese Nachricht enthält Informationen über die zu löschende Datei, deren Absender und den Absender der Cancel-Message. Die Cancel-Message wird nach dem Absenden im Usenet verteilt und sorgt dafür, dass die zu löschende Nachricht weltweit auf den Newsservern gelöscht wird. Das Löschen der Nachricht setzt eine entsprechende Konfiguration der Newsserver voraus. Die Konfiguration wiederum liegt in den Händen der jeweiligen Betreiber. Durch eine Cancel-Message kann eine bestimmte Datei auf einem Großteil der Server gelöscht werden. Sie bietet damit eine **Möglichkeit der Selbsthilfe**. Diese Rechtsprechung trägt den Besonderheiten des Usenet Rechnung. Sie schränkt die Störerhaftung für diesen besonderen Bereich ein und kann nicht verallgemeinert werden. Auch bei der Beurteilung des Usenet war die Rechtsprechung des Oberlandesgerichts Hamburg strenger und bejahte die Störerhaftung des Zugangsvermittlers.[77]

25

(dd) **WLAN.** Große Aufmerksamkeit hat die Entscheidung des BGH zur Störer-haftung eines WLAN-Inhabers ausgelöst.[78] Den Teilnehmern einer Internet-Tausch-börse war der Musiktitel „Sommer unseres Lebens" über die IP-Adresse des Beklagten zum Download angeboten worden. Die klagende Rechteinhaberin verlangte von dem Beklagten Unterlassung, Schadensersatz und Erstattung der Abmahnkosten. Der Beklagte verteidigt sich damit, zum fraglichen Zeitpunkt im Urlaub gewesen zu sein. Sein Rechner habe sich in der fraglichen Zeit in einem abgeschlossenen, für Dritte unzugänglichen Büroraum befunden. Zunächst verneinte der BGH eine täterschaft-liche Haftung. Werde ein geschütztes Werk der Öffentlichkeit von einer IP-Adresse aus zugänglich gemacht, die zum fraglichen Zeitpunkt einer bestimmten Person zugeteilt sei, so spreche zwar eine tatsächliche Vermutung dafür, dass diese Person für die Rechtsverletzung verantwortlich sei. Der sich daraus ergebenden sekundären Dar-legungslast des Anschlussinhabers war der Beklagte jedoch nachgekommen, indem er vorgetragen hatte, zum fraglichen Zeitpunkt im Urlaub gewesen zu sein, während sich sein Rechner in einem für Dritte unzugänglichen, abgeschlossenen Büroraum befun-den habe.[79] Seine Rechtsprechung[80] zur Zurechnung von Rechtverletzungen, die unter Verwendung von eBay-Zugangsdaten begangen werden, will der BGH auf die vorliegende Konstellation nicht übertragen, da eine IP-Adresse keine mit einem eBay-Konto vergleichbare Identifizierungsfunktion habe.[81] Anders als bei Kontodaten ist es bei einem Internetanschluss – ebenso wie bei einem Telefonanschluss – keineswegs

26

---

[77] OLG Hamburg ZUM-RD 2009, 439 – Use-net II.
[78] BGH GRUR 2010, 633 – Sommer unseres Lebens; vgl *Borges* NJW 2010, 2624.
[79] BGH GRUR 2010, 633, 634 Rn 12 – Som-mer unseres Lebens.

[80] Vgl BGH GRUR 2009, 597 – Halzband.
[81] BGH GRUR 2010, 633, 634 Rn 15 – Som-mer unseres Lebens.

unüblich, Dritten den Zugriff zu gestatten. Der BGH bejaht allerdings eine Störerhaftung. Den Inhaber eines WLAN-Routers trifft die Obliegenheit, die im Kaufzeitpunkt des Routers für den privaten Bereich marktüblichen Sicherungen ihrem Zweck entsprechend wirksam einzusetzen.[82]

3. Haftung bei Verletzung von Verkehrspflichten

27   In einer wettbewerbsrechtlichen Entscheidung hat der BGH für die Haftung von Internetauktionshäusern eine strengere Haftung begründet.[83] In dem Fall machte ein Interessenverband des Videofachhandels wettbewerbsrechtliche Unterlassungsansprüche gegen das Internetauktionshaus eBay geltend, da Dritte dort unter anderem jugendgefährdende Schriften angeboten hatten. Anstatt die Haftung als Störer zu begründen, sah der BGH eine Haftung von eBay als Täterin eines Wettbewerbsverstoßes nach § 3 UWG. Da das Internetauktionshaus eBay die ernsthafte Gefahr begründet habe, dass Dritte durch das Wettbewerbsrecht geschützte Interessen von Marktteilnehmern verletzen, sei es auf Grund einer wettbewerbsrechtlichen Verkehrspflicht dazu verpflichtet, diese Gefahr im Rahmen des Möglichen und Zumutbaren zu begrenzen.[84] Soweit eBay gegen eine wettbewerbsrechtliche Verkehrspflicht verstößt, sei eine täterschaftliche Haftung für eine unlautere Wettbewerbshandlung gegeben. Nach Auffassung der Literatur ist die Störerhaftung neben dieser täterschaftlichen Haftung für Verkehrspflichtverletzungen überflüssig.[85]

Ähnlich hat der BGH auch in einem Fall argumentiert, in dem es um die Haftung des Inhabers eines eBay-Accounts ging.[86] Dort hatte der BGH den Beklagten, dessen Ehefrau unter Verwendung seiner Zugangsdaten Schmuck bei dem Internetauktionshaus eBay angeboten hatte, für die damit einhergehenden Marken- und Urheberrechtsverletzungen haftbar gemacht. Der BGH betonte, dass eine bei der Verwahrung der Zugangsdaten für das Mitgliedskonto gegebene Pflichtverletzung einen eigenen, gegenüber den Grundsätzen der Störerhaftung und gegebenenfalls bestehenden Verkehrspflichten im Bereich des Wettbewerbsrechts selbstständigen Zurechnungsgrund darstellt.[87] Dieser selbstständige Zurechnungsgrund reicht deutlich weiter als die spezialgesetzlichen Zurechnungsnormen, die eine Haftung des Unternehmens- oder Betriebsinhabers von Mitarbeitern oder Beauftragten vorsehen (§ 99 UrhG). Die Haftung des Account-Inhabers wird in der Literatur teilweise als Haftung wegen Verletzung einer Verkehrspflicht eingeordnet.[88] Die Ungleichbehandlung zu dem Fall des Missbrauchs eines fremden WLAN-Anschlusses erklärt sich aus dem Umstand, dass ein Internetanschluss – nicht anders als ein Telefonanschluss – typischerweise auch von Dritten Personen genutzt wird, wohingegen durch ein geheimes Passwort geschützte Kontodaten regelmäßig einer bestimmten Person zuzuordnen sind.

---

[82] BGH GRUR 2010, 633, 635 Rn 23 – Sommer unseres Lebens.
[83] BGH GRUR 2007, 890 – Jugendgefährdende Medien bei eBay.
[84] BGH GRUR 2007, 890, 893 – Jugendgefährdende Medien bei eBay; eingehend hierzu *Köhler* GRUR 2008, 1.
[85] *Köhler* GRUR 2008, 1, 6.

[86] BGH GRUR 2009, 597 – Halzband.
[87] BGH GRUR 2009, 597, 598 Rn 16 – Halzband.
[88] *Leistner* GRUR-Beilage 1/2010, 6 ff; *Hecht* K&R 2009, 462 ff; *Hoffmann* NJW 2009, 2649, 2652; dagegen *von Ungern-Sternberg* GRUR 2010, 386, 392.

4. Haftung des Unternehmensinhabers

Nach § 99 UrhG hat der Verletzte die Ansprüche aus § 97 Abs 1 UrhG und § 98 UrhG auch gegen den Inhaber des Unternehmens, wenn in dem Unternehmen von einem Arbeitnehmer oder Beauftragten ein nach dem UrhG geschütztes Recht widerrechtlich verletzt worden ist. § 99 UrhG entspricht § 8 Abs 2 UWG, begründet eine eigenständige verschuldensunabhängige Haftung des Unternehmensinhabers und nimmt diesem die Möglichkeit einer Entlastung (Exkulpation), die nach den allgemeinen Vorschriften, namentlich § 831 BGB, gegeben wäre.[89] Der Unternehmensbegriff ist hier weit zu verstehen. Entscheidend ist die organisatorische Eingliederung des Mitarbeiters.[90] Erfasst werden die Ansprüche auf Unterlassung, Beseitigung, Vernichtung, Rückruf und Überlassung. Für Schadensersatzansprüche gilt die Vorschrift nicht.[91] § 99 UrhG setzt voraus, dass die urheberrechtsverletzende Handlung unternehmensbezogen ist. Diese Unternehmensbezogenheit ist als ungeschriebenes Tatbestandsmerkmal grds vom Anspruchsteller darzulegen und im Bestreitensfall zu beweisen.[92] Sofern allerdings der Anspruchsteller von sich aus nicht den Sachverhalt ermitteln kann, während der in Anspruch genommene Unternehmensinhaber über die erforderlichen Informationen verfügt oder diese sich unschwer zu verschaffen vermag, so darf dieser sich nicht auf ein einfaches Bestreiten der Unternehmensbezogenheit der Verletzungshandlung zurückziehen. Tut er dies dennoch und beteiligt sich nicht an der Aufklärung des Sachverhalts, so gilt die Behauptung des Anspruchstellers, eine Unternehmensbezogenheit liege vor, trotz mangelnder Substantiierung als gem § 138 Abs 2 ZPO zugestanden.[93] Bei einer juristischen Person wie etwa einer Kapitalgesellschaft (GmbH, AG) ist die juristische Person der Unternehmensinhaber, nicht etwa die Anteilseigner oder gesetzlichen Vertreter.[94]

28

Beauftragte nach § 99 UrhG können auch selbständige Unternehmen sein.[95] Es kommt entscheidend darauf an, ob die angegriffene Handlung innerhalb des Organismus des Unternehmensinhabers begangen worden ist und ob der Handelnde kraft eines Vertrags in diesen Organismus dergestalt eingegliedert ist, dass einerseits der Erfolg seiner Handlung zumindest auch dem Unternehmensinhaber zugute kommt und andererseits dem Unternehmensinhaber ein bestimmender Einfluss jedenfalls auf diejenige Tätigkeit des Handelnden eingeräumt ist, in deren Bereich das beanstandete Verhalten fällt. Dabei kommt es nicht darauf an, welchen Einfluss sich der in Anspruch genommene Unternehmensinhaber bereits gesichert hat, sondern welchen Einfluss er sich sichern könnte und daher auch sichern müsste. Unter Anwendung dieser Grundsätze hielt das Landgericht Hamburg den Betreiber der Internetsuchmaschine Google für die Inhalte, die auf der Internetseite des hundertprozentigen Tochterunternehmens Youtube stehen, für verantwortlich.[96]

29

---

[89] Wandtke/Bullinger/*Bohne* § 99 UrhG Rn 1.
[90] *Schack* Rn 683a.
[91] *Schack* Rn 683a.
[92] OLG München GRUR-RR 2007, 345 – Beweislastverteilung; Wandtke/Bullinger/*Bohne* § 99 UrhG Rn 5.
[93] OLG München GRUR-RR 2007, 345, 347 – Beweislastverteilung; Zöller/*Greger* Vor § 284 ZPO Rn 34c.

[94] Dreier/Schulze/*Dreier* § 100 UrhG Rn 7; Schricker/Loewenheim/*Wild* § 97 UrhG Rn 2.
[95] Schricker/Loewenheim/*Wild* § 99 UrhG Rn 6.
[96] LG Hamburg BeckRS 2010, 21389 – Sarah Brightman.

5. Haftung des gesetzlichen Vertreters

30 § 99 UrhG begründet bei juristischen Personen zwar eine Haftung der juristischen Person selbst. Ein Durchgriff auf die gesetzlichen Vertreter ist damit indes noch nicht gegeben.[97]

31 Eine persönliche Haftung des gesetzlichen Vertreters einer Kapitalgesellschaft (AG, GmbH) für Schutzrechtsverletzungen ist weder in den Spezialgesetzen zum Schutz geistigen Eigentums, noch im GmbH-Gesetz oder im AG-Gesetz ausdrücklich geregelt. Es besteht jedoch in Rechtsprechung und Literatur weitgehend Einigkeit darin, dass auch der gesetzliche Vertreter einer Kapitalgesellschaft einer solchen Haftung ausgesetzt ist, wenn sein Verhalten für die Rechtsverletzung ursächlich ist.[98] Der BGH nimmt eine täterschaftliche Haftung an, wenn die Geschäftsführer bzw. Vorstände die Rechtsverletzung nicht verhindert haben.[99]

32 Der Geschäftsführer einer GmbH haftet nicht für die von der GmbH zu vertretende Rechtsverletzung, wenn er an dieser nicht teilgenommen hat und nichts von ihr wusste.[100]

§ 3
Zivilrechtliche Ansprüche

I. Unterlassungsanspruch

33 Nach § 97 Abs 1 UrhG hat der Rechteinhaber bei bereits erfolgter oder drohender Rechtsverletzung gegen denjenigen, der sein nach dem UrhG geschütztes Recht widerrechtlich verletzt, einen Unterlassungsanspruch. § 97 Abs 1 S 1 UrhG setzt für den Unterlassungsanspruch zusätzlich zu einer erfolgten Rechtsverletzung eine Wiederholungsgefahr voraus. § 97 Abs 1 S 2 UrhG gewährt einen vorbeugenden Unterlassungsanspruch, wenn eine Rechtsverletzung erstmalig droht.

1. Widerrechtlichkeit

34 Der Unterlassungsanspruch setzt die widerrechtliche Verletzung einer absoluten, also gegenüber jedermann wirkenden Schutzposition voraus.[101] Ein Eingriff in eine geschützte Rechtsposition kann nur dann als Verletzung gewertet werden, wenn sie widerrechtlich erfolgt. Wird die Handlung durch eine Schranke der §§ 44a ff UrhG erlaubt, liegt bereits kein Eingriff vor.[102] Eine Verletzung scheidet auch beim Vorliegen eines tatbestandsausschließenden Einverständnisses aus. Willigt der Urheber bspw in Änderungen seines Werkes ein, so liegt ein tatbestandsausschließendes Einverständnis vor, mit der Folge, dass sich die Frage nach der Rechtswidrigkeit gar nicht mehr stellt.[103] Die Rechtswidrigkeit wird durch die Tatbestandsmäßigkeit eines Eingriffes

---

[97] *Klaka* GRUR 1988, 729; *Götting* GRUR 1994, 6, 9.
[98] BGH GRUR 2009, 841, 843 Rn 15 – Cybersky.
[99] BGH GRUR 2010, 616, 619 Rn 34 – marions-kochbuch.de.
[100] BGH GRUR 1986, 248, 250 – Sporthosen;

BGH GRUR 1986, 250, 253 – Sportschuhe; eingehend *Hass* FS Schilling 249.
[101] Dreier/Schulze/*Dreier* § 97 UrhG Rn 3.
[102] Wandtke/Bullinger/*von Wolff* § 97 UrhG Rn 29.
[103] *Wedemeyer* FS Piper 787, 791; *von Welser* 61 ff.

indiziert.[104] Ein Verschulden ist allein für den Schadensersatzanspruch von Bedeutung. Die allgemeinen Rechtfertigungsgründe spielen im Urheberrecht nur eine untergeordnete Bedeutung.[105]

2. Wiederholungsgefahr

a) Entstehung der Wiederholungsgefahr. Nach § 97 Abs 1 S 1 UrhG kann derjenige, der ein Urheberrecht oder ein anderes nach dem UrhG geschütztes Recht widerrechtlich verletzt, von dem Verletzer auf Beseitigung der Beeinträchtigung, bei Wiederholungsgefahr auf Unterlassung in Anspruch genommen werden.[106] Zu den anderen nach dem UrhG geschützten Rechten gehören sämtliche im UrhG genannten absoluten Rechtspositionen, wie bspw ausschließliche Nutzungsrechte iSd § 31 Abs 3 UrhG.[107] Grds setzt der Unterlassungsanspruch – ebenso wie der Beseitigungsanspruch – eine Rechtsverletzung voraus. Ebenso wie beim Beseitigungsanspruch ist ein schuldhaftes Handeln des Rechtsverletzers nicht erforderlich. § 97 Abs 1 S 1 UrhG verlangt für den Unterlassungsanspruch – zusätzlich zu den Voraussetzungen des Beseitigungsanspruches, namentlich einer erfolgten Rechtsverletzung – eine Wiederholungsgefahr. Eine bereits begangene Verletzungshandlung begründet allerdings die Vermutung für das Vorliegen einer solchen Wiederholungsgefahr.   **35**

b) Fortfall der Wiederholungsgefahr. Sie kann in aller Regel nur durch Abgabe einer vertragsstrafenbewehrten Unterlassungserklärung oder durch eine gerichtliche Entscheidung, die den Unterlassungsanspruch tituliert, beseitigt werden. Die durch eine Verletzungshandlung begründete Wiederholungsgefahr erfasst dabei nicht nur die identische Verletzungsform, sondern auch sämtliche im Kern gleichartigen Verletzungsformen. Daher erstreckt sich der Unterlassungsanspruch des Verletzten nicht nur auf das konkret beanstandete Verhalten. Vielmehr werden Verallgemeinerungen in gewissem Umfang mit umfasst.[108]   **36**

3. Erstbegehungsgefahr

a) Entstehung der Erstbegehungsgefahr. § 97 Abs 1 S 2 UrhG stellt fest, dass der Unterlassungsanspruch auch dann besteht, wenn eine Zuwiderhandlung erstmalig droht (Erstbegehungsgefahr). Eine Erstbegehungsgefahr setzt das Vorliegen konkreter Tatsachen voraus, aus denen sich greifbar ergibt, dass ein Eingriff in das Schutzrecht drohend bevorsteht. Die bloße Möglichkeit einer künftigen Rechtsverletzung reicht nicht aus. Ein auf Erstbegehungsgefahr gestützter vorbeugender Unterlassungsanspruch besteht, soweit ernsthafte und greifbare tatsächliche Anhaltspunkte dafür vorhanden sind, der Anspruchsgegner werde in naher Zukunft einen bestimmten Rechtsverstoß begehen.[109] Die Erstbegehungsgefahr muss sich auf eine konkrete Verletzungshandlung beziehen. Die drohende Verletzungshandlung muss sich so konkret abzeichnen, dass sich für sämtliche Tatbestandsmerkmale beurteilen lässt, ob ihre   **37**

---

104 *Schack* Rn 680.
105 Vgl *Schack* FS Schricker 2005, 511, 516.
106 § 97 Abs 1 UrhG entspricht § 139 Abs 1 PatG und § 14 Abs 5 MarkenG.
107 *Schack* Rn 675.
108 BGH GRUR 2006, 421, 422 – Markenparfümverkäufe.

109 BGH GRUR 2003, 903, 904 – ABC der Naturheilkunde; BGH GRUR 2001, 1174, 1175 – Berühmungsaufgabe; BGH GRUR 1992, 318, 319 – Geld-zurück-Garantie; BGH GRUR 1999, 1097, 1099 – Preissturz ohne Ende; BGH GRUR 2009, 841, 842 Rn 7 – Cybersky.

Verwirklichung droht.[110] So begründet etwa die Anmeldung einer Marke eine Erstbegehungsgefahr hinsichtlich sämtlicher im Waren- und Dienstleistungsverzeichnis genannten Waren.[111] Wird eine Gemeinschaftsmarke angemeldet, folgt daraus nach Ansicht des OLG Hamburg eine Erstbegehungsgefahr für das gesamte EU-Territorium und somit ein unionsweiter Unterlassungsanspruch.[112] Nach Ansicht des OLG Hamburg begründet die Ausstellung eines schutzrechtsverletzenden Gegenstandes auf einer Messe eine bundesweite Erstbegehungsgefahr unter anderem hinsichtlich des Inverkehrbringens.[113] Strenger sieht dies der BGH, der für sämtliche in den Unterlassungstenor aufzunehmenden Verhaltensweisen konkrete Anhaltspunkte fordert, um eine darauf bezogene Erstbegehungsgefahr nach einer Messeausstellung zu bejahen.[114] Bei Gemeinschaftsrechten (Gemeinschaftsmarken und Gemeinschaftsgeschmacksmustern) begründet eine Verletzungshandlung, die in einem Mitgliedstaat begangen wird, in der Regel eine Begehungsgefahr für das gesamte Gebiet der Europäischen Union.[115] Eine Erstbegehungsgefahr wird auch dadurch begründet, dass sich jemand berühmt, zu einer bestimmten Handlung berechtigt zu sein.[116] Eine solche Berühmung, aus der die ernsthaft drohende Gefahr einer Begehung abzuleiten ist, kann unter Umständen auch in Erklärungen zu sehen sein, die im Rahmen der Rechtsverteidigung in einem gerichtlichen Verfahren abgegeben werden. Indes kann der Umstand allein, dass sich jemand gegen die Klage verteidigt und dabei die Auffassung äußert, zu dem beanstandeten Verhalten berechtigt zu sein, noch nicht als eine Berühmung gewertet werden, die eine Erstbegehungsgefahr begründet.[117] Eine Rechtsverteidigung kann aber dann eine Erstbegehungsgefahr begründen, wenn den Erklärungen die Bereitschaft zu entnehmen ist, der Erklärende werde sich in naher Zukunft in der streitgegenständlichen Weise verhalten. Das Entstehen einer solchen Erstbegehungsgefahr kann dadurch verhindert werden, dass eindeutig klargestellt wird, dass es dem Erklärenden nur um die Rechtsverteidigung geht und keine Rechtsverletzungen zu besorgen sind.[118]

38   b) Fortfall der Erstbegehungsgefahr. Die Ausräumung der Erstbegehungsgefahr erfordert grds keine strafbewehrte Unterlassungserklärung.[119] In aller Regel ist nicht einmal eine einfache Unterlassungserklärung erforderlich. Vielmehr reicht häufig bereits eine bloße Absichtserklärung aus. Denn anders als für die durch einen begangenen Rechtsverstoß begründete Wiederholungsgefahr besteht für den Fortbestand der Erstbegehungsgefahr keine Vermutung. Nach der Rechtsprechung kann die Erstbegehungsgefahr durch eine eindeutige Erklärung beseitigt werden.[120] Das OLG Köln lässt

---

[110] BGH Urt v 22.4.2010, Az I ZR 17/05, Rn 23 – Pralinenform II.
[111] BGH GRUR 2004, 600, 601 – d-c-fix/CD-FIX; OLG München GRUR-RR 2008, 6, 7 – B.T.I. und bti/BPI; KG GRUR 2007, 338 – Markenspekulant.
[112] OLG Hamburg BeckRS 2008, 13691 – ZACK follow your style.
[113] OLG Hamburg NJWE-WettbR 1999, 138 – Altenborger Rahm Zeege.
[114] BGH Urt v 22.4.2010, Az I ZR 17/05, Rn 23 – Pralinenform II.
[115] Zur Gemeinschaftsmarke BGH GRUR 2008, 254 Rn 39 – The Home Store; Österreichischer OGH GRUR Int 2007, 256, 258 – Lucky Strike; Österreichischer OGH GRUR Int 2007, 433, 434 – Cilgin Boga; Büscher/Dittmer/

Schiwy/Hoffrichter-Daunicht Art 97/98 GMV Rn 8; ebenso zum Gemeinschaftsgeschmacksmuster BGH GRUR 2010, 718, 722 – Verlängerte Limousinen; Ruhl Art 89 GGV Rn 39.
[116] BGH GRUR 2001, 1174, 1175 – Berühmungsaufgabe; BGH GRUR 1987, 125, 126 – Berühmung.
[117] BGH GRUR 2006, 879, 880 – Flüssiggastank.
[118] BGH GRUR 2001, 1174, 1175 – Berühmungsaufgabe; BGH GRUR 1992, 404, 405 – Systemunterschiede.
[119] Teplitzky Kap 10 Rn 21.
[120] BGH GRUR 1993, 53, 55 – Ausländischer Inserent; BGH GRUR 1992, 404 – Systemunterschiede; BGH GRUR 1992, 116, 117 – Topfguckerscheck.

---

ein entgegengesetztes Verhalten – actus contrarius – durch das unmissverständlich und ernsthaft zum Ausdruck gebracht wird, dass von der Verletzungshandlung abgesehen werde, zur Beseitigung einer Erstbegehungsgefahr ausreichen.[121] Nach Meinung des OLG Hamburg wird eine etwaige Erstbegehungsgefahr schon dadurch ausgeräumt, dass der Abgemahnte dem Abmahnenden ankündigt, er werde die beanstandete Bezeichnung abändern und sodann auch entsprechend verfährt.[122] Bei der durch eine Markenanmeldung hervorgerufenen Erstbegehungsgefahr soll es ausreichen, dass die Anmeldung auf die Abmahnung hin sogleich zurückgenommen wird und der Anmelder unzweideutig und vorbehaltlos erklärt, er gebe seine Eintragungsabsicht auf.[123] Ausreichend ist jedenfalls eine einfache Unterlassungserklärung, wobei auch diese nicht ohne Not abgegeben werden sollte. Eine durch Berühmung geschaffene Erstbegehungsgefahr entfällt grds mit der Aufgabe der Berühmung. Eine solche liegt in der uneingeschränkten und eindeutigen Erklärung, dass die beanstandete Handlung in Zukunft nicht vorgenommen werde.[124]

II. Beseitigungsanspruch

Beseitigungs- und Unterlassungsansprüche werden zusammen als negatorischer Rechtsschutz bezeichnet.[125] Ihnen ist gemein, dass sie kein Verschulden des Verletzers voraussetzen.

39

Der ebenfalls in § 97 Abs 1 S 1 UrhG geregelte Beseitigungsanspruch setzt, anders als der Unterlassungsanspruch, keine Wiederholungsgefahr voraus. Auch nach Abgabe einer strafbewehrten Unterlassungserklärung kann demnach eine Beseitigungspflicht bestehen. Der Beseitigungsanspruch kann einen – möglicherweise schuldlos handelnden Verletzer – mitunter erheblich belasten, da ihm nunmehr Handlungspflichten auferlegt werden. Handelte der Verletzer nicht schuldhaft, so kann er nach § 100 UrhG statt der Beseitigung eine Geldentschädigung zahlen, wenn ihm durch die Erfüllung der in §§ 97, 98 UrhG genannten Ansprüche ein unverhältnismäßig großer Schaden entstehen würde und dem Verletzten die Abfindung in Geld zuzumuten ist.[126] § 100 UrhG ist im Verhältnis zu dem in § 251 BGB kodifizierten Ablösungsrecht lex specialis.[127]

40

Hinsichtlich der Rechtsfolge weist der Beseitigungsanspruch Gemeinsamkeiten mit dem auf Naturalrestitution ausgerichteten Schadensersatzanspruch auf. Anders als der Schadensersatzanspruch ist der Beseitigungsanspruch nicht auf die Restitution eines eingetretenen Schadens, sondern auf die Beseitigung einer fortdauernden Störungsquelle gerichtet.[128] Der Beseitigungsanspruch dient damit allein der Abwehr gegenwärtiger oder künftiger Störungen. Eine über die Beseitigung hinausgehende Herstellung eines urheberrechtskonformen Zustandes lässt sich mit einem Beseitigungsanspruch nicht herstellen.[129]

41

---

[121] OLG Köln NJOZ 2005, 3635.
[122] OLG Hamburg GRUR-RR 2007, 309 – INMAS.
[123] KG WRP 2007, 433, 434 – Erstbegehungsgefahr aus Markenanmeldung.
[124] BGH GRUR 2001, 1174 – Berühmungsaufgabe.
[125] Wandtke/Bullinger/*von Wolff* § 97 UrhG Rn 41.
[126] Vgl *Schack* Rn 702.

[127] Wandtke/Bullinger/*Bohne* § 100 UrhG Rn 2.
[128] Einen Anspruch auf Beseitigung kann bspw ein Architekt geltend machen, dessen Bauwerk unzulässig verändert wurde (BGH ZUM 1999, 146, 147 – Treppenhausgestaltung; LG Berlin GRUR 2007, 964, 966 – Berliner Hauptbahnhof).
[129] So entschied etwa das LG Berlin in dem Streit um die Gestaltung des Berliner Haupt-

III. Vernichtungsanspruch

42   Ein Sonderfall des Beseitigungsanspruches ist der Vernichtungsanspruch.[130] Dieser in § 98 UrhG kodifizierte Anspruch wurde ebenfalls durch das Gesetz zur Verbesserung der Durchsetzung von Rechten geistigen Eigentums reformiert. Erfasst werden nur Gegenstände, die sich im territorialen Anwendungsbereich des UrhG befinden.[131] Eine nicht unerhebliche Änderung enthält die Neuregelung im Hinblick auf Vorrichtungen. Hierfür ist nun nicht mehr erforderlich, dass diese ausschließlich oder nahezu ausschließlich zur rechtswidrigen Herstellung von Vervielfältigungsstücken verwendet werden.[132] Vielmehr reicht bereits aus, dass diese „vorwiegend" hierfür Verwendung finden.[133] Eine besondere praktische Bedeutung des Vernichtungsanspruches liegt darin, dass dieser im einstweiligen Verfügungsverfahren durch eine Sequestration durch den zuständigen Gerichtsvollzieher gesichert werden kann.[134] Ein solches Vorgehen hat die in der Praxis wichtige Folge, dass das Abmahnerfordernis in aller Regel entfällt.[135] Bei der erforderlichen Interessenabwägung ist zu berücksichtigen, wie hoch die Gefahr einzuschätzen ist, dass der Verletzer nach einem Hinweis auf die Entdeckung der Verletzungshandlung versuchen wird, die Verletzungsgegenstände beiseite zu schaffen und sich dadurch dem Vernichtungsanspruch zu entziehen. Parallel zur Sequestration kann im einstweiligen Verfügungsverfahren ein Verbot der Rückgabe der Plagiate an den Lieferanten beantragt werden.[136]

1. Anspruchsgegenstände

43   a) Vervielfältigungsstücke. § 98 Abs 1 S 1 UrhG gewährt dem Rechtsinhaber einen Anspruch auf Vernichtung der im Besitz oder Eigentum des Verletzers befindlichen rechtswidrig hergestellten, verbreiteten oder zur rechtswidrigen Verbreitung bestimmten Vervielfältigungsstücke.[137] Vervielfältigungsstücke sind nicht nur Vervielfältigungen iSd § 16 UrhG, sondern auch unfreie Bearbeitung iSd § 23 UrhG.[138] Der Schutzrechtsinhaber muss substantiiert vortragen, dass sich rechtswidrige Vervielfältigungsstücke im Inland befinden.[139] Hatte der Verletzer Besitz an den Gegenständen und leugnet er später, Besitzer zu sein, so trägt er hierfür die Beweislast.[140]

---

bahnhofes, dass durch die bloße Entfernung einer – den Entwürfen des Architekten nicht entsprechenden – Flachdecke noch kein den eine abgehängte Decke vorsehenden Entwürfen entsprechenden Zustand herbeigeführt wird (LG Berlin GRUR 2007, 964, 966 – Berliner Hauptbahnhof). Der negatorische Rechtsschutz bietet indes keinen Anspruch auf Verwirklichung der Planung. Dies kann sich allenfalls aus vertraglichen Abreden ergeben. Auch die Wiederherstellung eines Gebäudes durch Hinzufügung von Gebäudeteilen kann nicht durch einen Beseitigungsanspruch, sondern nur durch einen auf Naturalrestitution gerichteten Schadensersatzanspruch erreicht werden (OLG München ZUM-RD 1998, 87, 89 – Farbfenster).

130 *Schack* Rn 707.

131 OLG München GRUR-RR 2010, 161 – Bronzeskulptur.

132 Vgl zur bisherigen Rechtslage BGH GRUR 1988, 301, 302 – Videorekorder-Vernichtung.

133 Vgl *Spindler/Weber* ZUM 2007, 257, 260; *Berlit* WRP 2007, 732, 734.

134 Wandtke/Bullinger/*Bohne* § 98 UrhG Rn 8.

135 OLG Frankfurt BeckRS 2010, 21960; OLG Hamburg GRUR-RR 2007, 29, 30 – Cerebro Card; OLG Frankfurt GRUR 2006, 264 – Abmahnerfordernis; OLG Nürnberg WRP 1995, 427; OLG Nürnberg WRP 1981, 342; *Teplitzky* Kap 41 Rn 30; *Kircher* FS Schilling 293, 295; differenzierend OLG Braunschweig GRUR-RR 2005, 103 – Flüchtige Ware.

136 OLG Frankfurt GRUR-RR 2003, 96 – Uhrennachbildungen.

137 § 98 Abs 1 UrhG entspricht § 140a Abs 1 PatG und § 18 Abs 1 MarkenG.

138 BGH GRUR 1999, 984, 988 – Laras Tochter.

139 Vgl OLG Düsseldorf GRUR 1993, 903, 907 – Bauhaus-Leuchte.

140 Wandtke/Bullinger/*Bohne* § 98 UrhG Rn 20.

Marcus von Welser

b) Vorrichtungen. § 98 Abs 1 S 2 UrhG erklärt diesen Anspruch im Hinblick auf **44** die im Eigentum des Verletzers stehenden Vorrichtungen, die vorwiegend zur Herstellung dieser Vervielfältigungsstücke gedient haben, für entsprechend anwendbar. Der Begriff der Vorrichtung ist weit zu verstehen und umfasst sämtliche in Art 10 der Enforcement-RL genannten Materialien und Geräte. Bemerkenswert ist, dass der Vernichtungsanspruch Vorrichtungen nur dann erfasst, wenn sie im Eigentum des Verletzers stehen.[141] Der bloße Besitz reicht also bei Vorrichtungen nicht aus. Grund hierfür ist die Überlegung, dass der Vernichtungsanspruch anderenfalls den Eigentümer der Vorrichtungen, der mit dem Verletzer nicht identisch zu sein braucht, treffen würde. Damit werden bspw gutgläubige Vermieter von entsprechenden Maschinen privilegiert. Während des Gesetzgebungsverfahrens zum **Gesetz zur Verbesserung der Durchsetzung von Rechten geistigen Eigentums** schlug der Bundesrat vor, den Vernichtungsanspruch auf im fremden Eigentum stehende Vorrichtungen zu erstrecken, da anderenfalls die Gefahr der Umgehung der Vernichtung durch Eigentumsübertragung drohe und die Verhältnismäßigkeitsprüfung als Korrektiv ausreiche.[142] Die Bundesregierung lehnte diese Vorschläge wegen verfassungsrechtlicher Bedenken ab.[143]

c) Ausnahmen. § 98 Abs 5 UrhG nimmt Bauwerke sowie ausscheidbare Teile von **45** Vervielfältigungsstücken und Vorrichtungen, deren Herstellung und Verbreitung nicht rechtswidrig ist, vom Anwendungsbereich des § 98 Abs 1 UrhG aus. Als Beispiele für ausscheidbare Teile werden etwa einzelne Seiten eines gebundenen Buches genannt.[144] Lässt sich bspw ein Film durch die Entfernung einzelner urheberrechtsverletzender Bestandteile – bspw durch einen anderen Schnitt oder durch die Einblendung anderer Musik – dergestalt verändern, dass die Urheberrechtsverletzung vermieden wird, so ist dieses mildere Mittel nach dem Rechtsgedanken des § 98 Abs 5 UrhG einer Vernichtung der entsprechenden Datenträger (Filmrollen etc.) vorzuziehen.[145]

2. Verhältnismäßigkeit

§ 98 Abs 4 UrhG schließt den Vernichtungsanspruch aus, wenn die Maßnahme im **46** Einzelfall unverhältnismäßig ist, wobei auch die berechtigten Interessen Dritter zu berücksichtigen sind. Die Neuregelung des § 98 UrhG verzichtet darauf, neben der Unverhältnismäßigkeit eine andere Beseitigungsmöglichkeit als Voraussetzung für den Anspruchsausschluss zu fordern. Im Ergebnis würde die Durchsetzung des Vernichtungsanspruchs im Vergleich zur bisherigen Rechtslage damit – entgegen der Intention des Gesetzgebers – erschwert werden. Nach Auffassung der Literatur ist trotz der Änderung des Wortlautes des § 98 UrhG daran festzuhalten, dass ein Ausweichen auf weniger einschneidende Maßnahmen nur bei Unverhältnismäßigkeit und Vorhandensein anderer Beseitigungsmöglichkeiten in Betracht kommt.[146]

---

[141] Zur Gesetzgebungsgeschichte *Spindler/Weber* ZUM 2007, 257, 261; zum Referentenentwurf *Peukert/Kur* GRUR Int 2006, 292, 294.
[142] Stellungnahme des Bundesrates, BT-Drucks 16/5048, 54.
[143] Gegenäußerung der Bundesregierung, BT-Drucks 16/5048, 62.

[144] Vgl Dreier/Schulze/*Dreier* § 101 UrhG aF Rn 12.
[145] Wandtke/Bullinger/*Bohne* § 98 UrhG Rn 47.
[146] Wandtke/Bullinger/*Bohne* § 98 UrhG Rn 4.

3. Rechtsfolge

47   a) **Vernichtung.** Verlangt werden kann insb die Herausgabe an einen Gerichtsvollzieher zum Zwecke der Vernichtung.[147] Der Gesetzgeber hat in § 98 UrhG lediglich das „ob", nicht hingegen das „wie" der Vernichtung geregelt. Die Herausgabe an den Gerichtsvollzieher ist in aller Regel die sicherste Form, um die Vernichtung der Plagiate sicherzustellen.[148]

48   b) **Überlassung.** Nach § 98 Abs 3 UrhG kann alternativ zur Vernichtung verlangt werden, dass die Vervielfältigungsstücke, die im Eigentum des Verletzers stehen, gegen eine angemessene Vergütung, welche die Herstellungskosten nicht übersteigen darf, überlassen werden.

IV. Rückrufanspruch

49   Ein Novum im Immaterialgüterrecht stellt der Rückrufanspruch dar, der ebenfalls durch das Gesetz zur Verbesserung der Durchsetzung von Rechten geistigen Eigentums in das UrhG aufgenommen wurde und auf der Enforcement-RL basiert.[149] Im Äußerungsrecht hatte die Rechtsprechung bereits vor der Enforcement-RL einen Anspruch auf Rückruf von persönlichkeitsrechtsverletzenden Produkten anerkannt.[150] Auch dieser Rückrufsanspruch lässt sich als ein Sonderfall des Beseitigungsanspruches auffassen.[151] Nach § 98 Abs 2 UrhG kann der Rechtsinhaber den Rückruf von rechtswidrig hergestellten, verbreiteten oder zur rechtswidrigen Verbreitung bestimmten Vervielfältigungsstücken verlangen.[152] Der Anspruch kommt typischerweise dann in Betracht, wenn der Verletzer noch Verfügungsgewalt über die Gegenstände hat.[153] Sofern der Verletzer allerdings keine Verfügungsgewalt mehr über die Vervielfältigungsstücke hat, so wird der Anspruch häufig an dem in § 275 BGB kodifizierten Grundsatz scheitern, dass niemand zu einer unmöglichen Leistung verpflichtet ist – ultra posse nemo obligatur. Man wird dem Verletzer allerdings zumuten können, dass er seinen Abnehmern die Rücknahme auf eigene Kosten anbietet.[154] Während des Gesetzgebungsverfahrens schlug der Bundesrat vor, eine Klarstellung aufzunehmen, wonach der Anspruch ausgeschlossen ist, wenn eine tatsächliche oder rechtliche Ein-

---

[147] BGH GRUR 2003, 228, 229 – P-Vermerk; OLG Hamburg GRUR-RR 2007, 3, 5 – Metall auf Metall; OLG München GRUR-RR 2010, 161 – Bronzeskulptur.

[148] BGH GRUR 2003, 228, 230 – P-Vermerk; *Thun* 156.

[149] Wandtke/Bullinger/*Bohne* § 98 UrhG Rn 37; *Bodewig* GRUR 2005, 632, 636; zum persönlichkeitsrechtlichen Rückrufsanspruch vgl LG Berlin ZUM 2004, 139 – Hinter den Kulissen; *Paschke/Busch* NJW 2004, 2620 ff; Wenzel/*Burkhardt* 1019.

[150] LG München I ZUM 2006, 79, 81 (eine Durchsetzung im Wege der einstweiligen Verfügung für möglich erachtend); LG Berlin ZUM 2004, 139 – Hinter den Kulissen; *Paschke/Busch* NJW 2004, 2620 ff; *Dörre* GRUR-Prax 2010, 4;

Lindner ZUM 2005, 203; Wenzel/*Burkhardt* 1019.

[151] Vgl BGH GRUR 1958, 402, 405 – Lili Marleen; *Bodewig* GRUR 2005, 632, 636; zweifelnd *Paschke/Busch* NJW 2004, 2620, 2623.

[152] § 98 Abs 2 UrhG entspricht § 140a Abs 3 PatG und § 18 Abs 2 MarkenG.

[153] Vgl BGH GRUR 1954, 337, 342 – Radschutz; BGH GRUR 1958, 402, 405 – Lili Marleen; BGH GRUR 1974, 666, 669 – Reparaturversicherung, *Köhler* NJW 1992, 137, 140; dagegen *Bodewig* GRUR 2005, 632, 636.

[154] Vgl Wandtke/Bullinger/*Bohne* § 98 UrhG Rn 38; *Bodewig* GRUR 2005, 632, 636; *Spindler/Weber* ZUM 2007, 257, 259; dagegen *Peukert/Kur* GRUR Int 2006, 292, 295.

flussmöglichkeit des Verletzers nicht mehr gegeben ist[155] Die Bundesregierung hielt dies nicht für erforderlich, da sich bereits aus allgemeinen schuldrechtlichen Grundsätzen ergebe, dass der Anspruch bei Unmöglichkeit ins Leere gehe.[156] Schon vor der Kodifizierung des Rückrufsanspruches wurde in der obergerichtlichen Rechtsprechung vertreten, dass der Schuldner, dem der Vertrieb eines bestimmten Produkts untersagt worden ist, auch dafür Sorge zu tragen habe, dass von ihm bereits veräußerte, aber von seinen Abnehmern noch nicht abgesetzte Vertriebsstücke vom Markt genommen werden.[157] Nach Kodifizierung des Rückrufsanspruches ist allerdings zweifelhaft, ob ein Anspruch auf Verhinderung der Weiterverbreitung bereits aus dem Unterlassungsanspruch folgt. Es ist dem Rechtsinhaber durchaus zuzumuten, den Rückrufsanspruch gerichtlich oder außergerichtlich geltend zu machen, um eine entsprechende Pflicht des Verletzers, auf seine Abnehmer einzuwirken, zu begründen.

V. Entfernungsanspruch

50   Alternativ zum Rückrufsanspruch kann der Verletzte nach § 98 Abs 2 UrhG von dem Verletzer die endgültige Entfernung von rechtswidrig hergestellten, verbreiteten oder zur rechtswidrigen Verbreitung bestimmten Vervielfältigungsstücken aus den Vertriebswegen verlangen.[158] Grds hat der Rechtsinhaber keinen Zugriff auf bereits ausgelieferte Ware.[159]

VI. Schadensersatzanspruch

51   Nach § 97 Abs 2 S 1 UrhG hat der Rechtsinhaber einen Schadensersatzanspruch gegen denjenigen, der vorsätzlich oder fahrlässig ein Urheberrecht oder ein anderes nach dem UrhG geschütztes Recht verletzt.[160] Voraussetzung ist also neben der Rechtsverletzung ein Verschulden. Vorsatz setzt das Wissen und Wollen des Erfolges und das Bewusstsein der Rechtswidrigkeit voraus.[161] Fahrlässig handelt, wer die im Verkehr erforderliche Sorgfalt außer acht lässt. Wer sich bewusst im Grenzbereich des rechtlich Zulässigen bewegt, handelt in aller Regel fahrlässig.[162] Irrt der Verletzer über die Rechtslage, so schließt dies nur den Vorwurf des vorsätzlichen Handelns, nicht hingegen den Fahrlässigkeitsvorwurf aus.[163]

1. Wahlrecht zwischen drei Methoden der Schadensberechnung

52   Der Umfang des Schadensersatzes richtet sich grds nach §§ 249 ff BGB.[164] Nach § 249 Abs 1 S 1 BGB ist der Zustand herzustellen, der bestehen würde, wenn der zum Ersatz verpflichtende Schaden nicht eingetreten wäre. Diese Naturalrestitution ist bei

---

[155] Stellungnahme des Bundesrates, BT-Drucks 16/5048, 54 f.
[156] Gegenäußerung der Bundesregierung, BT-Drucks 16/5048, 62.
[157] OLG Köln GRUR-RR 2008, 365 – Möbelhandel; OLG Frankfurt GRUR-RR 2009, 412 – Abreißschreibtischunterlage.
[158] § 98 Abs 2 UrhG entspricht § 140a Abs 3 PatG und § 18 Abs 2 MarkenG.
[159] *Peukert/Kur* GRUR Int 2006, 292, 295.

[160] § 97 Abs 2 UrhG entspricht § 139 Abs 2 PatG und § 14 Abs 6 MarkenG.
[161] Wandtke/Bullinger/*Kefferpütz* § 97 UrhG Rn 49.
[162] BGH GRUR 2007, 871, Rn 42 – Wagenfeld-Leuchte; BGH GRUR 1998, 568, 569 – Beatles-Doppel-CD.
[163] *Schack* Rn 681.
[164] *Schack* Rn 688; *Ohly* GRUR 2007, 926, 929 ff.

Schutzrechtsverletzungen in aller Regel nicht möglich. Daher hat der Verletzer nach § 251 BGB Geldentschädigung einschließlich entgangenem Gewinn nach § 252 BGB zu zahlen. Die hypothetische Gewinnentwicklung ist indes häufig nur schwer nachweisbar. Daher hat die Rechtsprechung dem Verletzten zwei weitere Möglichkeiten der Schadensberechnung bereit gestellt, die zwischenzeitlich auch vom Gesetzgeber kodifiziert wurden.[165] Dies sind die Herausgabe des Verletzergewinns gem § 97 Abs 2 S 2 UrhG und die Zahlung einer angemessenen Lizenzgebühr nach § 97 Abs 2 S 3 UrhG. Zwischen diesen drei Arten der Schadensberechnung darf der Verletzte frei wählen.[166] Bei diesen drei Bemessungsarten handelt es sich lediglich um Variationen bei der Ermittlung des gleichen einheitlichen Schadens und nicht um verschiedene Ansprüche mit unterschiedlichen Rechtsgrundlagen.[167]

53   Das Wahlrecht zwischen den Berechnungsarten darf noch während eines laufenden Zahlungsklageverfahrens ausgeübt werden. Der Gläubiger soll auf Änderungen der Sach- und Beweislage reagieren können, die sich nicht selten erst im Laufe eines Verfahrens ergeben. Daher erlischt dieses Wahlrecht – abgesehen von der Erfüllung – erst dann, wenn der nach einer bestimmten Berechnungsweise geltend gemachte Anspruch rechtskräftig zuerkannt worden ist.[168] Der Verletzte verliert das Wahlrecht auch dann, wenn über seinen Schadensersatzanspruch bereits für ihn selbst unangreifbar nach einer Berechnungsart entschieden worden ist.[169] Der aus einer Schutzrechtsverletzung folgende Schadensersatzanspruch sowie der der Bezifferung dieses Anspruchs dienende Auskunftsanspruch sind zeitlich nicht durch die vom Gläubiger nachgewiesene erste Verletzungshandlung begrenzt.[170]

54   a) **Entgangener Gewinn.** Für die Berechnung des Schadensersatzanspruches nach §§ 249 ff BGB ist die tatsächliche Vermögenssituationen des Geschädigten mit der Situation zu vergleichen, die bestehen würde, wenn das schadensträchtige Ereignis nicht eingetreten wäre. Dabei ist auch der entgangene Gewinn zu berücksichtigen.[171] In der Praxis nehmen Schutzrechtsinhaber von dieser Berechnungsmethode häufig Abstand, da hierfür unter Umständen interne Kalkulationen offengelegt werden müssten.

55   b) **Verletzergewinn.** Nach § 97 Abs 2 S 2 UrhG kann bei der Bemessung des Schadensersatzes auch der Gewinn berücksichtigt werden, den der Verletzer durch die Verletzung des Rechts erzielt hat. Mit dieser Regelung wird die ständige – an Rechtsfolgen der Geschäftsführung ohne Auftrag angelehnte – Rechtsprechung kodifiziert. Der Verletzte kann somit den Verletzergewinn herausverlangen. Dieser Anspruch setzt nicht voraus, dass der Verletzte seinerseits hätte gewinnbringend wirtschaften können. Ersatzfähig ist aber nur der Anteil vom Gewinn, der auf der Verletzung des Schutzrechts beruht. Dabei darf der Verletzer seine Gemeinkosten vom Verkaufserlös abziehen, soweit diese den schutzrechtsverletzenden Gegenständen unmittelbar zugerechnet

---

165 Vgl BGH GRUR 1993, 55 – Tchibo/Rolex II; BGH GRUR 2000, 226 – Planungsmappe; *Dreier* GRUR Int 2004, 706; *Bodewig/Wandtke* GRUR 2008, 220, 223 ff; vgl auch *Peifer* WRP 2008, 48.
166 BGH Urt v 25.3.2010, Az I ZR 122/08, Rn 17 – Werbung des Nachrichtensenders.
167 BGH GRUR 1993, 55 – Tchibo/Rolex II; Gloy/Loschelder/*Melullis* § 23 Rn 51.
168 BGH GRUR 1974, 53, 54 – Nebelschein-

werfer; BGH GRUR 1982, 301 – Kunststoffhohlprofil II; OLG Hamburg ZUM 2009, 482, 485 – Bauhaus aus Italien II.
169 BGH GRUR 2008, 93, 94 – Zerkleinerungsvorrichtung.
170 BGH GRUR 2007, 877, 879 – Windsor Estate.
171 Vgl BGH GRUR 1971, 35, 39 – Maske in Blau.

werden können.[172] Zu diesen abzugsfähigen Kosten gehören neben den Kosten der Produktion, des Materials und des Vertriebs auch die Kosten des Personals, das für die Herstellung und den Vertrieb des Nachahmungsprodukts eingesetzt war, sowie bei Investitionen in Anlagevermögen die anteiligen Kosten für Maschinen und Räumlichkeiten, die ausschließlich für die Produktion und den Vertrieb der Nachahmungsprodukte verwendet worden sind.[173] Ausgangspunkt für die Unterscheidung der anzurechnenden und der nicht anzurechnenden Kosten ist die Überlegung, dass für die Ermittlung des Schadensersatzes nach dem Verletzergewinn zu unterstellen ist, dass der Verletzte einen entsprechenden Betrieb unterhält, der dieselben Produktions- und Vertriebsleistungen wie der Betrieb des Verletzers hätte erbringen können. Nicht abzugsfähig sind daher die Kosten, die unabhängig vom Umfang der Produktion und des Vertriebs durch die Unterhaltung des Betriebs entstanden sind. Hierzu zählen bspw allgemeine Marketingkosten, die Geschäftsführergehälter, die Verwaltungskosten sowie die Kosten für Anlagevermögen, das nicht konkret der Rechtsverletzung zugerechnet werden kann. Nicht anrechenbar sind ferner Anlauf- und Entwicklungskosten sowie Kosten für die nicht mehr veräußerbaren Produkte.[174] Bei der unerlaubten Ausstrahlung von Filmaufnahmen durch einen Nachrichtensender, kann der Verletzte einen Bruchteil der Werbeeinnahmen beanspruchen, die der Nachrichtensender durch Werbung im Umfeld der Sendung erzielt hat.[175]

56 Besonderheiten können sich bei der Berechnung des Verletzergewinns in der Absatzkette ergeben. Haben mehrere Personen nacheinander urheberrechtliche Nutzungsrechte verletzt, ist der Verletzte grundsätzlich berechtigt, von jedem Verletzer innerhalb der Verletzerkette die Herausgabe des von diesem erzielten Gewinns zu fordern.[176] Jeder Verletzer innerhalb einer Verletzerkette greift durch das unbefugte Inverkehrbringen des Schutzgegenstands erneut in das ausschließliche Verbreitungsrecht ein.[177] Jeder Verletzer muss seinen gesamten Gewinn auskehren, unabhängig davon, ob der Verletzte den von den Verletzern erzielten Gewinn selbst hätte erzielen können.[178] Bei der Bemessung des Anspruchs gegen den Hersteller auf Herausgabe des Verletzergewinns will der BGH Ersatzzahlungen, die der Hersteller deshalb an seine Abnehmer leistet, weil diese am Weitervertrieb der rechtsverletzenden Gegenstände gehindert sind, nicht abziehen. Dem liegt die Erwägung zugrunde, dass bei der Bemessung des Schadensersatzes anhand des Verletzergewinns fingiert wird, der Rechtsinhaber hätte ohne die Rechtsverletzung durch Verwertung seines Schutzrechts den gleichen Gewinn wie der Verletzer erzielt. Der (fingierte) Gewinn des Rechtsinhabers wäre jedoch nicht durch Schadensersatzzahlungen an seine Abnehmer geschmälert worden.[179]

Die Herausgabe des Verletzergewinns auf allen Handelsstufen kann zu einer ungerechtfertigten Besserstellung des Verletzten führen, soweit ein Verletzer, der als Hersteller und Lieferant in der Verletzerkette weiter oben platziert ist, von Verletzern, die

172 BGH GRUR 2001, 329 – Gemeinkostenanteil; BGH GRUR 2006, 419, 420 – Noblesse; OLG Düsseldorf GRUR 2004, 53, 54 – Gewinnherausgabeanspruch.
173 BGH GRUR 2007, 431, 434 – Steckverbindergehäuse.
174 BGH GRUR 2007, 431, 434 – Steckverbindergehäuse.
175 BGH Urt v 25.3.2010, Az I ZR 122/08 – Werbung des Nachrichtensenders.

176 BGH GRUR 2009, 856, 862 – Tripp-Trapp-Stuhl.
177 BGH GRUR 2009, 856, 863 Rn 69 – Tripp-Trapp-Stuhl.
178 BGHZ 145, 366, 375 – Gemeinkostenanteil.
179 BGH GRUR 2002, 532, 535 – Unikatrahmen; BGH GRUR 2009, 856, 863 Rn 74 – Tripp-Trapp-Stuhl.

in der Verletzerkette weiter unten stehen, wegen deren Inanspruchnahme durch den Verletzten mit Erfolg in Regress genommen wird. In dieser Konstellation mindert die Ersatzzahlung des Lieferanten an seine Abnehmer dessen an den Verletzten herauszugebenden Gewinn. Der vom Lieferanten an den Verletzten herauszugebende Gewinn wird also durch Ersatzzahlungen gemindert, die er seinerseits seinen Abnehmern wegen deren Inanspruchnahme durch den Verletzten erbringt.[180] Dies kann zur Konsequenz haben, dass sich der Verletzte Bereicherungsansprüchen des Verletzers ausgesetzt sieht, worauf der BGH hinweist. Hat etwa der Hersteller dem Rechtsinhaber den Verletzergewinn herausgegeben, bevor er seinen Abnehmern wegen deren Inanspruchnahme durch den Rechtsinhaber Schadensersatz leistet, kann er vom Rechtsinhaber wegen späteren Wegfalls des rechtlichen Grundes für die Leistung nach § 812 Abs 1 S 2 Fall 1 BGB die Herausgabe des überzahlten Verletzergewinns beanspruchen.[181] Um dieses unerwünschte Ergebnis zu vermeiden, wird vorgeschlagen, den Gewinnherausgabeanspruch auf den höchsten, auf einer Stufe erzielten Verletzergewinn zu begrenzen.[182]

57   **c) Angemessene Lizenzgebühr.** Nach § 97 Abs 2 S 2 UrhG kann der Schadensersatzanspruch auch auf der Grundlage des Betrages berechnet werden, den der Verletzer als angemessene Vergütung hätte entrichten müssen, wenn er die Erlaubnis zur Nutzung des verletzten Rechts eingeholt hätte. Mit Einführung dieser Vorschrift wurde die Rechtsprechung zur Berechnung des Schadensersatzanspruches nach der Lizenzanalogiemethode kodifiziert. Die Höhe der Lizenzgebühr richtet sich danach, was kaufmännisch vernünftige Vertragsparteien vereinbart hätten. Die Berechnung kann bspw als Pauschallizenzgebühr oder auf der Grundlage einer Stücklizenz vorgenommen werden. Die Prozentsätze sind von Branche zu Branche unterschiedlich.[183] Bei der Festsetzung einer angemessenen Lizenzgebühr können branchenübliche Vergütungssätze und Tarife als Maßstab heranzuziehen sein. Es ist daher zu prüfen, ob für die einschlägige Nutzungsart Tarifwerke von Verwertungsgesellschaften oder Vergütungssätze anderer Organisationen existieren, die als allgemein übliche Vergütungssätze anzusehen sind oder zumindest als Anhaltspunkt dienen können.[184] Lassen sich keine üblichen Honorare ermitteln, ist die angemessene Lizenzgebühr gem § 287 ZPO unter Berücksichtigung aller Umstände in freier Beweiswürdigung zu schätzen. Dabei sind der Umfang der Nutzung, der Wert des verletzten Rechts sowie Umfang und Gewicht des aus dem geschützten Werk übernommenen Teils zu berücksichtigen.

Für die Berechnung kann auf die eigene Vertragspraxis des Anspruchstellers zurückgegriffen werden. Kann dieser belegen, dass eine ausreichende Zahl von Lizenzverträgen nach seinem Vergütungsmodell abgeschlossen wurde, kommt es grundsätzlich nicht darauf an, ob die in den Lizenzverträgen aufgeführten Lizenzsätze und sonstigen Konditionen für derartige Werke allgemein üblich und objektiv angemessen sind.[185] Werden die vom Verletzten geforderten Lizenzsätze tatsächlich auf dem Markt gezahlt, können sie einer Schadensberechnung im Wege der Lizenzanalogie

---

[180] BGH GRUR 2009, 856, 864 Rn 75 ff – Tripp-Trapp-Stuhl.
[181] BGH GRUR 2009, 856, 864 Rn 79 – Tripp-Trapp-Stuhl; anders bei der Schadensberechnung im Wege der Lizenzanalogie: BGH GRUR 2009, 660, 664 Rn 39 – Resellervertrag.
[182] *Arnold/Slopek* NJW 2009, 3694, 3696.

[183] Vgl *Menninger/Nägele* WRP 2007, 912, 915.
[184] BGH GRUR 2009, 407, 409 Rn 29 – Whistling for a train.
[185] BGH GRUR 2009, 660, 663 – Resellervertrag.

auch dann zu Grunde gelegt werden, wenn sie über dem Durchschnitt vergleichbarer Vergütungen liegen. Lagen die tatsächlich gezahlten Lizenzsätze allerdings deutlich unter dem objektiven Wert, so ist der Anspruchsteller nicht darauf beschränkt.[186]

Bei Verletzung des Urheberrechts an Fotografien wollen manche Gerichte im Rahmen der Schadensschätzung gem § 287 ZPO bei der Ermittlung der üblichen Vergütung die Honorarempfehlungen der Mittelstandsgemeinschaft Fotomarketing (MFM) zu Grunde legen.[187] Dies ist nach Auffassung des BGH nicht ohne weiteres möglich.[188] Für die Zugrundelegung der MFM-Empfehlungen ist vielmehr erforderlich, dass das Gericht entweder über hinreichende eigene Sachkunde verfügt oder diese einholt, um beurteilen zu können, ob die entsprechenden MFM-Empfehlungen marktübliche Honorarsätze enthalten.

2. Verletzerzuschlag

a) GEMA-Zuschlag. Nach ständiger Rechtsprechung ist die GEMA[189] berechtigt, **58** bei Berechnung des Schadens, der durch ungenehmigte öffentliche Musikaufführungen entstanden ist, von höheren Gebührensätzen auszugehen, als sie für zuvor angemeldete öffentliche Musikdarbietungen verlangt. Dieser Zuschlag rechtfertigt sich daraus, dass die GEMA, um Urheberverletzungen nachzugehen, eine umfangreiche Überwachungsorganisation unterhalten muss.[190] In der Begründung zum Gesetzentwurf der Bundesregierung wird ausdrücklich klargestellt, dass die Neuregelung des § 97 UrhG diesen Kontrollzuschlag nicht berührt.[191]

b) Verdopplung der Lizenzgebühr wegen fehlender Urhebernennung. Nach der **59** Rechtsprechung kommt auch bei fehlender Urhebernennung ein Verletzerzuschlag in Betracht.[192] Werden bspw Werbefotos ohne Einwilligung des Urhebers im Internet unter Weglassung des Bildquellennachweises veröffentlicht, so nehmen einige Gerichte bei der Schadensberechnung einen Aufschlag wegen fehlender Urhebernennung vor.

c) Kein allgemeiner Verletzerzuschlag. Während des Gesetzgebungsverfahrens zum **60** Gesetz zur Verbesserung der Durchsetzung von Rechten geistigen Eigentums schlug der Bundesrat vor, dem Rechteinhaber unter bestimmten Voraussetzungen zu ermöglichen, eine doppelte Lizenzgebühr als vermuteten Verletzergewinn geltend zu machen.[193] Die Bundesregierung hat diese Forderung abgelehnt, weil sie ihrer Ansicht nach auf die Gewährung eines Strafschadensersatzes hinausliefe.[194]

[186] BGH GRUR 2009, 407, 409 Rn 27 – Whistling for a train.
[187] OLG Brandenburg GRUR-RR 2009, 413 – MFM-Bildhonorartabellen; OLG Düsseldorf NJW-RR 1999, 194; OLG Düsseldorf NJW-RR 2007, 486 – Informationsbroschüre; LG Berlin GRUR 2000, 797, 798; dagegen OLG Hamburg MMR 2010, 196, 197 – Food-Fotos; offen gelassen von BGH GRUR 2010, 623, 626 Rn 36 – Restwertbörse.
[188] BGH NJW 2006, 615, 617 – Pressefotos.
[189] Gesellschaft für musikalische Aufführungs- und mechanische Vervielfältigungsrechte.
[190] BGH GRUR 1955, 549; BGH GRUR 1973, 379 – Doppelte Tarifgebühr; Dreier GRUR Int 2004, 706, 709.
[191] Begründung zum Gesetzesentwurf der Bundesregierung, BT-Drucks 16/5048, 48, eingehend hierzu Bodewig/Wandtke GRUR 2008, 220, 225 ff; Patnaik GRUR 2004, 191, 192.
[192] OLG Düsseldorf NJW-RR 2007, 486 – Informationsbroschüre; LG Hamburg ZUM 2004, 675, 679; vgl auch OLG Hamburg MMR 2010, 196, 197 – Food-Fotos; Loewenheim FS Erdmann 131 ff; dagegen Schack Rn 693a.
[193] Stellungnahme des Bundesrates, BT-Drucks 16/5048, 53 f; zust Bodewig/Wandtke GRUR 2008, 220; Berlit WRP 2007, 732, 733 f.
[194] Gegenäußerung der Bundesregierung, BT-Drucks 16/5048, 61.

VII. Geldentschädigung

61 Nach § 97 Abs 2 S 4 UrhG können Urheber und bestimmte Leistungsschutzberechtigte auch wegen des Schadens, der nicht Vermögensschaden ist, eine Entschädigung in Geld verlangen, wenn und soweit dies der Billigkeit entspricht. Hinsichtlich der Höhe der Entschädigung ist die Rechtsprechung bei Urheberrechtsverletzungen deutlich weniger großzügig als bei Verletzungen des allgemeinen Persönlichkeitsrechts.[195]

VIII. Bereicherungsausgleich

62 § 102a UrhG stellt klar, dass die Regelung der Rechtsfolgen im UrhG nicht abschließend ist. Die Ansprüche aus anderen gesetzlichen Vorschriften bleiben unberührt. Der Verletzte hat einen Anspruch auf Herausgabe der durch die Rechtsverletzung erlangten ungerechtfertigten Bereicherung nach § 812 Abs 1 S 1 2. Fall BGB. Anders als im Schadensersatzrecht ist für das Bereicherungsrecht nicht die Vermögenslage des Gläubigers, sondern die des Schuldners entscheidend.[196] Gegenstand der Bereicherung kann jeder vermögenswerte Vorteil sein. Bei Eingriffen in Immaterialgüterrechte stellt der Gebrauch des immateriellen Schutzgegenstandes das Erlangte iSd § 812 BGB dar. Da der dadurch erlangte Vorteil naturgemäß nicht wieder herausgegeben werden kann, ist Wertersatz zu leisten. In der Höhe entspricht der Wertersatz einer angemessenen Lizenzgebühr. Anders als beim Schadensersatzanspruch ist kein Verschuldensnachweis erforderlich. Diesem Vorteil steht allerdings der Nachteil gegenüber, dass der Verletzer gegebenenfalls Bereicherungswegfall nach § 818 Abs 3 BGB geltend machen kann, sofern nicht die Ausschlussgründe der §§ 818, 819 BGB greifen.[197] Hierin liegt ein nicht unwesentlicher Unterschied zur Lizenzanalogie im Rahmen des auf schuldhaftes Handeln gestützten Schadensersatzanspruchs. Zu beachten ist, dass für die deliktische Bereicherungshaftung nach § 852 BGB besondere Verjährungsregeln gelten.

IX. Geschäftsanmaßung

63 Der Anspruch auf Herausgabe des Verletzergewinns kann auch auf die Geschäftsanmaßung nach §§ 687 Abs 2, 681, 667 BGB gestützt werden. Behandelt jemand ein fremdes Geschäft als sein eigenes, obwohl er weiß, dass er nicht dazu berechtigt ist, so kann der Geschäftsherr nach § 687 Abs 2 BGB, die sich aus den §§ 677, 678, 681, 682 BGB ergebenden Ansprüche geltend machen. Da die Haftung aus § 687 Abs 2 BGB allerdings nur vorsätzliche Eingriffe erfasst, ist ihr praktischer Anwendungsbereich gering.[198]

---

195 Übersichten zum Urheberrecht bei *Schack* Rn 694; zum allgemeinen Persönlichkeitsrecht bei *Damm/Rehbock* Rn 998 ff.
196 BGH NJW 1981, 2402 – Carrera; BGH GRUR 1956, 427 – Dahlke.

197 Vgl BGH GRUR 1988, 606, 609 – Differenzlizenz; BGH NJW 1977, 1194 – Kunststoffhohlprofil.
198 MünchKommBGB/*Seiler* § 687 BGB Rn 30.

Marcus von Welser

X. Unselbstständiger Auskunftsanspruch

Auskunftsansprüche können mehreren Funktionen dienen. Einerseits versetzen sie **64** den Rechtsinhaber in die Lage, den Schadensersatzanspruch nach den verschiedenen Berechnungsmethoden zu beziffern, um entscheiden zu können, welche Art der Berechnung die für ihn günstigste ist. Andererseits bestehen Auskunftsansprüche gegen den Verletzer über Dritte (Drittauskunftsanspruch) und gegen Dritte, die nicht zugleich Verletzer sind.[199] Letztere sind insb im Bereich der Internetpiraterie von entscheidender Bedeutung.

1. Vorbereitender Auskunftsanspruch

Der vorbereitende Auskunftsanspruch dient der Bezifferung des Anspruchs auf **65** Schadensersatz bzw. Bereicherungsausgleich.[200] Grundlage sind §§ 242, 259, 260 BGB, die § 102a UrhG unberührt lässt. Der Anspruch auf Auskunftserteilung setzt voraus, dass der Verletzte in entschuldbarer Weise über das Bestehen oder den Umfang seines Anspruchs auf Schadensersatz oder Bereicherungsausgleich im Ungewissen ist und sich die zur Durchsetzung dieser Ansprüche notwendigen Auskünfte nicht auf zumutbare Weise selbst beschaffen kann, während der Verletzer sie unschwer erteilen kann. Geschuldet werden alle Angaben, die der Verletzte zur Prüfung und Berechnung des Anspruchs auf Schadensersatz bzw. Bereicherungsausgleich benötigt.[201] Der vorbereitende Auskunftsanspruch ist – ebenso wenig wie der Schadensersatzanspruch – zeitlich durch die vom Gläubiger nachgewiesene erste Verletzungshandlung begrenzt.[202] Inhalt und Umfang des Auskunftsanspruchs bestimmen sich unter Abwägung der Interessen der Parteien. Der Anspruch wird begrenzt durch das prozessuale Ausforschungsverbot. Insb darf der Anspruch nicht zur Ausforschung von Kalkulationsinterna und Kundenbeziehungen benutzt werden.[203] Wird ein bestimmtes Schutzrecht verletzt, kann grundsätzlich nicht Auskunft darüber verlangt werden, ob auch andere Schutzrechte verletzt worden sind. Denn dies liefe auf die Anerkennung eines allgemeinen Auskunftsanspruchs heraus und würde der Ausforschung unter Vernachlässigung allgemein gültiger Beweislastregeln Tür und Tor öffnen. Sofern allerdings über die bereits begangene Verletzung des einen Schutzrechts hinaus rechtliche Beziehung zwischen den Beteiligten bestehen, kann sich der Auskunftsanspruch auch auf andere Schutzgegenstände erstrecken.[204] So kann bspw bei der Verletzung urheberrechtlicher Nutzungsrechte an bestimmten Werken einer Verwertungsgesellschaft aufgrund der rechtlichen Beziehung zwischen ihr und dem auf Auskunft in Anspruch Genommenen ein Anspruch auf Erteilung einer Auskunft über die Verletzung von Nutzungsrechten an weiteren Werken aus Treu und Glauben zustehen, wenn dem kein anerkennenswertes Interesse des Auskunftspflichtigen entgegensteht.[205]

---

199 Eingehend *Raabe* ZUM 2006, 439 ff; *Seichter* FS Ullmann 983, 985 ff; *Spindler/Weber* ZUM 2007, 257, 261.
200 BGH GRUR 2010, 623, 626 Rn 43 – Restwertbörse; BGH GRUR 1980, 227, 232 – Monumenta Germaniae Historica; BGHZ 129, 66, 75 – Mauerbilder.
201 Dreier/Schulze/*Dreier* § 97 UrhG Rn 79.
202 BGH GRUR 2010, 623, 627 Rn 54 – Rest-

wertbörse; BGH GRUR 2007, 877, 879 – Windsor Estate; zust *Steinbeck* GRUR 2008, 110, 111.
203 LG München I GRUR-RR 2008, 74, 76 – Biogas Fonds.
204 BGH GRUR 2010, 623, 627 Rn 51 – Restwertbörse.
205 BGH GRUR 1988, 604, 605 – Kopierwerk.

66   Da dem Auskunftsschuldner eine vollständige Offenbarung gegenüber dem Anspruchsteller, der regelmäßig ein Konkurrent des Anspruchstellers sein wird, nicht zuzumuten ist, besteht die Möglichkeit eines **Wirtschaftsprüfervorbehalts**. Die Namen der Kunden werden dann gegebenenfalls einem zur Verschwiegenheit verpflichteten Wirtschaftsprüfer übermittelt und nicht dem Anspruchsteller.[206] Der Wirtschaftsprüfer kann dann feststellen, ob sich unter den Namen bspw auch Kunden des Gläubigers befinden.

Bei Auskunftsmängeln ist zu unterscheiden: Bei unvollständiger Auskunft besteht ein Ergänzungsanspruch.[207] Bei unsorgfältiger Auskunft besteht ein Anspruch auf Abgabe einer eidesstattlichen Versicherung nach §§ 259 Abs 2, 260 Abs 2 BGB. Der Auskunftspflichtige hat auf Verlangen an Eides statt zu versichern, dass er die Angaben nach bestem Wissen so vollständig gemacht hat, wie er dazu im Stande ist, wenn Grund zu der Annahme besteht, dass die Auskunft nicht mit der erforderlichen Sorgfalt erfolgt ist. Ausreichend ist, dass sich ein solcher Verdacht aus den Angaben selbst oder anderen Umständen ergibt.[208] Erteilt der Auskunftspflichtige wiederholt Auskünfte, die mehr oder weniger unrichtig, unvollständig oder ungenau sind, so besteht regelmäßig der Verdacht, dass er seine Sorgfaltspflicht verletzt hat, auch wenn die zuletzt erteilte Auskunft nun tatsächlich richtig, vollständig und genau sein sollte.[209]

2. Rechnungslegung und Belegvorlage

67   Die Rechnungslegung ist eine qualifizierte Form der Auskunft und dient der Bezifferung des Schadensersatzanspruchs.[210] Der Schutzrechtsinhaber soll eine Abrechnung über Einnahmen und Ausgaben unter Vorlage der Belege erhalten. Der Anspruch auf Rechnungslegung ist gewohnheitsrechtlich anerkannt.[211] In § 97 Abs 1 S 2 UrhG aF war die Rechnungslegung im Rahmen des Gewinnherausgabeanspruches auch kodifiziert.[212] In der Gesetzgebungsgeschichte finden sich keinerlei Anhaltspunkte dafür, dass die Streichung dieser Regelung inhaltliche Änderungen nach sich ziehen sollte. Nach § 259 Abs 1 BGB muss derjenige, der verpflichtet ist, über eine mit Einnahmen oder Ausgaben verbundene Verwaltung Rechenschaft abzulegen, dem Berechtigten eine die geordnete Zusammenstellung der Einnahmen oder der Ausgaben enthaltende Rechnung mitteilen und, soweit Belege erteilt zu werden pflegen, Belege vorlegen.

XI. Selbstständige Auskunftsansprüche

68   Die selbstständigen Auskunftsansprüche sind nicht nur Hilfsansprüche, die der Bezifferung des Schadensersatzes und dem Bereicherungsausgleich dienen. Vielmehr sollen sie den Gläubiger in die Lage versetzen, den Sachverhalt aufzuklären, um bspw die Quellen und Vertriebswege der Film- und Musikpiraterie aufdecken zu können. Ein in

206 Vgl BGH GRUR 1981, 535 – Wirtschaftsprüfervorbehalt; *Bornkamm* FS Ullmann 893, 897 ff.
207 BGH GRUR 2001, 841, 845 – Entfernung der Herstellungsnummer.
208 Vgl LG Düsseldorf GRUR-RR 2009, 195 – Sorgfältige Auskunft.
209 LG Düsseldorf GRUR-RR 2009, 195, 196 – Sorgfältige Auskunft.

210 Dreier/Schulze/*Dreier* § 97 UrhG Rn 80.
211 Vgl BGH GRUR 1998, 376 – Coverversion; LG Köln ZUM-RD 2009, 33, 39 – Kaminmodell; Begründung zum Gesetzesentwurf der Bundesregierung, BT-Drucks 16/5048, 48.
212 Dreier/Schulze/*Dreier* § 97 UrhG Rn 78.

der Praxis nicht unwesentlicher Unterschied zum unselbstständigen Auskunftsanspruch besteht darin, dass die selbstständigen Auskunftsansprüche in der Regel dem Eilrechtsschutz offen stehen.

1. Auskunft über Dritte

a) Anspruchsvoraussetzungen. Nach § 101 Abs 1 UrhG kann derjenige, der in **69** gewerblichem Ausmaß das Urheberrecht oder ein anderes nach dem UrhG geschütztes Recht widerrechtlich verletzt, von dem Verletzten auf unverzügliche Auskunft über die Herkunft und den Vertriebsweg der rechtsverletzenden Vervielfältigungsstücke oder sonstigen Erzeugnisse in Anspruch genommen werden.[213] Dieser Drittauskunftsanspruch ist verschuldensunabhängig.[214] Vor dem **Gesetz zur Verbesserung der Durchsetzung von Rechten geistigen Eigentums** erfasste der sog Drittauskunftsanspruch nach § 101 UrhG nur die Herstellung und Verbreitung.[215] Die Neufassung stellt ausdrücklich klar, dass der Anspruch nicht auf die Verletzung von körperlichen Verwertungsrechten nach § 15 Abs 1 UrhG beschränkt ist.[216] Der Auskunftsanspruch gilt bei allen Rechtsverletzungen, gleich ob die Verwertungshandlung körperlicher oder unkörperlicher Natur war.[217] § 101 Abs 4 UrhG schließt den Auskunftsanspruch aus, wenn die Inanspruchnahme im Einzelfall unverhältnismäßig ist.

Das Erfordernis des „gewerblichen Ausmaßes" wurde durch das **Gesetz zur Ver-** **70** **besserung der Durchsetzung von Rechten geistigen Eigentums** eingefügt. Bislang sah § 101a Abs 1 aF UrhG das Erfordernis des geschäftlichen Verkehrs vor.[218] Das gewerbliche Ausmaß kann sich aus der Quantität oder aus der Qualität der Rechtsverletzungen ergeben. Gewerbsmäßigkeit liegt demgegenüber vor, wenn sich der Täter durch die wiederholte Tatbegehung eine fortlaufende Einnahmequelle von einigem Umfang und einiger Dauer schaffen möchte.[219]

b) Umfang der Auskunftspflicht. Die Angaben müssen sich nach § 101 Abs 3 **71** UrhG beziehen auf (1.) Namen und Anschrift der Hersteller, Lieferanten und anderer Vorbesitzer der Vervielfältigungsstücke oder sonstigen Erzeugnisse, der Nutzer der Dienstleistungen sowie der gewerblichen Abnehmer und Verkaufsstellen, für die sie bestimmt waren, und (2.) die Menge der hergestellten, ausgelieferten, erhaltenen oder bestellten Vervielfältigungsstücke oder sonstigen Erzeugnisse sowie über die Preise, die für die betreffenden Vervielfältigungsstücke oder sonstigen Erzeugnisse bezahlt wurden.

2. Belegvorlage

Auch der Drittauskunftsanspruch wird durch einen Anspruch auf Belegvorlage **72** ergänzt. Der Schuldner eines selbstständigen Auskunftsanspruchs, der die Namen seiner Lieferanten und gewerblichen Abnehmer offenbaren muss, ist in aller Regel auch

---

[213] § 101 Abs 1 UrhG entspricht § 140b Abs 1 PatG und § 19 Abs 1 MarkenG.
[214] OLG München GRUR 2007, 419 – Lateinlehrbuch; eingehend *Gräfin von Merveldt*.
[215] OLG Hamburg GRUR-RR 2007, 381, 382 – Betriebsrats-Check.
[216] Begründung zum Gesetzentwurf der Bundesregierung, BT-Drucks 16/5048, 49.

[217] Begründung zum Gesetzesentwurf der Bundesregierung, BT-Drucks 16/5048, 49.
[218] Vgl Dreier/Schulze/*Dreier* § 101a UrhG Rn 6.
[219] BGH GRUR 2004, 421, 427 – Tonträgerpiraterie.

zur Vorlage entsprechender Belege über den Einkauf und Verkauf wie bspw Rechnungen und Lieferscheine verpflichtet. Soweit die Belege Daten enthalten, auf die sich die geschuldete Auskunft nicht bezieht, ist einem berechtigten Geheimhaltungsinteresse des Schuldners dadurch Rechnung zu tragen, dass die geheimhaltungsbedürftigen Daten in den Kopien abgedeckt oder geschwärzt werden. Eine Verpflichtung zur Vorlage von Belegen sieht das BGB in den allgemeinen Vorschriften über Auskunft und Rechnungslegung (§§ 259, 260 BGB) nur für die Rechnungslegung, nicht dagegen für die Auskunft (§ 260 Abs 1 BGB) vor. In der Rechtsprechung ist jedoch anerkannt, dass sich im Rahmen des Auskunftsanspruchs ausnahmsweise auch ein Anspruch auf Vorlage von Belegen ergeben kann, wenn der Gläubiger hierauf angewiesen ist und dem Schuldner diese zusätzliche Verpflichtung zugemutet werden kann.[220]

3. Auskunftsanspruch gegen Dritte

73   Von dem Auskunftsanspruch gegen den Verletzer über Dritte streng zu unterscheiden ist der Auskunftsanspruch gegen Dritte, die nicht zugleich Verletzer sind. Ein Novum im deutschen Recht stellt der Auskunftsanspruch aus § 101 Abs 2 UrhG[221] dar, der sich gegen Dritte richtet, die das Schutzrecht nicht selber verletzen.[222]

74   a) **Gemeinschaftsrechtliche Vorgaben.** Der Auskunftsanspruch gegen Dritte ist gemeinschaftsrechtlich nicht vorgegeben. Zwar verbietet die Datenschutz-RL für elektronische Kommunikation[223] einen solchen, gegen Dritte gerichteten Auskunftsanspruch nach Ansicht des EuGH nicht. Umgekehrt finden sich allerdings weder in der E-Commerce-RL[224] noch in der Multimedia-RL[225] oder in der Enforcement-RL[226] Vorschriften, die einen solchen Auskunftsanspruch gebieten.[227] Nach Ansicht des EuGH kann insb Art 8 der Enforcement-RL nicht dahingehend ausgelegt werden, dass die Mitgliedstaaten die Pflicht zur Weitergabe der personenbezogenen Daten im Rahmen eines zivilrechtlichen Verfahrens vorsehen müssen.[228] Es obliegt daher den Mitgliedstaaten, ob sie eine solche Regelung in ihren nationalen Vorschriften vorsehen wollen oder nicht. Dabei haben sie im Rahmen ihres Beurteilungsspielraums bei der Umsetzung der Richtlinien ein angemessenes Gleichgewicht zwischen den verschiedenen, durch die Gemeinschaftsrechtsordnung geschützten Grundrechten sicherzustellen. Dazu gehörten auf der einen Seite der Schutz des Eigentums und das Recht auf

---

[220] BGH GRUR 2001, 841 – Entfernung der Herstellungsnummer II; BGH GRUR 2002, 709 – Entfernung der Herstellungsnummer III; BGH GRUR 2003, 433 – Cartier-Ring; OLG Hamburg ZUM 2009, 482 – Bauhaus aus Italien II.
[221] § 101 Abs 2 UrhG entspricht § 140b Abs 2 PatG und § 19 Abs 2 MarkenG.
[222] Vgl Wandtke/Bullinger/*Bohne* § 101 UrhG Rn 3; *Bohne* GRUR-RR 2005, 145; *Kitz* ZUM 2006, 444; *Zombik* ZUM 2006, 450.
[223] RL 2002/58/EG des Europäischen Parlaments und des Rates v 12.7.2002 über die Verarbeitung personenbezogener Daten und den Schutz der Privatsphäre in der elektronischen Kommunikation.
[224] RL 2000/31/EG des Europäischen Parla-
ments und des Rates v 8.6.2000 über bestimmte rechtliche Aspekte der Dienste der Informationsgesellschaft, insb des elektronischen Geschäftsverkehrs.
[225] RL 2001/29/EG des Europäischen Parlaments und des Rates v 22.5.2001 zur Harmonisierung bestimmter Aspekte des Urheberrechts und der verwandten Schutzrechte in der Informationsgesellschaft.
[226] RL 2004/48/EG des Europäischen Parlaments und des Rates v 29.4.2004 zur Durchsetzung der Rechte des geistigen Eigentums.
[227] EuGH WRP 2008, 334, 342 Rn 58 – Promusicae v Telefónica.
[228] EuGH WRP 2008, 334, 342 Rn 58 – Promusicae v Telefónica; EuGH GRUR 2009, 579, 582 Rn 27 – LSG v Tele2.

wirksamen Rechtsbehelf, auf der anderen Seite das Recht auf Achtung des Privatlebens.

b) Anspruchsvoraussetzungen. (aa) Anhängiger Verletzungsprozess oder offen- **75** **sichtliche Rechtsverletzung.** Nach § 101 Abs 2 UrhG besteht ein Auskunftsanspruch in Fällen offensichtlicher Rechtsverletzung oder in Fällen, in denen der Verletzte gegen den Verletzer Klage erhoben hat, unbeschadet von § 101 Abs 1 UrhG auch gegen eine Person, die in **gewerblichem Ausmaß** (1.) rechtsverletzende Vervielfältigungsstücke in ihrem Besitz hatte, (2.) rechtsverletzende Dienstleistungen in Anspruch nahm, (3.) für rechtsverletzende Tätigkeiten genutzte Dienstleistungen erbrachte oder (4.) nach den Angaben einer in Nr 1, 2 oder 3 genannten Person an der Herstellung, Erzeugung oder am Vertrieb solcher Vervielfältigungsstücke, sonstigen Erzeugnisse oder Dienstleistungen beteiligt war. Einen allgemeinen Richtervorbehalt sieht der Anspruch nicht vor. Der Gesetzgeber befürchtete eine zu hohe Belastung der Gerichte.[229]

(bb) Gewerbliches Ausmaß. Nach Erwägungsgrund 14 der Enforcement-RL zeich-   **76** nen sich in gewerblichem Ausmaß vorgenommene Rechtsverletzungen dadurch aus, dass sie **zwecks Erlangung eines unmittelbaren oder mittelbaren wirtschaftlichen oder kommerziellen Vorteils** vorgenommen werden; dies schließt in der Regel Handlungen aus, die in gutem Glauben von Endverbrauchern vorgenommen werden.[230] Nach einer Ansicht in der Literatur entspricht das Erfordernis eines gewerblichen Ausmaßes inhaltlich den Anforderungen an ein Handeln im geschäftlichen Verkehr.[231] Diese Gleichsetzung ist wenig überzeugend, wie § 143 MarkenG zeigt, der klar zwischen geschäftlichem Verkehr und Gewerblichkeit unterscheidet. Das Vorliegen eines gewerblichen Ausmaßes muss vielmehr anhand des mit der Vorschrift verfolgten Zwecks ermittelt werden. Das OLG Köln bejaht das Vorliegen eines gewerblichen Ausmaßes bspw dann, wenn ein vollständiges Musikalbum in dessen aktueller Verkaufsphase in einer Internettauschbörse angeboten wird.[232] Grund für diese auch von anderen Obergerichten vertretene weite Auslegung ist, dass der Auskunftsanspruch anderenfalls bei dynamischen IP-Adressen häufig leerlaufen würde. Die rechtsverletzenden Uploads erfolgen typischerweise zu unterschiedlichen Zeiten. In Fällen, in denen die Schutzrechtsinhaber nur einen konkreten Fall als Anhaltspunkt haben, würde der Auskunftsanspruch leerlaufen, wenn eine Mehrzahl von Rechtsverletzungen vorausgesetzt würde.[233]

c) Zeugnisverweigerungsrecht. Der Auskunftsanspruch gegen Dritte entfällt, wenn   **77** dieser nach §§ 383–385 ZPO zeugnisverweigerungsberechtigt ist. Der zur Auskunft Verpflichtete kann vom Anspruchsteller Ersatz der für die Auskunftserteilung erforderlichen Aufwendungen verlangen.

d) Haftung für Auskünfte. § 101 Abs 5 UrhG sieht einen Schadensersatzanspruch   **78** des Verletzten vor, wenn der Auskunftsverpflichtete die Auskunft vorsätzlich oder

---

229 Begründung zum Gesetzesentwurf der Bundesregierung, BT-Drucks 16/5048, 38; krit hierzu *Peukert/Kur* GRUR Int 2006, 292, 297.
230 Vgl Walter/von Lewinski/*Walter/Graf* Art 6 Enforcement Directive S 1243 (Rn 13.6.27).
231 Vgl *Nägele/Nitsche* WRP 2007, 1047, 1048; Wandtke/Bullinger/*Bohne* § 101 UrhG Rn 19.

232 OLG Köln NJOZ 2010, 1129 – Culcha Candela; OLG Köln MMR 2010, 421; OLG Köln MMR 2009, 334 – Die schöne Müllerin; OLG Köln GRUR-RR 2009, 9 – Ganz anders.
233 OLG Karlsruhe MMR 2010, 419; OLG Zweibrücken MMR 2010, 214.

grob fahrlässig, falsch oder unvollständig erteilt. In der Enforcement-RL fehlt eine entsprechende Vorschrift.[234] Im Hinblick auf den schuldhaft handelnden Verletzer hat diese Vorschrift nur klarstellenden Charakter.[235] Die Schadensersatzhaftung für schuldhaft unrichtig erteilte Auskünfte ergibt sich hier bereits aus § 97 UrhG.[236] Anders verhält es sich hingegen bei den auskunftspflichtigen Dritten, die selber keine Schutzrechtsverletzung begangen haben. Sofern man eine Schadensersatzhaftung dieser Dritten nicht bereits wegen eines Verstoßens gegen das durch die Auskunftsansprüche begründete gesetzliche Schuldverhältnis als gegeben erachtet, hat § 101 Abs 5 UrhG hier konstituierende Wirkung.

79   Nach § 101 Abs 6 UrhG haftet derjenige, der eine wahre Auskunft erteilt hat, ohne dazu nach § 101 Abs 1 oder 2 UrhG verpflichtet gewesen zu sein, Dritten gegenüber nur, wenn er wusste, dass er zur Auskunftserteilung nicht verpflichtet war. Indem § 101 Abs 6 UrhG eine Haftung für grobe Fahrlässigkeit nicht vorsieht, wird die Gefahr begründet, dass vermeintliche Auskunftsansprüche auch bei Zweifeln über ihr Bestehen erfüllt werden.[237]

80   e) **Durchsetzung im Wege der einstweiligen Verfügung.** Nach § 101 Abs 7 UrhG kann die Auskunftsverpflichtung in Fällen offensichtlicher Rechtsverletzung im Wege der einstweiligen Verfügung nach den §§ 935–945 ZPO angeordnet werden. Diese Regelung ist eine Ausnahme von dem Grundsatz, dass eine Anspruchsdurchsetzung im Wege des Eilverfahrens die Hauptsache nicht vorwegnehmen darf.[238] Da die einmal erteilte Auskunft eine nicht rückgängig zu machende Erfüllung des Auskunftsanspruches darstellt, verlangt § 101 Abs 7 UrhG die Offensichtlichkeit der Rechtsverletzung.

81   f) **Beweisverwertung.** Nach § 101 Abs 8 UrhG dürfen die Erkenntnisse in einem Strafverfahren oder in einem Verfahren nach dem OWiG wegen einer vor der Erteilung der Auskunft begangenen Tat gegen den Verpflichteten oder gegen einen in § 52 Abs 1 StPO bezeichneten Angehörigen nur mit Zustimmung des Verpflichteten verwertet werden.

82   g) **Richtervorbehalt bei Fernmeldegeheimnis.** In Fällen der Internetpiraterie ergeben sich typischerweise datenschutzrechtliche Fragen. Das verfassungsrechtlich geschützte Fernmeldegeheimnis und die Rechte des geistigen Eigentums, die ebenfalls Verfassungsrang haben, müssen in einen Ausgleich gebracht werden.[239] § 101 Abs 9 und 10 UrhG tragen dem Fernmeldegeheimnis Rechnung. Die Vorschrift dient der Wahrung des Fernmeldegeheimnisses in Fällen, in denen bei Internet-Providern **Verkehrsdaten** abgefragt werden, um die entsprechenden **Bestandsdaten** zu erhalten.[240] Nach § 101 Abs 9 UrhG ist für die Auskunftserteilung eine **vorherige richterliche An-**

---

234 Wandtke/Bullinger/*Bohne* § 101 UrhG Rn 23; *Spindler/Weber* ZUM 2007, 257, 261; *Schmidhuber* WRP 2008, 296.
235 *Schmidhuber* WRP 2008, 296, 300.
236 Vgl *Schmidhuber* WRP 2008, 296, 299.
237 Wandtke/Bullinger/*Bohne* § 101 UrhG Rn 25.
238 OLG Hamburg GRUR-RR 2007, 381, 382 – Betriebsrats-Check.
239 Vgl *Sieber/Höfinger* MMR 2004, 575,

581 ff; zur entsprechenden Rechtsentwicklung in den in den Vereinigten Staaten US Court of Appeals for the District of Columbia Circuit GRUR Int 2004, 527 – RIAA v Verizon; *Katyal* Yale J Law & Tech, 2004, 222.
240 Vgl Wandtke/Bullinger/*Bohne* § 101 UrhG Rn 13; *Spindler/Weber* ZUM 2007, 257, 261; *Berlit* WRP 2007, 732, 736; *Nägele/Nitsche* WRP 2007, 1047, 1050.

ordnung über die Zulässigkeit der Verwendung der Verkehrsdaten erforderlich, wenn die Auskunft nur unter Verwendung von Verkehrsdaten iSd § 3 Nr 30 TKG erteilt werden kann. Diese ist von dem Verletzten zu beantragen. Für den Erlass dieser Anordnung ist das Landgericht, in dessen Bezirk der zur Auskunft Verpflichtete seinen Wohnsitz, seinen Sitz oder eine Niederlassung hat, ohne Rücksicht auf den Streitwert ausschließlich zuständig. Die Entscheidung trifft die Zivilkammer. Die Kosten der richterlichen Anordnung trägt der Verletzte. Die Vorschriften zum Schutz personenbezogener Daten bleiben unberührt. § 101 Abs 10 UrhG erhält die nach Art 19 Abs 1 S 2 GG erforderliche Nennung des in Art 10 GG kodifizierten Fernmeldegeheimnisses.

Auskünfte über den Namen des hinter einer IP-Adresse stehenden Anschlussinhabers richten sich nach Auffassung des BGH nach den Regelungen über die Bestandsdatenabfrage.[241] Es handele sich nicht um Verkehrsdaten, die nur auf richterliche Anordnung erhoben werden dürften, da die Zuordnung einer zu einem bestimmten Zeitpunkt benutzten dynamischen IP-Adresse zu einem Anschlussinhaber keine Aussage darüber enthalte, mit wem der Betreffende worüber und wie lange kommuniziert habe.[242] In dem vom BGH entschiedenen Fall ging es allerdings nicht um den Auskunftsanspruch nach § 101 Abs 9 UrhG, sondern um die Frage, ob der Verwendung der Daten ein Beweisverwertungsverbot entgegenstand. Zutreffend ist, dass es sich bei dem Namen eines Anschlussinhabers um Bestandsdaten und nicht um Verkehrsdaten handelt.[243] Der in § 101 Abs 9 UrhG geregelte Richtervorbehalt ist nichtsdestotrotz nicht etwa obsolet. Denn diese Bestandsdaten können in aller Regel nur „unter Verwendung der Verkehrsdaten" iSd § 101 Abs 9 UrhG ermittelt werden.

Da grundsätzlich eine Verpflichtung zur Löschung der Daten besteht, kann vorläufiger Rechtsschutz in Anspruch genommen werden, um dem Provider die Sicherung der Daten aufzugeben bzw. deren Löschung zu verbieten.[244]

Während des Gesetzgebungsverfahrens zum Gesetz zur Verbesserung der Durchsetzung von Rechten geistigen Eigentums schlug der Bundesrat vor, diesen Richtervorbehalt zu streichen und die Zulässigkeit der Weitergabe von Bestandsdaten festzuschreiben, auch wenn zur Ermittlung der Bestandsdaten intern Verkehrsdaten verarbeitet werden müssten.[245] Die Bundesregierung lehnte diesen Vorschlag unter Hinweis auf die Sensibilität der Daten, die zur Erfüllung des Auskunftsanspruches herangezogen werden müssen, ab.[246] Auch den vom Bundesrat vorgetragenen Hinweis auf die Kosten dieser gerichtlichen Überprüfung ließ die Bundesregierung nicht gelten, da diese Kosten später im Rahmen des Schadensersatzanspruches vom Verletzer herausverlangt werden könnten.

83

In einer neueren Entscheidung hat das BVerfG festgestellt, dass das allgemeine Persönlichkeitsrecht das **Grundrecht auf Gewährleistung der Vertraulichkeit und Integrität informationstechnischer Systeme** umfasst.[247] Für den Auskunftsanspruch ist dieses neu definierte Grundrecht auf Gewährleistung der Vertraulichkeit und Inte-

84

---

241 BGH GRUR 2010, 633, 635 Rn 29 – Sommer unseres Lebens.
242 BGH GRUR 2010, 633, 635 Rn 29 – Sommer unseres Lebens.
243 Ebenso OLG Frankfurt GRUR-RR 2010, 91 – Speicherung auf Zuruf.
244 Vgl OLG Karlsruhe MMR 2010, 419; OLG Schleswig GRUR-RR 2010, 239 – Limited Edition; OLG Köln GRUR-RR 2009, 9 – Ganz anders; OLG Hamburg MMR 2010, 338; *Otten*

GRUR-RR 2009, 369; *Hoffmann* MMR 2009, 655, 657.
245 Stellungnahme des Bundesrates, BT-Drucks 16/5048, 55 ff.
246 Gegenäußerung der Bundesregierung BT-Drucks 16/5048, 63.
247 BVerfG Urt v 27.2.2008, Az 1 BvR 370/07 – Grundrecht auf Gewährleistung der Vertraulichkeit und Integrität informationstechnischer Systeme.

grität informationstechnischer Systeme indes ohne Bedeutung, da Art 10 GG vorrangig ist. Soweit eine Ermächtigung sich auf eine staatliche Maßnahme beschränkt, durch welche die Inhalte und Umstände der laufenden Telekommunikation im Rechnernetz erhoben oder darauf bezogene Daten ausgewertet werden, ist der Eingriff allein an Art 10 Abs 1 GG zu messen.[248]

XII. Urkundenvorlage und Besichtigung nach § 101a Abs 1 UrhG

1. Zweck

85　Nicht selten benötigt der Rechtsinhaber Informationen, um feststellen zu können, ob überhaupt eine Rechtsverletzung vorliegt.[249] So kann eine Urheberrechtsverletzung hinsichtlich einer Software häufig nur bei Kenntnis des entsprechenden Quellcodes nachgewiesen werden. Ausländische Rechtsordnungen hatten diesbezüglich seit langem umfangreiche Möglichkeiten der vorprozessualen Beweissicherung vorgesehen. Zu nennen ist bspw die **pretrial discovery**[250] in den Vereinigten Staaten oder die **Anton Piller Order**[251] in Großbritannien. § 101a Abs 1 UrhG setzt die Art 6 und 7 der Enforcement-RL um und gewährt dem Verletzten einen Anspruch auf Vorlage einer Urkunde und Duldung der Besichtigung einer Sache gegen denjenigen, der mit hinreichender Wahrscheinlichkeit das Urheberrecht oder ein anderes nach dem UrhG geschütztes Recht widerrechtlich verletzt hat.[252] Der Anspruch richtet sich auf die Vorlage einer Urkunde oder Duldung der Besichtigung einer Sache, die sich in der Verfügungsgewalt des – möglichen – Verletzers befindet.

86　Bereits vor Einfügung des § 101a UrhG hat die Rechtsprechung einen Besichtigungsanspruch aus § 809 BGB abgeleitet. In der Faxkarten-Entscheidung hatte der BGH – gestützt auf § 809 BGB – den Beklagten verurteilt, den Quellcode der Programme bzw Programmteile für ein urheberrechtlich geschütztes System offen zu legen.[253] Zur Begründung dieses Anspruchs wies der BGH auf Art 43 TRIPs hin.[254] Zwar ist das TRIPs-Übereinkommen in Bereichen, die gemeinschaftsrechtlich bereits vereinheitlicht oder harmonisiert sind, nicht unmittelbar anwendbar. Die EG-Mitgliedstaaten sind allerdings verpflichtet, ihr nationales Recht TRIPS-konform auszulegen.[255] Art 43 TRIPs sieht ausdrücklich vor, dass das Gericht dem Gegner einer in Beweisnot befindlichen Partei die Beibringung von Beweismitteln auferlegen kann, die sich in seinem Besitz befinden.[256] Auch diese Vorschrift sieht den Schutz vertraulicher Informationen vor.[257] Art 50 Abs 1(b) TRIPs sieht auch einstweilige zivilrechtliche Maßnahmen zu Beweissicherung vor.[258] Dieser Besichtigungsanspruch konnte bei

---

248 BVerfG Urt v 27.2.2008, Az 1 BvR 370/07 Rn 184 – Grundrecht auf Gewährleistung der Vertraulichkeit und Integrität informationstechnischer Systeme.

249 Vgl *Bork* NJW 1997, 1665 ff.

250 Vgl *Maloney* IIC 2000, 723; *Resnik* Chicago-Kent Law Review 2006, 521; *Erichson* Chicago-Kent Law Review 2006, 357.

251 Vgl House of Lords GRUR Int 1982, 262 – Anton Piller Order; *Nieder* Rn 187; *Cornish/Llewelyn* IIC 2000, 627, 635 ff.

252 § 101a Abs 1 UrhG entspricht § 140c Abs 1 PatG und § 19a Abs 1 MarkenG.

253 Vgl BGH GRUR 2002, 1046, 1048 – Faxkarte; *Kühnen* GRUR 2005, 185; *Gärtner/Worm* Mitt 2007, 254, 256; *Haedicke* FS Schricker 2005, 19, 26.

254 Das TRIPs-Übereinkommen (Trade-Related Aspects of Intellectual Property Rights) ist integraler Bestandteil des WTO-Übereinkommens.

255 EuGH GRUR 2001, 235, 237 – Dior; *Wandtke/Bullinger/von Welser* § 121 UrhG Rn 16.

256 *Dreier* GRUR Int 1996, 205 ff.

257 *Busche/Stoll/Vander* Art 43 TRIPs Rn 8.

258 *Busche/Stoll/Vander* Art 50 TRIPs Rn 9.

　　　　　Marcus von Welser

Vorliegen einer gewissen Wahrscheinlichkeit für eine Rechtsverletzung auch im einstweiligen Verfügungsverfahren durchgesetzt werden.[259] § 101a UrhG korrespondiert mit §§ 421, 422 ZPO die – auf einen Antrag des Beweisführers – eine prozessrechtliche Vorlegungspflicht festschreiben, bei deren Nichtbeachtung die Behauptungen des Beweisführers nach § 427 ZPO als bewiesen angenommen werden können.[260] Daneben kann das Gericht auch ohne Antrag die Vorlage nach § 142 ZPO anordnen, wobei der Ungehorsam gegen eine solche Anordnung im Rahmen der freien Beweiswürdigung negativ zu Buche schlagen kann.[261]

2. Anspruchsvoraussetzungen

a) **Anspruchsgegenstand.** Gegenstand des Vorlageanspruches sind Urkunden und Gegenstände, die sich in der Verfügungsgewalt des – möglichen – Verletzers befinden. § 101a Abs 1 S 2 UrhG erstreckt den Anspruch auf die Vorlage von Bank-, Finanz- oder Handelsunterlagen, sofern die hinreichende Wahrscheinlichkeit einer in gewerblichem Ausmaß begangenen Rechtsverletzung besteht. Der Besichtigungsanspruch bezieht sich auf Sachen. Dieser Begriff ist weit auszulegen.[262] Erfasst werden bspw auch Computerprogramme. **87**

b) **Passivlegitimation.** Passivlegitimiert ist nur der Verletzer, sofern sich die Sache in seiner Verfügungsgewalt befindet. Der Anwendungsbereich des § 101a UrhG ist einerseits weiter als der des § 809 BGB, da nur Verfügungsgewalt, nicht hingegen der für den Besitz zusätzlich erforderliche Besitzwille vorausgesetzt wird.[263] Andererseits ist der Anwendungsbereich enger, da sich § 101a UrhG nur gegen den Verletzer richtet. § 809 ZPO setzt insofern lediglich das Bestehen eines Hauptanspruches „in Ansehung der Sache" voraus.[264] So sind Fallgestaltungen denkbar, in denen Ansprüche „in Ansehung der Sache" in Betracht kommen, die sich gegen eine andere Person richten. So kann § 809 BGB gegen einen nichtverletzenden Besitzer geltend gemacht werden, um anschließend wegen des betroffenen Gegenstandes einen Rückrufanspruch gegen den Verletzer nach § 98 Abs 2 UrhG geltend zu machen. **88**

c) **Hinreichende Wahrscheinlichkeit.** Der Anspruch greift nicht bei jedwedem Verdacht. Art 6 der Enforcement-RL verlangt, dass der Rechtsinhaber sämtliche verfügbaren Beweismittel bereits vorgelegt hat. Anders als die Richtlinie stellt der Anspruch nicht auf die Vorlage der Beweismittel, sondern auf eine hinreichende Wahrscheinlichkeit ab.[265] Die Anforderungen an die Wahrscheinlichkeit dürfen nicht zu niedrig angesetzt werden.[266] Die Rechtsverletzung muss für die Anwendung des Art 43 TRIPs zur Überzeugung des Gerichts feststehen; für die Durchsetzung im Eilverfahren nach Art 50 TRIPs reicht die Glaubhaftmachung aus.[267] Insb bei Besichtigungsansprüchen, **89**

---

259 OLG Frankfurt GRUR-RR 2006, 295, 296 – Quellcode-Besichtigung.
260 Vgl Zöller/*Greimer* § 422 ZPO Rn 2; *Loschelder* FS Raue 529, 531 f; *McGuire* GRUR Int 2005, 15, 16 f.
261 Zu § 142 ZPO eingehend BGH GRUR 2006, 962, 966 f – Restschadstoffentfernung; *Tilmann/Schreibauer* FS Erdmann 901 ff; *Knaak* GRUR Int 2004, 745, 747.
262 Wandtke/Bullinger/*Ohst* § 101a UrhG Rn 21.

263 Vgl Wandtke/Bullinger/*Ohst* § 101a UrhG Rn 8.
264 Vgl MünchKommBGB/*Hüffer* § 809 BGB Rn 3.
265 Begründung zum Gesetzesentwurf der Bundesregierung, BT-Drucks 16/5048, 40.
266 Vgl dagegen Wandtke/Bullinger/*Ohst* § 101a UrhG Rn 9.
267 Busche/Stoll/*Vander* Art 50 TRIPs Rn 18.

die mit Eingriffen in den verfassungsrechtlich geschützten Bereich der Wohnung einhergehen, besteht keine Veranlassung, die Eingriffsanforderungen zu senken.

90   **d) Erforderlichkeit.** Voraussetzung des Anspruches auf Vorlage und Besichtigung ist, dass dieser zur Begründung von Ansprüchen des Verletzten – gemeint sind die sonstigen Ansprüche, also bspw Unterlassungs- und Schadensersatzansprüche – erforderlich ist. Hierdurch soll gewährleistet werden, dass der Anspruch nicht zur Ausforschung der Gegenseite missbraucht wird.[268] Der Anspruch ist danach ausgeschlossen, wenn andere zumutbare Informationsquellen bestehen.[269]

91   **e) Verhältnismäßigkeit.** § 101a Abs 2 UrhG schließt den Anspruch aus, wenn die Inanspruchnahme im Einzelfall unverhältnismäßig ist. Eine Maßnahme ist bspw dann unverhältnismäßig, wenn das Geheimhaltungsinteresse des angeblichen Verletzers das Interesse des Rechtsinhabers überwiegt und dem Geheimhaltungsinteresse durch Maßnahmen zur Sicherung der Vertraulichkeit nicht hinreichend Rechnung getragen werden kann. Bei der Abwägung ist unter anderem zu berücksichtigen, dass es sich bei den Parteien regelmäßig um konkurrierende Unternehmen handeln wird. Die Erlangung von Kenntnissen, bspw über den von der Konkurrenz verwendeten Quellcode einer Software kann erhebliche Folgen haben, die sich auch durch Schadensersatzansprüche nach § 101a Abs 5 UrhG kaum kompensieren lassen.

3. Schutz der Vertraulichkeit

92   § 101a Abs 1 S 3 UrhG schränkt den Anspruch ein, soweit der vermeintliche Verletzer geltend macht, dass es sich um vertrauliche Informationen handelt.[270] In diesem Fall trifft das Gericht die erforderlichen Maßnahmen, um den im Einzelfall gebotenen Schutz zu gewährleisten.[271] Die Maßnahmen zum Schutz der Geheimhaltungsinteressen stehen im Ermessen des Gerichts.[272] Bspw kann dem Anspruchsgegner auferlegt werden, dass die Offenbarung gegenüber einem zur Verschwiegenheit verpflichteten Dritten zu erfolgen hat, der dann darüber Auskunft geben kann, ob und gegebenenfalls in welchem Umfang die behauptete Rechtsverletzung vorliegt. § 172 Nr 2 GVG erlaubt dem Gericht für die Verhandlung oder für einen Teil davon die Öffentlichkeit auszuschließen, wenn ein wichtiges **Geschäfts-, Betriebs-, Erfindungs- oder Steuergeheimnis** zur Sprache kommt, durch dessen öffentliche Erörterung überwiegende schutzwürdige Interessen verletzt würden. In diesem Fall kann das Gericht die anwesenden Personen nach § 174 Abs 3 GVG zur Geheimhaltung von Tatsachen verpflichten, die durch die Verhandlung oder durch ein die Sache betreffendes amtliches Schriftstück zu ihrer Kenntnis gelangen. § 353d Nr 2 StGB stellt einen Verstoß gegen diese Schweigepflicht unter Strafe.

93   Die Entscheidung darüber, welche Maßnahmen erforderlich sind, stellt § 101a UrhG in das Ermessen des Gerichts. Die Vorlage kann bspw gegenüber einem zur Verschwiegenheit verpflichteten Dritten erfolgen, der anschließend seinerseits Auskunft

---

268 Vgl Begründung zum Gesetzesentwurf der Bundesregierung, BT-Drucks 16/5048, 40.
269 Wandtke/Bullinger/*Ohst* § 101a UrhG Rn 16; *von Hartz* ZUM 2005, 376, 380.
270 Eingehend zum Vertraulichkeitsschutz *Bornkamm* FS Ullmann 893 ff; *Spindler/Weber* MMR 2006, 711 ff.

271 Vgl auch BGH GRUR 2010, 318 – Lichtbogenschnürung.
272 Begründung zum Gesetzesentwurf der Bundesregierung, BT-Drucks 16/5048, 41.

Marcus von Welser

über den Umfang der Rechtsverletzung geben kann.[273] Möglich ist auch ein sog **In-camera-Verfahren** in Anlehnung an § 99 VwGO.[274] Neben dem Ausschluss der Öffentlichkeit nach § 172 Nr 2 GVG und einem Geheimhaltungsverbot nach § 174 Abs 3 GVG entfällt in einem solchen In-camera-Verfahren auch die Anwesenheit des Klägers selber.

4. Durchführung der Vorlage und Besichtigung

Der Vorlagepflicht wird durch die Aushändigung der Urkunde genügt. Bei der Besichtigung kann der Gegenstand nicht nur betrachtet, sondern eingehend untersucht werden. Dabei kann der Gegenstand in Betrieb gesetzt oder auch auseinandergebaut werden.[275] Die Besichtigung darf auch durch Fotografien oder Ausdrucke dokumentiert werden.[276]   **94**

5. Durchsetzung

a) Einstweilige Verfügung. Nach § 101a Abs 3 UrhG kann die Verpflichtung zur   **95**
Vorlage einer Urkunde oder zur Duldung der Besichtigung einer Sache im Wege der einstweiligen Verfügung nach den §§ 935 bis 945 ZPO angeordnet werden. Bei der Beurteilung der Dringlichkeit sind die Gerichte unterschiedlich großzügig. Bei der Besichtigungsverfügung schließt ein längeres Zuwarten die Dringlichkeit nach Auffassung des OLG Düsseldorf nicht aus.[277] Ein längeres Abwarten ist nur dann dringlichkeitsschädlich, wenn das besondere Interesse an der Verfahrensart des einstweiligen Verfügungsverfahrens gerade in dem schnellen Erlangen eines Titels liegt. Das besondere Interesse, dass im Falle des § 101a Abs 3 UrhG ein solches Vorgehen rechtfertigt, besteht jedoch darin, den Antragsgegner nicht durch eine Beteiligung am Verfahren in die Lage zu versetzen, die zu sichernden Beweismittel zu vernichten. Es bedarf hier des Verfügungsverfahrens, weil nur dieses Verfahren die Anordnung von Maßnahmen ohne Beteiligung des Gegners ermöglicht. Anders als im Falle etwa der Unterlassungsverfügung kann der Antragsteller hier im Fall fehlender Eilbedürftigkeit nicht auf den Klageweg verwiesen werden.

Das Gericht trifft die erforderlichen Maßnahmen, um den Schutz vertraulicher Informationen zu gewährleisten. Dies gilt insb in den Fällen, in denen die einstweilige Verfügung ohne vorherige Anhörung des Gegners erlassen wird. Dies entspricht der bisherigen Rechtsprechung zu § 809 BGB.[278]

b) Beweissicherungsverfahren. Neben der einsteiligen Verfügung kommt ein Be-   **96**
weissicherungsverfahren in Betracht. Nach § 493 ZPO können die Ergebnisse der

---

[273] Vgl BGH GRUR 2002, 1046 – Faxkarte; *Bornkamm* FS Ullmann 893, 901; *Kühnen* GRUR 2005, 185, 187; *von Hartz* ZUM 2005, 376, 380.
[274] Eingehend hierzu *Spindler/Weber* MMR 2006, 711, 713; *Bornkamm* FS Ullmann 893, 904 ff; *Ahrens* GRUR 2005, 837, 839; *von Hartz* ZUM 2005, 376, 381; *Seichter* WRP 2006, 391, 394.
[275] *Wandtke/Bullinger/Ohst* § 101a UrhG Rn 21; *Nieder* Rn 180; *Kühnen/Geschke*

Rn 100; *Spindler/Weber* ZUM 2007, 257, 264.
[276] *Nägele/Nitsche* WRP 2007, 1047, 1052; *Tilmann* FS Ullmann 1015, 1017.
[277] OLG Düsseldorf BeckRS 2010, 18850, dagegen OLG Köln ZUM 2009, 427.
[278] OLG Frankfurt ZUM-RD 2007, 406, 407 – Durchsetzung eines Besichtigungsanspruches im Wege der einstweiligen Verfügung; KG NJW 2001, 233 – Beweissicherung bei vermuteter Urheberverletzung an Computerprogrammen.

selbstständigen Beweisaufnahme in einem späteren Hauptsachverfahren verwertet werden. Obwohl §§ 485 ff ZPO keine ausdrückliche Duldungspflicht des Verletzers vorsieht, hat die Rechtsprechung sich nach der sog **Düsseldorfer Praxis** dadurch beholfen, dass auf entsprechenden Antrag eine die Beweissicherungsanordnung ergänzende Duldungsanordnung ausgesprochen wird.[279] Dabei ist es zweckmäßig, die von Amts wegen zuzustellende Beweissicherungsanordnung zusammen mit der im Parteibetrieb zuzustellenden Duldungsverfügung in dem Zeitpunkt zuzustellen, in dem der Sachverständige beim Schuldner erscheint, um die Besichtigung durchzuführen.[280]

6. Beweisverwertung

97   § 101a Abs 4 UrhG ordnet die entsprechende Anwendung des in § 101 Abs 8 UrhG enthaltenen Beweisverwertungsverbotes an. Auch hier dürfen die Erkenntnisse in einem Strafverfahren oder in einem Verfahren nach dem OWiG wegen einer vor der Erteilung der Auskunft begangenen Tat gegen den Verpflichteten oder gegen einen in § 52 Abs 1 StPO bezeichneten Angehörigen nur mit Zustimmung des Verpflichteten verwertet werden.

7. Schadensersatzpflicht

98   Nach § 101a Abs 5 UrhG kann der vermeintliche Verletzer von demjenigen, der die Vorlage oder Besichtigung begehrt hat, den Ersatz des ihm durch das Begehren entstandenen Schadens verlangen, wenn keine Verletzung vorlag oder drohte. Der Anspruch ist verschuldensunabhängig.[281] Die Vorschrift ergänzt § 945 ZPO, der nur dann greift, wenn sich eine vorläufige Maßnahme als von Anfang an ungerechtfertigt erweist, aber gerade nicht den Fall regelt, dass zwar zunächst eine hinreichende Wahrscheinlichkeit einer Rechtsverletzung vorlag, der Verdacht sich aber nicht bestätigt.[282] Auch Art 50 Abs 7 TRIPs sieht einen Schadensersatzanspruch bei einstweiligen Maßnahmen vor.[283] § 101a Abs 5 UrhG geht insofern weiter, da er – anders als der Schadensersatzanspruch aus § 945 ZPO – sowohl das Verfügungs- als auch das Hauptsacheverfahren erfasst.

8. Besichtigung und Urkundenvorlage nach anderen Vorschriften

99   a) **Besichtigung.** § 102a UrhG lässt Ansprüche aus anderen gesetzlichen Vorschriften unberührt. Somit können Ansprüche auf Urkundenvorlage auch auf § 809 BGB gestützt werden. Nach § 809 BGB kann derjenige, der gegen den Besitzer einer Sache einen Anspruch in Ansehung der Sache hat oder sich Gewissheit verschaffen will, ob ihm ein solcher Anspruch zusteht, wenn die Besichtigung der Sache aus diesem Grunde für ihn von Interesse ist, verlangen, dass der Besitzer ihm die Sache zur Besichtigung vorlegt oder die Besichtigung gestattet.[284] Der Anspruch nach § 809 BGB ist auf die Besichtigung konkreter Gegenstände gerichtet und begründet kein

---

279 Vgl *Nieder* Rn 184; *Kühnen/Geschke* Rn 107; *Kühnen* GRUR 2005, 185, 187.
280 Ein Musterbeschluss, aus dem sich die entsprechende Antragsformulierung ergibt, ist wiedergegeben bei *Kühnen/Geschke* Rn 107; *Nieder* Rn 184.

281 Wandtke/Bullinger/*Ohst* § 101a UrhG Rn 41; *Spindler/Weber* ZUM 2007, 257, 266.
282 Wandtke/Bullinger/*Ohst* § 101a UrhG Rn 40.
283 Busche/Stoll/*Vander* Art 50 TRIPs Rn 34.
284 RGZ 69, 401, 405 f – Nietzsche-Briefe.

generelles Nachforschungs- und Durchsuchungsrecht in Geschäftsräumen des Schuldners.[285]

§ 809 BGB setzt voraus, dass der Anspruchsgegner Besitzer der zu besichtigenden **100** Sache ist und gewährt daher nicht solche Ermittlungs- und Kontrollmaßnahmen, mit denen der Anspruchsteller erst ermitteln will, ob der Anspruchsgegner im Besitz derjenigen Sache ist, in Ansehung derer er einen Anspruch hat oder sich Gewissheit hierüber verschaffen will.[286] In zwei grundlegenden Entscheidungen hat der BGH die Voraussetzungen für den Besichtungsanspruch näher ausgestaltet.[287] In der **Druckbalken-Entscheidung** urteilte der für Patentrecht zuständige X. Zivilsenat, dass eine gewisse Wahrscheinlichkeit einer Patentverletzung nicht genüge. Sie müsse vielmehr erheblich sein. Von diesen strengen Voraussetzungen ist der für Urheberrecht zuständige I. Zivilsenat in seiner **Faxkarten-Entscheidung** abgewichen. Ein erheblicher Grad an Wahrscheinlichkeit sei nicht notwendigerweise erforderlich. Vielmehr müsse eine Einzelfallabwägung vorgenommen werden, bei der insb zu berücksichtigen ist, ob dem Besichtungsgläubiger noch andere Beweismittel zur Verfügung stehen und inwiefern das Geheimhaltungsinteresse des Besichtigungsschuldners beeinträchtigt werde.

b) **Urkundenvorlage.** Auch der allgemeine Anspruch auf Urkundenvorlage aus **101** § 810 BGB besteht neben § 101a UrhG. Nach § 810 BGB kann derjenige, der ein rechtliches Interesse daran hat, eine in fremdem Besitz befindliche Urkunde einzusehen, von dem Besitzer unter bestimmten Voraussetzungen die Gestattung der Einsicht verlangen. Urkunden iSd § 810 BGB sind ebenso wie im Prozessrecht die durch Niederschrift verkörperten Gedankenerklärungen.[288] Mangels schriftlicher Verkörperung sind elektronische Datenträger ebenso wenig wie Fotografien als Urkunden einzuordnen. Diese materiellrechtliche Anspruchsgrundlage korrespondiert mit § 142 ZPO, erfasst aber anders als diese prozessuale Norm nur Urkunden. Nach § 142 ZPO kann das Gericht anordnen, dass eine Partei oder ein Dritter die in ihrem oder seinem Besitz befindlichen Urkunden und sonstigen Unterlagen, auf die sich eine Partei bezogen hat, vorlegt. Hierdurch wird der prozessuale Beibringungsgrundsatz modifiziert.[289] Für § 142 ZPO verbleibt auch nach Umsetzung der Enforcement-RL ein praktisch nicht unerheblicher Anwendungsbereich, da sich § 142 ZPO auch gegen Dritte richten kann. § 142 ZPO erfasst nicht nur Urkunden im prozessualen Sinn, also Verkörperungen von Gedankenerklärung durch Schriftzeichen[290], sondern auch sonstige Unterlagen wie etwa Fotos und Zeichnungen.[291] Für eine solche gerichtliche Vorlageanordnung reicht es aus, dass ein Eingriff in das Schutzrecht wahrscheinlich ist.[292] Nicht erforderlich ist demnach der Nachweis der Benutzungshandlung.

285 BGH GRUR 2004, 420 – Kontrollbesuch.
286 BGH GRUR 2004, 420, 421 – Kontrollbesuch.
287 BGH GRUR 1985, 512 – Druckbalken; BGH GRUR 2002, 1046 – Faxkarte; MünchKommBGB/*Hüffer* § 809 BGB Rn 11 ff; *Frank/Wiegand* CR 2007, 481 ff; *Patnaik* GRUR 2004, 191, 192 f.

288 MünchKommBGB/*Hüffer* § 810 BGB Rn 3.
289 Vgl *Prütting* FS Bartenbach 417, 420 ff; Musielak/*Stadler* § 142 ZPO Rn 1.
290 BGH NJW 1976, 294; Musielak/*Huber* § 415 ZPO Rn 4.
291 Zöller/*Greger* § 142 ZPO Rn 1.
292 Vgl BGH WRP 2006, 1377 – Restschadstoffentfernung.

Marcus von Welser

XIII. Sicherung von Schadensersatzansprüchen

102   Eine Neuerung im deutschen Recht enthält § 101b UrhG. § 101b setzt Art 9 Abs 2 S 2 der Enforcement-RL um, nach der die mitgliedstaatlichen Behörden die Übermittlung von **Bank-, Finanz- oder Handelsunterlagen** oder einem geeigneten Zugang zu den entsprechenden Unterlagen anordnen können. Art 9 Abs 2 S 2 ergänzt Art 9 Abs 2 S 1 der Enforcement-RL, nach der die mitgliedstaatlichen Gerichte die Möglichkeit der vorsorglichen Beschlagnahme beweglichen und unbeweglichen Vermögens des Verletzers einschließlich der Sperrung seiner Bankkonten unter Beschlagnahme sonstiger Vermögenswerte haben sollen. Der zuletzt genannten Vorschrift in Art 9 Abs 2 S 2 der Enforcement-RL wird bereits durch die **Arrestvorschriften** in §§ 916 ff ZPO hinreichend Rechnung getragen.[293] Die Möglichkeit, diesen Anspruch im Wege einer einstweiligen Verfügung durchzusetzen, ist zusätzlich an das Erfordernis der Offensichtlichkeit geknüpft.[294] In der Literatur wird darauf hingewiesen, dass das Erfordernis der „Offensichtlichkeit" über Art 9 Enforcement-RL hinaus gehe, der insofern nur eine „ausreichende Sicherheit" voraussetze.[295] In der Literatur wird die Einordnung der Schadensersatzsicherungsvorschrift in das materielle Recht kritisiert; vorzugswürdig sei eine Ergänzung der prozessualen Arrestvorschriften gewesen.[296] Anders als der in mancherlei Hinsicht ähnliche §§ 101a UrhG dient § 101b UrhG nicht der Beweisgewinnung, sondern allein der Sicherung von Schadensersatzansprüchen.[297] § 101b UrhG ergänzt die Arrestvorschriften, indem er dem Gläubiger Kenntnisse verschaffen soll, die zur Anwendung der Restvorschriften erforderlich sind. Die damit einhergehende Privilegierung der Schutzrechteinhaber wird in der Literatur kritisiert.[298] Voraussetzung für den Anspruch ist, dass die Zwangsvollstreckung ohne die Vorlage gefährdet wäre.[299] Nach § 101b Abs 1 UrhG kann der Verletzte den Verletzer bei einer in gewerblichem Ausmaß begangenen Rechtsverletzung in den Fällen des § 97 Abs 1 UrhG auch auf Vorlage von Bank-, Finanz- oder Handelsunterlagen oder einen geeigneten Zugang zu den entsprechenden Unterlagen in Anspruch nehmen, die sich in der Verfügungsgewalt des Verletzers befinden und die für die Durchsetzung des Schadensersatzanspruchs erforderlich sind, wenn ohne die Vorlage die Erfüllung des Schadensersatzanspruchs fraglich ist. § 101b Abs 2 UrhG schließt den Anspruch aus, wenn die Inanspruchnahme im Einzelfall unverhältnismäßig ist. Nach § 101b Abs 3 UrhG kann die Verpflichtung zur Urkundenvorlage im Wege der einstweiligen Verfügung nach den §§ 935–945 ZPO angeordnet werden, wenn der Schadensersatzanspruch offensichtlich besteht. Das Gericht trifft die erforderlichen Maßnahmen, um den Schutz vertraulicher Informationen zu gewährleisten. Dies gilt insb in den Fällen, in denen die einstweilige Verfügung ohne vorherige Anhörung des Gegners erlassen wird.

XIV. Urteilsveröffentlichung

103   Nach § 103 S 1 UrhG kann der obsiegenden Partei im Urteil die Befugnis zugesprochen werden, das Urteil auf Kosten der unterliegenden Partei öffentlich bekannt zu machen, wenn sie ein berechtigtes Interesse darlegt. Art und Umfang der Bekannt-

---

293 *Peukert/Kur* GRUR Int 2006, 292, 302.
294 *Spindler/Weber* ZUM 2007, 257, 266.
295 *Spindler/Weber* ZUM 2007, 257, 266.
296 *Peukert/Kur* GRUR Int 2006, 292, 302.

297 Wandtke/Bullinger/*Ohst* § 101b UrhG Rn 4.
298 *Seichter* WRP 2006, 391, 399.
299 Wandtke/Bullinger/*Ohst* § 101b UrhG Rn 11.

machung werden im Urteil bestimmt. Die Befugnis erlischt, wenn von ihr nicht innerhalb von drei Monaten nach Eintritt der Rechtskraft des Urteils Gebrauch gemacht wird. Das Urteil darf gem § 103 S 2 UrhG erst nach Rechtskraft bekannt gemacht werden, wenn nicht das Gericht etwas anderes bestimmt. Der Anspruch auf Urteilsveröffentlichung dient der Beseitigung der durch die Rechtsverletzung verursachten Beeinträchtigung.[300] Das berechtigte Interesse der obsiegenden Partei kann nur auf Grund einer Interessenabwägung festgestellt werden, wobei auf den Zeitpunkt der letzten mündlichen Verhandlung abzustellen ist, da es Zweck der Urteilsbekanntmachung ist, fortwirkende Störungen zu beseitigen.[301]

Für Beschlüsse gilt § 103 UrhG nicht.[302] Allerdings darf die obsiegende Partei bspw den Tenor einer einstweiligen Verfügung in gebotener sachlicher Form Dritten mitteilen. **104**

Neben der Urteilsveröffentlichung auf Kosten der unterliegenden Partei besteht unter bestimmten Voraussetzungen die Möglichkeit der privaten Veröffentlichung des Urteils. **105**

Nach der Rechtsprechung darf die obsiegende Partei durch sachliche Bezugnahme auf die ergangene Entscheidung hinweisen.[303] Auch hier kann unter Umständen ein Kostenerstattungsanspruch nach den Grundsätzen der Geschäftsführung ohne Auftrag oder als Schadensersatzanspruch greifen.[304] **106**

§ 4
Einwendungen und Einreden

I. Verjährung

1. Dreijährige Regelfrist

Seit dem Schuldrechtsmodernisierungsgesetz gilt für die Ersatzansprüche aus Immaterialgüterrechtsverletzungen die dreijährige Regelfrist des § 195 BGB.[305] So verweist § 102 UrhG ebenso wie auf § 141 PatG und § 20 MarkenG auf 195 BGB. Nach § 199 Abs 1 BGB beginnt die regelmäßige Verjährungsfrist grundsätzlich mit dem Schluss des Jahres, in dem der Anspruch entstanden ist und der Gläubiger von den den Anspruch begründenden Umständen und der Person des Schuldners Kenntnis erlangt oder ohne grobe Fahrlässigkeit erlangen müsste. Vor Gericht obliegt es dem Schuldner, entsprechende Umstände darzulegen, aus denen sich die Kenntnis oder die grob fahrlässige Unkenntnis ergibt.[306] **107**

[300] BGH GRUR 2002, 799, 801 – Stadtbahnfahrzeug; *Schack* Rn 732.
[301] BGH GRUR 2002, 799, 801 – Stadtbahnfahrzeug; BGH GRUR 1998, 568, 570 – Beatles-Doppel-CD.
[302] OLG Frankfurt NJW-RR 1996, 423 – Veröffentlichung einer Beschlussverfügung; Dreier/Schulze/*Dreier* § 103 UrhG Rn 5.
[303] OLG Frankfurt NJW-RR 1996, 423, 424 – Veröffentlichung einer Beschlussverfügung.
[304] Dreier/Schulze/*Dreier* § 103 UrhG Rn 11.
[305] Gesetz zur Modernisierung des Schuldrechts (Schuldrechtsmodernisierungsgesetz) v 26.11.2001.
[306] Vgl KG ZUM 2010, 346, 354 – Angemessene Vergütung eines Drehbuchautors; LG München I ZUM 2010, 733, 740 – Tatort-Vorspann.

108   §§ 203 ff BGB regeln die **Hemmung der Verjährung**. Nach § 203 BGB ist die Verjährung gehemmt, wenn zwischen dem Schuldner und dem Gläubiger Verhandlungen über den Anspruch oder die den Anspruch begründenden Umstände schweben, bis der eine oder der andere Teil die Fortsetzung der Verhandlungen verweigert. Nach § 204 Abs 1 Nr 9 BGB wird die Verjährung durch die Zustellung des Antrags auf Erlass einer einstweiligen Verfügung oder, wenn der Antrag nicht zugestellt wird, dessen Einreichung, wenn die einstweilige Verfügung innerhalb eines Monats seit Verkündung oder Zustellung an den Gläubiger dem Schuldner zugestellt wird, gehemmt. Der Zeitraum, während dessen die Verjährung gehemmt ist, wird nach § 209 BGB in die Verjährungsfrist nicht eingerechnet. Die verjährungshemmende Wirkung erstreckt sich auf sämtliche Ansprüche, die durch die einstweilige Verfügung gesichert bzw befriedigt werden sollen. Maßgeblich ist der Streitgegenstand des Verfahrens. Die einstweilige Verfügung zur Sicherung eines Unterlassungsanspruchs hemmt daher nicht die Verjährung des Schadensersatzanspruches.[307] Die Hemmung endet gem § 204 Abs 2 BGB sechs Monate nach der rechtskräftigen Entscheidung oder anderweitigen Beendigung des eingeleiteten Verfahrens. Das einstweilige Verfügungsverfahren endet, im Fall eines Urteils mit dessen formeller Rechtskraft des Urteils, im Falle des Beschlusses mit Erlass der Verfügung.[308]

2. Zehnjährige Ausnahmefrist

109   Liegt **keine Kenntnis oder grob fahrlässige Unkenntnis** vor, bestimmen sich die Fristen nach § 199 Abs 2-4 BGB. Schadensersatzansprüche verjähren nach § 199 Abs 3 BGB ohne Rücksicht auf die Kenntnis oder grob fahrlässige Unkenntnis in zehn Jahren von ihrer Entstehung an und ohne Rücksicht auf ihre Entstehung und die Kenntnis oder grob fahrlässige Unkenntnis in 30 Jahren von der Begehung der Handlung, der Pflichtverletzung oder dem sonstigen, den Schaden auslösenden Ereignis an, wobei die früher endende Frist maßgeblich ist. Ansprüche, die nicht auf Schadensersatz gerichtet sind, also insb Unterlassungsansprüche, verjähren nach § 199 Abs 4 BGB ohne Rücksicht auf die Kenntnis oder grob fahrlässige Unkenntnis in zehn Jahren von ihrer Entstehung an.

Die Ansprüche aus der deliktischen **Bereicherungshaftung** unterliegen demgegenüber der zehnjährigen Frist des § 852 S 2 BGB. Hat der Ersatzpflichtige durch eine unerlaubte Handlung auf Kosten des Verletzten etwas erlangt, so ist er auch nach Eintritt der Verjährung des Anspruchs auf Ersatz des aus einer unerlaubten Handlung entstandenen Schadens zur Herausgabe nach den Vorschriften über die Herausgabe einer ungerechtfertigten Bereicherung verpflichtet. Dieser Anspruch verjährt in zehn Jahren von seiner Entstehung an, ohne Rücksicht auf die Entstehung in 30 Jahren von der Begehung der Verletzungshandlung oder dem sonstigen, den Schaden auslösenden Ereignis an. Hat der Verpflichtete durch die Verletzung auf Kosten des Berechtigten etwas erlangt, verweist § 102 S 2 UrhG auf § 852 BGB. Entsprechende Regelungen finden sich auch in § 141 S 2 PatG, § 20 S 2 MarkenG. Die Spezialgesetze zum Schutz geistigen Eigentums stellen die in der Praxis wichtigsten Anwendungsfelder für § 852 BGB dar.[309] Im Ergebnis wird der Ersatzumfang mit Ablauf der dreijährigen Regel-

---

307 MünchKommBGB/*Grothe* § 204 BGB Rn 49.

308 MünchKommBGB/*Grothe* § 204 BGB Rn 99.

309 MünchKommBGB/*Wagner* § 852 BGB Rn 4.

verjährung nach §§ 195, 199 Abs 1 BGB beschränkt. Während zuvor die Kompensation sämtlicher Nachteile verlangt werden konnte, ist der Ausgleich danach auf die dem Verletzer verbliebene Bereicherung begrenzt.[310]

II. Verwirkung

Anders als die Einrede der Verjährung ist die Einwendung der Verwirkung von Amts wegen zu beachten.[311] Der auf § 242 BGB beruhende Verwirkungseinwand schließt eine verspätete Geltendmachung von Rechten gegenüber dem Verpflichteten unter bestimmten Umständen aus und sanktioniert eine besondere Form der unzulässigen Rechtsausübung. Die Entscheidung über die Verwirkung erfolgt durch Abwägen aller auf beiden Seiten zu berücksichtigenden Umstände, wobei Art und Inhalt des geltend gemachten Rechts für die Voraussetzungen und die Maßstäbe von besonderer Bedeutung sind.[312] Der BGH setzt die Wertigkeit des Urheberrechts bei der Abwägung der beiderseitigen Interessen hoch an, da das Urheberrecht seinen Wert aus der ihm zugrundeliegenden schöpferischen, geistigen Leistung erhält und persönlichkeits- und vermögensrechtlichen Schutz aus den Verfassungssätzen der Kunstfreiheitsgarantie und des Eigentums genießt. Der Verwirkungseinwand erfordert, dass der Verletzer sich einen wertvollen Besitzstand geschaffen hat und dass angesichts des wertvollen Besitzstandes die Rechtsverletzung dem Rechtsinhaber so offenbar wird, dass sein Schweigen vom Verletzer als Billigung gedeutet werden kann oder jedenfalls als sicherer Hinweis, der Rechtsinhaber werde von der Verfolgung seiner Rechte absehen.[313] Nicht ausreichend für den Verwirkungseinwand wäre ein Verhalten des Rechtinhabers, aus dem der Verletzer eine grundsätzliche Lizenzbereitschaft ableiten kann. Anders als bspw in den Vereinigten Staaten kann der Umstand, dass der Rechtsinhaber zu erkennen gibt, dass ihm eher an einem finanziellen Ausgleich als an der Unversehrtheit des Schutzrechts gelegen ist, für sich allein noch nicht zu seinem Nachteil gereichen.[314] Auch eine Patentverwertungsgesellschaften, die selbst keine Produkte herstellen, sondern lediglich versuchen, ihre Patente durch Lizenzverträge zu verwerten, können Unterlassungsansprüche durchsetzen.[315] Allerdings kann dieser Umstand im Rahmen der Ermessensentscheidung über die Einstellung der Zwangsvollstreckung zu berücksichtigen sein. Nach Auffassung des LG Düsseldorf kann es in solchen Fäl-

110

---

[310] Schricker/Loewenheim/*Wild* § 102 UrhG Rn 6; MünchKommBGB/*Wagner* § 852 BGB Rn 5.
[311] *Schack* Rn 686.
[312] Vgl BGH GRUR 1985, 378, 380 Illustrationsvertrag; BGH GRUR 1981, 652, 653 – Stühle und Tische; *Gamerith* WRP 2004, 75.
[313] BGH GRUR 1981, 652, 653 – Stühle und Tische.
[314] Für Aufsehen gesorgt hat eine patentrechtliche Entscheidung in den Vereinigten Staaten, nach der Schutzrechtsinhaber Unterlassungsansprüche nur unter besonderen Bedingungen durchsetzen können. Nach den in den Vereinigten Staaten für Patentverletzungen geltenden Rechtsgrundsätzen besteht ein Unterlassungsanspruch nur dann, wenn eine Wiedergutmachung

der Verletzung unmöglich ist (1), gesetzliche Rechtsbehelfe keine angemessene Kompensation bieten (2), die Interessen des Anspruchstellers überwiegen (3) und das öffentliche Interesse dem Unterlassungsanspruch nicht entgegenliefe (4). Ist der Schutzrechtsinhaber lizenzierungsbereit und setzt sein Patent rein geschäftlich um, so kann es bereits an der ersten Vorraussetzung fehlen (US Supreme Court GRUR Int 2006, 782 – eBay v MercExchange; eingehend hierzu *Diessel* Michigan Law Review 2007 Bd 106, 305; *Carroll* Michigan Telecommunications and Technology Law Review 2007 Bd 13, 421).
[315] OLG Karlsruhe GRUR-RR 2010, 120, 122 – Patentverwertungsgesellschaft.

len auch am Vorliegen der Dringlichkeit mangeln, so dass der Unterlassungsanspruch nicht im Wege der einstweiligen Verfügung durchgesetzt werden kann.[316]

III. Kartellrechtliche Einwendungen

111   In Konstellationen, in denen der Rechteinhaber eine marktbeherrschende Stellung einnimmt, können auch kartellrechtliche Einwendungen eine Rolle spielen. Solche Fallkonstellationen tauchen nicht selten dann auf, wenn technische Schutzrechte für einen bestimmten **Industriestandard** – bspw im Telekommunikationsbereich – grundlegend sind.[317] Auch bei nicht technischen Schutzrechten sind solche kartellrechtlichen Einwendungen denkbar. Auch die Ausübung von Urheberrechten kann den Vorwurf des Missbrauches einer marktbeherrschenden Stellung begründen.[318] Zu den Voraussetzungen des kartellrechtlichen Zwangslizenzeinwands gehört es, dass der Nutzer beim Schutzrechtsinhaber um die Erteilung einer Lizenz zu angemessenen Bedingungen nachgesucht hat. Ein solches Nachsuchen wird man dann als gegeben erachten können, wenn dem Schutzrechtsinhaber ein konkretes Vertragsangebot unterbreitet wurde, welches sich sachlich als interessengerecht erweist. Nach Auffassung des BGH handelt der Schutzrechtsinhaber nur dann missbräuchlich, wenn der Beklagte ihm ein unbedingtes Angebot auf Abschluss eines Lizenzvertrags gemacht hat, an das er sich gebunden hält und das der Schutzrechtsinhaber nicht ablehnen darf, ohne gegen das Diskriminierungs- oder das Behinderungsverbot zu verstoßen, und wenn der Beklagte, solange er den Gegenstand des Patents bereits benutzt, diejenigen Verpflichtungen einhält, die der abzuschließende Lizenzvertrag an die Benutzung des lizenzierten Gegenstands knüpft.[319]

Beide Patentkammern des LG Düsseldorf und der BGH stehen auf dem Standpunkt, dass ein kartellrechtlicher Zwangslizenzeinwand grds möglich ist. Rechtsdogmatisch gründet sich dieser Einwand – dolo agit, qui petit, quod statim redditurus est – auf § 242 BGB. Der wegen einer Patentverletzung in Anspruch Genommene kann dem Schadensersatzbegehren des Patentinhabers im Wege der Einrede einen Anspruch auf Lizenzerteilung entgegen halten.[320] Nach Auffassung des BGH und des OLG Karlsruhe kann diese Einrede auch dem Unterlassungsbegehren entgegengehalten werden.[321]

---

[316] LG Düsseldorf GRUR 2000, 692, 696 – NMR – Kontrastmittel.
[317] Vgl BGH GRUR 2009, 694 – Orange-Book-Standard; OLG Karlsruhe GRUR-RR 2007, 177 – Orange Book-Standard; LG Düsseldorf GRUR-RR 2007, 181 – MPEG 2-Standard; LG Düsseldorf Urt v 13.2.2007, Az 4a O 124/05 – GSM-Standard; dagegen OLG Düsseldorf Urt v 28.6.2002, VI-U (Kart) 18/01 – Standard-Spundfass; offengelassen von BGH GRUR 2004, 966 – Standard-Spundfass; eingehend *Maume/Tapia* GRUR Int 2010, 923; *Ullrich* IIC 2010, 337; *Graf von Merveldt* WuW 2004, 19 ff; *Fröhlich* GRUR 2008, 205, 212 ff.

[318] Vgl EuGH GRUR Int 1995, 490 – Magill TV Guide; EuGH GRUR 2004, 524 – IMS; EuG Urt v 17. 9. 2007, T-201/04 – Microsoft; Wandtke/Bullinger/*von* Welser Vor §§ 120 ff Rn 44 ff.
[319] BGH GRUR 2009, 694 – Orange-Book-Standard.
[320] BGH GRUR 2004, 966 – Standard-Spundfass.
[321] BGH GRUR 2009, 694 – Orange-Book-Standard; OLG Karlsruhe GRUR-RR 2007, 177, 179 – Orange Book-Standard.

Kapitel 5

Durchsetzung von Ansprüchen im Bereich des geistigen Eigentums

Literatur (vgl Literaturübersicht zu Kap 4)

Übersicht

§ 1
Berechtigungsanfrage

1 Bei einer Schutzrechtsverletzung bestehen mehrere Möglichkeiten des Vorgehens. Der Schutzrechtsinhaber kann sogleich nach Kenntniserlangung gerichtliche Hilfe in Anspruch nehmen oder zunächst versuchen, mit dem Verletzer eine außergerichtliche Einigung zu erzielen. Neben der Abmahnung als klassischem Mittel des außergerichtlichen Vorgehens ist bei Schutzrechtsverletzung auch das Vorgehen im Wege einer Berechtigungsanfrage gebräuchlich.

I. Funktion

2 Anders als eine Abmahnung enthält eine Berechtigungsanfrage keine Aufforderung, eine Handlung sofort einzustellen. Sie dient dazu, zunächst in einen Meinungsaustausch über die Zulässigkeit eines bestimmten Verhaltens einzutreten. Insb in Fällen, in denen die rechtliche Situation nicht eindeutig ist, kann eine Berechtigungsanfrage gegenüber einer Abmahnung vorzugswürdig sein. Spricht ein Schutzrechtsinhaber in nicht eindeutigen Fällen eine Abmahnung aus und stellt sich diese später als ungerechtfertigt heraus, kann der Abgemahnte darauf mit einer Gegenabmahnung reagieren. Der Anspruchsteller sieht sich dann selbst mit Unterlassungs- und Schadensersatzansprüchen konfrontiert. Grundlage eines solchen Vorgehens desjenigen, der in Anspruch genommen wurde, ist die Rechtsprechung des BGH zu unberechtigten Schutzrechtsverwarnungen, die Unterlassungsansprüche gem §§ 3, 4 Nr 10 UWG zur Folge haben können.[1] Darüber hinaus kommen bei einer ungerechtfertigten Abmahnung Ansprüche des Abgemahnten aus § 823 Abs 1 BGB sowie gegebenenfalls aus § 826 BGB in Betracht.

II. Inhalt

In der Berechtigungsanfrage weist der Inhaber der Schutzrechte auf diese hin und trägt den Sachverhalt vor, den er als schutzrechtsverletzend betrachtet. Damit verbunden ist eine – üblicherweise mit einer Fristsetzung verbundene – Aufforderung zu erklären, aufgrund welcher Umstände sich der Adressat als berechtigt ansieht, sich des jeweiligen Schutzrechtes zu bedienen. Das weitere Vorgehen bestimmt sich nach der Reaktion des Anspruchsgegners. Trägt der Anspruchsgegner rechtliche oder tatsächliche Gründe vor, die sein Handeln als erlaubt erscheinen lassen, so werden die Parteien in aller Regel versuchen, den Konflikt außergerichtlich zu lösen. Stellt sich demgegenüber heraus, dass der Anspruch tatsächlich besteht, so sollte der Schutzrechtsinhaber vor Einleitung gerichtlicher Schritte noch eine ordnungsgemäße Abmahnung mit der Aufforderung zur Abgabe einer strafbewehrten Unterlassungserklärung folgen lassen. Denn die Abmahnung wird durch die Berechtigungsanfrage nicht ersetzt. Reicht er demgegenüber sofort einen Antrag auf Erlass einer einstweiligen Verfügung bei Gericht ein, so läuft er Gefahr, dass die Gegenseite den Anspruch mit der Kostenfolge des § 93 ZPO anerkennt.[2]

3

§ 2
Abmahnung

I. Funktion

Eine Abmahnung besteht in aller Regel in einer förmlichen Beanstandung des Rechtsverstoßes und der damit verbundenen Androhung gerichtlicher Schritte.[3] Zugleich enthält die Abmahnung eine Aufforderung zur Abgabe einer strafbewehrten Unterlassungserklärung innerhalb einer bestimmten Frist. Außerdem werden in aller Regel zugleich Ansprüche auf Auskunft, Vernichtung, Schadensersatz und Kostenerstattung geltend gemacht.

4

II. Erforderlichkeit

Nach § 97a Abs 1 S 1 UrhG soll der Verletzte den Verletzer vor Einleitung eines gerichtlichen Verfahrens auf Unterlassung abmahnen und ihm Gelegenheit geben, den Streit durch Abgabe einer mit einer angemessenen Vertragsstrafe bewehrten Unterlassungsverpflichtung beizulegen. Die Abmahnung dient der außergerichtlichen Bei-

5

---

[1] BGH WRP 2005, 1418 – Unberechtigte Schutzrechtsverwarnung; BGH GRUR 2006, 433, 435 – Unbegründete Abnehmerverwarnung; *Sack* 2007, 708 ff; *Deutsch* GRUR 2006, 374 ff.

[2] OLG Hamburg GRUR 2006, 616 – Anerkenntnis nach Berechtigungsanfrage.
[3] BGH GRUR 2007, 164, 165 – Telefax-Werbung II; MüKo/*Ottofülling* § 12 UWG Rn 57.

legung der Streitigkeit. Es handelt sich lediglich um eine Obliegenheit. Nach dem Gesetzeswortlaut besteht gerade keine Pflicht, eine solche Abmahnung vor Einleitung gerichtlicher Schritte, also einem Antrag auf Erlass einer einstweiligen Verfügung oder einer Klage, auszusprechen. Unterbleibt die Abmahnung vor Einleitung gerichtlicher Schritte, so riskiert der Antragsteller bzw Kläger, dass der Antragsgegner bzw Beklagte den gerichtlich geltend gemachten Anspruch umgehend mit der Kostenfolge des § 93 ZPO anerkennt. Diese vorprozessuale Abmahnlast besteht auch bei einer markenrechtlichen Löschungsklage wegen Verfalls.[4] Dem steht nicht entgegen, dass dem Kläger in Ermangelung eines Störungszustandes materiell-rechtlich kein Kostenersatz zusteht.

III. Ausnahmsweise Entbehrlichkeit

6   In Ausnahmefällen kann von einer Abmahnung abgesehen werden. Eine Abmahnung ist bspw entbehrlich, wenn absehbar ist, dass sie erfolglos bleiben wird oder wenn eine vorherige Abmahnung aufgrund besonderer Umstände unzumutbar ist.

1. Voraussichtliche Erfolglosigkeit

7   Die Erfolglosigkeit der Abmahnung ist etwa dann vorhersehbar, wenn der Verletzer eindeutig zu erkennen gegeben hat, dass er einer Abmahnung keine Folge leisten werde. Eine Abmahnung ist umgekehrt nicht schon dann entbehrlich, wenn sich der spätere Antragsgegner außergerichtlich – ohne entsprechend abgemahnt worden zu sein – auf den Standpunkt gestellt hatte, eine Rechtsverletzung liege nicht vor. So kann der wegen einer Schutzrechtsverletzung in Anspruch Genommene auf die sogenannte Berechtigungsanfrage eine gegenteilige Rechtsauffassung äußern, ohne dass er bei einer unmittelbar folgenden gerichtlichen Inanspruchnahme die Möglichkeit verliert, den Anspruch noch kostenfrei nach § 93 ZPO anzuerkennen.[5] Der Austausch von unterschiedlichen Rechtsansichten macht eine vorherige Abmahnung also nicht schon wegen voraussichtlicher Erfolglosigkeit entbehrlich. Denn die Entscheidung, ob sich jemand nach einer Abmahnung doch noch unterwirft, ist eine Frage, die von vielen Faktoren abhängt. Häufig spricht die kaufmännische Vernunft für die Unterwerfung, auch wenn man die Rechtsansicht des Abmahnenden nicht teilt und das eigene Verhalten für rechtmäßig hält.[6] Eine voraussichtliche Erfolglosigkeit liegt in aller Regel vor, wenn die Parteien sich in der Vergangenheit schon häufiger wegen ähnlicher Schutzrechtsverletzungen oder Wettbewerbsverstöße auseinandergesetzt haben und in keinem der Fälle – trotz Abmahnung – eine Unterlassungserklärung abgegeben wurde.

2. Sequestrationsantrag

8   Nach der Rechtsprechung ist eine vorgerichtliche Abmahnung zur Vermeidung der Kostenfolge des § 93 ZPO ausnahmsweise dann unzumutbar, wenn neben der Unterlassung zugleich die Sequestration rechtsverletzender Gegenstände – zB Raubkopien –

---

4 KG GRUR-RR 2007, 255 – Abmahnlast.
5 OLG Hamburg GRUR 2006, 616 – Anerkenntnis nach Berechtigungsanfrage.

6 OLG Hamburg GRUR 2006, 616 – Anerkenntnis nach Berechtigungsanfrage.

Marcus von Welser

zur Sicherung des Vernichtungsanspruches beantragt wird.[7] Eine derartige Inverwahrungnahme wäre in aller Regel aussichtslos, wenn der Verletzer durch die Abmahnung gewarnt wird, da er dann die Produkte beiseiteschaffen kann. Nach Ansicht des OLG Hamburg gilt dieser Grundsatz selbst dann, wenn vor Stellung des Verfügungsantrages eine staatsanwaltschaftliche Durchsuchung der Räumlichkeiten des Schuldners stattgefunden hat.[8]

IV. Inhalt

1. Bezeichnung des vorgeworfenen Verhaltens

In der Abmahnung muss die Verletzungshandlung genau bezeichnet werden. Dem Abgemahnten muss sich aus der Abmahnung erschließen, was ihm konkret in tatsächlicher und rechtlicher Hinsicht zum Vorwurf gemacht wird.[9]

9

2. Aufforderung zur Abgabe einer Unterlassungserklärung

Zudem wird in aller Regel unter Fristsetzung die Abgabe einer Unterlassungserklärung verlangt und für den Fall der Nichtabgabe ein Gerichtsverfahren angedroht.[10] Grundsätzlich besteht keine Verpflichtung, eine Unterlassungserklärung vorzuformulieren. Es ist allerdings gängige Praxis, dem Abmahnschreiben den Entwurf einer Unterlassungserklärung beizufügen. Bei der Formulierung dieser Unterlassungserklärung sind gewisse Verallgemeinerungen zulässig.[11] Erweiterungen über die konkret erfolgte Verletzungsform hinaus müssen sich allerdings im Rahmen dessen halten, was materiell-rechtlich beansprucht werden kann.[12] Gibt der Verletzer eine Unterlassungserklärung ab, die nicht ausreichend ist, muss er nicht noch einmal verwarnt werden. Vielmehr kann der Unterlassungsanspruch – soweit er noch besteht – dann unverzüglich gerichtlich geltend gemacht werden. Die Unterwerfungserklärung muss nach Inhalt und Umfang dem Unterlassungsanspruch entsprechen. Nach der Rechtsprechung beschränkt sich die durch eine Verletzungshandlung begründete Vermutung der Wiederholungsgefahr nicht allein auf die genau identische Verletzungsform, sondern umfasst auch alle im Kern gleichartigen Verletzungsformen.[13] An den Fortfall der Wiederholungsgefahr durch Abgabe einer Unterwerfungserklärung werden strenge Anforderungen gestellt. Bestehen am Inhalt der Unterwerfungserklärung auch nur geringe Zweifel, dann reicht sie grundsätzlich nicht aus, die Besorgnis eines künftigen Verstoßes auszuräumen.[14]

10

---

[7] OLG Frankfurt BeckRS 2010, 21960; OLG Hamburg GRUR-RR 2007, 29 – Cerebro Card; OLG Frankfurt aM GRUR 2006, 264 – Abmahnerfordernis; *Kircher* FS Schilling 293, 295 ff; dagegen OLG Braunschweig GRUR-RR 2005, 103 – Flüchtige Ware.
[8] OLG Hamburg GRUR-RR 2007, 29, 30 – Cerebro Card.
[9] *Bernecke* WRP 2007, 579, 587.
[10] Fehlt die Androhung gerichtlicher Schritte kann es unter Umständen beim Kostenrisiko des § 93 ZPO bleiben (OLG Hamburg WRP 1986, 292). Der Anspruch auf Erstattung der Abmahnkosten bleibt aber unberührt.

[11] KG GRUR-RR 2008, 29, 30 – in voller Länge und/oder in Teilen.
[12] KG GRUR-RR 2008, 29, 30 – in voller Länge und/oder in Teilen.
[13] BGH GRUR 2006, 421, 423 – Markenparfümverkäufe; BGH GRUR 1991, 772, 774 – Anzeigenrubrik I; BGH GRUR 1993, 579, 581 – Römer GmbH.
[14] BGH GRUR 1996, 290 – Wegfall der Wiederholungsgefahr I; BGH GRUR 1997, 379, 380 – Wegfall der Wiederholungsgefahr II.

3. Vertragsstrafe

11 Die Unterlassungserklärung wird im Fall der Wiederholungsgefahr mit einem Vertragsstrafeversprechen für den Fall eines Verstoßes gegen die Unterlassungsverpflichtung verbunden. Die Vertragsstrafe soll künftige Verletzungshandlungen verhindern. Die angemessene Höhe der Vertragsstrafe richtet sich nach den Umständen des Einzelfalls. Zu berücksichtigen sind Art, Größe und Umsatz des verletzenden Unternehmens, Schwere und Ausmaß des Verstoßes, dessen Gefährlichkeit für den Verletzten, die Bereitschaft des Verletzers zu weiteren gleichartigen Verletzungshandlungen, das Verschulden des Verletzers sowie das im Zusammenhang mit dem Verstoß an den Tag gelegte Verhalten des Verletzers.[15] In der Praxis liegt die mittlere Spanne angemessener Vertragsstrafen zwischen € 5000,- bis € 10000,-. Insb in Wiederholungsfällen sind auch höhere Vertragsstrafen durchaus angemessen. Die Ernsthaftigkeit der Unterlassungserklärung muss ersichtlich sein. Ist der Unterlassungsschuldner kein Kaufmann, so kann die Vertragsstrafe nach § 343 BGB herabgesetzt werden, wenn sie unverhältnismäßig hoch ist.[16] Für Kaufleute schließt § 348 HGB eine Herabsetzung aus. Steht eine vereinbarte Vertragsstrafe in einem außerordentlichen Missverhältnis zur Bedeutung der Zuwiderhandlung, ist ihre Herabsetzung nach dem Grundsatz von Treu und Glauben gem § 242 BGB geboten, auch wenn eine Verringerung der Vertragsstrafe nach § 343 BGB durch § 348 HGB ausgeschlossen ist.[17] Die Vertragsstrafe ist dann allerdings nicht auf die nach § 343 BGB angemessene Höhe, sondern nur auf das Maß zu reduzieren, das ein Eingreifen des Gerichts nach § 242 BGB noch nicht rechtfertigen würde.

4. Hamburger Brauch

12 Die Vertragsstrafe kann allerdings auch variabel vereinbart werden. Dies sieht der modifizierte „Hamburger Brauch" vor. So kann sich der Abgemahnte verpflichten, eine für jeden Fall der Zuwiderhandlung vom Verletzten (oder einem Dritten) nach billigem Ermessen festzusetzende, im Streitfall von einem Gericht zu überprüfende, Vertragsstrafe zu zahlen, wobei diese durch einen Höchstbetrag begrenzt werden kann. Nach § 315 Abs 3 S 2 BGB kann eine gerichtliche Überprüfung der vom Gläubiger vorgenommenen Bestimmung der Vertragsstrafenhöhe in der Vereinbarung ausdrücklich vorgesehen werden. Unzulässig ist es demgegenüber, die Festsetzung von vornherein einem Gericht zu überlassen.[18] Die richterliche Billigkeitskontrolle nach § 315 Abs 3 S 2 BGB kommt auch einem Kaufmann zugute, so dass es auf § 348 HGB, wonach eine unter Kaufleuten vereinbarte Vertragsstrafe nicht herabgesetzt werden kann, nicht ankommt.[19] Bei der Bemessung der nach billigem Ermessen festzusetzenden Vertragsstrafe ist ein für dieselbe Zuwiderhandlung gegebenenfalls bereits gerichtlich verhängtes Ordnungsgeld zu berücksichtigen.[20]

---

[15] BGH GRUR 1994, 146, 147 – Vertragsstrafebemessung.
[16] BGH GRUR 1984, 72 – Vertragsstrafe für versuchte Vertreterabwerbung.
[17] BGH GRUR 2009, 181, 184 – Kinderwärmekissen; *Rieble* GRUR 2009, 824.

[18] Vgl BGH GRUR 1978, 192, 193 – Hamburger Brauch.
[19] BGH GRUR 2010, 355, 358 Rn 30 – Testfundstelle.
[20] BGH GRUR 2010, 355, 358 Rn 33 – Testfundstelle.

Marcus von Welser

5. Frist

Dem Schutzrechtsverletzer muss eine angemessene Frist zur Abgabe der verlangten **13** Unterlassungserklärung gesetzt werden. Der Abgemahnte muss ausreichend Zeit haben, um den Sachverhalt aufzuklären und anwaltlichen Rat einzuholen. Auf der anderen Seite hat der Verletzte ein Interesse daran, dass der festgestellte Rechtsverstoß umgehend abgestellt wird. Eine zu kurz bemessene Frist macht die Abmahnung nicht unwirksam, sondern führt nur dazu, dass eine angemessene Frist in Gang gesetzt wird. Das Ende der Frist sollte der Abmahnende möglichst genau unter Angabe von Datum und – gegebenenfalls – Uhrzeit vorgeben. Schließlich enthält eine Abmahnung in der Regel eine ausdrückliche Androhung gerichtlicher Schritte für den Fall, dass die Unterlassungserklärung überhaupt nicht oder nicht rechtzeitig abgegeben wird. Die Abmahnung ist grundsätzlich formlos möglich. Schon aus Beweisgründen ist allerdings eine schriftliche Abmahnung zu empfehlen.

V. Zurückweisung wegen fehlender Vollmachtsvorlage

Ob eine Abmahnung nach § 174 BGB zurückgewiesen werden kann, wenn ihr **14** keine Originalvollmacht beigefügt ist, war lange Zeit umstritten.[21] Der I. Zivilsenat des BGH hat sich nun der Auffassung angeschlossen, wonach § 174 S 1 BGB auf die mit einer Unterwerfungserklärung verbundene Abmahnung nicht anwendbar ist.[22]

Bereits in der Abmahnung kann ein Vertragsangebot zum Abschluss eines Unterwerfungsvertrags liegen, wenn es von einem Rechtsbindungswillen getragen und hinreichend bestimmt ist. Auf eine solche Abgabe eines Vertragsangebots ist § 174 BGB weder direkt noch analog anwendbar. Nach zutreffender Auffassung des I. Zivilsenats besteht keinerlei Veranlassung, die einheitliche Erklärung des Abmahnenden in eine geschäftsähnliche Handlung (Abmahnung) und ein Vertragsangebot (Angebot auf Abschluss eines Unterwerfungsvertrags) aufzuspalten und auf erstere die Bestimmung des § 174 S 1 BGB anzuwenden.[23] Um mögliche Auseinandersetzungen über diese Rechtsfrage zu vermeiden, kann es sich allerdings gleichwohl anbieten, der Abmahnung eine Vollmacht beizufügen oder die Bevollmächtigung zumindest anwaltlich zu versichern.

---

21 Gegen ein Recht zur Zurückweisung: OLG München WRP 1971, 487; OLG Hamburg NJW 1986, 2119; OLG Karlsruhe NJW-RR 1990, 1323; OLG Köln WRP 1985, 360; KG GRUR 1988, 79; Köhler/Bornkamm § 12 UWG Rn 1.27; Harte/Henning/*Brüning* § 12 UWG Rn 31; *Busch* GRUR 2006, 477, 478; für ein Recht zur Zurückweisung: OLG Düsseldorf GRUR-RR 2001, 286 – T-Company LP; OLG Dresden NJWE-WettbR 1999, 140; OLG Nürnberg NJW-RR 1991, 1393; für ein Zurückweisungsrecht bei gleichzeitigem Inaussichtstellen der Unterwerfung für den Fall der Vorlage einer Vollmacht: OLG Hamburg WRP 1986, 106; OLG Stuttgart NJWE-WettbR 2000, 125; gegen ein Recht zur Zurückweisung bei gleichzeitiger Unterwerfung OLG Celle Urt v 2.9.2010, Az 13 U 34/10; umfassende Nachweise bei BGH GRUR 2010, 1120 Rn 12 ff – Vollmachtsnachweis.

22 BGH GRUR 2010, 1120, 1121 Rn 14 – Vollmachsnachweis.

23 BGH GRUR 2010, 1120, 1121 Rn 15 – Vollmachsnachweis.

VI. Abgabe und Zugang

15   Auch die Frage, ob der Abmahnende die Abgabe und den Zugang der Erklärung beweisen muss, war lange umstritten. Die wohl überwiegende Ansicht ging davon aus, dass der Abmahnende lediglich die ordnungsgemäße Absendung, nicht hingegen deren Zugang beweisen müsse.[24] Nach einer neueren Entscheidung des BGH trifft den Beklagten, der auf die Klageerhebung hin eine strafbewehrte Unterlassungserklärung abgegeben hat und geltend macht, ihm sei die Abmahnung des Klägers nicht zugegangen, grundsätzlich die Darlegungs- und Beweislast für die Voraussetzungen einer dem Kläger die Prozesskosten auferlegenden Entscheidung nach § 93 ZPO.[25] Der Beklagte muss also den Nichtzugang beweisen. Allerdings ist der Kläger im Rahmen der sekundären Darlegungslast gehalten, substantiiert darzulegen, dass das Abmahnschreiben abgesandt worden ist. Kann nicht festgestellt werden, ob das Abmahnschreiben dem Beklagten zugegangen ist oder nicht, so kommt § 93 ZPO nicht zur Anwendung. Die Nichterweislichkeit eines fehlenden Zugangs geht also zu Lasten des Beklagten. Diese Verteilung der Beweislast beruht auf der Überlegung, dass der Beklagte für den Ausnahmetatbestand des § 93 ZPO beweisbelastet ist.

16   Ein Nachweis des Zugangs ist in der Praxis nicht einfach zu führen. So soll es nach der Rechtsprechung keinen allgemeinen Erfahrungssatz geben, dass Telefaxsendungen den Empfänger vollständig und richtig erreichen.[26] Einem Sendebericht mit „O.K.-Vermerk" kommt danach nicht der Wert eines Anscheinsbeweises zu. Sofern die entsprechenden Kontaktdaten bekannt sind, empfiehlt es sich, die Abmahnung vorab per Fax und Email und anschließend als Einschreiben zu versenden.

VII. Aufwendungsersatz

17   Die Abmahnkosten sind grundsätzlich erstattungsfähig. Der Anspruch auf Erstattung der Abmahnkosten setzt voraus, dass der Gläubiger die Abmahnung in dem ernsthaften Willen ausgesprochen hat, den Unterlassungsanspruch notfalls gerichtlich geltend zu machen.[27] Dabei werden für die Erstattung unterschiedliche Anspruchsgrundlagen herangezogen.[28] Sie sind allerdings nicht als Kosten des sich möglicherweise anschließenden Gerichtsverfahrens anzusehen und können daher nicht im Kostenfestsetzungsverfahren geltend gemacht werden.[29] Zwar zählen zu den Prozesskosten nicht nur die durch die Einleitung und Führung eines Prozesses ausgelösten Kosten, sondern auch diejenigen Kosten, die der Vorbereitung eines konkret bevorstehenden Rechtsstreits dienen. Die Kosten einer Abmahnung gehören nicht zu den einen Rechtsstreit unmittelbar vorbereitenden Kosten, auch wenn die Abmahnung dem Schuldner die Möglichkeit nehmen soll, den gerichtlich geltend gemachten An-

---

[24] OLG Hamburg GRUR 1976, 444; OLG Karlsruhe WRP 2003, 1146; OLG Köln WRP 1985, 360; Harte/Henning/*Brüning* § 12 UWG Rn 24; dagegen KG WRP 1994, 39, 40; OLG Düsseldorf NJWE-WettbR 1996, 256; OLG Düsseldorf GRUR-RR 2001, 199; Hefermehl/Köhler/*Bornkamm* § 12 UWG Rn 1.31.
[25] BGH GRUR 2007, 629, 630 – Zugang des Abmahnschreibens.

[26] BGH NJW 1995, 665; BAG NZA 2003, 158; OLG Schleswig GRUR-RR 2008, 138, 139 – Sendeprotokoll.
[27] BGH GRUR 2007, 164, 165 Rn 12 – Telefax-Werbung II.
[28] Vgl Ahrens/*Scharen* Kap 11 Rn 4 ff; *Köhler* FS Erdmann 845 ff.
[29] BGH GRUR 2006, 439, 440 – nicht anrechenbare Geschäftsgebühr.

spruch mit der Kostenfolge des § 93 ZPO anzuerkennen, da die Zulässigkeit und die Begründetheit der Klage gerade nicht von einer vorangegangenen Abmahnung abhängen.[30]

1. Aufwendungsersatz

Nach § 97a Abs 1 S 2 UrhG kann Ersatz der erforderlichen Aufwendungen verlangt werden, soweit die Abmahnung berechtigt ist. Die Vorschrift entspricht § 12 Abs 1 S 2 UWG.[31] § 97a Abs 2 UrhG beschränkt den Aufwendungsersatzanspruch für die Inanspruchnahme anwaltlicher Dienstleistungen für die erstmalige Abmahnung in einfach gelagerten Fällen mit einer nur unerheblichen Rechtsverletzung außerhalb des geschäftlichen Verkehrs auf € 100,–. Im Gesetzesentwurf der Bundesregierung wird § 97a Abs 1 S 2 UrhG als lex specialis zu § 12 Abs 1 S 2 UWG bezeichnet.[32]   **18**

Bei Rechtsverletzungen im geschäftlichen Verkehr sollen die Vorschriften des § 12 UWG daneben Anwendung finden.[33] § 12 Abs 1 UWG regelt nur den Ersatz für die Kosten vorgerichtlicher Abmahnungen. Die Vorschrift bietet nach Auffassung des BGH keine Anspruchsgrundlage für Abmahnkosten, die erst nach Erlass einer entsprechenden einstweiligen Verfügung anfielen.[34] § 97a Abs 1 S 2 UrhG dient ebenso wie § 12 Abs 1 S 2 UWG neben der Warnfunktion für den Verletzer auch der Vermeidung gerichtlicher Verfahren.[35]   **19**

2. Schadensersatz

Lag eine schuldhafte Schutzrechtsverletzung vor, so kann der Anspruch auf Erstattung der Abmahnkosten auch unter dem Gesichtspunkt des Schadensersatzes begründet sein.[36]   **20**

3. Geschäftsführung ohne Auftrag

Schließlich kann neben dem Anspruch aus § 97a Abs 1 S 2 UrhG ein Anspruch nach den Grundsätzen der Geschäftsführung ohne Auftrag bestehen. Die durch die Abmahnung wegen Schutzrechtsverletzungen entstehenden Kosten sind nach den von der Rechtsprechung entwickelten Grundsätzen auf Grund Geschäftsführung ohne Auftrag gem §§ 683 S 1, 677, 670 BGB erstattungsfähig.[37] Auch dieser Anspruch greift allerdings nicht, wenn der Abmahnende zuvor bereits eine entsprechende einst-   **21**

---

[30] BGH GRUR 2006, 439, 440 – nicht anrechenbare Geschäftsgebühr.
[31] Vgl *Teplitzky* FS Ullmann 999.
[32] Begründung zum Gesetzesentwurf der Bundesregierung, BT-Drucks 16/5048, 48 f.
[33] Begründung zum Gesetzesentwurf der Bundesregierung, BT-Drucks 16/5048, 49.
[34] BGH GRUR 2010, 257, 258 – Schubladenverfügung; OLG Köln WRP 2008, 379, 380 – Abmahnung bei Schubladenverfügung.
[35] Vgl BGH GRUR 2006, 439, 440 – nicht anrechenbare Geschäftsgebühr; OLG Köln WRP 2008, 379, 380 – Abmahnung bei Schubladenverfügung; Fezer/*Büscher* § 12 UWG Rn 3; Harte/Henning/*Brüning* § 12 UWG Rn 3.

[36] BGH WRP 2007, 783, 785 – Abmahnaktion; BGH GRUR 1982, 489 – Korrekturflüssigkeit; BGH GRUR 1990, 1012, 1014 – Pressehaftung I; OLG Hamburg NJOZ 2007, 4818 – Tchibo/Tchico; Wandtke/Bullinger/*Kefferpütz* Vor §§ 97 ff UrhG Rn 29; *Kühnen*/Geschke Rn 251; Ahrens/*Scharen* Kap 11 Rn 12.
[37] BGH GRUR 1970, 189 – Fotowettbewerb; BGH GRUR 1973, 384, 385 – Goldene Armbänder; BGH GRUR 1984, 691, 692 – Anwaltsabmahnung; BGH GRUR 1992, 176 – Abmahnkostenverjährung.

weilige Verfügung – eine sogenannte Vorrats- oder Schubladenverfügung – bei Gericht erwirkt hat. Eine Abmahnung vor Einleitung eines gerichtlichen Verfahrens liegt grundsätzlich im Interesse des Abgemahnten, da er auf diese Weise dem an sich bestehenden Unterlassungsanspruch die Grundlage entziehen und den Abmahnenden klaglos stellen kann, ohne dass die Kosten eines Gerichtsverfahrens anfallen. Diesen Zweck erfüllt eine nach Einleitung des gerichtlichen Verfahrens ausgesprochene Abmahnung nicht mehr. Eine solche Abmahnung liegt nicht im Interesse des Abgemahnten, sondern dient allein dem Interesse des Abmahnenden, der auf diese Weise verhindern will, im Falle eines Kostenwiderspruchs mit den Verfahrenskosten belastet zu werden.[38] Nach Auffassung des OLG Düsseldorf können die Verfahrenskosten allerdings auch dann dem Antragsteller auferlegt werden, wenn sich der Antragsgegner nach Erlass einer Schubladenverfügung weigert, eine Unterlassungserklärung abzugeben.[39]

4. Einschränkungen

22   Die Beauftragung eines Anwalts für Abmahnungen ist dann ausnahmsweise nicht erforderlich, wenn bei typischen, unschwer zu verfolgenden Wettbewerbsverstößen der Abmahnende über hinreichende eigene Sachkunde zur zweckentsprechenden Rechtsverfolgung verfügt.[40] Auch größeren Wirtschaftsunternehmen mit eigener Rechtsabteilung ist im Fall der eigenen Betroffenheit regelmäßig nicht zuzumuten, Abmahnungen selbst auszusprechen.[41] Grundsätzlich ist der Geschädigte – außerhalb des Immaterialgüter- und Wettbewerbsrechts – nur in einfach gelagerten Fällen gehalten, den Schaden zunächst selbst geltend zu machen. Die sofortige Einschaltung eines Anwalts kann sich als erforderlich erweisen, bspw wenn der Geschädigte aus Mangel an geschäftlicher Erfahrung nicht in der Lage ist, den Schaden selbst anzumelden.[42] Ein Anspruch auf Kostenerstattung besteht auch bei nachgeschobenen Abmahnungen nicht, die erst nach Erwirkung einer sogenannten Schubladenverfügung ausgesprochen werden.[43]

---

38 BGH GRUR 2010, 257, 258 – Schubladenverfügung; OLG Köln WRP 2008, 379, 380 – Abmahnung bei Schubladenverfügung; OLG München GRUR-RR 2006, 176 – Schubladenverfügung; *Teplitzky* Kap 41 Rn 86; differenzierend *Schulz* WRP 2007, 589, 593.
39 OLG Düsseldorf BeckRS 2010, 02308.
40 BGH GRUR 2007, 620 – Immobilienwertgutachten; BGH GRUR 2004, 789 – Selbstauftrag.

41 BGH Urt v 8.5.2008, Az I ZR 83/06 – Abmahnkostenersatz; vgl dagegen BGH GRUR 1984, 691 – Anwaltsabmahnung; OLG Düsseldorf MMR 2006, 559, 560; Harte/Henning/*Brüning* § 12 UWG Rn 85.
42 BGH GRUR 2007, 620 – Immobilienwertgutachten; BGH GRUR 2007, 621 – Abschlussschreiben.
43 OLG Köln WRP 2008, 379; OLG München GRUR-RR 2006, 176 – Schubladenverfügung.

Marcus von Welser

§ 3
Reaktionsmöglichkeiten des Abgemahnten

I. Unterlassungserklärung

1. Beseitigung der Wiederholungsgefahr

Die Wiederholungsgefahr kann nur durch einen Unterlassungstitel oder durch eine **23** strafbewehrte Unterlassungserklärung beseitigt werden.[44] Da bei einem erfolgten Schutzrechtseingriff die Wiederholungsgefahr vermutet wird, reicht hier – anders als bei der Erstbegehungsgefahr – eine einfache Unterlassungserklärung nicht aus. Erforderlich ist vielmehr die Abgabe einer strafbewehrten Unterlassungs- und Verpflichtungserklärung. Die Wiederholungsgefahr besteht nicht nur für identische Verletzungshandlungen, sondern auch für alle im Kern gleichartigen Verletzungsformen.[45]

Gibt der Verletzer eine Unterlassungserklärung ab, ist zunächst zu prüfen, ob diese **24** weit genug reicht, denn nur dann ist die Wiederholungsgefahr beseitigt. Dafür muss es sich um eine ernst gemeinte, den Anspruchsgegenstand uneingeschränkt abdeckende, eindeutige und unwiderrufliche Unterlassungserklärung unter Übernahme einer angemessenen Vertragsstrafe für den Fall zukünftiger Zuwiderhandlung handeln. Eine eingeschränkte Unterlassungserklärung führt in aller Regel nicht zum Wegfall der Wiederholungsgefahr.[46] Ist die Unterlassungserklärung objektiv geeignet, die Wiederholungsgefahr zu beseitigen, wird der Abmahnende sie annehmen. Der Versand des Abmahnschreibens mit beigefügter Unterlassungserklärung stellt einen Antrag auf Abschluss eines Unterwerfungsvertrages dar, den der Abgemahnte durch seine Unterschrift annimmt. Ändert der Abgemahnte den Entwurf ab, so stellt dies nach § 150 Abs 2 BGB einen neuen Antrag dar, den der Abmahnende annehmen kann. In der Praxis ist es gleichwohl üblich, die Unterlassungserklärung auch dann ausdrücklich anzunehmen, wenn diese nicht verändert wurde, sondern dem ursprünglichen Entwurf entspricht.

Gibt der Verletzer eine inhaltlich unzureichende Unterlassungserklärung ab, die **25** nur einen Teil der Rechtsverstöße abdeckt, so ist es in aller Regel ratsam, diesen Teil anzunehmen und hinsichtlich des restlichen Teils gerichtliche Hilfe in Anspruch zu nehmen. Eine Unterlassungserklärung per Fax ist, sofern sie hinreichend strafbewehrt ist und die sonstigen inhaltlichen Wirksamkeitsvoraussetzungen erfüllt, grundsätzlich geeignet, die Wiederholungsgefahr zu beseitigen. Verlangt der Gläubiger allerdings eine schriftliche Bestätigung, so muss der Schuldner diesem Verlangen nachkommen, da sonst die Fax-Erklärung mangels ernsthafter Unterwerfungsbereitschaft ihre Wirkung verliert.[47]

---

[44] Zum Entfallen der Wiederholungsgefahr aufgrund eines Unterlassungstitels BGH GRUR 2003, 450, 452 – Begrenzte Preissenkung; *Bornkamm* FS Tilmann 769, 777.
[45] BGH GRUR 1997, 931, 932 – Sekundenschnell.

[46] BGH GRUR 2008, 871 Tz 41 – Wagenfeld-Leuchte.
[47] BGH GRUR 1990, 530, 532 – Unterwerfung durch Fernschreiben.

2. Vorüberlegungen

26 Unter Umständen kann es wegen des unterschiedlichen Haftungsmaßstabes auch in Fällen einer begründeten Abmahnung angeraten sein, lieber eine einstweilige Verfügung ergehen zu lassen, als sich zu unterwerfen.[48]

27 a) **Verschuldensmaßstab.** Bei Verstößen gegen einen gerichtlichen Titel kommt es auf das eigene Verschulden an. Die Unterlassungserklärung ist ein abstraktes Schuldanerkenntnis iSd §§ 780f BGB.[49] Auch die einfache Unterlassungserklärung ohne Vertragsstrafe begründet – nach ihrer Annahme – ein vertragliches Dauerschuldverhältnis.[50] Der vertragliche Unterlassungsanspruch ist zwar verschuldensabhängig. Es besteht allerdings eine Verschuldensvermutung. Der Schuldner muss beweisen, dass ihn im Hinblick auf den Verstoß gegen die Unterlassungserklärung kein Verschulden trifft.[51] An die Widerlegung der Vermutung werden strenge Anforderungen gestellt.[52] Zudem haftet der Schuldner einer vertraglichen Unterlassungserklärung für sämtliche Erfüllungsgehilfen nach § 278 BGB.[53] Nach der Rechtsprechung ist es insb ohne Bedeutung, ob der Erfüllungsgehilfe von der Unterlassungsverpflichtung überhaupt Kenntnis hat.[54]

28 b) **Vertragstrafe statt Ordnungsmittel.** Zudem ist das Interesse des Abmahnenden, bei einem Verstoß die gerichtlichen Ordnungsmittel zugunsten der Staatskasse durchzusetzen, in aller Regel geringer, als selber die Vertragsstrafe ausgezahlt zu erhalten.

29 c) **Schadensersatzhaftung.** Die Unterlassungserklärung hat auch Auswirkungen auf mögliche Schadensersatzansprüche. Denn ein Verstoß gegen die Erklärung führt zu Ersatzansprüchen aus § 280 BGB. Verstößt der Schuldner einer vertraglichen Unterlassungspflicht gegen den Unterlassungsvertrag, so stellt dies eine Vertragsverletzung dar, die einen Schadensersatzanspruch begründet.[55] Diesbezüglich ist dem vertraglichen Unterlassungsschuldner die ohne die Unterlassungserklärung bestehende Exkulpationsmöglichkeit nach § 831 BGB verwehrt. Dies kann vor dem Hintergrund, dass für sämtliche Erfüllungsgehilfen gehaftet wird, nachteilig sein.

3. Zustandekommen eines Unterwerfungsvertrages

30 Für das Zustandekommen eines solchen Vertrags gelten grundsätzlich die allgemeinen Vorschriften.[56] Grundsätzlich kann bereits in der Abmahnung ein Vertragsangebot liegen, wenn es von einem Rechtsbindungswillen getragen und hinreichend be-

---

[48] *Teplitzky* Kap 41 Rn 45.
[49] BGH GRUR 1995, 678, 679 – Kurze Verjährungsfrist; BGH GRUR 1997, 386, 387 – Altunterwerfung II; BGH GRUR 1998, 953, 954 – Altunterwerfung III; *Dornis/Förster* GRUR 2006, 195.
[50] *Melullis* Rn 651; *Köhler* GRUR 1996, 231.
[51] BGH GRUR 1982, 688 – Seniorenpass; BGH GRUR 1998, 471 – Modenschau im Salvatorkeller; *Melullis* Rn 641.
[52] BGH GRUR 1998, 963 – Verlagsverschulden II; *Teplitzky* Kap 20 Rn 15.

[53] *Teplitzky* WRP 1996, 171.
[54] BGH GRUR 1988, 561 – Verlagsverschulden I; BGH GRUR 1998, 963 – Verlagsverschulden II.
[55] BGH GRUR 1995, 678 – Kurze Verjährungsfrist; *Köhler* GRUR 1996, 231; Hefermehl/Köhler/*Bornkamm* § 12 UWG Rn 1.159.
[56] BGH GRUR 2010, 355, 356 Rn 17 – Testfundstelle; BGH GRUR 2006, 878 Rn 14 – Vertragsstrafevereinbarung; *Teplitzky* Kap 20 Rn 7 f.

Marcus von Welser

stimmt ist.[57] Sofern der Abgemahnte allerdings die Erklärung nicht – wie gefordert – fristgemäß und unverändert abgibt, liegt in der Unterlassungserklärung ein neues Angebot iSd § 150 BGB. Dieses Angebot ist nach Auffassung des BGH – in Abweichung von § 147 Abs 2 BGB – grundsätzlich unbefristet.[58] Mit Annahme der Unterlassungserklärung kommt ein sogenannter Unterwerfungsvertrag zustande, der den gesetzlichen Unterlassungsanspruch durch einen selbständigen vertraglichen Unterlassungsanspruch aufgrund eines abstrakten Schuldversprechens – gegebenenfalls teilweise – ersetzt.[59] Handelt der Schuldner nach Zugang der Unterlassungserklärung aber noch vor Zustandekommen des Unterlassungsvertrags seiner Erklärung zuwider, so besteht kein Anspruch auf Zahlung der Vertragsstrafe.[60] Der Unterwerfungsvertrag kommt grundsätzlich erst mit der Annahme des Angebotes zustande.[61] Sofern die Erklärung nicht vollständig oder in wesentlichen Punkten von der vorformulierten Unterlassungserklärung abweicht, ist der Zugang der Annahmeerklärung nach § 151 BGB grundsätzlich entbehrlich.[62] Ein konkludenter Verzicht auf den Zugang der Annahme im Sinne des § 151 BGB kann hingegen nicht angenommen werden, wenn die Unterwerfungserklärung hinter dem vorangegangen Verlangen des Gläubigers zurückbleibt.[63] Eine ausreichende Unterlassungsverpflichtungserklärung beseitigt die Wiederholungsgefahr, auch wenn sie vom Verletzten nicht angenommen wird.[64] Aus Sicht des Abmahnenden ist daher eine rasche Annahme geboten, wenn die Erklärung den Anforderungen entspricht. Eine Unterlassungserklärung stellt kein Anerkenntnis dar.[65] Eine Kündigung des Unterwerfungsvertrags aus wichtigem Grund gem § 314 BGB oder wegen Wegfalls der Geschäftsgrundlage gem § 313 Abs 1, Abs 3 S 2 BGB kommt grundsätzlich nur Ausnahmefällen in Betracht. Eine Änderung der Beurteilung der tatsächlichen Verhältnisse durch ein Instanzgericht in einem Parallelverfahren berechtigt grundsätzlich nicht zur Kündigung eines Unterwerfungsvertrages.[66]

31 Bei schuldhaftem Verstoß gegen den Unterwerfungsvertrag ist die vereinbarte Vertragsstrafe zu bezahlen. Der Gläubiger des Vertragsstrafeversprechens ist dann lediglich für die objektive Zuwiderhandlung beweispflichtig, für einen etwaigen Mangel des Verschuldens hingegen der Schuldner. In die Unterlassungserklärung wird vom Abmahnenden üblicherweise eine Regelung aufgenommen, nach der die Vertragsstrafe bei mehrfachem Verstoß gegen den Unterwerfungsvertrag für jede einzelne Handlung zu zahlen ist. Nach Auffassung des BGH ist ein Verzicht auf die Einrede des Fortsetzungszusammenhangs zur Beseitigung der Wiederholungsgefahr regelmäßig nicht erforderlich.[67] Aus Sicht des Abgemahnten sollte eine entsprechende Regelung, welche die Zusammenfassung mehrerer Verstöße zu einer einzigen Zuwiderhandlung nach

---

57 BGH GRUR 2010, 355, 356 Rn 18 – Testfundstelle; BGH GRUR 2002, 824 – Teilunterwerfung; Fezer/*Büscher* Lauterkeitsrrecht § 8 UWG Rn 129.
58 BGH GRUR 2010, 355, 357 Rn 21 – Testfundstelle.
59 BGH NJW 2010, 1874, 1876 Rn 20 – Presserechtlicher Unterlassungsvertrag.
60 BGH GRUR 2006, 878 – Vertragsstrafevereinbarung; *Klein* GRUR 2007, 664.
61 BGH WRP 2006, 1139, 1140 – Vertragsstrafenvereinbarung.
62 BGH GRUR 2002, 824, 825 – Teilunterwer-

fung; Hefermehl/Köhler/*Bornkamm* § 12 UWG Rn 1.118.
63 OLG Köln GRUR-RR 2010, 339 – Matratzen im Härtetest.
64 BGH GRUR 1985, 937, 938 – Vertragsstrafe bis zu … I; OLG München NJW-RR 2003, 1487, 1489 – Esra; *Melullis* Rn 647.
65 *Melullis* Rn 657; *Hess* WRP 2003, 353; unrichtig hingegen KG WRP 1977, 793, 794.
66 BGH NJW 2010, 1874, 1875 Rn 14 ff – Presserechtlicher Unterlassungsvertrag.
67 BGH NJW 1993, 721, 722 – Fortsetzungszusammenhang.

den Grundsätzen der Handlungseinheit verhindert, aus dem Vertragsstrafeversprechen entfernt werden.[68]

32 Setzt sich der Schuldner bzw Verletzer über den Unterwerfungsvertrag hinweg und verletzt das Schutzrecht erneut, hat der Gläubiger bzw Rechtsinhaber einen neuen gesetzlichen Unterlassungsanspruch. Bei erneuter Abmahnung kann die verwirkte Vertragsstrafe geltend gemacht werden sowie eine neue Unterlassungserklärung mit höherer Vertragsstrafe gefordert werden, da die bisherige Vertragsstrafe offenbar nicht ausreiche, um den Schuldner von weiteren Rechtsverletzungen abzuhalten. Außerdem kann er den neuen gesetzlichen Unterlassungsanspruch stattdessen auch unmittelbar gerichtlich geltend machen. Der Rechtsinhaber kann an einem solchen Vorgehen Interesse haben, da er auf diese Weise neben der ursprünglichen Unterlassungserklärung zusätzlich einen gerichtlichen Titel erhält. Bei weiteren Verstößen kann er dann sowohl die Zahlung der Vertragsstrafe fordern als auch die Verhängung eines Ordnungsgeldes beantragen.

33 Die Verpflichtungen mehrerer Schuldner, die auf Unterlassung und im Falle einer Zuwiderhandlung auf eine Vertragsstrafe haften, stehen grundsätzlich nebeneinander.[69] Eine gesamtschuldnerische Haftung kann vertraglich ebenso gut übernommen werden. Davon ist bspw auszugehen, wenn sich die Schuldner einheitlich strafbewehrt zur Unterlassung verpflichten, bspw indem sie nach Aufzählung der Vertragsschließenden nur noch als eine Partei bezeichnet werden.[70]

4. Beschränkung

34 Die Erklärung sollte keinesfalls über den bestehenden Anspruch hinausgehen. Sämtliche Beschränkungen, die das materielle Recht widerspiegeln, sind in Unterlassungserklärungen zulässig.[71] Zulässig sind daher bspw zeitliche Befristungen für die beschränkte Dauer eines gesetzlichen Verbotes.[72] Eine Unterlassungserklärung kann also durchaus ausdrücklich auf die maximale Laufzeit eines Schutzrechts – bspw eines Geschmacksmusters – begrenzt werden. Ebenso zulässig ist die Aufnahme einer auflösenden Bedingung.[73] Eine Unterlassungserklärung kann also zusätzlich zur Laufzeitbegrenzung unter der auflösenden Bedingung abgegeben werden, dass das Schutzrecht schon vor Ablauf der maximalen Laufzeit erlischt.

35 Die Formulierung „ohne Anerkennung einer Rechtspflicht, gleichwohl rechtsverbindlich", die häufig von Unterlassungsschuldnern in die Erklärung aufgenommen wird, verdeutlicht, dass die Unterlassungsverpflichtung unabhängig davon bestehen soll, ob der Unterlassungsschuldner auch schon kraft Gesetzes zur Unterlassung verpflichtet ist.[74] Die Aufnahme dieser Formulierung soll insb dazu dienen, im Hinblick auf die vom Abmahnenden geltend gemachten Anwaltskosten die Berechtigung der Abmahnung bestreiten zu können. Vor dem Hintergrund einiger Entscheidungen,[75]

---

[68] BGH GRUR 2009, 181, 184 – Kinderwärmekissen.

[69] *Teplitzky* Kap 20 Rn 18.

[70] BGH GRUR 2009, 181, 183 – Kinderwärmekissen.

[71] Hefermehl/Köhler/*Bornkamm* § 12 UWG Rn 1.126.

[72] Hefermehl/Köhler/*Bornkamm* § 12 UWG

Rn 1.127; *Nieder* Rn 207; *Teplitzkly* GRUR 1996, 696.

[73] *Nieder* Rn 207.

[74] OLG Düsseldorf GRUR 1993, 851 – Anweisungswidriges Inserat.

[75] Vgl KG WRP 1977, 793; AG Meldorf NJW 1989, 2548; AG Oberhausen WRP 2000, 137; AG Charlottenburg WRP 2002, 1472.

welche die Unterlassungserklärung einem Anerkenntnis gleichstellen, ist eine solche Formulierung durchaus sinnvoll.[76]

5. Warnung der Lieferanten und Abnehmer

Hält der Abgemahnte die Abmahnung für begründet, kommen neben der Abgabe **36** einer Unterlassungserklärung gegebenenfalls weitere Maßnahmen in Betracht. Handelt es sich bei dem abgemahnten Unternehmen um einen Hersteller, so wird dieser in der Regel gut daran tun, vor Erteilung von Auskünften über seine Abnehmer diese auf den Konflikt hinzuweisen. Zugleich kann es sich für den abgemahnten Hersteller empfehlen, Unterlassungserklärungen für seine Abnehmer vorzuformulieren, durch die Abnehmer unterzeichnen zu lassen und vor Auskunftserteilung an das abmahnende Unternehmen zu versenden. Auf diese Weise kann der abgemahnte Hersteller vermeiden, dass sämtliche seiner Abnehmer ebenfalls kostenpflichtig verwarnt werden, die Kundenbeziehungen in Mitleidenschaft gezogen werden und der Hersteller gegebenenfalls sämtliche Abmahnkosten seiner Abnehmer zu tragen hat.

6. Absichtserklärung bei Erstbegehungsgefahr

Bei Vorliegen einer Erstbegehungsgefahr besteht grundsätzlich noch kein Anspruch **37** auf Abgabe einer Unterlassungserklärung – erst recht keiner strafbewehrten. Vielmehr entfällt die Erstbegehungsgefahr in der Regel bereits mit den sie begründenden Umständen. Für die Beseitigung der Erstbegehungsgefahr reicht in aller Regel ein kontradiktorisches Verhalten aus.[77] Bei einer Anspruchsberühmung reicht bspw deren Aufgabe.[78] Auch die Rechtsprechung hält eine Unterlassungserklärung nicht für erforderlich. So lässt das OLG Hamburg bereits die Ankündigung, ein beanstandetes Verhalten zu ändern, ausreichen.[79]

II. Schutzschrift

1. Funktion

Die ZPO kennt das Rechtsinstitut der Schutzschrift nicht. Sie ist allerdings ge- **38** wohnheitsrechtlich anerkannt. Durch eine Schutzschrift kann jemand, der befürchtet, dass gegen ihn eine einstweilige Verfügung beantragt wird, versuchen, das Gericht davon abzuhalten, die einstweilige Verfügung zu erlassen oder zumindest eine mündliche Verhandlung anzuberaumen. Nach § 937 Abs 2 ZPO kann das Gericht über einen Verfügungsantrag in dringenden Fällen ohne mündliche Verhandlung entscheiden. Diese vom Gesetzgeber als Ausnahme gedachte Vorschrift stellt in der Praxis den Regelfall dar.[80] Die Einreichung einer Schutzschrift kommt typischerweise dann in Betracht, wenn der Abgemahnte auf die Abmahnung des Schutzrechtsinhabers hin die Abgabe einer strafbewehrten Unterlassungserklärung verweigert und deshalb damit rechnen muss, dass der vermeintlich Verletzte gerichtliche Hilfe in Anspruch nehmen wird.

---

[76] *Hess* WRP 2003, 353; Hefermehl/Köhler/*Bornkamm* § 12 UWG Rn 1.111.
[77] *Nieder* Rn 86.
[78] *Beneke* Rn 6.

[79] OLG Hamburg GRUR-RR 2007, 309 – INMAS.
[80] *Beneke* Rn 134; Harte/Hennning/*Retzer* § 12 UWG Rn 607.

39   In aller Regel wird mit der Schutzschrift die Zurückweisung des Antrages auf Erlass der einstweiligen Verfügung beantragt, als Hilfsantrag die Anberaumung einer mündlichen Verhandlung. Darüber hinaus kann beantragt werden, den Erlass und Vollzug der einstweiligen Verfügung von einer Sicherheitsleistung abhängig zu machen. In der Schutzschrift kann der mutmaßliche Antragsgegner Einwendungen sowohl gegen das Vorliegen eines Verfügungsanspruches als auch eines Verfügungsgrundes vortragen. Darüber hinaus kann er beantragen, dass der Erlass und der Vollzug der Verfügung von einer Sicherheitsleistung abhängig gemacht werden. Diesbezüglich kann der Antragsgegner bspw vortragen, dass durch die einstweilige Verfügung ein hoher Schaden eintreten kann und dass dieser Schaden durch den Schadensersatzanspruch nach § 945 ZPO voraussichtlich nicht abgedeckt werden kann. Hält das Gericht die in der Schutzschrift geäußerten Bedenken für irrelevant, so kann es die einstweilige Verfügung im Beschlusswege erlassen. Sind die in der Schutzschrift geäußerten Bedenken hingegen relevant, so wird das Gericht in aller Regel einen Termin zur mündlichen Verhandlung bestimmen.

40   Kann der Schutzrechtsinhaber zwischen mehreren örtlich zuständigen Gerichten wählen, was häufig der Fall ist, wenn die Schutzrechtverletzung an mehreren Gerichtsorten zugleich stattfindet, so ist der Abgemahnte gut beraten, bei sämtlichen in Betracht kommenden Gerichten eine entsprechende – jeweils gleichlautende – Schutzschrift zu hinterlegen.[81] Da nach § 937 Abs 1 ZPO die Gerichte in der Hauptsache auch für einstweilige Verfügungen zuständig sind, sollte die Schutzschrift bei sämtlichen in Betracht kommenden Hauptsachegerichten hinterlegt werden, um einen lückenlosen Schutz zu gewährleisten. Aufgrund der Konzentrationsvorschriften, die unter anderem im Urheberrecht bestehen, ist die Anzahl der in Betracht kommenden Gerichte relativ überschaubar.[82] Die Europäische EDV-Akademie des Rechts gGmbH betreibt unter der Website www.schutzschriftenregister.de das sogenannte „Zentrale Schutzschriftenregister" (ZSR). Die Kosten trägt zunächst der Hinterleger. Die teilnehmenden Gerichte – unter anderem das LG Düsseldorf, das LG Mannheim, das LG Frankfurt am Main und das LG Hamburg – haben ihre Bereitschaft erklärt, nach Eingang eines Verfügungsantrages elektronisch eine entsprechende Anfrage an das ZSR zu übermitteln.[83] Eine gesetzliche Verpflichtung der teilnehmenden Gerichte besteht allerdings nicht.

2. Vorüberlegungen

41   Die Einreichung einer Schutzschrift kann für den Antragsgegner auch nicht unerhebliche Nachteile mit sich bringen, die gegen die möglichen Vorteile der Schutzschrift abzuwägen sind. Insb bei ausländischen Antragsgegnern kann es durch die Einreichung einer Schutzschrift dazu kommen, dass eine – trotz der Schutzschrift – erlassene einstweilige Verfügung später vereinfacht zugestellt werden kann, wenn die Schutzschrift durch einen Rechtsanwalt eingereicht wurde. Hier kann nämlich dann die Zustellung von Anwalt zu Anwalt erfolgen. Die wohl überwiegende Meinung geht davon aus, dass eine Zustellung nach § 172 Abs 1 ZPO an den Bevollmächtigten zu erfolgen hat.[84]

---

[81] *Kühnen/Geschke* Rn 693; *Berneke* Rn 126.
[82] Übersichten hierzu finden sich bei Wandtke/Bullinger/*Kefferpütz* § 105 UrhG Rn 5; Dreier/Schulze/*Schulze* § 105 UrhG Rn 5.

[83] Vgl *Lieber/Zimmermann* Rn 113.
[84] OLG Köln GRUR 2001, 4056 – Wahrung der Vollziehungsfrist; OLG Celle, GRUR 1998, 77 – Wiederbefüllte Druckpatronen.

Um zu vermeiden, dass sich ein Schutzrechtsverletzer vor Erlass der einstweiligen **42** Verfügung bei Gericht rechtliches Gehör verschafft, kann der Schutzrechtsinhaber versuchen, zunächst eine Beschlussverfügung zu erwirken und den Antragsgegner erst anschließend abmahnen. Da bei dieser Abmahnung auf den Umstand, dass bereits eine einstweilige Verfügung erlassen wurde, nicht hingewiesen werden braucht, wird eine solche einstweilige Verfügung als Vorrats- oder Schubladenverfügung bezeichnet. Grundsätzlich hat dieses Vorgehen für den Antragsteller den Nachteil, dass ein Anspruch auf Ersatz der Abmahnkosten nicht besteht.[85]

3. Berücksichtigung der Schutzschrift durch das Gericht

Derjenige, der befürchtet, dass ein Verfügungsantrag gegen ihn bei Gericht einge- **43** reicht wird, wird naturgemäß versuchen, dem Verfügungsantrag durch Einreichung einer Schutzschrift zuvor zu kommen. Gelingt ihm dies, ist zu diesem Zeitpunkt bei Gericht noch kein Verfügungsverfahren anhängig, so dass die Schutzschrift keinem Verfahren zugeordnet werden kann. Sie wird daher in das bei Gericht geführte allgemeine Register eingetragen.[86] In der Praxis ist es üblich, dass auf der ersten Seite der Schutzschrift darum gebeten wird, dass diese umgehend der für Urheberrechtsstreitigkeiten (bzw für jeweils einschlägige Schutzrechtstreitigkeiten) zuständigen Kammer vorgelegt wird. Grundsätzlich muss eine dem Gericht vorliegende Schutzschrift bei der Entscheidungsfindung berücksichtigt werden. Dies gilt selbst dann, wenn sich der Vortrag des Antragstellers zu seinem Nachteil auswirkt.[87] Wird hingegen kein Verfügungsantrag eingereicht, so ist die Schutzschrift gegenstandslos.

4. Erstattungsfähigkeit der Kosten

Die Kosten einer Schutzschrift sind erstattungsfähig, wenn ein Antrag auf Erlass **44** einer einstweiligen Verfügung bei Gericht anhängig gemacht wird und entweder – aufgrund des Vortrags in der Schutzschrift – rechtskräftig zurückgewiesen oder vom Antragsteller zurückgenommen wird.[88] Die Frage, ob Kosten der Rechtsverfolgung oder Rechtsverteidigung notwendig sind, beurteilt sich nach einem objektiven Maßstab. Wurde der Antrag auf Erlass einer einstweiligen Verfügung bereits zurückgenommen, bevor die Schutzschrift eingereicht wurde, so sind die Kosten auch dann nicht erstattungsfähig, wenn der Antragsgegner nicht wusste, dass der Antrag zurückgenommen worden war.[89] Notwendig iSd § 91 Abs 1 S 1 ZPO sind nur solche Maßnahmen, die im Zeitpunkt ihrer Vornahme objektiv erforderlich oder geeignet waren.[90] Da eine nach Rücknahme des Verfügungsantrages eingereichte Schutzschrift ihr Ziel naturgemäß nicht mehr erreichen kann, ist sie keine objektiv zur Rechtsverteidigung erforderliche Maßnahme. Auf eine verschuldete oder unverschuldete Kenntnis des Antragsgegners von der Antragsrücknahme kommt es nicht an.[91]

---

[85] OLG München GRUR-RR 2006, 176 – Schubladenverfügung.
[86] Ahrens/*Spätgens* Kap 6 Rn 12.
[87] *Berneke* Rn 129.
[88] BGH GRUR 2003, 456 – Kosten der Schutzschrift I; BGH ZUM 2008, 136 – Kosten der Schutzschrift II, BGH GRUR 2008, 640 – Kosten der Schutzschrift III.
[89] BGH ZUM 2008, 136 – Kosten der Schutz-

schrift II; OLG Karlsruhe WRP 1981, 39; Ahrens/*Spätgens* Kap 6 Rn 37; Piper/Ohly/*Piper* § 12 UWG Rn 133; *Heydn/Schmid-Petersen/ Vassilaki* Rn 451.
[90] BGH ZUM 2008, 136, 137 – Kosten der Schutzschrift II.
[91] BGH ZUM 2008, 136, 137 – Kosten der Schutzschrift II.

III. Gegenabmahnung

1. Abmahnung wegen Behinderung und Eingriffs in den Gewerbebetrieb

45   War die Schutzrechtsverwarnung unbegründet, so kommt eine Gegenabmahnung in Betracht. Denn eine unbegründete Schutzrechtsverwarnung stellt in aller Regel nicht nur einen Eingriff in den eingerichteten und ausgeübten Gewerbebetrieb nach § 823 Abs 1 BGB dar, sondern zugleich eine wettbewerbswidrige Behinderung nach §§ 3, 4 Nr 10 UWG.[92] Dies gilt in besonderem Maße, wenn nicht der Hersteller, sondern dessen Abnehmer abgemahnt werden. Handelt es sich bei den Abnehmern um Handelsunternehmen, so werden diese in aller Regel wenig Interesse an einer Schutzrechtsauseinandersetzung haben. Stattdessen ist es durchaus möglich, dass die beanstandeten Produkte ausgelistet werden. Zudem sorgen viele Handelsunternehmen durch entsprechende Formulierung in ihren Einkaufsbedingungen dafür, dass sämtliche Aufwendungen, die durch von Dritten ausgesprochene Abmahnungen entstehen, von dem Lieferanten zu tragen sind. Die Abnehmerverwarnung trifft das herstellende Unternehmen zwar nur mittelbar, dafür aber umso nachhaltiger.

2. Abmahnung zur Androhung einer negativen Feststellungsklage

46   Der zu Unrecht Abgemahnte ist grundsätzlich nicht gehalten, vor der Erhebung einer negativen Feststellungsklage eine Gegenabmahnung auszusprechen.[93] Eine Gegenabmahnung ist vielmehr nur dann ausnahmsweise veranlasst, wenn die Abmahnung in tatsächlicher oder rechtlicher Hinsicht auf einer offensichtlich unzutreffenden Annahme beruht, bei deren Richtigstellung mit einer Änderung der Auffassung des Abmahnenden gerechnet werden kann. Denn nur in solchen Fällen entspricht eine Gegenabmahnung dem mutmaßlichen Willen und dem Interesse des Abmahnenden und kann der Abgemahnte daher die Kosten der Gegenabmahnung erstattet verlangen.

IV. Negative Feststellungsklage

47   Hält der Abgemahnte die Abmahnung für unberechtigt, so kommt grundsätzlich eine Gegenabmahnung, die Einreichung einer Schutzschrift und eine negative Feststellungsklage in Betracht. Die negative Feststellungsklage ist auf die Feststellung gerichtet, dass der Anspruch des vermeintlich Verletzten nicht besteht. Weist der Abgemahnte die Abmahnung zurück – was gegebenenfalls mit einer Gegenabmahnung verbunden werden kann – und lenkt der Abmahnende daraufhin nicht ein und gibt sofort zu erkennen, dass er nicht weiter an seinen Ansprüchen festhalten werde, so bleibt für den Abgemahnten eine Bedrohung bestehen: Es besteht die Gefahr, dass der Abmahnende lediglich zum jetzigen Zeitpunkt seine Ansprüche nicht weiter verfolgt, aber dies irgendwann in der Zukunft nachholt. Hier kann dem Abgemahnten nicht zugemutet werden, sich auf den relativ unklar konturierten Verwirkungseinwand zu verlassen. Vielmehr besteht ein Feststellungsinteresse dahingehend, dass gerichtlich geklärt wird, ob eine Schutzrechtsverletzung vorgelegen hat oder nicht. Die negative Feststellungsklage entspricht der Leistungsklage mit umgekehrtem Rubrum. Sie führt

---

92 Vgl BGH GRUR 2005, 882 – Unberechtigte Schutzrechtsverwarnung; krit hierzu *Deutsch* GRUR 2006, 374, 375.

93 BGH GRUR 2004, 790, 792 – Gegenabmahnung.

allerdings nicht dazu, dass der Gläubiger für einen möglichen späteren Verfügungsantrag an den gewählten Gerichtsstand gebunden wäre.[94]

Zulässigkeitsvoraussetzung der negativen Feststellungsklage ist nach § 256 ZPO **48** ein rechtliches Interesse an der Feststellung des Bestehens oder Nichtbestehens eines Rechtsverhältnisses. Dieses Feststellungsinteresse wird durch die Abmahnung begründet. Das Feststellungsinteresse entfällt, wenn der Schutzrechtsinhaber seinerseits eine positive Leistungsklage mit umgekehrtem Rubrum auf Unterlassung erhebt und diese nicht mehr einseitig ohne Zustimmung des Beklagten zurückgenommen werden kann.[95] Eine solche einseitige Rücknahme der Leistungsklage ist nach § 269 Abs 1 ZPO nach Beginn der mündlichen Verhandlung nicht mehr möglich. Voraussetzung für das Entfallen des Feststellungsinteresses ist die Identität der Streitgegenstände.[96] Das Feststellungsinteresse entfällt auch bei Einreichung einer Leistungsklage umgekehrten Rubrums dann nicht, wenn der Antrag der negativen Feststellungsklage über den umgekehrten Antrag der Leistungsklage hinaus geht. Eine solche Konstellation kann sich bspw dann ergeben, wenn der Abmahnende die Abmahnung weiter fasst als seine Leistungsklage. Verlangt ein Markeninhaber bspw in der Abmahnung einschränkungslos die Verwendung eines bestimmten Zeichens zu unterlassen und beschränkt sich in der Leistungsklage später darauf, die Kennzeichnung für bestimmte Produkte bzw für Produkte einer bestimmten Warenklasse zu unterlassen, so bleibt ein Feststellungsinteresse des Abgemahnten dahingehend bestehen, dass im Hinblick auf sämtliche anderen Waren bzw Klassen kein Anspruch besteht. Hinsichtlich des in der Abmahnung geltend gemachten überschießenden Teils besteht also noch weiter ein Feststellungsinteresse. Die Beweislastverteilung bei der negativen Feststellungsklage ist nicht anders als bei der Unterlassungsklage. Der beklagte Anspruchsteller hat demnach die Voraussetzung des von ihm in der Abmahnung geltend gemachten Anspruches im Rahmen der negativen Feststellungsklage darzulegen und ggf. zu beweisen. Die Beweislast für das Vorliegen des Feststellungsinteresses trägt der Kläger. Anders als eine Abmahnung begründet eine Berechtigungsanfrage noch kein Feststellungsinteresse.

§ 4
Einstweilige Verfügung

Führt die außergerichtliche Abmahnung nicht zu dem gewünschten Erfolg, so **49** kann der Rechtsinhaber gerichtliche Hilfe in Anspruch nehmen. § 104 UrhG eröffnet für sämtliche Urheberrechtsstreitsachen den ordentlichen Rechtsweg. Aufgrund der Schnelllebigkeit der Medien ist der vorläufige Rechtsschutz in Form des einstweiligen Verfügungsverfahrens im Medienrecht von besonderer Bedeutung.[97] Nach § 937 Abs 2

---

[94] Str vgl OLG Frankfurt GRUR 1997, 485 – Korrektur des Gerichtsstands; Zöller/*Vollkommer* § 937 ZPO Rn 1; Musielak/*Huber* § 937 ZPO Rn 3; *Steinbeck* NJW 2007, 1783, 1785.
[95] BGH GRUR 2006, 217 – Detektionseinrichtung I; BGH GRUR 1994, 846, 847 – Parallelverfahren II; *Kühnen/Geschke* Rn 653; *Hoene* WRP 2008, 44.
[96] Vgl BGH GRUR 2008, 360, 361 Tz 23 – EURO und Schwarzgeld.

[97] Bei einstweiligen Verfügungen im Bereich des geistigen Eigentums ist Art 50 TRIPs zu beachten. Art 50 TRIPs ist zwar nicht unmittelbar anwendbar, aber zur Auslegung der einschlägigen Bestimmungen des deutschen Rechts mit heranzuziehen (BGH GRUR 2002, 1046, 1048 – Faxkarte; OLG Düsseldorf GRUR-RR 2008, 329, 330 – Olanzapin).

ZPO kann die Entscheidung im Verfügungsverfahren in dringenden Fällen ohne mündliche Verhandlung ergehen. Auch Art 50 Abs 2 TRIPs sieht eine Befugnis der Gerichte vor, gegebenenfalls einstweilige Maßnahmen ohne Anhörung der anderen Partei zu treffen, insb dann, wenn durch eine Verzögerung dem Rechtsinhaber wahrscheinlich ein nicht wiedergutzumachender Schaden entstünde oder wenn nachweislich die Gefahr besteht, dass Beweise vernichtet werden.

Voraussetzung für den Erlass einer einstweiligen Verfügung ist ein Verfügungsanspruch und ein Verfügungsgrund. Das Vorliegen von Verfügungsanspruch und Verfügungsgrund sind dem Gericht glaubhaft zu machen. Der Antrag, mit dem der Berechtigte die Unterlassung einer Urheberrechtsverletzung begehrt, muss die Verletzungsform beschreiben.[98] Besonders gut eignen sich hierfür Abbildungen. Eine Wiedergabe des kopierten Originals kommt nur in Fällen einer identischen Übernahme in Betracht.

I. Gerichtszuständigkeit (international, örtlich, sachlich)

50   Im Vordergrund für die hier zu besprechende Anspruchsdurchsetzung steht der deliktische Gerichtsstand aus § 32 ZPO, Art 5 Abs 3 EuGVVO. Bei gegebener internationaler Zuständigkeit kann dabei auch ausländisches Sachrecht anzuwenden sein. Das Territorialitätsprinzip steht dem nicht entgegen.[99] Abzulehnen ist deshalb auch die Auffassung des Court of Appeal of England and Wales in dem Fall *Lucasfilm v. Ainsworth*, welches die Anwendung von US-amerikanischem Urheberrecht bei gegebener Zuständigkeit (Beklagtensitz in der EU) verweigerte.[100] Das Gericht unterschied zwischen „personal jurisdiction" und „subject-matter jurisdiction" und verneinte das Vorliegen letzterer.[101] Sind die Anwendungsvorrausetzungen der EuGVVO erfüllt, so darf deren Anwendung nicht mit solchen Überlegungen abgelehnt werden.[102] Auch das OLG Hamburg hatte kürzlich obiter dictum darauf hingewiesen, Urheberrechtsschutz könne nur für das Gebiet der Bundesrepublik Deutschland geltend gemacht werden; weiterer Schutz könne wegen des Territorialitätsprinzips vor einem deutschen Gericht nicht geltend gemacht werden.[103]

1. Internationale Zuständigkeit

51   Die EuGVVO gilt grundsätzlich unabhängig von der Staatsangehörigkeit für alle Personen, die ihren Sitz in einem EG-Mitgliedstaat haben.[104] Hat der Beklagte keinen

---

98 BGH GRUR 2003, 786 – Innungsprogramm.

99 Österreichischer OGH GRUR Int 1994, 638 – Adolf Loos – Werke II; OLG Köln ZUM 2009, 651; *Schack* Internationales Zivilverfahrensrecht Rn 509; *Schauwecker* GRUR Int 2008, 96, 99.

100 Court of Appeal of England and Wales, Entscheidung v 16.12.2009 [2009] EWCA Civ 1328, abgedruckt in IIC 2010, 864 – Lucasfilm v Ainsworth (abrufbar unter http://www.bailii.org/ew/cases/EWCA/Civ/2009/1328.html); bestätigt duch Court of Appeal of England and Wales, Entscheidung v 2.11.2010 [2010] EWCA Civ 1222 – Crosstown Music v

Rive Droite Music; anders noch die Vorinstanz: England and Wales High Court (Chancery Division), Entscheidung v 31.7.2008 [2008] EWHC 1878 (Ch): – Lucasfilm v Ainsworth (vgl hierzu *Austin* IIC 2009, 393); ablehnend auch *Torremans* IIC 2010, 751.

101 Court of Appeal of England and Wales IIC 2010, 864, 867 – Lucasfilm v Ainsworth.

102 *Torremans* IIC 2010, 751, 752; *Ubertazzi* GRUR Int 2011, 199.

103 OLG Hamburg ZUM-RD 2009, 439, 443 – Alphaload.

104 Wandtke/Bullinger/*von Welser* Vor §§ 120 UrhG ff Rn 28.

Wohnsitz in einem Mitgliedstaat, so richtet sich die Zuständigkeit grundsätzlich nach den nationalen Prozessordnungen. Der Gerichtsstand der unerlaubten Handlung richtet sich gem Art 5 Nr 3 EuGVVO nach dem Tatort. Diese Vorschrift regelt neben der internationalen Zuständigkeit auch die örtliche Zuständigkeit, so dass ein Rückgriff auf die §§ 12 ff ZPO ausgeschlossen ist. Dies ist anders beim allgemeinen Gerichtsstand des Beklagtensitzes nach Art 2 EuGVVO, der nur die internationale Zuständigkeit regelt, so dass für die örtliche Zuständigkeit auf §§ 12 ff ZPO zurückgegriffen werden muss.[105] Der deliktische Gerichtsstand besteht an jedem Ort, an dem das Recht verletzt wird oder eine solche Verletzung droht. Der BGH hat dem Europäischen Gerichtshof mit Beschluss vom 10.11.2009 mehrere Fragen zur Auslegung des Art 5 Nr 3 EuGVVO bei Persönlichkeitsrechtsverletzungen im Internet vorgelegt und dabei zu erkennen gegeben, dass der seines Erachtens nach erforderliche objektive Inlandsbezug durch eine Kollision der widerstreitenden Interessen im Inland begründet wird.[106] Die reine Abrufbarkeit einer Seite soll nicht genügen. Umgekehrt soll aber auch die Zielgerichtetheit bzw. Bestimmungsgemäßheit bei Persönlichkeitsrechtverletzungen nicht zum relevanten Kriterium erhoben werden.[107] Bei Wettbewerbsverletzungen im Internet hängt der Erfolgsort im Inland nach der obergerichtlichen Rechtsprechung davon ab, ob sich der Internetauftritt hier bestimmungsgemäß auswirken soll.[108] Im Urheberrecht bewirkt die Handlung unmittelbar die Urheberrechtsverletzung, so dass Handlungs- und Erfolgsort zusammenfallen.[109]

Für die Zuständigkeit ist es ohne Bedeutung, ob die behauptete Rechtsverletzung tatsächlich vorliegt. Ausreichend ist vielmehr, dass die Verletzung behauptet wird und nicht von vornherein ausgeschlossen ist.[110] Nach Art 31 EuGVVO können die im Recht eines Mitgliedstaats vorgesehenen einstweiligen Maßnahmen bei den Gerichten dieses Staates auch dann beantragt werden, wenn für die Entscheidung in der Hauptsache das Gericht eines anderen Mitgliedstaats aufgrund dieser Verordnung zuständig ist.[111] Die Mitgliedstaaten können also die Eilzuständigkeiten grundsätzlich unabhängig regeln.

52 Nach Auffassung des OLG Köln ist ein schädigendes Ereignis nicht iSd Art 5 Nr 3 EuGVVO in Deutschland eingetreten, wenn auf einer Internet-Seite mit der Top-Level Domain „uk" unter der Verwendung von – die Urheberrechte Dritter verletzender – Fotos Waren mit Euro-Preisen angeboten werden, eine elektronische Korrespondenz in deutscher Sprache aber nicht als Option angeboten wird.[112] Danach genügt es für die Annahme einer Begehung des angenommenen Urheberrechtsverstoßes (auch) in Deutschland als Erfolgsort der Handlung nicht, dass die Internetseite, auf der sich die Fotos befinden sollen, global und damit auch in Deutschland abgerufen werden kann. Das OLG Köln verweist insofern auf die Rechtsprechung des BGH, nach der bei Wettbewerbsverletzungen im Internet der Erfolgsort dann im Inland belegen ist, wenn sich

---

[105] Wandtke/Bullinger/*von Welser* Vor §§ 120 UrhG ff Rn 29.
[106] BGH GRUR 2010, 261, 264 Rn 21 – rainbow.at.
[107] BGH GRUR 2010, 261, 263 f Rn 19 – rainbow.at vgl BGH GRUR 2010, 461 – New York Times.
[108] OLG München GRUR-RR 2010, 53 – Treuebonus II; OLG Stuttgart PharmR 2010, 123, 124 – Werbeauftritt einer niederländischen Apotheke.

[109] LG Köln ZUM-RD 2010, 359, 361 – Website; *Schack* Internationales Zivilverfahrensrecht Rn 343.
[110] BGH WRP 2007, 1219, 1221 – Wagenfeld-Leuchte; *von Ungern-Sternberg* GRUR 2008, 291, 300.
[111] Vgl LG Hamburg GRUR Int 2002, 1025, 1026 – Seifenverpackung.
[112] OLG Köln GRUR-RR 2008, 71 – Internet-Fotos.

der Internet-Auftritt bestimmungsgemäß hier auswirken soll.[113] Dies müsse für Urheberrechtsverletzungen, die aus einer unberechtigten öffentlichen Zugänglichmachung nach § 19a UrhG bestehen, zumindest dann ebenfalls gelten, wenn die Fotos zu gewerblichen Zwecken online zur Verfügung gestellt werden. Diese Auffassung ist wenig überzeugend. Zwar mag es bspw bei Werbetexten darauf ankommen, in welcher Sprache die Internetseite angeboten wird. Fotos und Musik sind indes typische Beispiele für sprachunabhängige Werke. Der Urheber muss es nicht dulden, wenn jemand sich seiner Rechte bedient, um damit seine Internetseite zu schmücken, gleich in welcher Sprache diese angeboten wird.[114] Bei persönlichkeitsverletzenden Pressedelikten ist die internationale Zuständigkeit auf den am Verbreitungsort als Erfolgsort erlittenen Schaden begrenzt.[115] Nur der jeweilige Teilschaden kann erfolgreich an dem deliktischen Gerichtsstand eingeklagt werden. Will der Kläger seinen Gesamtschaden an einem Gerichtsstand einklagen, so muss er hierzu den allgemeinen Gerichtsstand wählen.

53 Grundsätzlich kann ein Disclaimer, mit dem der Werbende ankündigt, Adressaten in einem bestimmten Land nicht zu beliefern, ein Indiz für eine Einschränkung des Verbreitungsgebiets sein.[116] Ein wirksamer Disclaimer setzt voraus, dass er klar und eindeutig gestaltet und auf Grund seiner Aufmachung als ernst gemeint aufzufassen ist. Rechtlich relevant ist der Disclaimer allerdings nur, wenn ihn der Werbende auch tatsächlich beachtet und nicht entgegen seiner Ankündigung gleichwohl in das vom Vertrieb ausgenommene Absatzgebiet liefert. Nach Auffassung des OLG Köln muss der Disclaimer – zumindest auch – auf der Startseite sichtbar sein.[117]

54 Vorschriften, die der EuGVVO entsprechen, enthalten das EuGVÜ und das LGVÜ. Die EuGVÜ gilt im Verhältnis zwischen Dänemark und den übrigen EU-Mitgliedern.[118] Das LGVÜ[119] gilt im Verhältnis zu den Vertragsstaaten, die nicht zur EU gehören.[120] Dies sind Island, Norwegen und die Schweiz.[121] Ist kein Staatsvertrag einschlägig, kommt es zu einer doppelfunktionalen Anwendung der Regeln über die örtliche Zuständigkeit auf die internationale Zuständigkeit.[122] Die internationale Zuständigkeit liegt vor, wenn ein deutsches Gericht örtlich zuständig ist. Den allgemeinen Gerichtsstand regeln die §§ 13, 17 ZPO. Den Gerichtsort der unerlaubten Handlung bestimmt § 32 ZPO.[123]

113 BGH WRP 2006, 736, 738 – Arzneimittelwerbung im Internet; BGH GRUR 2005, 431 – Hotel Maritime.
114 Vgl KG NJW 1997, 3321 – concertconcept. com; Schack MMR 2000, 135, 138; Wandtke/Bullinger/*von Welser* Vor §§ 120 ff UrhG Rn 34.
115 EuGH NJW 1995, 1881 – Shevill/Presse Alliance; OLG München NJOZ 2008, 675 – Wettbewerbswidrige Anzeigen in ausländischer Zeitung; Thomas/Putzo/*Hüßtege* Art 5 EuGVVO Rn 17; *Berger* GRUR Int 2005, 465, 468 f.
116 BGH GRUR 2006, 513, 515 Rn 22 – Arzneimittelwerbung im Internet.
117 OLG Köln BeckRS 2010, 13130.

118 BGH WRP 2005, 493, 494 – Hotel Maritime.
119 Luganer Übereinkommen über die gerichtliche Zuständigkeit und die Vollstreckung gerichtlicher Entscheidungen in Zivil- und Handelssachen.
120 Vgl OLG München BeckRS 2009, 29653 – REFODERM.
121 Thomas/Putzo/*Hüßtege* Vor Art 1 EuGVVO Rn 3; Wandtke/Bullinger/*von Welser* Vor §§ 120 UrhG ff Rn 27.
122 *Schack* Rn 720; Wandtke/Bullinger/ *von Welser* Vor §§ 120 UrhG ff Rn 32.
123 BGH GRUR 1980, 227, 229 f – Monumenta Germaniae Historica.

2. Örtliche Zuständigkeit

Begehungsort von Rechtsverstößen ist bei Internetangeboten deutschlandweit täti- **55**
ger Unternehmen nicht nur der Ort des Erscheinens einer Publikation, sondern grundsätzlich auch jeder Verbreitungsort.[124] Bei deutschlandweit abrufbaren Internetangeboten droht eine Verletzung an jedem Ort.[125] Klagen bzw Anträge auf Erlass einstweiliger Verfügungen können daher bei jedem Landgericht in Deutschland eingereicht
werden.

3. Sachliche Zuständigkeit

Nach § 23 Nr 1 GVG sind die Amtsgerichte für Streitigkeiten über Ansprüche, **56**
deren Gegenstandswert € 5000,- nicht übersteigt, zuständig. Für darüber liegende
Gegenstandswerte begründet § 71 Abs 1 GVG die Zuständigkeit der Landgerichte.[126]
Eine streitwertunabhängige Zuständigkeit der Landgerichte gibt es also – anders als
bspw in Kennzeichenstreitsachen nach § 140 Abs 1 MarkenG und in Wettbewerbssachen nach § 13 Abs 1 UWG – nicht.[127] § 105 UrhG enthält – ebenso wie § 140 Abs 2
MarkenG – eine Konzentrationsermächtigung für die Bundesländer, die Urheberrechtsstreitigkeiten bestimmten Amts- oder Landgerichten zuweisen können.[128]

II. Formulierung der Anträge

Besonderes Augenmerk muss der Formulierung der Anträge gelten. Diese dürfen **57**
nicht zu weit und sollten nicht zu eng formuliert sein. Ist der Klageantrag nicht hinreichend bestimmt, so ist dieser Antrag schon als unzulässig abzuweisen. Ein inhaltlich
zu weit gehender Antrag kann demgegenüber zur Abweisung als – teilweise – unbegründet führen. Bei der Formulierung der Anträge ist zwischen Sicherungs- und Rege-
lungsverfügungen auf der einen Seite und Leistungsverfügungen auf der anderen Seite
zu unterscheiden. Der Antragssteller legt den Verfahrensgegenstand der Sicherungs-
bzw. Regelungsverfügung fest, indem er die Tatsachen für den zu sichernden bzw. zu
regelnden Anspruch und für die Notwendigkeit seiner Sicherung bzw. Regelung vor-
trägt. Dem Bestimmtheitserfordernis des § 253 Abs 2 Nr 2 ZPO ist bei der Siche-
rungs- bzw. Regelungsverfügung bereits genügt, wenn zweifelsfrei erkennbar ist, welches Rechtsschutzziel der Antragsteller verfolgt.[129] Nach § 938 Abs 1 ZPO bestimmt
das Gericht nach freiem Ermessen, welche Anordnungen zur Erreichung des Zwecks
erforderlich sind. Insofern ist die Bindung des Gerichts an die Formulierung des
Antrages durch § 938 Abs 1 ZPO gelockert. Es steht dem Gericht daher frei, Maßnahmen anzuordnen, die von der wörtlichen Formulierung des Antrags abweichen,
ohne gegen den Grundsatz der Antragsbindung nach § 308 Abs 1 ZPO zu verstoßen.
Sofern die Anordnung noch mit dem vom Antragsteller verfolgten Rechtsschutzziel

---

[124] OLG Hamm MMR 2008, 178 – Forum-
shopping; OLG Hamburg GRUR 2007, 614 –
forum-shopping, zur örtlichen Zuständigkeit
bei Rundfunkwerbung OLG Düsseldorf GRUR-
RR 2005, 33 – Möbel-Werbespot.
[125] LG Frankfurt aM MMR 2010, 142.
[126] Vgl *Schack* Rn 719.
[127] Zur Zuständigkeit bei Vertragsstrafenkla-
gen *Hess* FS Ullmann 927.

[128] Übersichten bei *Ingerl/Rohnke* § 140
MarkenG Rn 18 ff; Wandtke/Bullinger/*Kefferpütz* § 105 UrhG Rn 5; Dreier/Schulze/*Schulze*
§ 105 UrhG Rn 5.
[129] Schuschke/Walker/*Schuschke* § 938 ZPO
Rn 2.

übereinstimmt, führt dies grundsätzlich nicht zu einer negativen Kostenfolge für den Antragssteller. Demgegenüber gilt für Leistungsverfügungen das Bestimmtheitserfordernis des § 253 Abs 2 Nr 2 ZPO uneingeschränkt.[130] Unterlassungsverfügungen sind grundsätzlich Sicherungsverfügungen und keine Leistungsverfügungen.[131] Gleichwohl sind die Anforderungen an die Formulierung des Antrages hier tendenziell strenger als bei der Regelungsverfügung.

1. Bestimmtheit

58   Nach § 253 Abs 2 Nr 2 ZPO muss die Klageschrift die bestimmte Angabe des Gegenstandes und des Grundes des erhobenen Anspruchs, sowie einen bestimmten Antrag enthalten. Die Anforderungen an die Bestimmtheit des Antrages sollten nicht unterschätzt werden. Die Entscheidung darüber, was dem Beklagten verboten ist, darf nicht dem Vollstreckungsgericht überlassen werden.[132] Aus diesem Grund sind bspw Unterlassungsanträge, die Formulierungen wie „eindeutig" und „unübersehbar" enthielten, für zu unbestimmt und damit als unzulässig erachtet worden.[133] Steht bspw nicht eindeutig fest, welcher Gegenstand – bspw ein Computerprogramm – mit einer bestimmten Bezeichnung gemeint ist, sind die entsprechenden Klageanträge grundsätzlich nur dann hinreichend bestimmt, wenn sie dessen Inhalt auf andere Weise so beschreiben, dass Verwechslungen soweit wie möglich ausgeschlossen sind. Dabei kann die gebotene Individualisierung bei einem Computerprogramm durch Bezugnahme auf Programmausdrucke oder Programmträger erfolgen.[134]

59   Grundsätzlich genügt eine wörtliche Beschreibung des Gegenstands, auf den sich die Verurteilung zur Unterlassung bezieht, den Bestimmtheitsanforderungen, sofern sich die Eigenschaften des Gegenstands, auf die es ankommt, mit Worten beschreiben lassen.[135] Ist der angegriffene Gegenstand bildlich darstellbar – wie etwa bei einem Werk der bildenden oder angewandten Kunst oder bei einer Fotografie – so kann diese Abbildung auch in den Antrag aufgenommen werden.[136] Grundsätzlich kann ein Unterlassungsantrag auch mit dem Wort „wie" an das Charakteristische des konkreten Verletzungstatbestands anknüpfen.[137]

2. Streitgegenstand

60   Besondere Bedeutung bei der Ausarbeitung von Anträgen im Klage- oder Verfügungsverfahren und deren Begründung hat der Streitgegenstandsbegriff. Werden gegen einen Verletzer mehrere Verfahren anhängig gemacht, so kann einem zweiten und möglichen weiteren Verfahren die Rechtshängigkeitssperre des § 261 Nr 3 ZPO entgegenstehen, wenn es sich um gleichlautende Klageanträge handelt. Dies ist aller-

---

[130] *Berneke* Rn 123; *Lieber/Zimmermann* Rn 211.

[131] *Zöller/Vollkommer* § 935 ZPO Rn 2; für eine Einordnung als Leistungsverfügung hingegen Schuschke/Walker/*Schuschke* Vor § 935 ZPO Rn 20.

[132] BGHZ 156, 1, 8 – Paperboy; BGH Urt v 22.11.2007, Az I ZR 12/05, Rn 20 – Planfreigabesystem; BGH GRUR 2008, 84, 85 – Versandkosten; BGH GRUR 2005, 443, 445 – Ansprechen in der Öffentlichkeit II; BGH GRUR 2005, 692, 693 – „statt"-Preis.

[133] BGH GRUR 2008, 84, 85 – Versandkosten; BGH GRUR 1979, 116, 117 – Der Superhit.

[134] BGH GRUR 2008, 357, 359 Tz 24 – Planfreigabesystem.

[135] BGH GRUR 2007, 871, 872 – Wagenfeld-Leuchte; BGH GRUR 2000, 228 – Musical-Gala.

[136] Vgl BGH GRUR 2007, 871, 872 Tz 19 – Wagenfeld-Leuchte.

[137] Vgl BGH GRUR 2001, 529; KG NJW-RR 2007, 47.

dings dann nicht der Fall, wenn der zugrundeliegende Lebenssachverhalt ein anderer ist. Nach dem zweigliedrigen Streitgegenstandsbegriff bestimmt sich der Streitgegenstand nach dem Antrag und dem zu seiner Begründung vorgetragenen Lebenssachverhalt.[138] Nach Auffassung des BGH ist der Umfang der materiellen Rechtskraft einer Unterlassungsverurteilung beschränkt auf den Streitgegenstand, über den entschieden worden ist. Dieser wird durch die konkrete Verletzungshandlung begrenzt, aus der das Klagebegehren hergeleitet worden ist. In Rechtskraft erwächst der in die Zukunft gerichtete Verbotsausspruch nur in seinem Bezug auf die festgestellte Verletzungshandlung.[139]

a) Unterschiedliche Lebenssachverhalte. Ein und derselbe Unterlassungsantrag kann daher auf unterschiedliche Lebenssachverhalte gestützt werden. Trotz einheitlichen Antrags liegen dann mehrere Streitgegenstände vor. So liegt der Fall bspw bei einem Unterlassungsantrag, der zunächst auf Erstbegehungsgefahr und später auch noch auf eine Verletzungshandlung gestützt wird.[140] Stützt der Kläger sein Unterlassungsbegehren sowohl auf Wiederholungsgefahr wegen der behaupteten Verletzungshandlung, als auch auf Erstbegehungsgefahr wegen Erklärungen des Beklagten bei der Rechtsverteidigung im gerichtlichen Verfahren, so handelt es sich um zwei verschiedene Streitgegenstände.[141] **61**

b) Unterschiedliche Normen. Kommen bei einem Sachverhalt Ansprüche aus mehreren Normen in Betracht – bspw aus Schutzrechtsverletzung und ergänzendem wettbewerbsrechtlichen Leistungsschutz – kommt es darauf an, ob der Kläger die Klage allein auf den eine Norm betreffenden Sachverhalt gestützt hat oder ob er zudem auch einen Lebenssachverhalt vorgetragen hat, der geeignet ist, den Tatbestand weiterer Normen zu erfüllen.[142] Die Benennung der jeweiligen Normen ist hierfür nicht entscheidend. Stützt der Kläger seinen Antrag jedoch erkennbar nur auf eine bestimmte Norm – bspw auf § 97 UrhG – ohne zugleich zu den Voraussetzungen des ergänzenden wettbewerbsrechtlichen Leistungsschutzes vorzutragen, so ist der Streitgegenstand darauf begrenzt. Weist das Gericht die Klage ab, so steht die Rechtskraft des Urteils einer auf andere Normen gestützten Klage nicht entgegen.[143] Als unterschiedliche Streitgegenstände (auch bei identischem Klageantrag) wurden bspw die Herabsetzung von Produkten durch eine abträgliche Wortwahl einerseits und die irreführende Darstellung der von Produkten ausgehenden Gefahren andererseits eingestuft.[144] Der ausschließlich auf die Verwendung abträglicher Begriffe gestützte Schadensersatzanspruch betrifft auch bei identischem Klageantrag im Kern einen anderen Lebenssachverhalt als ein Schadensersatzanspruch, der aus einer unrichtigen und deshalb irreführenden Darstellung von Gefahren der Produkte hergeleitet wird. Denn zu dem zuletzt genannten Sachverhalt gehört die objektive Unrichtigkeit der verbreiteten **62**

---

[138] BGH GRUR 2007, 691 Tz 17 – Staatsgeschenk; BGH GRUR 2007, 172 – Lesezirkel II; BGH GRUR 2007, 605 – Umsatzzuwachs; BGH GRUR 2001, 755, 756 – Telefonkarte; BGH Urt v 20.9.2007, Az I ZR 171/04, Tz 22 – Saugeinlagen; *Berneke* WRP 2007, 579; *Teplitzky* WRP 2007, 1; *Grosch* FS Schilling 207, 208.
[139] BGH GRUR 2006, 421, 422 – Markenparfümverkäufe; zustimmend *Lehment* WRP 2007, 237, 238; krit hierzu *Teplitzky* WRP 2007, 1 ff; *Teplitzky* WRP 2007, 397 ff.

[140] Hefermehl/Köhler/*Bornkamm* § 12 UWG Rn 2.23.
[141] BGH GRUR 2006, 429, 433 – Schlank-Kapseln.
[142] BGH GRUR 2003, 716, 717 – Reinigungsarbeiten.
[143] BGH GRUR 2001, 756, 757 – Telefonkarte; Hefermehl/Köhler/*Bornkamm* § 12 UWG Rn 2.23a.
[144] BGH Urt v 20.9.2007, Az I ZR 171/04, Tz 22 – Saugeinlagen.

Behauptung.[145] Auch wenn neben Ansprüchen aus einem Schutzrecht wettbewerbsrechtliche Ansprüche unter dem Gesichtspunkt der Irreführung geltend gemacht werden, handelt es sich grundsätzlich um unterschiedliche Streitgegenstände.[146]

63   **c) Unterschiedliche Territorien.** Ansprüche aus der Verletzung von im Ausland bestehenden urheberrechtlichen Rechtspositionen sind im Verhältnis zu Ansprüchen aus der Verletzung von Rechten nach dem deutschen Urheberrechtsgesetz nach Auffassung der Rechtsprechung eigene Streitgegenstände. Daher muss der Kläger zweifelsfrei klarstellen, dass er mit der Klage auch die Verletzung im Ausland bestehender Rechte geltend machen will.[147]

3. Kerntheorie

64   Der Verbotstenor umfasst grundsätzlich auch abgewandelte, denselben Kern enthaltende Handlungen. Diese sogenannte Kerntheorie wurde vom BVerfG ausdrücklich gebilligt.[148] Vom Schutzumfang eines Unterlassungstitels werden daher auch sämtliche Handlungen erfasst, die mit der im Tenor beschriebenen Handlung im Kern überstimmen, dh die mit der verbotenen Verletzungshandlung zwar nicht identisch sind, die aber lediglich solche Abweichungen aufweisen, dass sie den Kern der verbotenen Handlung unberührt lassen und deshalb als gleichwertig angesehen werden.[149] Der Unterlassungstitel erfasst auch solche Handlungen, die nur unbedeutend von der verbotenen Form abweichen und den Kern des gerichtlichen Verbots unberührt lassen, wenn sich nur das Charakteristische des verbotenen Verhaltens in der im anschließenden Vollstreckungsverfahren beanstandeten Handlung wiederfindet.[150]

65   Zur Auslegung des Unterlassungstitels sowie zur Ermittlung des Kerns der konkreten Verletzungshandlung sind die Entscheidungsgründe heranzuziehen.

4. Verallgemeinerungen

66   Begehrt der Kläger einen wettbewerbsrechtlichen Verbotsausspruch, der nicht nur die tatsächlich geäußerte Werbeaussage erfasst, sondern auch solche Werbung, die im Kern der konkret verbotenen Werbung entspricht, so ist dies grundsätzlich zulässig. Durch eine solche Verallgemeinerung kann versucht werden, einen Verbotstenor zu erhalten, der nicht bereits durch geringfügige Abänderungen der angegriffenen konkreten Werbung umgangen werden kann.[151] Eine solche Verallgemeinerung soll als Hinweis darauf, dass einem gerichtlichen Verbot des Werbeverhaltens grundsätzlich nicht nur identische, sondern auch kerngleiche Handlungen unterfallen, zulässig

145 BGH Urt v 20.9.2007, Az I ZR 171/04, Tz 23 – Saugeinlagen.
146 BGH GRUR 2009, 672, 678 Rn 57 – OSTSEE-POST; BGH GRUR 2009, 678, 682 Rn 44 – POST/RegioPost.
147 BGH GRUR 2010, 628, 629 Rn 17 – Vorschaubilder; BGH GRUR 2007, 691 Tz 18 – Staatsgeschenk; BGH GRUR 2004, 855, 856 – Hundefigur; *von Ungern-Sternberg* GRUR 2008, 291, 301.
148 BVerfG GRUR 2007, 618 – Organisationsverschulden.
149 Vgl zum Äußerungsrecht KG AfP 2007, 582; OLG München AfP 2001, 322; zum Wettbewerbsrecht OLG Düsseldorf GRUR-RR 2003, 127, 131 – Euro-Service II; OLG Hamburg, GRUR 1990. 637 – Geändertes Formular.
150 BGH GRUR 2007, 607 – Telefonwerbung für „Individualverträge"; OLG Köln GRUR-RR 2008, 62 – Verlosung von WM Tickets.
151 Vgl BGH GRUR 2002, 177, 179 – Jubiläumsschnäppchen; BGH WRP 2000, 1131, 1132 – Lieferstörung; BGH GRUR 2000, 907, 909 – Filialleiterfehler.

sein.[152] Diese Grundsätze, welche die Rechtsprechung zu Unterlassungsklagen im wettbewerbsrechtlichen Bereich zur Verhinderung von Umgehungen des Verbotsausspruchs entwickelt hat, sind im Recht der Bildberichterstattung nicht anwendbar.[153] Die Zulässigkeit einer Bildveröffentlichung bedarf in jedem Einzelfall einer Interessenabwägung, die in Bezug auf Bilder, die noch gar nicht bekannt sind und bei denen insb offen bleibt, in welchem Kontext sie veröffentlicht werden, naturgemäß nicht vorgenommen werden kann.[154] Bei bereits erfolgter Markenverletzung besteht regelmäßig für sämtliche in § 14 Abs 3 MarkenG genannten Verwertungshandlungen (Anbringen, Anbieten, Inverkehrbringen, Einführen, Ausführen etc) eine Begehungsgefahr.[155]

5. Materiellrechtliche Grenzen

In materiellrechtlicher Hinsicht kann ein Antrag zu weit gefasst sein, wenn bspw die Aktivlegitimation nicht für sämtliche Rechte nachgewiesen wird, für bestimmte Handlungen keine Erstbegehungs- oder Wiederholungsgefahr vorliegt oder das vermeintliche Recht, auf das der Antrag – teilweise – gestützt wird, nicht (mehr) existiert. Wird bspw ein Musikwerk unzulässigerweise als Handyklingelton verwendet, so geht ein Antrag, der sich allgemein gegen die Vervielfältigung und Verbreitung des Werkes „in bearbeiteter Form" richtet, zu weit.[156] Als materiellrechtlich zu weitgehend hat das OLG München bspw den Antrag angesehen, Beiträge aus bestimmten – namentlich genannten – Fachzeitschriften per E-Mail oder auf sonstige einzeln bezeichnete Übertragungsarten anzubieten oder zu versenden, da die Möglichkeit bestehe, dass von dem Antrag auch schutzunfähige Beiträge oder Beiträge, an denen die Kläger keine Nutzungsrechte haben, umfasst sind.[157] Nicht selten wird in urheberrechtlichen Verfahren auch unrichtigerweise neben dem Verbot der Verwertung auch ein Verbot der Veröffentlichung eines Werkes beantragt, obwohl dieses bereits rechtmäßig veröffentlicht wurde und das Veröffentlichungsrecht damit bereits verbraucht ist. § 12 UrhG erfasst nur die Erstveröffentlichung.[158] Bestimmte zulässige Nutzungshandlungen können gegebenenfalls negativ – bspw mit der Formulierung „soweit nicht" – aus dem Antrag ausgenommen werden.

67

III. Voraussetzungen

1. Verfügungsanspruch

Der Verfügungsanspruch ist die materiellrechtliche Grundlage, auf welche der Antragsteller sein Antragsbegehren stützt.[159] Im Verfügungsverfahren werden typischerweise Unterlassungsansprüche durchgesetzt. Die Unterlassungsverfügung dient der

68

---

[152] BGH GRUR 2002, 177, 179 – Jubiläumsschnäppchen; BGH NJW 1994, 2820 – Rotes Kreuz; *Melullis* Rn 943.
[153] BGH WRP 2008, 495 – „kerngleiche" Bildberichterstattung.
[154] BGH WRP 2008, 495, 496 – „kerngleiche" Bildberichterstattung.
[155] BGH GRUR 2006, 421, 424 Rn 42 – Markenparfümverkäufe.
[156] OLG Hamburg NJW-RR 2002, 1410 – Handy-Klingeltöne.

[157] OLG München MMR 2007, 525, 526 – Subito.
[158] *Schack* Rn 328; Schricker/Loewenheim/*Dietz* § 12 UrhG Rn 7; *von Welser* 27 f; dagegen LG Berlin GRUR 1983, 761 – Portraitbild; OLG München NJW-RR 1997, 493, 494 – Zeichen am Himmel.
[159] Wandtke/Bullinger/*Kefferpütz* Vor §§ 97 ff UrhG Rn 91.

vorläufigen Sicherung des Unterlassungsanspruches. Ohne die Verfügung wäre der Unterlassungsanspruch bei Fortdauer der Rechtsverletzung für den betreffenden Zeitraum endgültig vereitelt. Die Unterlassungsverfügung führt zwar – für einen Zeitraum – zu einer Befriedigung des Unterlassungsanspruchs. Gleichwohl handelt es sich lediglich um eine vorläufige Sicherungsmaßnahme. Neben dem Unterlassungsanspruch kann auch der Drittauskunftsanspruch aus § 101 Abs 1 UrhG sowie der Auskunftsanspruch gegen Dritte aus § 101 Abs 2 UrhG gem § 101 Abs 7 UrhG im Wege der einstweiligen Verfügung durchgesetzt werden, wenn eine offensichtliche Rechtsverletzung vorliegt.[160] Schließlich kann auch der Vernichtungsanspruch gesichert werden. Da im einstweiligen Rechtsschutz keine endgültigen Verhältnisse geschaffen werden dürfen, kommt eine Vernichtung der Gegenstände, da diese vollendete Tatsachen schafft, nicht in Betracht. Daher kann lediglich eine Sequestration der Gegenstände durch den Gerichtsvollzieher angeordnet werden.

2. Verfügungsgrund

69   Nach § 935 ZPO sind einstweilige Verfügungen in Bezug auf den Streitgegenstand zulässig, wenn zu besorgen ist, dass durch eine Veränderung des bestehenden Zustandes die Verwirklichung des Rechts einer Partei vereitelt oder wesentlich erschwert werden könnte. Ein Verfügungsgrund liegt somit vor, wenn die Sache eilbedürftig ist. Anhaltspunkte für die Eilbedürftigkeit sind unter anderem die Intensität der Verletzung, der drohende Schaden und die Unzumutbarkeit des Zuwartens in der Hauptsacheklage.[161] Für diese Eilbedürftigkeit wird synonym auch das Wort Dringlichkeit verwendet.[162]

70   a) **Dringlichkeitsvermutung.** § 12 Abs 2 UWG begründet für Unterlassungsansprüche eine Vermutung der Dringlichkeit, so dass der Antragsteller im Lauterkeitsrecht von der Glaubhaftmachung der Eilbedürftigkeit befreit ist. Nach § 12 Abs 2 UWG können einstweilige Verfügungen zur Sicherung der im UWG bezeichneten Ansprüche auf Unterlassung auch ohne die Darlegung und Glaubhaftmachung der in den §§ 935 und 940 ZPO bezeichneten Voraussetzungen erlassen werden. Inwieweit diese Vorschrift bei den Spezialgesetzen zum Schutz des geistigen Eigentums anwendbar ist, ist umstritten. Nach inzwischen wohl überwiegender Meinung gilt § 12 Abs 2 UWG weder im Kennzeichenrecht[163] noch im Urheberrecht.[164] Hier muss die Eilbedürftigkeit also besonders begründet werden.

71   b) **Entfallen der Dringlichkeit.** Ob eine Sache dringlich ist, richtet sich grundsätzlich nach der Zeitspanne zwischen der Kenntnisnahme von der Rechtsverletzung und der Beantragung der einstweiligen Verfügung. Die Oberlandesgerichte beurteilen die Frist, innerhalb derer ein Antrag noch als dringlich anzusehen ist, unterschiedlich.[165]

---

160 Vgl OLG Hamburg GRUR-RR 2007, 381 – BetriebsratsCheck.
161 *Lieber/Zimmermann* Rn 182.
162 Vgl OLG Hamburg GRUR-RR 2007, 181 – Slowakischer Fußball; KG NJW-RR 2001, 1201 – Aufstellung einer Skulptur in Gartenanlage; OLG Köln GRUR 2000, 417 – Elektronischer Pressespiegel.
163 OLG München GRUR 2007, 174 – Wettenvermittlung; *Lieber/Zimmermann* Rn 180.

164 Vgl Wandtke/Bullinger/*Kefferpütz* Vor §§ 97 ff UrhG Rn 93; OLG Hamburg GRUR-RR 2002, 249 – Handy-Klingeltöne; OLG Stuttgart ZUM-RD 2009, 455, 457 – Ordenssammlung.
165 Umfangreiche Übersicht bei Köhler/Bornkamm/*Köhler* § 12 UWG Rn 3.15.

Die Bandbreite liegt zwischen einem und bis zu sechs Monaten, wobei zum Teil Regelfristen entwickelt wurden, stets aber die besonderen Umstände des Einzelfalls berücksichtigt werden. Das OLG München ging in seiner älteren Rechtsprechung von einer Frist von vier Wochen[166] und in neueren Entscheidungen von einem Monat[167] aus, nach deren Verstreichen die Dringlichkeitsvermutung widerlegt ist.[168] Das LG Bochum, das LG Düsseldorf und das LG Köln haben sich in Einzelfällen bereits dieser Monatsfrist angeschlossen. Auch das OLG Hamm geht von einer Monatsfrist aus.[169] Das Oberlandesgericht Hamburg war früher in besonderen Fällen auch noch mehrere Monate nach Kenntniserlangung von der Rechtverletzung bereit, eine besondere Eilbedürftigkeit anzunehmen.[170] Nach der neueren Rechtsprechung des OLG Hamburg ist die Dringlichkeitsvermutung des § 12 Abs 2 UWG in aller Regel widerlegt, wenn der Verletzte fast zwei Monate zwischen der Kenntniserlangung von dem Wettbewerbsverstoß und der Einreichung des Verfügungsantrages vergehen lässt, ohne den Verletzten vorher abzumahnen.[171] In anderen Entscheidungen hat das Oberlandesgericht Hamburg bereits ein Zuwarten von ca. sechs Wochen als dringlichkeitsschädlich beurteilt.[172] Die Frist beginnt grundsätzlich erst mit Kenntnis der konkreten Verletzungshandlung.[173]

Umstritten ist, ob eine wegen zu langen Zuwartens entfallene Dringlichkeit im Hinblick auf die Erstbegehungsgefahr der Annahme der Dringlichkeit für den auf Wiederholungsgefahr gestützten Anspruch entgegensteht, wenn der in Anspruch Genommene das angekündigte Verhalten später tatsächlich umgesetzt hat. Die wohl überwiegende Ansicht geht davon aus, dass dann, wenn die Verletzungsform ihrer Ankündigung entspricht, kein Grund für die Annahme einer neuen Dringlichkeit bestehe.[174] Gegen diese Ansicht lässt sich anführen, dass es sich bei dem auf die Erstbegehungsgefahr gestützten vorbeugenden Unterlassungsanspruch und dem auf eine Verletzungshandlung gestützten Unterlassungsanspruch um verschiedene Streitgegenstände handelt.[175] Nach – schwierig zu begründender – Auffassung einiger Gerichte – unter anderem des OLG München und des LG München – kann die Dringlichkeit bei Internetsachverhalten dadurch entfallen, dass die Verletzungshandlung auf der angegriffenen Website eingestellt wurde. Folgt man dieser Rechtsauffassung, so kann der Geschädigte seine Ansprüche nur im Hauptsacheverfahren verfolgen, sobald die Rechtsverletzung von der Website entfernt wurde.

72

Zu den Umständen, unter denen die Dringlichkeit als widerlegt angesehen wird, gehört nicht nur das unbegründete Zuwarten mit der Beantragung der einstweiligen

73

---

166 OLG München GRUR 1980, 1017 – Contact-Linsen; OLG München GRUR 1980, 329 – Vertriebsunternehmen.
167 OLG München GRUR-RR 2008, 310 – Jackpot-Werbung.
168 OLG München GRUR 1992, 328 – Dringlichkeitsvermutung.
169 OLG Hamm MMR 2009, 628 – Bundesligakarten.
170 OLG Hamburg GRUR 1983, 436 – Puckmann.
171 OLG Hamburg WRP 2007, 1251, 1252 – Simyo Industries.
172 OLG Hamburg GRUR-RR 2008, 366 – Simplify your Production; OLG Hamburg GRUR-RR 2007, 302, 304 – Titelseite.

173 OLG Hamburg ZUM 2009, 575 – Ich & Ich.
174 OLG Stuttgart ZUM-RD 2009, 455, 458 – Ordenssammlung; OLG Hamburg NJW-RR 2008, 100, 101; KG NJW-RR 2001, 1201, 1202; *Teplitzky* WRP 2005, 654, 661; *Teplitzky* Kap 54 Rn 37; dagegen Harte/Henning/*Retzer* § 12 UWG Rn 315; Fezer/*Büscher* § 12 UWG Rn 68; Wandtke/Bullinger/*Kefferpütz* Vor §§ 97 ff UrhG Rn 90; OLG München NJOZ 2002, 1450, 1452.
175 Vgl BGH GRUR 2006, 421, Rn 25 – Markenparfümverkäufe; *Berneke* Rn 81.

Verfügung, sondern auch verzögerndes Verhalten des Antragstellers im Prozess. Lässt der Antragsteller vor Erlass der einstweiligen Verfügung gegen sich ein Versäumnisurteil ergehen, macht er damit deutlich, dass es ihm nicht eilig war.[176] Gleiches gilt, wenn der erstinstanzlich unterlegene Verfügungskläger sich die Berufungsbegründungsfrist um einen Monat verlängern lässt und diese verlängerte Frist fast vollständig ausnutzt.[177] Die Dringlichkeitsvermutung wird durch den Antragsteller selbst widerlegt, wenn er gegen einen zurückweisenden Beschluss des Landgerichts sofortige Beschwerde einlegt, diese aber nicht unmittelbar begründet.[178]

74   Die Dringlichkeit kann aber auch durch ein Verhalten nach Erlass der einstweiligen Verfügung beeinflusst werden.[179] Erklärt bspw der Gläubiger nach Erlass einer einstweiligen Verfügung im Hinblick auf Vergleichsverhandlungen sein Einverständnis, „bis zu einer Entscheidung des Verfügungsverfahrens" auf die Zwangsvollstreckung aus dem Titel zu verzichten, kann dies die Dringlichkeitsvermutung nach Auffassung des OLG Köln beseitigen.[180] Will sich der Gläubiger nicht der Gefahr eines Schadensersatzanspruches aus § 945 ZPO aussetzen, kann er nach Auffassung des OLG Frankfurt für sich kein Eilbedürfnis reklamieren.[181] Die Dringlichkeitsvermutung des § 12 Abs 2 UWG kann bspw auch dadurch widerlegt sein, dass sich die in erster Instanz erfolgreiche Verfügungsklägerin – auf den mit der Terminierung erfolgten Hinweis des Berufungsgerichts auf Bedenken hinsichtlich ihrer Aktivlegitimation – zur Vermeidung eines – ihre erwirkte einstweilige Verfügung aufhebenden – Endurteils in die Säumnis flüchtet.[182]

3. Glaubhaftmachung

75   Ebenso wie ein Kläger in einem ordentlichen Klageverfahren diejenigen Tatsachen darzulegen und zu beweisen hat, die seine Ansprüche begründen, muss der Antragsteller diese im einstweiligen Verfügungsverfahren glaubhaft machen. Die Glaubhaftmachung ist eine vereinfachte Form der Beweisführung. Zur Glaubhaftmachung können sämtliche nach der ZPO zulässigen Beweismittel verwendet werden. Ein abschließender Katalog von Glaubhaftmachungsmitteln existiert nicht. Außerdem sind insb auch eidesstattliche Versicherungen zulässig.[183] Grundsätzlich muss der Antragsteller auch das Nichtvorliegen etwaiger Einreden und Einwendungen glaubhaft machen.[184] Diese Glaubhaftmachungslast erstreckt sich freilich nicht auf alle denkbaren Umstände, die dem geltend gemachten Anspruch entgegenstehen könnten, sondern nur auf solche, deren Vorliegen aufgrund des ansonsten vorgetragenen Sachverhalts sowie gegebenenfalls der Beantwortung der Abmahnung als wahrscheinlich erscheint.

76   Die Anforderungen an die Glaubhaftmachung dürfen nicht überspannt werden. Insb bei urheberrechtlichen Rechteketten kann ein lückenloser Nachweis sehr schwierig sein. Da hier unter Umstünden langwierige Recherchen erforderlich wären, betont

---

[176] OLG Hamm GRUR 2007, 173 – interoptik.de.
[177] KG BeckRS 2009 14692.
[178] KG BeckRS 2008 09719 – Unterlassene Beschwerdebegründung.
[179] KG NJOZ 2010, 1562; OLG Köln BeckRS 2010, 5259; OLG Frankfurt Urt v 25.3.2010, Az 6 U 219/09, – Whiskey-Cola, abgerufen am 2.8.2010 unter www.rechtsprechung.hessen.de.

[180] OLG Köln BeckRS 2010, 5259.
[181] OLG Frankfurt Urt v 25.3.2010, Az 6 U 219/09, Rn 7 – Whiskey-Cola.
[182] OLG Celle MMR 2009, 483 – Flucht in die Säumnis.
[183] Wandtke/Bullinger/*Kefferpütz* Vor §§ 97 ff UrhG Rn 92.
[184] Wandtke/Bullinger/*Kefferpütz* Vor §§ 97 ff UrhG Rn 91.

die Rechtsprechung, dass ein schneller und wirksamer Rechtsschutz nicht dadurch unmöglich gemacht werden darf, dass man dem Rechteinhaber nicht gestattet, mit einigermaßen plausiblen Glaubhaftmachungsmitteln einen einstweiligen Titel zu erwirken, weil sich später herausstellen kann, dass sich etwaige Lücken in der Rechtekette nur durch in zweiter Instanz vorgelegtes Material schließen lassen.[185] Das OLG Hamburg verweist zur Begründung darauf, dass sich die Anforderungen an ein Parteivorbringen auch danach richten, wie sich die Gegenseite zum Vortrag des Antragstellers einlässt.[186] Bei längerer Recherche riskiert der Antragsteller, dass die Eilbedürftigkeit seines Antrags verneint wird.

4. Mündliche Verhandlung und Prozessleitung

Findet eine mündliche Verhandlung statt, so gelten grundsätzlich die Vorschriften **77** der ZPO über die mündliche Verhandlung. Eine Besonderheit besteht allerdings darin, dass die Parteien in der mündlichen Verhandlung auch völlig neue Tatsachen einbringen können.[187] Grundsätzlich ist es Sache der Parteien, zum Sach- und Streitstand vorzutragen und zu entscheiden, welche Angriffs- und Verteidigungsmittel in den Rechtsstreit eingeführt werden sollen. Nach § 139 Abs 1 ZPO hat das Gericht das Sach- und Streitverhältnis mit den Parteien nach der tatsächlichen und rechtlichen Seite zu erörtern. Dabei soll das Gericht dahin wirken, dass die Parteien sich rechtzeitig und vollständig über alle erheblichen Tatsachen erklären, insb ungenügende Angaben zu den geltend gemachten Tatsachen ergänzen, die Beweismittel bezeichnen und die sachdienlichen Anträge stellen. Diese Hinweispflicht gilt grundsätzlich auch im Verfügungsverfahren.[188]

5. Wiederholte Antragstellung bei verschiedenen Gerichten

Das zuweilen praktizierte Vorgehen, einen Verfügungsantrag im Falle der Anberau- **78** mung einer mündlichen Verhandlung zurückzunehmen, um ihn anschließend in der Hoffnung besserer Erfolgsaussichten bei einem anderen Gericht erneut einzureichen, stellt nach der Auffassung des OLG Hamburg einen Fall des missbräuchlichen »forum-shoppings« dar, welcher die Dringlichkeitsvermutung des § 12 Abs 2 UWG entfallen lässt.[189] Nach dem OLG Hamburg hat ein Antragsteller in einem einstweiligen Verfügungsverfahren gem § 12 Abs 2 UWG kein schützenswertes Interesse daran, einem Gericht den Antrag sanktionslos wieder entziehen zu können, nur weil zweifelhaft ist, ob das angerufene Gericht seiner Rechtsauffassung uneingeschränkt folgt. Das im Rahmen von § 12 Abs 2 UWG vorausgesetzte Rechtsschutzbedürfnis bestehe allein darin, zeitnah eine gerichtliche Überprüfung des Sachverhalts sowie eine vollstreckbare Entscheidung zu erhalten und umfasse daher nicht das Interesse des Antragstellers, nur solche Verfahren beschreiten zu wollen, deren Ausgang mit Sicherheit dem erwünschten Ergebnis entspricht. Ein unheilbarer Verfahrensmangel liegt demgegenüber vor, wenn der zweite Verfügungsantrag eingereicht wird, bevor der erste zurückgenommen wurde.[190]

[185] OLG Hamburg GRUR-RR 2003, 135 – Bryan Adams.
[186] OLG Hamburg GRUR-RR 2003, 135, 135 – Bryan Adams.
[187] *Berneke* Rn 145; *Klute* GRUR 2003, 34.
[188] Vgl OLG Stuttgart NJW 2001, 1145 –

Hinweispflicht und Befangenheit; *Berneke* Rn 145; krit zur Anwendung im einseitigen Beschlussverfahren *Teplitzky* GRUR 2008, 34.
[189] OLG Hamburg GRUR 2007, 614 – forum-shopping.
[190] OLG Hamburg BeckRS 2010 10601.

6. Vollziehung der einstweiligen Verfügung

79 **a) Erfordernis der Vollziehung.** Eine einstweilige Verfügung muss nach §§ 929 Abs 2, 936 ZPO innerhalb eines Monats nach Zustellung (Beschluss) bzw Verkündung (Urteil) vollzogen werden, anderenfalls verliert sie nach § 929 Abs 2 ZPO ihre Wirkung. Der Verfügungsgegner kann sie dann nach § 927 Abs 1 ZPO aufheben lassen. Unter der Vollziehung einer einstweiligen Verfügung ist nach §§ 928, 936 ZPO grundsätzlich deren Vollstreckung zu verstehen. Da die Vollstreckung eines Unterlassungsgebotes mittels Ordnungsmitteln nach § 890 ZPO erst dann in Betracht kommt, wenn der Schuldner gegen dieses Gebot verstoßen hat, genügt zur Vollziehung bereits die Zustellung der mit der Ordnungsmittelandrohung versehenen Entscheidung im Parteibetrieb nach §§ 191, 192 ZPO.[191] Ebenso als Vollziehung anzusehen wäre ein separater Antrag auf Androhung von Ordnungsmitteln, der in der Praxis allerdings selten vorkommt, da der Antrag auf Androhung von Ordnungsmitteln in aller Regel in den Verfügungsantrag aufgenommen wird. Besonderes Augenmerk ist geboten, wenn die einstweilige Verfügung auch einen Auskunftsanspruch enthält. § 888 ZPO sieht zur Vollstreckung eines Anspruchs auf Auskunftserteilung die Anordnung von Zwangsmitteln vor. Ist die Auskunft nicht innerhalb der Monatsfrist erteilt worden, ist der fristgerechte Antrag des Gläubigers auf Festsetzung eines derartigen Zwangsmittels erforderlich.[192]

80 **b) Monatsfrist.** Die Notwenigkeit der Vollziehung im Parteibetrieb gilt auch für eine Urteilsverfügung, die gem § 317 ZPO bereits von Amts wegen zugestellt werden. Ist seit dem Tag, an dem die einstweilige Verfügung verkündet (Urteilsverfügung) oder dem Antragsteller zugesandt worden ist (Beschlussverfügung), ein Monat verstrichen, so kann diese nicht mehr vollzogen werden.[193] Der Antragsgegner könnte dann die Verfügung entweder durch einen Widerspruch nach §§ 924, 936 ZPO oder durch einen Antrag nach §§ 927, 936 ZPO aufheben lassen. Bei Auslandszustellungen reicht die rechtzeitige Beantragung aus.[194]

81 **aa) Beschlussverfügungen.** Einstweilige Verfügungen, die ohne mündliche Verhandlung im Beschlusswege ergehen, werden dem Antragsteller vom Gericht zugesandt. Der Antragsgegner erhält hingegen vom Gericht keine Zustellung oder Mitteilung. Vielmehr hat der Antragsteller die Beschlussverfügung im Parteibetrieb zustellen zu lassen. Die einmonatige Vollziehungsfrist beginnt mit dem **Zugang der Beschlussverfügung** beim Antragsteller.

82 **bb) Urteilsverfügungen.** Bei der nach einer mündlichen Verhandlung erlassenen Urteilsverfügung beginnt die Monatsfrist für die Zustellung im Parteibetrieb mit der **Verkündung des Urteils**. Die Urteilsverfügung wird zwar beiden Parteien von Amts

---

191 Vgl BGH GRUR 1993, 415 – Straßenverengung; *Teplitzky* Kap 55 Rn 40.
192 OLG Düsseldorf BeckRS 2010 05025.
193 § 929 Abs 2 ZPO stellt zwar auf die „Zustellung" der Beschlussverfügung an den Antragsteller ab; allerdings setzt auch eine formlose Aushändigung des Beschlusses die

Frist in Gang, da der Verfügungsgläubiger von diesem Zeitpunkt an zustellen kann (Zöller/*Vollkommer* § 929 ZPO Rn 5; *Berneke* Rn 305; Ahrens/*Berneke* Kap 57 Rn 50).
194 Vgl OLG Düsseldorf GRUR-RR 2001, 94, 95 – Zustellung im Parteibetrieb; *Berneke* Rn 308.

wegen zugestellt. Gleichwohl muss der Antragssteller sie noch vollziehen.[195] Die Zustellung durch das Gericht reicht also keinesfalls aus.

Da die Vollziehungsfrist bereits mit der Verkündung des Verfügungsurteils zu laufen beginnt, ist der Antragsteller gehalten, frühzeitig bei Gericht um Aushändigung einer geeigneten Urteilsausfertigung nachzusuchen. Die Vollziehungsfrist wird nämlich insb nicht dadurch gehemmt, dass der Antragsteller auf die Aushändigung einer solchen Urteilsausfertigung warten muss. Wird eine einstweilige Verfügung auf einen Widerspruch hin modifiziert oder auf die Berufung des Antragsgegners in der zweiten Instanz neu erlassen, so bedarf es einer erneuten Zustellung.[196]   **83**

c) **Heilung.** War der Zustellungsvorgang mangelhaft, so kommt eine Heilung nach   **84**
§ 189 ZPO in Betracht.[197] Ist nicht der Zustellungsvorgang, sondern das zugestellte Schriftstück selbst mangelhaft, so kommt eine Heilung nach § 189 ZPO nicht in Betracht.[198]

d) **Zuzustellendes Dokument.** Grundsätzlich ist eine Ausfertigung oder eine beglaubigte Abschrift zuzustellen.[199] Die Zustellung muss dergestalt erfolgen, dass das gerichtliche Gebot aus sich heraus verständlich ist.[200] Dabei darf bspw keine Seite fehlen.[201] Bei einer Urschrift, die Farbbilder enthält, reicht die Zustellung einer schwarz/weißen Ausfertigung grundsätzlich nicht aus.[202] Dienen die farbigen Ablichtungen allein der Identifizierung urheberrechtswidrig verwendeter Lichtbilder, so genügt die Zustellung einer schwarz/weißen Ausfertigung, wenn sich hieraus erkennen lässt, auf welche Lichtbilder sich das ausgesprochene Verbot tatsächlich bezieht.[203]   **85**

aa) **Ausfertigung.** Eine Ausfertigung ist eine in gesetzlich bestimmter Form gefertigte Abschrift, die die bei den Akten verbleibende Urschrift nach außen vertritt.[204] Sie bietet dem Zustellungsempfänger die Gewähr der Übereinstimmung mit der bei den Akten verbleibenden Urteilsurschrift. Bei der Zustellung im Parteibetrieb wird dem Zustellungsadressaten eine Ausfertigung oder eine beglaubigte Abschrift der Ausfertigung ausgehändigt.[205] Der Gerichtsvollzieher übergibt dem Schuldner die Ausfertigung bzw die beglaubigte Abschrift verbunden mit der beglaubigten Abschrift des Zustellungsvermerks. Anschließend erhält der Gläubiger die Ausfertigung fest verbunden mit der Zustellungsurkunde zurück. Vor Weiterleitung der Dokumente an den Gerichtsvollzieher empfiehlt es sich dringend, diese auf ihre Fehlerlosigkeit hin zu   **86**

---

195 BGH GRUR 2009, 890, 891 – Ordnungsmittelandrohung; OLG Stuttgart GRUR-RR 2009, 194 – Zustellungserfordernis.
196 OLG Düsseldorf NJW-RR 2000, 68; OLG Hamburg GRUR-RR 2007, 152; *Kühnen/Geschke* Rn 689.
197 Vgl Zöller/*Vollommer* § 929 ZPO Rn 14; Ahrens/*Berneke* Kap 57 Rn 42; *Klute* GRUR 2005, 924.
198 *Teplitzky* Kap 55 Rn 47a; Harte/Henning/*Retzer* § 12 UWG Rn 539; Zöller/*Stöber* § 189 ZPO Rn 8; dagegen Musielak/*Wolst* § 189 ZPO Rn 2.
199 *Berneke* Rn 316.
200 Vgl OLG Düsseldorf GRUR 1984, 78 –

Vollziehung ohne Anlagen; OLG Köln GRUR 1987, 404 – Unvollständige Zustellung.
201 BGH GRUR 1998, 746 – Unzulängliche Zustellung.
202 OLG Frankfurt GRUR 2009, 995, 996 – Farbige Skulpturen; OLG Hamburg GRUR-RR 2007, 406 – Farbige Verbindungsanlage.
203 OLG Köln GRUR-RR 2010, 175, 176 – Farbige Lichtbilder im Beschlusstenor.
204 BGH NJW 2010, 2519 Rn 7 – Zustellung einer Urteilsausfertigung.
205 Vgl BGH GRUR 2004, 264, 265 – Euro-Einführungsrabatt; *Berneke* Rn 316; *Kühnen/Geschke* Rn 687.

überprüfen. Denn eine unvollständige Ausfertigung kann nicht Grundlage einer wirksamen Vollziehung sein.[206]

87   Die **Ausfertigung** muss die **Unterschriften der Richter** wiedergeben.[207] Eine Wiedergabe in Maschinenschrift reicht aus.[208] Eine zum Zwecke der Zustellung hergestellte Ausfertigung muss die Urschrift wortgetreu wiedergeben. Gibt die zugestellte Ausfertigung die Unterschrift eines Richters wieder, der das Urteil nicht selbst unterschrieben hat, enthält sie einen derart schwerwiegenden Fehler, dass die Zustellung nicht als wirksam angesehen werden kann.[209] Ebenso erforderlich ist, dass die Ausfertigung einen **Ausfertigungsvermerk** enthält, der die **Unterschrift des Urkundsbeamten** der Geschäftsstelle, den Vermerk „Ausgefertigt" und das **Gerichtssiegel** trägt.[210]

88   bb) **Beglaubigte Abschrift.** Die Beglaubigung der Abschriften wird nach § 192 Abs 1 ZPO von dem Gerichtsvollzieher vorgenommen. Die Beglaubigung kann **auch durch den Rechtsanwalt** erfolgen.[211] Für die Beglaubigung ist erforderlich, dass sich die Beglaubigung unzweideutig auf das gesamte Schriftstück erstreckt und dessen Blätter als Einheit derart verbunden sind, dass die körperliche Verbindung als dauernd gewollt erkennbar und nur durch Gewaltanwendung zu lösen ist.[212] Eine aus mehreren Blättern bestehende Abschrift einer Beschlussverfügung sollte mit Heftklammern zusammengeheftet werden, wobei sich der **Beglaubigungsvermerk** auf dem letzten Blatt befinden und sich damit auf das gesamte zugestellte Schriftstück beziehen sollte.[213] Auch hier müssen der **Ausfertigungsvermerk**, also die **Unterschrift des Urkundsbeamten** der Geschäftsstelle, der Vermerk „Ausgefertigt" und das **Gerichtssiegel** erkennbar sein.[214]

89   cc) **Antragsschrift und Anlagen.** Ob zusätzlich die Antragsschrift oder weitere Anlagen zuzustellen sind, beurteilt sich vor allem danach, ob dies gerichtlich angeordnet ist. Die Praxis der Oberlandesgerichte im Hinblick auf solche Anordnungen und die Rechtsfolgen unterlassener Zustellungen von Antragsschriften und Anlagen ist durchaus unterschiedlich.[215] So ordnet das Landgericht Düsseldorf bspw in derartigen Fällen an: *„Bei Zustellung sind diesem Beschluss beglaubigte und einfache Abschrift der Antragsschrift nebst Anlagen beizufügen".*[216] Bei Beschlussverfügungen ist die Zustellung der Antragsschrift zumindest dann erforderlich, wenn die Verfügung nicht aus sich heraus klar und eindeutig ist.[217] Selbiges gilt, wenn Dokumente durch ausdrückliche Bezugnahme im Tenor der Entscheidung zu deren Bestandteil gemacht wurden.[218] Nach Auffassung des OLG München ist die Beifügung der Antragsschrift für eine wirksame Zustellung auch dann erforderlich, wenn das Gericht in der Verfügung auf den Antrag Bezug genommen und ihn ausdrücklich zum Bestandteil seines

---

206 BGH GRUR 1998, 746 – Unzulängliche Zustellung.
207 Vgl OLG Hamm GRUR 1989, 298.
208 Zöller/*Stöber* § 169 ZPO Rn 14.
209 OLG Hamm GRUR 1989, 298.
210 Vgl BGH NJW 2010, 2519 Rn 8; BGH NJW 1963, 1307, 1309; OLG Hamburg WRP 1994, 408, 409; *Berneke* Rn 317; Zöller/*Stöber* § 169 ZPO Rn 15; MüKo/*Schlingloff* § 12 UWG Rn 512.
211 BGH GRUR 2004, 264, 265 – Euro-Einführungsrabatt; Zöller/*Stöber* § 192 ZPO Rn 6.
212 Instruktiv BGH GRUR 2004, 264, 265 –

Euro-Einführungsrabatt; vgl BGH NJW 1974, 1383, 1384.
213 BGH GRUR 2004, 264, 265 – Euro-Einführungsrabatt; *Bernecke* Rn 318.
214 Vgl OLG Hamburg WRP 1994, 408, 409.
215 Vgl hierzu LG Köln BeckRS 2010, 17446.
216 LG Düsseldorf BeckRS 2009, 19089.
217 Vgl OLG Hamm BeckRS 2010 04617; OLG Düsseldorf, GRUR 1984, 78 – Vollziehung ohne Anlagen; *Kühnen/Geschke* Rn 687; MüKo/*Schlingloff* § 12 UWG Rn 512.
218 OLG Köln GRUR 1987, 404 – Unvollständige Zustellung.

Beschlusses gemacht hat, selbst wenn das mit einer einstweiligen Verfügung ausgesprochene Verbot aus sich heraus verständlich ist.[219] Nach Auffassung des OLG Köln ist die Vollziehungsfrist hingegen auch dann gewahrt, wenn der Verfügungsbeschluss zugestellt wird, die Beifügung der Antragsschrift aber unterbleibt, selbst wenn das Gericht in dem Verfügungsbeschluss dem Antragsteller aufgegeben hat, der Antragsgegnerin eine anwaltlich beglaubigte Durchschrift der Antragsschrift mit zuzustellen, die Wirksamkeit der Zustellung von der Einbeziehung der Antragsschrift aber nicht abhängig gemacht hat.[220] Anlagen, die ausdrücklich im Tenor in Bezug genommen und dadurch zum integrierenden Bestandteil der Verfügung werden, müssen allerdings vollständig mit zugestellt werden, um die Vollziehungsfrist zu wahren.[221] Aus Praxissicht empfiehlt es sich, beglaubigte Kopien der Antragsschrift und der Anlagen generell mit zuzustellen, da dies jedenfalls keinen Nachteil mit sich bringt. Die dem Gerichtsvollzieher nach § 192 Abs 2 ZPO auszuhändigenden Schriften müssen ebenfalls einen Ausfertigungsvermerk enthalten. Auch zuzustellende Anlagen müssen beglaubigt werden, wobei der Beglaubigungsvermerk das gesamte Dokument umfassen muss.

e) **Zustellungsadressat.** Grundsätzlich ist der Antragsgegner selber und nicht sein anwaltlicher Vertreter Zustellungsadressat. Sofern der Antragsgegner im Verfügungsverfahren anwaltlich vertreten wurde, ist an seinen Verfahrensbevollmächtigten zuzustellen. Andernfalls ist die Verfügung nicht wirksam vollzogen.[222] Wurde der Antragsgegner in einem vorausgegangenen Abmahnverfahren von einem Rechtsanwalt vertreten, so rechtfertigt dies allein noch nicht, ihn als Zustellungsadressaten anzusehen.[223] In Zweifelsfällen bietet es sich an, sowohl an den Antragsgegner selbst als auch an seinen anwaltlichen Vertreter zuzustellen. **90**

f) **Antrag bei der Parteizustellung.** Die Zustellung wird dadurch eingeleitet, dass an die Gerichtsvollzieherverteilerstelle des zuständigen Amtsgerichtes am Sitz des Antragsgegners ein entsprechender Zustellungsauftrag gerichtet wird. Dem zuständigen Gerichtsvollzieher kann das Schriftstück mit Auftrag allerdings auch direkt übermittelt werden, was sich in eiligen Fällen durchaus anbietet. Dem Gerichtsvollzieher sind das zuzustellende Schriftstück und die erforderlichen Abschriften nach § 192 Abs 2 ZPO auszuhändigen. Da die Urschrift (Original) der Verfügung in den Gerichtsakten verbleibt, handelt es sich dabei um Ausfertigungen. Bei **Urteilsverfügungen** reicht auch eine so genannte **abgekürzte Ausfertigung** nach § 750 Abs 1 ZPO, die keinen Tatbestand und keine Entscheidungsgründe enthält, grundsätzlich aus.[224] **91**

g) **Zustellung von Anwalt zu Anwalt.** Grundsätzlich ist die einstweilige Verfügung dem Antragsgegner zuzustellen. Hat der Antragsgegner einen Verfahrensbevollmächtigen, so muss an diesen zugestellt werden.[225] Eine Bestellung mit der Folge, dass der Verfahrensbevollmächtigte zum Zustellungsadressaten wird, liegt vor, wenn dieser **92**

---

[219] OLG München NJW-RR 2003, 1722.
[220] OLG Köln NJOZ 2004, 2621.
[221] OLG Köln NJW-RR 1987, 575; OLG Köln GRUR 1995, 284.
[222] OLG Hamburg GRUR-RR 2007, 296 – Sicherheitsprofil; OLG Hamburg NJOZ 2007, 2691 Vollziehung einer Urteils-Unterlassungsverfügung.

[223] OLG Düsseldorf GRUR-RR 2005, 102 – Haartrockner; OLG Köln GRUR-RR 2005, 143 – Couchtisch; MüKo/*Schlingloff* § 12 UWG Rn 508.
[224] MüKo/*Schlingloff* § 12 UWG Rn 513.
[225] OLG Köln GRUR 2001, 456 – Wahrung der Vollziehungsfrist; *Teplitzky* Kap 55 Rn 43.

dem Gericht oder dem Antragsteller mitgeteilt hat, für das Verfahren bevollmächtigt zu sein. Gegebenenfalls kann bereits die Einreichung einer Schutzschrift ausreichen, wenn der Antragsteller von ihr Kenntnis erlangt.[226] Der Antragssteller ist aber gut beraten, in Zweifelsfällen sowohl an den Antragsgegner als auch an dessen mutmaßlichen Verfahrensbevollmächtigen zuzustellen. Nach § 195 ZPO kann von Anwalt zu Anwalt zugestellt werden, wenn beide Parteien anwaltlich vertreten sind. Die Einschaltung eines Gerichtsvollziehers erübrigt sich in solchen Fällen. Grundsätzlich reicht bei der Zustellung von Anwalt zu Anwalt die Übermittlung einer beglaubigten Abschrift der Ausfertigung. Anders als bei der Zustellung mittels Gerichtsvollzieher muss die Ausfertigung nicht beigefügt werden. Für die Zustellung einer beglaubigten Abschrift von Anwalt zu Anwalt ist es erforderlich, dass die Abschrift mit einem Beglaubigungsvermerk, der den Gleichlaut aller Seiten bestätigt, zugestellt wird. Die Beglaubigung muss sich unzweideutig auf das gesamte Schriftstück erstrecken und dessen Blätter als Einheit derart verbinden, dass die körperliche Verbindung als dauernd gewollt erkennbar und nur durch Gewaltanwendung zu lösen ist.[227]

93   Die Zustellung mittels Telefax, bei dem die Seiten naturgemäß unverbunden sind, kann insofern problematisch sein. Nach Auffassung des OLG Brandenburg reicht es nicht aus, dass die Abschrift auf der ersten und auf der letzten Seite mit einem entsprechenden Vermerk versehen ist.[228] Nach Auffassung des OLG Frankfurt ist die Übereinstimmung der einer Faxsendung mit der Urschrift nicht zweifelsfrei gewährleistet, wenn sich bei einer per Fax übermittelten, mit verschiedenen Anlagen versehenen Beschlussverfügung der Beglaubigungsvermerk auf der Schlussseite der Sendung befindet.[229]

94   Die Zustellung erfolgt mit Hilfe eines vorbereiteten **Empfangsbekenntnisses**, welches von dem Verfahrensbevollmächtigten des Antragsgegners zu unterzeichnen und zurückzusenden ist. Die Zustellung ist insofern vereinfacht, als anstelle der Zustellung durch den Gerichtsvollzieher die einfache Übersendung per Post oder per Telefax ausreicht.[230] Die einstweilige Verfügung ist dann zugestellt, wenn der Anwalt des Antragsgegners von der Verfügung Kenntnis erlangt und seinen Annahmewillen durch die Unterzeichnung des Empfangsbekenntnisses bekundet.[231] Der Adressat muss vom Zugang des Schriftstücks nicht nur Kenntnis erhalten, sondern zudem entscheiden, ob er es als zugestellt ansieht. Die Äußerung des Willens, das Schriftstück anzunehmen (Empfangsbereitschaft), ist – anders als etwa bei einer Zustellung durch den Gerichtsvollzieher – zwingende Voraussetzung einer wirksamen Zustellung.[232] Zur Unterzeichnung eines solchen Empfangsbekenntnisses ist der Anwalt standesrechtlich verpflichtet.

95   h) **Zustellung im Ausland.** Bei einstweiligen Verfügungen ist eine Zustellung unabhängig davon erforderlich, ob es sich um eine Beschluss- oder eine Urteilsverfügung handelt. Zustellungen im Ausland beurteilen sich im Verhältnis zwischen den EU-

---

226 Vgl OLG Köln GRUR-RR 2001, 71 – Schutzschriftanwalt.
227 BGH GRUR 2004, 264, 265 f – Euro-Einführungsrabatt.
228 OLG Brandenburg BeckRS 2008 08676.
229 OLG Frankfurt GRUR-RR 2010, 400 Versteckter Beglaubigungsvermerk.

230 OLG Köln NJOZ 2007, 1981; OLG München BeckRS 2007, 09698.
231 BGH WRP 2007, 189, 190 – Empfangsbekenntnis; OLG Köln NJOZ 2007, 1981.
232 OLG Hamm BeckRS 2010 04617.

Staaten nach der EuZVO.[233] Umfangreiche Informationen zur Zustellung in der EU enthält der „Europäische Gerichtsatlas für Zivilsachen" (http://ec.europa.eu/justice_home/judicialatlascivil/html/index_de.htm). Art 15 EuZVO sieht die Parteizustellung vor.[234] Danach kann jeder Verfahrensbeteiligte gerichtliche Schriftstücke unmittelbar durch zuständige Personen des Empfangsmitgliedstaats zustellen lassen, wenn eine solche unmittelbare Zustellung nach dem Recht dieses Mitgliedstaats zulässig ist. Soweit das deutsche Recht Parteizustellung zulässt, kann sich die Partei, welche eine einstweilige Verfügung im Ausland zustellen will, unmittelbar an die zuständige Person im Empfangsstaat wenden, wenn auch dieser die Parteizustellung erlaubt.

96 Daneben gilt das „Haager Übereinkommen vom 15.11.1965 über die Zustellung gerichtlicher und außergerichtlicher Schriftstücke im Ausland in Zivil- oder Handelssachen" (HZÜ). Fragen können sich insb bei der Zustellung von Beschlussverfügungen, von Entscheidungen mit Ordnungsmittelandrohung bzw. von isolierten Ordnungsmittelandrohungen und von Entscheidungen ohne Begründung ergeben.

97 **aa) Beschlussverfügungen.** Grundsätzlich können – trotz fehlenden rechtlichen Gehörs – auch Beschlussverfügungen im Ausland zugestellt werden. Das KG hatte über einen Fall zu entscheiden, in dem die Antragstellerin eine Beschlussverfügung in den Niederlanden zustellen ließ. Das KG hielt diese Zustellung für wirksam.[235] Zwar sei zur Vollstreckung aus der einstweiligen Verfügung in den Niederlanden eine dort zu beantragende Anerkennung notwendig. Der Vollzug der einstweiligen Verfügung durch Zustellung derselben im Parteibetriebe sei indes keine Vollstreckungsmaßnahme, sondern habe dieser nach § 750 ZPO vorauszugehen. Auch wenn die Zustellung der Wahrung der Vollziehungsfrist diene, könne daraus nicht entnommen werden, dass sie bereits eine Maßnahme der Zwangsvollstreckung sei.

98 **bb) Ordnungsmittelandrohung.** Die Zustellung von **Entscheidungen mit Ordnungsmittelandrohung** im Ausland kann nach Auffassung der Literatur wegen Eingriffs in fremde Hoheitsrechte unzulässig sein.[236] Dies soll erst recht für einen nachfolgenden **Ordnungsmittelbeschluss** gelten. Um die Wirksamkeit der Zustellung nicht zu gefährden, wird vorgeschlagen, zunächst keine Strafandrohung zu beantragen.[237] Bestelle sich für den Verfügungsschuldner später ein inländischer Prozessvertreter, so könne diesem gegebenenfalls ein nachträglicher Androhungsbeschluss zugestellt werden. Allerdings ist dann fraglich, ob dann der Zweck der Zustellung, nämlich die einstweilige Verfügung zu vollziehen, erreicht werden kann.[238] Nach der Rechtsprechung des BGH ist dies zweifelhaft. Der BGH hatte über einen Fall zu entscheiden, bei dem ein in Großbritannien ansässiges Unternehmen – gestützt auf § 945 ZPO – auf Schadensersatz wegen Zustellung einer deutschen Beschlussverfügung ohne Strafandrohung in Großbritannien geklagt hatte. Der BGH hielt die Klage für unbegründet, da die Zustellung der einstweiligen Verfügung nur dann als Vollziehung angesehen wer-

---

233 Verordnung (EG) Nr 1393/2007 des Europäischen Parlaments und des Rates v 13.11.2007 über die Zustellung gerichtlicher und außergerichtlicher Schriftstücke in Zivil- oder Handelssachen in den Mitgliedstaaten (Zustellung von Schriftstücken) und zur Aufhebung der Verordnung (EG) Nr 1348/2000 des Rates.
234 Vgl *Schack* Internationales Zivilverfahrensrecht Rn 689.

235 KG NJWE-WettbR 1999, 161.
236 Köhler/Bornkamm/*Köhler* § 12 UWG Rn 2.49; Harte/Henning/*Brüning* Vor § 12 UWG Rn 118; *Lindacher* 113, 119 f; *Schack* Internationales Zivilverfahrensrecht Rn 980; *Schütze* Rn 564.
237 Vgl *Lindacher* 152.
238 Vgl *Teplitzky* Kap 55 Rn 40a.

den kann, wenn diese bereits eine Strafandrohung enthält.[239] Das KG differenziert danach, wann die Androhung der Ordnungsmittel beantragt wird.[240] Geschieht dies mit der Beantragung der Verfügung zusammen, so soll kein Eingriff in fremde Hoheitsrechte vorliegen. Werde der Antrag nachträglich separat gestellt, so liege ein Eingriff vor.[241] Ebenso beurteilt dies das Oberlandesgericht München. Das Oberlandesgericht München hält die Ordnungsmittelandrohung bei Urteilen gegen im Ausland ansässige Beklagte für zulässig.[242] In einem Fall, der dem OLG München zur Entscheidung vorlag, wendete sich ein Fotograf gegen die unerlaubte Verbreitung seiner Fotos durch ein schweizerisches Unternehmen in Deutschland. Das OLG München hielt ein Urteil mit Strafandrohung für zulässig, da die Androhung von Ordnungsmitteln noch kein Akt der Zwangsvollstreckung sei. Die Androhung im Urteil setze nur die Unterlassungspflicht und die Möglichkeit der Zwangsvollstreckung voraus. Nur wenn das Ordnungsmittel durch besonderen Beschluss angedroht werde, liege darin der Beginn der Zwangsvollstreckung.[243] Nach Auffassung der Literatur ist die Zustellung von Ordnungsgeldandrohungen in der EU zulässig.[244] Hierfür spricht Art 49 EuGVVO, der auch Ordnungsgelder im Sinne des § 890 ZPO erfasst.[245]

99   **cc) Fehlende Begründung.** Auch bei fehlender Begründung kann die Auslandszustellung einer Beschlussverfügung – trotz §§ 922, 936 ZPO – wirksam sein. Zwar ist die Vollziehung der Beschlussverfügung durch Zustellung zugleich eine Vollstreckungsmaßnahme. Eine Geltendmachung im Ausland i.S.d. § 922 Abs 1 S 2 ZPO liegt darin allerdings – nach Auffassung des OLG Köln – noch nicht.[246] Das OLG Köln hielt eine Zustellung für wirksam, bei der die Antragstellerin eine Beschlussverfügung, die mit keiner Begründung versehen war, in Dänemark zustellen ließ. Aus dem Fehlen einer Begründung könne kein die Unwirksamkeit bzw. die Unbeachtlichkeit der Auslandszustellung begründender Mangel hergeleitet werden. Zwar sei die durch die Zustellung bewirkte Vollziehung einer einstweiligen Verfügung eine besondere Form der Vollstreckung des vorläufigen Titels. Darin erschöpfe sich die Funktion der Vollziehung indes nicht. Diese sei vielmehr Voraussetzung der Wirksamkeit der getroffenen Anordnung über die in § 929 Abs 2 ZPO genannte Monatsfrist hinaus und Teil des der Vollstreckung vorgelagerten Verfahrens der Erwirkung bzw. Erhaltung der einstweiligen Verfügung selbst. Die Vollstreckung erfolge im Rahmen des eigenständigen Verfahrens nach § 890 ZPO, das seinerseits die Zustellung des Antrags auf Verhängung von Ordnungsmitteln an den Unterlassungsschuldner voraussetze. Die Zustellung der diesem Vollstreckungsverfahren zugrundeliegenden Beschlussverfügung stelle sich demgegenüber lediglich als Ankündigung der Absicht, von dem titulierten Unterlassungsgebot Gebrauch machen zu wollen, dar und sei als ein der Geltendmachung des Verbots vorgelagerter Akt einzuordnen.

100   **i) Folgen der Fristversäumung.** Die Vollziehungsfrist ist der Disposition der Parteien entzogen. Sie kann weder abgekürzt noch verlängert werden. Bei ihrer Versäumung

---

[239] BGH NJW 1996, 198, 200.

[240] KG NJWE-WettbR 1999, 161.

[241] KG NJWE-WettbR 1999, 161, 162.

[242] OLG München GRUR 1990, 677, 678 – Postervertrieb; ebenso Ahrens/*Ahrens* Kap 68 Rn 18.

[243] OLG München GRUR 1990, 677, 678 – Postervertrieb.

[244] *Kurtz* 113 ff; *Lindacher* 120.

[245] Vgl *Giebel* IPRax 2009, 324, 326; *Kurtz* 115.

[246] OLG Köln GRUR 1999, 66 – DAN / DANNE.

gibt es im Zivilprozess keine Wiedereinsetzung in den vorigen Stand. Die unterbliebene Vollziehung führt auf Antrag des Verfügungsschuldners zur Aufhebung der einstweiligen Verfügung und zur Ablehnung des Verfügungsantrags im Rechtsmittelverfahren sowie zur Auferlegung der Verfahrenskosten.[247]

IV. Sofortige Beschwerde

Lehnt das Gericht den Erlass einer einstweiligen Verfügung ab, so kann der Antragsteller hiergegen mit der sofortigen Beschwerde vorgehen.   **101**

V. Rechtsbehelfe

Gegen die einstweilige Verfügung stehen verschiedene Rechtsbehelfe zur Auswahl.   **102**
Dies sind der Widerspruch (gegen Beschlussverfügungen), die Berufung (gegen Urteilsverfügungen) und bestimmte Anträge auf Aufhebung.

1. Widerspruch

Gegen eine Beschlussverfügung kann Widerspruch nach §§ 924, 936 ZPO eingelegt werden. Durch Widerspruch gegen eine Beschlussverfügung erreicht der Antrags   **103**
gegner, dass über den Verfügungsantrag mündlich verhandelt wird.[248] Der Widerspruch kann darauf gestützt werden, dass die allgemeinen Prozessvoraussetzungen, der Verfügungsgrund oder der Verfügungsanspruch bei Erlass der einstweiligen Verfügung nicht vorlagen, letztere also von Anfang an nicht gerechtfertigt war. Auch die Versäumung der Vollziehungsfrist nach §§ 929 Abs 2, 936 ZPO kann den Widerspruch rechtfertigen. Nach § 95 Abs 1 Nr 4c) GVG sind Kennzeichen- und Geschmacksmustersachen grundsätzlich Handelssachen. Die Kammern für Handelssachen sind nach § 96 Abs 1 GVG zuständig, wenn dies beantragt wird. Sollte in Markensachen eine einstweilige Verfügung von einer allgemeinen Zivilkammer erlassen worden sein, so empfiehlt es sich für den Widersprechenden, zu beantragen, dass die Kammer für Handelssachen über den Widerspruch entscheidet. Erfahrungsgemäß fällt es einer Kammer, die über einen bestimmten Sachverhalt noch nicht entschieden hat, leichter, die Angelegenheit unvoreingenommen zu beurteilen, als einer Kammer, die die einstweilige Verfügung erlassen hat und sich insofern schon eine Meinung gebildet hat. Dies gilt in besonderem Maße dann, wenn der Widersprechende seinen Widerspruch nicht auf eigenen Sachvortrag stützt, sondern im Wesentlichen auf rechtliche Erwägungen.

Besondere Formen des Widerspruches sind der Kostenwiderspruch und der Unter   **104**
werfungswiderspruch. Mit beiden setzt sich der Schuldner gegen die Auferlegung der Kosten zur Wehr.

a) Kostenwiderspruch. Sofern die einstweilige Verfügung nach Meinung des An   **105**
tragsgegners in der Sache begründet war, kann er auch einen Widerspruch nur gegen

---

[247] BGH GRUR 1993, 415 – Straßenverengung; KG WRP 2007, 810, 811 – Wahrung der Vollziehungsfrist.

[248] *Berneke* Rn 190.

die Kostenentscheidung erheben. Ein solches Vorgehen bietet sich bspw dann an, wenn der Antragsteller es unterlassen hat, den Antragsgegner vor Beantragung der einstweiligen Verfügung abzumahnen und die Abmahnung nicht aus besonderen Gründen entbehrlich war.

106   **b) Unterwerfungswiderspruch.** Dem Antragssteller sind die Kosten des Verfügungsverfahrens bei unterbliebener Abmahnung nach § 93 ZPO auch dann aufzuerlegen, wenn der Antragsgegner nach Zustellung der einstweiligen Verfügung eine strafbewehrte Unterlassungserklärung abgibt und gleichzeitig vollen Umfangs Widerspruch einlegt.[249] Umstritten ist, wie sich eine erst nach Widerspruchseinlegung abgegebene Unterlassungserklärung auswirkt. Nach einer Auffassung ist ein Unterwerfungswiderspruch mit der Kostenfolge des § 93 ZPO sogar noch in der mündlichen Verhandlung möglich.[250] Sofern im Einzelfall nicht wirklich triftige Gründe dagegen sprechen, sollte die Unterlassungserklärung vorher oder zeitgleich mit dem Widerspruch abgegeben werden. Da durch Abgabe einer strafbewehrten Unterlassungserklärung die Wiederholungsgefahr entfällt, muss der Antragsteller die Hauptsache für erledigt erklären.[251] Nach übereinstimmender Erledigungserklärung wird nach § 91a ZPO durch Beschluss über die Kosten des Verfahrens entschieden.

2. Berufung

107   Gegen eine Urteilsverfügung kann nach § 511 ZPO Berufung eingelegt werden. Der Antragsgegner kann die Berufung insb auch damit begründen, dass die Verfügung zwischenzeitlich der Aufhebung wegen veränderter Umstände – bspw aufgrund der Versäumung der Vollziehungsfrist – unterliegt.[252]

3. Aufhebungsanträge

108   Daneben kann der Verfügungsschuldner wahlweise auch die Aufhebung der einstweiligen Verfügung wegen Nichterhebung der Hauptsacheklage (§ 926 ZPO)[253] oder wegen veränderter Umstände (§ 927 ZPO) beantragen. Veränderte Umstände sind unter anderem das nachträgliche Erlöschen des Verfügungsanspruchs, das Ergehen eines den Verfügungsanspruch verneinenden Urteils im Hauptsachverfahren oder die Versäumung der Vollziehungsfrist nach §§ 929 Abs 2, 936 ZPO. Erweist sich die Anordnung einer einstweiligen Verfügung als von Anfang an ungerechtfertigt oder wird die Anordnung aufgrund § 926 Abs 2 ZPO aufgehoben, ist der Antragsteller gem § 945 ZPO auch verpflichtet, dem Antragsgegner den Schaden zu ersetzen, der ihm aus der Vollziehung der einstweiligen Verfügung oder dadurch entstanden ist, dass er Sicherheit geleistet hat, um die Vollziehung abzuwenden oder die Aufhebung der einstweiligen Verfügung zu erwirken.

249 OLG Hamburg GRUR 1988, 242; Hefermehl/Köhler/*Bornkamm* § 12 UWG Rn 3.42; *Teplitzky* Kap 55 Rn 10.
250 OLG Hamburg WRP 1972, 537; OLG Celle WRP 1975, 242; OLG München WRP 1976, 264; Harte/Henning/*Retzer* § 12 UWG Rn 488; *Berneke* Rn 246.
251 BGH NJW-RR 2006, 566; Harte/Henning/*Retzer* § 12 UWG Rn 489; Ahrens/*Scharen* Kap 51 Rn 65.

252 Harte/Henning/*Retzer* § 12 UWG Rn 500; *Berneke* Rn 215.
253 Die von § 926 ZPO abweichende Vorschrift des Art 50 Abs 6 TRIPs, die keinen Klageerzwingungsantrag, sondern den automatischen Beginn einer Frist von 20 Arbeitstagen oder 31 Kalendertagen vorsieht, ist nicht unmittelbar anwendbar (LG Mannheim GRUR-RR 2009, 277, 280 – Pan European License).

Marcus von Welser

§ 5
Abschlussverfahren

I. Funktion

Die einstweilige Verfügung ist nur ein vorläufiger Titel. Der Verfügungsschuldner **109** kann die bereits dargestellten Rechtsbehelfe gegen die Verfügung einlegen.[254] Die Abschlusserklärung beseitigt diese Bestandsschwäche des Verfügungstitels, indem sie ihn einem endgültigen Titel gleichstellt.[255] Die Erklärung muss also zumindest zum Ausdruck bringen, dass durch sie der Verfügungstitel nach Bestandskraft und Wirkung als einem entsprechenden Hauptsachetitel gleichwertig anerkannt wird, mit der Folge, dass auf sämtliche Möglichkeiten eines Vorgehens gegen den Titel und den titulierten Anspruch verzichtet wird, die auch durch einen rechtskräftigen Hauptsachetitel ausgeschlossen wären.[256] Die Abschlusserklärung muss dem Inhalt der einstweiligen Verfügung entsprechen, damit sie die erwünschte Gleichstellung mit dem Hauptsachetitel erreichen kann, und darf grundsätzlich nicht an Bedingungen geknüpft sein.[257] Sie muss einen Verzicht auf die möglichen Rechtsbehelfe gegen die einstweilige Verfügung – aus §§ 924, 926, 927 ZPO – enthalten. Allerdings soll der Verzicht den Verfügungsgläubiger nicht besser stellen, als er bei einem rechtskräftigen Hauptsachetitel stünde, was bei einem uneingeschränkten Verzicht auf den Rechtsbehelf des § 927 ZPO, der es dem Verfügungsschuldner ermöglicht, die Aufhebung der einstweiligen Verfügung wegen veränderter Umstände zu beantragen, der Fall wäre. Denn einem Hauptsachetitel können unter den Voraussetzungen der §§ 323, 767 ZPO nachträglich entstandene Einwendungen entgegengehalten werden. Zu den Einwendungen, die eine Vollstreckungsabwehrklage gegen einen in der Hauptsache titulierten Unterlassungsanspruch begründen können, gehören nicht nur Gesetzesänderungen, sondern – im stark richterrechtlich geprägten Wettbewerbsrecht – auch Änderungen in der höchstrichterlichen Rechtsprechung.[258] Die Formulierung in einer Abschlusserklärung, nach der diese unter einer „auflösenden Bedingung einer auf Gesetz oder höchstrichterlicher Rechtsprechung beruhenden eindeutigen Klärung des zu unterlassenden Verhaltens als rechtmäßig" steht, ist grundsätzlich zu weitgehend, da eine solche auflösende Bedingung zur Folge hätte, dass der Verfügungsschuldner nach Bedingungseintritt sämtliche Rechte aus §§ 924, 926, 927 ZPO geltend machen könnte. Der BGH hat eine entsprechend formulierte Bedingung allerdings als – zulässigen – Vorbehalt der Rechte aus § 927 ZPO ausgelegt, mit der Folge, dass durch die Gleichstellung des vorläufigen mit einem endgültigen Titel das Rechtsschutzbedürfnis für eine Hauptsacheklage entfällt.[259] Will der Antragsgegner nicht gegen die einstweilige Verfügung vorgehen, so empfiehlt es sich, von sich aus innerhalb von zwei Wochen nach Zustellung der einstweiligen Verfügung eine Abschlusserklärung abzugeben.[260] Eine Abschlusserklärung muss dem Inhalt der einstweiligen Verfügung entsprechen, damit sie die angestrebte Gleichstellung des vorläufigen Titels mit dem Hauptsachetitel erreichen

---

254 Vgl *Teplitzky* Kap 43 Rn 2.
255 BGH GRUR 2005, 692, 694 – „statt"-Preis.
256 *Teplitzky* Kap 43 Rn 8.
257 BGH GRUR 2009, 1096, 1097 Rn 14 – Mescher weis.
258 BGH GRUR 2009, 1096, 1097 Rn 17 –

Mescher weis; vgl auch BGH NJW 2010, 1874, 1876 Rn 22 – Presserechtlicher Unterlassungsvertrag.
259 BGH GRUR 2009, 1096, 1098 Rn 27 – Mescher weis.
260 Vgl OLG Hamm BeckRS 2009 88339.

kann und das Rechtsschutzbedürfnis für eine Unterlassungsklage entfallen lässt.[261] Grundsätzlich zulässig ist es auch, sich einen Kostenwiderspruch vorzubehalten.[262]

II. Abschlussschreiben

110   Das Abschlussschreiben ist eine Aufforderung an den Verfügungsschuldner, eine Abschlusserklärung abzugeben. In aller Regel wird diese Aufforderung mit der Androhung einer Klageerhebung für den Verweigerungsfall verbunden.[263] Da das Abschlussschreiben der Vorbereitung einer möglichen Hauptsacheklage dient, ist es nicht an den Verfahrensbevollmächtigten des Verfügungsverfahrens, sondern direkt an den Verfügungsschuldner zu adressieren, sofern sich nicht der Verfahrensbevollmächtigte auch für ein etwaiges Hauptsacheverfahren legitimiert hat. Erhebt der Verfügungsgläubiger eine Hauptsacheklage ohne vorher ein Abschlussschreiben versendet zu haben, so riskiert er, bei sofortigem Anerkenntnis nach § 93 ZPO die Prozesskosten tragen zu müssen.[264] Will der Verfügungsgläubiger das Kostenrisiko des § 93 ZPO vermeiden, muss er dem Verfügungsschuldner auch dann – gegebenenfalls zum zweiten Mal – Gelegenheit geben, innerhalb einer angemessenen Frist eine Abschlusserklärung abzugeben, wenn das Gericht auf den Widerspruch des Verfügungsschuldners hin die Beschlussverfügung durch Urteil bestätigt hat.[265] Ebenso wie bei der Abmahnung der Entwurf einer Unterlassungserklärung beigefügt werden kann, besteht die Möglichkeit – allerdings nicht die Verpflichtung – dem Abschlussschreiben den Entwurf einer Abschlusserklärung beizufügen. In der Regel wird dem Verfügungsschuldner eine Frist zur Abgabe der Abschlusserklärung gesetzt, wobei eine Frist von einem Monat ab Zugang des Abschlussschreibens ausreicht.[266]

III. Kosten

111   Die Kosten des Abschlussschreibens sind grundsätzlich vom Verfügungsschuldner zu erstatten, sofern für das Abschlussschreiben Veranlassung bestand. Dies kann in aller Regel erst dann bejaht werden, wenn der Verfügungsgläubiger nicht innerhalb einer Frist von zwei Wochen nach Zustellung der Verfügung von sich aus eine Abschlusserklärung abgegeben hat.[267] Es handelt sich dabei allerdings nicht um eine starre Zeitvorgabe. Zu berücksichtigen ist zunächst, dass die Rechtsposition des Verfügungsgläubigers bereits durch die einstweilige Verfügung gesichert ist. Dem Verfügungsgläubiger kann es im Einzelfall durchaus zugemutet werden, länger als zwei Wochen zu warten, wenn der Verfügungsschuldner die Bereitschaft zum Einlenken bereits signalisiert hat und der Abschlusserklärung nur noch solche Hinderungsgründe entgegenstehen, mit deren rascher Behebung gerechnet werden kann.[268]

---

261 BGH GRUR 2005, 692 – „statt"-Preis.
262 OLG Düsseldorf BeckRS 2010, 02308.
263 Vgl OLG Frankfurt WRP 2007, 556, 557.
264 Harte/Henning/*Retzer* § 12 UWG Rn 652; *Berneke* Rn 343.
265 OLG Frankfurt GRUR-RR 2006, 111, 112 – Aufforderung zur Abschlusserklärung.

266 *Berneke* Rn 352.
267 OLG Hamburg ZUM-RD 2009, 382, 385 – Yacht II; Harte/Henning/*Retzer* § 12 UWG Rn 664; *Berneke* Rn 404; *Kühnen/Geschke* Rn 696.
268 OLG Frankfurt GRUR-RR 2003, 294 – Wartefrist.

Marcus von Welser

Ausnahmen von dem Grundsatz der Erstattungsfähigkeit gelten dann, wenn der Gläubiger in einem durchschnittlich komplizierten Fall über eine eigene Rechtsabteilung verfügt oder wenn das Abschlussschreiben nicht erforderlich war.[269] Letzteres ist der Fall, wenn der Schuldner sich bereits zuvor unterworfen oder eine Abschlusserklärung abgegeben hatte. Das Abschlussschreiben gehört hinsichtlich der Anwaltsgebühren nicht zum Verfügungsverfahren, sondern zur angedrohten Hauptsacheklage.[270] Gibt der Antragsgegner die geforderten Erklärungen ab, steht dem Antragsteller grundsätzlich ein materiell-rechtlicher Kostenerstattungsanspruch zu.[271]

Gibt der Schuldner eine Abschlusserklärung ab, bejaht die wohl überwiegende Ansicht eine Analogie zu § 12 Abs 1 S 2 UWG.[272] Nach anderer Ansicht kann nach wie vor auf die Grundsätze der Geschäftsführung ohne Auftrag zurückgegriffen werden.[273]

112

§ 6
Klage

Der Verletzte kann seine Ansprüche (daneben) auch im Hauptsacheverfahren geltend machen. Anders als im Verfügungsverfahren, in dem im wesentlichen nur die Unterlassungs-, Drittauskunfts- und Vernichtungsansprüche durchgesetzt bzw gesichert werden können, sind im Klageverfahren sämtliche Ansprüche insb auch Schadensersatzansprüche und die zur Bezifferung erforderlichen unselbständigen Auskunfts- und Rechnungslegungsansprüche durchsetzbar. Eine Besonderheit bei Immaterialgüterrechtsverletzungen besteht darin, dass die Schadensersatzfeststellungsklage hier die sonst übliche Stufenklage in ihrer praktischen Bedeutung völlig verdrängt.

113

I. Stufenklage

Ist der Schaden des Gläubigers bzw die Bereicherung des Schuldners noch nicht bezifferbar, so kann der nach § 253 Abs 2 Nr 2 ZPO erforderliche bestimmte Klageantrag nicht gestellt werden. Hier hilft dem Gläubiger § 254 ZPO, der eine Verbindung von Auskunfts- und Zahlungsklage im Wege der Stufenklage ermöglicht.[274] Bei einem einheitlichen Streitgegenstand kann das Gericht grundsätzlich die einzelnen, unselbständigen Posten der Höhe nach verschieben, sofern die Endsumme nicht überschritten wird.[275] Ein solches Vorgehen ist jedoch dann unzulässig, wenn ein auf konkrete Rechtsverletzungen gestützter Zahlungsanspruch mit Beträgen aufgefüllt wird, die einem noch nicht bezifferten Zahlungsanspruch einer Stufenklage entnommen werden. Bei Immaterialgüterrechtsverletzungen ist die Stufenklage allerdings eine seltene Ausnahme.

114

---

[269] OLG Stuttgart WRP 2007, 688, 689 – Abschlusserklärung.
[270] BGH GRUR 2010, 1038, 1039 Rn 27 – Kosten für Abschlussschreiben.
[271] BGH GRUR-RR 2008, 368 – Gebühren für Abschlussschreiben.
[272] Hefermehl/Köhler/*Bornkamm* § 12 UWG Rn 3.73; *Nill* GRUR 2005, 740, 741; dagegen *Teplitzky* FS Ulmann 999, 1005.

[273] Vgl BGH GRUR 2010, 1038, 1039 Rn 26 – Kosten für Abschlussschreiben; BGH GRUR 1973, 384, 385 – Goldene Armbänder; *Teplitzky* FS Ullmann 2006, 999, 1005.
[274] Vgl BGH GRUR 2004, 855, 856 – Hundefigur; *Schack* Rn 723.
[275] BGH GRUR 1990, 353, 355 – Raubkopien.

II. Kombination von Auskunfts- und Schadensersatzfeststellungsklage

115   Die Rechtsprechung lässt auch eine Verbindung von Auskunfts- und Schadensersatzfeststellungsklage zu. Das nach § 256 Abs 1 ZPO erforderliche Feststellungsinteresse entfällt nach Ansicht des BGH im Immaterialgüterrecht nicht schon dadurch, dass der Kläger im Wege der Stufenklage nach § 254 ZPO auf Leistung klagen könnte.[276] Denn die Kombination von Auskunfts- und Feststellungsklage kann aufgrund prozessökonomischer Erwägungen geboten sein, wenn etwa auch nach erteilter Auskunft die Begründung des Schadensersatzanspruches Schwierigkeiten bereitet. Zudem schützt die Feststellungsklage den Verletzten vor einer drohenden Verjährung. Bei einem stattgebenden Feststellungsurteil verjährt der Schadensersatzanspruch gem § 197 Abs 1 Nr 3 BGB erst in 30 Jahren. Diese großzügige Handhabung des Feststellungsinteresses durch die Rechtsprechung begründet freilich keine Verpflichtung, von der Möglichkeit der Kombination von Auskunfts- und Schadensersatzfeststellungsklage auch Gebrauch zu machen. Der Kläger kann ebenso eine Stufenklage einreichen.[277]

§ 7
Vollstreckung

I. Überblick

116   Die Vollstreckung von titulierten Unterlassungsansprüchen erfolgt durch Ordnungsmittel nach § 890 ZPO und setzt einen vollstreckbaren Unterlassungstitel, eine gerichtliche Ordnungsmittelandrohung, die Zustellung des Titels und der Ordnungsmittelandrohung sowie eine schuldhafte Zuwiderhandlung voraus. Eine durch Urteil erlassene Verbotsverfügung wird mit der Verkündung des Urteils wirksam und ist vom Schuldner ab diesem Zeitpunkt zu beachten, wenn sie eine Ordnungsmittelandrohung enthält. Aus der Notwendigkeit, die auf Unterlassung gerichtete Urteilsverfügung durch Zustellung zu vollziehen, folgt nicht, dass der Unterlassungsschuldner das Verbot nicht bereits ab der Urteilsverkündung zu beachten hat.[278] Die Vollstreckung vertretbarer Handlungen, wie bspw der Vernichtung von Gegenständen, richtet sich nach § 887 ZPO. Unvertretbare Handlungen, wie bspw Auskunft und Rechnungslegung, werden nach § 888 ZPO im Wege des Zwangsmittelverfahrens vollstreckt. Die in § 888 ZPO vorgesehenen Zwangsmittel sind Beugemittel und können durch Vornahme der geschuldeten Handlung abgewendet werden. Die Abgabe von Willenserklärungen – wie bspw die Einwilligung in eine Markenlöschung – wird nach § 894 ZPO vollstreckt.

---

276 BGH GRUR 2001, 1177, 1178 – Feststellungsinteresse II; BGH GRUR 1972, 180, 183 – Cheri; Möhring/Nicolini/*Lütje* § 97 UrhG Rn 285; Ahrens/*Loewenheim* Kap 69 Rn 2; *Melullis* Rn 1057; *Teplitzky* Kap 52 Rn 16.

277 BGH GRUR 2004, 855, 856 – Hundefigur.
278 BGH GRUR 2009, 890 – Ordnungsmittelandrohung.

Marcus von Welser

II. Ordnungsmittelverfahren

Handelt der Schuldner eines titulierten und mit Ordnungsmittelandrohung versehenen Unterlassungsanspruches dem Unterlassungsgebot zuwider, so kann ein Ordnungsgeld und für den Fall, dass dieses nicht beigetrieben werden kann, Ordnungshaft verhängt werden. Nach § 890 ZPO kann alternativ auch von Anfang an Ordnungshaft verhängt werden. Für das Verschulden reicht bereits Fahrlässigkeit aus.[279] Der Schuldner muss allerdings selber schuldhaft gehandelt haben. Ein Verschulden von Hilfspersonen reicht nicht aus, da weder § 278 BGB noch § 831 BGB anwendbar sind.[280] Eine juristische Person muss sich jedoch das Verschulden ihrer Organe nach § 31 BGB und ein etwaiges Organisationsverschulden zurechnen lassen.[281] Ein Organisationsverschulden trifft den Betriebsinhaber schon dann, wenn er nicht unverzüglich nach erlangter Kenntnis vom Vollstreckungstitel alle ihm zumutbaren Maßnahmen trifft, um Zuwiderhandlungen zu vermeiden, insb auch Verstöße von Angestellten.[282] Er ist verpflichtet, ein etwaiges verbotswidriges Verhalten Dritter durch aktives Tun zu verhindern. Er muss dazu die geeigneten Anordnungen erteilen und deren Ausführung genau überwachen.

117

Der Verbotsumfang ist nicht auf die konkrete Verletzungsform begrenzt. Die sogenannte Kerntheorie, nach welcher der Schutzumfang eines Unterlassungsgebots nicht nur Verletzungsfälle, die mit der verbotenen Form identisch sind, sondern auch solche gleichwertigen Äußerungen umfasst, die ungeachtet etwaiger Abweichungen im Einzelnen den Äußerungskern unberührt lassen, wurde vom BVerfG ausdrücklich gebilligt.[283] Bei rechtsverletzenden Webseiten kommt es im Ordnungsmittelverfahren darauf an, ob diese einen hinreichenden Inlandsbezug aufweisen.[284]

118

Das Mindestmaß des einzelnen Ordnungsgelds beträgt € 5,–, das Höchstmaß € 250000,–. Die Verhängung eines Ordnungsmittels nach § 890 ZPO ist neben der Geltendmachung eines Anspruchs auf Vertragsstrafe möglich. Eine bereits titulierte Vertragsstrafe ist bei der Festsetzung des Ordnungsmittels zu berücksichtigen.[285] Mehrere Einzelakte, mit denen ein Schuldner gegen ein tituliertes Unterlassungsgebot verstößt, werden dabei nicht als fortgesetzte Handlung zu einer einheitlichen Tat zusammengefasst.[286]

119

III. Einstweilige Einstellung der Zwangsvollstreckung

In Ausnahmefällen kommt auch eine einstweilige Einstellung der Zwangsvollstreckung nach §§ 719, 707 ZPO in Betracht.[287] Bei einstweiligen Verfügungen hat ein solcher Antrag in der Praxis nur selten Erfolg. Die Einstellung der Zwangsvollstreckung ist nur unter besonderen Umständen möglich. Diese können darin liegen, dass bei der Entscheidung bereits feststeht, dass das angefochtene Urteil keinen

120

---

279 Zöller/Stöber § 890 ZPO Rn 5.
280 Hefermehl/Köhler/Köhler § 12 UWG Rn 6.6.
281 BVerfG GRUR 2007, 618 – Organisationsverschulden; Zöller/Stöber § 890 ZPO Rn 5.
282 OLG Zweibrücken GRUR 2000, 921 – CHRONOSLIM.
283 BVerfG GRUR 2007, 618 – Organisationsverschulden.

284 OLG Hamburg MMR 2010, 432 – Google.
285 BGH GRUR 2010, 355, 358 Rn 33 – Testfundstelle; OLG Köln NJW-RR 1986, 1191 – Verhängung eines Ordnungsmittels.
286 BGH GRUR 2009, 427 – Mehrfachverstoß gegen Unterlassungstitel.
287 Eingehend Klette GRUR 1982, 471.

Bestand haben kann. Eine solche Situation liegt vor, wenn es nach dem glaubhaft gemachten Vortrag des Antragsgegners an der Dringlichkeit fehlt.[288] In anderen Fällen bedarf es insb einer Abwägung der beiderseitigen Interessen der Parteien.[289]

IV. Vollstreckung gegen Auslandsansässige

121 Es besteht ein erhebliches Bedürfnis danach, im Inland erwirkte Entscheidungen gegen Auslandsansässige zu vollstrecken. Ob in solchen Fällen eine Inlandsvollstreckung oder eine Auslandsvollstreckung vorzugswürdig ist, beurteilt sich insb danach, ob der Titelschuldner über hinreichendes Vermögen im Inland verfügt. Die Inlandsvollstreckung wirft dabei vergleichsweise wenig Fragen auf.

1. Auslandsvollstreckung

122 Verfügt der Titelschuldner über kein Vermögen im Inland, so kommt nur eine Auslandsvollstreckung in Betracht. Die Vollstreckung erfolgt auf der Grundlage des inländischen Titels nach ausländischem Zwangsvollstreckungsrecht. Grundsätzlich kommen für die Auslandsvollstreckung zwei Wege in Betracht. Die Anerkennung und Vollstreckbarerklärung im Zweitstaat unter Anwendung dortigen Vollstreckungsrechts (1) oder die Festsetzung des Ordnungsmittels im Erststaat und dessen anschließende Vollstreckbarerklärung im Zweitstaat (2).[290] Denkbar ist aber die Vollstreckung im Ausland nach Art 38 EuGVVO.[291] Nach Art 38 Abs 1 EuGVVO werden die in einem Mitgliedstaat ergangenen Entscheidungen, die in diesem Staat vollstreckbar sind, in einem anderen Mitgliedstaat vollstreckt, wenn sie dort auf Antrag eines Berechtigten für vollstreckbar erklärt worden sind.

123 **a) Vollstreckung auf der Grundlage von Beschlussverfügungen.** Die Vollstreckung von Beschlussverfügungen ist im Hinblick auf Art 34 EuGVVO problematisch. Art 34 Nr 2 EuGVVO regelt den Fall fehlenden rechtlichen Gehörs. Zudem kann auch der ordre-public-Vorbehalt aus Art 34 Nr 1 EuGVVO betroffen sein.[292] Nach der Rechtsprechung des Europäischen Gerichtshofes sind gerichtliche Entscheidungen, durch die einstweilige oder auf eine Sicherung gerichtete Maßnahmen angeordnet werden und die ohne Ladung der Gegenpartei ergangen sind, auf der Grundlage der EuGVÜ nicht vollstreckbar.[293] Der BGH überträgt diese Auffassung auf die EuGVVO.[294] In einem vom BGH zu entscheidenden Fall hatte die Gläubigerin gegen die Schuldnerin bei einem schwedischen Gericht einen Arrestbeschluss erwirkt. Die Schuldnerin war vor Erlass des Arrestbeschlusses weder gehört worden, noch war ihr zuvor ein verfahrenseinleitendes Schriftstück zugestellt worden. Sie hat jedoch gegen den Arrest fristgerecht den zulässigen Rechtsbehelf eingelegt. Nach Auffassung des BGH kann der Beschluss in Deutschland nicht für vollstreckbar erklärt werden. Der BGH verwies auf Art 45 Abs 1 EuGVVO iVm Art 34 Nr 2 EuGVVO. Danach kann eine Entscheidung nicht anerkannt und damit nicht für vollstreckbar erklärt werden, wenn dem Beklag-

---

288 OLG Köln GRUR 1982, 504 – Gastechnik.
289 OLG Koblenz WRP 1981, 545.
290 Ahrens/*Ahrens* Kap 16 Rn 45.
291 Vgl BGH NJW 1996, 198.
292 Vgl EuGH EuZW 2009, 422 – Gambazzi/DaimlerChrysler.
293 EuGH GRUR Int 1980, 512, 514 – Denilauler.
294 BGH GRUR 2007, 813, 814 – Ausländischer Arrestbeschluss.

Marcus von Welser

ten, der sich nicht auf das Verfahren eingelassen hat, das verfahrenseinleitende Schriftstück nicht so rechtzeitig und in einer Weise zugestellt worden ist, dass er sich verteidigen konnte, es sei denn, der Beklagte hat gegen die Entscheidung keinen Rechtsbehelf eingelegt, obwohl er die Möglichkeit dazu hatte. Eine Vollstreckung im Ausland scheidet in solchen Fällen aus. Anders ist die Situation freilich dann, wenn kein Rechtsbehelf eingelegt wurde, obwohl die Möglichkeit dazu bestand.[295] Nach Auffassung des OLG München kann eine von einem französischen Gericht ohne Anhörung der Gegenseite erlassene einstweilige Verfügung in Deutschland mit einer Vollstreckungsklausel versehen werden, wenn die Möglichkeit, in Frankreich Rechtsbehelf einzulegen, bestand und genutzt wurde.[296] Die Vollstreckung einer in Abwesenheit ergangenen Entscheidung dürfe nicht nach Art 34 Nr 2 EuGVVO versagt werden, wenn der Beklagte gegen die in Abwesenheit ergangene Entscheidung einen Rechtsbehelf einlegen konnte, mit dem er hätte geltend machen können, dass ihm das verfahrenseinleitende Schriftstück oder das gleichwertige Schriftstück nicht so rechtzeitig und in einer Weise zugestellt worden sei, dass er sich habe verteidigen können. In dem vom OLG München zu entscheidenden Fall konnten die Antragsgegner nicht nur einen Rechtsbehelf einlegen, sondern haben es auch getan. Ihre Beschwerde wurde vom Tribunal de Grande Instance de Paris nach kontradiktorischem Verfahren zurückgewiesen.[297]

In der Literatur wird wegen der skizzierten Rechtsprechung empfohlen, ausdrücklich zu beantragen, dass das Gericht dem Antragsgegner den Verfügungsantrag zustellt und ihm Gelegenheit zur Äußerung gibt.[298] Da bei der Zustellung im Ausland in aller Regel eine Übersetzung erforderlich ist, bietet es sich an, der Antragsschrift bereits eine beglaubigte Übersetzung beizufügen. Um den zeitlichen und finanziellen Aufwand gering zu halten, sollte die Antragsschrift kurz gefasst werden. Grundsätzlich reicht es aus, dass sämtliche die Schlüssigkeit begründenden Tatsachen im Schriftsatz enthalten sind. Bestellt sich dann ein Rechtsanwalt für den Antragsgegner, so können Details anschließend in der Replik ausgeführt werden. Im Anwendungsbereich der EuZVO[299] sind grundsätzlich auch diejenigen Anlagen zu übersetzen, die zur vollständigen Substantiierung erforderlich sind.[300] Die Übersetzungskosten sind vom Antragsteller vorzuschießen und können im Kostenfestsetzungsverfahren geltend gemacht werden.[301] Das zuzustellende Schriftstück iSd Art 8 EuZVO muss die Unterlagen enthalten, die es dem Antragsgegner bzw. Beklagten erlauben, den Gegenstand und die Begründung des Rechtsbehelfs zu verstehen und zu erkennen, dass ein gerichtliches Verfahren besteht, in dessen Verlauf er seine Rechte dadurch geltend machen kann, dass er sich in einem laufenden Verfahren verteidigt oder dass er gegen eine – auf einen einseitigen Antrag hin ergangene Entscheidung – einen Rechtsbehelf einlegt.[302] Nur Unterlagen, die bspw lediglich Beweisfunktion haben und insofern für das Verständnis des Gegenstands und des Grundes der Klage erlässlich sind, müssen

124

---

295 LG Berlin BeckRS 2008 15977.
296 OLG München BeckRS 2010, 21929.
297 OLG München BeckRS 2010, 21929.
298 *Heydn/Schmid-Petersen/Vassilaki* Rn 666; *Kurtz* 104.
299 Verordnung (EG) Nr 1393/2007 des Europäischen Parlaments und des Rates v 13.11.2007 über die Zustellung gerichtlicher und außergerichtlicher Schriftstücke in Zivil-

oder Handelssachen in den Mitgliedstaaten (Zustellung von Schriftstücken) und zur Aufhebung der Verordnung (EG) Nr 1348/2000 des Rates.
300 *Schlosser* Art 8 EuZVO Rn 5.
301 OLG Düsseldorf BeckRS 2009, 18543.
302 EuGH NJW 2008, 1721, 1724 Tz 64 – Ingenieurbüro Weiss/IHK Berlin.

nicht übersetzt werden.[303] Sind diese Voraussetzungen nicht erfüllt, besteht ein Recht zur Annahmeverweigerung, welche auch gegenüber der Übermittlungsstelle erklärt werden kann.[304] Aus diesem Grund muss der Antragsteller auch nicht das Risiko eingehen, die Anlagen nur teilweise übersetzen zu lassen. Nach Auffassung des OLG Düsseldorf kann der Antragsteller im Kostenfestsetzungsverfahren bspw auch die Übersetzung von englischsprachigen Dokumenten in die niederländische Sprache ansetzen, wenn die Zustellung in Belgien erfolgt; der Antragsgegner kann dem nicht entgegenhalten, dass die englische Sprache im internationalen Handelsverkehr verbreitet ist.[305]

125   **b) Vollstreckung von Ordnungsmittelbeschlüssen im Ausland.** Mitunter schwierig kann die Vollstreckung von Ordnungsgeldern im EU-Ausland sein. Zwar sind Ordnungsgelder Forderungen im Sinne der EuVTVO.[306] Das Ordnungsgeldverfahren genügt indes regelmäßig nicht den in Art 12 ff EuVTVO geregelten Mindestvorschriften für Verfahren über unbestrittene Forderungen.[307]

126   **c) Erforderlichkeit von Begründung und Vollstreckungsklausel.** Um im Ausland anerkannt und für vollstreckbar erklärt werden zu können, muss die Entscheidung mit einer Begründung (§ 922 Abs 1 S 2 ZPO) und mit einer Vollstreckungsklausel (§ 31 AVAG)[308] versehen sein.[309] Eine einstweilige Verfügung, deren Zwangsvollstreckung in einem anderen Vertrags- oder Mitgliedstaat betrieben werden soll, ist nach § 31 AVAG auch dann mit der Vollstreckungsklausel zu versehen, wenn dies für eine Zwangsvollstreckung im Inland nach § 796 Abs 1, § 929 Abs 1 und § 936 ZPO nicht erforderlich wäre.

2. Inlandsvollstreckung

127   Verfügt der Titelschuldner über hinreichendes Vermögen im Inland, so bietet sich eine Inlandsvollstreckung an. Urteile im Hauptsache- oder im Verfügungsverfahren können ab dem Zeitpunkt ihrer Verkündung vollstreckt werden, sofern das Urteil eine Ordnungsmittelandrohung enthält.[310] Eine Vollziehung der Urteilsverfügung durch Zustellung im Parteibetrieb erübrigt sich dadurch allerdings nicht.[311] Soll die einstweilige Verfügung nur im Inland Wirkung entfalten, so schadet es nicht, wenn die Gegenseite zuvor nicht angehört wurde. Eine Beschlussverfügung kann gegebenenfalls auch durch eine Auslandszustellung wirksam vollzogen werden.[312] Allerdings ist hier zu beachten, dass die Zustellung einer Entscheidung mit Strafandrohung in einem Nicht-

---

303 EuGH NJW 2008, 1721, 1724 Tz 69 – Ingenieurbüro Weiss/IHK Berlin.
304 OLG Frankfurt NJW-RR 2009, 71 – Auslandszustellung in Italien.
305 OLG Düsseldorf BeckRS 2009, 18543.
306 EG-Verordnung Nr 805/2004 des Europäischen Parlaments und des Rates v 21.4.2004 zur Einführung eines europäischen Vollstreckungstitels für unbestrittene Forderungen.
307 BGH NJW 2010, 1883 Rn 20 ff – Europäischer Vollstreckungstitel; vgl zur Vorinstanz OLG München IPRax 2009, 342 (Leitsätze in GRUR-RR 2009, 324); dagegen *Lindacher* 156.
308 Gesetz zur Ausführung zwischenstaatlicher

Verträge und zur Durchführung von Verordnungen und Abkommen der Europäischen Gemeinschaft auf dem Gebiet der Anerkennung und Vollstreckung in Zivil- und Handelssachen (Anerkennungs- und Vollstreckungsausführungsgesetz – AVAG).
309 *Kurtz* 102 f.
310 BGH GRUR 2009, 890, 891 Tz 11 – Ordnungsmittelandrohung.
311 BGH GRUR 2009, 890, 891 Tz 15 – Ordnungsmittelandrohung.
312 Vgl *Berneke* Rn 308; Ahrens/*Ahrens* Kap 16 Rn 33.

EU-Staat, der auch nicht Vertragsstaat des LGVÜ ist, nach Auffassung der Literatur in fremde Hoheitsrechte eingreifen kann.[313] Jedenfalls dann, wenn ein Ordnungsmittel durch separaten Beschluss angedroht wird, liegt darin nach der obergerichtlichen Rechtsprechung der Beginn der Zwangsvollstreckung und gegebenenfalls ein Eingriff in fremde Hoheitsrechte.[314]

§ 8
Überlegungen zur Vorgehensweise

Neben der Berechtigungsanfrage, die sich vor allem bei nicht eindeutigen Konstellationen anbietet, hat der Schutzrechtsinhaber grundsätzlich – sofern nicht eine einstweilige Verfügung mangels Dringlichkeit ausscheidet – zwei verschiedene Möglichkeiten des Vorgehens. Er kann zunächst abmahnen oder sogleich eine einstweilige Verfügung beantragen. Entscheidet er sich für die zuletzt genannte Option und erlässt das Gericht die Verfügung im Beschlusswege, stehen ihm drei Wege offen. Er kann die Verfügung zustellen, die Abmahnung unter Hinweis auf die Verfügung nachholen oder die Abmahnung ohne Hinweis auf die Verfügung nachholen. Welche Variante vorzugswürdig ist, hängt von einer Vielzahl von Faktoren des Einzelfalls ab. **128**

Grundsätzlich kann der Schutzrechtsinhaber auch schon vor der Abmahnung eine einstweilige Verfügung beantragen und anstelle deren Zustellung eine Abmahnung – ohne oder mit Hinweis auf die Verfügung – aussprechen. Dieses Vorgehen hat bspw den Vorteil, dass er vor der Abmahnung die Meinung des Gerichts erfährt, was sich insb bei unklaren Tatsachen- oder Rechtsfragen anbieten kann. Gegebenenfalls kann der Verfügungsantrag zurückgezogen werden. Außerdem kann auf diese Weise in aller Regel verhindert werden, dass sich die Gegenseite durch Einreichung einer Schutzschrift Gehör bei Gericht verschafft. Einer der Nachteile dieses Vorgehens ist, dass der Schutzrechtsinhaber die Abmahnkosten später nicht gestützt auf § 12 UWG oder Geschäftsführung ohne Auftrag von der Gegenseite verlangen kann.[315] Zudem können nach Auffassung des OLG Düsseldorf die Verfahrenskosten auch dann dem Antragsteller auferlegt werden, wenn dieser zunächst eine einstweilige Verfügung erwirkt und den Antragsgegner anschließend erfolglos abmahnt ohne auf die Verfügung hinzuweisen.[316] Der Zweck der Abmahnung, überflüssige Gerichtsverfahren zu vermeiden, werde nicht erreicht, wenn vor der Abmahnung bereits eine einstweilige Verfügung erlassen wurde. **129**

---

[313] *Lindacher* 151 f.
[314] OLG München GRUR 1990, 677 – Postervertrieb; KG NJWE-WettbR 1999, 161.
[315] OLG Köln WRP 2008, 379, 380 – Abmah-

nung bei Schubladenverfügung; *Weisert* WRP 2007, 504, 505.
[316] OLG Düsseldorf BeckRS 2010, 02308; dagegen LG Hamburg BeckRS 2008, 25092.

Kapitel 6

Lizenzvertragsrecht

Literatur

Ahrens Brauchen wir einen Allgemeinen Teil der Rechte des Geistigen Eigentums? GRUR 2006, 617; *Ann/Barona* Schuldrechtsmodernisierung und gewerblicher Rechtsschutz, Köln 2002; *von Ann* (Hrsg) Festschrift für Reimar König zum 70. Geburtstag, Köln 2003; *Bahr* Die Behandlung von Vertikalvereinbarungen nach der 7. GWB-Novelle WuW 2004, 259; *Bandasch/Lemhöfer/Horn* Die Verwaltungspraxis des Bundeskartellamtes zu den Lizenzverträgen nach §§ 20, 21 GWB, Köln ua 1969; *Barona* Die Haftung des Patentlizenzgebers für Tauglichkeitsmängel der Erfindung nach neuem Schuldrecht, Baden-Baden 2004; *Bartenbach, B* Die Patentlizenz als negative Lizenz, Köln 2002; *dies* Negative Lizenz Mitt 2002, 503; *dies* Die Schuldrechtsreform und ihre Auswirkungen auf das Lizenzvertragsrecht Mitt 2003, 102; *Bartenbach, K* Patentlizenz- und Know-how-Vertrag, Köln 6. Aufl 2007; *ders* Zwischenbetriebliche Forschungs- und Entwicklungskooperation und das Recht der Arbeitnehmererfindung, Köln 1985; *ders* Aktuelle Probleme des Gewerblichen Rechtsschutzes, Köln 2007 – Band 2; *Bartenbach, K/Fock* Das neue nicht eingetragene Geschmacksmuster – Ende des ergänzenden wettbewerblichen Leistungsschutzes im Geschmacksmusterrecht oder dessen Verstärkung? WRP 2002, 119; *Bartenbach, K/Söder* Lizenzvertragsrecht nach neuem GWB: Lizenzgebührenpflicht über den Inhalt des Schutzrechts hinaus und nach Schutzrechtende Mitt 2007, 353; *Bausch* Patentlizenz und Insolvenz des Lizenzgebers NZI 2005, 289; *Bechtold/Bosch/Brinker/Hirsbrunner* EG-Kartellrecht, Kommentar, 2. Aufl München 2009; Beck'sche Formularsammlung zum gewerblichen Rechtsschutz mit Urheberrecht, 4. Aufl München 2009; *Berger* Vertragsstrafen und Schadenspauschalierungen im Internationalen Wirtschaftsrecht RIW 1999, 401; *ders* Zur Wirksamkeit von Lösungsklauseln für den Konkursfall ZIP 1994, 173; *Billhardt* Horizontale und vertikale Wettbewerbsbeschränkungen im Gesetz gegen Wettbewerbsbeschränkungen, Frankfurt aM ua 2004; *Bornkamm* Markenrecht und wettbewerbsrechtlicher Kennzeichenschutz GRUR 2005, 97; *Brandt* Softwarelizenzen in der Insolvenz unter besonderer Berücksichtigung der Insolvenz des Lizenzgebers NZI 2001, 337; *Bruns* Das Wahlrecht des Insolvenzverwalters und vertragliche Lösungsrechte ZZP 110 (1997), 305; *Bühling* Die Markenlizenz im Rechtsverkehr GRUR 1998, 196; *Busse* PatG 6. Aufl Berlin 2003; *Dahlheimer/Feddersen/Miersch* EU-Kartellverfahrensverordnung, Kommentar zur VO 1/2003, München 2005; *Drexel* Die neue Gruppenfreistellungsverordnung über Technologietransfer-Vereinbarungen im Spannungsfeld von Ökonomisierung und Rechtssicherheit GRUR Int 2004, 716; *von Einsele* (Hrsg) Festschrift 50 Jahre VPP, Duisburg 2005; *Erdmann/Bornkamm* Schutz von Computerprogrammen – Rechtslage nach der EG-Richtlinie GRUR 1991, 877; *Fammler* Der Markenlizenzvertrag, 2. Aufl München 2007; *Feil* Europäische Union – Kommission erlässt neue Gruppenfreistellungsverordnung für Technologietransfer-Vereinbarungen nebst Leitlinie GRUR Int 2004, 454; *Fezer* Markenrecht, München 4. Aufl 2009; *ders* Markenfunktionale Wechselwirkung zwischen Markenbekanntheit und Produktähnlichkeit – Gemeinschaftsrechtliche Verwechslungsgefahr als Produktkontrolle und Produktverantwortung des Markeninhabers – Zur „Canon"-Entscheidung des EuGH WRP 1998, 1123; *ders* Lizenzrechte in der Insolvenz des Lizenzgebers – Zur Insolvenzfestigkeit der Markenlizenz – WRP 2004, 793; *Finger* Die Offenkundigkeit des mitgeteilten Fachwissens bei Know-how-Verträgen GRUR 1970, 3; *Fischer* Anmerkungen zum Urteil des BGH vom 11.6.1970, X ZR 23/68 – Kleinfilter GRUR 1970, 549; *ders* Verwertungsrechte bei Patentgemeinschaften GRUR 1977, 313; *Forkel* Gebundene Rechtsübertragung, Köln ua 1977; *ders* Lizenzen an Persönlichkeitsrechten durch gebundene Rechtsübertragung GRUR 1988, 491; *Gallego* Die Anwendung des kartellrechtlichen Missbrauchsverbots auf unerlässliche Immaterialgüterrechte im Lichte der IMS Health- und Standard-Spundfass-Urteile GRUR Int 2006, 16; *Groß* Der Lizenzvertrag, 9. Aufl Frankfurt aM 2007; *Groß/Rohrer* Lizenzgebühren, 2. Aufl Frankfurt 2008; *von Großfeld* (Hrsg) Festschrift für Wolfgang Fikentscher zum 70. Geburtstag, Tübingen 1998; *Grützmacher* Insolvenzfeste Softwarelizenz- und Softwarehinterlegungsverträge – Land in Sicht? CR 2006, 289; *Hellebrand/Himmelmann* Lizenzsätze für technische Erfindungen, 4. Aufl Köln ua 2011; *Henn* Patent- und Know-how-Lizenzvertrag, 5. Aufl Heidelberg 2003; *Hölzlwimmer* Produkthaftungsrechtliche Risiken des Technologietransfers durch Lizenzverträge, München 1995; *Hoeren/Schuhmacher* Verwendungsbeschränkungen im Softwarevertrag CR 2000, 137; *Hoffmann* Immaterialgüterrechte in der Insolvenz ZInsO 2003, 732; *Horns* Anmerkungen zu begrifflichen Fragen des Softwareschutzes GRUR 2001, 1; *Ingerl/Rohnke* Markengesetz, 3. Aufl München 2010; *von Jaeger/Pohlmann/Rieger/Schroeder* (Hrsg) Frankfurter Kommentar zum Kartellrecht, Loseblatt, Köln Stand 2/2011 (zit Frankfurter Kommentar zum Kartellrecht – Bearbeiter); *Kahlenberg/Haellmigk* Neues Deutsches Kartellgesetz – Stichtag 1.7.2005: Änderung des GWB BB 2005, 1509; *Karl/Reichelt* Die Änderung des Gesetzes gegen Wettbewerbsbeschränkungen durch die 7. GWB-Novelle DB 2005, 1436; *Keller* Kartellrechtliche Schranken für Lizenzverträge, Bern 2004; *von Keller* (Hrsg) Festschrift für Winfried Tilmann zum 65. Geburtstag, Köln 2003; *Klauer/Möhring* Patentrechtskommentar Band I, 3. Aufl München 1971; Arbeitskreis für Insolvenz- und Schiedsgerichtswesen eV (Hrsg.) Kölner Schriften zur InsO, 2. Aufl Köln 2000; *Körner* Der Bestand bzw Fortbestand von Schutzrechten und Know-how als Voraussetzung der Lizenzgebühren – bzw Schadensersatzpflicht GRUR 1982, 341; *Kraßer/Schmid* Der Lizenzvertrag über technische Schutzrechte aus der Sicht des deutschen Zivilrechts GRUR Int 1982, 324; *Kuebart* Verrechnungspreise im Internationalen Lizenzverkehr: Grundlagen der Ermittlung steuerlich angemessener Lizenzgebühren bei Verträgen zwischen international verbundenen Unternehmen und Ermittlung eines ganzheitlichen Preisermittlungsprogramms, Bielefeld 1995; *Lange* Marken- und Kennzeichenrecht, München 2006; *Lichtenstein* Der Lizenzvertrag im engeren Sinne NJW 1965, 1839; *Lindenmaier/Weiss* Patentgesetz, 6. Aufl Köln ua 1973; *Lorenz* Die Beurteilung von Patentlizenzvereinbarungen anhand der Innovationstheorie WRP 2006, 1008; *Lorenzen* Designschutz im europäischen und internationalen Recht: zur Anwendung und Auslegung internationalen und europäischen Designschutzrechts, insbesondere der materiellen Geschmacksmustervorschriften der Richtlinie 98/71/EG und der Verordnung (EG) Nr 6/2002 über das Gemeinschaftsgeschmacksmuster, Hamburg 2002; *Loschelder* Der Schutz technischer Entwicklungen und praktischer Gestaltung durch das Marken- und Lauterkeitsrecht – Versuch einer Bewertung der Rechtsprechung der letzten zwei Jahre GRUR Int 2004, 767; *Lüdecke* Erfindergemeinschaften, Berlin 1962; *ders* Die Ausübungspflicht des Lizenznehmers GRUR 1952, 211; *ders* Zur rechtlichen Natur der Lizenz NJW 1966, 815; *Lüdecke/Fischer* Lizenzverträge, Berlin 1957; *Magen* Lizenzverträge und Kartellrecht, Heidelberg 1963; *Magold* Personenmerchandising, Frankfurt aM 1994; *Manz/Ventroni/Schneider* Auswirkungen der Schuldrechtsreform auf das Urheber-(vertrags)recht ZUM 2002, 409; *Marly* Praxishandbuch Softwarerecht, 5. Aufl München 2009; *Mummenthey* Vertraulichkeitsvereinbarungen CR 1999, 651; *Nack* Neue Gedanken zur Patentierbarkeit von computerimplementierten Erfindungen – Bedenken gegen Softwarepatente – ein déjà vu? GRUR Int 2004, 771; *Nägele* Der aktuelle Stand der geplanten europäischen Gesetzgebung zur Patentierbarkeit computerimplementierter Erfindungen Mitt 2004, 101; *Nerlich/Römermann* Insolvenzordnung, Kommentar, Loseblatt, München Januar 2011; *Nirk* Die Einordnung der Gewährleistungsansprüche und Leistungsstörungen bei Verträgen über Patente in das Bürgerliche Gesetzbuch GRUR 1970, 329; *Ohl* Wegfall der Lizenz vor Ablauf des Patents GRUR 1992, 77; *Pagenberg/Beier* Lizenzverträge – Licence Agreements, 6. Aufl Köln ua 2008; *Palandt* Bürgerliches Gesetzbuch, 70. Aufl, München 2011 (zit Palandt/*Bearbeiter*); *Paulus* Software in Vollstreckung und Insolvenz ZIP 1996, 2; *Pfaff/Osterrieth* Lizenzverträge – Fomularkommentar, 3. Aufl München 2010; *Plath/Scherenberg* Zur Insolvenzfestigkeit des Erwerbs von Nutzungsrechten an Software CR 2006, 153; *Pohlmann* Zum wettbewerbsrechtlichen Leistungsschutz bei Herkunftstäuschung EWiR 1999, 667; *Polley* Verwendungsbeschränkungen in Softwareüberlassungsverträgen CR 1999, 345; *Preu* Der Einfluß der Nichtigkeit oder Nichterteilung von Patenten auf Lizenzverträge GRUR 1974, 623; *Rahlf/Gottschalk* Neuland: Das nicht eingetragene Gemeinschaftsgeschmacksmuster GRUR Int 2004, 821; *von Rebmann/Säcker/Rixecker* (Hrsg) Münchener Kommentar, Kommentar zum Bürgerlichen Gesetzbuch, 5. Aufl München 2006;

Reichl Beobachtungen zur Patentierbarkeit computerimplementierter Erfindungen Mitt 2006, 6; *Reimer* Patentgesetz und Gebrauchsmustergesetz, 3. Aufl Köln ua 1968; *Röhling* Die Zukunft des Kartellverbots in Deutschland nach In-Kraft-Treten der neuen EU-Verfahrensrechtsordnung GRUR 2003, 1019; *Sack* Der „spezifische Gegenstand" von Immaterialgüterrechten als immanente Schranke des Art 85 Abs 1 EG-Vertrag bei Wettbewerbsbeschränkungen in Lizenzverträge RIW 1997, 449; *ders* Zur Vereinbarkeit wettbewerbsbeschränkender Abreden in Lizenz- und Know-how-Verträgen mit europäischem und deutschem Kartellrecht WRP 1999, 592; *Schade* Die Ausübungspflicht bei Lizenzen, Köln ua 1967; *Scheffler* Besonderheiten bei der Abwehr von Ansprüchen aus parallelen Gebrauchs- und Geschmackmustern im Falle widerrechtlicher Entnahme geistigen Eigentums Mitt 2005, 216; *Schlötelburg* Musterschutz an Zeichen GRUR 2005, 123; *Smid/Lieder* Das Schicksal urheberrechtlicher Lizenzen in der Insolvenz des Lizenzgebers – Auswirkungen des § 103 InsO DZWiR 2005, 7; *Schmoll/Hölder* Patentlizenz- und Know-how-Verträge in der Insolvenz – Teil I: Insolvenz des Lizenznehmers GRUR 2004, 743; *dies* Patentlizenz- und Know-How-Verträge in der Insolvenz – Teil II: Insolvenz des Lizenzgebers GRUR 2004, 830; *Schölch* Softwarepatente ohne Grenzen GRUR 2001, 16; *Schöninger* Softwarepatente – BGH ebnet der Patentierung von Computerprogrammen den Weg CR 2000, 129; *Schuhmacher* Wirksamkeit von typischen Klauseln in Softwareüberlassungsverträgen CR 2000, 641; *Schulte* Patentgesetz, Kommentar, 8. Aufl Köln 2008; *Schultze/Pautke/Wagener* Die Gruppenfreistellungsverordnung für Technologietransfervereinbarungen, Praxiskommentar, Frankfurt aM 2005; *Sefzig* Das Verwertungsrecht des einzelnen Miterfinders GRUR 1995, 302; *Seifert* Zur Preisabstandspflicht in Taschenbuchlizenzverträgen – Zugleich eine Anmerkung zum BGH-Urteil „Preisabstandsklausel" ZUM 1986, 667; *Stickelbrock* Urheberrechtliche Nutzungsrechte in der Insolvenz – von der Vollstreckung nach §§ 112 ff UrhG bis zum Kündigungsverbot des § 112 InsO WM 2004, 549; *Storch* Folgen der Unwirtschaftlichkeit der Lizenzverwertung GRUR 1978, 168; *Ströbele/Hacker* Markengesetz, 9. Aufl Köln 2009; *Stumpf* Die Eintragung von Lizenzen im Markenregister MarkenR 2005, 425; *von Troller* Immaterialgüterrecht Bd II, 3. Aufl Basel 1983; *Ullmann* Urheberrechtlicher und patentrechtlicher Schutz von Computerprogrammen, Aufgaben der Rechtsprechung CR 1992, 641; *Ullrich* Lizenzverträge im europäischen Wettbewerbsrecht – Einordnung und Einzelfragen Mitt 1998, 50; *Wallner* Softwarelizenzen in der Insolvenz des Lizenzgebers ZIP 2004, 2073; *Wiedemann* Lizenzen und Lizenzverträge in der Insolvenz, Köln 2006; *Völp* Weitergeltung der Lizenz bei Veräußerung des Schutzrechts GRUR 1983, 45; *von Wimmer* (Hrsg) Frankfurter Kommentar zur Insolvenzordnung, 5. Aufl Berlin 2009; *Zeising* Die insolvenzrechtliche Verwertung und Verteidigung von gewerblichen Schutzrechten – Teil I Mitt 2000, 206; *ders* Lizenzverträge im Insolvenzverfahren Mitt 2001, 240.

Übersicht

Soenke Fock

§ 1
Zweck des Lizenzvertrages/Lizenzpolitik

Ein erteiltes bzw eingetragenes Schutzrecht gibt grundsätzlich nur dessen Inhaber **1**
das Recht, das ihm gewährte Monopol zu verwerten; Dritte sind als Folge dieses
Monopols von der Nutzung des durch das Schutzrecht geschützten Gegenstands (zB
Erfindung bei Patent bzw Gebrauchsmuster, Design bei Geschmacksmuster, etc) ausgeschlossen (vgl etwa § 9 S 1 und S 2 PatG).

Der Schutzrechtsinhaber hat dabei die Möglichkeit, den ihm durch die Schutz- **2**
rechtserteilung bzw -eintragung vermittelten Vermögenswert auf verschiedene Weise
wirtschaftlich zu verwerten, zB durch Eigennutzung, Übertragung oder durch Erteilung von Lizenzen. Die Lizenzierung ist dabei im modernen Wirtschaftsleben die
wichtigste Form der beschränkten Rechtsübertragung geworden. Dies wird durch eine
umfangreiche Rechtsprechung bestätigt, die mangels einer spezialgesetzlichen Regelung des Lizenzvertrages zusammen mit der Rechtslehre die Entwicklung des Lizenzvertragsrechts geprägt hat. Unter den **Begriff des Lizenzvertrages** lassen sich alle Verträge fassen, deren Ziel es ist, Nutzungsrechte an schutzfähigen schöpferischen
Leistungen oder an speziellen technischen Kenntnissen vollständig oder teilweise zu
übertragen.

Lizenzverträge dienen allerdings heute nicht mehr allein der technischen und wirt- **3**
schaftlichen Verwertung des Schutzrechts. Es lassen sich vielmehr **drei Hauptgruppen**
von Lizenzverträgen unterscheiden:[1]

- Vorrangig sind sog **Verwertungslizenzen.** Ihre positive Verwertungsfunktion entspricht dem „herkömmlichen Grundgedanken" der Lizenzvergabe: Im Vordergrund steht dabei die Überlegung, durch die Erteilung der Lizenz Lizenzeinnahmen zu erzielen.

Über den mit der Lizenzierung ursprünglich verbundenen Erlaubnis- und Verwer-
tungsgedanken hinaus haben sich zwei weitere Formen von Lizenzierungen entwickelt:

- Zum einen der **Lizenzaustauschvertrag,** den Wettbewerber gleicher oder sich
  berührender Branchen abschließen, um ihre jeweiligen Entwicklungsleistungen
  zu ergänzen. Hierunter sind aber auch Verträge zur Aufhebung von Sperrposi-
  tionen zu fassen, bei denen die Vertragsparteien gegenseitig darauf verzichten,
  Verletzungsansprüche geltend zu machen, da beide nicht ohne gegenseitige Verletzung von Schutzrechten arbeiten können.[2]
- Zum anderen können Lizenzverträge auch eine (verdeckte) **Gewinnabschöpfung**
  bezwecken bzw bewirken. Als solche werden sie formal zwar als Lizenzverträge
  ausgestaltet, dienen aber der (verdeckten) Gewinnverlagerung insbesondere zwischen konzernverbundenen Unternehmen, oftmals von einer Tochtergesellschaft
  auf die Muttergesellschaft.[3]

Insofern erschöpft sich die Vergabe von Lizenzen nicht in ihrer Erteilung an
Fremdunternehmen (die in der Regel Wettbewerber des Schutzrechtsinhabers sind);
Sie findet sich vielmehr auch bei der Einräumung von Nutzungsrechten an Schutz-
rechten innerhalb einer Unternehmensgruppe.

---

[1] *Pfaff/Osterrieth* A Rn 15 ff.
[2] *Pfaff/Osterrieth* A Rn 15.

[3] *Pfaff/Osterrieth* A Rn 18 f; BFH GRUR 2001,
346 – Überlassung eines Konzernnamens.

4   Die Entscheidung des Schutzrechtsinhabers zur **Erteilung einer Lizenz** kann aus **unterschiedlichen Motiven** erfolgen. Zum einen können die Kapazitäten des eigenen Unternehmens ausgelastet sein; durch die Lizenzvergabe kann dann eine weitere wirtschaftliche Verwertungsmöglichkeit des Schutzrechts ohne eine – ggf risikobehaftetere – Ausweitung des eigenen Unternehmens erfolgen. Mit einer Lizenzvergabe zB an Wettbewerber, die mit anderen Produkten am Markt auftreten, lässt sich ggf auch ein geplantes eigenes Tätigwerden in diesem Raum vorbereiten. So kann der Lizenzgeber das Produkt am Markt unter Minimierung des eigenen Risikos „testen" lassen. Die Lizenzierung zB eines ausländischen Schutzrechtes „erspart" dem Lizenzgeber Risiken aufgrund fehlender Kenntnisse über die örtlichen Marktverhältnisse und gibt ihm dabei die Chance, trotz fehlender Vertriebs- oder Vermarktungsfähigkeit eine weitere Einnahmequelle zu erlangen; zugleich kann sie ihn vor einem zu hohen Risiko des eigenen Kapitaleinsatzes bewahren.

5   Ein weiterer Bereich, in dem Lizenzverträge Bedeutung erlangen, ist die Beilegung von Schutzrechtsstreitigkeiten.[4] So kann es insbesondere für den Lizenzgeber günstig sein, einer evt durch eine Verletzungsstreitigkeit ausgelösten Vernichtung des Schutzrechtes durch Vergabe einer (kostenlosen/kostenpflichtigen) Lizenz zu entgehen.

6   Mangels einer spezialgesetzlichen Regelung des Lizenzvertrages sind die Vertragsparteien bei der Gestaltung eines Lizenzvertrages im Wesentlichen frei. Es gilt der **Grundsatz der Vertragsfreiheit.** Eine spezialgesetzliche Regelung des Lizenzvertrages fehlt. Grenzen ergeben sich jedoch insbesondere aus dem deutschen und europäischen Kartellrecht bzw aufgrund sonstiger nationaler Rechtsschranken. Entscheidend für die Ausgestaltung sind die jeweiligen Interessen der Vertragspartner. Ein auf alle denkbaren Fälle passendes Vertragsmuster existiert nicht und kann wegen der Vielschichtigkeit der unterschiedlichen Fallgestaltungen auch nicht entworfen werden. Andererseits gibt es eine Vielzahl von typischen Problemkreisen im Zusammenhang mit der Gestaltung und Durchführung von Lizenzverträgen, die im vorhinein bedacht werden sollten und zu deren Regelung musterähnliche „Bausteine" in den Lizenzvertrag aufgenommen werden können.

§ 2
Lizenzvertrag als „gewagtes Geschäft"

7   Lizenzverträge über gewerbliche Schutzrechte werden allgemein als „gewagte Geschäfte" eingeordnet.[5] Häufig kann der Lizenznehmer die wirtschaftliche Verwertbarkeit des Schutzrechtes nicht mit Sicherheit beurteilen, so dass der Abschluss eines Lizenzvertrages und die damit regelmäßig verbundenen Investitionen und sonstigen Vorleistungen für den **Lizenznehmer** ein Wagnis bedeuten. Andererseits können sich dadurch unerwartete Gewinnchancen eröffnen.[6] Der Lizenznehmer muss sich „seine" Risiken bei Vertragsabschluss vergegenwärtigen. Der Lizenzgeber hat regelmäßig keinen Einfluss auf die Auswertung des Schutzrechts durch den Lizenznehmer und er kann dessen tatsächliche Nutzungsmöglichkeiten und Potentiale ebenso wenig kennen bzw sicher vorhersagen wie dessen reale Stellung am Markt.

---

[4] Hierzu auch *Pagenberg/Geissler* Muster 11; sowie zu diesem und anderen Motiven *Bartenbach* Patentlizenz- und Kow-how-Vertrag Rn 8 ff.

[5] BGH GRUR 1961, 27, 28 f – Holzbauträger; *Kraßer* § 41 I 4; *Busse/Keukenschrijver* § 15 Rn 54 PatG.
[6] RG GRUR 1932, 865, 867.

Die **Risiken des Lizenzgebers** liegen insofern in der technischen und wirtschaft- **8**
lichen Leistungsfähigkeit des Lizenznehmers begründet, da sich seine Gewinne in Form
der vereinbarten Lizenzgebühren nach dessen Markterfolg bemessen. Mit der Zurver-
fügungstellung der Nutzungsbefugnis an einem Monopolrecht hat der Lizenzgeber eine
Vorleistung erbracht, so dass er auch unter Beachtung von Einmalzahlungen und Min-
destlizenzgebühren an dem wirtschaftlichen Risiko des Lizenznehmers über die ihm evt
nicht zufließenden Lizenzgebühren beteiligt ist. Auch unvorhersehbare Ereignisse, die
beide Parteien des Vertrages betreffen, wie zB Angriffe auf das lizenzierte Schutzrecht
oder Veränderungen der Marktverhältnisse, können ein zusätzliches Wagnis bedeuten.
Dieser Wagnischarakter des Lizenzvertrages wird von Rechtsprechung und Lehre bei
Fragen der rechtlichen Einordnung oder angemessenen Risikoverteilung bzw Risiko-
zuweisung, zB im Bereich des Leistungsstörungsrechts, berücksichtigt.[7]

§ 3
Rechtscharakter des Lizenzvertrages

Wie eingangs erwähnt, gibt es kein kodifiziertes, dh gesetzlich detailliert geregeltes, **9**
Lizenzvertragsrecht, wie dies etwa beim Miet- oder Kaufrecht der Fall ist. Gleichwohl
finden sich einige rudimentäre gesetzliche Regelungen zur Lizenz. Darauf aufbauend
haben Rechtsprechung und Literatur das heutige Lizenzvertragsrecht entwickelt.

I. Die Regelungen in Spezialgesetzen

Beispielhaft sei nachfolgend auf die gesetzlichen Regelungen zum **Markenlizenz-** **10**
vertrag verwiesen. Siehe im Übrigen zum Gegenstand eines Lizenzvertrages unten § 4.

Die Erste Richtlinie des Rates zur Angleichung der Rechtsvorschriften der Mit- **11**
gliedsstaaten über die Marken (EG Nr 89/104 vom 21.12.1988, im folgenden MarkenRL)[8] regelt verbindliche Vorgaben für Registermarken. Diese wurde in § 30 Abs 1,
2 MarkenG umgesetzt, der sich zugleich auch auf die Lizenzierung von Benutzungsmarken und notorisch bekannten Marken erstreckt. Die Regelung des Art 8 Marken-
RL ist dabei ihrerseits stark an Art 43 Abs 1, 2 Gemeinschaftspatentübereinkommen
(GPÜ) angelehnt. Die Regelungen zur Lizenz des § 30 Abs 1, 2, 5 MarkenG entsprechen weitgehend denen des § 15 Abs 2, 3 PatG. § 15 Abs 2 PatG geht – genauso wie
Art 8 MarkenRL – auf Art 43 Abs 1, 2 GPÜ zurück, so dass zur Auslegung ergänzend
das umfangreiche Material zur Patentlizenz herangezogen werden kann.[9] Regelungen
zur Lizenzierung einer Gemeinschaftsmarke enthalten die Art 22 Abs 1, 2, 3 S 1, 4
und Art 24 GMVO. Diese stimmen inhaltlich weitgehend mit **§§ 30 Abs 1 bis 4, 31**
MarkenG überein.

Die Rechtsgrundlage für Markenlizenzverträge bildet im deutschen Recht § 30 **12**
MarkenG. Nach dessen Absatz 1 kann „das durch die Eintragung, die Benutzung
oder die notorische Bekanntheit einer Marke begründete Recht für alle oder für einen

---

[7] *Barona* 42; dazu noch unten Rn 159 ff.
[8] ABl EG Nr L 40 v 11.2.1989 S 1.
[9] Ströbele/Hacker/*Hacker* § 30 MarkenG Rn 2;

Lange Marken- und Kennzeichenrecht § 4
Rn 1402.

Teil der Waren oder Dienstleistungen, für die die Marke Schutz genießt, Gegenstand von ausschließlichen oder nicht ausschließlichen Lizenzen für das Gebiet der Bundesrepublik Deutschland insgesamt oder einen Teil dieses Gebiets sein". Der Begriff der Lizenz wird in § 30 MarkenG vorausgesetzt und nicht näher bestimmt. Die Gesetzessprache des Gewerblichen Rechtsschutzes[10] wie auch des Kartellrechts[11] geben weder eine Konkretisierung des Lizenzbegriffs, noch definieren sie ihn in eindeutiger Weise.

13 Der Begriff der Lizenz muss also aus dem jeweiligen Sinnzusammenhang sowie aus dem Zweck der einzelnen Vorschrift ermittelt werden.

II. Rechtstypologische Einordnung

1. Zivilrechtliche Grundlagen

14 Inhaltlich regelt der Lizenzvertrag üblicherweise die **Gestattung eines entgeltlichen oder unentgeltlichen Nutzungsrechts an Schutzrechtsanmeldungen, Schutzrechten und sonstigen schöpferischen Leistungen**[12] durch den Rechtsinhaber dieser Vertragsgegenstände (Lizenzgeber) gegenüber dem Nutzungsberechtigten (Lizenznehmer). Die aus dem allgemeinen Zivilrecht bekannte Unterscheidung zwischen Verpflichtungs- und Verfügungsgeschäft findet sich auch im Lizenzvertragsrecht.[13] Inhalt des Verpflichtungsgeschäfts ist die Pflicht des Lizenzgebers, dem Lizenznehmer das Recht zur Nutzung und Auswertung des Lizenzgegenstandes zu verschaffen. Dazu korrespondiert die Pflicht des Lizenznehmers, hierfür die vereinbarte Lizenzgebühr zu bezahlen. Das Verfügungsgeschäft hingegen ist das Geschäft, das die Erfüllung dieser gegenseitigen Pflichten bewirkt[14]. Da beide Geschäfte aber zeitlich regelmäßig zusammenfallen, können sie als eine Einheit bewertet werden.[15]

15 Der Lizenzvertrag ist ein **gegenseitiger Vertrag**, auf den die Vorschriften des allgemeinen zivilrechtlichen Leistungsstörungsrechts der §§ 320 ff BGB anzuwenden sind.

16 Der Lizenzvertrag ist als **Dauerschuldverhältnis** angelegt,[16] so dass – unabhängig von seiner Einordnung unter einen bestimmten Vertragstypus des BGB – die allgemeinen Regeln über Dauerschuldverhältnisse gelten. Da bei einem Dauerschuldverhältnis fortlaufend neue Leistungs- und Schutzpflichten für die Vertragsparteien entstehen, ist dieses in seiner Durchführung von einem besonderen gegenseitigen Vertrauen der Vertragsparteien abhängig. Der Wegfall dieses Vertrauens berechtigt demzufolge zur Kündigung des Dauerschuldverhältnisses aus wichtigem Grund[17]. Zudem können die Vertragsparteien voneinander die Einhaltung gesteigerter Rücksichtnahmepflichten erwarten, deren Nichteinhaltung besondere Rechtsfolgen (§ 242 BGB) auslöst. Die Rücktrittsmöglichkeit vom Lizenzvertrag ist gemäß seinem Charakter als Dauerschuldverhältnis eingeschränkt, hängt aber aufgrund der geltenden Vertragsfreiheit – wie auch alle anderen Regeln – jeweils vom Inhalt des im Einzelfall geschlossenen Vertrages ab.

---

[10] *Bartenbach*, B 44 ff.
[11] *Bartenbach*, B 44 ff.
[12] Ausf zum Begriff der Lizenz ua *Bartenbach*, B 26 ff.
[13] *Lüdecke* NJW 1966, 815.

[14] *Lüdecke/Fischer* Vorbm 6, 33; *Götting* § 23 II, 197 mwN.
[15] RG JW 1911, 667.
[16] BGH BB 1997, 1503; GRUR 2006, 435, 437.
[17] BGH GRUR 1992, 112, 114 – Pulp-wash.

2. Die Rechtsnatur des Lizenzvertrages/Vertragstypus

Die Zuordnung des Lizenzvertrages zu einem der typischen Vertragsverhältnisse **17** des BGB ist in der Weise bedeutsam, als sich hieran unterschiedliche rechtliche Auswirkungen, zB hinsichtlich des Umfangs der Nutzungsrechte, ihrer Übertragbarkeit, der Gewährleistungsansprüche und ihrer Verjährung knüpfen, wenn die Parteien nicht sämtliche Punkte selbst vertraglich regeln. Trotz verschiedener Berührungspunkte des Lizenzvertrages mit Vertragsverhältnissen des BGB, wie dem Kauf-, dem Miet-, dem Pacht-, dem Nießbrauchs- und dem Gesellschaftsrecht, geht die wohl hL[18] heute davon aus, dass es sich bei einem Lizenzvertrag um einen **Vertrag eigener Art** handelt, denn Lizenzverträge enthalten Elemente ganz verschiedener gesetzlich normierter Vertragstypen. Dabei ist der Lizenzvertrag in der Regel immer auf ein Dauerschuldverhältnis ausgerichtet; denn während seiner Dauer entstehen ständig neue bzw sich wiederholende Leistungs- und Schutzpflichten der Vertragsparteien.[19] Derartige Dauerschuldverhältnisse sind von einem besonderen wechselseitigen Vertrauen der Vertragsparteien abhängig; kommt es zu (massiven) Störungen bei der Durchführung des Lizenzvertrages, kann dies im Einzelfall der sich vertragskonform verhaltenden Partei ein Recht zur Kündigung des Vertrages aus wichtigem Grund geben.

Resultat der Einordnung des Lizenzvertrages als Vertrag eigener Art (§ 311 Abs 1 **18** BGB)[20] ist, dass die Rechtsfolgen eines Vertragsmangels vor Vertragsschluss nicht endgültig bestimmt werden können, wenn die Parteien nicht sämtliche Rechte, Pflichten sowie Rechtsfolgen bei auftretenden Problemen in der Abwicklung des Vertragsverhältnisses im Vertrag ausdrücklich bestimmt haben. Die Vertragsparteien sind dann einer gewissen Rechtsunsicherheit ausgesetzt. Im Einzelfall kann jedoch auf die Vorschriften der vorgenannten Vertragstypen zurückgegriffen werden, soweit entsprechende Rechtspflichten durch den Lizenzvertrag begründet wurden. Besteht diese Möglichkeit nicht, müssen die anzuwendenden Rechtsregeln aus der Natur des Vertragsverhältnisses selbst entwickelt,[21] dh durch ergänzende Vertragsauslegung ermittelt werden.

3. Lizenzvertrag im weiteren und engeren Sinne

Mit dem **Lizenzvertrag im weiteren Sinne** ist – ausgehend von der bereits angesprochenen Trennung von schuldrechtlichem Verpflichtungs- und dinglichem Erfüllungsgeschäft – der schuldrechtliche Vertrag gemeint, der den Lizenzgeber zur Gewährung eines Nutzungsrechts verpflichtet und den Lizenznehmer zur Einforderung dieser Rechtsposition berechtigt. Der **Lizenzvertrag im engeren Sinne** ist hingegen der Vollzug dieses schuldrechtlichen Vertrages durch konkrete Einräumung der Lizenz, also des Nutzungsrechts selbst.

Die praktische Bedeutung der Unterscheidung dieser beiden Ebenen des Lizenzvertrages ergibt sich aus der dadurch möglichen Unterscheidung von Verletzungen und damit einhergehenden Rechtsfolgen auf beiden Ebenen. Die Verletzung des schuld-

---

18 BGHZ 26, 7, 9 – Sympatol; BGH GRUR 1959, 125, 127 – Pansana; BGH GRUR 1961, 27, 29 – Holzbauträger; BGH GRUR 1970, 547, 548 – Kleinfilter; BGH GRUR 1979, 768, 769 – Mineralwolle; *Nirk* GRUR 1970, 329, 330; *Kraßer/Schmid* GRUR Int 1982, 324, 328.
19 Neuerdings einschränkend BGH GRUR 2009, 946, 948 – Reifen Progressiv, dort für die urheberrechtliche Lizenz.
20 RGZ 142, 212, 213 – Maffei; RGZ 155, 306,

310 – Funkverband; BGH GRUR 1951, 471, 473 – Filmverwertungsvertrag (zum Urheberrecht); BGH GRUR 1970, 547, 548 ff – Kleinfilter; BGH GRUR 1979, 767, 768 – Mineralwolle; *Busse/Keukenschrijver* § 15 PatG Rn 53; Ströbele/Hacker/*Hacker* § 30 MarkenG Rn 26; *Kraßer/Schmidt* GRUR Int 1982, 324, 328; *Bartenbach, B* Mitt 2003, 102, 104.
21 RGZ 75, 400, 405.

rechtlichen Überlassungsvertrages kann zu Ansprüchen des Lizenzgebers gegen den Lizenznehmer aus positiver Vertragsverletzung (§ 280 BGB, ggf iVm § 241 Abs 2 BGB) führen, während bei Verletzung des (dinglichen) Erfüllungsvertrages daneben Ansprüche aus dem lizenzierten Schutzrecht selbst in Betracht kommen können.

4. Inhalt der Lizenz

21   Wie bereits angesprochen, versteht man unter einer Lizenz die Gestattung, den Lizenzgegenstand zu benutzen. Nach ganz hM bedeutet dies sowohl bei der ausschließlichen als auch bei der einfachen Lizenz (vgl dazu noch unten Rn 29 ff, 33) die Gewährung eines **positiven Benutzungsrechts**. Inhalt der Lizenz ist dann nicht lediglich der Verzicht des Lizenzgebers gegenüber dem Lizenznehmer auf seine gesetzlichen Verbietungsrechte aus dem lizenzierten Recht, sondern die Verschaffung eines eigenen (positiven) Benutzungsrechts zu Gunsten des Lizenznehmers, durch das wechselseitige Rechte und Pflichten begründet werden.[22]

22   Dem steht die Bewertung der Gestattung eines Nutzungsrechts als sog „**negative Lizenz**" gegenüber,[23] also als bloßer Verzicht des Inhabers eines gewerblichen Schutzrechtes gegenüber dem Lizenznehmer auf sein Recht, die Nutzung des geschützten Gegenstandes zu verbieten. Das hindert die Vertragsparteien jedoch nicht, ausdrücklich eine „negative Lizenz" zum Inhalt ihres Vertrages zu machen (s dazu unten Rn 40 ff).

23   Die praktische Bedeutung dieser Unterscheidung verdeutlichen die **unterschiedlichen Verpflichtungen des Lizenzgebers**. Bei einem positiven Benutzungsrecht erschöpft sich die Verpflichtung des Lizenzgebers nicht nur in einer „passiven" Duldung der Nutzung des Lizenzgegenstandes, sie erstreckt sich vielmehr auch darauf, dem Lizenznehmer die vereinbarte Nutzung „aktiv" zu ermöglichen. Den Lizenzgeber treffen somit eine Verschaffungspflicht[24] im Rahmen der vereinbarten Benutzung und mit Blick auf die Benutzung auch eine Sicherungspflicht derselben. Er hat nicht nur alles zu unterlassen, was zu einer Beeinträchtigung des Lizenzgegenstandes führen oder ihn gefährden könnte, sondern er muss die Voraussetzungen für die Benutzung durch den Lizenznehmer schaffen. Die Verschaffungspflicht bewirkt für den Lizenzgeber also eine Pflicht zur Mitwirkung und Unterstützung; konkret hat er zB für die Erlangung und Aufrechterhaltung lizenzierter Schutzrechtspositionen Sorge zu tragen (zB beim Patent die Zahlung der Jahres-/Aufrechterhaltungsgebühren) und die vertragsgemäße Nutzung zu gewährleisten, zB durch Überlassung begleitenden Know-hows.

5. Ausschließliche Lizenz

24   a) **Inhalt.** Bei einer ausschließlichen Lizenz verpflichtet sich der Lizenzgeber, **keine weiteren Lizenzen an Dritte zu vergeben**; er muss sich vielmehr jeder weiteren Verfügung enthalten und darf auch nicht auf das lizenzierte Schutzrecht verzichten[25]. An

---

[22] *Busse/Keukenschrijver* § 9 PatG Rn 12, 43; *Benkard/Ullmann* § 15 PatG Rn 99, 109; *Klauer/Möhring/Nirk* § 9 PatG Rn 41; *Henn* Rn 40 ff; *Groß* Rn 13, 18 – jeweils mwN zum Meinungsstand; *Fammler* 5 f, unter Verweis auf *Fezer* § 30 MarkenG Rn 6 ff und *Ingerl/Rohnke* § 30 MarkenG Rn 6 f.
[23] RGZ 17, 53, 54; RGZ 33, 103 f; geändert seit RGZ 155, 306, 310, 313; s auch BGH GRUR 1965, 591, 595 – Wellplatten; offen gelassen in BGH GRUR 1982, 411 f – Veranke-

rungsteil; s insb *Lichtenstein* NJW 1965, 1839, 1843; zur historischen Entwicklung s *Henn* Rn 41 ff; *Bartenbach*, B 53 ff; *Troller* Immaterialgüterrecht II, 821, 824; *Völp* GRUR 1983, 45, 49 ff; *Lichtenstein* NJW 1965, 1839 ff.
[24] *Busse/Keukenschrijver* § 15 PatG Rn 55 unter Bezug auf RGZ 155, 306, 315.
[25] BGH IIC 2000, 601 – Rotorscheren; *Pfaff/Osterrieth* Lizenzverträge B Rn 167 f; *Lüdecke/Fischer* C 127, 317; *Kraßer/Schmid* GRUR Int 1982, 324, 330 mwN.

einer Veräußerung des lizenzierten Schutzrechts ist der Lizenzgeber indes nicht gehindert, denn die erteilte Lizenz – auch die einfache – muss der Erwerber zB einer lizenzierten Marke wegen ihrer dinglichen Wirkung gegen sich gelten lassen (Sukzessionsschutz nach § 30 Abs 5 MarkenG).

Diese Ausschließlichkeit kann auch im Verhältnis zwischen Lizenzgeber und Lizenznehmer einen unterschiedlichen Umfang entfalten. So spricht man von einer **Alleinlizenz**, wenn der Lizenzgeber sich lediglich verpflichtet, in dem jeweiligen Lizenzgebiet keine weiteren Lizenzen zu vergeben, er sich selbst jedoch das Recht zur eigenen Nutzung des Lizenzgegenstandes – neben dem Alleinlizenznehmer – vorbehält. Wird demgegenüber vereinbart, dass sich der Lizenzgeber auch dieser Eigennutzung in dem jeweiligen Lizenzgebiet enthalten soll, so handelt es sich um eine **Exklusivlizenz**. **25**

Nach hM wird bei der ausschließlichen Lizenz für den Fall des Nichtvorliegens einer Regelung über die Eigennutzung des Lizenzgebers im Zweifel angenommen, dass er ein solches Recht nicht besitzt[26]. Dementsprechend sollte der Lizenzgeber, der sich eine Eigennutzung vorbehalten will, stets eine ausdrückliche vertragliche Regelung hierüber anstreben. **26**

b) Abgrenzung zur Rechtsübertragung. Der Lizenznehmer erhält mit der ausschließlichen Lizenz eine starke („quasi-dingliche") Rechtsposition. Dies macht eine Abgrenzung von Lizenzvergabe und Rechtsübertragung (vgl zB § 27 Abs 1 MarkenG) notwendig. Entscheidend muss hierbei auf den Umfang der eingeräumten Rechtsposition abgestellt werden. Denn je umfangreicher die Möglichkeiten der Benutzung des Lizenzgegenstandes für den Lizenznehmer ausgestaltet sind, desto mehr stellt sich die Frage nach dem Übertragungswillen der Schutzrechtsposition durch den Lizenzgeber. Eine **rechtsgeschäftliche Übertragung** erfolgt im Wege der **Abtretung**. Als schuldrechtlicher Vertrag wird dann üblicherweise ein Kaufvertrag (Rechtskauf iSv §§ 433, 453 BGB) zugrunde liegen. Beim **ausschließlichen Lizenzvertrag** ist aber gerade **kein Rechtsinhaberwechsel** beabsichtigt. Der Lizenznehmer soll lediglich ein – wenn auch umfassendes – Nutzungsrecht erhalten. Die Ausgestaltung dieses Nutzungsrechts bewirkt lediglich eine konstitutive Teilrechtsübertragung, durch die der Vollrechtsinhaber partiell sein Nutzungsrecht „verliert",[27] also eine beschränkte Übertragung der Rechte auf den Lizenznehmer (Teilrechtsübertragung, § 413 BGB iVm §§ 398 ff BGB analog).[28] Was die Parteien tatsächlich gewollt haben, muss ggf durch Auslegung ermittelt werden. **27**

Hierfür sind auch bei Lizenzverträgen die §§ 133, 157 BGB Ausgangspunkt. Dabei kann die sog **Zweckübertragungslehre**, die in § 31 Abs 5 UrhG ihren gesetzlichen Niederschlag gefunden hat und auch auf verwandte Schutzrechte anwendbar ist[29], herangezogen werden. Mit dieser Lehre hat der BGH[30] – bspw im Bereich der Einräumung von Rechten an Patenten bzw Patentanmeldungen – auf den allgemeinen Grundsatz verwiesen, dass der Schöpfer einer schutzfähigen Leistung so wenig wie möglich von seinen Rechten ab- bzw aufgeben will, so dass im Zweifel nur die Einräumung von Rechten in dem Umfang angenommen werden kann, deren Verschaffung nach den **28**

---

26 *Henn* Rn 144 mwN; *Groß* Rn 36.
27 *Ahrens* GRUR 2006, 617, 623; *Lange* Marken und Kennzeichenrecht § 4 Rn 1404.
28 *Forkel* Gebundene Rechtsübertragungen 56 ff; *Kraßer/Schmid* GRUR Int 1982, 324, 328; *Ahrens* GRUR 2006, 617, 623.

29 BGH GRUR 79, 637 – White Christmas; BGH GRUR 84, 119, 121 – Synchronisationssprecher; Schricker/Loewenheim/*Schricker/Loewenheim* § 31 UrhG Rn 74.
30 BGH GRUR 2000, 788, 789 – Gleichstromsteuerschaltung mwN.

Umständen des Einzelfalls unabdingbar zur Erreichung des mit einem Dritten verein-barten Geschäftszwecks ist.[31] Das bedeutet für das Lizenzvertragsrecht, dass im Zwei-fel stets nur die Einräumung eines Nutzungsrechts, nicht aber eine Vollrechtsüber-tragung gewollt ist.[32]

6. Einfache, nicht ausschließliche Lizenz

29   Durch die einfache Lizenz erwirbt der Lizenznehmer die Befugnis, das Schutzrecht in der vertraglich vereinbarten Form zu benutzen. Im Gegensatz zur ausschließlichen Lizenz kann der Lizenzgeber Dritten auch weitere Lizenzen an dem Lizenzgegenstand einräumen und/oder diesen selbst benutzen. Der Lizenznehmer erhält lediglich ein Benutzungsrecht, wie es ggf auch einer Vielzahl weiterer Vertragspartner eingeräumt wird. Unterlizenzen kann er nur mit Zustimmung des Lizenzgebers einräumen. Ist im Vertrag nicht ausdrücklich geregelt, welche Art der Lizenz vereinbart werden sollte, so ist im Zweifel von einer einfachen Lizenz auszugehen. Den Lizenzvertragsparteien ist zu raten, die Art der Lizenz eindeutig festzulegen.

30   Im Gegensatz zur ausschließlichen Lizenz wird durch die einfache Lizenz nur eine **schuldrechtliche Beziehung** zwischen den Vertragsparteien begründet.[33] Die Rechtspo-sition des einfachen Lizenznehmers ist damit gegenüber derjenigen des ausschließ-lichen Lizenznehmers schwächer ausgestaltet.[34]

31   Bei der Markenlizenz (ebenso wie bei der Geschmacksmusterlizenz, vgl § 31 Abs 3 GeschmMG) ist der einfache Lizenznehmer genauso wie der ausschließliche Lizenz-nehmer nur mit Zustimmung des Markeninhabers berechtigt, gegen Dritte wegen Ver-letzung der Marke Klage zu erheben (§ 30 Abs 3 MarkenG).

32   Die einfache Lizenz bleibt bei Veräußerung des Schutzrechts durch den Lizenz-geber wirksam (**Sukzessionsschutz**, vgl etwa § 15 Abs 3 PatG, § 22 Abs 3 GebrMG, § 31 Abs 5 GeschmMG, § 30 Abs 5 MarkenG). Der Erwerber des Schutzrechts tritt nicht in den Lizenzvertrag ein, dieser besteht auch nach Rechtsübergang weiter im Verhältnis zum (ursprünglichen) Lizenzgeber fort.[35]

7. Abgrenzung einfache/ausschließliche Lizenz

33   Enthält der Lizenzvertrag keine ausdrückliche Bestimmung über die Art der Lizenz, ist das Gewollte durch Auslegung des Vertrags zu bestimmen (§§ 133, 157 BGB). Im Zweifel ist in Anlehnung an die zuvor erwähnte Zweckübertragungslehre von einer einfachen Lizenz auszugehen, hierauf sollte sich der Lizenzgeber aber nicht verlassen. Deshalb sollten die Vertragsparteien den Inhalt der Lizenz konkret ausge-stalten, um späterem Streit und Auslegungsschwierigkeiten vorzubeugen.

34   Der Ausschließlichkeit einer Lizenz steht im Übrigen nicht entgegen, dass der Lizenzgeber zuvor eine oder mehrere einfache Lizenzen erteilt hat.[36] Für die Erteilung

---

[31] BGH GRUR 2000, 788, 789 f – Gleich-stromsteuerschaltung.
[32] *Busse/Keukenschrijver* § 15 PatG Rn 19; mit zahlreichen Nachweisen zur unveröffentlichten BGH-Rechtsprechung; *Benkard/Ullmann* § 15 PatG Rn 24 mwN.
[33] BGH GRUR 1982, 411, 412 – Verankerungs-teil; *Fischer* GRUR 1980, 374, 377; *Pfaff/Oster-rieth* Lizenzverträge B Rn 89.

[34] BGH GRUR 1983, 237, 239 – Brückenlege-panzer.
[35] Wobei dies vertraglich anders geregelt wer-den muss, vgl *Fezer* § 30 MarkenG Rn 41; *Ströbele/Hacker* § 30 MarkenG Rn 113.
[36] BGH GRUR 1955, 338, 340 BGH GRUR 1974, 335 – Abstandshalterstopfen.

weiterer Lizenzen nach Abschluss des ausschließlichen Lizenzvertrages fehlt dem Lizenzgeber jedoch die Verfügungsmacht, dh diese sind dem (früheren) ausschließlichen Lizenznehmer gegenüber unwirksam.[37]

8. Wirkung einer Lizenz

Nur der **ausschließlichen Lizenz** kommt eine **dingliche Wirkung** zu.[38] **35**

Aufgrund der dinglichen Wirkung wird dem ausschließlichen Lizenznehmer eine **36**
dingliche Rechtsposition eingeräumt[39]. Auch der ausschließliche Lizenznehmer kann sich daher zur Abwehr von Verletzungen eines lizenzierten Schutzrechts, zB der Marke, auf die jeweiligen schutzrechtlichen Ansprüche des Lizenzgebers berufen und zB Markenverletzungsklage erheben, auch wenn er hierzu nach der (dispositiven) gesetzlichen Regelung noch der Zustimmung des Lizenzgebers gem § 30 Abs 3 MarkenG bedarf.[40]

Die zB in § 30 Abs 2 Nr 1–5 MarkenG genannten Vertragsverletzungen führen **37**
nicht nur zu schuldrechtlichen, sondern auch zu markenrechtlichen Ansprüchen selbst. Da der Markeninhaber die Markenrechtsverletzungen gegen den Lizenznehmer im Wege der Verletzungsklage geltend machen kann, bestehen diese Ansprüche auch gegen jeden dritten gewerblichen Abnehmer im Vertrieb des lizenzrechtswidrigen Produkts.[41] Insoweit tritt eine Erschöpfung des Markenrechts nach § 24 MarkenG nicht ein.[42]

Trotz der dinglichen Wirkung einer ausschließlichen Lizenz ist der ausschließliche **38**
Markenlizenznehmer – im Unterschied etwa zum ausschließlichen Patentlizenznehmer – nur mit Zustimmung des Inhabers des lizenzierten Schutzrechts befugt, **Unterlizenzen** zu vergeben, und zwar auch dann, wenn ihm eine Exklusivlizenz eingeräumt wurde.[43] Gleiches gilt für die **Übertragung der Lizenz** im Wege der Abtretung (§ 398 ff BGB),[44] es sei denn, es gibt jeweils vorgehende vertragliche Individualvereinbarungen, die sich auch aufgrund einer Auslegung des Lizenzvertrages ergeben können[45]. Grund hierfür ist, dass die Vielfachnutzung die Herkunftsfunktion der Marke beeinträchtigen kann.[46]

Wie bereits erwähnt, bleibt bei Übertragung des lizenzierten Schutzrechts durch **39**
den Lizenzgeber auf einen Dritten oder einer nachfolgenden Lizenzeinräumung die erteilte Lizenz erhalten (für das Markenrecht etwa §§ 27, 30 Abs 5 MarkenG). Dieser **Sukzessionsschutz** gilt sowohl für die einfache als auch für die ausschließliche Lizenz.[47] Allerdings sind ggf Sonderregelungen zu beachten, die sich für das jeweilige

---

[37] *Kraßer* § 41 II 4; *Reimer* § 9 PatG aF Rn 84; *Tetzner* § 9 PatG aF Rn 49.

[38] *Von Schultz* § 30 Rn 15 mHa OLG München NJW-RR 1997, 1266, 1267 – Fan-Artikel; *Starck* WRP 1994, 698, *Lange* Marken- und Kennzeichenrecht § 4 Rn 1408; vgl aber jetzt BGH GRUR 2009, 946, 948 – Reifen Progressiv, wonach dem einfachen Nutzungsrecht – jedenfalls im Rahmen der Urheberlizenz – ebenfalls ein dinglicher Charakter zu Teil wird.

[39] *Lange* Marken- und Kenzeichenrecht § 4 Rn 1408 mHa BGH GRUR 1992, 310, 311 – Taschenbuchlizenz zum Urheberrecht.

[40] *Fezer* § 30 MarkenG Rn 8; *Lange* Marken- und Kennzeichenrecht § 4 Rn 1408.

[41] *Fezer* § 30 MarkenG Rn 8.

[42] *Fezer* § 30 MarkenG Rn 8.

[43] *Von Schultz* § 30 MarkenG Rn 30; *Fezer* § 30 MarkenG Rn 24; Ströbele/Hacker/*Hacker* § 30 MarkenG Rn 57; *Fammler* 100.

[44] Ströbele/Hacker/*Hacker* § 30 MarkenG Rn 56.

[45] Ströbele/Hacker/*Hacker* § 30 MarkenG Rn 56, 57; *Fammler* 100.

[46] *Von Schultz* § 30 MarkenG Rn 30.

[47] Sonderregelungen gibt es etwa für Gemeinschaftsmarken vgl Art 23 Abs 1 GMV.

Schutzrecht nach dem hierfür geltenden Landes- oder Gemeinschaftsrecht ergeben können. So ist zB bei Gemeinschaftsmarken Art 23 Abs 1 GMV zu beachten, wonach der Sukzessionsschutz erst ab Eintragung der Lizenz ins Register besteht oder wenn der Erwerber bösgläubig war.

9. Negative Lizenz

40 Merkmal der negativen Lizenz ist, dass dem Lizenznehmer gerade kein positives Benutzungsrecht zusteht, vielmehr hat der **Lizenzgeber** lediglich darauf **verzichtet, von seinem gesetzlichen Verbietungsrecht**[48] **aus dem lizenzierten Recht Gebrauch zu machen.**

41 Praktische Relevanz erhält die Abgrenzung der negativen Lizenz von der ausschließlichen bzw einfachen Lizenz durch den Vergleich des Umfangs der den Lizenzgeber treffenden Pflichten. Im Unterschied zu dem positiven Benutzungsrecht ist der **Pflichtenkreis des Lizenzgebers** bei der negativen Lizenz üblicherweise allein auf die Duldung der Schutzrechtsnutzung durch den Lizenznehmer **beschränkt.**[49] Eine Verpflichtung des Lizenzgebers, das Vertragsschutzrecht und das darauf bezogene Benutzungsrecht aufrechtzuerhalten, besteht nicht. Er kann das Schutzrecht jederzeit fallen lassen oder darauf verzichten.[50]

42 Zur Verfolgung von Schutzrechtsverletzungen ist der Lizenznehmer einer negativen Lizenz grundsätzlich nicht berechtigt; auch kann er einen solchen Anspruch nicht gegen den Lizenzgeber durchsetzen. Abgesehen von der Möglichkeit, dass der Lizenzgeber im Vertrag eine Garantie übernommen hat, ist seine Haftung bzw sein Haftungsrisiko also stark begrenzt.

43 Ein wesentliches **Anwendungsfeld der negativen Lizenz** ist die vergleichsweise Beilegung von Streitigkeiten über Schutzrechtsverletzungen. Dies gilt insbesondere dann, wenn ein weiteres Vorgehen gegen den (vermeintlichen) Verletzer und späteren Lizenznehmer das Schutzrecht des Lizenzgebers gefährden würde (Gefahr einer Löschungs-/ Nichtigkeitsklage). Abreden im vorgenannten Sinne kommen vor allem im Rahmen von markenrechtlichen Abgrenzungsvereinbarungen vor.[51] Zudem stellt die negative Lizenz eine Vertragsalternative dar, wenn besondere Mitwirkungspflichten und Haftungspflichten des Lizenzgebers ausgeschlossen werden sollen.[52]

10. Freilizenz

44 Die Freilizenz bzw Gratislizenz gewinnt häufig im Rahmen einer anhängigen Nichtigkeits- oder Löschungsklage Bedeutung. Sie wird dem **Kläger** eingeräumt, damit er **gegen Gestattung der unentgeltlichen Benutzung des Schutzrechts von seiner Klage Abstand nimmt.** Dies ist auch vor Klageerhebung mit der Folge des Verzichts auf die Durchführung des Verfahrens denkbar. Streitig ist, ob der Lizenzgeber durch die Freilizenz lediglich auf sein Verbietungsrecht verzichtet[53] oder ein positives Nutzungsrecht einräumt. Grundsätzlich kann der Lizenzgeber neben der Freilizenz beliebig weitere Lizenzen einräumen, wobei eine Grenze nach dem Grundsatz von Treu und Glauben

---

48 *Bartenbach*, B 17; *von Schultz* § 30 MarkenG Rn 1, 15.
49 *Bartenbach*, B 149 ff.
50 RG GRUR 1939, 963, 964.
51 Ströbele/Hacker/*Hacker* § 30 MarkenG Rn 5; *von Schultz* § 30 MarkenG Rn 16.

52 Zu den Entwicklungen in der Unternehmenspraxis s *Bartenbach*, B 127 ff.
53 So zum früheren PatG *Lindenmaier/Weiss* § 9 PatG aF Rn 35.

anzunehmen ist (§ 242 BGB), wenn dadurch die Grundlage des ursprünglichen Lizenzvertrages in Frage gestellt würde, mithin eine Vertragsverletzung vorliegt. Dies bedarf einer Abwägung im Einzelfall.[54] Zur Erteilung einer Unterlizenz ist der Lizenznehmer einer Freilizenz nicht berechtigt.[55]

11. Unterlizenz

Die Unterlizenz ist eine **von der Hauptlizenz abgeleitete Lizenz,** die der Hauptlizenznehmer (als Lizenzgeber) dem Unterlizenznehmer vertraglich einräumt. Bei der Einräumung von Unterlizenzen kann ein mehrstufiges System geschaffen werden, wenn dem Unterlizenznehmer das Recht eingeräumt wird, seinerseits weitere Unterlizenzen zu vergeben. **45**

Zu beachten ist, dass der Hauptlizenznehmer keine umfassenderen Rechte einräumen kann, als er selbst erhalten hat. Der Hauptlizenznehmer hat für eine ordnungsgemäße Rechnungslegung und die vom Unterlizenznehmer zu entrichtenden Lizenzgebühren einzustehen.[56] Dies sollte ebenso vertraglich festgehalten werden wie die Tatsache, dass die **Unterlizenz** in ihrem Bestand **vom Hauptlizenzvertrag abhängig** ist, also das Recht des Unterlizenznehmers mit dem des Hauptlizenznehmers erlischt.[57] Da mit Beendigung oder Unwirksamkeit der Hauptlizenz auch die Unterlizenz automatisch erlischt[58], wird es ein vordringliches Anliegen des Unterlizenzgebers sein, seine Haftung für den Bestand der Hauptlizenz weitestgehend zu beschränken. **46**

§ 4
Gegenstand des Lizenzvertrages

Jedes schutzfähige Recht, durch das der Rechtsinhaber eine Position erlangt, die rechtlich geschützt ist und ihm die Möglichkeit verschafft, andere von der Nutzung auszuschließen (wie zB Marke, Geschmacksmuster, Gebrauchsmuster, Patent, Urheberrecht), kann grundsätzlich Gegenstand eines Lizenzvertrages sein. Die Nutzungserlaubnis kann spiegelbildlich alles umfassen, was seinerseits von dem Verbietungsrecht umfasst wird (§§ 4, 14 MarkenG). Vereinfacht ausgedrückt: „Was verboten werden kann, lässt sich auch lizenzieren." **47**

Lizenzierbare Schutzrechte können insbesondere technische Schutzrechte (Gebrauchsmuster und Patent) und damit einhergehend Know-how, aber auch nichttechnische Schutzrechte (wie Marken, Geschmacksmuster sowie Urheberrechte) sein. Im Multimedia-Bereich sind insbesondere Lizenzverträge über Software, Datenbanken uä bedeutsam. Diese Rechte können auch gebündelt zum Gegenstand eines Lizenzvertrages gemacht werden. **48**

Im Folgenden wird ein kurzer Überblick über die lizenzierbaren Rechte gegeben, dem sich die Behandlung des Lizenzvertrages, im Wesentlichen bezogen auf Lizenzverträge über Markenrechte, anschließt. **49**

---

[54] *Groß* Rn 285, 411, 420.
[55] LG Düsseldorf InstGE 5, 168, 171 – Flaschenkasten.
[56] BGH GRUR 1953, 114, 118 – Reinigungsverfahren.

[57] *Ohl* GRUR 1992, 77, 81 mwN.
[58] RGZ 142, 168, 170 f; *Lüdecke/Fischer* D 71, 434 ff; *Groß* Rn 233; *Ohl* GRUR 1992, 77, 81 mwN.

I. Patente und Patentanmeldungen/Erfindungen/ergänzende Schutzzertifikate

50   Die Regelung des § 15 Abs 2 PatG bestimmt, dass der Patentinhaber berechtigt ist, die ihm nach § 15 Abs 1 PatG zustehenden Rechte, also das Recht auf das Patent, den Anspruch auf Erteilung des Patents und das Recht aus dem Patent, ganz oder teilweise zum Gegenstand von Lizenzen zu machen. **Art 73 EPÜ**[59] regelt dies entsprechend für eine europäische Patentanmeldung.

51   Bei technischen Schutzrechten kommt eine Vielzahl lizenzierbarer Rechte in Betracht, so dass der Gegenstand eines solchen Lizenzvertrages sehr unterschiedlich sein kann. Möglich ist die Lizenzierung von **Patenten**,[60] Geheimpatenten,[61] angemeldeten oder zur Anmeldung vorgesehenen Erfindungen,[62] offen gelegten Patentanmeldungen,[63] Geheimverfahren und Erfindungen, für die ein Patentschutz (noch) nicht beabsichtigt[64] oder nicht möglich[65] ist.

52   Auch ein **zukünftiges, noch nicht entstandenes Erfindungs-(Schutz)recht** kann, soweit es bei Vertragsabschluss bestimmbar ist, Gegenstand eines Lizenzvertrages sein,[66] jedoch gilt § 15 Abs 2 PatG nicht für Lizenzen an nicht angemeldeten Erfindungen.[67] Diese können aber wiederum zum Gegenstand eines dem Patentlizenzvertrag der Art nach vergleichbaren Verwertungsvertrages gemacht werden.[68]

53   Bei der Vertragsgestaltung sind dann nicht die Vorschriften des PatG, sondern die sich aus dem Kartellrecht für Lizenzverträge ergebenden Schranken zu beachten[69].

54   Lizenzverträge über die Nutzung von Erfindungen, die **zur Erteilung eines Patentes angemeldet** worden sind, sind zulässig[70]. Dabei sollte allerdings auf eine genaue Regelung des Vertragsgegenstandes geachtet werden; zum einen ist es möglich, die Verpflichtung des Lizenzgebers zur Lizenzerteilung nur unter der Voraussetzung der Patenterteilung zu vereinbaren, zum anderen kann die Verpflichtung des Lizenzgebers zur Lizenzerteilung unabhängig davon vereinbart werden, ob das Patent erteilt wird oder nicht. Dann aber macht der Lizenzgeber in der Regel keine Zusagen hinsichtlich der Patenterteilung, wenngleich er insoweit natürlich nicht daran gehindert ist, entsprechende Zusicherungen zu übernehmen.

55   Möglich ist es auch, ein **betriebsgeheimes Verfahren** zu lizenzieren; in diesen Fällen wird eine Schutzrechtsanmeldung bewusst unterlassen, um Dritten keinen Aufschluss über die Funktionsweise des Verfahrens zu vermitteln. Schwierigkeiten können sich in diesem Zusammenhang bei der Abgrenzung zum Know-how-Lizenzvertrag ergeben.

---

59 Art 73 EPÜ „Vertragliche Lizenzen: Eine europäische Patentanmeldung kann ganz oder teilweise Gegenstand von Lizenzen für alle oder einen Teil der Hoheitsgebiete der benannten Vertragsstaaten sein."
60 Vgl dazu Fock, Patent- und Gebrauchsmusterrecht, Band 2 Kapitel 8.
61 BGH GRUR 1967, 245, 246 – Lizenzbereitschaft an Geheimpatent.
62 BGHZ 51, 263, 264 – Silobehälter.
63 BGH GRUR 1965, 160, 162 – Abbauhammer, zur bekannt gemachten Patentanmeldung (PatG 1968).
64 BGHZ 51, 263, 264 – Silobehälter; BGH GRUR 1961, 466, 467 – Gewinderollkopf.
65 *Benkard/Ullmann* § 15 PatG Rn 232 f.

66 BGH NJW 1982, 2861, 2862; *Schulte/Kühnen* § 15 PatG Rn 11.
67 *Benkard/Ullmann* § 15 PatG Rn 56; *Schulte/Kühnen* § 15 Rn 1 PatG mHa AmtlBegr zum 1. GPatG Blatt 1979, 280.
68 BT-Drucks 8/2087, 25.
69 BGHZ 51, 263, 264 ff – Silobehälter (unter Bezugnahme auf die zu diesem Zeitpunkt geltenden §§ 20, 21 GWB aF), vgl auch §§ 1 ff GWB in Verbindung mit der TT-GVO Nr 774/2004.
70 BGH GRUR 1961, 466, 467 – Gewinderollkopf; BGH GRUR 1969, GRUR 677, 678 – Rüben-Verladeeinrichtung; *Kraßer* § 40 IVa; *Groß* Rn 13; *Keller* 29 f.

In Fällen, in denen zur Benutzung des lizenzierten Schutzrechts die Nutzung einer **56** weiteren nicht durch den Vertrag lizenzierten Erfindung des Lizenzgebers notwendig ist, wird nach der Rechtsprechung auch ohne diesbezügliche Vereinbarung eine Erstreckung der Lizenzierung auf die weitere Erfindung angenommen,[71] wobei die vertraglich festgesetzte Lizenzgebühr mangels abweichender Vereinbarungen nicht angepasst wird. Der Schutzrechtsinhaber sollte daher stets prüfen, ob der Lizenznehmer auch eine Lizenz an anderen Schutzrechten benötigt, um die eigentlich zu lizenzierende Technologie auszuüben, und wenn dies zu bejahen ist ggf die Lizenzkonditionen anpassen.

Über § 16a Abs 1 PatG in Verbindung mit den Verordnungen der EU über die **57** Schaffung von **ergänzenden Schutzzertifikaten** ist es möglich, einen über die maximale Laufzeit eines Patents (20 Jahre ab Patentanmeldung) hinausgehenden Schutz zu erhalten. Ein solches ergänzendes Schutzzertifikat verlängert also die Laufzeit[72] des Grundpatents, jedoch nur innerhalb der Grenzen der für das Grundpatent geltenden Zulassung.

Solche ergänzenden Schutzzertifikate sind häufig bei der Patentierung von Arznei- **58** mitteln (Wirkstoffen)[73] bzw Pflanzenschutzmitteln[74] anzutreffen.[75]

II. Gebrauchsmuster

Das Gebrauchsmuster wird auch als „kleines Patent" bezeichnet, da es sich eben- **59** falls auf technische Erfindungen bezieht und dem Patent weitgehend entspricht;[76] es unterscheidet sich inhaltlich im Wesentlichen durch geringere Anforderungen an die schöpferische Höhe: Während für ein Patent eine erfinderische Tätigkeit Voraussetzung ist, bedarf es für ein Gebrauchsmuster „nur" eines **erfinderischen Schrittes**. Formal unterscheidet es sich von einem Patent im Wesentlichen durch eine **kürzere Laufzeit** (maximal 10 Jahre) sowie dadurch, dass im Registrierungsverfahren eine **materielle Prüfung** der Schutzvoraussetzungen, namentlich der Neuheit und des erfinderischen Schrittes, **nicht stattfindet** (§§ 1, 8 GebrMG). Gem Art 1 Abs 1 lit h TT-GVO 2004 steht das Gebrauchsmuster dem Patent auch in kartellrechtlicher Hinsicht gleich.

Der Inhaber eines Gebrauchsmusters kann dem Lizenznehmer gem § 22 Abs 2 **60** **GebrMG** sowohl ausschließliche als auch einfache Lizenzen einräumen. Vorstehende Erläuterungen zur Patentlizenz lassen sich grundsätzlich auch auf die Gebrauchsmusterlizenz übertragen.[77] Die fehlende materielle Prüfung im Registrierungsverfahren hat insofern keinen Einfluss auf die Wirksamkeit eines Gebrauchsmusterlizenzvertrages.[78]

---

[71] BGH GRUR 2005, 406, 407 – Leichtflüssigkeitsabscheider.
[72] Vgl zur Berechung BPatGE 35, 276, 278 ff.
[73] ABl EG Nr L 182 v 2.7.1992 S 1, abgedr in GRUR Int 1993, 301 ff, geändert durch Vertrag v 24.6.1994 (BGBl II S 2022) und v 23.9.2003 (ABl EG L 236 v 23.9.2003 S 33).
[74] ABl EG Nr L 198 v 8.8.1996 S 30.
[75] Rechtsgrundlagen hierfür sind die Verordnungen (EWG) Nr 1768/92 v 18.6.1992, in

Kraft getreten am 2.1.1993 bzw Nr 1610/96 v 23.7.1996, in Kraft getreten am 8.2.1997.
[76] Vgl dazu Fock, Patent- und Gebrauchsmusterrecht, Band 2 Kapitel 8.
[77] *Benkard/Grabinski* PatG § 22 GebrMG Rn 4; *Busse/Keukenschrijver* PatG § 22 GebrMG Rn 4.
[78] *Busse/Keukenschrijver* PatG § 22 GebrMG Rn 4 mHa BGH GRUR 1977, 107, 109 – Werbespiegel.

III. Know-how

61   Know-how steht für das nicht durch Schutzrechte gesicherte (betriebliche) Erfahrungswissen auf technischem oder kaufmännischem Gebiet, das gegenüber Dritten einen Vorteil gewährt.[79] Die TT-GVO 2004 bezeichnet Know-how in ihrem Art 1 Abs 1 lit i als „**Gesamtheit nicht patentierter praktischer Kenntnisse**, die durch Erfahrungen und Versuche gewonnen werden."

62   Kennzeichnende Pflichten des Know-how-Lizenzvertrages sind auf Seiten des Lizenzgebers die Verpflichtung, dem Lizenznehmer sein jeweiliges Erfahrungswissen, uU einschließlich technischer Hilfestellung, zu überlassen, auf Seiten des Lizenznehmers die Verpflichtung zur Zahlung einer Lizenzgebühr.

63   Bei dem zu überlassenden Know-how kann es sich auch um ein solches handeln, das erst nach Vertragsschluss zu erarbeiten ist.[80] Die konkrete Überlassung des Knowhows kann wiederum unterschiedlich ausgestaltet sein, zB durch einen Beratungs-, Erfahrungsaustausch- oder Nachbauvertrag. In der Praxis stellt sich die Lizenzierung von Know-how regelmäßig als Wissensüberlassung im Zusammenhang mit dem Abschluss eines Lizenzvertrages über die Nutzung von Schutzrechten dar (gemischter Schutzrechts- und Know-how-Lizenzvertrag, Art 1 Abs 1 lit b TT-GVO 2004).

IV. Marken

64   Der Markenbegriff des § 3 Abs 1 MarkenG umfasst alle Zeichen, insbesondere Wörter, einschließlich Personennamen, Abbildungen, Buchstaben, Zahlen, Hörzeichen, dreidimensionale Gestaltungen einschließlich der Form einer Ware oder ihrer Verpackung sowie sonstige Aufmachungen, einschließlich Farben und Farbzusammenstellungen, die geeignet sind, Waren oder Dienstleistungen eines Unternehmens von denjenigen anderer Unternehmen zu unterscheiden.[81]

65   Die Möglichkeit des Markeninhabers zur Einräumung von ausschließlichen oder einfachen Lizenzen normiert § 30 Abs 1 MarkenG.

66   Wird eine gem § 4 Nr 1 MarkenG eingetragene Marke lizenziert, so erstreckt sich die Lizenz nur auf die eingetragene Marke, dh der Lizenznehmer erhält nicht zugleich eine Lizenz an verwechselbaren Zeichen iSd § 14 Abs 2 Nr 2 MarkenG.[82]

67   In § 30 Abs 2–5 MarkenG finden sich **Besonderheiten der Markenlizenz** gegenüber der Patentlizenz, die über § 31 MarkenG entsprechend für die durch Anmeldung von Marken begründeten Rechte und deren Lizenzierung gelten.

68   Aus § 30 Abs 2 MarkenG ergibt sich das Recht des Lizenzgebers, **Rechte aus der Marke gegen den Lizenznehmer** geltend zu machen, sofern dieser hinsichtlich (i) der Dauer einer Lizenz, (ii) der von der Eintragung erfassten Form, in der die Marke benutzt werden darf, (iii) der Art der Waren oder Dienstleistungen, für die die Lizenz erteilt wurde, (iv) des Gebiets, in dem die Marke angebracht werden darf, oder (v) der Qualität der von ihm hergestellten Waren oder der von ihm erbrachten Dienstleistungen gegen eine Bestimmung des Lizenzvertrages verstößt.

69   Dem Lizenzgeber wird demgemäß zusätzlich die Möglichkeit der Erhebung einer Markenverletzungsklage im Falle der vorgenannten Vertragspflichtverletzungen gegen

---

[79] *Finger* GRUR 1970, 3, 4; *Kraßer* GRUR 1970, 587, 588; *Groß* Rn 16; *Henn* Rn 29.
[80] *Henn* Rn 31.

[81] Vgl dazu auch Band 3 Kap 5.
[82] BGH Mitt 2000, 504, 505 – SUBWAY/Subwear.

den Lizenznehmer eingeräumt.[83] Den gewerblichen Abnehmern des Lizenzgebers sowie Dritten, die solche Waren vertreiben, steht der Erschöpfungseinwand des § 24 MarkenG nicht zur Seite, so dass der Lizenzgeber seine Ansprüche auch gegen diese geltend machen kann.[84] Zudem stehen dem Lizenzgeber die aus der Verletzung der Marke folgenden Ansprüche gem §§ 14 ff MarkenG unbeschadet einer lizenzvertraglichen Vereinbarung, die seine Prozessführungsbefugnis beschränkt, zu.[85]

§ 30 Abs 2 MarkenG zählt die Verstöße gegen Bestimmungen des Lizenzvertrages, die unter seinen Anwendungsbereich fallen, abschließend auf, so dass andere Vertragsverstöße lediglich vertragliche Ansprüche entstehen lassen,[86] soweit solche vorgesehen sind. **70**

Nach der Bestimmung des § 30 Abs 3 MarkenG kann der Lizenznehmer **Klage** wegen Verletzung einer Marke **nur mit Zustimmung des Markeninhabers** erheben. Dies gilt sowohl für ausschließliche als auch für einfache Lizenzen. Gleiches gilt für die markenrechtliche Löschungsklage.[87] Bereits bei vorgerichtlicher Geltendmachung, wie der Abmahnung wegen Markenrechtsverletzung, ist das Zustimmungserfordernis zu beachten.[88] Im Lizenzvertrag kann allerdings anderes vereinbart werden.[89] **71**

Den **Beitritt des Lizenznehmers** zu einer vom Markeninhaber erhobenen **Verletzungsklage**, mit dem der Ersatz des eigenen Schadens geltend gemacht werden soll, regelt § 30 Abs 4 MarkenG. In seiner Entscheidung „Windsor Estate" führt der BGH[90] hierzu aus, dass ein Lizenznehmer, der gem § 30 Abs 4 MarkenG der Verletzungsklage beitritt, die Stellung eines einfachen Streitgenossen erlangt und dem Lizenznehmer im Falle einer Markenverletzung kein eigener Schadensersatzanspruch gegen den Verletzer zusteht.[91] **72**

In § 30 Abs 5 MarkenG ist der **Sukzessionsschutz** geregelt, wonach der Rechtsübergang der Marke oder die Erteilung einer Lizenz nicht die Lizenzen berührt, die Dritten vorher erteilt worden sind. **73**

Insgesamt ist bei den Regelungen des § 30 MarkenG zu beachten, dass diese nicht abschließend sind und zur ergänzenden Auslegung dieser Normen – wegen der bewussten Annäherung an § 15 Abs 2 PatG – die Rechtsprechung und Literatur zum Patentlizenzvertrag herangezogen werden können.[92] **74**

Da im Unterschied zu Patenten der Markenschutz gem § 47 Abs 1 MarkenG zunächst auf die Dauer von 10 Jahren ab Ende des Monats, in den die Anmeldung fällt, angelegt und in Abs 2 eine Verlängerungsmöglichkeit um jeweils weitere zehn Jahre vorgesehen ist, wird bei einer Marke bei Vorliegen der jeweiligen Voraussetzungen auch von „ewigen Leistungsschutzrechten" gesprochen. Angesichts dieser „ewigen" Fortdauer einer Marke ist es im Lizenzvertrag besonders wichtig, interessengerechte Reglungen für die Vertragsparteien zu treffen, vor allem, wenn eine „begleitende" Marke im Rahmen eines gemischten Patent- und Markenlizenzvertrages lizenziert wird. **75**

Die **Registrierung von Markenlizenzen** im deutschen Markenregister (wie diese etwa bei Patent- und Gebrauchsmusterlizenzen im Register vorgenommen werden kann) ist bei Marken nicht vorgesehen. **76**

---

[83] Wie in Art 8 Abs 2 der Markenrechts-RL vorgesehen.
[84] *Bühling* GRUR 1998, 196, 198.
[85] BGH GRUR 2003, 242, 244 – Dresdener Christstollen.
[86] *Bühling* GRUR 1998, 196, 198.
[87] BGHZ 138, 349 ff – MAC Dog.
[88] OLG München NJW-RR 1997, 1266, 1268 – 1860 München.
[89] BGH GRUR 1990, 361, 362 – Kronenthaler; BGH GRUR 1995, 54, 57 – Nicoline.
[90] GRUR 2007, 877 ff.
[91] BGH GRUR 2007, 877 ff.
[92] *Fammler* 4.

77   Im Gegensatz dazu sehen Art 22 und 23 Abs 1 Gemeinschaftsmarkenverordnung – GMVO (EG) Nr 40/94 des Rates vom 20.12.1993[93] – eine Registrierung von an Gewerkschaftsmarken erteilten Lizenzen vor. Zudem soll die Registrierungspflicht einer Gemeinschaftsmarke beim Harmonisierungsamt für den Binnenmarkt in Alicante Wirksamkeitsvoraussetzung für die Lizenzerteilung gegenüber Dritten sein[94]. Weiterhin ist seit dem 1.4.2002 die Eintragung einer Lizenz im internationalen Markenregister vorgesehen.[95] Deutschland behält sich jedoch, obschon Mitgliedstaat des MMA und des PMMA, ausdrücklich eine Nichtregistrierung vor.[96]

78   Wegen der besonderen „Sensibilität" der Marke und insbesondere der Gefahr der Irreführung und der Verwässerung sollte in folgenden Fällen **von** einer **Lizenzierung der Marke abgesehen** werden:
– Der Lizenzgeber nutzt die Marke selbst. Potentieller Lizenznehmer ist ein Wettbewerber des Lizenzgebers. Eine Ausnahme besteht bei besonderen Vertriebsformen.
– Die Produkte des Lizenznehmers erfüllen nicht die Qualtitätsanforderungen bzw entsprechen nicht den Qualitätsvorstellungen des Lizenzgebers. Denn auch wenn die Marke nicht die Garantie der Produktqualität, sondern den Nachweis der Herkunft enthält,[97] so schreibt der angesprochene Verkehr einer bestimmten Marke auch die ihm vertraute Qualität zu, so dass die Lizenzierung dieser Marke nicht dazu führen darf, ihn über die Produktqualität zu täuschen.[98]
– Der Lizenzgeber wird dem Risiko der Produkthaftung für mangelhafte Waren ausgesetzt, die der Lizenznehmer mit der lizenzierten Marke des Lizenzgebers vertreibt.[99] Liegt dem Lizenzvertrag eine Warenbezugspflicht zu Grunde, ist es möglich, den Lizenzgeber als (Quasi-)Unternehmer zu qualifizieren, mit der Folge, dass ihn ein Haftungsrisiko bzgl der durch den Lizenznehmer vertriebenen Waren treffen kann.

V. Geschmacksmuster

79   Nach **§ 1 Nr 1 GeschmMG** ist ein Muster die **zweidimensionale oder dreidimensionale Erscheinungsform** eines ganzen Erzeugnisses oder eines Teils davon, welches sich insbesondere aus den Merkmalen der Linien, Konturen, Farben, der Gestalt, Oberflächenstruktur oder der Werkstoffe des Erzeugnisses selbst ergibt.[100] Die Schutzdauer des Geschmacksmusters beträgt gem § 27 Abs 2 GeschmMG maximal 25 Jahre, gerechnet ab dem Anmeldetag. Der Schutz entsteht nach Abs 1 mit der Eintragung in das Register des DPMA.

80   Der Rechtsinhaber kann gem **§ 31 GeschmMG** Lizenzen für das gesamte Gebiet oder einen Teil des Gebiets der Bundesrepublik Deutschland erteilen. Diese können ausschließlich oder nicht ausschließlich sein. § 31 Abs 2 GeschmMG enthält eine ähnlich dem § 30 Abs 2 MarkenG ausgestaltete Regelung, nach der der Lizenzgeber unter den dort bestimmten Vertragsverletzungen gegenüber dem Lizenznehmer Rechte aus

---

[93] ABl EG Nr L 11 v 14.1.1994 S 1 (ES, DA, DE, EL, EN, FR, IT, NL, PT).
[94] *Pfaff/Osterrieth* Rn 974; vgl auch Schweyer in: Beck'sche Formularsammlung zum gewerbl RS mit UrhR V 11 Anm 14
[95] Regel 20 (bi.s) der gemeinsamen Ausführungsverordnung zum Madrider Abkommen und dem Madrider Protokoll.
[96] *Stumpf* MarkenR 2005, 425 ff.

[97] EuGH GRUR 2003, 425 – Ansul/Ajax; s aber EuGH GRUR Int 1998, 875, 877 – CANNON/Canon mit Anm *Fezer* WRP 1998, 1123, 1126; BGH WRP 2005, 1527 – Otto.
[98] BGH GRUR 1966, 45, 46 – Markenbenzin; BGHZ 44, 372, 377.
[99] *Hölzlwimmer* (1995), 123 ff.
[100] Vgl dazu Band 2 Kap 7.

dem Geschmacksmuster geltend machen kann. Ebenso regelt § 31 Abs 3 GeschmMG – vergleichbar zu § 30 Abs 3 MarkenG –, dass auch der Lizenznehmer Verfahren wegen Verletzung des Geschmacksmusters führen kann, jedoch mit dem Unterschied, dass der Inhaber einer ausschließlichen Lizenz keiner Zustimmung des Lizenzgebers bedarf, wenn dieser, nachdem er dazu aufgefordert wurde, innerhalb einer angemessenen Frist nicht selbst ein Verletzungsverfahren anhängig macht (§ 31 Abs 3 S 2 GeschmMG). Den Sukzessionsschutz normiert § 31 Abs 5 GeschmMG.

VI. Urheberrechte

Das Urheberrecht im subjektiven Sinne ist die Berechtigung des Werkschöpfers, des Urhebers, an seinem Geisteswerk.[101] Das Urheberrecht im objektiven Sinne regelt den Schutz bestimmter kultureller Geistesschöpfungen, die Werke genannt werden.[102] **81**

Gem § 2 Abs 2 UrhG sind Werke nur persönliche geistige Schöpfungen. § 2 Abs 1 UrhG enthält eine Aufzählung der Werke, die insbesondere zu den geschützten Werken der Literatur, Wissenschaft und Kunst gehören. **82**

Auch **Computerprogramme** genießen urheberrechtlichen Schutz nach den Vorschriften der §§ 69a ff UrhG (vgl noch nachfolgend Rn 88 ff). **83**

Für das Urheberrecht bestimmt § 31 UrhG, dass der Urheber einem anderen das Recht einräumen kann, das Werk für einzelne oder alle Nutzungsarten zu nutzen (**Nutzungsrecht**). **84**

Das Nutzungsrecht kann gem § 31 Abs 1 S 2 UrhG als einfaches (Abs 2) oder ausschließliches (Abs 3) Recht sowie räumlich, zeitlich oder inhaltlich beschränkt eingeräumt werden. Die Einräumung von Nutzungsrechten für noch nicht bekannte Nutzungsarten sowie Verpflichtungen hierzu waren bislang gem § 31 Abs 4 UrhG unwirksam. Diese Regelung ist jedoch mit der zum 1. Januar 2008 in Kraft getretenen Urheberrechtsnovelle ersatzlos weggefallen. Nunmehr enthält § 31a UrhG Regelungen über Verträge über unbekannte Nutzungsarten. Danach kann der Urheber bei einem Vertrag, durch den er Rechte für unbekannte Nutzungsarten einräumt oder sich dazu verpflichtet, grundsätzlich diese Rechtseinräumung oder die Verpflichtung hierzu widerrufen. Lässt sich dem Lizenzvertrag die Nutzungsart nicht eindeutig entnehmen, so gilt nach der **Zweckübertragungslehre**[103] (§ 31 Abs 5 UrhG), dass der Urheber dem Erwerber im Zweifel nur soviel an Rechten einräumt, wie es zur Erreichung des Vertragszwecks unbedingt notwendig ist. **85**

Das UrhG selbst gibt dem Lizenzgeber – abweichend zB von einer Lizenz an technischen Schutzrechten – verschiedene Möglichkeiten, auf die Nutzung der Lizenz durch den Lizenzgeber Einfluss zu nehmen. So bestimmt es zB in § 34 UrhG, dass Nutzungsrechte iSv § 31 UrhG nur mit Zustimmung des Urhebers übertragen werden können und gem § 31 Abs 3 S 3, § 35 UrhG auch der ausschließliche Lizenznehmer der Zustimmung des Urhebers zur Einräumung einer einfachen Lizenz bedarf. **86**

Räumt der Urheber einem anderen ein Nutzungsrecht am Werk ein, so verbleibt ihm gem § 37 Abs 1 UrhG im Zweifel das Recht der Einwilligung zur Veröffentlichung oder Verwertung einer Bearbeitung des Werkes. Gleiches wird in § 37 Abs 2 und 3 UrhG für die Ausübung anderer als der vereinbarten Nutzungsarten bestimmt. **87**

---

101 *Rehbinder* Rn 3; vgl allgemein auch Band 2 Kap 1.
102 *Rehbinder* Rn 2.

103 BGHZ 9, 262, 265; BGH GRUR 1987, 37, 39 – Videolizenzvertrag.

VII. Software

88   Nutzungsrechte an Computerprogrammen können ebenfalls durch einen Lizenzvertrag eingeräumt werden.[104]

89   Programme für Datenverarbeitungsanlagen genießen „als solche" **keinen Patentoder Gebrauchsmusterschutz (§ 1 Abs 3 Nr 3, Abs 4 PatG, § 1 Abs 2 Nr 3, Abs 4 GebrMG, Art 52 Abs 2 Nr 3, Abs 3 EPÜ)**. Eine Patentierbarkeit computerimplementierter Erfindungen (Software)[105] hängt davon ab, ob ein **„technischer" Bezug der Erfindung** gegeben ist,[106] denn Patentschutz wird für die technische Lehre bzw die technische Umsetzung der Ideen und Konzepte eines Computerprogramms gewährt. Es ist anhand einer Gesamtbetrachtung des Anmeldegegenstandes im Einzelfall zu entscheiden, ob das Computerprogramm den erforderlichen technischen Bezug aufweist.[107]

90   Der Schutzbereich des Urheberrechts ist für Computerprogramme dann eröffnet, wenn sie gem § 2 Abs 1 Nr 1 UrhG Werkcharakter haben. Der Schutz als Werk iSv §§ 1, 2 UrhG umfasst im Unterschied zum Patent nur die äußere Form des Computerprogramms.[108]

91   Eine Definition des Computerprogramms enthalten die **§§ 69a ff UrhG** allerdings nicht.[109] Der Begriff ist jedoch weit auszulegen.[110] Die Art des Computerprogramms ist für seinen Schutz nicht entscheidend, § 69a UrhG erfasst zB Systemsoftware ebenso wie Textverarbeitungs- oder Grafikprogramme, die der Datenverarbeitung dienen.

92   Der Schutz über § 69a UrhG besteht für **alle „Ausdrucksformen" des Programms**, einschließlich des „Entwurfsmaterials". Über § 69a Abs 2 S 2 UrhG erlangen die „Ideen und Grundsätze" als Grundlage eines Elements des Programms oder einer Schnittstelle keinen Schutz.

93   **§ 69c UrhG** vermittelt dem Rechtsinhaber das ausschließliche Recht, die dauerhafte oder vorübergehende Vervielfältigung (auch soweit dies für das Laden, Anzeigen, Ablaufen, Übertragen oder Speichern erforderlich ist), die Übersetzung, die Bearbeitung, das Arrangement und andere Umarbeitungen des Programms einschließlich der Vervielfältigung der erzielten Ergebnisse, jede Form der Verarbeitung des Originals oder von Vervielfältigungsstücken einschließlich der Vermietung sowie die draht-

---

104 Zum Begriff Software s *Marly* Rn 1 ff; „Software" bezeichnet als Sammelbegriff alle nicht physische Funktionsbestandteile eines Computers; hiervon umfasst sind vor allem Computerprogramme sowie die zur Verwendung mit Computerprogrammen bestimmten Daten.
105 S Art 2 lit a des RL-Entwurfs v 20.2.2002; *Nack* GRUR Int 2004, 771; *Nägele* Mitt 2004, 101.
106 *Pagenberg/Geissler* Muster 17 Rn 71.
107 BGH GRUR 1992, 430, 431 – Tauchcomputer; BGH GRUR 2000, 498 ff (mit Anm *Betten*) – Logikverifikation; BGH GRUR 2003, 667 – Elektronischer Zahlungsverkehr; BGH Mitt 2005, 78 – Anbieten interaktiver Hilfe; BGH Mitt 2005, 20 – Rentabilitätsermittlung; *Reichel* Mitt 2006, 6 ff; *Horns* GRUR 2001, 1, 13; *Schölch* GRUR 2001, 16, 17.

108 BGH GRUR 1984, 659, 660 – Ausschreibungsunterlagen; BGH GRUR 1985, 1041, 1047 – Inkassoprogramm; OLG Köln GRUR-RR 2005, 303 ff; OLG Karlsruhe GRUR 1983, 300, 305; OLG Frankfurt GRUR 1983, 753, 755 – Pengo; *Pagenberg/Geissler* Muster 17 Rn 19.
109 BT-Drucks 12/4022, 9, bewusster Verzicht aufgrund der Schnelllebigkeit der Branche.
110 BGH GRUR 2005, 860 ff mwN; OLG Köln GRUR-RR 2005, 303 ff; Begr des Entwurfs eines 2. UrhÄndG, BT-Drucks 12/4022, 9 f; *Schricker/Loewenheim/Loewenheim* § 69a UrhG Rn 2; *Dreier/Schulze/Dreier* § 69a UrhG Rn 12; *Ullmann* CR 1992, 641, 643 f; *Erdmann/Bornkamm* GRUR 1991, 877, 879; *Schultze/Pautke/Wagener* Art 1 Abs 1 lit g Rn 123.

gebundene oder drahtlose öffentliche Wiedergabe einschließlich der öffentlichen Zugänglichmachung in der Weise, dass es Mitgliedern der Öffentlichkeit an Orten oder zu Zeiten ihrer Wahl zugänglich ist, selbst auszuführen oder zu gestatten.

Ausnahmen hierzu normieren die §§ 69d, 69e UrhG (vgl auch § 69g Abs 2 UrhG). **94**

Bei einer auf Computer-Programme bezogenen Lizenzierung sind allerdings die **95** unterschiedlichen Schutzrichtungen des Patent- und Urheberrechts sowie die jeweiligen Rechtsfolgen bei Eingriffen in die Ausschließlichkeitsrechte zu beachten.[111] Das UrhG schützt nur die äußere Erscheinungsform des Programms. Gem § 69a Abs 2 S 2 UrhG werden „Ideen und Grundsätze" als Grundlage des Programms nicht geschützt. Diese können aber gerade als im Hintergrund des Programms stehende technische Lehre der Erfindung dem Patentschutz unterfallen. Ein Schutz für Lizenznehmer und Urheber vor der Entwicklung und Vermarktung eines parallelen Programms durch Dritte existiert nicht.

Aufgabe des Lizenzgebers ist es, festzustellen, welche Rechte er vergeben kann.[112] **96** Er trägt grundsätzlich die Verantwortung für die Verfügungsbefugnis über die lizenzierten Rechte.

Die besonderen Nutzungsmöglichkeiten von Software bedingen, dass in einem **97** Softwarelizenzvertrag Vertragsklauseln aufgenommen werden, die inhaltlich weiter reichen, als dies bei den üblichen Abreden in Lizenzverträgen der Fall ist.[113] **Verwendungsbeschränkungen** dienen zB dazu, das Nutzungsrecht des Softwarelizenznehmers einzuschränken. Hierzu zählen etwa Vervielfältigungs- sowie Weiterverbreitungsverbote, sog **CPU- und Upgrade-Klauseln, Netzwerkklauseln/Klauseln zur Parallelnutzung, Kontroll- und Besichtigungsvereinbarungen** sowie **Hinterlegungsvereinbarungen.** Hinsichtlich dieser einschränkenden Vertragsklauseln sind die Grenzen des Kartellrechts zu beachten, wobei vor allem der Anwendungsbereich der TT-GVO 2004 auch für Software-Lizenzverträge eröffnet ist.

VIII. Persönlichkeitsrechte/Merchandising

Unter die Persönlichkeitsrechte fallen das Recht am eigenen Bild gem §§ **22 ff** **98** **KUG,** das Namensrecht gem § **12 BGB** und das von der Rechtsprechung als sonstiges Recht gem § **823 BGB** entwickelte allgemeine Persönlichkeitsrecht.[114]

Der Inhaber des Persönlichkeitsrechts kann Eingriffe in dieses Recht gestatten oder **99** auf die Geltendmachung von Ansprüchen gegen den Eingreifenden verzichten.[115] Für die Lizenzierung von Persönlichkeitsrechten gelten die urheberrechtlichen Vorschriften über die Einräumung von Nutzungsrechten.[116] Maßgebliches Kriterium, den Umfang der dem Lizenznehmer eingeräumten Rechte zu bestimmen, ist der mit dem Lizenzvertrag verfolgte Zweck. Auch hier ist von dem Grundsatz der Zweckübertragungslehre auszugehen, wonach Rechte nur in dem Umfang eingeräumt werden, wie dies zur Erreichung des Vertragszwecks unbedingt notwendig ist.[117]

---

[111] *Schöniger* CI 2000, 129, 132.
[112] BGH BB 1987, 1277, 1278.
[113] *Marly* Rn 882 ff; *Hoeren/Schuhmacher* CR 2000, 137 ff; *Polley* CR 1999, 345 ff; *Schuhmacher* CR 2000, 641 ff.
[114] BVerfGE 34, 269 ff; BGHZ 13, 334, 338 – Leserbrief.

[115] BGH NJW-RR 1987, 231, 232 – NENA; *Magold* 502 f; *Schertz* Rn 375.
[116] *Schertz* Rn 382; *Forkel* GRUR 1988, 491, 497.
[117] Schricker/Loewenheim/*Schricker/Loewenheim* § 31 UrhG Rn 74 ff.

IX. UWG-Lizenz

100   Die vom BGH – vor der UWG-Reform[118] – anerkannte „§ 1 UWG-Lizenz"[119] betraf die Lizenzierung von bekannten – für die lizenzierten Waren nicht oder nicht mehr durch Sonderschutzrechte abgesicherten – Formgestaltungen oder Kennzeichnungen im wettbewerbsrechtlichen Leistungsschutz. Hierbei handelte es sich im Einzelnen um die Einräumung einer sog negativen Lizenz.[120]

101   Zwar ist es entsprechend dem **Grundsatz der Nachahmungsfreiheit**[121] grundsätzlich zulässig, fremde, nicht oder nicht mehr unter Sonderschutz stehende Erzeugnisse oder Kennzeichnungen nachzuahmen.[122] Jedoch ist dies dann als wettbewerbswidrig einzustufen, wenn die nachgeahmten Erzeugnisse von wettbewerblicher Eigenart sind und zusätzlich **besondere wettbewerbliche Umstände** vorliegen, die das Nachahmen unlauter erscheinen lassen. Gem **§ 4 Nr 9 UWG** zählen zu den unlauteren Wettbewerbshandlungen iSv § 3 UWG insbesondere die Fälle der Herkunftstäuschung, Rufausbeutung und das unredliche Erlangen der für die Nachahmung erforderlichen Kenntnisse und Unterlagen. Der Berechtigte kann bei Vorliegen einer unlauteren Nachahmung den Anspruch auf Unterlassung gem § 8 UWG geltend machen, der sich gegen die Art und Weise der Verwertung einer fremden Leistung richtet.[123] Dementsprechend kann der Berechtigte im Rahmen einer negativen Lizenz auch auf die Geltendmachung dieses Anspruchs verzichten; er gestattet durch Lizenzierung insofern die Nachahmung.

102   „UWG-Lizenzen" können unter Umständen mit dem Ziel abgeschlossen werden, Lizenzverträge, zB über Geschmacksmuster und Marken, zu ergänzen.[124] Das kommt insbesondere dann in Betracht, wenn der Sonderrechtsschutz nicht die gesamte Gestaltung einer Ware umfasst.

X. Umfang der Lizenz

103   Der Umfang einer Lizenz ist stets von der lizenzierten Rechtsposition und deren Schutzumfang abhängig. Zudem ist die Art der Benutzung von Bedeutung, insbesondere ob es sich um eine ausschließliche oder einfache Lizenz handelt. Schließlich sind die Beschränkungen des Nutzungsumfangs in zeitlicher, persönlicher sowie sachlicher Hinsicht zu beachten.

---

118 Rechtslage vor dem 3.7.2004, § 1 UWG aF.
119 Durch die UWG-Reform (Gesetz v 3.7.2004, BGBl I S 1414) wurde § 1 UWG aF durch § 3 UWG ersetzt, dessen Rechtsfolge – die Unterlassung – nunmehr gesondert in § 8 UWG geregelt ist.
120 Vgl oben Rn 40 ff.
121 BGHZ 60, 168, 169 – Modeneuheit; BGH WRP 1976, 370 – Ovalpuderdose.
122 BGH GRUR 2002, 275, 276 – Noppenbahnen; BGH GRUR 2002, 820, 822 – Bremszangen; BGH GRUR 2002, 86, 89 – Laubhefter; BGH GRUR 2005, 349 – Klemmbausteine III.

123 *Pohlmann* EWiR § 1 UWG, 1999, 667, Kommentierung zu BGH GRUR 1999, 751 ff – Güllepumpen.
124 Zum Verhältnis des neuen nicht eingetragenen Gemeinschaftsgeschmacksmusters zum wettbewerbsrechtlichen Leistungsschutz s *Bartenbach/Fock* WRP 2002, 119 ff; *Osterrieth* FS Tilmann 2003, 221 ff; *Rahlf/Gottschalk* GRUR Int 2004, 821 ff; *Lorenzen* 21 ff; im Übrigen *Schlötelburg* GRUR 2005, 12 zum Musterschutz an Zeichen; *Scheffler* Mitt 2005, 216 ff; *Loschelder* GRUR Int 2004, 767 ff; *Bornkamm* GRUR 2005, 97 ff – zum Markenrecht und wettbewerbsrechtlichen Leistungsschutz.

XI. Erscheinungsform

Regelmäßig schließen Lizenzgeber und Lizenznehmer einen eigenständigen Ver- **104** trag, dessen Gegenstand ein **einzelnes Schutzrecht** oder eine **Vielzahl von Schutzrechten** (etwa Schutzrechtsfamilien, mehrere Erfindungen für bestimmte technische Anwendungsbereiche, mehrere Marken) bilden. Mit der Lizenzierung technischer Schutzrechte ist häufig **gleichzeitig** eine **Lizenzierung von Know-how,** anderen Schutzrechten oder wettbewerbsrechtlichen Gestattungen verbunden. Häufig werden Lizenzverträge auch im Rahmen eines **Vergleichs** iSv § 779 BGB abgeschlossen, um Meinungsunterschiede über die Schutzrechtsbenutzung bzw Streit über eine Schutzrechtsverletzung beizulegen. Dies gilt gleichermaßen für gerichtliche Vergleiche[125] und außergerichtliche Vereinbarungen.

Im Rahmen der Vertragsfreiheit können Lizenzvereinbarungen in verschiedensten **105** Fallgestaltungen in andere Verträge eingebunden werden, zB in **Forschungsaufträge** **oder Kooperationsverträge,**[126] weiterhin in Verträge über Unternehmenszusammenschlüsse oder als Nebenabreden in Verträge über den Verkauf von Unternehmen bzw Betriebsteilen sowie in Lieferaufträge. Seltener lassen sich auch in Arbeitsverträgen Lizenzvereinbarungen finden, die zB dem Arbeitgeber das Recht einräumen, „eingebrachte" freie oder frei gewordene Erfindungen des neuen Arbeitnehmers zu benutzen.[127] Schließlich ist an gerichtlich zuerkannte Zwangslizenzen zu denken.[128]

§ 5
Allgemeine Grundsätze der Lizenzvertragsgestaltung

I. Grundsatz der Vertragsfreiheit

Der von § 311 Abs 1 BGB[129] vorausgesetzte Grundsatz der Vertragsfreiheit gilt **106** auch für die Gestaltung von Lizenzverträgen. Diese können also in der Regel Beschränkungen jedweder Art, insbesondere persönlicher, sachlicher, räumlicher und zeitlicher Art, enthalten.[130] Dies gilt auch für das gewählte Recht, dem ein Lizenzvertrag unterliegen soll, vgl Art 27 EGBGB. Grenzen der Vertragsgestaltung normieren die Generalklauseln des BGB (§§ 138, 242, 826 BGB) sowie auf öffentlich-rechtlicher Ebene die Vorschriften des nationalen und europäischen Kartellrechts.

II. Beschränkungen der Lizenz

1. Einführung

Aus dem Grundsatz der Vertragsfreiheit (§ 311 Abs 1 BGB) ergibt sich, dass die **107** Parteien eines Lizenzvertrages Beschränkungen persönlicher, sachlicher, räumlicher und zeitlicher Art vereinbaren können. Dies gilt für ausschließliche sowie nicht aus-

---

[125] BGH GRUR 2005, 845 – Abgasreinigungsvorrichtung.
[126] *Bartenbach* Zwischenbetriebliche Forschungs- und Entwicklungskooperation 128.
[127] BGH GRUR 1985, 129 – Elektrodenfabrik.

[128] BGH GRUR 2004, 996 – Standard-Spundfass.
[129] Palandt/*Heinrichs* § 311 BGB Rn 1; MünchKommBGB/*Emmerich* § 311 BGB Rn 1, 10.
[130] MünchKommBGB/*Kramer* vor § 145 BGB Rn 2 ff, 6, 19.

schließliche Lizenzen. Hinsichtlich der ausschließlichen Lizenz ist jedoch die dadurch vermittelte grundsätzlich ausschließliche Nutzungsbefugnis des Lizenznehmers zu bedenken, die als solche erhalten bleiben muss, da ansonsten dem Vertrag gerade der Charakter der Ausschließlichkeit genommen wird.[131]

108 Allgemein unterscheidet man die durch den Lizenzvertrag festgelegten Bindungen nach ihrer **schuldrechtlichen und schutzrechtsbezogenen Art**, da sich bei Verletzung durch den Lizenznehmer daran anknüpfend unterschiedliche Rechtsfolgen ergeben.

109 Zunächst handelt es sich bei jedem **Überschreiten einer Beschränkung**, mit der der Lizenznehmer belastet wird, um eine **Vertragsverletzung** gegenüber dem Lizenzgeber, die die allgemeinen zivilrechtlichen Rechtsfolgen nach sich zieht. **Zusätzlich** kann sich das Verhalten des Lizenznehmers aber auch als eine **Schutzrechtsverletzung** darstellen. Dementsprechend normiert zB § 30 Abs 2 MarkenG, bei welchen Verstößen gegen die Bestimmungen bzw Beschränkungen des Lizenzvertrages der Inhaber einer Marke die Rechte aus der Marke gegen den Lizenznehmer geltend machen kann. Diese stellen somit tatsächliche Markenverletzungen dar[132]. Verstößt der Lizenznehmer also gegen Bestimmungen bzw Beschränkungen über die Dauer der Lizenz (§ 30 Abs 2 Nr 1 MarkenG), über die Form der Benutzung (§ 30 Abs 2 Nr 2 MarkenG), über die Art der Waren oder Dienstleistungen (§ 30 Abs 2 Nr 3 MarkenG), über das „Lizenzgebiet" (§ 30 Abs 2 Nr 4 MarkenG) sowie gegen Bestimmungen betreffend die Qualität der von ihm hergestellten Waren oder Dienstleistungen (§ 30 Abs 2 Nr 5 MarkenG), so stellt sein Verhalten neben einer Vertragsverletzung gleichzeitig auch eine Markenverletzung dar.

110 Liegen die Voraussetzungen einer Markenverletzung vor, kann der Lizenzgeber auch Ansprüche nach §§ 14 ff MarkenG geltend machen.[133] Dabei stehen ihm nicht nur Unterlassungs- und Schadenseratzansprüche gegen den Lizenznehmer zu, sondern auch weitergehende Ansprüche, zB auf Drittauskunft (§ 19 MarkenG) und Vernichtung der widerrechtlich gekennzeichneten Gegenstände (§ 18 MarkenG).

111 Neben den Ansprüchen wegen Markenverletzung bestehen die allgemeinen zivilrechtlichen Ansprüche. Ein Abhängigkeitsverhältnis besteht insoweit nicht. Auswirkungen dieser Unabhängigkeit ergeben sich im Bereich des Verschuldens, der Darlegungs- und Beweislast sowie bei der Verjährung.

112 **Vertragsverletzungen** hinsichtlich rein schuldrechtlich wirkender Pflichten sind nicht von den Markenrechtsverletzungsansprüchen umfasst. Darunter fallen bspw die Nichterfüllung von Ausübungs- oder Mitwirkungspflichten, die Nichtzahlung von Lizenzgebühren, die Nichteinhaltung von Bezugsverpflichtungen, das Nichtanbringen von Lizenzvermerken, vertragswidrige Anmutung der Verpackung oder Ausstattung der Vertriebsstätte und die Verweigerung von Auskünften.[134]

113 Im Verhältnis zu Dritten, namentlich den gewerblichen Abnehmern des Lizenznehmers, kommt es ebenfalls entscheidend auf die Differenzierung zwischen schuldrechtlichen und markenrechtlichen Pflichtverletzungen an:

114 Bringt der Lizenznehmer Waren unter Verstoß gegen lizenzvertragliche Vereinbarungen iSv § 30 Abs 2 Nr 1–5 MarkenG in den Verkehr und werden diese Waren

---

[131] RGZ 83, 93, 94 f; RG GRUR 1934, 306, 307.

[132] *Von Schultz* § 30 MarkenG Rn 19; *Fezer* § 30 MarkenG Rn 28; Ströbele/Hacker/*Hacker* § 30 MarkenG Rn 31.

[133] Ströbele/Hacker/*Hacker* § 30 MarkenG Rn 31.

[134] *Bartenbach* Patentlizenz- und Know-how-Vertrag Rn 1186; *von Schultz* § 30 MarkenG Rn 23.

von Dritten weitervertrieben, so stehen dem Lizenzgeber auch gegen die gewerblichen Abnehmer unmittelbar die Ansprüche nach den §§ 14 ff MarkenG zu, da eine Erschöpfungswirkung dann mit Inverkehrbringen nicht eintritt.[135]

Eine rein schuldrechtliche Vertragsverletzung des Lizenznehmers hat hingegen grundsätzlich keine Auswirkungen auf die rechtliche Stellung des Abnehmers. Dies ist nur in den Fällen der §§ 823, 826 BGB bzw §§ 3, 4 Nr 10 UWG anders zu beurteilen, wenn den Abnehmer über ein bloßes Hinnehmen oder Ausnutzen eines Vertragsbruchs hinaus der Vorwurf einer vorsätzlichen unerlaubten Handlung trifft, etwa weil er mit dem Lizenznehmer bewusst zur Schädigung des Lizenzgebers zusammenwirkt, er den Lizenznehmer zum Vertragsbruch[136] verleitet oder er gezielt an der Schädigung des Lizenzgebers zu Wettbewerbszwecken mitwirkt.[137]   **115**

Die Abgrenzung zwischen einer **markenrechtlichen oder einer schuldrechtlichen Beschränkung der Lizenz** ist im Wege der Auslegung vorzunehmen. Dabei sind die Wertungen des § 30 Abs 2 Nr 1–5 MarkenG, der bestimmte Regelungen über den Schutzinhalt des Markenrechts im Einzelnen normiert, heranzuziehen.[138]   **116**

2. Persönliche Grenzen der Lizenz (Lizenznehmerseite)

Unterschieden werden kann im Wesentlichen zwischen der persönlichen, der Betriebs- sowie der Konzernlizenz.   **117**

Die **persönliche** – einfache oder ausschließliche – **Lizenz ist an den Lizenznehmer als natürliche Person gebunden.**[139] Daraus folgt, dass sie weder vererbt noch veräußert[140] werden kann. Im Gegensatz zur Betriebslizenz kann der Inhaber einer persönlichen Lizenz diese auch nach Verkauf des Unternehmens in einem neuen Unternehmen nutzen, falls er dessen Inhaber wird. Dadurch ist der Lizenznehmer zwar nicht auf einen bestimmten Unternehmensbereich beschränkt, er kann seine Lizenz aber nicht zusammen mit dem Unternehmen veräußern; zudem kann er im Zweifel keine Unterlizenz erteilen.   **118**

Merkmal der **Betriebslizenz** ist, dass sie **an ein bestimmtes Unternehmen gebunden** ist. Die Betriebslizenz kann als einfache oder ausschließliche Lizenz ausgestaltet sein.[141] Die Übertragung der Betriebslizenz ist nur zusammen mit einer Übertragung des Geschäftsbetriebs insgesamt möglich.   **119**

Bei einer **Konzernlizenz** gilt das **Nutzungsrecht für alle** oder mehrere iSv § 15 AktG **konzernmäßig verbundenen Gesellschaften.** Bedeutsam sind vor allem die drei folgenden Varianten: **120**
(1) Alle nutzungsberechtigten Konzerngesellschaften werden Vertragspartner des Lizenzvertrages und somit jeweils Lizenznehmer. Dabei wird für die einzelnen Konzerngesellschaften oftmals auch die Möglichkeit eines späteren „Eintritts" vertraglich vorgesehen.[142]

---

135 *Fezer* § 24 MarkenG Rn 28; Ströbele/Hacker/*Hacker* § 30 MarkenG Rn 31; *Lange* Marken- und Kennzeichenrecht § 4 Rn 1410.
136 BGHZ 37, 30, 34 – Selbstbedienungsgroßhandel; BGH GRUR 1976, 372, 374 – Möbelentwürfe; BGH GRUR 1985, 1059 – Vertriebsbindung; BGH GRUR 1969, 474, 475 – Bierbezug; BGH GRUR 1997, 920, 921 – Auto-

matenaufsteller; BGH GRUR 2000, 724 – Außenseiteranspruch II.
137 *Fezer* § 30 MarkenG Rn 32; *Busse/Keukenschrijver* § 15 PatG Rn 65; *Kraßer* § 40 VI 3.
138 *Fezer* § 30 MarkenG Rn 32.
139 RGZ 76, 239.
140 Einhellige Meinung; *Groß* Rn 40.
141 RGZ 134, 91, 96 – Drahtgewebeziegel.
142 *Groß* A Rn 42.

(2) Durch eine Optionsabrede wird die Verpflichtung des Lizenzgebers vereinbart, jeder Konzerngesellschaft eine Lizenz zu bestimmten Bedingungen zu erteilen, wobei der Beitritt zu dieser Vereinbarung von der Entscheidung der jeweiligen Konzerngesellschaft abhängt. Es ist einerseits möglich, dass der Lizenznehmer in Vollmacht für alle Konzerngesellschaften handelt oder jede Konzerngesellschaft dem Vertrag beitritt.[143] Bei Ausübung des Optionsrechts wird jeweils ein (eigenständiger) Lizenzvertrag abgeschlossen.

(3) Durch den Lizenzvertrag wird bestimmt, dass der Lizenznehmer Unterlizenzen (nur) verbundenen Unternehmen einräumen darf, so dass diese nicht Vertragspartner des eigentlichen Lizenzgebers, sondern „nur" Partner des (Unter-)Lizenzvertrages mit dem Hauptlizenznehmer werden.

121   Die Frage, welche Variante der Konzernlizenz gewählt werden sollte, lässt sich nicht pauschal, sondern nur im Einzelfall beantworten.[144] Für den Lizenzgeber können insofern der Umfang der Haftung, die Kontrollmöglichkeiten hinsichtlich der vertragsgemäßen Nutzung, die Sicherung des Know-hows, die Länge der Vertragseinbindung etc von Interesse sein. Für den Konzern hingegen können Aspekte wie der Umfang der Nutzungsberechtigung sowie die Flexibilität bei der Ausübung der Nutzungsrechte eine Rolle spielen.

3. Territoriale Beschränkung der Lizenz

122   Ein Schutzrecht, wie etwa eine nationale Marke, ein nationales Patent oder ein entsprechendes Geschmacksmuster, gewährt Schutz stets nur für das Territorium des Staates, für den das Schutzrecht erteilt ist.

123   Dementsprechend genießen für Deutschland erteilte Schutzrechte lediglich Schutz für das Gebiet der Bundesrepublik Deutschland.[145] Der Schutz zB von Benutzungsmarken iSv § 4 Nr 2 MarkenG kann zudem regional begrenzt sein.[146] Demgegenüber erstreckt sich nach Art 1 Abs 2 GMVO der Schutzbereich einer Gemeinschaftsmarke auf den EU-Bereich insgesamt.[147]

124   Der **räumliche Geltungsbereich einer Lizenz** ist demnach **auf den räumlichen Geltungsbereich des lizenzierten Schutzrechts beschränkt**.[148] Ergibt sich aus dem Lizenzvertrag keine Beschränkung der räumlichen Geltung zB einer Markenlizenz, decken sich regelmäßig der territoriale Geltungsbereich des Markenrechts und der der Markenlizenz.[149]

125   Aus § 30 Abs 1 MarkenG ergibt sich, dass der räumliche Geltungsbereich der Lizenz auch auf einen Teil des Gebiets der Bundesrepublik Deutschland begrenzt werden kann. Bei IR-Marken gilt, dass Gebietslizenzen für einzelne Mitgliedsstaaten der EU, in denen dem Markeninhaber ein nationales Markenrecht zusteht, erteilt werden können.[150]

---

143 *Henn* Rn 174, wonach die Konzernabrede ein Garantieversprechen des Lizenznehmers verbunden mit einem unbefristeten Optionsangebot des Lizenzgebers auf direkten Einbezug verbundener Unternehmen in den Vertrag ist.
144 *Henn* Rn 173 ff; zur Konzernlizenz s allg *Groß* A Rn 42.
145 *Lange* Marken- und Kennzeichenrecht § 3 Rn 883 mwN.

146 *Lange* Marken und Kennzeichnungsrecht § 3 Rn 883 mwN.
147 *Lange* Marken- und Kennzeichnungsrecht § 3 Rn 885 mwN.
148 BGH GRUR 2004, 421, 422 – Tonträgerpiraterie durch EG-Export.
149 *Fezer* § 30 MarkenG Rn 14.
150 *Fezer* § 30 Rn 14.

Im Falle einer räumlichen Beschränkung des Nutzungsrechts an dem Lizenzgegen- **126** stand spricht man von einer **Bezirks- bzw Gebietslizenz.**[151] Ziel der Beschränkung ist es, dem Lizenznehmer Nutzungshandlungen nur für ein bestimmtes Gebiet zu gewähren und ihn vom Wettbewerb in anderen Gebieten fernzuhalten. Der Lizenznehmer, der in ein Gebiet liefert, dass nicht vom Lizenzvertrag umfasst ist, begeht deshalb in der Regel nicht nur eine Vertragsverletzung, sondern auch eine Schutzrechtsverletzung mit den oben thematisierten weitergehenden Ansprüchen (vgl etwa § 30 Abs 2 Nr 4 MarkenG).

Bestehen parallele Schutzrechte für den gleichen Gegenstand in verschiedenen Län- **127** dern (zB über eine IR-Marke), und erteilt der Lizenzgeber eine Lizenz beschränkt auf ein oder mehrere Länder, so handelt es sich nicht um eine Gebietslizenz, sondern um eine **unbeschränkte Lizenz für das jeweilige Hoheitsgebiet.**[152] Gleiches gilt bei einer Gemeinschaftsmarke, wenn die Lizenz nur für einen der Mitgliedsstaaten erteilt wird (Art 22 GMVO).

Die territoriale Beschränkung einer Lizenz kann unter **kartellrechtlichen Aspekten** **128** problematisch sein; denn eine solche Beschränkung kann mittelbar zu Markt- und damit zu Wettbewerbsbeschränkungen führen, die nach Art 101 AEUV bzw § 1 GWB grundsätzlich verboten sind. Etwaige Verstöße hiergegen haben in der Regel die Nichtigkeit der gesamten Vereinbarung zur Folge. So ist die räumliche Beschränkung einer Lizenz insbesondere anhand des Art 101 Abs 1 AEUV zu überprüfen. Unzulässige Marktaufteilungen auf horizontaler Ebene können sich zB aus dem umfassenden Verbot ergeben, unmittelbar oder mittelbar auf dem Markt zu verkaufen, auf dem andere Wettbewerber bereits agieren. Folge ist regelmäßig eine unzulässige Marktabschottung, die Auswirkungen auf die Preis- und Absatzverhältnisse mit sich bringt.[153]

Die **Zuweisung eines ausschließlichen Absatzgebiets unter Nichtkonkurrenten** **129** stellt nach Auffassung des EuGH einen Verstoß gegen Art 101 Abs 1 AEUV dar, weil dadurch Paralleleinfuhren und infolgedessen die Entstehung eines gemeinsamen Marktes verhindert wird.[154] Auch dies wirkt sich regelmäßig auf die Preis- und Absatzpolitik des Marktes aus.

Art 101 Abs 1 AEUV unterfallen schließlich auch **mittelbare Exportbeschränkun-** **130** **gen,** zB durch ein Verbot des Weiterverkaufs auf ausländischen Märkten.[155]

Ob durch territoriale Beschränkungen gegen kartellrechtliche Bestimmungen ver- **131** stoßen wird, ist stets eine Frage des Einzelfalls, der hier nicht näher nachgegangen werden kann.[156]

4. Zeitliche Beschränkung der Lizenz

Die zeitliche Geltung des Lizenzvertrages bestimmt sich zunächst nach den vertrag- **132** lichen Vereinbarungen. Diese können eine Befristung vorsehen oder eine unbefristete Lizenzerteilung regeln. Fehlt eine solche Vereinbarung, ist für die **Lizenzerteilung**

---

[151] RGZ 54, 272, 274; *Benkard/Ullmann* § 15 PatG Rn 66.
[152] *Henn* Rn 208.
[153] *Loewenheim/Meessen/Riesenkampf/Wägenbauer* Kartellrecht Band I Art 81 Abs 1 Rn 290 ff.
[154] *Loewenheim/Meessen/Riesenkampf/Wägenbauer* Kartellrecht Band I Art 81 Abs 1 Rn 296 ff.

[155] *Loewenheim/Meessen/Riesenkampf/Wägenbauer* Kartellrecht Band I Art 81 Abs 1 Rn 298 ff.
[156] Vgl dazu Ströbele/Hacker/*Hacker* § 30 MarkenG Rn 100; *Schultz* § 30 MarkenG Rn 24; *Fammler* 12.

grundsätzlich die **Laufzeit der lizenzierten Schutzrechtsposition maßgeblich**. Eine Befristung kann sich aber aus den Umständen ergeben: wenn etwa eine Markenlizenz mit einer Patentlizenz verbunden ist, gilt auch für die Markenlizenz im Zweifel eine Befristung auf die Dauer des Patents.[157]

133   Ein Lizenzvertrag sollte stets eine ausdrückliche Bestimmung betreffend seine Laufzeit, ggf auch das Recht zur ordentlichen Kündigung, enthalten. Eine solche Regelung beugt Schwierigkeiten hinsichtlich der Feststellung der Laufzeit des Vertrages vor. Dies gilt insbesondere, wenn dieser mehrere Schutzrechte umfasst, potentielle Weiterentwicklungen mit einbezieht oder auch die Lizenzierung von Know-how beinhaltet. Kartellrechtlich bedenklich können Vereinbarungen sein, aus welchen sich für den Lizenzvertrag eine längere Laufzeit ergibt als für die Vertragschutzrechte.[158]

134   Bei der **Zeitlizenz** vereinbaren die Vertragsparteien die Dauer der Lizenz für einen bestimmten Abschnitt der Laufzeit des Schutzrechts. Das Nutzungsrecht endet dann automatisch mit Ablauf der vereinbarten Dauer; dem Lizenznehmer ist es nach Ablauf – auch markenrechtlich – verboten, eine lizenzierte Marke weiter zu benutzen (§ 30 Abs 2 Nr 1 MarkenG).[159] In der Unternehmenspraxis finden sich Zeitlizenzen allerdings nur vereinzelt. Sie bieten sich etwa zur vergleichsweisen Beilegung von Verletzungsstreitigkeiten im Zusammenhang mit der Vereinbarung einer Auslauffrist an.

135   **Kartellrechtliche Bedenken** gegen die Vereinbarung einer Laufzeit des Lizenzvertrages, die kürzer als die des Schutzrechts ist, ergeben sich nicht.[160] Die zeitliche Beschränkung des Benutzungsrechts stellt insofern auch keine Wettbewerbsbeschränkung iSv Art 101 Abs 1 AEUV bzw § 1 GWB dar; denn solche Vereinbarungen unterfallen dem spezifischen Gegenstand des Schutzrechts.[161]

136   Als **Längstlaufklausel** (**„Evergreen-Klausel"**) wird eine Vereinbarung bezeichnet, nach der bei einem Lizenzvertrag über mehrere Schutzrechte eine unbestimmte Laufzeit festgelegt wird, die Beendigung des Vertrages aber erst bei Erlöschen des letzten Schutzrechts eintritt. In diesen Fällen ist es auch möglich, dass während der Laufzeit neue lizenzierte Schutzrechte (Verbesserungen, Weiterentwicklungen) hinzutreten, welche zu einer (weiteren) Verlängerung der Laufzeit führen können.[162]

137   Mit einer Längstlaufklausel kann der (vorzeitige) Ausfall von Schutzrechten durch neu hinzugetretene Schutzrechtspositionen oder entsprechendes Know-how aufgewogen werden. Dabei wird regelmäßig vereinbart, dass der Vertrag erst mit Erlöschen des letzten Schutzrechts endet, was insbesondere dann zu einer sehr langen Laufzeit eines Lizenzvertrages führen kann, wenn neue Vertragsschutzrechte während der Laufzeit des Vertrages hinzutreten und die vollen Lizenzgebühren auch bei Wegfall vertragswesentlicher Schutzrechte fortzuzahlen sind.

138   Für den Lizenznehmer können diese Klauseln insofern problematisch werden, als er uU für die Gesamtdauer der Vertragslaufzeit die zu Anfang vereinbarte Lizenzgebühr zahlen muss, obwohl wesentliche Schutzrechte zwischenzeitlich wegfallen. Daraus folgt für ihn eine faktische Laufzeitverlängerung bezogen auf die Hauptschutzrechte, die er an sich eigentlich schon entgeltlos nutzen könnte.[163]

---

[157] *Fezer* § 30 MarkenG Rn 12; Ströbele/*Hacker*/*Hacker* § 30 MarkenG Rn 32.
[158] *Bartenbach*/*Söder* Mitt 2007, 353, 361 ff.
[159] Ströbele/Hacker/*Hacker* § 30 MarkenG Rn 60; *Fezer* § 30 MarkenG Rn 12, 50 f mwN; Nachweise bei *Ohl* GRUR 1992, 77, 81.

[160] *Groß* Rn 554 mwN.
[161] *Sack* WRP 1999, 592, 605; vgl noch unten Rn 315.
[162] *Henn* Rn 370.
[163] BGH GRUR 1980, 750, 751 – Pankreaplex II.

Unter kartellrechtlichen Gesichtspunkten steht einer Längstlaufklausel nichts entgegen.[164] **139**

In einem Lizenzvertrag sollten daher die vertragswesentlichen von den sonstigen Schutzrechten abgegrenzt werden. **140**

Durch die Aufnahme einer **Auslaufklausel** kann für den Eintritt einer vorzeitigen Vertragsbeendigung vereinbart werden, ob und inwieweit der Lizenznehmer die noch vorhandenen gekennzeichneten Waren nach Ablauf der Vertragslaufzeit, ggf durch Kündigung, veräußern bzw laufende Aufträge zum Abschluss bringen darf.[165] Voraussetzung für das Eingreifen einer solchen Klausel ist allerdings das Fortbestehen des lizenzierten Schutzrechtes. Das ist üblicherweise bei Zeitlizenzen und einer vorzeitigen Kündigung des Vertrages der Fall. Die konkrete Ausgestaltung ist eine Frage des Einzelfalls.[166] **141**

Fehlt eine Auslaufklausel, darf der Lizenznehmer nach Auffassung des überwiegenden Teils der Lehre bereits hergestellte bzw gekennzeichnete Waren nach Ablauf der Vertragszeit noch lizenzgebührenpflichtig in den Verkehr bringen.[167] Dies gilt sowohl für die Umsatzlizenz als auch für die Herstellungslizenz.[168] **142**

5. Inhaltliche Beschränkung der Lizenz

Lassen sich dem Lizenzvertrag keine Beschränkungen der Benutzungshandlungen iSv § 14 MarkenG entnehmen, so stehen diese dem Lizenznehmer allesamt zu. Will der Lizenzgeber die Lizenz inhaltlich beschränken, ist hierzu eine ausdrückliche Regelung erforderlich. **143**

Bei der Beschränkung in der Nutzungsart unterscheidet man in der Praxis insbesondere zwischen der Herstellungs- und der Vertriebslizenz.[169] **144**

Überschreitet der Lizenznehmer die im Vertrag vereinbarte Benutzungsform, begeht er eine Schutzrechtsverletzung.[170] Verstößt er gegen sonstige Vertragsvereinbarungen, wie etwa Bezugsverpflichtungen oder Wettbewerbsverbote, stellt sein Verhalten – wie zuvor erläutert – lediglich eine Vertragsverletzung dar. **145**

Die **Beschränkung einer Lizenz nach Nutzungsarten** ist **keine Wettbewerbsbeschränkung** iSd nationalen bzw europäischen Kartellrechts, da sie zum spezifischen Gegenstand des lizenzierten Schutzrechts gehört. In der Benutzungsbeschränkung ist vielmehr die Nichterteilung einer Lizenz bezogen auf andere dem Schutzrechtsinhaber vorbehaltene Nutzungsarten zu sehen.[171] **146**

---

[164] *Bartenbach/Söder* Mitt 2007, 353, 363 ff.
[165] *Fammler* 182 ff; *Groß* Rn 481.
[166] *Fammler* 183; *Groß* Rn 481 jeweils mit entsprechenden Mustern.
[167] *Fammler* 183 mHa BGH GRUR 1963, 485, 487 – Micky-Maus-Orangen; *von Schultz* § 30 MarkenG Rn 34; *Benkard/Ullmann* § 15 PatG Rn 203; *Groß* Rn 482; *Schulte* § 15 PatG Rn 62 unter Hinweis auf BGH GRUR 1955, 87, 88 – Bäckereimaschinen; BGH 1959, 528, 531 – Auto-Bäckereimaschinen; OLG Hamburg ZIP 1988, 925, 926; früher bereits RG GRUR 1943, 247 f: Der Lizenzgeber habe auch selbst dann einen Anspruch auf die Lizenzgebühr für die

während der Vertragsdauer mitverkauften, aber erst später angefertigten und ausgelieferten Gegenstände, wenn das Entstehen des Anspruchs auf Lizenzgebühren nach dem Vertrag von Anfertigung und Verkauf des Gegenstandes abhängig ist.
[168] AA *Busse/Keukenschrijver* § 15 PatG Rn 102.
[169] *Groß* Rn 26; *Benkard/Ullmann* § 15 PatG Rn 69; *Busse/Keukenschrijver* § 15 PatG Rn 865; BGH GRUR 1979, 768, 769 – Mineralwolle.
[170] *Fezer* § 30 MarkenG Rn 15 iVm 29 ff.
[171] *Sack* WRP 1999, 592, 607.

147   a. Eine **Herstellungslizenz**[172] räumt dem Lizenznehmer ausschließlich das Recht zur gewerbsmäßigen Herstellung des lizenzierten Gegenstandes ein. Ein Recht zu dessen Gebrauch oder Vertrieb erhält er nicht. In der Praxis stellt diese Lizenz jedoch die Ausnahme dar und wird in der Regel nur dann anzunehmen sein, wenn sich der Lizenzgeber oder ein Dritter verpflichtet, dem Lizenznehmer alle hergestellten Waren abzunehmen.

148   Von der Herstellungslizenz muss die **verlängerte Werkbank**[173] unterschieden werden, bei der ein Dritter im Auftrag des Lizenznehmers nach dessen Anweisungen das Produkt herstellt. Der Dritte verfügt dabei nicht selbst über eine Herstellungslizenz, sondern setzt nur diejenige des Lizenznehmers bzw das Recht des Lizenzgebers um, indem er allein auf dessen Anweisung und nicht auf eigene Rechnung und Gefahr herstellt. Ihm fehlt daher ein bestimmender wirtschaftlicher Einfluss auf Art und Umfang von Herstellung und Vertrieb.[174] Bedient sich der Lizenznehmer in der vorgenannten Art und Weise fremder Werkstätten zur Herstellung, so vergibt er dadurch auch keine Unterlizenz. Gleichwohl kann der Lizenzgeber auch die Befugnis zur Einschaltung Dritter ausschließen.

149   b. Durch eine **Vertriebslizenz** (auch Verkaufs- bzw Handelslizenz genannt) wird dem Lizenznehmer lediglich das Recht eingeräumt, die lizenzierte Ware zu vertreiben, sie also feilzuhalten und in den Verkehr zu bringen,[175] wobei eine echte Vertriebslizenz nur dann anzunehmen ist, wenn der Lizenznehmer die Ware ab Lager des Lizenzgebers ausliefert,[176] Die Herstellung bleibt dem Lizenzgeber oder einem von ihm beauftragten Dritten vorbehalten. Der Lizenznehmer darf auf Grund der Vertriebslizenz die Ware anbieten, Verkaufsverhandlungen führen, Kaufverträge in eigenem Namen schließen und Lieferungen durchführen.

150   aa. Die sog **Ausfuhrlizenz** ist ein Sonderfall der Vertriebslizenz für die Fälle, in denen der Lizenzgeber in den Staaten, in die exportiert werden soll, Schutzrechte, zB Markenrechte, genießt. Wird die Ware in einem markenfreien Staat oder in einem Markenstaat mit Zustimmung des Lizenzgebers hergestellt, kann sie danach nicht ohne seine Zustimmung in markengeschützte Staaten exportiert werden. Im Zweifel ist von der stillschweigenden Vereinbarung einer solchen Ausfuhrlizenz auszugehen, wenn der Lizenzgeber weiß, dass sein Vertragspartner die im Inland hergestellte, lizenzierte Ware ins Ausland exportieren will.

151   Unter **kartellrechtlichen Gesichtspunkten** ist hinsichtlich der Ausfuhrlizenz auf die Kernbeschränkungen gem Art 4 Abs 1 lit c (konkurrierende Unternehmen) und Abs 2 lit b (nichtkonkurrierende Unternehmen) TT-GVO hinzuweisen, wonach Gebietszuweisungen außerhalb der dort normierten Ausnahmeregelungen nicht freigestellt sind.

152   bb. Die **Einfuhrlizenz** ist ebenfalls ein Sonderfall der Vertriebslizenz, aufgrund derer der Lizenznehmer die Erlaubnis erhält, die Waren ins Inland zu importieren, in welchem ein Schutzrecht für selbige besteht.

153   Besteht in mehreren europäischen Staaten paralleler Markenschutz, gilt dies jedoch nicht ohne Einschränkung, denn auf Grund der gemeinschaftsweiten Erschöpfung

---

172 BGH GRUR 1959, 528, 530 – Autodachzelt; BGH GRUR 1966, 578, 580 – Zimcofot; BGH GRUR 1967, 378 – Schweißbolzen, zur Abgrenzung zwischen Herstellungslizenz und Werklieferungsvertrag; *Pagenberg/Geissler* Muster 7 Rn 1 ff.

173 LG Düsseldorf Mitt 1999, 370, 371 – Steckerkupplung; abweichend *Henn* Rn 133.
174 LG Düsseldorf Mitt 1999, 370, 371 – Steckerkupplung.
175 RGZ 65, 86, 90; *Lüdecke/Fischer* D 53, 410.
176 *Benkard/Ullmann* § 15 PatG Rn 69.

kann der Lizenzgeber nur mit geringem Erfolg verhindern, dass die lizenzierten Waren nach ihrem Inverkehrbringen in andere Mitgliedsstaaten der EU exportiert werden.

cc. Daneben können durch **quotenmäßige Beschränkungen** Höchst- oder Mindest- **154** mengen oder beides für die Herstellung von Waren geregelt werden. Stellt der Lizenznehmer mehr als die vereinbarte Quote her, so liegt darin – bei kartellrechtlicher Zulässigkeit der Mengenbeschränkung – eine Vertrags- und Markenverletzung.

Bei Nichterreichen der vereinbarten **Mindestquote** ist zunächst nur eine Vertrags- **155** verletzung gegeben. Wurde das Nutzungsrecht allerdings abhängig von der Bedingung, die Mindestquote zu erreichen, erteilt, liegt in dem Nichterreichen nach herrschender, allerdings bestrittener, Auffassung zusätzlich eine Schutzrechtsverletzung.[177]

Mindestmengenverpflichtungen werden grundsätzlich ohne Rücksicht auf ein be- **156** stehendes Wettbewerbsverhältnis der Parteien nicht als wettbewerbsbeschränkend eingeordnet[178]. Sie gehören zu dem spezifischen Gegenstand des lizenzierten Schutzrechts und unterfallen insoweit nicht dem Verbot des Art 101 AEUV.[179]

Die Vereinbarung einer **Höchstmenge** stellt, im Gegensatz zu der Vereinbarung **157** einer Mindestmenge, die den Lizenznehmer nur zu einem möglichst umfassenden Gebrauch der Lizenz bewegen soll, eine mengenmäßige Produktions- und Absatz-/Vertriebsbeschränkung dar. Sie ist in vielen Variationen denkbar und erscheint typischerweise als eine Beschränkung der Stückzahl der herzustellenden, lizenzierten Waren.[180]

Höchstmengenbeschränkungen für den Lizenznehmer können **kartellrechtlich** be- **158** denklich sein, wenn eine wechselseitige Output-Beschränkung erfolgt; eine nur einseitige Beschränkung muss dagegen nicht zu einer Verringerung des Absatzes am Markt führen.[181]

III. Rechte und Pflichten im Lizenzvertrag

1. Lizenzgeber

a) **Benutzungsgestattung/Verschaffungspflicht.** Primäre Pflicht des Lizenzgebers ist **159** nach hM zunächst die **Einräumung eines positiven Benutzungsrechts** am Lizenzgegenstand. Dies gilt nur dann nicht, wenn nach dem Lizenzvertrag lediglich eine negative Lizenz vereinbart ist.[182] Hierdurch erhält der Lizenznehmer nur das Recht zur andernfalls unbefugten Benutzung des Schutzrechts, und zwar gerade ohne dass damit eine positive Erlaubniserteilung verbunden wäre. Inhalt der Verschaffungspflicht ist es, dem Lizenznehmer die Nutzung des lizenzierten Rechts zu ermöglichen[183] und

---

[177] *Fezer* § 30 MarkenG Rn 15 iVm 29 ff; *Benkard/Ullmann* § 15 PatG Rn 73 mHa BGH GRUR 1967, 676, 680 – Gymnastiksandale.
[178] *Fammler* 10 mHa EU-Kommission GRUR Int 1978, 371 – Campari; *Ströbele/Hacker/Hacker* § 30 MarkenG Rn 102; EU-Kommission WuW/EV 365, 366 f – Burroughs/Geha-Werke; TT-Leitlinien zu Art 81 EG Rn 155 Sätze 1, 2 lit e.
[179] *Ströbele/Hacker/Hacker* § 30 MarkenG Rn 101 iVm 102; *Sack* WRP 1999, 592, 606 mwN.

[180] BGHZ 52, 55, 57 – Frischhaltegefäß.
[181] TT-Leitlinien zu Art 81 EG Rn 82 S 5, Rn 83 S 1.
[182] *Von Schultz* § 30 MarkenG Rn 1; *Bartenbach, B* Mitt 2002, 503, 511; *Bartenbach, B* Die Patentlizenz als negative Lizenz: Inhalt, Bedeutung und Abgrenzung zur positiven Lizenz.
[183] *Von Schultz* § MarkenG Rn 1; *Busse/Keukenschrijver* § 15 PatG Rn 156 unter Bezug auf RG GRUR 1937, 1086, 1088 – Funkverband.

alles zu unterlassen, was zur Beeinträchtigung oder Gefährdung des Lizenzgegenstandes beitragen könnte.[184]

160 Inhalt der Verschaffungspflicht ist auch ohne ausdrückliche Vereinbarung die **Pflicht, den Lizenzgegenstand frei von Rechten Dritter zur Verfügung zu stellen;** allerdings nur soweit, wie dies dem Lizenzgeber unter Beachtung des Wagnischarakters des Lizenzvertrages möglich ist. Diese Verpflichtung bezieht sich auf den Zeitpunkt des Vertragsabschlusses und gehört zum Kerngehalt des Lizenzvertrages. Insofern stellt sie nunmehr einen allgemeinen Grundsatz des Lizenzvertragsrechts dar[185] und wird regelmäßig in § 435 BGB verortet.

161 **Fehlt** dem Lizenzgeber die **Lizenzvergabebefugnis,**[186] sei es, weil er weder Rechtsinhaber des lizenzierten Rechts ist oder er als berechtigter (ausschließlicher) Lizenznehmer nicht zur Unterlizenzvergabe berechtigt ist, liegt bezogen auf die Rechtsverschaffungspflicht, und zwar bei positivem Benutzungsrecht genauso wie bei negativer Lizenz, eine anfängliche subjektive Unmöglichkeit (§ 311a BGB) vor. Handelt es sich um ein gemeinsames Schutzrecht, ist eine Verfügung im Wege der Lizenzierung nur durch alle Gesellschafter bzw Teilhaber gemeinsam möglich (§ 719 Abs 1 bzw § 747 S 2 BGB).[187] Insoweit ist eine Lizenzierung des eigenen Anteils durch den Teilhaber mit der hM wegen § 744 Abs 1, § 743 Abs 2 BGB abzulehnen.[188]

162 Verfügt der Lizenzgeber nicht über die Lizenzvergabebefugnis bzw kommt er seiner Verschaffungspflicht nicht nach, durften zur Bestimmung der Rechtsfolge die nachfolgend dargestellten allgemeinen Regeln, ohne Rückgriff auf die kauf- oder pachtrechtlichen Vorschriften,[189] heranzuziehen sein:

163 Ist es dem Lizenzgeber wegen **fehlender Rechtsinhaberschaft** nicht möglich, dem Lizenznehmer das lizenzierte Recht zu verschaffen (§ 275 Abs 1 BGB) und ist ihm dies auch unter zumutbaren Anstrengungen nicht möglich (§ 275 Abs 2 BGB), wird die geschuldete Leistung mithin verweigert, so tritt die Befreiung des Lizenznehmers von der Leistungspflicht ein (§ 311a BGB).[190] § 311a Abs 1 BGB stellt insoweit klar, dass der Vertrag trotz des schon bei Vertragsschluss vorliegenden Leistungshindernisses wirksam bleibt. § 326 Abs 1 BGB regelt weiter, dass in diesem Fall die Pflicht des Lizenznehmers zur Gegenleistung entfällt,[191] was insbesondere die Pflicht zur Zahlung der Lizenzgebühren betrifft. Darüber hinaus stehen ihm die Ansprüche gem

---

184 *Schulte/Kühn* § 15 PatG Rn 47.
185 Ausf zum früheren § 434 BGB aF *Klauer/Möhring/Nirk* § 9 aF PatG Rn 60; *Reimer* § 9 PatG aF Rn 26 f; *Henn* Rn 318 mHa RG GRUR 1937, 1086, 1088 – Funkverband u BGH GRUR 1960, 44, 45 f – Uhrgehäuse.
186 *Groß* Rn 62 ff.
187 Zur Bruchteilsgemeinschaft BGH GRUR 2005, 663 – gummielastische Masse II; BGH GRUR 2001, 226, 227 – Rollenantriebseinheit; LG Düsseldorf GRUR 1994, 53, 56 – Photoplethysmograph; *Sefzig* GRUR 1995, 302; *Fischer* GRUR 1977, 313 ff; *Lüdecke* Erfindungsgemeinschaften 111 ff; zur Gesellschaft BGH GRUR 1979, 540, 541 – Biedermeiermanschetten.
188 *Benkard/Melullis* § 6 PatG Rn 35e; *Klauer/Möhring* § 3 PatG Rn 18; aA *Chakraborty/Tilmann* FS Reimer König 63, 77.

189 Nach früherem Recht hatte der Lizenzgeber auf Grund einer verschuldensunabhängigen Garantiepflicht für anfängliches Unvermögen einzustehen, wobei die rechtsdogmatische Herleitung auf Pachtrecht (*Groß* Rn 252, 331 f) oder auf Kaufrecht (§§ 437, 440 iVm §§ 320 ff BGB aF, so ua *Busse/Keukenschrijver* § 15 PatG Rn 105 mHa BGH v 23.4.1963 – I 1 ZR 121/62 nv – zum Nichtbestehen eines lizenzierten Gebrauchsmusters; *Kraßer/Schmid* GRUR Int 1982, 324, 338; *Benkard/Ullmann* § 15 PatG Rn 32 ff) gestützt wurde.
190 Ebenso *Ann/Barona* Rn 84; *Manz/Ventroni/Schneider* ZUM 2002, 409, 412 zum Urheberrecht.
191 *Palandt/Grüneberg* § 311a BGB Rn 12.

§ 311a Abs 2 BGB zu, so dass er bei ausbleibendem Entlastungsbeweis des Lizenzgebers (§ 311a Abs 2 S 2, §§ 276, 278 BGB) nach seiner Wahl Schadensersatz statt der Leistung gem § 280 Abs 1, § 281 BGB oder Aufwendungsersatz gem § 284 BGB geltend machen kann. Allerdings sind im Falle des Schadensersatzes statt der Leistung bei Berücksichtigung einer interessengerechten Risikoverteilung Haftungsbegrenzungen des Lizenzgebers hinsichtlich eines evtl entgangenen Gewinns des Lizenznehmers denkbar.

In der gleichen Weise sind wohl auch die Fälle zu behandeln, in denen der **Schutzrechtsinhaber** einem **Dritten eine Lizenz erteilt**, obwohl er zur Rechtsverschaffung auf Grund einer vorher eingeräumten ausschließlichen Lizenz nicht mehr in der Lage ist.[192] **164**

Ist dem Lizenzgeber die **Rechtsverschaffung** grundsätzlich **möglich**, kommt er ihr aber aus anderen Gründen nicht nach, so besteht für den Lizenznehmer die Möglichkeit, auf Vertragserfüllung zu klagen. Die Ansprüche durften auch hier aus den allgemeinen Regeln folgen, ohne dass es eines Rückgriffs auf Kauf- oder Pachtrecht bedarf.[193] **165**

Demgemäß kommen bei (**schuldhafter**) **Verschaffungspflichtverletzung** insbesondere Ansprüche auf Schadensersatz statt der Leistung gem §§ 280, 281 BGB[194] oder alternativ der Aufwendungsersatzanspruch gem § 284 BGB in Betracht. Zudem steht dem Lizenznehmer das Recht zum Rücktritt vom Vertrag (§ 323 BGB) bzw – bei bereits vollzogenem Vertrag – das Recht zur außerordentlichen Kündigung (§ 314 BGB) zu. **166**

Eine **Garantieübernahme** durch den Lizenzgeber, die zu einer verschuldensunabhängigen Haftung nach § 276 Abs 1 S 1 BGB führt, kann sich zusätzlich aus der häufig in der Präambel des Vertrags niedergelegten Erklärung des Lizenzgebers, alleinverfügungsberechtigter Rechtsinhaber zu sein, ergeben. **167**

b) **Aufrechterhaltung und Verteidigung der Schutzrechtsposition. aa) Betreiben des Erteilungsverfahrens und Kostentragung.** Gegenstand der Verschaffungspflicht ist auch die **Pflicht zur Aufrechterhaltung und Verteidigung des lizenzierten Schutzrechts** während der Vertragslaufzeit.[195] Davon werden auch die Pflichten zum Betreiben des Erteilungsverfahrens und zur Geheimhaltung von lizenziertem Know-how, sowohl bei ausschließlicher als auch bei einfacher Lizenz, umfasst. **168**

Ist vertraglich nichts anderes vereinbart, muss der Lizenzgeber während der Vertragslaufzeit **Schutzrechtsanmeldungen weiterverfolgen** bzw Vertragsschutzrechte aufrecht erhalten, auch wenn hierfür eine ausdrückliche Abrede fehlt.[196] Um dieser Pflicht nachzukommen, hat der Lizenzgeber nicht nur die Schutzrechtsgebühren zu zahlen, sondern auch evt im Zusammenhang mit der Aufrechterhaltung oder Weiter- **169**

---

192 Er ist Nichtberechtigter; dies entspricht dogmatisch im Ergebnis der hM, wonach der dingliche Charakter der ausschließlichen Lizenz auch gegen den Schutzrechtsinhaber wirkt und diesen nicht bloß schuldrechtlich bindet, OLG Karlsruhe 1980 GRUR 784, 785 – Laminiermaschine; *Kraßer* § 40 V, 691; aA *Busse/Keukenschrijver* § 15 PatG Rn 51, 59.
193 Zur alten Rechtslage BGH v 23.4.1963 – Ia ZR 121/63; teilweise wurde auch auf die Rechtsgrundsätze zur pVV und zur Kündigung aus wichtigem Grund (so ua auch *Kraßer/*

Schmid GRUR Int 1982, 324, 335) zurückgegriffen.
194 So auch *Busse/Keukenschrijver* § 5 PatG Rn 107 mit Hinweisen zum Schadensumfang.
195 RG GRUR 1937, 1086, 1088 – Funkverband; Ströbele/Hacker/*Hacker* § 30 MarkenG Rn 45; *Busse/Keukenschrijver* § 15 PatG Rn 105.
196 *Pagenberg/Geissler* Muster 1 3 22; *Benkard/Ullmann* § 15 PatG Rn 152; *Busse/Keukenschrijver* § 15 PatG Rn 105; *Schulte/Kühnen* § 15 PatG Rn 47.

verfolgung der Schutzrechte anhängige Verfahren (Einspruch, Nichtigkeits- oder Löschungsklage etc) ordnungsgemäß durchzuführen.[197]

170   Der Lizenzgeber ist im Rahmen der Aufrechterhaltungspflicht bei Fristversäumnis auch zur Stellung eines evt erforderlichen **Wiedereinsetzungsantrages** und ebenso zur **Einschränkung des Schutzrechts**, wenn dadurch eine Nichtigerklärung des Schutzrechts verhindert werden kann, verpflichtet.[198]

171   Bei **schuldhafter Nichtzahlung der Schutzrechtsgebühren** durch den Lizenzgeber tritt eine Befreiung des Lizenznehmers von der Pflicht zur Zahlung der Lizenzgebühren ein, falls die Schutzrechtsposition aus diesem Grund wegfällt (§ 275 BGB). Der Lizenzgeber ist dem Lizenznehmer darüber hinaus zum Schadensersatz nach §§ 280, 281 BGB verpflichtet.[199]

172   Die Bemessung des **Schadensersatzes** ist dabei insbesondere unter Berücksichtigung des Verlustes der Beteiligung an der Monopolposition vorzunehmen, da der Lizenznehmer plötzlich einer Wettbewerbssituation ausgesetzt sein kann, weil seine Konkurrenten den Lizenzgegenstand, da nicht mehr geschützt, nunmehr auch herstellen und vertreiben können.

173   Die vorgenannten Pflichten zur Aufrechterhaltung wie auch die nachfolgend dargestellte Pflicht zur Verteidigung der lizenzierten Schutzrechtsposition stellen leistungsbezogene Pflichten und keine begleitenden Obhuts- und Rücksichtnahmepflichten iSv § 241 Abs 2 BGB dar. Auch wenn der Lizenzgeber gegen begleitende Verschaffungspflichten verstößt, mithin eine Pflichtverletzung iSd § 280 Abs 1 BGB begeht,[200] ergeben sich die Ansprüche unmittelbar aus §§ 280 ff, 320 ff BGB.[201]

174   **bb) Verteidigung des lizenzierten Schutzrechts gegen Angriffe Dritter.** Anhand der vorgenannten Ausführungen ergibt sich zugleich, dass auch die Verteidigung des lizenzierten Schutzrechts gegen Angriffe Dritter grundsätzlich zum Pflichtenkreis des Lizenzgebers gehört.[202] Im Falle einer **Löschungsklage** besteht gegenüber dem Lizenznehmer – gleich ob es sich um eine ausschließliche oder einfache Lizenz handelt[203] – die Verpflichtung des Lizenzgebers zur Führung dieses Rechtsstreits, da ansonsten die aus dem Monopolrecht abgeleitete Nutzungsbefugnis eingeschränkt oder gegenstandslos werden könnte.[204]

175   Gleichzeitig wird eine entsprechende **Informationspflicht des Lizenzgebers** im Verhältnis zum Lizenznehmer bzgl solcher Angriffe und seiner daraufhin ergriffenen Maßnahmen zu bejahen sein.

176   Handelt es sich um eine **ausschließliche Lizenz** und will sich der Lizenzgeber mit dem Kläger auf die Rücknahme einer Löschungsklage gegen Erteilung einer Freilizenz einigen, so muss er sich ggf vorher mit dem Lizenznehmer abstimmen, weil dessen Ausschließlichkeitsposition dadurch betroffen sein kann. Bei der **einfachen Lizenz** hat der Lizenznehmer hingegen keine Möglichkeit der Einflussnahme auf eine entspre-

---

197 Allg Ansicht ua *Schulte/Kühnen* § 15 PatG Rn 47.

198 *Klauer/Möhring/Nirk* § 9 PatG aF Rn 59 mwN.

199 *Rasch* 29, 53; *Busse/Keukenschrijver* § 15 PatG Rn 105; aA *Ann/Barona* Rn 126 f, wonach hier § 280 Abs 3 iVm § 282 BGB einschlägig ist.

200 So auch *Ann/Barona* Rn 121 ff.

201 So auch *Busse/Keukenschrijver* § 5 PatG Rn 105.

202 *Busse/Keukenschrijver* § 15 PatG Rn 105; *Benkard/Ullmann* § 15 PatG Rn 152; *Klauer/Möhring/Nirk* § 9 aF PatG Rn 59; *Lüdecke/Fischer* C 108, 292 f.

203 *Bartenbach*, B 141.

204 RGZ 54, 272, 274; RG GRUR 1935, 306, 307.

chende Einigung des Lizenzgebers mit Dritten; denn für die einfache Lizenz ist gerade das Nebeneinander mehrerer Lizenzen, deren Anzahl und Inhalt nicht vom Willen des Lizenznehmers abhängen, kennzeichnend. Eine Ausnahme besteht nur, falls der Lizenznehmer den Schutz einer Meistbegünstigungsklausel genießt.[205]

177 **Verletzt** der **Lizenzgeber** eine solche **Unterrichtungspflicht**, ergeben sich grundsätzlich die zuvor dargestellten Rechtsfolgen betreffend die Verletzung der Aufrechterhaltungspflicht. Im Rahmen der Bewertung der (schuldhaften) Verletzung sind jedoch auch die Erfolgsaussichten des Angriffs zu beachten; denn wenn sich dieser als objektiv berechtigt darstellt, weicht diese Situation nicht von der des nachträglichen Wegfalls der Schutzrechtsposition ab.

178 cc) **Vorgehen gegen Schutzrechtsverletzungen.** Ob und inwieweit der Lizenzgeber verpflichtet ist, im Interesse des Lizenznehmers gegen die Verletzung des lizenzierten Schutzrechts durch Dritte vorzugehen, bestimmt sich nach den Vereinbarungen im Lizenzvertrag, zB unter Berücksichtigung einer Meistbegünstigungsklausel für den Lizenznehmer bei einer nicht ausschließlichen Markenlizenz.[206] Gem **§ 30 Abs 3 MarkenG** kann sowohl der ausschließliche als auch der einfache Lizenznehmer Verletzungsklage nur mit Zustimmung des Markeninhabers erheben. Die überwiegend vertretene Auffassung lehnt eine Pflicht des Lizenzgebers, gegen Schutzrechtsverletzungen Dritter vorzugehen, sowohl für die ausschließliche als auch für die einfache Lizenz ab.[207] Zum Teil ist eine Verpflichtung des Lizenzgebers zum Vorgehen gegen Dritte aber insbesondere dann angenommen worden, wenn der Lizenznehmer nicht nach § 30 Abs 3 MarkenG ermächtigt ist, selbst gegen diese vorzugehen.[208]

179 dd) **Aufgabe und Einschränkung des lizenzierten Schutzrechts.** In der Regel kann der **Schutzrechtsinhaber** bei allen Sonderschutzrechten auch **auf deren Aufrechterhaltung bzw deren Gegenstand verzichten.** Die **Rechtswirkungen** eines solchen Verzichts bzw einer solchen Beschränkung treten in der Regel **ex nunc** ein.

180 Aufgrund der quasi-dinglichen Rechtsposition des **ausschließlichen Lizenznehmers,** nimmt die hM[209] die Unwirksamkeit des bzw der ohne Zustimmung des ausschließlichen Lizenznehmers erklärten Verzichts/Beschränkung an. Zur Begründung wird die Vorschrift des § 1071 BGB herangezogen, nach der ein dem Nießbrauch unterliegendes Recht durch Rechtsgeschäft nur mit Zustimmung des Nießbrauchers aufgehoben werden kann. Da auf dieser Grundlage der Lizenznehmer für die Wirksamkeit des Verzichts seine Zustimmung erklärt haben muss, scheiden wechselseitige Schadensersatzansprüche wegen des vorangegangenen einvernehmlichen Handelns aus.

181 Demgegenüber ist der **einfache Lizenznehmer** nach allgemeiner Ansicht nicht in der Lage, das Wirksamwerden eines Verzichts zu verhindern. Er ist, falls für die Beschränkung kein sachlicher Grund besteht, auf Schadensersatzansprüche (§ 280 BGB)[210] zu verweisen. Wurde nur eine negative Lizenz vereinbart, stehen ihm auch solche Ansprüche nicht zu.[211]

205 Vgl dazu noch unten Rn 190 ff.
206 *Fezer* § 30 MarkenG Rn 43.
207 *Kraßer/Schmid* GRUR Int. 1982, 324, 331 mit weiteren Nachweisen; siehe auch BGH GRUR 1965, 591, 596 - Wellpappen.
208 Ströbele/Hacker/*Hacker* § 30 MarkenG Rn 45.
209 *Kraßer* § 26 A Ia) 4, 594; *Busse/Schwendy*

§ 20 PatG Rn 19; Schulte/*Schulte* § 20 PatG Rn 12; *Reimer* § 9 PatG aF Rn 96; *Lüdecke/ Fischer* C 93, 270; *Klauer/Möhring/Nirk* § 9 PatG aF Rn 36.
210 *Kraßer* § 26 A Ia) 4, 594; *Reimer* § 9 PatG aF Rn 96; *Groß* Rn 268.
211 *Bartenbach*, B 20 ff; *Benkard/Ullmann* § 15 PatG Rn 151.

182   **c) Lizenzierung begleitender Schutzrechte.** Eine Lizenz kann auch an einem begleitendem Schutzrecht, zB einer sog **begleitenden Marke**, eingeräumt werden. Insbesondere bei Marken ist damit die markenrechtliche Kennzeichnung von Rohstoffen, Grundstoffen, Halbfertigfabrikaten und Zwischenprodukten, die für das Endprodukt verwendet werden, gemeint. Der Lizenznehmer kann hierbei ein besonderes Interesse an der Nutzung der begleitenden Marke neben seiner eigenen haben. Das gilt vor allem für den Fall, dass er sich einer Bezugsbindung bzgl dieser Vorprodukte unterworfen hat. Inhaltlich vereinbaren die Vertragsparteien, dass der Lizenznehmer berechtigt sein soll, die in Lizenz hergestellten oder vertriebenen Produkte mit der Marke des Lizenzgebers zu kennzeichnen. Der Lizenznehmer kann dann neben dieser Marke seine eigene anbringen, was insbesondere bei ausschließlichen Lizenzverträgen in Betracht kommt. Ebenso ist es aber möglich, dem Lizenznehmer die Benutzung seiner eigenen Marke oder seines Handelsnamens zu verbieten, soweit ihm das Recht verbleibt, auf den Hinweis seiner Herstellereigenschaft hinzuweisen. Häufig wird vertraglich bestimmt, dass der Lizenznehmer verpflichtet ist, die Ware statt mit der eigenen Marke mit der des Lizenzgebers zu kennzeichnen.

183   **d) Aufklärungspflichten.** Hat der Lizenzgeber **bei Vertragsschluss Kenntnis** von bestimmten Umständen, die das Schutzrecht beeinträchtigen, so muss er den Lizenznehmer hierüber aufklären. Das gilt zB für schwebende oder drohende streitige Auseinandersetzungen, Abhängigkeiten des Vertragsschutzrechts oder andere Mängel, die geeignet sind, den Bestand oder den Umfang des Schutzrechtes bzw des hierauf bezogenen Nutzungsrechts zu beeinträchtigen.[212]

184   **Verletzt der Lizenzgeber seine Aufklärungspflicht**, haftet er dem einfachen Lizenzgeber unter den Voraussetzungen des § 280 BGB. Hierbei ist jedoch zu bedenken, dass der Lizenznehmer damit rechnen muss, dass der Lizenzgeber weitere Lizenzen erteilt hat bzw vergleichbare Belastungen des lizenzierten Schutzrechtes bestehen. Demnach muss es eine Frage des Einzelfalls bleiben, ob der Lizenzgeber beispielsweise auf etwaige bereits bestehende weitere einfache Lizenzen hinsichtlich desselben Schutzrechtes hinweisen muss.

185   Der Lizenzgeber kann sich jedoch haftbar machen, wenn er das Nichtbestehen weiterer Lizenzen bzw von Beeinträchtigungen zugesichert hat. Für den Lizenznehmer kann dieser Umstand für den Vertragsabschluss entscheidend gewesen sein, um zB einen Wettbewerbsvorsprung vor potentiellen Wettbewerbern zu erreichen.

186   Hat der Lizenzgeber seine Aufklärungspflicht verletzt, kommt bei diesbezüglicher Arglist eine Anfechtung des Lizenzvertrages nach § 123 BGB in Betracht. Neben einer möglichen Haftung aus unerlaubter Handlung gem §§ 823, 826 BGB ist ein Schadensersatzanspruch nach § 280 Abs 1 BGB denkbar. Zudem kommt ein Rücktritt vom Vertrag nach Fristsetzung gem § 323 BGB auch dann in Betracht, wenn ein Vertretenmüssen der Pflichtverletzung durch den Lizenzgeber ausscheidet. Bei erfolgtem Vollzug des Lizenzvertrages ist hingegen an Stelle des Rücktritts nur die Kündigung aus wichtigem Grund gem § 314 BGB möglich.

187   Eine Pflichtverletzung des Lizenzgebers bei oder vor Vertragsschluss kann eine Haftung wegen Verschuldens bei Vertragsschluss gem § 280 iVm § 311 Abs 2, § 241 BGB begründen.

---

212 *Klauer/Möhring/Nirk* § 9 PatG aF Rn 58. Vgl hierzu auch Schweyer in: Beck'sche Formu-larsammlung zum gewerbl RS mit UrhR V 11 Anm 2.

Eine (Informations-)Nebenpflicht aus dem Lizenzvertrag stellt auch die sofortige **188** Unterrichtung des Lizenznehmers durch den Lizenzgeber bei **Wegfall eines Schutzrechts** dar. Sie trifft den Lizenzgeber auch ohne ausdrückliche vertragliche Vereinbarung, der sich bei Verletzung dieser Pflicht – unabhängig von seiner ggf bestehenden Verpflichtung zur Aufrechterhaltung des Schutzrechts – schadensersatzpflichtig macht. Zudem muss er Lizenzgebühren, die er für den Nutzungszeitraum nach Wegfall des Schutzrechts bezogen hat, unter Anwendung der bereicherungsrechtlichen Vorschriften (§§ 812 ff BGB) zurückzahlen.

e) **Übertragung der Lizenz, Einbringung in eine Gesellschaft, Erteilung von Unter-** **189** **lizenzen.** Der Lizenzgeber ist grds frei in der Entscheidung, ob er einer Übertragung der Lizenz, der Zulässigkeit der Einbringung in eine Gesellschaft oder der Unterlizenzvergabe durch den Lizenznehmer zustimmt. Das ist auch dann anzunehmen, wenn es sich bei dem Lizenznehmer um eine Konzerngesellschaft handelt, die ein offensichtliches Interesse an der Weitergabe hat. Bei der vertraglichen Regelung einer solchen Pflicht kann, je nach Ausgestaltung, insbesondere hinsichtlich der Position des Lizenznehmers, eine Betriebs-, Konzern- oder eine persönliche Lizenz vereinbart sein.

f) **Meistbegünstigungsklausel (most favored license clause).** Meistbegünstigungs- **190** klauseln werden regelmäßig **im Rahmen der Vergabe einfacher Lizenzen** vereinbart, um für den betroffenen Lizenznehmer zu erreichen, dass er hinsichtlich der Konditionen zur Nutzung des lizenzierten Gegenstands nicht schlechter steht als andere Lizenznehmer. Der Lizenznehmer hat allerdings keinen Anspruch auf den Abschluss einer solchen Klausel, da der Lizenzgeber grundsätzlich frei darin ist, mit den verschiedenen Lizenznehmern unterschiedliche Lizenzbedingungen zu vereinbaren.[213]

Bei diesen Klauseln werden echte und unechte Meistbegünstigungsklauseln[214] **191** unterschieden: Eine **echte bzw rechtliche Meistbegünstigungsklausel** wird bei der Verpflichtung des Lizenzgebers angenommen, bei zukünftigen Lizenzabschlüssen Dritten keine besseren Konditionen zu gewähren als dem vertragsschließenden Lizenznehmer. Eine **unechte bzw wirtschaftliche Meistbegünstigungsklausel** wird bei der Verpflichtung des Lizenzgebers angenommen, dem vertragsschließenden Lizenznehmer die günstigeren, gleich günstige oder keine ungünstigeren Konditionen zu gewähren als Dritten.

Solange sich aus dem Wortlaut oder dem Sinn der vereinbarten Klausel nichts **192** Gegenteiliges ergibt, kann mit Blick auf den vorgenannten Zweck einer solchen Klausel nicht angenommen werden, der vertragsschließende Lizenznehmer solle über die Gleichbehandlung mit Dritten hinaus auch im Verhältnis zu diesen bevorzugt werden. Der Rechtsverkehr interpretiert die Meistbegünstigungsklausel vorrangig dahingehend, dass allein die Gleichbehandlung des Lizenznehmers erreicht werden soll, so dass ein darüber hinausgehender Zweck ausdrücklich vereinbart werden muss.

Die Meistbegünstigungsklausel **bewirkt**, dass bei Abschluss eines neuen Lizenzver- **193** trages mit einem anderen Lizenznehmer automatisch die dort vereinbarten **günstige ren Absprachen auch Bestandteil des eigenen Lizenzvertrages**, der die Meistbegünstigungsklausel enthält, werden,[215] es sei denn die Klausel enthält eine andere Regelung hinsichtlich des Wirksamwerdens, bspw, dass die günstigeren Bedingungen erst für Nutzungshandlungen ab Beginn des Folgejahres gelten.

---

213 Vgl aber *Henn* Rn 441 ff.
214 *Busse/Keukenschrijver* § 15 PatG Rn 113.

215 *Finger* BB 1970, 1154 ff; zweifelnd hinsichtlich der automatischen Geltung *Henn* Rn 443.

194   Die **praktische Umsetzung der Meistbegünstigungsklausel** kann dann Schwierigkeiten bereiten, wenn andere Lizenzverträge teils günstigere, teils schlechtere Bedingungen enthalten.[216] In diesen Fällen ist eine Vertragsanalyse notwendig, die sich nicht nur auf den Vergleich der jeweiligen Lizenzgebührenbestimmungen beschränken darf; sie erfordert vielmehr einen Gesamtvergleich aller getroffener Absprachen, um den wirtschaftlich günstigeren Vertragsinhalt ermitteln zu können. Dabei spielen Mindestlizenz- bzw Ausübungspflichten, der Umfang der Nutzungserlaubnis, die Laufzeit des Vertrages etc auf Seiten des Lizenznehmers ebenso eine Rolle wie etwaige sonstige Gegenleistungen, zB in Form der Einräumung einer Lizenz zugunsten des Lizenzgebers. Genauso sind aber auch zusätzliche Haftungspflichten des Lizenzgebers von Bedeutung.

195   Dem Lizenznehmer ist ein Anspruch darauf zuzubilligen, dass ihn der Lizenzgeber über den Abschluss neuer Verträge und deren Inhalt **informiert**, damit er selbst überprüfen kann, ob nunmehr günstigere Bedingungen vereinbart wurden. Diese Auskunftspflicht wird aus der Meistbegünstigungsklausel selbst hergeleitet, und ist zu erfüllen, sobald ein neuer Lizenzvertrag geschlossen wurde. Die Auskunftspflicht besteht auch, wenn der Lizenzgeber meint, keine günstigeren Bedingungen vereinbart zu haben, denn sie dient vorrangig dazu, dass der Lizenznehmer selbst den Inhalt der neuen Verträge überprüfen kann.

196   Die in einem später abgeschlossenen Lizenzvertrag enthaltenen günstigeren Absprachen bleiben auch dann Inhalt des mit der Meistbegünstigungsklausel versehenen Vertrages, wenn der neue Lizenzvertrag, gleich aus welchen Gründen, beendet wird. Dies folgt aus ihrer automatischen Einbeziehung, die mithin nur noch eine einvernehmliche Änderung ermöglicht.[217] Soll in diesem Zusammenhang anderes gelten, muss ausdrücklich vereinbart werden, dass die günstigeren Absprachen nur solange gelten sollen, als auch der Vertrag mit den neuen Lizenznehmern tatsächlich weiterbesteht.

197   Ist der Lizenzgeber bereits durch frühere Verträge an eine Meistbegünstigungsklausel gebunden, empfiehlt es sich für den Lizenzgeber, vor dem Abschluss weiterer Lizenzverträge zu ggf günstigeren Bedingungen, auch die wirtschaftlichen Auswirkungen hinsichtlich der früheren Verträge zu überprüfen.[218]

198   **g) Betätigungs- und Wettbewerbsklauseln.** Ein Betätigungs- und Wettbewerbsverbot wird idR dann zu Lasten des Lizenzgebers vereinbart werden, wenn es dem Willen des Lizenznehmers entspricht, alleiniger Anbieter des Lizenzgegenstandes auf dem für ihn vertraglich festgehaltenen oder in anderer Form bestimmbaren Markt zu sein. Einer ausschließlichen Lizenz in Gestalt einer Exklusivlizenz ist ein solches Verbot immanent, wenn sie sich – auch räumlich – auf alle Benutzungsformen des § 14 MarkenG erstreckt.

199   Unter **kartellrechtlichen Gesichtspunkten** kann sich ein Verstoß gegen Art 101 Abs 1 AEUV bzw § 1 GWB ergeben, wenn eine solche Vereinbarung über den Inhalt einer ausschließlichen Lizenz hinausgeht.[219] Das ist zB dann der Fall, wenn über den Inhalt des Schutzrechts hinaus jeglicher Wettbewerb in dem betreffenden Markt unterlassen werden soll.

---

[216] *Reimer* § 9 PatG aF Rn 133; *Henn* Rn 443.
[217] *Lüdecke/Fischer* C 61, 229.
[218] Zur kartellrechtlichen Bewertung solcher Meistbegünstigungsklauseln s *Bartenbach* Patentlizenz- und Know-how-Vertrag Rn 1492 ff.

[219] Zur kartellrechtlichen Bewertung von Betätigungs- und Wettbewerbsklauseln s *Bartenbach* Patentlizenz- und Know-how-Vertrag Rn 1509 ff.

h) Preisabstandsklauseln/Preisbindungen des Lizenzgebers. Durch eine Preisab- **200**
standsklausel verpflichtet sich der Lizenzgeber, Waren, die er (neben dem Lizenznehmer in derselben oder einer abweichenden Form) herstellt, entweder zu einem festgelegten oder jedenfalls nicht zu einem niedrigeren Preis zu verkaufen, als der
Lizenznehmer.

Insbesondere im Verlagswesen sind solche **Preisabstandsklauseln** üblich; danach **201**
dürfen Verlagserzeugnisse bestimmte festgelegte Preise nicht unterschreiten dürfen.[220]
Diese Klauseln sind auch in einem Markenlizenzvertrag denkbar.[221]

i) Gewährleistung/Haftung für Mängel. aa) Grundsätze. Die Gewährleistungs- **202**
pflichten des Lizenzgebers sind **nicht spezialgesetzlich geregelt.** Ihre rechtsdogmatische
Herleitung sowie die Einordnung der einzelnen Fallsituationen sind auch nach
Inkrafttreten der Schuldrechtsmodernisierung weiterhin umstritten. Eine Einordnung
der Gewährleistungspflichten und ihrer Rechtsfolgen in das Rechtssystem des Schuldrechts gestaltet sich aufgrund der Besonderheiten des Lizenzverkehrs als äußerst
schwierig. Zum einen stellt der **Lizenzvertrag** ein **„gewagtes Geschäft"** dar, was unabhängig von Kompetenz und Leistungsfähigkeit der Vertragsparteien aus den rechtlichen Unsicherheiten (Schutzfähigkeit, Schutzumfang, Belastung mit Rechten Dritter)
und seiner Abhängigkeit von Produktion, Markt, Wettbewerb und technologischer
Entwicklung folgt. Zum anderen bestehen Besonderheiten beim Lizenzgegenstand,
bspw die Lizenzierung im Anmeldestadium oder die Lizenzierung von parallelen Marken in unterschiedlichen Vertragsstaaten. Auch der Charakter des Lizenzvertrages als
Dauerschuldverhältnis und die Spannbreite der unterschiedlichen Ausgestaltungsmög-
lichkeiten von einer uneingeschränkten ausschließlichen Lizenz bis hin zu einer negativen Lizenz mit Inhaltsbeschränkungen werfen spezifische Probleme auf.

Der Lizenzverkehr zeichnet sich durch die Vielschichtigkeit der Fallgestaltungen **203**
und die Schnelllebigkeit der technischen und wirtschaftlichen Entwicklung aus. Resultat ist häufig die grundlegende Veränderung der dem Vertragsabschluss zu Grunde liegenden Umstände. Hinzu tritt die Internationalität der Märkte, die weiteren Einfluss
auf die lizenzierten Waren und deren Ausgestaltung, Herstellung, Position im jeweiligen Markt etc nehmen. Auch daraus ergibt sich, dass die gesetzlichen Gewährleis-
tungsregeln der klassischen Vertragstypen keine angemessenen Lösungen bereit halten
können, die den unterschiedlichen Interessen der Lizenzvertragspartner bei Störungen
Rechnung tragen.

Daraus folgt, dass die Lizenzvertragsparteien bereits zum Zeitpunkt der Gestal- **204**
tung des Vertrages die wesentlichen Fragen der Gewährleistung bzw Haftung für
Mängel sowie Haftungsausschlüsse oder -beschränkungen regeln sollten. Der Rechts-
anwender wird dabei weiterhin im Rahmen eines notwendigen, angemessenen Interessenausgleichs unter Heranziehung der gesetzlichen Regelungen Korrekturen vornehmen müssen.

Demzufolge lassen sich für Lizenzverträge folgende **Grundsätze** aufstellen, die den **205**
weiteren Ausführungen zu Grunde gelegt werden:
- Es ist das **allgemeine Leistungsstörungsrecht** anzuwenden, wobei es eines Rückgriffs auf die Grundsätze des Kauf-, Pacht-, oder Werkvertrages nicht bedarf.

---

[220] BGH GRUR 1986, 91, 92 f – Preisabstandsklauseln; *Seifert* ZUM 1986, 667 ff; zu
Taschenbuchrechten OLG München ZUM
1989, 585, 587 f.

[221] Zur kartellrechtlichen Bewertung solcher
Preisabstandsklauseln s *Bartenbach* Patent-
lizenz- und Know-how-Vertrag Rn 1522 ff.

– Bei der Ausfüllung der Mängelansprüche ist auch weiterhin der Charakter des Lizenzvertrages als regelmäßig „**gewagtes Geschäft**" maßgebliches Kriterium.[222] Bei der Anwendung des Leistungsstörungsrechts gilt das Gebot einer interessengerechten Risikoverteilung bzw eines angemessenen Interessenausgleichs.[223]

– Die bisherigen Unterscheidungen und Abgrenzungsschwierigkeiten zwischen Sach- und Rechtsmängeln sind regelmäßig nicht notwendig.

– Der Grundsatz der **Vertragsfreiheit** (§ 311 BGB) gilt unverändert für die Vereinbarungen über die Haftung des Lizenzgebers. Die Haftung des Lizenzgebers kann ganz oder teilweise ausgeschlossen oder erweitert werden, solange die Grenzen des Kartell- und AGB-Rechts beachtet werden.[224]

– Verletzt der Lizenzgeber seine Pflichten (Verschaffungspflicht etc), gelten die Grundsätze über die Haftung bei Pflichtverletzung.

206 **bb) Bei Vertragsabschluss bestehende Rechte Dritter.** Die Verschaffungspflicht bedeutet für den Lizenzgeber, dass er das lizenzierte Recht frei von Rechten Dritter zur Verfügung stellen muss. Dies gilt auch ohne ausdrückliche Vereinbarung und stellt eine Kernpflicht des Lizenzgebers dar. Bedeutung gewinnt diese Pflicht vor allem, wenn das lizenzierte Recht Belastungen durch Nießbrauch, Pfandrecht oder Lizenzen zugunsten Dritter ausgesetzt ist.

207 Bestehen solche Rechte Dritter und sind sie dem Lizenzgeber bekannt, muss er diese dem Lizenznehmer vor Vertragsschluss **offenbaren**, wenn aus ihnen eine Beeinträchtigung des Lizenzrechts des Lizenznehmers folgen kann. Unterlässt er dies, sind eine Anfechtung gem § 123 BGB sowie Schadensersatzforderungen aus §§ 311, 241, 280 BGB und ggf aus §§ 823, 826 BGB möglich.

208 Das **allgemeine Leistungsstörungsrecht** ist demnach anzuwenden, wenn die Vertragspartner nichts anderes geregelt haben oder der Vertrag nach §§ 119, 123 BGB wirksam angefochten worden ist.[225] Dabei ist einerseits § **311a BGB** in Betracht zu ziehen, da der Lizenzgeber bereits bei Vertragsschluss nicht das volle, sondern nur ein eingeschränktes Nutzungsrecht einräumen konnte. Die Rechtsfolgen bestimmen sich dann nach §§ 311a, 275, 280 ff BGB. In der Regel wird der Lizenzgeber das aus seiner Sphäre stammende Leistungshindernis zu vertreten haben, wenn er nicht gem der Beweislastregel des § 311a Abs 2 S 2 BGB nachweisen kann, dass ihm das Leistungshindernis bei Vertragsabschluss unbekannt war und er dies auch nicht zu vertreten hat.

209 Andererseits kann § **323 BGB** herangezogen werden, wonach dem Lizenznehmer ein Rücktrittsrecht wegen nicht oder nicht vertragsgemäßer Leistung zusteht. Ist der Lizenzvertrag bereits durchgeführt, bleibt das Kündigungsrecht des § 314 BGB. Die Schadensersatzansprüche gem §§ 280, 281 BGB bestehen daneben (§ 314 Abs 4, § 325 BGB). Hat der Lizenznehmer ein berechtigtes Interesse an einer teilweisen Weiterführung des Vertrags, könnte eine Lösung über Teilunmöglichkeit (vgl § 311a Abs 1 iVm § 275 Abs 1 BGB „soweit") bzw Teilleistung (§ 323 Abs 5 BGB) gesucht

---

[222] RGZ 33, 103, 104; BGH GRUR 1961, 466, 468 – Gewinderollkopf; BGH GRUR 1982, 481, 481 – Hartmetallkopfbohrer; *Busse/Keukenschrijver* § 15 PatG Rn 54.
[223] Vgl zum früheren Gewährleistungsrecht *Bartenbach* Patentlizenz- und Know-how Vertrag Rn 1532 mwN.

[224] BGH GRUR 1979, 768 – Mineralwolle; BGH GRUR 1974, 40, 43 – Bremsrolle; ersteres geschieht typischerweise mit dem Abschluss einer negativen Lizenz; vgl dazu *Bartenbach*, B 156 ff.
[225] *Busse/Keukenschrijver* § 15 PatG Rn 105.

Soenke Fock

werden. Eine Vertragsanpassung gem § 313 BGB kommt bei beiderseitigen Fehlvorstellungen in Betracht, wenn der Vertrag bei Herabsetzung der Lizenzgebühr im Umfang der Beeinträchtigung der Rechte des Lizenznehmers fortgeführt werden soll. Ansonsten ist an eine Kündigung seitens des Lizenznehmers zu denken.

Die Übertragung dieser Grundsätze auf die **einfache Lizenz** ist nur in einem **210** beschränkten Umfang möglich, da der Lizenznehmer hier von Anfang an mit Benutzungsrechten Dritter zu rechnen hat. Ein Mangel ergibt sich insoweit nur, als die Rechte Dritter geeignet sind, sein nicht ausschließliches Nutzungsrecht zu beeinträchtigen.

Ist das **lizenzierte Schutzrecht** von einem älteren Schutzrecht **abhängig**, weil das **211** jüngere Schutzrecht nur mit Zustimmung des Inhabers des älteren Schutzrechts benutzt werden darf (vgl § 24 Abs 2 PatG), so stellt dies ebenfalls einen Rechtsmangel dar.[226] In Betracht kommt eine Vertragsanpassung nach allgemeinem Leistungsstörungsrecht über § 313 BGB[227] bzw bei Unzumutbarkeit der Weiterführung des Vertrages eine Kündigung gem § 314 BGB. Ein Schadensersatzanspruch gem § 280 BGB kann am fehlenden Vertretenmüssen des Lizenzgebers scheitern. Hier ist zu beachten, dass die Rechtsprechung die unerwartete Abhängigkeit von einem Patent der Risikosphäre des Lizenznehmers zugeordnet hat.[228] Zudem soll in Ausnahmefällen auch ohne ausdrückliche vertragliche Regelung ein stillschweigender Ausschluss jedweder Haftung für unerwartete Abhängigkeit von älteren Patenten/Gebrauchsmustern anzunehmen sein.[229] Hat der Lizenznehmer Kenntnis von dem Mangel, haftet der Lizenzgeber grundsätzlich nicht.[230]

Im Übrigen kann eine potentielle Haftung des Lizenzgebers vertraglich ausgeschlossen werden.[231] **212**

cc) Änderungen im Bestand der Schutzrechtsposition. Hiervon erfasst werden **213** Fälle, in denen der Lizenzgeber seine Verschaffungspflicht zwar nicht verletzt, die lizenzierten Schutzrechte jedoch trotzdem nicht rechtsbeständig erteilt oder diese gelöscht werden (zB §§ 48 ff MarkenG).

Da Gegenstand eines Lizenzvertrages auch eine bloße Schutzrechtsanmeldung sein **214** kann (vgl etwa § 31 MarkenG), kann die **Zurückweisung der Anmeldung** (§ 37 MarkenG) wegen des Nichtvorliegens der Schutzvoraussetzungen (§§ 3, 8, 10 MarkenG) erhebliche Auswirkungen haben.

Durch die Schuldrechtsreform ist die Unterscheidung zwischen (ursprünglicher) **215** objektiver und subjektiver Unmöglichkeit obsolet geworden. Der Vertrag ist insofern stets wirksam, was § 311a Abs 1 BGB klarstellt. Die wechselseitigen Leistungsansprüche können jedoch nicht mehr geltend gemacht werden (§ 275 Abs 1 BGB; § 275 Abs 4, § 326 Abs 1 S 1 BGB). Zudem: Der Lizenznehmer hat nur dann einen Anspruch auf Schadensersatz statt der Leistung oder wahlweise auf Aufwendungsersatz

---

226 BGH GRUR 1962, 370, 373 – Schallplatteneinblendung.
227 *Pagenberg/Geissler* Muster I Rn 54; im Anschluss daran auch *Henn* Rn 320 und *Benkard/Ullmann* (10. Aufl) § 15 PatG Rn 171.
228 *Busse/Keukenschrijver* § 15 PatG Rn 106 mHa BGH v 3.5.1977 in *Liedl* 1974/77, 37, 341 – Dauerhaftmagnete; abl *Henn* Rn 319 f.

229 RGZ 163, 1, 8 f; RG GRUR 1935, 306, 308; BGH v 15.5.1973 – X ZR 65/70 nv; *Benkard/Ullmann* (9. Aufl) § 15 Rn 98; zu Recht krit *Henn* Rn 320.
230 *Henn* Rn 320.
231 *Busse/Keukenschrijver* § 15 PatG Rn 106 mHa BGH v 15.5.1979 – X ZR 65/68 nv.

gem § 284 BGB, wenn der Lizenzgeber gem § 311a Abs 2, §§ 276 ff BGB die Unmöglichkeit bei Vertragsschluss kannte oder diese Unkenntnis zu vertreten hat.[232]

216   Insofern macht sich nach § 280 BGB der Lizenzgeber zB schadensersatzpflichtig, wenn er wegen eines zurechenbaren Verhaltens die Versagung des Schutzrechts zu vertreten hat. Dies gilt auch im Falle der Zusicherung der Schutzfähigkeit.

217   **Fällt ein lizenziertes Schutzrecht wegen Nichtigkeit weg**, ist die Rechtsprechung seit jeher davon ausgegangen, dass bei fehlender anderweitiger Vereinbarung keine Garantieverpflichtung bzw Haftung des Lizenzgebers für den zukünftigen Bestand der Schutzrechtsposition anzunehmen ist.[233] Nach der Rechtsprechung bleibt die Pflicht zur Zahlung der Lizenzgebühren bis zur Nichtigkeitserklärung erhalten, es sei denn, dass die Weiternutzung bzw -zahlung wegen offenkundiger Vernichtbarkeit als unzumutbar zu werten ist.

218   Der Lizenznehmer ist trotz Wegfalls des vernichteten Schutzrechts mit **ex-tunc Wirkung** nur zur (zukünftigen) Kündigung des Vertrages berechtigt.[234]

219   Im Falle des Wegfalls eines Schutzrechts durfte in Anlehnung an die frühere Rechtsprechung[235] eine **Anpassung des Vertrages nach § 313 BGB** vorzunehmen sein.[236] Das bedeutet, dass gem § 313 Abs 3 S 2 BGB für die Zukunft ein Kündigungsrecht aus wichtigem Grund (§ 314 BGB) besteht, wenn das erloschene Schutzrecht wesentlicher Vertragsgegenstand war. Der Schadensersatzanspruch gem § 280 BGB kann daneben geltend gemacht werden (§ 314 Abs 4 BGB). Die Pflichtverletzung darf aber nicht allein in der Tatsache der Schutzrechtsvernichtung bestehen, so dass im Regelfall ein Schadensersatzanspruch mangels „weiterer" Pflichtverletzung des Lizenzgebers ausscheidet.

220   Andere sehen die Lösung solcher Fälle in der Regelung über die nachträgliche Unmöglichkeit.[237] Danach soll ein Rücktrittsrecht gem §§ 323, 324 BGB und im Falle des vollzogenen Lizenzvertrages ein außerordentliches Kündigungsrecht nach § 314 BGB bestehen. Auf Grund der Unmöglichkeit der Hauptleistungspflicht, die in der Verschaffung der Nutzungsmöglichkeit des Schutzrechts liegt, hat der Lizenznehmer gem § 275 Abs 1 BGB auch keinen Anspruch mehr auf diese Leistung. Dem Lizenznehmer hingegen stehen gem § 275 Abs 4 BGB die Rechte aus den §§ 280, 283 bis 285, 311a und 326 BGB zu. Wie bereits ausgeführt, scheitert der Schadensersatzanspruch gem § 280 BGB aber idR an der fehlenden Pflichtverletzung des Lizenzgebers. Da die Voraussetzungen des § 280 BGB aber auch in den Fällen der §§ 283 bis 285 BGB vorliegen müssen, so können diese Ansprüche ebenfalls nicht geltend gemacht werden. Im Ergebnis entfällt daher für die Zukunft die Verpflichtung des Lizenznehmers zur Zahlung der Lizenzgebühren gem § 326 Abs 1 BGB, wenn nicht ausnahmsweise die Regelung des § 326 Abs 2 BGB eingreift.[238]

---

232 *Groß* Rn 64; *Henn* Rn 233; *Bartenbach,* B Mitt 2003, 102, 106; *Busse/Keukenschrijver* § 15 PatG Rn 82.
233 BGH GRUR 1957, 595, 596 – Verwandlungstisch; BGH GRUR 1961, 466, 468 – Gewinderollkopf; BGH GRUR 1961, 572, 574 – Metallfenster; *Busse/Keukenschrijver* § 15 PatG Rn 90; *Henn* Rn 318; *Kraßer/Schmid* GRUR Int 1982, 324, 330, 338 ff.
234 BGH GRUR 1957, 595, 596 – Verwandlungstisch; BGH GRUR 1969, 677 – Rüben-Verladeeinrichtung; *Kraßer/Schmid* GRUR Int 1982, 324, 330.

235 BGH GRUR 1957, 595, 596 – Verwandlungstisch; BGH BGUR 1958, 231, 232 – Rundstuhlwirkware.
236 *Ann/Barona* Rn 146; *Benkard/Ullmann* § 15 PatG Rn 201; wohl auch Palandt/*Grüneberg* § 313 BGB Rn 63.
237 *Busse/Keukenschrijver* § 15 PatG Rn 90.
238 Wird das Vertragsschutzrecht auf Veranlassung des einer wirksamen Nichtangriffsabrede unterliegenden Lizenznehmers durch einen Strohmann nichtig geklagt, dürften weder eine Vertragsanpassung und Kündigung nach §§ 313, 314 BGB, noch eine Befreiung von der Pflicht

Über § 326 Abs 4 iVm §§ 346 bis 348 BGB kann der Lizenznehmer darüber **221** hinaus für zukünftige Nutzungshandlungen bereits erbrachte Leistungen zurückfordern.[239]

Ist dem Lizenzgeber im Zusammenhang mit der Schutzrechtsverteidigung ein Fehl- **222** verhalten anzulasten (bspw die Versäumung der Rechtsmitteleinlegung), bedeutet dies idR eine schuldhafte Verletzung seiner Verschaffungspflicht.

Geraten bei einem Lizenzvertrag über mehrere Schutzrechte **einzelne in Wegfall**, **223** kommt nach der hier vertretenen Auffassung § 313 BGB zur Anwendung, falls keine anderweitigen Vertragsabsprachen getroffen wurden. Dabei ist zu prüfen, ob und inwiefern nach Wegfall einzelner Schutzrechte noch ein (wirtschaftliches) Interesse der Lizenzvertragsparteien zu bejahen ist bzw dem Lizenznehmer eine Weiterführung des Vertrages iSv § 313 Abs 3 S 1 BGB zugemutet werden kann. Vorrangig ist demgemäß die Möglichkeit der Vertragsanpassung unter evt Minderung der Lizenzgebühr auszuloten (§ 313 Abs 1 BGB), wobei im Rahmen einer Minderung auch evt Auswirkungen des Schutzrechtswegfalls im Markt bzw gegenüber Wettbewerbern zu berücksichtigen sind.[240] Bei Wegfall der Hauptvertragsrechte kann demgegenüber regelmäßig eine Unzumutbarkeit und damit folglich ein Kündigungsrecht des Lizenznehmers nach § 313 Abs 3 S 2 iVm § 314 BGB angenommen werden.

Die vorgenannten Rechtsfolgen sind grundsätzlich auch dann gegeben, wenn der **224** Lizenzvertragsgegenstand zusätzlich **Know-how** umfasste und dieses **vorzeitig offenkundig** wird. Entscheidend dabei ist die Gewichtung des Know-hows zu den übrigen Schutzrechten sowie die Interessen der Parteien an der Fortgeltung des Vertrags.

Ist das **Schutzrecht** dagegen **bloß vernichtbar**, ergeben sich keine Änderungen hin- **225** sichtlich der Vertragspflichten des Lizenznehmers; insbesondere ist er weiter zu einer Zahlung der Lizenzgebühren in der vereinbarten Höhe verpflichtet.

Diese Pflicht entfällt nach höchstrichterlicher Rechtsprechung unter dem Aspekt **226** von Treu und Glauben allenfalls dann, wenn die Wettbewerber des Lizenznehmers das Schutzrecht auf Grund seiner offenbaren oder wahrscheinlich gewordenen Vernichtbarkeit nicht mehr beachten. Denn solange, wie das Schutzrecht und damit die faktische Vorzugsstellung des Lizenznehmers aufgrund des Fortbestandes des lizenzierten Schutzrechts existiert, ist ein Festhalten an dem Lizenzvertrag für ihn nicht unzumutbar. Eine Vertragsanpassung nach § 313 BGB ist daher ebenso ausgeschlossen, wie eine außerordentliche Kündigung nach § 314 BGB. Ist ausnahmsweise von einer Unzumutbarkeit auszugehen, kommt entweder eine Kündigung gem § 314 BGB oder eine Minderung der Lizenzgebühren nach der Regelung des § 313 BGB in Betracht.

Der Lizenznehmer kann nach der Rechtsprechung in Anlehnung an die Grundsätze **227** der offenbaren Vernichtbarkeit – trotz rückwirkenden Wegfalls eines Teils des Schutzbereichs[241] – die Lizenzgebühr mindern bzw den Lizenzvertrag kündigen, wenn die teilweise Vernichtung des Schutzrechts oder eine nachträgliche Beschränkung zur Vermeidung von Nichtigkeitsklagen erfolgt.[242] Ob der Lizenznehmer sein Recht zur Min-

---

zur Zahlung der Lizenzgebühren nach § 326 BGB in Betracht kommen.
239 Im Ergebnis so auch die bisherige Lehre vgl *Busse/Keukenschrijver* § 15 PatG Rn 108 unter Bezug auf BGH v 23.4.1963 – Ia ZR 21/63 – Schukostecker, dort nach Bereicherungsrecht gem § 440 Abs 1 iVm §§ 323, 325 BGB aF.

240 *Pfaff/Osterrieth* B Rn 133 unter Hinweis auf die Usancen im internationalen Lizenzverkehr.
241 *Kraßer* GRUR Int 1990, 611.
242 BGH GRUR 1957, 595, 596 – Verwandlungstisch; BGH GRUR 1958, 231, 232 – Rundstuhlwirkware; BGH GRUR 1961, 572, 574 – Metallfenster; *Schulte/Kühnen* § 15 PatG

derung der Lizenzgebühr nach § 313 BGB bzw zur Kündigung nach § 314 BGB ausüben darf, hängt davon ab, welche tatsächlichen Nutzungsmöglichkeiten ihm noch verbleiben und ob die ggf vorliegende Beeinträchtigung seiner wirtschaftlichen Stellung durch die Vernichtung bzw Beschränkung evt nur so geringfügig ist, dass die Weiterführung des Vertrages zumutbar erscheint. Schadensersatzansprüche nach §§ 280, 281 BGB kommen in diesem Zusammenhang für den Fall der nachträglichen Beschränkung dann in Betracht, wenn der Lizenzgeber zu Lasten des Lizenznehmers schuldhaft eine weitere Einschränkung veranlasst, als dies sachlich geboten war.

228 Nicht zu folgen ist der Rechtsprechung des RG,[243] wonach anfängliche oder nachträgliche Unmöglichkeit vorliegen soll, wenn ein Verletzungsstreit ergibt, dass der **Schutzumfang des Vertragsrechts wesentlich geringer** ist, als die Vertragspartner angenommen hatten. In Übereinstimmung mit der herrschenden Auffassung in der Literatur, kommen hier dieselben Grundsätze zur Anwendung wie in der Situation einer nachträglichen Vernichtung oder Beschränkung des Schutzrechtes.[244] Dieser Situation vergleichbar ergibt sich nämlich auch bei irrtümlicher Annahme eines größeren Schutzbereiches eine Monopolstellung des Lizenznehmers, die aus der Passivität und dem Respekt der Mitbewerber vor dem vermeintlich umfassenden Schutzbereich folgt.[245]

229 dd) **Produkthaftung des Lizenzgebers.** Der Lizenzgeber haftet nach dem Produkthaftungsgesetz (ProdHaftG), wenn er neben dem Lizenznehmer selbst Hersteller iSv § 4 Abs 1 S 1 ProdHaftG ist, weil er das Endprodukt, einen Grundstoff oder ein Teilprodukt hergestellt hat oder nach der Fiktion des § 4 Abs 1 S 2 ProdHaftG als solcher gilt, weil er sich durch das Anbringen seines Namens, seiner Marke oder eines anderen unterscheidungskräftigen Kennzeichens als Hersteller ausgibt. Das kann insbesondere den Markenlizenzgeber betreffen, wenn das Produkt (auch die Verpackung)[246] mit seiner Marke gekennzeichnet ist. Dann weist die Verpackung oft nicht einmal auf den Lizenznehmer als Hersteller hin. Auch kann es ausreichend sein, wenn der Lizenznehmer einen bekannten Produktnamen fortführt.[247]

230 Nach hM ist der **Lizenzgeber einer Marke** zwar **nicht** als **Quasihersteller iSv § 4 Abs 1 S 2 ProdhaftG** anzusehen, doch wird dies teilweise auch anders gesehen und eine grundsätzliche Haftung des Lizenzgebers bejaht.[248] Der Lizenzgeber sollte sich daher vertraglich im Innenverhältnis von gegen ihn gerichteten Produkthaftungsansprüchen durch den Lizenznehmer freistellen lassen.[249]

231 Zudem können vertraglich zu vereinbarende **Kontrollmöglichkeiten des Lizenzgebers** zur Überprüfung der Qualitätsstandards der Produkte des Lizenznehmers hilfreich sein. Schließlich kann auch eine Kündigungsmöglichkeit des Lizenzgebers nach Fristsetzung geregelt werden, falls der Lizenznehmer bestimmte Qualitätsstandards nicht erbringt bzw dauerhaft nicht einhält.

232 ee) **Haftung für wirtschaftliche Verwertbarkeit.** Eine Haftung des Lizenzgebers für die wirtschaftliche Verwertbarkeit des lizenzierten Rechts ist im Einklang mit dem

---

Rn 55; *Busse/Keukenschrijver* § 15 Rn 121 mwN.
[243] RGZ 78, 10, 11.
[244] Ähnl *Busse/Keukenschrijver* § 15 PatG Rn 120 mHa BGH v 5.12.1961 – I ZR 76/60 nv: Die für den Fall der Nichtigkeit entwickelten Grundsätze gelten.
[245] *Lüdecke/Fischer* C 43, 195; *Lindenmaier/*

Weiß § 9 PatG aF Rn 18 begründen dieses Ergebnis mit dem Gesichtspunkt des Wegfalls der Geschäftsgrundlage.
[246] OLG Düsseldorf NJW-RR 2001, 458.
[247] BGH NJW 2005, 2695.
[248] *Fammler* 121 mwN.
[249] *Fammler* 121.

Charakter des Lizenzvertrages als gewagtes Geschäft und mangels anderweitiger Abreden grds abzulehnen. Findet sich im Lizenzvertrag keine Garantieübernahme oder sonstige Haftungsvereinbarung zu Lasten des Lizenzgebers, so gehen Rechtsprechung und Lehre übereinstimmend davon aus, dass er im Einzelnen weder für die Wirtschaftlichkeit der Auswertung des lizenzierten Schutzrechts[250] noch für eine gewinnbringende wirtschaftliche (gewerbliche, kommerzielle) Verwertbarkeit,[251] die Ertragsfähigkeit bzw Rentabilität[252] oder die Wettbewerbsfähigkeit[253] einzustehen hat.

ff) Gesteigerte Haftung bei Abgabe einer Garantieerklärung. In Lizenzverträgen **233** werden seitens des Lizenzgebers häufig Zusagen über den Lizenzgegenstand gemacht. Darunter sind regelmäßig **Erklärungen über bestimmte Eigenschaften** zu verstehen, die der Lizenzgegenstand aufweisen soll.[254] Sie sind als Garantierklärungen iSv § 443 1. Alt BGB zu qualifizieren, wenn die Zusage des Lizenzgebers Inhalt des Vertrages geworden ist und er inhaltlich die Garantie für eine bestimmte Beschaffenheit des Lizenzgegenstandes übernimmt. Liegen diese Voraussetzungen vor, trifft den Lizenzgeber eine Einstandspflicht für das Vorhandensein und die Folgen eines Fehlens unabhängig von der Frage eines Verschuldens.[255] Eine solche Garantieerklärung ist auch konkludent möglich, wobei diesbezüglich allerdings Zurückhaltung geboten ist.[256]

Ob der Lizenzgeber eine Garantie in diesem Sinne übernommen hat, ist durch Aus- **234** legung zu klären; entscheidend ist, wie der Lizenzgeber die Erklärung des Lizenzgebers unter Berücksichtigung von Treu und Glauben verstehen durfte.[257]

Maßgebliches Kriterium für die Annahme einer Garantie ist, dass der erkennbare **235** Wille des Lizenzgebers hervortritt, eine **Gewähr für das Vorhandensein bestimmter Eigenschaften des Lizenzgegenstandes** übernehmen und für alle Folgen eines diesbezüglichen Fehlens einstehen zu wollen.[258]

Die **Rechtsfolgen** einer Garantieübernahme ergeben sich aus § 280 Abs 1 iVm **236** §§ 281, 276 BGB. Der Rechtsgedanke für die Haftung auf Grund einer Garantieübernahme wird nunmehr aus § 443 BGB hergeleitet, gleich ob die Garantie eine Erweiterung der gesetzlichen Haftung bewirkt oder eine selbständige Garantie vorliegt.[259] Gem § 276 Abs 1 S 1 BGB ist in diesem Fall eine verschuldensunabhängige Haftung möglich, so dass dem Lizenznehmer bei Nichteinhalten der Garantie durch den Lizenzgeber im Zweifel ein verschuldensunabhängiger Schadensersatzanspruch nach §§ 280, 276 Abs 1 BGB zusteht.[260]

---

250 RG MuW 1931, 441, 442; RG GRUR 1932, 865, 867.
251 RGZ 75, 400, 403; BGH GRUR 1974, 40, 43 – Bremsrolle, für den Fall der Vereinbarung einer Mindestlizenzklausel.
252 RGZ 78, 363, 367; BGH GRUR 1955, 338, 340, 341 – Beschlagfreie Brillengläser; BGH GRUR 1960, 44, 45 f – Uhrgehäuse; BGH GRUR 1961, 466, 467 – Gewinderollekopf; BGH GRUR 1965, 298, 301 – Reaktionsmessgerät mwN; BGH GRUR 1974, 40, 43 – Bremsrolle; *Henn* Rn 308; *Lüdecke/Fischer* B 20, 127; *Busse/Keukenschrijver* § 15 PatG Rn 111; *Reimer* § 9 PatG aF Rn 92; *Benkard/Ullmann* § 15 PatG Rn 190.
253 *Busse/Keukenschrijver* § 15 PatG Rn 111 mwN.

254 *Barona* 36; *Busse/Keukenschrijver* § 15 PatG Rn 112 – jeweils mwN.
255 *Barona* 36 ua mH auf BGH GRUR 1979, 769 ff – Mineralwolle; Palandt/*Putzo* § 443 BGB Rn 1 ff.
256 BGH BB 2000, 1647.
257 *Groß* Rn 307; *Barona* 36 f – jeweils mwN.
258 BGHZ 59, 158, 160; BGH BB 2000, 1647.
259 Unklar *Barona* 38.
260 *Groß* Rn 330, der allerdings alternativ auf § 536a BGB Bezug nimmt, und darauf hinweist, dass bei Verlangen des Schadensersatzes statt der Leistung eine Fristsetzung iSv § 281 Abs 1 S 1 BGB fraglich ist.

237   Der „Schadensersatzanspruch statt der Leistung" gem § 281 BGB ist auf das Erfüllungsinteresse des Lizenznehmers gerichtet.[261] Unter der Geltung des früheren Rechts hat die hM dies bei Vorliegen einer zugesicherten Eigenschaft uneingeschränkt angenommen;[262] dies bedeutete für den Lizenznehmer sowohl einen Anspruch auf Ersatz seiner Aufwendungen als auch auf Ersatz seines entgangenen Gewinns.[263] Nichts anderes gilt im Grundsatz für die Haftung nach §§ 280, 281 BGB. Das folgt aus der freiwilligen Übernahme einer besonderen Garantie durch den Lizenzgeber, die den Lizenznehmer regelmäßig in seiner Entscheidung über das ob des Vertragsabschlusses beeinflusst haben wird. Ein Lizenzgeber, der eine solche Garantie im Rahmen der Vertragsfreiheit übernimmt, hat daher hierfür vollumfänglich einzustehen.

2. Lizenznehmer

238   **a) Die Pflicht zur Zahlung der Lizenzgebühr. aa) Allgemeines.** Die Lizenzgebühr stellt das vom Lizenznehmer zu entrichtende übliche Entgelt für die Überlassung und/oder für die Benutzung des Lizenzgegenstandes dar.[264] Die Pflicht zur Zahlung der Lizenzgebühren stellt die **Hauptpflicht** des Lizenznehmers dar. Gesetzliche Bestimmungen zu Art und Höhe der Lizenzgebühr existieren nicht. Art und Umfang der Lizenzgebühr sollten als Gegenleistung für die vom Rechtsinhaber eingeräumte Monopolstellung nach den wirtschaftlichen Interessen des Lizenznehmers und der Interessenlage des Lizenzgebers sowie ergänzend nach dem allgemeinen Markt bestimmt werden.

239   Durch ihre Zahlung wird der Lizenzgeber im Allgemeinen an dem wirtschaftlichen Erfolg des Lizenznehmers aus der Nutzung des Lizenzgegenstandes beteiligt.[265] Dies kann durch einmalige Zahlung oder regelmäßig wiederkehrende Zahlungen bzw die Kombination solcher Zahlungen erfolgen. Der Lizenznehmer wird in der Regel zur Erbringung der Lizenzgebühr in Form von Geldleistungen verpflichtet sein. **Üblich ist eine prozentuale Beteiligung** des Lizenzgebers **am Umsatzerlös**, soweit sich die Nutzung des Lizenzrechts in Umsatzgeschäften niederschlägt.[266] Die Höhe der Lizenzgebühr liegt grundsätzlich im Ermessen der Vertragspartner, wobei sich im Einzelfall kartellrechtliche Grenzen ergeben können.[267]

240   Neben der Umsatzlizenz ist auch die Stück- sowie die Pauschallizenz anzutreffen. Die unterschiedlichen Lizenzarten unterscheiden sich bei den für die Lizenzberechnung jeweils zu berücksichtigenden Parametern:

241   Bei der **Umsatzlizenz** muss zunächst die wirtschaftliche Berechnungsgrundlage (Brutto- oder Nettoumsatz) bestimmt werden; dabei geht es insbesondere um die Frage, welche Kosten des Lizenznehmers zur Berechnung des umsatzpflichtigen Erlöses vom Bruttoumsatz abgezogen werden dürfen. Hierzu zählen etwa handelsübliche Rabatte, wie Mengenrabatte oder Skonti, jedoch keine handels- oder branchenunüb-

---

261 BGH NJW 1998, 2901 ff; Palandt/*Heinrichs* § 281 BGB Rn 17.

262 *Reimer* § 9 PatG aF Rn 36; *Benkard/Ullmann* (9. Aufl) § 15 PatG Rn 25; BGH GRUR 1970, 547, 549 – Kleinfilter.

263 AA *Pietzcker* § 6 aF PatG Anm 12, 22, 35, der nur den Aufwendungsersatzanspruch zubilligte; idS auch *Fischer* GRUR 1970, 549, 550 in Anm zu BGH GRUR 1970, 547 ff, der eine differenzierte Beurteilung, je nach Einzelfall

gestützt auf § 242 BGB, vorgeschlagen hat; *Nirk* GRUR 1970, 329.

264 BGH WM 2004, 596, 597 – Honiglöffel.

265 BGH WM 2004, 596, 598 – Honiglöffel.

266 BGH GRUR 2002, 801, 803 – Abgestuftes Getriebe.

267 Zur kartellrechtlichen Bewertung s *Bartenbach* Patentlizenz- und Know-how-Vertrag Rn 1677 ff; *Bartenbach/Söder* Mitt 2007, 353, 354 ff.

lichen Nachlässe bzw sonstigen Aufwendungen des Lizenznehmers, wie zB Werbe-kostenzuschüsse. Bei der Vertragsgestaltung sind die Parteien aber im Wesentlichen frei.

Bei der **Stücklizenz** wird je lizenziertem Gegenstand eine bestimmte, im Vertrag festgelegte Lizenzgebühr (Festbetrag) geschuldet. **242**

Kommt die Lizenzierung, zB einer Marke, aufgrund der im Lizenzvertrag enthalte-nen Vereinbarungen einer Übertragung gleich, etwa weil die Ausschließlichkeit, eine lange Laufzeit und nahezu keine Kontrollmöglichkeiten des Lizenzgebers geregelt sind, wird regelmäßig eine **Pauschallizenz** in Betracht kommen; diese ist dann in der Regel benutzungsunabhängig ausgelegt und sieht eine oder mehrere Pauschalzahlun-gen vor. **243**

bb) Bestimmung des Nutzungswertes einer Lizenz. Fehlt dem Lizenzvertrag eine Regelung zur Höhe der Lizenzgebühr, ist eine **angemessene Gebühr** geschuldet.[268] Möglich ist es dann zB, eine Bestimmung der Gebühr nach billigem Ermessen durch den Lizenzgeber gem §§ 316, 315 BGB vornehmen zu lassen oder im Streitfall durch das Gericht gem §§ 315 Abs 3 S 2, 319 BGB.[269] Bei der Festlegung der Lizenzgebühr ist zu beachten, dass es nicht „ein einzig richtiges Ergebnis", sondern stets einen Er-messenspielraum des Lizenzgebers gibt, das Gericht also erst dann eine Leistungsbe-stimmung durch den Lizenzgeber ersetzt, wenn der Lizenzgeber die Grenzen der Bil-ligkeit (deutlich) überschritten hat.[270] Falls der Lizenzgeber ein Bestimmungsrecht nicht erhalten soll, kommt zur Festlegung der Lizenzgebühr auch eine ergänzende Ver-tragsauslegung nach § 157 BGB in Betracht.[271] Regelmäßig ist als angemessen anzuse-hen, was vernünftige Lizenzvertragspartner unter Beachtung der beiderseitigen Inte-ressen vereinbart haben würden, wenn sie den vorliegenden Benutzungssachverhalt zum Gegenstand einer vertraglichen Übereinkunft gemacht hätten.[272] Einen wichtigen Aspekt stellt in diesem Zusammenhang die (Branchen-)Üblichkeit im freien Lizenzver-kehr dar.[273] **244**

In der betrieblichen Praxis dürfte die Festlegung eines Nutzungswertes für eine zu erteilende Lizenz häufig mit Schwierigkeiten verbunden sein.[274] Dem Lizenzgeber ist im Zweifel eine Orientierung an seinen bisher abgeschlossenen Lizenzverträgen oder, soweit existent, an evt branchenüblichen Lizenzsätzen möglich. Zudem können in der wissenschaftlichen Literatur vorhandene Zusammenstellungen von üblichen Lizenz-sätzen sowie deren Bewertungsfaktoren herangezogen werden.[275] **245**

Darüber hinaus kann auch die Rechtsprechung zur **Schadensberechung bei Schutzrechtsverletzungen nach der Lizenzanalogie** herangezogen werden.[276] Hinsicht- **246**

---

268 *Magen* 180; *Busse/Keukenschrijver* § 15 PatG Rn 28; mHa OLG München v 18.7.1997 – 6 U 2366/97 nv.
269 BGH GRUR 1958, 565, 566 – Baustützen; *Fezer* § 30 MarkenG Rn 44; *Kraßer* § 41 III 2.
270 BGH GRUR 2005, 757, 760 – PRO-Verfah-ren, dort zu GEMA-Berechtigungsverträgen.
271 *Busse/Keukenschrijver* § 15 PatG Rn 115 mHa BGH 10.7.1959 – ZR 73/58 nv; nach *Kraßer* § 41 III 2 mHa BGH GRUR 1969, 677, 679 f – Rüben-Verladeeinrichtung, soll die ergänzende Vertragsauslegung dagegen vorran-gig zu berücksichtigen sein.

272 BGH GRUR 2003, 789, 790 – Abwasserbe-handlung; BGH GRUR 2002, 801, 803 – Abge-stuftes Getriebe; BGH GRUR 2006, 136, 137 – Pressefotos.
273 BGH GRUR 2006, 136, 138 – Pressefotos.
274 Hierzu ausf *Kuebart* passim.
275 Vgl etwa bei Lizenzsätzen für technische Erfindungen die ausführlichen Übersichten bei *Hellebrand/Kaube/von Falckenstein* Lizenzsätze für technische Erfindungen.
276 Vgl *Ingerl/Rohnke* vor §§ 14–19d MarkenG Rn 255 ff; BGH GRUR 1966, 375, 378 – Meß-mer Tee: 1 %; OLG München OLG-Report 1995, 162 – Lancome/Flacon: 3 %–10 %.

lich der Umsatzlizenz ist einzelfallabhängig zB bei einer Markenlizenz ein Bereich von 0,5 % bis zu 10 %[277] auszumachen, bei der reinen Markenlizenz (ohne Know-how) für typische Konsumgüter wie Textilien oder Kosmetika sind Lizenzgebühren zwischen 2 % und 6 % üblich.[278]

247   **cc) Entstehung und Fälligkeit des Anspruchs auf Lizenzgebühren und Verzug des Lizenznehmers.** Die Entstehung des Anspruchs auf Zahlung der Lizenzgebühren richtet sich nach dem hierfür vertraglich vereinbarten Zeitpunkt, das ist in der Regel die den Lizenzgebührenanspruch auslösende **Nutzungshandlung** (Herstellung, Verkauf etc). Fälligkeit liegt vor, sobald der Lizenzgeber von seinem Lizenznehmer die Zahlung verlangen kann (§ 271 BGB). Das kann durch den Vertrag beliebig vereinbart werden. Bei Zweifeln finden die Auslegungsregeln der §§ 187 bis 193 BGB (§ 186 BGB) hinsichtlich der festgelegten Fristen und Termine Anwendung.

248   So kann die Fälligkeit zB auf den Vertragsabschluss mit dem Kunden des Lizenznehmers, die Fertigstellung oder die Lieferung der Gegenstände, die Rechnungsstellung an den Kunden oder den Eingang der Zahlung des Kunden beim Lizenznehmer bezogen werden, wodurch sich die Fälligkeit jeweils verschieben kann. Dem Interesse des Lizenzgebers entspricht es regelmäßig, dass Fälligkeit und Entstehung des Anspruchs gleichzeitig bzw zeitnah, und zwar wenn möglich, zu dem **frühesten Nutzungstatbestand (zB die Herstellung des Lizenzgegenstandes bzw die Rechnungslegung)** erfolgen. Sind die Lizenzgebühren anhand des Lizenznehmerumsatzes zu ermitteln, so werden diese erst fällig, wenn die entsprechende wirtschaftliche Bezugsgröße für den vereinbarten Zeitraum bestimmt werden kann. Das gilt bspw, wenn ein bestimmter Prozentsatz des Umsatzes mit dem Lizenzprodukt innerhalb eines bestimmten Zeitraums als Lizenzgebühr abzuführen ist. In diesem Fall wird der Lizenzgebührenanspruch erst mit **Eingang der Zahlung** beim Lizenznehmer fällig. Überwiegend wird der Lizenznehmer aber verpflichtet sein, dem Lizenzgeber eine Abrechnung vorzulegen, deren Erstellung dann erst die Fälligkeit auslösen soll.

249   Zwar kann der Zeitpunkt der Fälligkeit beliebig bestimmt werden, doch wird unter Berücksichtigung der betrieblichen Abläufe des Lizenznehmers und des wirtschaftlichen Interesses des Lizenzgebers üblicherweise eine **halbjährliche oder jährliche**, nach dem Geschäftsjahr des Lizenznehmers bestimmte **Fälligkeit** geregelt, soweit es sich um laufende Lizenzgebühren handelt.[279] Die wirtschaftliche Bedeutung des Lizenzgegenstandes und die davon abhängige Höhe der Lizenzgebühr, evt auch die Bonität des Lizenznehmers, können uU auch zu kürzeren Abrechnungszeiträumen führen.

250   Bei einem **Zahlungsverzug des Lizenznehmers** iSv §§ 286, 287 BGB greifen mangels abweichender Regelungen die Vorschriften über die gesetzlichen Verzugszinsen (§§ 288, 352 BGB). Verzug liegt bei schuldhafter Nichtleistung der Lizenzgebühren trotz Fälligkeit und Mahnung durch den Lizenzgeber vor. Eine Mahnung kann gem § 286 Abs 1 Nr 1 BGB entbehrlich sein, wenn für die Leistung der Lizenzgebühren

---

277 S zB *Schweyer* in: Beck'sche Formularsammlung zum gewerbl RS mit UrhR V 11 Anm 16.
278 S hierzu im Einzelnen *Rohrer* Lizenzgebühren Rn 153 ff.
279 *Henn* Rn 270; abweichend *Pfaff/Osterrieth*

B Rn 134, die von einer vierteljährlichen Fälligkeit als üblich ausgehen. Vgl auch *Schweyer* in: Beck'sche Formularsammlung zum gewerbl RS mit UrhR V 11 Anm 18, der ua nach Vertragsprodukten differenziert.

eine Zeit nach dem Kalender bestimmt ist. Voraussetzung hierfür ist die vertragliche Festlegung eines unmittelbar oder mittelbar bestimmten Kalendertages.[280]

Bei § 286 BGB handelt es sich nicht um zwingendes Recht, so dass die Parteien **251** andere Vereinbarungen über den Eintritt des Zahlungsverzugs treffen können, zB dessen automatischen Eintritt bei der Überschreitung bestimmter Fristen.

Auch die Höhe der zu entrichtenden **Verzugszinsen** kann vertraglich abweichend **252** vereinbart werden. Geschieht dies nicht, gilt § 288 Abs 2 BGB, wonach eine Geldschuld zwischen Unternehmen für die Dauer des Verzugs mit 8 % über dem Basiszinssatz (§ 247 BGB) zu verzinsen ist (siehe auch § 352 HGB).[281]

Nach § 288 Abs 4 BGB ist daneben die Geltendmachung eines **weiteren Schadens** **253** durch den Lizenzgeber nicht ausgeschlossen. Da dessen Nachweis jedoch im Einzelfall mit Schwierigkeiten verbunden sei kann,[282] sollte der Lizenzgeber versuchen, erhöhte Verzugszinsen als pauschalierten Schadensersatz oder Sicherheiten für die Erfüllung der Zahlungspflicht zu vereinbaren.

Der Verzug des Lizenznehmers kann uU, grundsätzlich aber erst nach voraus- **254** gegangener Abmahnung, auch ein **Kündigungsrecht** aus wichtigem Grund nach § 314 BGB begründen.[283] Liegt ein Fall des § 323 Abs 2 BGB vor, bedarf es einer Abmahnung gem § 314 Abs 2 S 2 BGB nicht.[284] Die weitergehende Geltendmachung von Schadensersatzansprüchen wird gem § 314 Abs 4 BGB durch eine Kündigung nicht ausgeschlossen.

dd) Abrechnung; Pflicht zur Auskunft und Rechnungslegung. Auch ohne vertrag- **255** liche Regelung besteht für den Lizenzgeber neben dem Anspruch auf Abrechnung durch den Lizenznehmer auch ein Anspruch auf Auskunft und ggf Rechnungslegung, damit sich der Lizenzgeber über den Umfang der Nutzung durch den Lizenznehmer informieren kann. Ohne Bestimmung eines Abrechnungszeitraums ist innerhalb angemessener, das bedeutet faktisch einzelfallabhängiger, Frist abzurechnen.[285] Vertraglich ausdrücklich geregelt werden sollte demnach der **Zeitpunkt der Abrechnungserteilung** (zB zwei bis vier Wochen nach Ablauf des Abrechnungszeitraums), Form und Inhalt der Abrechnung (zB Zahl der gelieferten Gegenstände mit fortlaufenden Nummern, Rechnungs-/Lieferdatum, Preise, Rabatte, Nebenkosten) sowie der **Zahlungstermin** (zB zum Ende des Monats, in dem die Abrechnung erteilt werden muss). Verletzt der Lizenznehmer seine Abrechnungspflicht, steht dem Lizenzgeber – nach Fristsetzung gem §§ 280, 281 BGB – ein Anspruch auf Schadensersatz und/oder ggf das Recht zur Kündigung des Lizenzvertrags aus wichtigem Grund gem § 314 BGB zu.[286] Zudem ist es möglich, eine Vertragsstrafe im Falle der nicht ordnungsgemäßen Abrechnung zu vereinbaren.[287]

In der konkreten Ausgestaltung von Inhalt und Umfang des Auskunfts- und ggf **256** Rechnungslegungsanspruchs sind die Vertragsparteien frei; je nach vertraglicher Regelung kann der Lizenznehmer also umfangreichen Abrechnungs-, Kontroll-, Nachweis-,

---

280 Vgl die Beispiele bei Palandt/*Heinrichs* § 286 BGB Rn 22.
281 Basiszinssatz am 1.7.2009 = 0,12 %, der gesetzliche Zins beträgt demgemäß 8,12 %.
282 *Groß* Rn 135.
283 Vgl zum früheren Recht BGH GRUR 2003, 982, 983 – Hotelvideoanlagen.
284 Zur Entbehrlichkeit der Nachfristsetzung

mit Ablehnungsandrohung wegen ernstlicher und eindeutiger Erfüllungsverweigerung nach früherem Recht BGH NJW 1991, 1822, 1823 f; BGH NJW 1992, 235; OLG Düsseldorf WiB 1997, 934 f.
285 *Groß* Rn 138.
286 *Groß* Rn 139.
287 *Pagenberg/Geissler* Muster 1 Rn 224.

Offenbarungs- und Rechenschaftspflichten unterliegen oder nicht. Haben die Lizenzvertragsparteien **Inhalt und Umfang des Auskunftsanspruchs,** dem ggf eine weitergehende Rechnungslegungspflicht iSv § 259 BGB folgt, nicht festgelegt, ergeben sich Inhalt und Umfang unter Berücksichtigung der Grenzen von Erforderlichkeit und Zumutbarkeit (§ 242 BGB) aus den jeweiligen Umständen des Einzelfalls unter Einbeziehung der Verkehrsübung.[288] Im Zweifel hat der Lizenznehmer über die hergestellten bzw ausgelieferten Mengen und den Zeitpunkt der Lieferung Auskunft zu geben.[289] Ein allgemeiner Anspruch des Lizenzgebers auf Überprüfung der Richtigkeit der Angaben des Lizenznehmers besteht jedoch nicht.[290] Die Pflicht zur Abgabe einer **eidesstattlichen Versicherung** über die Richtigkeit der erteilten Auskünfte kann den Lizenznehmer bzw sein Organ für den Fall treffen, dass der Lizenzgeber sich auf konkrete Anhaltspunkte stützen kann, nach denen der Lizenznehmer seine Angaben nicht ordnungsgemäß iSv § 259 BGB gemacht hat.[291] Ein dahingehender Anspruch besteht allerdings grds erst nach Rechnungslegung durch den Lizenznehmer,[292] kann also nicht bereits im Voraus geltend gemacht werden.

257 Bei Einräumung einer **Unterlizenz** umfasst die Rechnungslegungspflicht des Hauptlizenznehmers auch die **Umsätze/Stückzahlen des Unterlizenznehmers,** ohne dass es hierfür einer ausdrücklichen vertraglichen Regelung bedarf.[293]

258 Bei Verletzung der Auskunfts- und Rechnungslegungsfrist seitens des Lizenznehmers kann der Lizenzgeber seine Rechte klageweise geltend machen. Gleiches gilt für den Anspruch auf Abgabe einer eidesstattlichen Versicherung (§ 259 Abs 2 BGB). Zudem kann sich bei fortgesetzter Falschauskunft unter Umständen ein Recht des Lizenzgebers zur Kündigung aus wichtigem Grund (§ 314 BGB) ergeben.

259 ee) Verjährung/Verwirkung. Die Ansprüche auf Zahlung der Lizenzgebühr unterliegen der **regelmäßigen Verjährungsfrist von drei Jahren (§ 195 BGB).**[294]

260 Die Verjährungsfrist **beginnt** nach **§ 199 Abs 1 BGB** mit dem Schluss des Jahres, in dem der Lizenzgebührenanspruch entstanden, das bedeutet in der Regel fällig, ist und der Lizenzgeber von den den Anspruch begründenden Umständen und der Person des Schuldners (Lizenznehmer) Kenntnis erlangt hat oder ohne grobe Fahrlässigkeit erlangen müsste. Im Zweifel ist für die Kenntnis der den Lizenzanspruch begründenden Umstände bei laufenden Lizenzgebühren auf die Kenntnis der für ihre Berechnung maßgeblichen Faktoren abzustellen, die sich aus einer Abrechnung oder Auskunft etc des Lizenznehmers ergeben kann. Der Beginn der regelmäßigen Verjährungsfrist setzt also in der Regel eine Abrechnung samt Auskunft/Rechnungslegung durch den Lizenznehmer voraus. Ohne Rücksicht auf diese Kenntnis bzw grob fahrlässige Unkenntnis verjähren die Lizenzgebührenansprüche allerdings gem § 199 Abs 4 BGB in zehn Jahren von ihrer Entstehung an (also nicht mit Jahresschluss).

---

[288] Allgemein zum Erfinderrecht BGH GRUR 2002, 801, 803 f – Abgestuftes Getriebe.

[289] RGZ 127, 243; RG GRUR 1936, 943, 946; zu den in die Abrechnung aufzunehmenden Angaben *Pagenberg/Geissler* Muster 1 Rn 223; *Groß* Rn 136 ff; zum Umfang der Rechnungslegungspflicht BGH GRUR 1997, 610, 611 f – Tinnitus-Masker.

[290] *Pagenberg/Geissler* Muster 1 Rn 221 mHa BGH GRUR 1953, 114, 118; *Busse/Keuken-*

schrijver § 15 PatG Rn 127; aA *Henn* Rn 271 mwN.

[291] *Busse/Keukenschrijver* § 15 PatG Rn 127.

[292] *Benkard/Ullmann* § 15 PatG Rn 146 mHa BGH v 9.5.1978 – X ZR 17/75 nv.

[293] BGH GRUR 1953, 114, 118 – Reinigungsverfahren; *Pagenberg/Geissler* Muster 1 Rn 225.

[294] *Bartenbach, B* Mitt 1003, 101, 112.

Soenke Fock

Ebenfalls der regelmäßigen Verjährung (§ 195 BGB) unterliegen **Schadensersatzansprüche wegen Nichterfüllung** (zB wegen unterlassener Ausübung).[295] Für Markenverletzungsansprüche gilt die besondere Verjährungsfrist des § 20 MarkenG, der wiederum auf die allgemeinen Verjährungsregelungen des BGB verweist. Sonstige im Rahmen des Lizenzvertragsverhältnisses entstehende Schadensersatzansprüche verjähren nach der speziellen Regelung des § 199 Abs 3 BGB.   **261**

Die §§ 203 ff BGB regeln Hemmung und Neubeginn der Verjährung. Die **Hemmung der Verjährung** tritt nach § 203 BGB zum einen bei Verhandlungen über den Anspruch oder die den Anspruch begründenden Umstände ein und dauert fort, bis durch eine Partei die Fortsetzung der Verhandlungen verweigert wird. Weitere wichtige Hemmungstatbestände bilden die Klageerhebung nach § 204 Abs 1 Nr 1 BGB und nach § 204 Nr 11 BGB der Beginn eines schiedsrichterlichen Verfahrens (§ 1044 ZPO). Darunter fallen auch Schiedsverfahren im Ausland.[296]   **262**

Der Lizenznehmer kann der Geltendmachung des Lizenzgebührenanspruchs durch den Lizenzgeber den Einwand der **Verwirkung** entgegenhalten, wenn der Lizenzgeber den Anspruch über längere Zeit hindurch nicht geltend gemacht hat, der Lizenznehmer sich darauf eingerichtet hat und er sich auch darauf einrichten durfte, dass der Anspruch nicht mehr geltend gemacht wird, und deswegen die verspätete Geltendmachung durch den Lizenzgeber gegen Treu und Glauben (§ 242 BGB) verstößt.[297] Für die einer solchen Verwirkung zugrundeliegenden Umstände (Zeit-/Umstandsmoment) ist der Lizenznehmer darlegungs- und beweispflichtig.[298] Der Verwirkung können auch Gewährleistungsansprüche des Lizenznehmers unterliegen.[299]   **263**

Der Einwand der Verwirkung vertraglicher Ansprüche im Lizenzvertragsrecht dürfte mit Blick auf die durch die Schuldrechtsreform eingeführten verkürzten Verjährungsfristen (zB regelmäßige Verjährungsfrist früher 30 Jahre, jetzt 3 Jahre) nur noch in Ausnahmefällen greifen und auf Fälle der Verjährungshöchstfristen gem § 199 Abs 3 und 4 BGB beschränkt sein.   **264**

ff) Dauer der Lizenzgebührenpflicht – Vertragsdauer, Wegfall oder Beschränkung des lizenzierten Schutzrechts.[300] Grundsätzlich besteht die Pflicht zur Zahlung der Lizenzgebühren solange, wie der Lizenzvertrag selbst besteht, es sei denn die Parteien haben eine andere Regelung getroffen. In Ausnahmefällen sind Lizenzgebühren über den gesetzlichen Ablauf des Schutzrechts hinaus zu zahlen, falls vor Schutzrechtsablauf hergestellte Lizenzprodukte noch danach vertrieben werden.[301]   **265**

Wird eine Marke wegen eines Widerspruchs oder wegen Nichtigkeit ganz oder teilweise gelöscht, gelten die Wirkungen der Eintragung gem §§ 42, 43, 50, 51, 52   **266**

---

295 *Benkard/Ullmann* § 15 PatG Rn 220.
296 *Palandt/Heinrichs* § 204 BGB Rn 26 mHa AmtlBegr in BT-Drucks 14/7052, 181.
297 BGH GRUR 2006, 401 ff – Zylinderrohr.
298 *Bartenbach* Patentlizenz- und Know-how-Vertrag Rn 1854.
299 BGH GRUR 1961, 466, 467 – Gewinderollkopf; *Busse/Keukenschrijver* § 15 PatG Rn 134.
300 RGZ 86, 45, 50 ff; BGH GRUR 1957, 595, 596 f – Verwandlungstisch; BGH GRUR 1958, 175, 177 – Wendemaschine II; BGH GRUR 1961, 466, 468 – Gewinderollkopf; BGH GRUR 1969, 409, 410 – Metallrahmen; BGH

GRUR 1969, 677, 678 – Rüben-Verladeeinrichtung, BGH GRUR 1977, 107, 109 – Werbespiegel; BGH GRUR 1983, 237, 238 f – Brückenlegepanzer I; BGH WRP 2005, 1415, 1417 – Vergleichempfehlung II; vgl hierzu auch TB BKartA 1983/84, 40; *Pagenberg/Geissler* Muster 1 Rn 182 ff; *Benkard/Ullmann* § 15 PatG Rn 179; *Kraßer/Schmid* GRUR Int 1982, 324, 339; *Preuß* GRUR 1974, 623 ff; *Körner* GRUR 1982, 341 ff.
301 *Busse/Keukenschrijver* § 15 PatG Rn 102; *Bartenbach/Söder* Mitt 2007, 353, 361 ff.

MarkenG als von Anfang an nicht eingetreten. Daher können (bisherige) Schutzrechtsverletzungen markenrechtlich keine Schadensersatz- oder Unterlassungsansprüche mehr nach sich ziehen; auch evt Umsatzeinbußen aufgrund der Nutzung durch Dritte muss der ausschließliche Lizenznehmer in diesen Fällen hinnehmen.[302] Diese allein auf das Schutzrecht bezogenen Rechtswirkungen ändern aber nichts an der Wirksamkeit des Lizenzvertrages. Nach ständiger höchstrichterlicher Rechtsprechung bleibt die Vorzugsstellung des Lizenznehmers bis zum Widerruf oder zur Nichtigerklärung des Schutzrechts erhalten, solange die Mitbewerber dieses respektieren.[303] Mithin besteht die Verpflichtung zur **Zahlung der Lizenzgebühren** grundsätzlich **solange, wie das Vertragschutzrecht besteht**. Die wechselseitigen Pflichten aus dem Lizenzvertrag, vor allem aber der Anspruch auf Zahlung der Lizenzgebühren, entfallen nicht aufgrund bloßer Vernichtbarkeit des Vertragsschutzrechts bzw Vorliegens von Nichtigkeits-, Versagungs- oder Löschungsgründen.[304] Die „Beschränkung im Geschäftsverkehr", die in der Lizenzgebührenpflicht zu sehen ist, kann, solange die durch das bereits entstandene Schutzrecht bestehende Vorzugsstellung andauert, auch nicht über den Inhalt des Schutzrechts iSv § 1 GWB nF (§ 20 Abs 1 GWB aF) hinausgehen,[305] so dass einer entsprechenden Lizenzgebührenpflicht des Lizenznehmers auch keine kartellrechtlichen Bedenken entgegenstehen. Diese Grundsätze finden bis zur rechtskräftigen Versagung einer lizenzierten Schutzrechtsanmeldung entsprechende Anwendung.[306]

267   Auch wenn das Schutzrecht weiter verwertet wird, kann die Pflicht zur Zahlung der Lizenzgebühren nach Treu und Glauben (§ 242 BGB) allerdings dann **entfallen,** wenn dem Lizenznehmer **wegen offenbar oder wahrscheinlich gewordener Vernichtbarkeit des Schutzrechts** dessen wirtschaftliche Vorteile derart entzogen werden, dass die Weiterzahlung für die Zukunft unzumutbar ist.[307] Das gilt vor allem dann, wenn die Vorzugstellung des Lizenznehmers obsolet wird, weil seine Konkurrenten das Schutzrecht nicht mehr beachten.[308]

268   Nach dem BGH[309] gelten diese Grundsätze auch für die **einfache Lizenz**. Die faktische Vorzugsstellung des Lizenznehmers bis zum Schutzrechtswegfall ergibt sich hier aber bereits aus der „ungestörten Benutzung" ohne Benutzungsverbote des Schutzrechtsinhabers.[310]

269   Ist mit dem Lizenzvertrag über das Schutzrecht ein (tatsächlich genutzter) **Know-how-Lizenzvertrag** verbunden und fällt das lizenzierte Schutzrecht weg, ist die Lizenz-

---

302 Vgl zum Patentrecht BGH WRP 2005, 1415, 1418 – Vergleichsempfehlung II mwN.
303 BGH GRUR 2002, 787, 789 – Abstreiferleiste; bestätigt durch BGH WRP 2005, 1415, 1418 – Vergleichsempfehlung II.
304 BGH GRUR 1958, 175, 177 – Wendemaschine II; BGH GRUR 1969, 409, 410 – Metallrahmen; BGH GRUR 1969, 677, 678 – Rüben-Verladeeinrichtung; BGH GRUR 1977, 107, 109 – Werbespiegel; BGH GRUR 1983, 237, 238 f – Brückenlegepanzer I; *Preuß* GRUR 1974, 623 ff; *Kraßer* GRUR Int 1990, 690, 611, 612 f; der Patentinhaber kann durch Rechtsmittel im Nichtigkeitsverfahren natürlich den Eintritt der Rechtskraft hinauszögern; vgl zur Beendigung der Lizenzzahlungspflicht in diesem Fall OLG Braunschweig GRUR 1964, 344.

305 BGH GRUR 1969, 677, 678 – Rüben-Verladeeinrichtung.
306 BGH GRUR 1965, 160, 162 – Abbauhammer; BGH GRUR 1969, 677, 680 – Rüben-Verladeeinrichtung; *Pfaff/Osterrieth* B I Rn 94.
307 BGH GRUR 1977, 784, 786 – Blitzlichtgeräte; BGH GRUR 1990, 667, 668 – Einbettungsmasse; BGH GRUR 2002, 609, 610 – Drahtinjektionseinrichtung, zu § 10 ArbEG.
308 BGH GRUR 1990, 667, 668 – Einbettungsmasse; BGH GRUR 2002, 609, 610 – Drahtinjektionseinrichtung zu § 10 ArbEG.
309 BGH GRUR 1983, 237, 239 – Brückenlegepanzer I.
310 BGH GRUR 1983, 237, 239 – Brückenlegepanzer I.

gebühr für die weitere Nutzung des Know-hows nach § 313 BGB anzupassen.[311] Gleiches gilt für einen **Lizenzvertrag über mehrere Schutzrechte** bei Wegfall eines dieser Schutzrechte.[312] Besteht bei einem solchen Lizenzvertrag die Lizenzgebührenpflicht in einer Einmalzahlung,[313] muss die Lizenzgebühr für das entfallene Schutzrecht ermittelt werden.

Lizenzgeber und Lizenznehmer können die vorstehenden Rechtsfolgen durch andere Regelungen im Lizenzvertrag abändern, etwa (i) eine vollständige oder teilweise Rückzahlung der Lizenzgebühr bei rückwirkender Nichtigkeit des Vertragsschutzrechts oder (ii) eine (vorläufige) Aussetzung der Pflicht zur Lizenzgebührenzahlung im Falle der Erhebung einer Löschungsklage mit einer vom Ausgang des Verfahrens abhängigen Nachzahlung vereinbaren.[314] **270**

gg) Lizenzgebühren für Nutzungshandlungen des Unterlizenznehmers. Ob der Lizenznehmer für Nutzungshandlungen des Unterlizenznehmers im Verhältnis zum Hauptlizenzgeber zur Zahlung von Lizenzgebühren verpflichtet ist, richtet sich nach dem Lizenzvertrag. Eine solche Verpflichtung kann als **Beteiligung an den Unterlizenzgebühreneinnahmen** des Unterlizenzgebers oder als Zahlung eines oder mehrerer **Festbeträge** ausgestaltet werden. Im Zweifel gilt bei der Stück- oder Umsatzlizenz, dass der Hauptlizenznehmer für die Benutzung durch den Unterlizenznehmer die gleichen Lizenzgebühren zu zahlen hat, wie dies bei eigener Benutzung der Fall wäre.[315] Sind in der zwischen Hauptlizenzgeber und Hauptlizenznehmer vereinbarten Lizenzgebühr jedoch Anteile für weitergehende Leistungen des Hauptlizenzgebers enthalten, wie etwa Schulungen oder besondere Gewährleistungen etc, so sind diese ggf herauszurechnen. Für den Eintritt der Fälligkeit der Lizenzgebühren, die der Hauptlizenznehmer aus der Unterlizenz zu zahlen hat, gelten die gleichen Voraussetzungen wie bei seiner Eigennutzung, wenn mit dem Hauptlizenzgeber keine andere Abrede getroffen wurde. **271**

Haben Hauptlizenzgeber und Hauptlizenznehmer eine **Pauschallizenzgebühr** vereinbart, dürfte eine Gebührenpflicht des Hauptlizenznehmers betreffend die Nutzungshandlungen des Unterlizenznehmers anders zu bewerten sein. Wird ein Recht zur Unterlizenzvergabe und im bewussten Zusammenhang damit eine Pauschalgebühr geregelt, so ist anzunehmen, dass sie auch die Nutzungshandlungen des Unterlizenznehmers erfasst. **272**

b) Währungs- und Wertsicherungsklauseln. Ein Lizenzvertrag mit Auslandsbezug enthält regelmäßig eine **Währungsklausel**, durch die bestimmt wird, welche Währung für die Berechnung der Lizenzgebühr gelten soll. Zu beachten ist, dass der Parteiwille dahin geht, dass die Währungsklausel auch die sonstigen Entgeltforderungen, bspw Vertragsstrafen, Schadensersatzansprüche im Zusammenhang mit dem Lizenzvertrag, Zinsen etc, einbezieht. Eine ausdrückliche Regelung empfiehlt sich demgemäß auch **273**

---

311 Für reine Know-how-Verträge vgl die Entscheidung der EU-Kommission v 22.12.1987 GRUR Int 1988, 505, 508 – RichProducts/Jusrol, in der die Kommission die Weiterzahlung von Lizenzgebühren auch nach Offenkundigwerden des Know-hows nicht beanstandet hat.
312 Bei teilweisem Wegfall eines lizenzierten Schutzrechts nach § 64 PatG bleibt der Lizenznehmer zur Gegenleistung verpflichtet, die aller-

dings meist zu mindern sein wird (BGH GRUR 1957, 595, 596 – Verwandlungstisch).
313 BGH NJW 1982, 2861, 2862 f – Hartmetallkopfbohrer; GRUR 1982, 341, 343.
314 Zur kartellrechtlichen Bewertung der Verpflichtung zur Zahlung der Lizenzgebühr nach Erlöschen des Schutzrechts s *Bartenbach* Patentlizenz- und Know-how-Vertrag Rn 1870 ff.
315 Ebenso *Groß* Rn 234.

unabhängig von § 244 BGB. Ist eine solche unterblieben, wird angenommen,[316] dass der Lizenznehmer frei zwischen der Landeswährung des Lizenzgebers und seiner eigenen wählen kann. Im Zweifel ist die Zahlung in der Landeswährung des Erfüllungsortes anzunehmen.

274 Durch **Wertsicherungsklauseln** sollen inflationäre Entwicklungen im Zusammenhang mit der Vereinbarung über die Lizenzgebühr berücksichtigt werden. Einer solchen bedarf es regelmäßig nicht bei der Umsatzlizenz, da der Lizenzgeber hier einen prozentualen Anteil vom Umsatz des Lizenznehmers erhält, somit bei Erhöhung der Verkaufspreise durch den Lizenznehmer die Lizenzgebühr ebenfalls steigt.

275 c) Die **Ausübungspflicht des Lizenznehmers (best efforts)**. Die Ausübungspflicht dient dem Lizenzgeber zur Sicherung seiner durch den Lizenzvertrag angestrebten angemessenen Beteiligung an der Nutzung des Schutzrechts durch den Lizenznehmer. Dazu kann die Verpflichtung des Lizenznehmers vereinbart werden, mit der Herstellung der lizenzierten Waren in einem vereinbarten Zeitraum zu **beginnen**, diese in einer vereinbarten (**Mindest-)Menge** zu produzieren und im Zusammenhang mit deren Inverkehrbringen gewisse **Werbemaßnahmen** zu ergreifen. Ein weiterer Zweck der Ausübungspflicht kann darin bestehen, dass der Lizenzgeber durch sie eine Gegenleistung für zusätzliche Informationen hinsichtlich der Herstellung der lizenzierten Waren erhält, für die keine Entgeltregelung getroffen wurde. Zudem wird dadurch eine **Präsenz am Markt** erreicht, was für den Lizenzgeber ein wichtiger Faktor sein kann, wenn er in Zukunft selbst in diesem Bereich tätig sein will.

276 Ist die Ausübungspflicht nicht konkret vertraglich geregelt, kommt es maßgeblich auf den Willen der Vertragsparteien an, der anhand des Vertrages selbst, des damit erstrebten Zwecks und der vorvertraglichen Verhandlungen zu ermitteln ist, §§ 133, 157 BGB.[317] Als aus § 242 BGB hergeleitete Pflicht ist die Ausübungspflicht insbesondere nach dem Gebot von Treu und Glauben[318] und unter dem Vorbehalt der **Zumutbarkeit**[319] zu bestimmen. Für die Zumutbarkeit ist eine Abwägung aller Umstände des Einzelfalls maßgeblich. Die Ausübungspflicht ist auf den Umfang des lizenzierten Schutzrechts beschränkt. So ist zB nach allgemeiner Meinung die Einräumung einer **ausschließlichen Lizenz** Indiz für die Übernahme eines (stillschweigenden) Ausübungszwangs durch den Lizenznehmer.[320] Die Vereinbarung einer ausschließlichen Lizenz ist jedoch kein zwingendes Indiz für die Ausübungspflicht, gegen die etwa die Vereinbarung einer Pauschalgebühr oder feste jährliche Zahlungen trotz Vorliegens der Ausschließlichkeitsabrede sprechen können.[321] Andererseits indiziert regelmäßig das Vorliegen einer Stück- oder Umsatzlizenz die Ausübungspflicht.[322]

316 *Groß* Rn 438 mwN; *Henn* Rn 276 mit Formulierungsvorschlägen für Vertragsklauseln.
317 *Henn* Rn 280.
318 *Busse/Keukenschrijver* § 15 PatG Rn 129; BGH GRUR 1978, 166 – Banddüngersteuer.
319 BGH GRUR 2000, 138, 139 – Knopflochnähmaschine; *Henn* Rn 283; *Groß* Rn 164.
320 KG GRUR 1939, 66; BGHZ 52, 55, 58; BGH GRUR 2000, 138 Knopflochnähmaschine; BGH GRUR 2003 173, 175 – Filmauswertungspflicht; *Busse/Keukenschrijver* § 5 PatG Rn 129;

Henn Rn 278; *Schade* 29, 31 f; *Lüdecke/Fischer* E 9, 44 f; *Groß* Rn 151; *Benkard/Ullmann* § 15 PatG Rn 134; *Kraßer/Schmidt* GRUR Int 1982, 325, 333 f; *Lüdecke* GRUR 1952, 211, 214; aA offenbar *Rasch* Der Lizenzvertrag, 55.
321 *Schade* 39 f; *Reimer* § 9 PatG aF Rn 55.
322 *Benkard/Ullmann* § 15 PatG Rn 134 mwN; zur Stücklizenz RG GRUR 1937, 37, 38; RGZ 134, 91, 98; BGH GRUR 1961, 470, 471 – Mitarbeiterkunde; BGHZ 52, 55, 58 – Frischhaltegefäß; BGH GRUR 2000, 138 – Knopflochnähmaschine.

Festgehalten werden kann, dass eine Ausübungspflicht um so eher anzunehmen ist, **277** je mehr Befugnisse der Lizenznehmer erhält.[323] Bei einer **einfachen Lizenz** ist daher grundsätzlich **keine stillschweigende Ausübungspflicht** anzunehmen.[324] Anders kann dies nach der Rechtsprechung zu bewerten sein, wenn die Lizenzvergütung auf Stücklizenzbasis erfolgt[325] oder durch eine sog Anlaufklausel eine Erhöhung des Lizenzsatzes bei Ansteigen der Umsätze des Lizenznehmers geregelt wurde; außerdem dann, wenn der Lizenznehmer vom Lizenzgeber zusätzlich umfangreiche erhebliche Informationen zur Nutzung des Schutzrechts erhält oder der Lizenzgeber andere (kostenintensive) Verpflichtungen eingeht (zB Beteiligung an Kosten des Marketings etc).[326] Diese zusätzlichen Leistungen würde der Lizenzgeber im Falle der Verneinung einer Ausübungspflicht unentgeltlich erbringen.[327] Hiervon ist im Zweifel nicht auszugehen.

Vereinbaren die Parteien im Rahmen einer einfachen Lizenz eine **Mindestlizenz-** **278** **gebühr**, deutet dies darauf hin, dass dem Ausübungsanliegen des Lizenzgebers damit Genüge getan ist,[328] insbesondere da der Lizenznehmer das Risiko des Erreichens des vereinbarten Mindestabsatzes trägt.

Aus der Ausübungspflicht ergibt sich auch, dass der Lizenznehmer im Rahmen sei- **279** ner Produktion die ihm vorgegebenen **Qualitätserfordernisse** beachten muss[329] (zB Vorgaben für das zu verwendende Material etc). Ob der Lizenznehmer sich daran hält, kann der Lizenzgeber nur überprüfen, wenn ihm entsprechende **Kontrollrechte**, zB in Form einer Stichprobenentnahme, eingeräumt wurden. Aus dem berechtigten Interesse des Lizenzgebers an der Einhaltung der Qualitätsvorgaben lässt sich jedoch nur eine auf den Lizenzbereich beschränkte Kontrolle ableiten.

Fraglich ist, inwieweit im Rahmen einer vertraglich nicht näher ausgestalteten **280** Ausübungspflicht zugunsten des Lizenzgebers eine Verpflichtung des Lizenznehmers zur Einschaltung von besonders qualifizierten Drittfirmen (**verlängerte Werkbank**),[330] zur Errichtung einer strukturierten **Absatzorganisation** und zur Durchführung von **Werbemaßnahmen** zu bejahen ist. Da der Lizenznehmer letzteres jedoch regelmäßig schon im eigenen wirtschaftlichen Interesse veranlassen wird, bedarf es hierzu nicht der Annahme einer besonderen Verpflichtung, wenn sich nicht aus dem Inhalt des Lizenzvertrages etwas anderes ergibt.[331]

Ob dem Lizenznehmer mit Blick auf eine möglichst umfangreiche Auswertung des **281** Schutzrechts zudem die Verpflichtung obliegt, die Verwertung des Lizenzgegenstandes auch unter **Einschaltung fremder Werkstätten** zu erbringen, ist einzelfallabhängig. Erklärt sich der Lizenznehmer etwa „unter Einsatz aller Mittel zur Förderung und Auswertung eines Schutzrechts bereit", folgt daraus noch nicht die Verpflichtung zum Einsatz dritter Unternehmen zur Erfüllung der Ausübungspflicht; denn diese Formu-

---

323 *Lüdecke/Fischer* E 9, 44 f.
324 *Rasch* Der Lizenzvertrag, 39; *Schade* 34; *Henn* Rn 278; *Groß* Rn 152; *Groß* GRUR 1951, 369, 370.
325 RG GRUR 1937, 37, 38; KG GRUR 1935, 892, 893; BGH GRUR 1961, 470, 471 – Mitarbeiterurkunde; BGH GRUR 1980, 38, 40 – Fullplastverfahren mit Anm *Schricker* Mitt 1980, 31 ff.
326 BGH GRUR 2003, 173, 175 – Filmauswertungspflicht, dort bei einem Filmverleihvertrag.
327 *Groß* Rn 152.

328 *Schade* 41 f; *Henn* Rn 279; anders *Pagenberg/Geissler* Muster 1 Rn 169.
329 *Paff/Osterrieth* B Rn 149 ff; *Groß* Rn 156 ff.
330 S dazu *Benkard/Ullmann* § 15 PatG Rn 137 mHa BGH v 10.10.1967 – X ZR 16/65 nv, dort bejaht.
331 *Groß* Rn 162; aA die wohl hM, die von einer Werbepflicht ausgeht, ua *Henn* Rn 284, *Benkard/Ullmann* § 15 PatG Rn 147; differenzierend *Pfaff/Osterrieth* B Rn 157 ff.

lierung soll regelmäßig nur die betrieblichen Möglichkeiten des Lizenznehmers betreffen, ohne dass die Lizenzvertragsparteien dabei die Einbeziehung dritter Unternehmen im Sinn haben. Ist vertraglich nichts anderes vereinbart, muss der Lizenznehmer die Ausübungspflicht allerdings auch nicht persönlich erbringen, sondern er kann von sich aus Dritte im Rahmen der Auftragsfertigung einschalten. Ob und wann er von diesem Recht Gebrauch macht bzw machen muss, ist unter dem Gesichtspunkt der Zumutbarkeit zu entscheiden.

282 Für den **Beginn der Ausübungspflicht** lassen sich keine allgemeingültigen Regeln aufstellen. Ist vertraglich dazu nichts vereinbart, ist zu beachten, dass dem Lizenznehmer in der Regel eine gewisse Anlauffrist zuzugestehen ist und es grundsätzlich seiner Entscheidung obliegt, wann er mit der Ausübung beginnt und seine Waren auf dem Markt anbietet, denn das wirtschaftliche Risiko der Rentabilität seiner Nutzung liegt im Zweifel allein bei ihm.[332]

283 Hinsichtlich der **Dauer der Ausübungspflicht** ist jedoch stets der Grundsatz von Treu und Glauben (§ 242 BGB) zu beachten. Ist die Erfüllung der Ausübungspflicht für den Lizenznehmer unzumutbar, so entfällt sie[333] oder besteht nur noch eingeschränkt.[334] Die Unzumutbarkeit kann sich für den Lizenznehmer zB daraus ergeben, dass er wegen wirtschaftlicher Gründe gehindert ist, den Lizenzgegenstand herzustellen oder zu vertreiben.[335] Für das Vorliegen der Unzumutbarkeit ist der Lizenznehmer darlegungs- und beweisbelastet.[336] Dazu muss er im Einzelfall die Marktsituation und die Aktivitäten, die er unternommen hat, um eine wirtschaftliche Herstellung und/oder Vertrieb zu gewährleisten, darstellen und darlegen, inwiefern eigene oder sonst verfügbare Fertigungsmöglichkeiten genutzt und Werbemaßnahmen ergriffen wurden.[337]

284 Offengelassen hat der BGH[338] in einer seiner Entscheidungen allerdings, ob der Lizenzgeber für den Fall, dass die Ausübungspflicht wegfällt, den gesamten Vertrag, zB durch **Kündigung**, einseitig lösen darf und bis wann dies billigerweise erfolgen kann. Statt eines Wegfalls der Ausübungspflicht können sich aus § 242 BGB jedoch auch Ansätze für eine **Umgestaltung (§ 313 BGB)** des Vertragsverhältnisses ergeben. Liegen die technischen bzw wirtschaftlichen Probleme nur bei dem Lizenznehmer vor, so dass allein er zur Herstellung und/oder zum Vertrieb nicht in der Lage ist, dies anderen Wettbewerber aber möglich wäre, so ist ein Recht zur Kündigung des Lizenzvertrags durch den Lizenzgeber in Betracht zu ziehen. Denn in einem solchen Fall kann das Festhalten an dem Vertrag für den Lizenzgeber unzumutbar sein bzw werden.

285 Eine neben einer Ausübungspflicht vereinbarte **Mindestlizenzgebührenpflicht** bleibt unbeschadet eines Wegfalls der Ausübungspflicht bestehen. Der Lizenznehmer muss die Mindestlizenzgebühr also auch dann zahlen, wenn er den Lizenzgegenstand überhaupt nicht nutzt.

---

332 *Benkard/Ullmann* § 15 PatG Rn 137; *Groß* Rn 155; *Schade* 91 f.
333 HM, BGH GRUR 1978, 166 – Banddüngerstreuer; BGH GRUR 2000, 138, 139 – Knopflochnähmaschine; *Busse/Keukenschrijver* § 15 PatG Rn 130; *Benkard/Ullmann* § 15 PatG Rn 138; *Pfaff/Osterrieth* B Rn 146; *Groß* Rn 164; aA *Henn* Rn 287.
334 *Schade* 87 f; *Henn* Rn 287.

335 BGH GRUR 1970, 40, 42 – Musikverleger.
336 *Busse/Keukenschrijver* § 15 PatG Rn 130 mHa BGH v 5.1.1962, I ZR 81/60, nv; BGH GRUR 2003, 173 – Filmauswertungspflicht mwN.
337 Ebenso *Storch* GRUR 1978, 168 mit Anm zu BGB GRUR 1978, 166 ff – Banddüngerstreuer.
338 GRUR 1978, 166 – Banddüngerstreuer.

Bei **Verletzung der Ausübungspflicht** durch den Lizenznehmer kann der Lizenz- **286** geber nach angemessener Fristsetzung zur Erfüllung (§ 281 BGB) und fruchtlosem Ablauf dieser Frist Schadensersatz wegen Nichterfüllung verlangen sowie vom Vertrag zurücktreten (§§ 241, 275, 280, 324, 325 BGB).[339] Im Rahmen des Schadensersatzes hat der Lizenznehmer die Lizenzgebühren zu entrichten, die bei pflichtgemäßer Ausübung des lizenzierten Schutzrechts entstanden wären[340]. Neben dem Anspruch auf Schadensersatz kann der Lizenzgeber den Vertrag auch aus wichtigem Grund gem § 314 BGB kündigen (§ 314 Abs 4 BGB).

Dabei muss der Lizenzgeber **darlegen und beweisen**, dass der Lizenznehmer (objek- **287** tiv) gegen die Ausübungspflicht verstoßen hat.[341] Der Lizenznehmer muss dem- gegenüber darlegen und beweisen, dass er die Nichterfüllung nicht zu vertreten hat (§ 280 Abs 1 S 2 BGB) bzw die Erfüllung unter den konkreten Umständen für ihn unzumutbar geworden war (§§ 275, 280 Abs 1 S 2 BGB).[342]

Der entsprechende Schadensersatzanspruch wegen Nichtausübung besteht unbe- **288** schadet einer späteren Nichtigerklärung des lizenzierten Schutzrechts.[343]

d) Warenbezugspflichten. Besondere Warenbezugspflichten zu Lasten des Lizenz- **289** nehmers dienen insbesondere zur Einhaltung der vom Lizenzgeber vorgegebenen Qualitätsanforderungen, zur Sicherung des Absatzes an Lizenzgeberprodukten im Vertragsgebiet und zur Flankierung der Lizenzgebührenverpflichtung.[344] Hierdurch kann der Lizenznehmer verpflichtet werden, die für die Herstellung der Lizenzpro- dukte notwendigen Waren vom Lizenzgeber oder einem von diesem bestimmten Drit- ten zu beziehen.

Mit Blick auf die zivilrechtliche Wirksamkeit solcher Vereinbarungen ist selten eine **290** sittenwidrige Knebelung gem § 138 BGB bei derartigen Material-, Rohstoff- oder Vor- richtungsbezugspflichten vorzufinden.

Die Frage der Anwendbarkeit der Verbraucherschutzvorschriften des Verbraucher- **291** kreditgesetzes (VerbrKrG)[345], das im Rahmen der Schuldrechtsmodernisierung durch die §§ 491 ff BGB ersetzt worden ist, auf das Lizenzvertragsrecht ist in der Rechtspre- chung vielfach erörtert worden. Auf entsprechende Entscheidungen soll hier aber nur verwiesen werden.[346] Der BGH ist zB der Ansicht, dass ein Franchisevertrag, der eine Verpflichtung zu einem wiederkehrenden Bezug der zu vertreibenden Materialien ent- hält, von § 2 Nr 3 VerbrKrG (jetzt § 505 Abs 1 Nr 3 BGB)[347] erfasst werden kann.

---

[339] *Benkard/Ullmann* § 15 PatG Rn 137; zum früheren Schuldrecht BGH GRUR 1959, 616, 618 – Metallabsatz; BGH GRUR 1980, 38, 40 – Fullplastverfahren; BGH NJW 1983, 1188, 1189 – Persönlichkeiten Europas; BGH GRUR 2003, 173, 175 – Filmauswertungspflicht; LG München I InstGE 3, 97, 101 f – Überlastungs- kupplung.
[340] BGH GRUR 1980, 38, 40 – Fullplastverfah- ren; LG München I InstGE 3, 97, 101 f.
[341] BGH GRUR 2003, 173, 175 – Filmauswer- tungspflicht.
[342] BGH GRUR 2003, 173, 175 – Filmauswer- tungspflicht; *Henn* Rn 283.
[343] *Busse/Keukenschrijver* § 15 PatG Rn 129 mHa BGH v 10.10.1967 – I a ZR 16/65, nv; BGH GRUR 1977, 107, 109 – Werbespiegel; zur

kartellrechtlichen Bewertung von Ausübungs- pflichten vgl *Bartenbach* Patentlizenz- und Know-how-Vertrag Rn 1935 ff.
[344] *Groß* Rn 197; *Henn* Rn 289.
[345] Gesetz v 17.12.1990, BGBl I S 2840, geän- dert durch Gesetz v 20.12.1996, BGBl I S 2154.
[346] Vgl BGH DB 1995, 1860 ff – Ceiling-Doc- tor; anders die Vorinstanz OLG Hamm Urt v 7.2.1993, Az U 121/93, nv; OLG Frankfurt GRUR 1991, 787 (als „Lizenzvertrag" bezeich- netes Franchising, vermietet von Videofilmen mittels Präsentationsspulen in Supermärkten); BGH DB 1995, 1860, 1861 – Ceiling-Doctor, zu § 2 VerbrKrG. Vgl zur kartellrechtlichen Bewer- tung von Bezugspflichten *Bartenbach* Patent- lizenz- und Know-how-Vertrag Rn 1958 ff.
[347] *Palandt/Putzo* § 505 BGB Rn 8.

292 e) **Nichtangriffsabreden.** Aufgrund des auf den Lizenzvertrag anzuwendenden Grundsatzes von Treu und Glauben gem § 242 BGB ließe sich daran denken, dass der Lizenznehmer aus einer vertraglich begründeten besonderen Rücksichtnahmepflicht nicht selbst oder durch Dritte gegen den Bestand des Vertragsschutzrechtes vorgehen darf.[348] Andererseits könnte dem ein über den Vertragsinteressen stehendes Interesse an einer möglichst weitgehenden Erhaltung des freien Wettbewerbs entgegenstehen, das formal begründete, aber vernichtbare Vertragsschutzrecht zu beseitigen.[349]

293 **Fehlt eine vertraglich vereinbarte Nichtangriffsabrede,** geht die hM[350] davon aus, dass selbst bei einem ausschließlichen Lizenzvertrag (der keinen gesellschaftsähnlichen Charakter hat und auch sonst eine vertrauensvolle Zusammenarbeit nicht erfordert) eine **Nichtangriffsabrede** nach § 242 BGB **nicht zu bejahen** ist.[351] Nur in **Ausnahmefällen** kann eine Vertragsauslegung ergeben, dass eine Pflicht des Lizenznehmers anzunehmen ist, das Vertragsschutzrecht nicht anzugreifen.[352] Dies zB für den Fall, dass Lizenzgeber und Lizenznehmer bei Vertragsabschluss Kenntnis von der Anfechtbarkeit bzw begründete Zweifel an der Rechtsbeständigkeit des Vertragsschutzrechts hatten. Unter diesem Aspekt sind auch Freilizenzen relevant. Bei der Erteilung einer solchen liegt es nämlich nahe, dass der Lizenzgeber aus besonderen Gründen das Nutzungsrecht ohne Gegenleistung einräumt. Regelmäßig dürfte der Lizenznehmer das Vertragsschutzrecht im Vorfeld angegriffen und sodann gegen Einräumung des unentgeltlichen Benutzungsrechts an diesem seinen Angriff zurückgezogen haben.[353]

294 Dies ist jedoch nicht zwingend. So kann auch der Fall vorliegen, dass sich während der Vertragslaufzeit neue beachtliche Nichtigkeitsgründe hinsichtlich der Rechtsbeständigkeit des Vertragsschutzrechtes ergeben, von denen die Parteien bei Vertragsschluss keine Kenntnis hatten.

295 Ist der zwischen den Parteien geschlossene Vertrag von einem besonderen **Treueverhältnis** geprägt, so kann sich im Einzelfall auch aus dem Gebot von Treu und Glauben (§ 242 BGB) eine Nichtangriffsverpflichtung des Lizenznehmers ergeben. Das kann vor allem bei Lizenzverträgen mit gesellschaftsähnlichem Charakter angenommen werden oder wenn das Vertragsverhältnis ansonsten ein besonderes Vertrauensverhältnis zwischen den Parteien offenbart.

296 Ist die Nichtangriffsabrede im Einzelfall **unwirksam,** berührt dies den übrigen Vertragsinhalt nur, soweit diese Teile nicht von der unwirksamen Klausel abtrennbar sind.[354] Nach § 139 BGB ist anhand des hypothetischen Parteiwillens im Zeitpunkt des Vertragsabschlusses zu überprüfen, ob der Bestand des gesamten Vertrages von der Wirksamkeit der Nichtangriffsklausel abhängig sein sollte. In der Regel wird es im

---

[348] Stillschweigend begründete Nichtangriffsabrede, BPatG Blatt 1991, 313, 314 f – Zeigerwerk; BPatGE 36, 177; BPatG v 22.1.2001 – 9 W (pat) 41/99 nv; aA BPatG GRUR 2005, 182; ausf *Winterfeldt* in FS 50 Jahre VPP 210 ff.
[349] BGH GRUR 1987, 900, 901 – Entwässerungsanlage; BGHZ 10, 22, 23 – Konservendosen; *Kraßer* § 42 Ib, 715; *Pagenberg/Geissler* Muster 1 Rn 281; *Groß* Rn 557; *Reimer* § 13 PatG aF Rn 13, der allerdings beim ausschließlichen Lizenznehmer im Gegensatz zum einfachen die Klagebefugnis für den Regelfall als einen Ver-

stoß gegen Treu und Glauben bewertet und nicht für zulässig erachtet (Rn 20).
[350] BGH GRUR 1956, 264, 265; BGH GRUR Int 1969, 31, 33; BPatG Urt v 11.12.1973, Az 2 Ni 31/72, nv.
[351] BPatG v 14.10.1991 – 4 W (pat) 37/90, nv.
[352] BGH GRUR 1971, 243, 245 – Gewindeschneidevorrichtung; BGH GRUR 1989, 39, 40 – Flächenentlüftung.
[353] EuGH GRUR Int 1989, 56, 57 – Nichtangriffsklausel.
[354] EuGH GRUR Int 1966, 586, 588 – Société Technique Minière/Maschinenbau Ulm.

Interesse der Parteien liegen, den Lizenzvertrag in seinem Bestand möglichst zu erhalten.[355]

Der **sachliche Anwendungsbereich** der Nichtangriffsabrede erfasst bei der stillschweigend oder ausdrücklich vereinbarten Nichtangriffsabrede die bei Vertragsabschluss vorhandenen Schutzrechte für die Dauer der Vertragslaufzeit. Dies gilt grundsätzlich auch dann, wenn schon bei Vertragsabschluss die Beendigung des Lizenzvertrages vor Schutzrechtsablauf feststeht. Daraus, dass die Nichtangriffsabrede restriktiv auszulegen ist, folgt, dass während der Vertragslaufzeit Änderungen des Schutzrechtsbestandes von dieser Klausel grundsätzlich nicht erfasst werden können, wenn nichts anderes vereinbart wurde.

297

Klauseln, die generell, dh ohne nähere Angaben und ohne Rücksicht auf ihren Gegenstand, darauf abzielen, **alle gegenwärtigen und zukünftigen Schutzrechte** und Schutzrechtsanmeldungen des Lizenzgebers vor einem Angriff durch den Lizenznehmer zu schützen, erscheinen bedenklich. Denn sie können zu einer Sicherung des Lizenzgebers auch auf solchen Gebieten führen, die mit den vertraglichen Beziehungen der Parteien gar nicht in Zusammenhang stehen. Dementsprechend tendieren Literatur[356] und BKartA[357] hier dazu, stets einen **kartellrechtswidrigen** Tatbestand anzunehmen.

298

Eine Nichtangriffsklausel muss **bestimmt** sein, dh es muss erkennbar sein, welches Schutzrecht sie erfassen soll. Handelt es sich um Schutzrechte, die sich für verschiedene Anwendungsgebiete eignen und bezieht sich der Lizenzvertrag nur auf eines dieser Gebiete, muss der Lizenznehmer trotzdem das Schutzrecht vollumfänglich „schützen".

299

Ist der Lizenznehmer ein **Konzernunternehmen**, ist zu beachten, dass die Nichtangriffsabrede zwar den Lizenznehmer bindet, jedoch nicht dessen evt Unterlizenznehmer oder konzernverbundene Gesellschaften. In diesem Zusammenhang ist die rechtliche Selbständigkeit dieser Unternehmen zu berücksichtigen, so dass sich diese zwar durch einen Vertrag zugunsten Dritter (Lizenzgeber) zum Nichtangriff verpflichten können, dies aber nicht automatisch durch die Nichtangriffsabrede zwischen Lizenzgeber und Lizenznehmer erfolgt.

300

Die höchstrichterliche Rechtsprechung geht davon aus, dass mit Ende der Laufzeit des Lizenzvertrages regelmäßig auch die Nichtangriffsverpflichtung als Teil des Vertrages entfällt.[358] Die Nichtangriffsabrede wird meist nur für die **Dauer des Lizenzvertrages** vereinbart. Nichtangriffsabreden, die sich auf den Zeitraum nach Vertragsbeendigung erstrecken, können kartellrechtlich bedenklich sein (vgl auch Art 5 Abs 1 lit a TT-GVO 2004).

301

Eine Nichtangriffsabrede hindert den freien Wettbewerb allerdings nicht mehr, wenn das Vertragsschutzrecht durch Ablauf der Schutzdauer erloschen ist. Auswirkungen ergeben sich aufgrund des vertragssichernden Aspekts nur noch zwischen den früheren Vertragsparteien. Dieser (rückwirkende) Vertragsschutz ist im Gegensatz zu

302

---

355 BGHZ 17, 41, 59 ff – Kokillenguss; BGH GRUR 1991, 558, 561 – Kaschierte Hartschaumplatten.
356 Immenga/Mestmäcker/*Fuchs* Wettbewerbsrecht EG TT-VO Rn 325; *Bandasch/Lehmhöfer/Horn* 27 f; aA *Klauer/Möhring/Nirk* Anh zu § 9 PatG aF Rn 37.

357 TB BKartA 1961, 58, 59; TB BKartA 1964, 53; TN BKartA 1967, 88; TB BKartA 1969, 98; TP BKartA 1972, 96; TB BKartA 1975, 94; TB BKartA 1981/82, 93.
358 BGH GRUR 1965, 135, 137 – Vanal-Patent; BGH GRUR 1971, 243, 245 – Gewindeschneidevorrichtung.

dem (inzwischen hinfällig gewordenen) Bestandsschutz unter kartellrechtlichen Gesichtspunkten unbedenklich.[359]

303 f) **Wettbewerbsverbote für den Lizenznehmer.** Durch Wettbewerbsverbote für den Lizenznehmer wird vor allem vereinbart, dass dieser keine Erzeugnisse herstellen und/oder vertreiben darf, die mit dem Lizenzgegenstand konkurrieren.[360] Zu denken ist auch daran, dem Lizenznehmer zu verbieten, ein Konkurrenzverfahren oder eine Marke zu verwenden, die mit dem lizenzierten Erzeugnis, Verfahren oder einer Marke in Wettbewerb steht. Auch die Weitergabe von Betriebsgeheimnissen, die dem Lizenznehmer aufgrund des Lizenzvertragsverhältnisses bekannt geworden sind, kann verboten werden. Schließlich kann ein Wettbewerbsverbot auch den Abschluss von Lizenzverträgen über Wettbewerbsprodukte bzw -verfahren mit Dritten verhindern.

304 Grundsätzlich sind Wettbewerbsverbote nunmehr bei Einhaltung der in Art 3 TT-GVO 2004 festgesetzten Marktanteilsschwellen und bei Vorliegen der weiteren Anwendbarkeitsvoraussetzungen nach der TT-GVO 2004 **freigestellt**, solange sie nicht ausdrücklich von einer der Kernbeschränkungen erfasst werden (Art 4, 5 TT-GVO 2004).[361]

305 g) **Geheimhaltungs- oder Vertraulichkeitsvereinbarungen.** Eine Geheimhaltungsverpflichtung sollte nicht allein im vorvertraglichen Bereich zur Verhinderung der Weitergabe von im Rahmen der Vertragsverhandlungen ausgetauschten Informationen, deren Geheimhaltung für die jeweilige Vertragspartei von Bedeutung ist, sondern auch in einem nachfolgenden Lizenzvertrag geregelt werden. Dies gilt zumindest dann, wenn auch begleitendes Know-how überlassen wird. Sie kommt vor allem dann in Betracht, wenn zur Vertragserfüllung jedenfalls auf einer Seite technisches Wissen erforderlich ist oder solches zwischen den Vertragsparteien ausgetauscht wird. Sie kann auch einem eigenständigen Vertragswerk vorbehalten bleiben.

306 Geheimhaltungsvereinbarungen **enthalten** üblicherweise:[362] die Beschreibung der geheim zu haltenden Informationen, den Inhalt und Umfang der Vertraulichkeitsverpflichtung, die zeitliche Dauer der Vertraulichkeitsverpflichtung, die Ausnahmen von der Geheimhaltungsverpflichtung, die Absicherung der Verpflichtung durch Vertragsstrafe oder pauschalierten Schadensersatz und schließlich eine Schiedsvereinbarung bzw Gerichtsstandsvereinbarung sowie eine Abrede über das anzuwendende Recht. Bei Regelungen, welche Informationen als vertraulich anzusehen sind, sollte nicht formuliert werden, dass sämtliche zur Verfügung gestellten Informationen der Geheimhaltung unterliegen. Das ist aus Sicht des Adressaten nicht akzeptabel und im Zweifel auch nicht rechtlich durchsetzbar, denn nicht jede Information ist ihrer Natur nach als vertraulich einzustufen.[363]

307 Um die vertraulichen **Informationen** zu **identifizieren**, kann bereits in der Präambel die (gemeinsame) Zielrichtung der Vertragspartner beschrieben bzw der Gegenstand genannt werden, über den Informationen ausgetauscht werden sollen. Hierin ist bereits dann eine Einschränkung der Vertraulichkeitsvereinbarung zu sehen, wenn in Zusammenhang mit der Umschreibung der geheim zu haltenden Informationen auf

---

[359] BPatG Blatt 1982, 209, 210; *Benkard/Ullmann* § 15 PatG Rn 144.
[360] EU-Kommission GRUR Int 1978, 372, 373 – Campari; *Fammler* 165.
[361] Vgl zur kartellrechtlichen Bewertung von Wettbewerbsverboten *Bartenbach* Patentlizenz- und Know-how-Vertrag Rn 2120 ff.
[362] Eingehend *Mummenthey* CR 1999, 651, 655 ff mwN.
[363] *Mummenthey* CR 1999, 651, 655.

den Zweck des Vertrages verwiesen wird. Es kann auch förmlich eine Kenntlichmachung der überlassenen Unterlagen als „geheim/vertraulich" vereinbart werden. Denkbar ist auch eine bloß zeitliche Anknüpfung, so dass bspw alle innerhalb eines bestimmten Zeitraums nach Vertragsabschluss übermittelten Informationen als geheim gelten. Zu Lasten des Geheimnisträgers bringt dies allerdings mit sich, dass er stets besorgt sein muss, dass nach Ablauf der Frist übermittelte Informationen nicht mehr als geheim zu qualifizieren sind.

Wenig praktikabel dürfte die Festlegung eines nach Vertragsschluss liegenden Zeitraums sein, in dessen Verlauf der Informationsgeber den sachlichen Umfang der geheim zu haltenden Informationen bestimmt. Einen Vertragsverstoß des Informationsempfängers stellt es nämlich dar, wenn er eine erst später als geheim qualifizierte Information schon vorher anderweitig übermittelt hat.   **308**

Die Festlegung von **Inhalt und Umfang** der Vertraulichkeitsverpflichtung zielt zunächst darauf, die Weitergabe der Informationen an Dritte zu verhindern. Ein dahingehendes Verbot ist vor allem dann ausdrücklich zu regeln, wenn im Rahmen eines umfangreicheren Vertragswerkes der Informationsempfänger die Nutzungsrechte der lizenzierten Schutzrechtspositionen in einem Unternehmensverbund verteilen kann.   **309**

Auch die **zeitliche Dauer** der Vertraulichkeitsvereinbarung sollte bestimmt und dem Innovationszyklus der entsprechenden Branche angepasst werden. Eine solche Befristung erscheint schon unter kartellrechtlichen Aspekten zweckmäßig.   **310**

Vor allem **kartellrechtliche** Gesichtspunkte erfordern den Ausschluss bestimmter Fallgruppen aus der Geheimhaltungsverpflichtung, was sich insbesondere auf das allgemein zugängliche Wissen, den eigenen Wissensstand des Informationsempfängers sowohl hinsichtlich des bei Vertragsschluss vorhandenen Know-hows, als auch des Ergebnisses eigener Know-how-Bildung sowie auf das Know-how bezieht, das der Informationsempfänger von außenstehenden Dritten erhält.   **311**

Vertraulichkeitsvereinbarungen werden wegen der Schwierigkeiten ihrer Durchsetzbarkeit, insbesondere hinsichtlich des konkreten Nachweises eines Schadens durch den schuldhaften Geheimnisverrat, in der Praxis regelmäßig mit der Vereinbarung einer **Vertragsstrafe** verbunden.[364] Die Vertragsstrafe setzt für den Eintritt ihrer Sanktion nur den Nachweis eines (schuldhaften) Geheimnisverrats voraus und keinen darüber hinausgehenden Nachweis eines Schadens (zumindest dem Grunde nach).[365]   **312**

§ 6
Ausgewählte Einzelprobleme des Lizenzvertragsrechts

I. Kartellrecht

1. Allgemeines und Rechtsgrundlagen

Der sachliche und zeitliche Schutzbereich von gewerblichen Schutzrechten und Urheberrechten verleiht dem Schutzrechtsinhaber und, soweit eine ausschließliche Lizenz erteilt wird, auch häufig dem Lizenznehmer eine Monopolstellung. **Zweck der**   **313**

---

[364] Zur Vertragsstrafe eingehend *Berger* RIW 1999, 401 ff.
[365] Vgl zur kartellrechtlichen Bewertung von

Geheimhaltungsverpflichtungen *Bartenbach* Patentlizenz- und Know-how-Vertrag Rn 2245 ff.

kartellrechtlichen Regelungen ist es demgegenüber, ein möglichst hohes Maß an Wettbewerb zu erreichen und den freien Wettbewerb zu schützen. Bei dem hieraus grundsätzlich resultierenden Spannungsverhältnis zwischen Kartellrecht und den gewerblichen Schutzrechten sowie Urheberrechten ist einerseits zu beachten, dass insbesondere die Ausübung von Markenrechten geeignet ist, den freien Warenverkehr zwischen den Mitgliedsstaaten zu beeinträchtigen,[366] andererseits das ausschließliche Schutzrecht Voraussetzung für einen frei funktionierenden Wettbewerb im Bereich gewerblicher Schutzrechte ist.[367]

314   Die entscheidenden Vorschriften zur kartellrechtlichen Bewertung von Lizenzverträgen nach europäischem Recht stellen die **Artt 101, 102 AEUV**[368] dar. Die Durchführung der in Artt 101, 102 AEUV normierten Wettbewerbsregeln bestimmt sich nach der seit dem 1.5.2004 geltenden VO (EG) Nr 1/2003 des Rates vom 16.12. 2002.[369] Das zur Bewertung von Lizenzverträgen heranzuziehende deutsche Kartellrecht hat sich aufgrund der mit der EG-Kartellverfahrensverordnung Nr 1/2003 vorgegebenen Angleichung an das europäische Kartellrecht grundlegend geändert. Durch die am 1.7.2005 in Kraft getretene 7. GWB-Novelle[370] sollte eine Zweiteilung des Wettbewerbsrechts in sich voneinander unterscheidendes europäisches und deutsches Recht möglichst verhindert werden,[371] obschon an einigen Besonderheiten des deutschen Rechts festgehalten wurde.[372] Nach § 1 GWB, der eng an den Wortlaut des Art 101 Abs 1 AEUV angelehnt ist, gilt jetzt auch im deutschen Kartellrecht ein generelles Verbot wettbewerbsbeschränkender Vereinbarungen. § 2 GWB regelt, entsprechend Art 101 Abs 3 AEUV, die Freistellung von nach § 1 GWB verbotenen Vereinbarungen. Lediglich eine Modifizierung haben im deutschen Kartellrecht hingegen die Vorschriften zur Missbrauchsaufsicht über marktbeherrschende Unternehmen (§§ 19–21 GWB) erhalten, wobei insoweit im Einzelfall Abweichungen von Art 102 AEUV möglich sind.

315   Grds nicht unter das Kartellverbot des Art 101 AEUV fallen alle Beschränkungen, die zum „**spezifischen Gegenstand**" des Schutzrechtes[373] gehören. Darunter sind Wettbewerbsbeschränkungen zu verstehen, die sich aus dem Wesen des jeweiligen Immaterialgüterrechts herleiten. Ergeben sich somit aus dem spezifischen Gegenstand des Schutzrechts bestimmte Verbietungsrechte, liegt in deren „Weiterreichung" an den Lizenznehmer keine Wettbewerbsbeschränkung iSv Art 101 AEUV, weil aufgrund des Vertragsinhalts lediglich Beschränkungen auferlegt werden, die ohne eine vertragliche Vereinbarung aus der Verbotswirkung des Schutzrechtes heraus vom Schutzrechtsinhaber geltend gemacht werden könnten.[374] Der Gegenstand des spezifischen Schutz-

366 EuGH GRUR Int 1971, 279, 280 – Sirena; *Fammler* 7.
367 *Götting* § 6 V.
368 AEUV = Vertrag über die Arbeitsweise der Europäischen Union, veröffentlicht im Amtsblatt der Europäischen Union C 115/47 v 9.5.2008. Der AEUV ist das Resultat der Änderungen, die durch den Vertrag von Lissabon am Vertragsgefüge der EU vorgenommen wurden und hat in diesem Zusammenhang den Vertrag über die Gründung der Europäischen Union (= EG-Vertrag) ersetzt. Dabei wurden die Vertragsartikel ua neu beziffert (so entsprechen ua die Artt 101, 102 AEUV inhaltsgleich den früheren Artt 81, 82 EG).

369 ABl EG Nr L 1 v 4.1.2003 S 1 ff, sog EG-Kartellverfahrensverordnung Nr 1/2003.
370 Siebtes Gesetz zur Änderung des Gesetzes gegen Wettbewerbsbeschränkungen v 7.7.2005, BGBl I S 1954 ff.
371 AmtlBegr in BT-Drucks 15/3640, 21 ff; krit ua *Immenga* BB 2005 Heft 33, I.
372 Loewenheim/Meessen/Riesenkampff/*Meessen* Kartellrecht Einf Rn 74, 82.
373 *Sack* WRP 1999, 592, 593 ff; *Sack* RIW 1997, 449 ff; *Sack* FS Fikentscher 970 ff; krit hierzu *Lorenz* WRP 2006, 1008, 1012 ff.
374 *Sack* WRP 1999, 592, 596; vgl auch *Axster/ Schütze*, die zwischen autonomer und nicht autonomer Geltendmachung des Schutzrechts

rechts schränkt die Verbotswirkung des Art 101 AEUV zusätzlich insoweit ein, als die sich aus ihm ergebenden Grenzen enger sind als das Verbietungsrecht des Art 101 AEUV.

Um den spezifischen Gegenstand eines Schutzrechts zu ermitteln, müssen 3 **Fallgruppen** unterschieden werden: **316**

– Zunächst unterfallen gesetzliche **Beschränkungen** des Lizenznehmers, die **aus dem Schutzrecht selbst** folgen, dem spezifischen Schutzgegenstand. Das bedeutet, dass ein vertragliches Nutzungsverbot dann nicht an § 1 GWB bzw Art 101 AEUV zu messen ist, wenn es sich schon aus dem Schutzrecht selbst herleiten lässt.

– Weiterhin werden sonstige **vertragstypische Beschränkungen** des Lizenznehmers, bspw die Lizenzgebührenpflicht oder die Regelung qualitätssichernder Maßnahmen, nicht von § 1 GWB bzw Art 101 AEUV erfasst.

– Zudem wird vertreten,[375] dass die **Möglichkeit des Lizenzgebers**, seine **eigene** wettbewerbliche **Handlungsfähigkeit** durch den Lizenzvertrag **zu beschränken**, dem spezifischen Gegenstand des Schutzrechts zuzurechnen ist. Denn von diesem seien nicht nur Verbietungsrechte, sondern auch andere Verwertungsmöglichkeiten erfasst, worunter auch die Eigenbeschränkung des Lizenzgebers falle.

Was zum spezifischen Schutzgegenstand des Schutzrechts gehört, ist einheitlich innerhalb der EU zu bestimmen. Wäre dies unter Heranziehung der jeweiligen Rechtsordnungen der Mitgliedstaaten zu bestimmen, so würde dies aufgrund der unterschiedlichen Reichweite der nationalen Schutzrechte zu voneinander abweichenden Wettbewerbsbeschränkungen führen. **317**

Schließlich ist darauf hinzuweisen, dass kein Lizenzvertragstypus existiert, der nicht den kartellrechtlichen Grenzen unterliegt. Dies gilt demnach auch für Lizenzvereinbarungen im Rahmen eines gerichtlichen Vergleichs, die uneingeschränkt an den kartellrechtlichen Vorschriften zu messen sind.[376] **318**

2. Verhältnis von deutschem und europäischem Kartellrecht

Das europäische Wettbewerbsrecht gilt in der Bundesrepublik grundsätzlich unmittelbar. Aus Art 103 Abs 2 lit e AEUV ergibt sich die Regelungskompetenz[377] des Rates bzgl des Verhältnisses der Artt 101 ff AEUV zum nationalen Recht. Hierauf stützt sich die **Kartellverfahrensordnung (EG) Nr 1/2003**[378] zur Durchführung der (ehemaligen) Artt 81, 82 EG (jetzt Artt 101, 102 AEUV), die in Art 3 eine Regelung zum Verhältnis von deutschem und europäischem Recht enthält. Auch im GWB findet sich nunmehr mit § 22 **GWB** eine Regelung, die ebenso wie Art 3 VO Nr 1/2003 einen erweiterten **Vorrang des Gemeinschaftsrechts** normiert. **319**

Ein **Konfliktfall** liegt vor, wenn bei Eröffnung des Anwendungsbereichs von Art 101 AEUV und §§ 1 f GWB eine Vereinbarung jeweils nach der einen oder anderen Rechtsordnung verboten oder erlaubt ist. Zwar ergibt sich aus Art 3 VO Nr 1/2003 kein Verbot der Anwendung des nationalen Rechts auf Konfliktfälle, doch müssen die Artt 101, 102 AEUV gleichfalls beachtet werden, wenn die Verhaltensweisen den zwi- **320**

---

unterscheiden, in *Loewenheim/Meessen/Riesenkampff* GRUR Rn 85.

375 *Sack* WRP 1999, 592, 595.

376 BGH GRUR 2005, 845, 846 – Abgasreinigungsvorrichtung.

377 Nach EuGH WuW/E EWG/MUV 201,

204 – Farbenhersteller ist hierin eine Bestätigung für die nachstehend angesprochenen Fragen der parallelen Geltung der Rechte und des Vorrangs des Gemeinschaftsrechts im Konfliktfall zu sehen.

378 ABl EG Nr L 1 v 4.1.2003.

schenstaatlichen Handel beeinträchtigen können. Diesbezüglich besteht ein Anwendungszwang. Nach Art 3 Abs 2 VO Nr 1/2003 ist es explizit zulässig, das nationale Wettbewerbsrecht neben den Artt 101, 102 AEUV parallel anzuwenden, was unter Berücksichtigung des Anwendungszwangs dazu führt, dass das nationale Recht angewendet werden kann, die Regelungen der Artt 101, 102 AEUV aber im Rahmen ihres Anwendungsbereichs (vorrangig) anzuwenden sind.[379]

321   Nach Art 3 Abs 2 S 1 VO Nr 1/2003 gilt der Vorrang auch dann, wenn das nationale Recht strengere Regelungen als das europäische bereit hält. In Übereinstimmung hierzu regelt § 22 Abs 2 S 1 GWB, dass bei Sachverhalten mit Auswirkungen auf den Gemeinsamen Markt die Vereinbarungen, die dem Verbot des Art 101 Abs 1 AEUV nicht unterfallen oder von diesem nach Art 101 Abs 3 AEUV freigestellt sind, nicht aufgrund des GWB für unzulässig erklärt werden dürfen.[380]

322   Liegt ein **grenzüberschreitender wettbewerbsbeschränkender Sachverhalt** in Form des Missbrauchs einer marktbeherrschenden Stellung vor, führt dies nach § 22 Abs 3 GWB bzw Art 3 Abs 1 S 2 VO Nr 1/2003 grundsätzlich zur Anwendbarkeit des **Art 102 AEUV**. Aus Art 3 Abs 2 S 2 VO Nr 1/2003 bzw § 22 Abs 2 S 2 GWB ergibt sich jedoch als Ausnahme zur vorgenannten Regel kein Anwendungsvorrang bzgl strengerer nationaler Vorschriften. Ist demnach ein Verhalten nach Art 102 AEUV im Gegensatz zum nationalen Recht zulässig, so müssen die nationalen Behörden Art 102 AEUV nicht vorrangig anwenden. Im umgekehrten Fall besteht jedoch der Vorrang des Art 102 AEUV. Daraus folgt, dass die strengeren Regelungen der §§ 19 Abs 1 und 20, 21 GWB bei zwischenstaatlichem Bezug grundsätzlich anwendbar bleiben.[381]

323   Liegt ein **Sachverhalt ohne Zwischenstaatlichkeit** vor, gilt grundsätzlich **nur deutsches Recht**. Gleichwohl kommt es insoweit auch zu einer indirekten Wirkung des europäischen Rechts.[382] Mithin sind die europäischen Vorschriften bei der Auslegung der §§ 1, 2 GWB stets mit zu beachten.

3. Artt 101, 102 AEUV

324   a) **Art 101 AEUV.** Gem **Art 101 Abs 1 AEUV** sind alle Vereinbarungen zwischen Unternehmen, Beschlüsse von Unternehmensvereinigungen und aufeinander abgestimmte Verhaltensweisen, welche den Handel zwischen den Mitgliedsstaaten zu beeinträchtigen geeignet sind und eine **Verhinderung, Einschränkung oder Verfälschung des Wettbewerbs** innerhalb des Gemeinsamen Marktes bezwecken oder bewirken, mit dem Gemeinsamen Markt unvereinbar und **verboten.** Die **Nichtigkeit** solcher Beschlüsse oder Vereinbarungen ergibt sich aus **Art 101 Abs 2 AEUV**. Regelbeispiele für solche Vereinbarungen stellen nach Art 101 Abs 1 AEUV insbesondere die unmittelbare oder mittelbare Festsetzung der An- oder Verkaufspreise oder sonstiger Geschäftsbedingungen (lit a), die Einschränkung oder Kontrolle der Erzeugung, des Absatzes, der technischen Entwicklung oder der Investitionen (lit b), die Aufteilung der Märkte oder Versorgungsquellen (lit c), die Anwendung unterschiedlicher Bedin-

---

379 *Dalheimer/Feddersen/Miersch* Art 3 VO Nr 1/2003 Rn 3 f; *Bechtold/Bosch/Brinker/Hirsbrunner* EG-Kartellrecht Einl Rn 23.
380 Vgl zum Vorrang des Gemeinschaftsrechts vor und nach der Reform *Röhling* GRUR 2003, 1019, 1021 f.
381 Loewenheim/Meessen/Riesenkampff/*Mees-*

sen Einf Rn 86 f; *Karl/Reichelt* DB 2005, 1436, 1437; *Dalheimer/Feddersen/Miersch* Art 3 VO Nr 1/2003 Rn 6; *Bechtold/Bosch/Brinker/Hirsbrunner* EG-Kartellrecht Einl Rn 26.
382 BT-Drucks 15/346, 22, 32; *Karl/Reichelt* DB 2005, 1436 f.

gungen bei gleichwertigen Leistungen gegenüber Handelspartnern, wodurch diese im Wettbewerb benachteiligt werden (lit d) sowie die an den Abschluss von Verträgen geknüpfte Bedingung, dass die Vertragspartner zusätzliche Leistungen annehmen, die weder sachlich noch nach Handelsbrauch in Beziehung zum Vertragsgegenstand stehen (lit e), dar.

Adressaten des Art 101 AEUV sind Unternehmen und Unternehmensvereinigungen, wobei der Begriff des Unternehmens weit ausgelegt werden muss, da er sich funktional am Zweck der Wettbewerbsregeln orientiert.[383] Ausreichend ist bereits die unabhängige Ausübung einer wirtschaftlichen Tätigkeit,[384] so dass die Rechtsform des Unternehmens nicht entscheidend ist.   **325**

Ebenso müssen die Mittel der Wettbewerbsbeschränkung weit ausgelegt werden, so dass eine **Vereinbarung** iSv Art 101 AEUV jede Willenserklärung zwischen mindestens zwei Personen bzw Unternehmen darstellt, durch die das Marktverhalten zumindest einer Partei geregelt wird.[385] Auch eine konkludente Vereinbarung reicht aus, die sich aus dem Verhalten der beteiligten Unternehmen, nicht jedoch allein aus der einseitigen Wettbewerbspolitik einer der Parteien, ergeben kann.[386]   **326**

Die Anwendbarkeit des Art 101 AEUV setzt voraus, dass die Vertragsparteien aufgrund ihres Verhaltens den Wettbewerb innerhalb der europäischen Grenzen beeinträchtigen können, dh den innergemeinschaftlichen Handel entweder unmittelbar oder mittelbar und entweder tatsächlich oder potentiell behindern können.[387] Dazu ist eine getroffene Vereinbarung dann geeignet, falls sie über den jeweiligen nationalen Markt hinaus **zwischenstaatliche Auswirkungen** hat. In diesem Zusammenhang sind das Abschotten nationaler Märkte und die Beeinflussung der Handelsströme zwischen den Mitgliedsstaaten, zB durch Exportverbote, mengenmäßige Beschränkungen bei Erzeugung oder Vertrieb usw, zu nennen. Der Begriff „Handel" umfasst den gesamten Wirtschaftsverkehr.[388] Die diesbezüglichen Feststellungen müssen auf dem Markt getroffen werden, auf dem die Wirkungen der Vereinbarungen eintreten. Demnach kann Art 101 AEUV nicht zur Anwendung kommen, wenn die jeweiligen Unternehmen überhaupt keine Handlungsfreiheiten besitzen, die eingeschränkt werden könnten, was bei konzerninternen Sachverhalten zutrifft.[389]   **327**

Ein potentieller und damit dem Schutz des Art 101 AEUV unterfallender Wettbewerb ist anzunehmen, wenn unter Berücksichtigung aller relevanten Umstände mit der Aufnahme des Wettbewerbs in absehbarer Zeit mit hinreichender Wahrscheinlichkeit gerechnet werden kann.[390]   **328**

---

[383] Eingehend hierzu Frankfurter Kommentar zum Kartellrecht – *Roth/Ackermann* Art 81 EG Abs 1 Grundfragen Rn 11 ff; Loewenheim/Meessen/Riesenkampff/*Gippini-Fournier/Mojzesowicz* Art 81 Abs 1 Rn 35 ff.
[384] Wiedemann/*Stockmann* § 7 Rn 2 mwN; Loewenheim/Meessen/Riesenkampff/*Gippini-Fournier/ Mojzesowicz* Art 81 Abs 1 Rn 40; *Bechtold/Bosch/Brinker/Hirsbrunner* EG-Kartellrecht Art 81 EG Rn 9.
[385] EuGH Slg 1970, 769, 803 – Boehringer/Kommission; EuGH Slg 1983, 3151, 3195 – Telefunken/Kommission.
[386] EuGH WuW 2004, 327 – Adalat.
[387] EuGH GRUR Int 1991, 215, 216 – Pall

Corp/PJ Dahlhausen; EuGH GRUR 1994, 296 – Keck.
[388] EuGH GRUR Int 1991, 215, 216 – Pall Corp/ PJ Dahlhausen; EuGH GRUR 1994, 296 – Keck; s auch die Konkretisierung durch die Leitlinien der Kommission über den Begriff der Beeinträchtigung des zwischenstaatlichen Handels in den Art 81, 82 EG, ABl EG Nr C 101 v 27.4.2004, 81.
[389] EuG WiB 1995, 764 – Viho/Kommission.
[390] Wiedemann/*Stockmann* § 7 Rn 13; Frankfurter Kommentar zum Kartellrecht *Roth/ Ackermann* Art 81 Abs 1 EG Grundfragen Rn 173 ff jeweils mwN.

329 Ist die einzelne Lizenzvertragsklausel allein nicht geeignet, eine zwischenstaatliche Handelsbeeinträchtigung iSv Art 101 AEUV zu begründen, kann trotzdem ein Verstoß gegen Art 101 AEUV nach der sog **Bündeltheorie** des EuGH vorliegen. Dies ist bspw dann der Fall, wenn der betreffende Vertrag zu einer Vielzahl gleichartiger Vereinbarungen gehört, die zusammengenommen zu einer Abschottung, zB des deutschen Marktes, gegenüber Anbietern aus anderen Mitgliedsstaaten führen.[391]

330 **Art 101 Abs 3 AEUV** normiert, dass **vom Verbot des Art 101 Abs 1 AEUV** grundsätzlich Vereinbarungen **ausgenommen** sind, die unter angemessener Beteiligung der Verbraucher an dem entstehenden Gewinn zur Verbesserung der Warenerzeugung und -verteilung oder zur Förderung des technischen oder wirtschaftlichen Fortschritts beitragen. Dabei dürfen den beteiligten Unternehmen keine Beschränkungen auferlegt werden, die für die Verwirklichung dieser Ziele nicht unerlässlich sind oder Möglichkeiten eröffnet werden, für einen wesentlichen Teil der betreffenden Waren den Wettbewerb auszuschalten.

331 Diese Voraussetzungen müssen kumulativ vorliegen.

332 Hierfür streitet eine Vermutung, wenn die Vereinbarung einer **Gruppenfreistellungsverordnung** unterfällt. Für diesen Fall ergibt sich aus Art 2 VO Nr 1/2003 allerdings eine Beweislastumkehr für denjenigen, der die Freistellung nach Art 101 Abs 3 AEUV geltend macht. Er muss nachweisen, dass die vorliegende Vereinbarung von einer Gruppenfreistellungsverordnung erfasst wird.

333 Art 1 Abs 2 VO Nr 1/2003 regelt dabei eine direkte Wirkung des Art 101 Abs 3 AEUV, dh es kann von einem Verbot mit Legalausnahme gesprochen werden.[392]

334 Der Lizenznehmer, der die Nichtigkeit eines Lizenzvertrages nach Art 101 Abs 1 und 2 AEUV gegenüber dem Lizenzgeber geltend macht, muss den wirtschaftlichen und rechtlichen Gesamtzusammenhang, in den der Lizenzvertrag einzuordnen ist und in welchem sich ggf mit sonstigen derartigen Vereinbarungen eine kumulative Auswirkung auf den Wettbewerb ergibt, **darlegen und beweisen**. Dies ist in der Regel sehr schwierig, wenn nicht gar unmöglich; denn die Prozesspartei verfügt in der Regel nicht über die Ermittlungs- und Aufklärungsmöglichkeiten der Kartellbehörden, so dass der Nachweis der Nichtigkeit des Lizenzvertrags wegen Kartellrechtsverstoßes durch den Lizenznehmer oft nicht geführt werden kann.

335 b) **Art 102 AEUV.** Aus Art 102 AEUV ergibt sich das **Verbot des Missbrauchs einer marktbeherrschenden Stellung.** Diese ist nach dem EuGH anzunehmen, wenn ein Unternehmen die Aufrechterhaltung eines wirksamen Wettbewerbs auf dem relevanten Markt dadurch verhindern kann, dass es die Möglichkeit erhält, sich seinen Wettbewerbern, seinen Abnehmern und den Verbrauchern gegenüber in einem nennenswerten Umfang unabhängig zu halten.[393]

---

391 EuGH GRUR Int 1968, 299, 300 – Brasserie de Haecht I; EuGH NJW 1977, 2020 – Concordia; vgl im Fall von Warenbezugspflichten OLG Karlsruhe WRP 1991, 42, 43 – Bezugsverpflichtung mit Ausschließlichkeitsbindung.
392 Zum Systemwechsel *Röhling* GRUR 2003, 1019, 1020 ff; *Hermanns/Brück* SchiedVZ

2004, 137, 138 f; *Weitbrecht* EuZW 2003, 69, 70; Loewenheim/Meessen/Riesenkampff/*Meessen* Art 81 Abs 3 EG Rn 2 ff.
393 EuGH Slg 1978, 207, 286 – United Brands/Kommission; Loewenheim/Meessen/Riesenkampff/*Lübbig* Art 82 EG Rn 93 Fn 320 f mit ausf Rechtsprechungsübersicht.

Hierzu ist zunächst der in sachlicher und geographischer Hinsicht **relevante Markt** 336
unter wirtschaftlicher Betrachtung zu bestimmen.[394]

Eine **missbräuchliche Ausnutzung** liegt vor, wenn das Verhalten eines Unterneh- 337
mens in beherrschender Stellung geeignet ist, die Struktur eines Marktes zu beeinflussen, auf dem der Wettbewerb gerade wegen der Anwesenheit dieses Unternehmens
sowieso schon geschwächt ist und es die Aufrechterhaltung des noch bestehenden
Wettbewerbs oder dessen Entwicklung behindert.[395] Durch Art 102 AEUV wird daher
nur das wettbewerbswidrige Verhalten sanktioniert, die Reduzierung der einmal wett-
bewerbskonform erreichten marktbeherrschenden Stellung ist nicht Regelungszweck
des Art 102 AEUV.

Der Tatbestand des Art 102 AEUV ist sowohl beim **Ausbeutungsmissbrauch**, dh 338
bei Verschlechterung des Preis-Leistungsverhältnisses durch das marktbeherrschende
Unternehmen, als auch beim **Behinderungsmissbrauch**, dh der Ausnutzung der marktbeherrschenden Stellung dahin, dass den Wettbewerbern keinerlei Verhaltensspiel-
raum zur Verbesserung ihrer Position bleibt, erfüllt.[396]

Bei **Verweigerung einer Lizenzerteilung** an Dritte liegt idR kein Missbrauch iSv 339
Art 102 AEUV vor. Für möglich gehalten wird[397] ein Missbrauch einer marktbeherrschenden Stellung durch Verweigerung der Lizenzerteilung in zwei Fällen: Zum einen,
wenn sie ein allgemein missbräuchliches Marktverhalten schützen soll. Hierfür sind
beispielhaft die Ersatzteilfälle des EuGH[398] zu betrachten, der einen Marktmissbrauch
bejaht hat, wenn eine willkürliche diskriminierende Ablehnung einer Lizenz erfolgt,
oder der Schutzrechtsinhaber sich zu einer Produktionseinstellung von Ersatzteilen
entschließt, obwohl noch zahlreiche Exemplare des Modells im Verkehr sind, oder der
Schutzrechtsinhaber eine exzessive Preisbildung für Ersatzteile betreibt. Zum anderen,
wenn das Schutzrecht als Sperre für den Zugang zum Wettbewerb mit dem Schutzgegenstand auf Märkten eingesetzt wird, die der Schutzrechtsinhaber beherrscht.[399]
Er kann sich damit den gesamten Markt selbst vorbehalten und/oder dadurch einen
„Mehrwettbewerb" Dritter auf vor- oder nachgelagerten Märkten behindern.[400] Handelt es sich bei dem als relevant bestimmten Markt geografisch lediglich um einen
nationalen Markt, auf dem noch keine Lizenz erteilt wurde, stellt die Lizenzverweigerung nach Auffassung des EuGH keinen Verstoß gegen Art 102 AEUV dar. Auf dieser
Grundlage sieht der EuGH in der Verweigerung der Lizenzerteilung auch dann keine
diskriminierende Unterscheidung zwischen den Wirtschaftsteilnehmern dieses Marktes, wenn anderen Wirtschaftsteilnehmern Lizenzen angeboten wurden. Schließlich
liegt ein Verstoß gegen Art 102 AEUV nach dem EuGH auch dann nicht vor, wenn
einem einzelnen Lizenznehmer eine ausschließliche Lizenz in einem Mitgliedstaat eingeräumt und gleichzeitig die Vergabe von Unterlizenzen für eine gewisse Zeitspanne
verboten wurde.

Zusätzlich zu den vorgenannten Entscheidungen hat der EuGH[401] einen **Miss-** 340
brauch bei Lizenzverweigerung ausnahmsweise dann angenommen, wenn (kumulativ)

---

394 EuGH GRUR Int 1998, 301, 304 ff – Lad-
broke/Kommission; zur Bestimmung des Marktes Wiedemann/*de Bronett* § 22 Rn 12 ff.
395 Wiedemann/*de Bronett* § 22 Rn 33, 35.
396 Loewenheim/Meessen/Riesenkampff/*Lüb-*
big Art 82 EG Rn 1.
397 *Ullrich* Mitt 1998, 50, 59.
398 EuGH GRUR Int 1990, 140 – Circa/Régie
Renault und EuGH GRUR Int 1990, 141 –
Volvo/Veng.

399 *Ullrich* Mitt 1998, 50, 59.
400 EuGH GRUR Int 1998, 301, 306 ff – Lad-
broke/Kommission; EuGH GRUR Int 1995,
490 ff – Magill/TV Guide; *Pilny* GRUR Int
1995, 954 ff.
401 EuGH GRUR Int 2004, 644 –
IMS/Health/NDC Health GmbH & Co KG;
dazu *Gallego* GRUR Int 2006, 16 ff.

(i) der Lizenzsucher beabsichtigt, auf dem vom Schutzrechtsinhaber bedienten Markt neue Erzeugnisse oder Dienstleistungen anzubieten, die der Schutzrechtsinhaber nicht anbietet, für die aber eine potentielle Nachfrage der Verbraucher besteht, und (ii) die Lizenzverweigerung nicht aus sachlichen Gründen gerechtfertigt und geeignet ist, dem Schutzrechtsinhaber den Markt in den betreffenden Mitgliedsstaaten vorzubehalten, indem jeglicher Wettbewerb auf diesem Markt ausgeschlossen wird.

341   **c) Spürbarkeit und Bekanntmachung zur Bagatellvereinbarung.** Ungeschriebenes Tatbestandsmerkmal für das Eingreifen der Artt 101, 102 AEUV ist die Spürbarkeit und die Eignung zur Beeinträchtigung des zwischenstaatlichen Handels innerhalb der EU.[402] Die Rechtsprechung hat diese Merkmale bislang nicht definiert. Als Grund für das Erfordernis einer Spürbarkeit ist anzuführen, dass aus ganz unerheblichen Beeinträchtigungen des zwischenstaatlichen Handelns keine Wettbewerbsverzerrung folgt und sie somit den Interessen des gemeinsamen Marktes nicht entgegenlaufen können.[403]

342   Zur Beurteilung der Spürbarkeit wurde zunächst auf eine Gesamtbetrachtung unter Berücksichtigung der Umstände des Einzelfalls abgestellt.

343   Die Kommission hat erstmals 1977 und zuletzt 2001 eine Bekanntmachung zu Bagatellvereinbarungen[404] herausgegeben. Die **Bekanntmachung der EU-Kommission über Bagatell-Kartelle vom 22.12.2001** stellt eine Leitlinie mit Selbstbindungsfunktion dar und regelt zur Konkretisierung der Spürbarkeit, in welchem Umfang die wirtschaftliche Betätigung aller Voraussicht nach nicht gegen Art 101 AEUV verstößt.[405] Das Bundeskartellamt hat zuletzt am 13.3.2007 eine Bagatellbekanntmachung erlassen, die sich im Wesentlichen an die Bekanntmachung der Kommission anlehnt.[406]

344   Hierzu wird die Spürbarkeit quantitativ mit Marktanteilsschwellen verbunden. Das bedeutet, dass bei Unterschreitung eines bestimmten Marktanteils der beteiligten Unternehmen in Bezug auf den Vertragsgegenstand eine geringe Bedeutung der Vereinbarung angenommen werden kann, mithin das Fehlen der Spürbarkeit vermutet wird.[407] Die Bagatellbekanntmachung beinhaltet daher eine **Marktanteilsschwelle** für die beteiligten Unternehmen von insgesamt **10 % für horizontale Vereinbarungen** (Unternehmen auf gleichen Marktstufen), während für **Vertikalvereinbarungen** (Unternehmen auf unterschiedlichen Marktstufen) eine Marktanteilsschwelle von **15 %** gilt. Handelt es sich um eine gemischte Vereinbarung gilt wiederum eine Schwelle von 10 %.

345   Zu beachten ist aber, dass diese Grenzen nur Anhaltspunkte sind, dh im Einzelfall bei Überschreiten der Schwelle keine, andererseits bei Unterschreiten der Schwelle dennoch eine Spürbarkeit angenommen werden kann. Ein Bagatellfall liegt zudem dann vor, wenn die Marktanteilsschwellen in zwei aufeinanderfolgenden Jahren um nicht mehr als 2 Prozentpunkte überschritten werden. Die Bagatellbekanntmachung

---

[402] Eingehend hierzu Frankfurter Kommentar zum Kartellrecht *Roth/Ackermann* Art 81 Abs 1 EG Grundfragen Rn 325 ff.
[403] Immenga/Mestmäcker/*Rehbinder* EG-Wettbewerbsrecht I Abschn Einl E Rn 20 f.
[404] Bekanntmachung v 22.12.2001 ABl EG Nr C 368 v 22.12.2001 S 13.
[405] Frankfurter Kommentar zum Kartellrecht – *Roth/Ackermann* Art 81 EG Abs 1 Grundfragen Rn 327.

[406] Bekanntmachung Nr 18/2007 über die Nichtverfolgung von Kooperationsabreden mit „geringer wettbewerbsbeschränkender Bedeutung v 13.3.2007".
[407] Zur Bagatellbekanntmachung insgesamt und zu den einzelnen Schwellenwerten s *Bartenbach* Patentlizenz- und Know-how-Vertrag Rn 742 ff.

greift nicht ein, wenn die Vereinbarung eine Kernbeschränkung isd Ziff 11 dieser Bekanntmachung enthält.

d) Gruppenfreistellungsverordnungen. Nach **Art 101 Abs 3 AEUV** können Verein- **346** barungen, die unter das Verbot von Art 101 Abs 1 AEUV fallen, unter bestimmten Voraussetzungen freigestellt werden. Hierbei wird die Einzelfreistellung von der Gruppenfreistellung getrennt; letztere wird auf der Grundlage von Gruppenfreistellungsverordnungen (GVO) durchgeführt. Bevor ein Sachverhalt unter Art 101 Abs 3 AEUV zu subsumieren ist, sind demgemäß zunächst die Voraussetzungen der Anwendbarkeit einer GVO zu überprüfen, wobei diese aufgrund ihrer Typisierung überwiegend nicht auf Marken- bzw Urheberrechtslizenzverträge anwendbar sind.[408] Die Technologietransfer-Gruppenfreistellungsverordnung (TT-GVO 2004) ist bspw nicht auf reine Markenlizenzverträge direkt oder analog anzuwenden, sondern stellt nur solche Markenlizenzen frei, die Nebenabreden im Zusammenhang mit einer Technologietransfervereinbarung enthalten.[409] Gleiches gilt für die Gruppenfreistellungsverordnung für vertikale Vereinbarungen und aufeinander abgestimmte Verhaltensweisen, deren Anwendung im Bereich des Lizenzvertragsrechts ebenfalls problematisch ist; dieser unterfallen Schutzrechtslizenzen nur als Nebenabreden.[410]

4. GWB

Ausgangspunkt und Basis für die am 1.7.2005 in Kraft getretene 7. GWB Novelle **347** war die am 1.5.2004 in Kraft getretene Verordnung EG Nr 1/2003 vom 16.12.2002 zur Durchführung von Art 101 f AEUV sowie die gleichzeitig in Kraft getretene neue Gruppenfreistellungsverordnung über Technologietransfer-Vereinbarungen (TT-GVO 2004) vom 7.4.2004 (VO (EG) Nr 772/2004). Durch die Neuregelung des GWB erfolgte die Angleichung des deutschen an das europäische Kartellrecht, zum einen durch den dynamischen Verweis auf die Vorschriften der TT-GVO, zum anderen durch eine vollständige Übereinstimmung des § 1 GWB mit Art 101 AEUV und der damit verbundenen Streichung der Unterscheidung zwischen vertikalen sowie horizontalen Vereinbarungen im deutschen Recht.

§ 2 Abs 1 GWB regelt nunmehr einen dem des Art 101 Abs 3 AEUV entsprechen- **348** den Freistellungtatbestand und durch § 2 Abs 2 GWB finden europäische Gruppenfreistellungsverordnungen entsprechende Anwendung.

Im Gegensatz zu diesen grundlegenden Änderungen haben die Vorschriften zur **349** **Missbrauchsaufsicht** (§§ 19–21 GWB) lediglich eine Modifizierung erfahren.

Insgesamt aber lässt sich feststellen, dass nunmehr auch im deutschen Recht das **350** Prinzip des generellen Verbots mit Legalausnahme gilt. Aufgrund der erfolgten Angleichung sowie der an den europäischen Vorgaben zu orientierenden Auslegung des GWB[411] wird eine noch weitergehende Übereinstimmung mit dem europäischen Kartellrecht erreicht werden.[412]

---

[408] *Fammler* 12.
[409] *Fammler* 12.
[410] *Fammler* 12.
[411] Eingehend zu den Auslegungsgrundsätzen des GWB *Billhardt* 15 ff.
[412] Eingehend zur 7. GWB-Novelle *Kahlenberg/*

Haellmigk BB 2005, 1509 ff; *Karl/Reichelt* DB 2005, 1436 ff; *Bahr* WuW 2004, 259 ff; zur VO EG Nr 772/2004 *Drexl* GRUR Int 2004, 716 ff; *Feil* GRUR Int 2004, 454 ff; *Schultze/Pautke/ Wagener* 23 ff.

351 a) § 1 GWB. Aus dem fast vollständig mit Art 101 Abs 1 AEUV übereinstimmenden Wortlaut des § 1 GWB ergibt sich das **Verbot von Vereinbarungen** zwischen Unternehmen, Beschlüssen von Unternehmensvereinigungen und aufeinander abgestimmten Verhaltensweisen, die eine **Verhinderung, Einschränkung oder Verfälschung des Wettbewerbs bezwecken oder bewirken.** Regelbeispiele sieht § 1 GWB – im Gegensatz zu Art 101 Abs 1 AEUV – allerdings nicht vor. Wegen der inhaltlichen Anpassung an das europäische Kartellrecht durch die Novellierung des GWB sind aber die Regelbeispiele des Art 101 AEUV zur Auslegung ergänzend heranzuziehen.[413]

352 Entsprechend Art 101 AEUV ist auch im Rahmen des § 1 GWB zuerst das Merkmal der **Wettbewerbsbeschränkung** zu überprüfen. Nachdem die frühere Unterscheidung des § 1 GWB aF (horizontale Wettbewerbsbeschränkungen zwischen Wettbewerbern und vertikale Vereinbarungen zwischen Nichtwettbewerbern) ersatzlos weggefallen ist, sind nunmehr alle Vereinbarungen, Beschlüsse und abgestimmte Verhaltensweisen an § 1 GWB zu messen. Er gilt demgemäß sowohl für Lizenzgeber- als auch für Lizenznehmerbeschränkungen in gleicher Weise.

353 Weiterhin beansprucht § 1 GWB Geltung für Sachverhalte mit und ohne Auswirkungen auf den zwischenstaatlichen Handel.[414] Normadressaten sind **Unternehmen** und **Vereinigungen von Unternehmen**, also nach funktioneller Auslegung alle natürlichen und juristischen Personen, die sich als Anbieter oder Nachfrager von Waren oder Leistungen gegen Entgelt am Wirtschaftsleben beteiligen.[415] Ausreichend ist, dass die wirtschaftliche Betätigung nur vorübergehend vorgenommen wird[416] oder unmittelbar bevorsteht.[417] Der Begriff ist demnach weit auszulegen.

354 Dies gilt auch für den Begriff der „Unternehmensvereinigung", der alle Formen des Zusammenwirkens von Wettbewerbern erfasst, zu denen es nicht unmittelbar, sondern über eine nicht notwendigerweise unternehmerisch tätige Einrichtung kommt.[418]

355 Der „Vereinbarung" als Mittel der Wettbewerbsbeschränkung iSv § 1 GWB unterfallen alle Verträge im zivilrechtlichen Sinne sowie jede förmliche oder formlose, ausdrückliche oder stillschweigende Willenseinigung von zumindest zwei Personen.[419] Ein tatsächlicher rechtlicher Bindungswille ist dazu nicht erforderlich.[420] Die ebenfalls von § 1 GWB erfassten „Beschlüsse" sind Rechtsakte, die zur Regelung des Verhaltens des Unternehmens auf der Grundlage der jeweils geltenden Gesellschaftsverträge, Satzungen oder Geschäftsordnungen getroffen werden.[421] Die in § 1 GWB ebenfalls genannten „abgestimmten Verhaltensweisen" sind von eher geringer praktischer Bedeutung.[422]

356 Diese Begriffe wurden schon vor der Neugestaltung des GWB an den europäischen Regelungen orientiert ausgelegt, so dass sich diesbezüglich keine gravierenden Unterschiede ergeben.

---

[413] BT-Drucks 15/3640, 23.
[414] BT-Drucks 15/3640, 23.
[415] BGH WuW/E BGH 442, 449 Gummistrümpfe; BGH WuW/E BGH 1246 f – Feuerwehrschutzanzüge.
[416] BGH WuW/E BGH 1725, 1726 – Deutscher Landseer Club.
[417] BGH WuW/E BGH 2953, 2959 – Gasdurchleitung.
[418] Wiedemann/*Stockmann* § 7 Rn 48; Immenga/Mestmäcker/*Zimmer* § 1 GWB aF Rn 74 ff.
[419] BGH WuW/E BGH 495, 497 – Ausschreibung für Putzarbeiten II; BGH WuW/E BGH 1147, 1153 – Teefarben.
[420] BGH WuW/E BGH 495, 497 – Ausschreibung für Putzarbeiten II; BGH WuW/E BGH 602, 604 – Schiffspumpen; Immenga/Mestmäcker/*Zimmer* § 1 GWB aF Rn 94.
[421] BGH WuW/E BGH 1205, 1210 – Verbandszeitschrift; Immenga/Mestmäcker/*Zimmer* § 1 GWB aF Rn 88 ff; Wiedemann/*Stockmann* § 7 Rn 50.
[422] Ausf hierzu Immenga/Mestmäcker/*Zimmer* § 16 GWB Rn 92 ff.

Ebenfalls wurde bereits im Rahmen des § 1 GWB aF das ungeschriebene Merkmal der **Spürbarkeit der Wettbewerbsbeschränkung** verlangt.[423] Es war bei nur theoretischen Außenwirkungen der Vereinbarung zu verneinen; denn die Regelung bezweckt nicht die Sanktionierung einer isolierten Benachteiligung eines Einzelnen, sondern die Beeinflussung des Waren- und Wirtschaftsverkehrs.[424]

357

Zwar sieht das GWB selbst keine Wesentlichkeitsschwelle ausdrücklich vor,[425] jedoch war schon früher aufgrund der vorzunehmenden „europafreundlichen" Auslegung und um zu verhindern, dass nationale Sachverhalte anders als solche mit zwischenstaatlicher Relevanz behandelt werden, zur Bestimmung der Spürbarkeit auf die Bagatellbekanntmachung der Kommission abzustellen.[426] Das Bundeskartellamt hat am 13.3.2007 eine an diese Bekanntmachung der Kommission angelehnte Bagatellbekanntmachung veröffentlicht.[427]

358

Nach dem BGH kann die Spürbarkeit bereits dann bejaht werden, wenn nur ein (1) drittes Unternehmen von der Wettbewerbsbeschränkung betroffen ist.[428] Entscheidend für eine Spürbarkeit bleibt auch dann aber die Qualität der Wettbewerbsbeschränkung und die qualitative Bedeutung für die Marktverhältnisse.

359

b) § 2 GWB. § 2 Abs 1 GWB stellt, entsprechend dem europäischen Regelungssystem (Verbot mit Legalausnahme), Vereinbarungen zwischen Unternehmen, Beschlüsse von Unternehmensvereinigungen oder aufeinander abgestimmte Verhaltensweisen, die unter angemessener Beteiligung der Verbraucher an den entstehenden Gewinnen zur Verbesserung der Warenerzeugung oder -verteilung oder zur Förderung des technischen oder wirtschaftlichen Fortschritts beitragen, **vom Verbot des § 1 GWB frei**. Verboten sind gleichwohl Beschränkungen, die für das Erreichen dieser Ziele nicht unerlässlich sind oder die die Möglichkeit einräumen, für einen wesentlichen Teil der jeweiligen Waren den Wettbewerb auszuschalten. Für eine Freistellung entsprechend dieser Norm bedarf es eines kumulativen Vorliegens dieser Voraussetzungen.

360

Die Reglung ist insofern **Art 101 Abs 3 AEUV nachgebildet**.

361

§ 2 Abs 2 GWB regelt, dass bei der Anwendung von Abs 1 Verordnungen des Rates oder der Kommission der Europäischen Gemeinschaft über die Anwendung von Art 101 Abs 3 AEUV auf bestimmte Gruppen von Vereinbarungen, Beschlüsse von Unternehmensvereinigungen und aufeinander abgestimmte Verhaltensweisen (**Gruppenfreistellungsverordnung**) entsprechend gelten. Die Gruppenfreistellungsverordnungen finden im deutschen Recht also einen direkten Anwendungsbereich, und zwar dann, wenn es sich um einen rein nationalen Sachverhalt handelt, ohne dass die Möglichkeit der Beeinträchtigung des Handels zwischen den Mitgliedsstaaten der Europäischen Gemeinschaft besteht.

362

Beweisbelastet hinsichtlich des Vorliegens der Freistellungsvoraussetzungen des § 2 GWB ist, wer sich auf eine Freistellung nach dieser Norm beruft. Macht ein Unternehmen die Anwendbarkeit einer GVO geltend, besteht zwar eine Vermutung für das Vorliegen der durch § 2 Abs 1 GWB normierten Voraussetzungen, doch entbindet dies

363

---

[423] BGH WuW/E BGH 2469, 2470 – Brillenfassungen; BGHZ 68, 6, 12, – Fertigbeton I; BGH WuW/E BGH 2675, 2676 – Nassauische Landzeitung; BGH WuW/E BGH 2697, 2703 – Golden Toast.
[424] OLG Naumburg GRUR-RR 2005, 98, 100.
[425] BGH WuW/E BGH 2469, 2470 – Brillenfassungen.

[426] BT-Drucks 15/3640, 23; *Groß* Rn 566.
[427] Bekanntmachung Nr 18/2007.
[428] BGH WuW/E BGH 200, 2001 ff – Beistand bei Kostenangeboten; BGH NJW 1997, 2324, 2326 – Druckgussteile.

nicht von dem Nachweis des Vorliegens der Voraussetzungen für die Freistellung nach der GVO.[429] Dieser Grundsatz ergibt sich gleichzeitig auch aus Art 2 der VO Nr 1/2003.

364 Wie § 1 GWB wird auch § 2 GWB unter Beachtung der europäischen Regelungen ausgelegt.[430]

365 Für den **Prüfungsablauf** im deutschen Recht ergeben sich demnach folgende Fragestellungen:
- Liegt eine spürbare Wettbewerbsbeschränkung iSv § 1 GWB vor?
- Findet § 2 GWB im Einzelfall Anwendung?
- Greift eine Gruppenfreistellungsverordnung iSv § 2 Abs 2 GWB? Ist der sachliche und persönliche Anwendungsbereich einer GVO eröffnet?
- Liegen die Voraussetzungen für eine Freistellung nach der GVO vor?
- Ist die Vereinbarung nicht nach einer GVO freigestellt, ist grds eine Freistellung über § 2 Abs 1 GWB zu prüfen.

366 c) **§§ 19 ff GWB.** § 19 Abs 1 GWB regelt das **Verbot der missbräuchlichen Ausnutzung einer marktbeherrschenden Stellung** durch ein oder mehrere Unternehmen. Gem § 19 Abs 2 GWB ergibt sich die marktbeherrschende Stellung, wenn ein Unternehmen als Anbieter oder Nachfrager einer bestimmten Art von Waren oder gewerblichen Leistungen auf dem sachlich und räumlich relevanten Markt ohne Wettbewerber ist oder eine im Verhältnis zu seinen Wettbewerbern überragende Marktstellung hat. Dabei kann der für das GWB zu beachtende räumlich relevante Markt nach § 19 Abs 2 S 3 GWB im Einzelfall weiter zu fassen sein als die territorialen Grenzen der BRD.

5. Zivilrechtliche Folgen des Verstoßes gegen europäisches oder deutsches Kartellrecht

367 a) **Nichtigkeit der Vereinbarung.** Liegt ein Verstoß einer Vereinbarung gegen Art 101 Abs 1 AEUV bzw § 1 GWB vor und ergibt sich keine Freistellung nach Art 101 Abs 3 AEUV bzw § 2 GWB, so ist die Vereinbarung nach Art 101 Abs 2 AEUV bzw § 134 BGB iVm § 1 GWB nichtig. Die **Nichtigkeit des Gesamtvertrages** ist gemeinschaftsrechtlich **nur ausnahmsweise** dann anzunehmen, wenn er sich nicht von den kartellrechtswidrigen Vereinbarungen trennen lässt;[431] das ist der Fall, wenn es sich bei der Wettbewerbsbeschränkung um eine sog „Kernbeschränkung" handelt, vgl die Aufzählung in Art 4 GVO-TT 2004. Ansonsten ist in der Regel das auf den jeweiligen Lizenzvertrag anwendbare (vereinbarte) nationale Recht heranzuziehen, im deutschen Recht also § 139 BGB. Danach ist das Gesamtgeschäft dann nichtig, wenn nicht angenommen werden kann, dass es auch ohne die kartellrechtswidrigen Vereinbarungen abgeschlossen worden wäre.

368 Eine Frage des Einzelfalls ist es, ob eine geltungserhaltende Reduktion möglich ist.[432]

369 b) **Schadensersatzpflicht und Unterlassungsanspruch.** Schadensersatzansprüche kommen gem § 33 Abs 1 und Abs 3 GWB, § 823 Abs 1 BGB oder § 823 Abs 2 iVm § 1 GWB in Betracht.

---

[429] BT-Drucks 15/3640, 23, 44.
[430] BT-Drucks 15/3640, 24.
[431] Loewenheim/Meessen/Riesenkampff/*Jaeger* Kartellrecht Art 81 Abs 2 Rn 18 ff mwN.

[432] BGH WuW/E BGH 1989, 1900 – Holzpaneele; BGH DB 1994, 34, 36 Ausscheiden der Gesellschafter; OLG Düsseldorf WuW/E OLG 3326, 3327 – Fördertechnik.

Der Anspruch steht gem § 33 Abs 1 S 3 GWB demjenigen zu, der als **Mitbewerber** **370** oder **sonstiger Marktbeteiligter** durch einen Kartellverstoß betroffen ist. In Betracht kommen demnach uU auch Lieferanten, Abnehmer oder Endverbraucher.[433] § 33 Abs 2 GWB normiert, dass die Ansprüche aus Abs 1 auch von rechtsfähigen Verbänden zur Förderung gewerblicher oder selbstständiger beruflicher Interessen geltend gemacht werden können, soweit ihnen eine erhebliche Zahl von Unternehmen angehört, die Waren oder Dienstleistungen gleicher oder verwandter Art auf demselben Markt vertreiben, wenn sie insbesondere nach ihrer personellen, sachlichen und finanziellen Ausstattung im Stande sind, ihre satzungsmäßigen Aufgaben der Verfolgung gewerblicher oder selbstständiger beruflicher Interessen tatsächlich wahrzunehmen und die Zuwiderhandlung die Interessen ihrer Mitglieder berührt. Hiervon erfasst werden zB die Kammern der freien Berufe sowie Innungen des Handwerks.[434]

Aus § 33 Abs 4 GWB folgt, dass das angerufene Gericht an die bestandskräftige **371** Feststellung eines Verstoßes gegen Artt 101, 102 AEUV oder das GWB durch die Kartellbehörde, die Kommission der Europäischen Gemeinschaft die Wettbewerbsbehörde oder das als solche handelnde Gericht in einem anderen Mitgliedstaat der Europäischen Gemeinschaft gebunden ist.

Schließlich regelt § 33 **Abs 5 GWB** den Eintritt der **Hemmung der Verjährung** für **372** den Fall, dass seitens der europäischen Behörden oder der Mitgliedsstaaten ein Kartellverfahren eingeleitet wird.

c) **Sonstige Schadensersatzansprüche.** Neben solchen aus § 33 GWB können Scha- **373** densersatz- und Unterlassungsansprüche auch nach § 826 BGB sowie §§ 8, 9 UWG iVm §§ 3, 4 UWG bestehen.[435]

II. Lizenzen in der Insolvenz

Die Behandlung von Lizenzen in der Insolvenz richtet sich nach der Insolvenzord- **374** nung (InsO),[436] die die Konkursordnung (KO), die Vergleichsordnung (VerglO) und die Gesamtvollstreckungsordnung (GesO) seit dem 1.1.1999 ersetzt hat. Besondere Aufmerksamkeit ist dem Thema „Lizenzen in der Insolvenz" in jüngerer Zeit aufgrund abweichender Entscheidungen des LG Mannheim[437] und des BGH[438] geschenkt worden. Auch der Gesetzgeber hat sich des Themas der Lizenzen in der Insolvenz angenommen und im Jahr 2008 einen Gesetzentwurf erarbeitet, der Lizenzen „insolvenzfest" machen soll, dh dass der Lizenznehmer durch eine Insolvenz seines Lizenzgebers nicht (mehr) Gefahr läuft, die Lizenz zu verlieren, wenn der Insolvenzverwalter sein Wahlrecht nach § 103 InsO ausübt und die weitere Erfüllung des Vertrages ablehnt. Die entsprechende Neuregelung soll sich in § 108a InsO-E befinden, wonach ein entsprechender Vertrag zwischen dem Lizenznehmer und dem insolventen Lizenzgeber „mit Wirkung für die Insolvenzmasse fortbesteht". Das Gesetzesvorhaben ist aber auch Mitte 2011 noch nicht umgesetzt worden.

[433] *Kahlenberg/Haellmigk* BB 2005, 1509, 1514; nach BT-Drucks 15/3640, 25 soll „jedermann" anspruchsberechtigt sein.
[434] Immenga/Mestmäcker/*Emmerich* § 33 GWB Rn 59.
[435] Immenga/Mestmäcker/*Emmerich* § 33 GWB Rn 61.
[436] BGBl I S 2866. Zur Behandlung von Lizenzen in der Insolvenz vgl eingehend *Wiedemann*

Lizenzen und Lizenzverträge in der Insolvenz; *Schmoll/Hölder* GRUR 2004, 743 ff u *Hölder/ Schmoll* GRUR 2004, 830 ff; *Bausch* NZI 2005, 289; zur insolvenzrechtlichen Verwertung von gewerblichen Schutzrechten vgl *Zeising* Mitt 2000, 206.
[437] LG Mannheim ZIP 2004, 576.
[438] BGH ZIP 2006, 87.

375   Nach § 35 InsO erfasst die **Insolvenzmasse** das gesamte Vermögen, das dem Schuldner zur Zeit der Eröffnung des Verfahrens gehört und das er während des Verfahrens erlangt.[439] Nicht dazu zählen gem § 36 Abs 1 InsO die Gegenstände, die nicht der Zwangsvollstreckung unterliegen.

376   Die Lizenz gehört demnach zur Insolvenzmasse, wenn sie der Zwangsvollstreckung unterliegt.[440] Eine Zwangsvollstreckung in das Lizenzrecht wird unter den Voraussetzungen des § 857 ZPO grundsätzlich bejaht.[441] § 851 ZPO regelt allerdings, dass die Pfändung nur insoweit erfolgen kann, als ein übertragbares Recht vorliegt. Deshalb müssen einfache und ausschließliche Lizenz getrennt voneinander betrachtet werden. Im Ergebnis unterliegt demnach nur die ausschließliche, nicht hingegen die einfache Lizenz der Zwangsvollstreckung.

377   Das bedeutet, dass auch **nur die ausschließliche Lizenz gem § 36 InsO in die Insolvenzmasse fällt,** die einfache Lizenz hingegen nicht dazu gehört und somit nicht dem Insolvenzbeschlag unterliegt. Hinsichtlich der einfachen Lizenz steht dem Insolvenzverwalter demnach nur eine begrenzte Verfügungsberechtigung zu, so dass er entweder das Schutzrecht für Rechnung der Masse benutzen oder den Lizenzvertrag unter bestimmten Voraussetzungen kündigen kann.[442]

378   § 103 InsO enthält das **Wahlrecht des Insolvenzverwalters,** der bei noch nicht vollzogenen gegenseitigen Verträgen frei entscheiden kann, ob er vom Vertragspartner Erfüllung verlangen oder diese ablehnen soll. Im Rahmen der Erfüllung hat er den Vertragspartner vollständig aus der Insolvenzmasse zu befriedigen. Entscheidet er sich für die Ablehnung der Erfüllung, erhält der Vertragspartner an Stelle seines Erfüllungsanspruches einen Anspruch auf Schadensersatz, der jedoch nur eine einfache Insolvenzforderung darstellt.[443]

379   Daraus folgt, dass der **Lizenzvertrag,** obschon ihm der Charakter eines Dauerschuldverhältnisses zukommt, **grds nicht insolvenzfest ist.**[444] Eine Ausnahme gilt nur für die Fälle des § 108 Abs 1 S 1 InsO.[445]

380   Ein Wahlrecht des Insolvenzverwalters kommt allerdings dann nicht in Betracht, wenn die **Verpflichtung aus dem Lizenzvertrag schon vollständig erfüllt** ist (zB bei Erteilung der ausschließlichen Lizenz gegen Einmalzahlung). Dabei ist aber darauf hinzuweisen, dass auch bei Zahlung der einmaligen Lizenzgebühr der Vertrag nicht unbedingt iSv § 103 InsO vollständig erfüllt sein muss; denn Teile der Literatur[446] und die neuere Rechtsprechung[447] nehmen auch bei Nichterfüllung einer nicht gänzlich untergeordneten vertraglichen Nebenpflicht eine nicht vollständige Vertragserfüllung an.

1. Insolvenz des Lizenzgebers

381   Nach Eröffnung des Insolvenzverfahrens ist es möglich, dem Schuldner gem § 21 Nr 2 InsO ein allgemeines Verfügungsverbot aufzuerlegen, so dass die Verwaltungs- und Verfügungsbefugnis gem § 22 InsO – auch mit Blick auf die Lizenz – auf den Insolvenzverwalter übergeht.

---

[439] FK-InsO/*Schuhmacher* § 35 InsO Rn 1 ff.
[440] Zur Lizenz in der Zwangsvollstreckung vgl *Bartenbach* Patentlizenz- und Know-how-Vertrag Rn 623 ff.
[441] FK-InsO/*Schuhmacher* § 35 Rn 1 ff.
[442] *Reimer* § 9 PatG aF Rn 123.
[443] FK-InsO/*Wegener* § 103 Rn 2.

[444] *Wiedemann* Lizenzen und Lizenzverträge in der Insolvenz Rn 1123.
[445] Vgl noch unten Rn 382.
[446] Vgl den Überblick bei *Wiedemann* Lizenzen und Lizenzverträge in der Insolvenz Rn 1131; *Wallner* ZIP 2004, 2073, 2075.
[447] LG Mannheim ZIP 2004, 576, 577.

§ 108 InsO bestimmt, dass **Miet- und Pachtverhältnisse** des Schuldners auch nach **382** Eröffnung des Insolvenzverfahrens fortbestehen. § 108 Abs 1 S I InsO gilt allerdings nach überwiegender Auffassung lediglich dann, wenn es sich um einen Vertrag über unbewegliche Gegenstände und Räume handelt. Das bedeutet auch unter Berücksichtigung der Einordnung des Lizenzvertrages entsprechend der Rechtspacht als Dauernutzungsvertrag iSv §§ 108, 112 InsO,[448] dass insoweit § 108 Abs 1 S 2 InsO gilt.[449] Dieser regelt den Fortbestand für Vertragsverhältnisse, die der Lizenzgeber eingegangen ist, und betrifft die Gegenstände, die einem Dritten, der ihre Anschaffung oder Herstellung finanziert hat, zur Sicherheit übertragen wurden.

Die dementsprechend bestehende Gesetzeslage ist wegen der Problematik der Vereinbarung einer insolvenzfesten Lizenz in der Literatur auf Kritik gestoßen.[450] **383**

Der BGH hat zuerst im Zusammenhang mit **Softwarelizenzverträgen** detaillierter **384** zur insolvenzfesten Vereinbarung von Lizenzen Stellung genommen.[451] Dabei hat er sich zwar speziell mit Softwarelizenzen und damit eingehend mit urheberrechtlichen Fragen auseinandergesetzt; es ist jedoch anzunehmen, dass die allgemeinen, insbesondere insolvenzrechtlichen Grundsätze, die der BGH in seiner Entscheidung angesprochen hat, auch hinsichtlich sonstiger Lizenzverträge Anwendung finden können:

Dem BGH lag ein Lizenzvertrag vor, der ein Kündigungsrecht aus wichtigem **385** Grund für beide Vertragspartner enthielt, falls die Fortsetzung des Vertrages unzumutbar würde. Für den Fall einer Kündigung wurde vereinbart, dass der Source-Code an dem vorliegenden Softwareprodukt in der zum Zeitpunkt der Kündigung aktuellen Version inklusive aller Nutzungs- und Vertriebsrechte automatisch auf den Lizenznehmer übergehen sollte. Hierfür hatte der Lizenznehmer eine bestimmte einmalige Vergütung zu erbringen. Der Insolvenzverwalter des Lizenzgebers lehnte im Rahmen seines Wahlrechts nach § 103 InsO die Erfüllung ab mit der Folge, dass der Lizenznehmer von dem vorgenannten Kündigungsrecht Gebrauch machte. Der BGH hielt die Übertragung der Nutzungsrechte auf den Lizenznehmer für wirksam. Maßgeblich sei, dass bedingt begründete Rechte im Falle der Insolvenz auch dann als bestehende Rechte anzusehen seien, wenn der Zeitpunkt des Bedingungseintritts erst nach Insolvenzeröffnung liege. Die Vertragsabrede habe zu einem wirksamen, wenn auch aufschiebend bedingten dinglichen Rechtsübergang bereits vor Insolvenzeröffnung geführt. Einen Konflikt mit § 119 InsO lehnte der BGH ebenso wie die Annahme einer unzulässigen Lösungsklausel ab. Von der sonst üblichen (unzulässigen) Lösungsklausel unterscheide sich die vertragliche Abrede gerade dadurch, dass eine Kündigung auch aufgrund von Tatsachen außerhalb einer Insolvenz möglich sei. Eine unzulässige Anknüpfung an die Insolvenzeröffnung bzw die Ausübung des Wahlrechts nach § 103 InsO für die Kündigung sei deshalb zu verneinen.

Inwieweit in Zukunft mögliche vertragliche Vereinbarungen eine insolvenzfeste **386** Einräumung von Nutzungsrechten begründen können, muss abgewartet werden. Dabei ist zu beachten, dass eine **Kündigungsklausel** der vorgenannten Art eher unüblich ist und nicht jeder Lizenzgeber eine vollständige Übertragung seiner Rechte, wenn auch nur aufschiebend bedingt, im Falle einer allgemeinen Kündigung aus wichtigem Grund, vereinbaren will.[452] Die BGH-Entscheidung ist jedoch als geeignete Grundlage

---

[448] *Cepl* NZ 2000, 357, 359.
[449] FK-InsO/*Wegener* § 108 InsO Rn 15.
[450] *Brandt* NZI 2001, 337, 343; *Fezer* WRP 2004, 793, 800 f; *Paulus* ZIP 1996, 2, 6; *Zeising* Mitt 2001, 240, 241.

[451] BGH ZIP 2006, 87.
[452] *Plath/Scherenberg* CR 2006, 153, 155.

für die vertragliche Absicherung von Lizenzen zu werten. Werden demnach die vom BGH als maßgeblich betrachteten Kriterien, mithin die aufschiebend bedingte dingliche Verfügung über das Nutzungsrecht, die Einräumung eines für beide Parteien bestehenden allgemeinen Kündigungsrechts aus wichtigem Grund – unabhängig von dem Insolvenztatbestand – sowie eine angemessene Gegenleistung für die Übertragung des Nutzungsrechts bedacht, dürften solche vertraglichen Regelungen als insolvenzfest qualifiziert werden. Der zukünftigen Entwicklung der Rechtsprechung bleibt es insoweit vorbehalten, inwieweit eine Aufweichung dieser Kriterien und eine Annäherung an „echte" Lösungsklauseln im Falle einer Insolvenz möglich sein werden.

387 Es ist zu hoffen, dass sich die vorgenannten Probleme im Hinblick auf die beabsichtigte **Neuregelung des § 108a InsO**, der das bestehende Defizit mangelnder Insolvenzfestigkeit von Lizenzen beseitigen soll, erledigen werden.[453] § 108a InsO-E lautet in der Entwurfsfassung wie folgt:

„Ein vom Schuldner als Lizenzgeber abgeschlossener Lizenzvertrag über ein Recht am geistigen Eigentum besteht mit Wirkung für die Insolvenzmasse fort. Dies gilt für vertragliche Nebenpflichten nur in dem Umfang, als deren Erfüllung zwingend geboten ist, um dem Lizenznehmer eine Nutzung des geschützten Rechts zu ermöglichen. Besteht zwischen der im Lizenzvertrag vereinbarten Vergütung und einer marktgerechten Vergütung ein auffälliges Missverhältnis, so kann der Insolvenzverwalter eine Anpassung der Vergütung verlangen; in diesem Fall kann der Lizenznehmer den Vertrag fristlos kündigen."

388 Diese Neuregelung dürfte auch die Diskussion um die Wirksamkeit der zahlreich vorgeschlagenen Lösungsklauseln entbehrlich machen.[454]

389 Hat sich der Insolvenzverwalter für die **Erfüllung des Vertrages** entschieden, kann der Lizenznehmer das Vertragsschutzrecht weiterhin nutzen (bei einer bestehenden Ausübungspflicht ist er hierzu verpflichtet). Die Lizenzgebührenpflicht bleibt ebenfalls bestehen. Will der Lizenznehmer den Vertrag beenden, kommt nur eine Kündigung nach § 314 BGB in Betracht, deren Zulässigkeit jedoch nur in engen Grenzen anzunehmen ist. Nach neuerer Rechtsprechung des BGH soll eine solche Kündigung allerdings bei Ablehnung der Erfüllung durch den Insolvenzverwalter möglich sein.[455]

390 Bei **Erfüllungsablehnung** durch den Insolvenzverwalter hängen die hiermit verbundenen Folgen für die Lizenz von deren Ausgestaltung ab. Handelt es sich um eine einfache Lizenz und begreift man diese mit der hM als rein schuldrechtlichen Anspruch, so entfällt die Nutzungsmöglichkeit des Lizenznehmers aufgrund der vorgenannten Rechtswirkung der Verfahrenseröffnung, die zur Undurchsetzbarkeit der Ansprüche aus dem Lizenzvertrag führt.[456] Liegt eine ausschließliche, dinglich wirkende Lizenz vor, so ist der Lizenznehmer entgegen einer vielfach anderen Annahme[457] uE zunächst weiterhin zur Nutzung befugt, da die Suspendierung der schuldrechtlichen Ansprüche keine Auswirkungen auf die dingliche Rechtsposition des Lizenznehmers hat.[458] Zu

---

453 Vgl hierzu *Bartenbach* Aktuelle Probleme des Gewerblichen Rechtschutzes 2/2007, 412 ff.

454 S dazu ua *Berger* in Kölner Schriften zur InsO 2. Aufl (2000), 499 ff; *Berger* ZIP 1994, 173 ff; *Bruns* ZZP 110 (1997), 305 ff; *Nerlich/Römermann/Balthasar* § 119 InsO Rn 10 ff; *Kübler/Prütting/Tintelnot* § 119 Rn 15 ff; ausf zum Streitstand *Wiedemann* Lizenzen und Lizenzverträge in der Insolvenz Rn 1248.

455 BGH ZIP 2006, 87, 90.

456 *Wiedemann* Lizenzen und Lizenzverträge in der Insolvenz Rn 1460 f.

457 *Hoffmann* ZInsO 2003, 732, 741; *Stickelbrock* WM 2004, 549, 558; zur urheberrechtlichen Lizenz LG Mannheim ZIP 2004, 576 ff.

458 *Wiedemann* Lizenzen und Lizenzverträge in der Insolvenz Rn 1466.

beachten ist, dass der BGH die insolvenzfeste Vereinbarung eines aufschiebend bedingten, dinglichen Nutzungsrechts anerkannt und dadurch eine Möglichkeit der insolvenzfesten Vereinbarung von Lizenzverträgen aufgezeigt hat,[459] so dass dies erst recht gelten muss, wenn von Anfang an mit dinglicher Wirkung verfügt wurde[460]. Die Berechtigung zur Nutzung kann jedoch mit einer wirksamen Vertragsbeendigung, vor allem durch Kündigung gem § 314 BGB, wegfallen.[461]

2. Insolvenz des Lizenznehmers

Im Falle der Insolvenz des Lizenznehmers gehört das durch den Lizenzvertrag gewährte **Nutzungsrecht zur Insolvenzmasse**. Aus § 55 Abs 1 Nr 2 InsO ergibt sich für den Insolvenzverwalter die Verpflichtung zur **Zahlung der Lizenzgebühren**. Jedoch bezieht sich diese Verpflichtung nur auf Lizenzgebühren, die nach Eröffnung des Insolvenzverfahrens entstanden sind. Dies folgt aus § 105 S 1 InsO, wonach der Vertragspartner des Gemeinschuldners, also der Lizenzgeber, der bereits vor Eröffnung des Verfahrens teilweise geleistet hat, den entsprechenden Teil der Gegenleistung, hier also die Lizenzgebühren, nur als Insolvenzforderung zur Tabelle anmelden kann, und zwar unabhängig davon, ob der Insolvenzverwalter die Erfüllung des Lizenzvertrages wählt oder nicht. **391**

§ 109 InsO regelt, allerdings beschränkt auf Verträge über unbewegliches Vermögen, ein **Kündigungsrecht** nur für den Insolvenzverwalter. Nach § 112 InsO[462] ist eine Kündigung wegen Verzugs mit der Zinszahlung (§ 112 Nr 1 InsO) oder wegen Verschlechterung der Vermögensverhältnisse des Schuldners (§ 112 Nr 2 InsO) grds nicht möglich. Eine Ausnahme besteht, wenn die Kündigung aus diesen Gründen vor dem Eröffnungsantrag erklärt wird.[463] Gleiches gilt nach herrschender Ansicht auch für eine Kündigung wegen Zahlungsverzuges, der erst nach dem Eröffnungsantrag eintritt.[464] Das lässt sich dem Umkehrschluss zu § 112 Nr 1 InsO entnehmen. **392**

Die **Kündigungssperre des § 112 InsO** bezieht sich nicht nur auf Nutzungsverträge über unbewegliche Gegenstände, sondern gilt auch für Lizenzverträge.[465] Der Lizenzgeber kann also nicht verhindern, dass der Insolvenzverwalter des Lizenznehmers sich für die Erfüllung des Vertrages gem § 103 InsO entscheidet und dadurch regelmäßig der Umsatz und damit üblicherweise auch das Aufkommen an Lizenzgebühren aufgrund der ggf eingeschränkten Verwertungsmöglichkeiten des insolventen Lizenznehmers sinken können. **393**

Allerdings bleibt eine **Kündigung** des Lizenzvertrages als **Dauerschuldverhältnis nach § 314 BGB** möglich. Ein wichtiger Grund kann zB ein schwerwiegender Vertrauensbruch oder eine grobe Verletzung von Vertragspflichten, die eine Fortführung des Vertrages für den Vertragspartner als unzumutbar erscheinen lassen, sein.[466] **394**

---

[459] BGH ZIP 2006, 87 ff; vgl hierzu die Anmerkung von *Plath/Scherenberg* CR 2006, 151 ff.
[460] *Grützmacher* CR 2006, 289, 293; im Ergebnis auch *Bausch* NZI 2005, 289, 295.
[461] Ausf zu den Folgen einer Kündigung *Wiedemann* Lizenzen und Lizenzverträge in der Insolvenz Rn 1392 ff, 1475 ff.
[462] Ausf zum Zeitpunkt des Eingreifens von § 112 InsO *Wiedemann* Lizenzen und Lizenzverträge in der Insolvenz Rn 1221 ff.

[463] *Schmoll/Hölder* GRUR 2004, 743, 744.
[464] BGHZ ZIP 2002, 1625.
[465] FK-InsO/*Wegener* § 112 Rn 5; zum Softwarelizenzvertrag vgl insbesondere *Paulus* ZIP 1996, 2 ff; *Smid/Lieder* DZWiR 2005, 7 ff.
[466] *Wiedemann* Lizenzen und Lizenzverträge in der Insolvenz Rn 1208 mwN; *Henn* Patent- und Know-how-Lizenzvertrag Rn 221.

Stichwortverzeichnis

Die fetten Zahlen verweisen auf die Kapitel, die mageren Zahlen verweisen auf die Randnummern